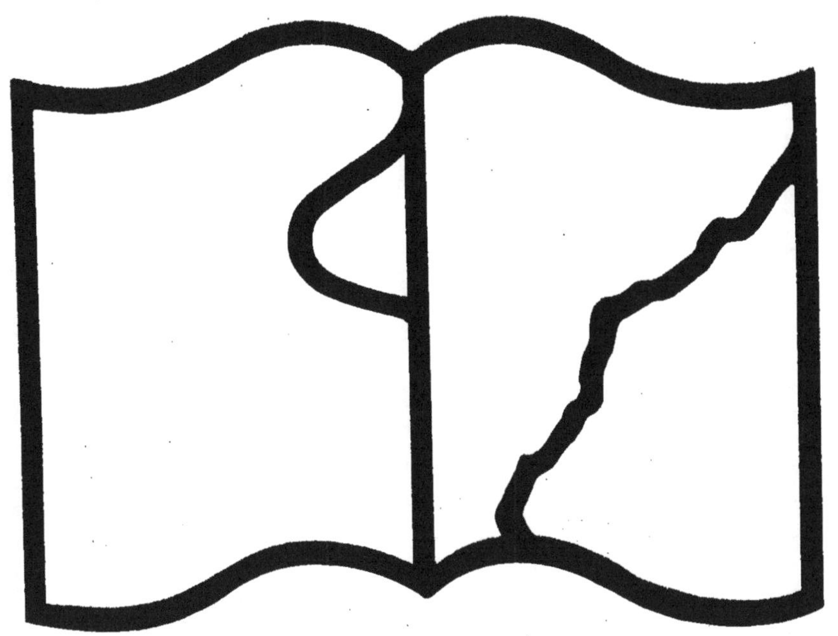

Texte détérioré — reliure défectueuse

NF Z 43-120-11

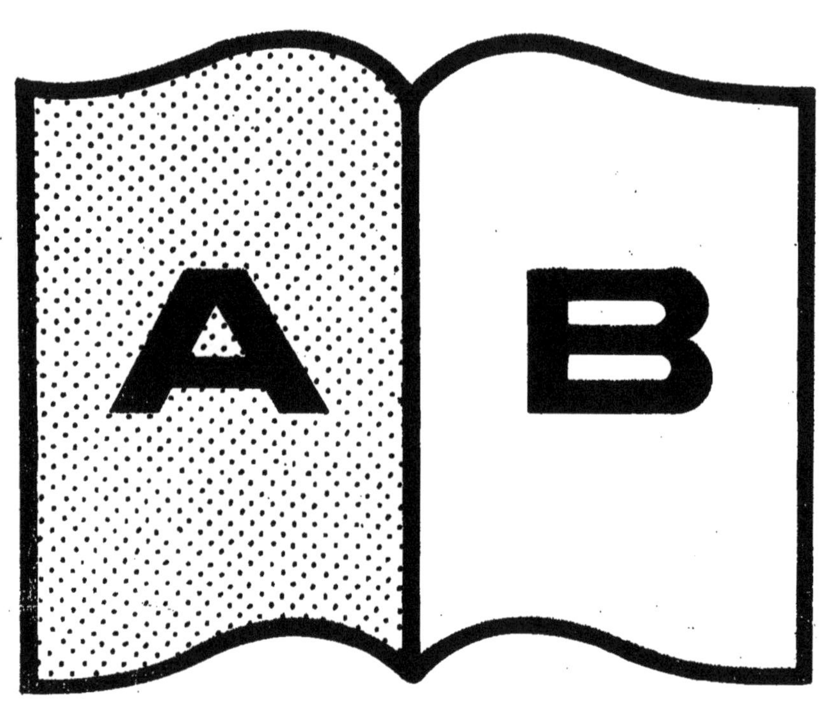
A
B

DICTIONNAIRE
FRANÇAIS-ARABE

PAR

JOSEPH J. HABEICHE
SOUS-CHEF DU BUREAU DE TRADUCTION
DE L'ADMINISTRATION DES DOMAINES
DE L'ÉTAT EGYPTIEN

في

اللغتين الفرنساوية والعربية

وهو قاموس

اعتنى بجمعه الفقير اليه تعالى الشيخ يوسف يعقوب حبيش اللبناني

TOME PREMIER

جزء اول

LE CAIRE
IMPRIMERIE « AL-MAHROUSSA » Vve LOISON & Cie
1890

DICTIONNAIRE

FRANÇAIS-ARABE

PAR

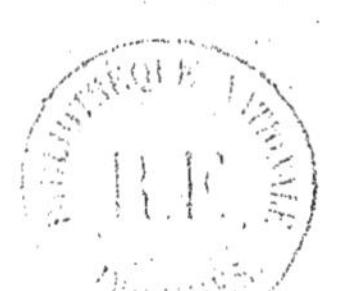

JOSEPH J. HABEICHE
SOUS CHEF DU BUREAU DE TRADUCTION
DE L'ADMINISTRATION DES DOMAINES
DE L'ÉTAT EGYPTIEN

PREMIÈRE ÉDITION

TOME I.

LE CAIRE
IMPRIMERIE DU JOURNAL « AL-MAHROUSSA »
1890.

DICTIONNAIRE
FRANÇAIS-ARABE

في

اللغتين الفرنساوية والعربية

وهو قاموس

(اعتنى بجمعهِ الفقير اليهِ تعالى الشيخ يوسف يعقوب حبيش اللبناني)

المجلّد الاوّل

« طبعة اولى »

طبع بمطبعة « المحروسة » بمصر

سنة ١٨٩٠

DICTIONNAIRE

FRANÇAIS-ARABE

PAR

JOSEPH J. HABEICHE

SOUS CHEF DU BUREAU DE TRADUCTION
DE L'ADMINISTRATION DES DOMAINES
DE L'ÉTAT EGYPTIEN

PREMIÈRE ÉDITION

TOME I.

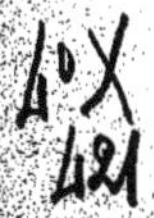

LE CAIRE
IMPRIMERIE DU JOURNAL « AL-MAHROUSSA »
1890.

Son Altesse le Prince ABBAS BEY
Héritier du Trône d'Egypte.

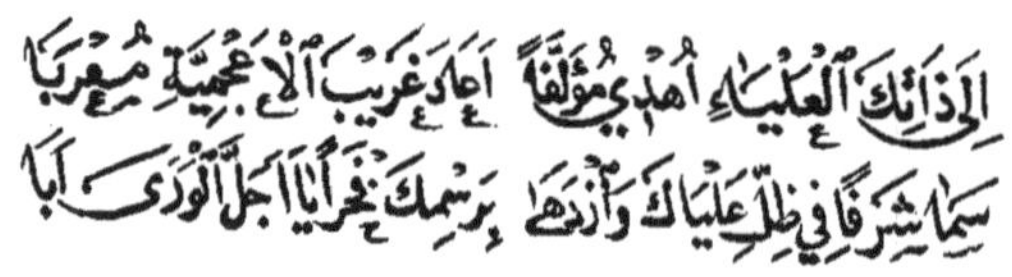

A Son Altesse Abbas Bey

Prince Héritier

Monseigneur

C'est à Votre Altesse que je prends la liberté de dédier cet Ouvrage.

Réunir dans un Dictionnaire Français-Arabe tous les mots dont, depuis quelques années, s'est enrichi le langage par suite des progrès constants des Sciences et des Arts, était un travail difficile, que bien d'autres avant moi ont en vain entrepris.

Ce travail, grâce à l'appui et aux encouragements du Gouvernement de Son Altesse le Khédive, Votre Auguste Père, plus heureux que mes devanciers, j'ai pu l'accomplir, et ai la satisfaction de

Son Altesse le Prince ABBAS BEY
Héritier du Trône d'Egypte.

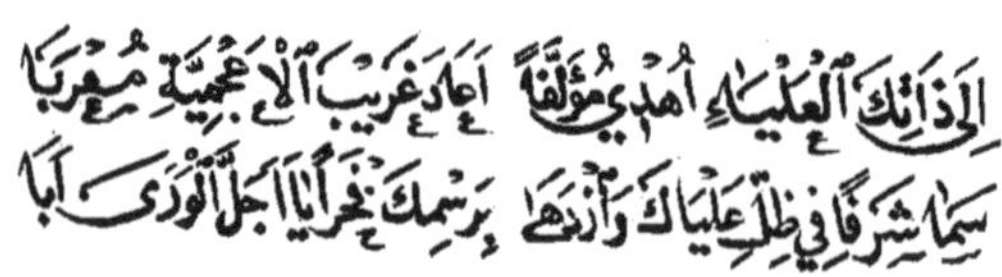

A Son Altesse Abbas Bey

Prince Héritier

Monseigneur

C'est à Votre Altesse que je prends la liberté de dédier cet Ouvrage.

Réunir dans un Dictionnaire Français-Arabe tous les mots dont, depuis quelques années, s'est enrichi le langage par suite des progrès constants des Sciences et des Arts, était un travail difficile, que bien d'autres avant moi ont en vain entrepris.

Ce travail, grâce à l'appui et aux encouragements du Gouvernement de Son Altesse le Khédive, Votre Auguste Père, plus heureux que mes devanciers, j'ai pu l'accomplir, et ai la satisfaction de présenter au public un ouvrage complet, renfermant plus de douze mille mots techniques, de droit, de médecine, d'art et de science, qui ne se trouvent dans aucun autre Dictionnaire Français-Arabe.

C'est cet ouvrage, Monseigneur, que je place sous le haut patronnage de Votre Altesse et que je dédie au Prince, ami des Lettres, des Sciences et des Arts, dont Il est appelé à devenir un jour le protecteur en Egypte.

Daignez agréer, Monseigneur, l'assurance du plus profond respect avec lequel j'ai l'honneur d'être,

De Votre Altesse.

Le très-humble et obéissant serviteur

Joseph J. Habeiche

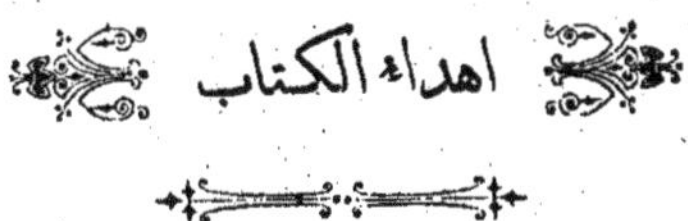

اهداء الكتاب

الى اعتاب حضرة صاحب الدولة وسمو افندم مولاي البرنس عباس بك الافخم
ولي عهد الاريكة الخديوية المصرية السنية

اني اقدِمُ بين يدي المولى الخطير هذا المعجم الذي وضعتهُ في اللغتين الفرنساوية والعربية وعنيتُ بان اجمع فيهِ الالفاظ التي زادها في اللغة تقدم العلوم والفنون في هذه السنين الاخيرة

ولا يذهب عن علم المولى السامي أن قد حاول قبلي جماعة من المؤلفين مباشرة هذا العمل العظيم ولكنهم وجدوا في سبيلهم من العقبات والمصاعب ما لواهم عن عزمهم وصرفهم عن غايتهم · اما انا فقد اسعدني الحظ وتمكنت من تذليل هذه المصاعب وتمهيد تلك العقبات وادركت الغاية التي وجهت نحوها آمالي وذاك بما نلت من التفات الحكومة الخديوية الفخيمة ومساعدتها · وها انا الآن مقدم لابناء جلدتي معجماً يحتوي على ما في اكبر القواميس الفرنسوية والعربية من الالفاظ اللغوية وعلى زهاء اثنى عشر الف كلمة من الاوضاع المعروفة في الاصطلاح القضائي والطبي والجراحي والتشريحي والرياضي والنباتي والزراعي والعسكري والملاحي والميكانيكي والبنائي وغير ذلك مما لا اثر لهُ في سائر القواميس التي أُلفت الى الآن في اللغتين الفرنسوية والعربية

وقد رأيتُ ان اجعلَ اسم المولى الخطير قلادةً في جيدهِ وفضلهُ غرَّةً في جبينهِ ليكون في ظلال حمايتهِ العالية فانهُ حرسهُ الله قد نشأ على الاخذ بناصر الآداب وتعزيز جانب المعارف والعلوم لا زالت ذاتهُ الشريفة قرَّةً لعينِ المجدِ والجلال واسمهُ الكريمُ حليةً لصدرِ الفضلِ والكمال

بنده

يوسف يعقوب

حبيش ......

INTRODUCTION

Depuis plus de quinze ans que j'exerce la profession de traducteur, les plus grandes difficultés que j'ai rencontrées ont consisté dans la reproduction de certains *termes techniques,* très simples en apparence, mais, au fond, impossibles à traduire.

Mes recherches dans les Dictionnaires existant à ce jour ne m'apprenaient rien; ces Dictionnaires, quoique pour la plupart bien faits, ne reproduisent, pourtant pas les *termes techniques* nécessaires et même indispensables pour rendre une traduction exacte et consciencieuse.

C'est donc cette lacune que j'ai cherché à combler en publiant ce Dictionnaire dans lequel j'ai réuni le plus grand nombre possible de *termes techniques,* de manière à le rendre utile aux Savants,aux Ecoles et en général à tous les traducteurs.

Quelquefois, dans la traduction arabe, on trouvera des mots anglais, français et turcs *arabisés,* notamment dans les termes techniques de mécanique, d'architecture, de stratégie, de marine, de médecine etc. etc.,

C'était indispensable, car ce sont les termes généralement employés et usités ; si j'en avais employé d'autres, je n'aurai réussi qu'à jeter la confusion dans l'esprit des hommes de science et d'art qui auraient consulté mon Dictionnaire,

Quant aux personnes qui ne sont pas familiarisées avec ces termes, elles trouveront à la suite de chaque mot une explication sommaire, mais claire et précise.

Enfin, entre plusieurs mots synonymes, je n'ai donné la prononciation figurée que d'un seul ou de deux au plus, et j'ai toujours choisi le plus usité.

J'ai voulu faire une œuvre utile et durable. Puissé-je avoir atteint mon but; ce serait pour moi la plus belle des récompenses.

JOSEPH J. HABEICHE

تمهيد

لقد مرَّت عليَّ خمس عشرة سنة في الاشتغال بالترجمة وطالما اعترضت سبيلي عقباتٌ ومصاعبُ في ترجمة الكلمات الاصطلاحيَّة التي وإن ظهرت في بعض الاحيان بمظهر البساطة فهي عقدةُ العقد ولا يهونُ وضعُها في قالبٍ عربيٍّ الاَّ بشق الانفس وإضاعة الوقت في الطلب

وكنتُ اذا رجعتُ الى القواميس الموجودة لاستوضحَ سبيلي لا اجدُ فيها ما يسهِّلُ امامي هذه العقبات ولا انكر ان بعضَ هذه القواميس متقنةٌ ومضبوطةٌ الا انها لا تقوم بترجمة الاوضاع الاصطلاحيَّة التي لا مندوحة عنها في ضبط الترجمة والحرص على المعاني المقصودة

وقد حداني هذا الامر الى عقد عرى العزم على تأليف هذا القاموس فاخذتُ باطراف السعي مردِّدًا عقب البحث على صدرهِ وواصلاً مساءَ العمل بفجرهِ غير مدَّخرٍ وسعًا ولا آلٍ جهدًا في جمع عددٍ عظيمٍ من الاوضاع الاصطلاحيَّة واضعًا ازاءَ وجهي فرضَ القيام بخدمة العلماء وطلبة المدارس وكل مشتغل بالترجمة. ويرى الناظرُ في هذا القاموس اني قد اجبتُ داعي الاضطرار وترجمت في بعض الاحيان بعض كلماتهِ بكلمات انكليزية او فرنسوية او تركية ملفوظة باحرف عربيَّة ولا سيما في الاوضاع المستعملة في الاصطلاحات الميكانيكية والبنائية والعسكرية والملاحية والطبيَّة وهلمَّ جرًّا وذاك لان هذه الكلمات الاعجميَّة هي المصطلَح عليها والغالب استعمالها ولو كنتُ عدلتُ عنها الى كلماتٍ عربيَّةٍ صريحة لما كانت اتصلت فائدة هذا القاموس الى الاطباء والجنود والمهندسين والبنائين والميكانيكيين وغيرهم من المشتغلين بالعلوم والفنون والآليات

واما مَن لا يكون له المام بهذه الاصطلاحات العلميَّة والفنيَّة والآليَّة فيرى الى جانب الالفاظ الاعجميَّة شرحًا موجزًا او تفصيلاً مجملاً يضع لديهِ هذه الالفاظ موضع الوضوح والجلاء

وقد اخترت من الكلمات العربية المترادفة الكلمة الغالب استعمالها وصوَّرتها باحرف فرنسوية مساعدةً للاجانب على لفظها

فلعلّي اكون قد ادركت الغاية التي جعلتها وجهةَ املي منذ ما شرعتُ في تأليف هذا القاموس وعسى ان تتم الفائدة المقصودة من تأليفهِ وحسبي ذلك جزاء سعيي في سبيل الادب وجهدي في خدمة اخواني المشتغلين بالترجمة

يوسف يعقوب

حبيش

EXPLICATION DES ABRÉVIATIONS ET DES SIGNES

a.	actif
adj.	adjectif
adm.	administration
adv.	adverbe
alg.	algèbre
anat.	anatomie
arch.	architecture
arithm.	arithmétique
artil.	artillerie
astron.	astronomie
bot.	botanique
card.	cardinal
chim.	chimie
chir.	chirurgie
comm.	commerce
conj.	conjonction
démonst.	démonstratif
écon. pol.	économie politique
f.	féminin
fig.	figuré
fin.	finance
fort.	fortification
géogr.	géographie
géol.	géologie
géom.	géométrie
gramm.	grammaire
hist.	histoire
hist. nat.	histoire naturelle
horl.	horlogerie
imp.	imprimerie
interj.	interjection
jurisp.	jurisprudence
littér.	littérature
loc.	locution
loc. adv.	locution adverbiale
loc. conj.	locution conjonctive
loc. prép.	locution prépositive
m.	masculin
mar.	marine
math.	mathématique
méc.	mécanique
méd.	médecine
mét.	métier
milit.	militaire
minér.	minéralogie
mus.	musique
myth.	mythologie
n.	neutre
num.	numéral
opt.	optique
ord.	ordinal
p. p.	participe passé
peint.	peinture
pharm.	pharmacie
phylos.	phylosophie
phys.	physique
physiol.	physiologie
pl.	pluriel
poss.	possessif
pr.	principal
prat.	pratique
procéd.	procédure
pron.	pronom
r.	réfléchi
rel.	relatif
réth.	réthorique
s.	substantif
sculpt.	sculpture
t. ou. *T.*	terme
théol.	théologie
v.	verbe
vétér.	vétérinaire
voy.	voyez
zool.	zoologie

L'astérisque * annonce que le mot qui le suit n'a pas de traduction en arabe et qu'il a été simplement arabisé

PRONONCIATION FIGURÉE DE CERTAINES LETTRES DE L'ALPHABET ARABE

ET LEUR ÉQUIVALENCE PAR RAPPORT À L'ALPHABET FRANÇAIS

le ج djim — équivaut au Ge ou au J français

le ح ha — est pareil l' H aspirée avec un petit effort de plus du gosier

le خ kha — la prononciation de cette lettre se produit en combinant ensembles le K et l' H aspirée par un effort du gosier et sans trop peser sur le K

le ع âyn — cette lettre se prononce en tirant du gosier les lettres portant l'accent circonflexe, elle a été représentée dans les mots figurés par les voyelles â, ê, î, ô, û.

le غ ghayn — est produit dans le texte par le gh; cette lettre se prononce identiquement comme l' R grassayé que la plupart des français prononcent notamment les Parisiens

le ق kaf — est produit dans le texte par le K; il se prononce à peu près comme cette lettre mais en le tirant du gosier

le ه hé — est exactement l'H aspirée de l'alphabet français.

La prononciation des autres lettres de l'alphabet arabe pouvant être reproduite d'un façon exacte en français et sans effort j'ai pensé qu'il était inutile d'en reproduire, ici, la prononciation figurée.

DICTIONNAIRE FRANÇAIS-ARABE

A

À prép. *Ela* الى · ل

ABAISSANT, ANTE adj. *Mohbet* مهبط · محطّ · مخفض

— au fig., humiliant *Mohin* مهين · محقر · موضع المقام

ABAISSE s.f., pâte *Rokakat* رقاقة ج رقائق وهي في اصطلاح صانعي الحلوآء طبقات العجين التي تمد لصنع الحلويات

ABAISSEMENT s.m. *Hobout* هبوط · انخفاض · انحطاط

— humiliation *Zolle* ذُلّ · حِطّة · مهانة · اهانة · وضاعة قدر

ABAISSER v.a. *Ahbata* اهبَطَ · وطّى · خفّضَ

ABAJOUE s.f. *Chadke* شدق ج اشداق او محفظة الشدق او المحفظة الغذائية وهي في بعض الحيوانات كالقرد والنسناس موضع كائن بين الخد والشدق تحفظ فيه هذه الحيوانات شيئًا من القوت وقتًا وجيزًا

ABALIÉNATION s.f., t. de jurisp. *Eskate* اسقاط · تنازل · افراغ (في القضاء)

ABALIÉNER v.a. *Askata* اسقَطَ · تنازَلَ عن · افرَغَ

ABALOURDIR v.a. *Çakkala* ثَقّلَ · جعلهُ اعمه ابله · صيرهُ ثقيل الحركة

ABANDON s.m. *Tarq* تَرْك · هَجْر

— dans l'abandon *Matrouc* متروك · مقطوع · لا سائل عنهُ

ABANDONNEMENT s.m., t. de jurisp. *Tanazol án* تنازُل عن · تَرْك · افراغ

ABANDONNER v.a. *Taraca* تَرَكَ يترُكُ · هجَرَ يهجُرُ · غادَرَ

ABAQUE s.m., t. d'arch. *Rafraf* رفرف او رَفْرَاف ج رفارف وهو في الاصطلاح الهندسي البنائي الرفراف الذي في اعلا تاج العمود

ABASOURDIR v.a. *Daouakha* دوّخَ · ادهشَ · اذهَلَ · اضاع الصواب

ABASOURDISSEMENT s.m. *Daoukhat* دوخة · دهشة · انذهال · اضاعة الصواب والرشد

ABATAGE s.m. *Katô-l-chadjar* قطع الشجر

— action de tuer les animaux *Katl ol hayaouanat* قتل الحيوانات · امانة الحيوانات

ABÂTARDIR v.a. *Afçada-l-asle* افسد الاصل · غيّرَ · بَنْدَقَ

ABÂTARDISSEMENT s.m. *Efçad ol asle* افساد الاصل · تغيير · بَندَقَة او تبندق

ABATÉE s.f., t. de mar. *Tahaoual sayr el marcab* تحوُّل سير المركب · انصرافهُ الى غير الجهة السائر اليها

ABATIS s.m., décombres *Ankad* انقاض · ردم وهو ما يستخرج من الاماكن المتهدمة من خشب وتراب وحجارة وغير ذلك

— d'animaux *Sakat* سَقَطْ · عَفْشَة وهي في اصطلاح الجزارين ما في جوف الحيوان من كرشة وكبد وراس وارجل الخ

ABAT-JOUR s.m. *Manouar* منور ج مناور

— réflecteur qui rabat la lumière de la lampe *Ghata ol kandil* غطاء القنديل · مشكاة وهي كرة توضع فوق زجاجة المصباح لتخفيف نوره

ABATTEMENT s.m. *Enqéçar kalb* انكسار قلب · انكساف بال · يأس

ABATTOIR s.m. *Salakhanat* سلخانة · مسلخ

ABATTRE v.a., renverser, démolir *Hadama* هدمَ يهدِمُ · دمَّرَ · هبَّطَ

— jeter à terre *Alka âla al arde* القى الى الارض · جندل

— ôter la force *Adaâfa ol koua* اضعف القوى · اخمَدَ

— (S') v.r. *Khamoda* خمَدَ يخمُدُ · انكسَرَ قلبهُ

— fondre sur... *Enkadda âla* انقضَّ على

ABATTU, UE p.p. d'abattre, démoli *Mahdoum* مهدوم · منهدم · خَرِب

— au fig. *Khamed* خامد · كَمِد

ABAT-VENT s.m. *Khaymat* خيمة ج خِيَم · داروند · تند ملقف ج ملاقف

ABAT-VOIX s.m. *Kobbat ol menbar* قُبَّة المنبر اي قُبَّة منبر الواعظ او الخطيب

ABBAYE s.m. *Dayr rohban* دير ج اديرة رهبان

ABBÉ s.m. *Kassis* قسيس · راهب ج رهبان

ABBESSE s.f. *Raïçat ol dayr* رئيسة الدير

ABCÉDER v.n., t. de méd. *Tadammala* تدمَّلَ · تقيَّح

ABCÈS s.m., t. de méd. *Dommal, khorradj* دُمَّل · خُرَّاج

ABDICATION s.f. *Tanazol ân el molq* تنازُلٌ عن الملك

ABDIQUER v.a. *Tanazala ân el molq* تنازَلَ عن الملك

ABDOMEN s.m. *Batn* بطن ج بطون

ABDUCTEUR s.m., t. d'anat. *Mobêed* مبعد · عضل مُبعد وهو الذي يحدث الحركة المبعدة

ABDUCTION s.f. *Tabaôd* تباعُد وهو فعل العضل المبعد

ABECQUER v.a. *Atâam al tayer* اطعم الطير · لقَّمهُ في منقارهِ · زقَّهُ

ABÉE s.f. *Bouz* بوز · مصبّ · كوَّة · وهو البوز الذي تخرج منهُ المياه التي تدير رحى الطحن

ABEILLE s.f. *Nahlat* نحلة ج نحلات او نحل

ABERRATION s.f. *En-êkas ol nour* انعكاس النور

— trouble, égarement *Ertébac* ارتباك · اضطراب الفكر · انشغال البال · ذهول

ABÊTIR v.a. *Ballaha* بلَّهَ · صيَّرَ ابله أعمه

ABÊTISSEMENT s.m. *Taballoh* تبلُّه · عَمَهٌ · بَلَهٌ

ABHORRER v.a. *Caréha* كَرِهَ يكْرَهُ · مقَتَ

ABÎME s.m. *Ouehdat* وهدة ج وهاد · هاوية ج هاويات · عمق ج اعماق · لجَّة ج لجج

ABÎMER v.a. *Atlafa* اتلَفَ · عطَّلَ · دَهَكَ يدهَكُ

AB INTESTAT loc. adv., t. de jurisp. *Bédoun ouaciyat* بدون وصية · توفي بدون وصية

AB IRATO loc. adv., *Bighadab* بغضب · باستشاطة

ABJECT, ECTE adj. *Dani* دني · ذليل · حقير · منحط القدر · وضيع المقام · مكروه

ABJECTION s.f. *Danaouat* دناوة · ذل · حقارة · مهانة · وضاعة قدر · كراهة

ABJURATION s.f. *Cofre* كفر · جحد الايمان · تغيير المذهب · المروق من الدين

ABJURER v.a. *Cafara* كَفَرَ يكفرُ · جَحَدَ يجحَدُ · مَرَقَ يمرُقُ · غيَّرَ مذهبهُ

ABLATIF s.m. *Al mafôul menhou ou ânhou* المفعول منهُ أو عنهُ

ABLATION s.f., t de chir. *Al batre* البتر · القطع · الاستئصال

ABLÉPHARON s.m., t. d'anat. *Faked ol adjfan* فاقد الاجفان

ABLUTION s.f. *Ghasle* غسل · وضوء

ABNÉGATION s.f. *Al zohde* الزُّهد · الكفر بالذات

ABOI s.m. *Nobah* نباح · عوي

— aux abois *Fi cheddat el dik* في شدة الضيق · في حالة اليأس وانقطاع الامل

ABOIEMENT ou **ABOIMENT** s.m. *Nobah* — نباح . عُوآء

ABOLIR v.a. *Algha* — الغى . بطّلَ . نسَخَ ينسَخُ

ABOLITION s.f. *Elghà* — إلغآء . ابطال . نسخ

ABOMINABLE adj. *Macrouh* — مكروه . ممقوت . مرذول . مستهجَن . مستقبح

ABOMINATION s.f. *Carahiyat* — كراهية . استهجان . مقت

ABONDAMMENT adv. *Bicasrat* — بكثرة . بغزارة . بوفرة

ABONDANCE s.f. *Casrat* — كثرة . غزارة . فيض . وفرة . سعة حال

ABONDANT, ANTE adj. *Cacir* — كثير . غزير . وافر

ABONDER v.n. *Caçora, ghazora* — كثُرَ . غزُرَ . وفُرَ

ABONNÉ, ÉE s.m. et f. *Mochtarec* — مشترك في . مستأجر . مكترٍ

ABONNEMENT s.m, *Echtérac* — اشتراك في . استئجار . اكترآء

ABONNIR v.a. *Aslaha* — اصلَحَ . حسّنَ . جوّدَ

ABORD s.m. *Mokabalat* — مقابلة . مواجهة

— d'une navire *Marça* — مرسى . المكان الذي تربط فيهِ السفينة مرساتها

— d'abord, tout d'abord loc. adv. *Aoualan* — اولاً . ابتداء

— de prime abord, dès l'abord, loc. adv. *Ala-l-badahat* — على البداهة . من اول وهلة . لاول وهلة

ABORDABLE adj. *Sahel-l-mokabalat* — سهل المقابلة . سهل الوصول اليهِ . سهل المأخذ

ABORDAGE s.m., t. de mar. *Moçadamat ol maraqeb* — مصادمة المراكب . ملاطمة

ABORDER v.n., arriver, t. de mar. *Raça* — رسى . وصَلَ يصِلُ الى

— heurter *Sadama* — صَدَمَ يصدِمُ . لطَمَ يلطِمُ

— v.a. une question *Fataha hadiçan* — فتَحَ يفتَحُ حديثًا . استهل الكلام في

— se rapprocher *Ektaraba* — اقترب . دنا يدنو

ABORIGÈNE adj. *Asli, ouatani* — اصلي . وطني

ABORNEMENT s.m. *Tahdid* — تحديد . وضع علامات للحدود

ABORNER v.a. *Haddada* — حدّدَ . وضَعَ علامات للحدود

ABORTIF, IVE adj. *Terh* — طِرْح . جنين ساقط قبل اوانهِ . نبات ناجم قبل اوانهِ

— substance provoquant l'avortement *Al maouad ol moçabbébat ol tarhe* — المواد المسببة الطرح

ABOUCHEMENT s.m. *Mouadjahat* — مواجهة . مقابلة . اجتماع

— en méd. *Encebab* — انصباب وهو في الاصطلاح الطبي جريان الدم من وعآء صغير الى وعآء اكبر منهُ من نوعهِ او من غير نوعهِ

ABOUT s.m., t. de charp. *Ouaslat* — وصلة ج وصلات . وَصَل طرَفي خشبتين (في النجارة)

ABOUTIR v.n. *Ouaçala* — وصَلَ يَصِلُ

AB OVO loc. adv. latine. *Men al asle* — من الاصل . من الابتداء

ABOYER v.n. *Nabaha* — نبَحَ ينبَحُ . عوى يعوي

ABRANCHES s.m. pl., t. de zool. *Adim ol cheëbat* — عديم الشعبة . حيوانات عديمة الشعبة الرئوية

ABRASION s.f., t. de méd. *Cachte* — كشط . كحط (في الطب)

ABRÉGÉ s.m. *Mokhtaçar* — مختصر . وجيز

ABRÉGER v.a. *Ekhtaçara* — اختصر . اوجز

ABREUVAGE s.m. *Erouà* — ارواء . سقاية

ABREUVER v.a. *Saka* — سقى يسقي . روى يروي

— le bois, t. de menuis. *Dahana-l-khachab* — دهنَ يدهَنُ الخشب . طلى يطلي (في النجارة)

ABREUVOIR s.m. *Haoude* — حوض ج حياض . مورد ج موارد مياه . منهل ج مناهل

ABRICOT s.m. *Mechmech* — مشمش

ABRICOTIER s.m. *Mechmèchat, chadjarat ol mechmech* — مشمشة . شجرة المشمش

ABRITER v.a. *Aoua* — آوى يأوي . منحَ يمنَحُ ملجاء او ملاذًا . اجارَ

— (S') v.r. *Eltadja* — التجأ . لاذَ يلوذُ . احتمى

ABROGATION s.f. *Elghâ* الغاء . ابطال قانون . نسخ

ABROGER v.a. *Algha* الغى . ابطَلَ . نَسَخَ

ABRUPT, UPTE adj. *Ouaêr* وَعِر . صعب المسالك . شاقّ

ABRUTI, IE adj. *Motaouahech* متوحش

ABRUTIR v.a. *Ouah-hacha* وحّش . جعلهُ متوحشاً

ABSENCE s.f. *Ghiab* غياب . غيبة . بعاد

ABSENT, ENTE adj. *Ghayeb* غائب . غير موجود

ABSIDE s.f., t. d'arch. *Akde kobbat el caniçat* عقد قبّة الكنيسة

ABSINTHE s.f. *Afsantine, chaybat* افسنتين . شيبة (بنات)

ABSOLU, UE adj. *Motlak* مطلق . مستقل بذاتهِ

ABSOLUMENT adv. *Motlakan* مطلقاً . على الاطلاق

ABSOLUTION s.f. *Ghofran* غفران . حلّة . تبرئة

ABSOLUTISME s.m. *Siadat motlakat* سيادة مطلقة . حكم مطلق

ABSOLUTOIRE adj. *Ghafer* غافر . مبرئ . جالب المغفرة او المسامحة

ABSORBABLE adj. *Kobel ol chorbe* قابل الشرب . قابل الابتلاع . قابل الامتصاص

ABSORBANT, ANTE adj. *Al chareb* الشارب . البالع . المبتلع . المرتشف . المتص

ABSORBER v.a. *Chariba* شَرِبَ يشرَبُ . ارتشفَ . ابتلَعَ بلَعَ يبلَعُ . امتصّ

ABSOUDRE v.a. *Ghafara* غفرَ يغفِرُ . برّأ . حلّ . سامح

ABSTÈME s.m. *Man la yachrab ol khamre* من لا يشرب الخمر

ABSTENIR v.a. *Emtanaâ* امتنعَ . امسَكَ . كفَّ يكفُّ عن

ABSTERGENT, ENTE adj., t. de méd. *Monazzef ol korouh* منظف القروح (في الطب)

ABSTERGER v.a. *Nazzafa-l-korouh* نظّفَ القروح

ABSTERSIF, IVE adj. *Al maddat ol monazzefat lel korouh* المادة المنظفة للقروح

ABSTINENCE s.f. *Emtênâ* امتناع . امساك عن . كفّ

ABSTRACTION s.f. *Hazf* حذف . تجريد . ما عدا . بصرف النظر عن . باستثناء

ABSTRACTIVEMENT adv. *Modjarradan* مجرّداً . استثناء

ABSTRAIT, AITE adj. *Modjarrad* مجرّد . ذاهل . مستغرق

ABSTRUS, USE adj. *Âcer ol fahme* عسر الفهم . صعب الادراك

ABSURDE adj. *Mostahil* مستحيل . محال . غير صوابي . صعب التصديق

ABSURDITÉ s.f. *Estêhalat* استحالة . صعوبة التصديق

ABUS s.m. *Saou el taçarrof* سؤ التصرّف . سؤ الاستعمال

— usage excessif *Efrat* افراط . تطرف . تجاوز

— **d'autorité** *Tadjaoz hadd el soltat* تجاوز حد السلطة

— **de confiance** *Khianat* خيانة . الخيانة بعد الائتمان

ABUSER v.a. *Afrata* افرط . تجاوز . تطرّفَ

— **(S')** v.r. *Enghach-cha* انغشّ . انخدعَ . اغترّ

ABUSIF, IVE adj. *Mokhalef lel kanoun* مخالف او مضاد للقانون

ACABIT s.m. *Sefat* صفة (للاشياء والاشخاص)

ACACIA s.m. *Sante* صنط . قُتنة (شجر)

ACADÉMICIEN s.m. *ôdou fi madjmâ el ôlama* عضو في مجمع العلماء

ACADÉMIE s.f. *Madjma el ôlama* مجمع ج مجامع العلماء

ACAGNARDER v.a. *âouada âla el caçal* عوّد على الكسل

* **ACAJOU** s.m. *Khachab mohodjan* خشب مهوجن . كابلي

ACANTHE s.f. *Choucat ol yahoud* شوكة اليهود . سليخ « نبات »

ACARE s.m. *Hayaouan ol djarab* حيوان الجرب

ACARIÂTRE adj. *Charès ol akhlak* شرس الاخلاق . سيّ الطبع

ACAULE s.m., t. de bot. *Hendêba* هندباء « نبات »

ACCABLANT, ANTE adj. *Motêêb* متعب . ثقيل . مهلك . مضنك

ACCABLEMENT s.m. *Taâb* تعب . ضعف . عجز . عناء

ACCABLER v.a. *Atâaba* اتعب . اعيا . اثقل . اضنك

ACCALMÉE ou **ACCALMIE** s.f. t. de mar. *Ghallinat* غلينة . سكون الهواء في البحر (في الملاحة)

ACCAPAREMENT s.m. *Estehouaz* — استحواز . ضبْط . احاطة . تعدّي . طمع

ACCAPARER v.a. *Estahouaza* — استحوز . ضبطَ « يضبُطُ » احاطَ . تعدّى طمِعَ

ACCAPAREUR, EUSE adj. *Mostahouez* — مستحوِز . ضابط . محيط . متعدٍ . طامع

ACCÉDER v.n. *Kabèla* — قَبِل يَقبَلُ . رضيَ برِضَى

ACCÉLÉRER v.a. *Adj-djala* — عجّلَ حثّ يحُثّ على الاسراع

ACCÉLÉRATION s.f. *Estê-djal* — استعجال . حثّ على الاسراع

ACCENT s.m. *Lahdjat* — لهجة . نطق . لفظ

— (signe) *Harakat* — حركة ج حركات . شكل ج اشكال

ACCENTUATION s.f. *Tahrik* — تحريك . تشكيل

ACCENTUER v.a. *Harraka* — حرّكَ . شكّلَ

ACCEPTABLE adj. *Makboul* — مقبول . مرضٍ

ACCEPTATION s.f. *Koboul* — قبول . رضاء

ACCEPTER v.a. *Kabèla* — قَبِلَ يقبَلُ . رضيَ برضَى . استنسب

ACCEPTION s.f. *Mâna kououat el kalam* — معنى قوة الكلام

ACCÈS s.m. *Korbe* — قُرب . وصول . دخول

— entrée *Madkhal* — مدخل ج مداخل . معبر ج معابر

— de fièvre *Dor homma* — دور حُمّى . نوبة ج نُوَب . سورة الحُمّى

— de colère *Ghadab* — غضَب . سورة الغضب

ACCESSIBLE adj. *Sahl-ol-ektêrab* — سهلُ الاقتراب . هيّن الوصول اليه . بشوش . سهل المأخذ والمقابلة

ACCESSION s.f. *Koboul* — قبول . رضاء

— t. de jurisp. *Edafat-ol-molhakat lel malek* — اضافة الملحقات للمالك « في الاصطلاح القضائي »

ACCESSOIRE adj. *Tabê* — تابع . طارئ . لاحق

ACCIDENT s.m. *Âred* — عارض ج عوارض . حادث ج حوادث . طارئ ج طوارئ

— par accident loc. adv. *Bêtarik el ârad* — بطريق العَرَض . صدفة

ACCIDENTÉ, ÉE adj. *Ghayr mostaoui* — غير مستوٍ

ACCIDENTEL, ELLE adj. *Âradi* — عرضي

ACCIPITRE s.m. *Kacer* — كاسر ج كواسر . جارح ج جوارح « من صفات الطيور فقط »

ACCLAMATION f.s. *Doâ* — دُعاء . تهليل

ACCLIMATATION s.f. *Taballod* — تبلّد . تعوّد على الهواء

ACCLIMATER v.a. *Ballada* — بلّدَ . عوّدَ على هواء البلد

— (S') v.r. *Taballada* — تبلّد . تعوّد على هواء البلد

ACCOINTANCE s.f. *Moâcharat* — معاشرة . مخالطة

ACCOINTER (S') v.r. *Âchara* — عاشر . خالط

ACCOLADE s.f. *Moçafahat* — مُصافحة

ACCOLAGE s.m. *Tarbit draye-ch el ênab* — تربيط عرائش العنب . تسنيد دوالي الكرمة

ACCOLURE s.f. *Rêbat* — رباط ج رُبُط . بند ج بنود

ACCOMODANT, ANTE adj. *Motaçahel* — مُتساهل . موادع

ACCOMODEMENT s.m. *Moçalahat* — مصالحة . موافقة

ACCOMPAGNEMENT s.m. *Morafakat* — مرافقة . استصحاب

ACCOMPAGNER v.a. *Rafaka* — رافقَ . وافقَ . صاحبَ

ACCOMPLI, IE adj. *Kamel* — كامل . تام . وافي

ACCOMPLIR v.a. *Kammala* — كمّل اتمّ . انجز . اوفى . انهى

ACCOMPLISSEMENT s.m. *Takmil* — تكميل . اتمام . انجاز . ايفاء

ACCORAGE s.m. t. de mar. *Tasnid el markab* — تسنيد المركب

ACCORD s.m. *Ettefak* — اتفاق . عهد ج عهود . شرط ج شروط . موافقة . ميثاق ج مواثيق

ACCORDAILLES s.f. pl. *Khotbat* — خطبة (خطوبة) عقد عهد الزواج

ACCORDER v.a. *Manaha* — منح يمنح . أكرم على . اعطى رخّص

— un instrument *Daouzana* — دوزن . وفّق مع

ACCORDOIR s.m. t. de mus. *Moftahe* — مفتاح (لآلات الطرب كالقانون وغيره)

— t. d'arch. *Moftahe lel haoua* — مفتاح للهواء (في الاصطلاح الهندسي البنائي)

ACCORE s.m. *Masnad khachab* — مسند خشب (سندة)

— s.m. t. de mar. *Racif kachab lel marakeb* — رصيف خشب للمراكب

ACCORT, ORTE adj. *Chater* — شاطر. ذكي . حاد الذهن

ACCORTISE s.f. *Latafat* — لطافة . بشاشة . ذكاء

ACCOSTABLE adj. *Sahl-ol mokabalat* — سهلُ المقابلة . موآنس . بشوش

ACCOSTER v.a. *Takarraba men* — تقرّب من . دنا يدنو

ACCOTEMENT s.m.t.de ponts et chaussées *Racif* — رصيف ج ارصفة . حرف ج حروف (في اصطلاح هندسة الطرق والجسور

ACCOTER v.a. t. de mar. *Asnada* — أسند . سنّد

ACCOTOIR s.m. *Masnad* — مسند (سندة)

ACCOUCHÉE s.f. *Nofaça* — نُفساء ج نوافس

ACCOUCHEMENT s.m. *Néfas* ou *oueladat* — نفاس . ولادة

ACCOUCHER v.n. *Oualadat* — وَلَدَت (تَلِدُ) . وضعت (تَضَعُ)

ACCOUCHEUSE s.f. *Dayat* — داية ج دايات . قابلة ج قوابل . مولّدة ج مولدات

ACCOUDER (S') v.r. *Ittakaa* — إتكأ . استند

ACCOUDOIR s.m. *Mottaka* — متكأ ج متكآت . مسند ج مساند

ACCOUER v.a. *Katera* — قَطَر يقطُرُ . ربط الحيوانات بعضها بذيل بعض

ACCOUPLEMENT s.m. *Ezouadj* — ازواج

ACCOUPLER v.a. *Zaouadja* — زوّج . قرن (يقرُنُ)

ACCOURCIR v.a. *Kassara* — قصّر

ACCOURCISSEMENT s.m. *Takcir* — تقصير

ACCOURIR v.n. *Djara* — جرى (يجري) . بادر . اسرع . استعجل

ACCOUTREMENT s.m *Lebse* — لبس . هندام . كسم . زيّ ج ازياء

ACCOUTRER v.a. *Albaça* — البس (زيّى بزيّ غير مألوف)

ACCOUTUMANCE s.f *Al tadouod âla* — التعود على . اكتساب عادة

ACCOUTUMÉ, ÉE p.p. et adj. *Motadoued* — متعوّد

ACCOUTUMER v.a. *Aouada* — عوّد

— (S') *Tadouada* — تعوّد

ACCRÉDITER v.a. *Ouassa* — وصّى . فتح كريديتو

ACCROC s.m. *Cherth* — شرط . خزق . مِزق

ACCROCHER v.a. *Allaka* — علّق . شبّك

ACCROIRE v.a. *Hassan al kezbe* — حسّن الكذب . جعل الكذب قابل التصديق . طلى الكلام

ACCROISSEMENT s.m. *Nomou* ou *Ziadat* — نموّ . زيادة . تكاثر

ACCROÎTRE v.n. *Nama* — نما (ينمو) . زاد (يزيدُ) تكاثر

ACCROUPIR (S') v.r. *Tarabbad* — تربّع . برك (يبرُكُ)

ACCROUPISSEMENT s. m. *Tarabbôb* — تربّع . بروك

ACCRUE s.f. *Emtedad* — امتداد . تزايد

ACCUEIL s.m. *Estekbal* — استقبال . ملاقاة

— (bon) *Tarahhob* — ترحّب . استرحاب

ACCUEILLIR v.a. *Laka* — لاقى . استقبل . رحّب . ترحّب

ACCUL s.m. *Atfat ghayr nafezat* — عطفة غير نافذة . زُقاق ج ازقة

ACCULEMENT s.m. *Tadiyk* — تضييق . حصر . (حشر)

ACCULER v.a. *Dayaka* ضيّق على . حَصَرَ يَحْصُرُ

ACCULER (S') v.r. *Estanada ila* استند الى . اتكأ

ACCUMULATION s.f. *Tadjammoh* تجمّع . تكوّم . تلبّد

ACCUMULER v.a. *Kaou-ouama* كوّمَ . جمّعَ . لبّدَ

ACCUSATEUR, TRICE s.m. *Mottahem* متهِم . مشتكٍ

ACCUSATION s.f. *Tohamat* تهمة ج تهم . شكوى ج شكاوي

ACCUSÉ, ÉE s.m. *Mottaham* متّهم . مشتكى عليه

ACCUSER v.a. *Athama* اتهمَ . اشتكى على . شكا (يشكو)

— blâmer *Lama* لامَ . يلومُ عيّرَ . فنّدَ

— réception *âata ouaçlan* اعطى وصلاً

— (S') v.r. *Akarra* اقرّ . اعترفَ

ACÉPHALE adj. t. d'hist. nat. *Bedoun ras* بدون رأس (في التاريخ الطبيعي)

ACÉRAIN, AINE adj. *Solbi* ou *foulazi* صلبي . فولاذي

ACERBE adj. *Kaci* قاسٍ . مرٌّ .

ACERBITÉ s.f. *Kaçaouat* قساوة مرارة

ACÉRÉ, ÉE adj. *Kaci* قاسٍ . حادّ . صلِب

ACÉRER v.a. *Laham al hadid bel solbe* لحم الحديد بالصلب اي بالفولاذ

ACÉTATE s.m. *Khallate* خلاّت (في الاصطلاح الكيماوي)

ACÉTEUX, EUSE adj. *Khalli ol taâme* خلّيّ الطعم

ACÉTIFIER v.a. *Khallala* خلّل . صيّر طعمهُ خليًّا

ACÉTIQUE adj. *Khallik* خلّيك . خلّيّ (في الاصطلاح الكيماوي)

ACHALANDAGE s.m. *Tartib ol zabayen* ترتيب الزباين . جلب الزباين (في المعاملات)

ACHALANDER v.a. *Rabba-l-zabayen* ربّى الزباين . جلب (يجلِبُ) الزباين

ACHARNÉ, ÉE adj. *Ânid* عنيدٌ . حادٌّ . شديد في العمل

ACHARNEMENT s.m. *Ênad* عناد . حرارة . شدة في العمل

ACHAT s.m. *Chèra* شراء . مشترى . ابتياع

ACHE s.f. *Hacha* حاشا وهونوع من البقدونس (نبات)

ACHEMINER v.a. *Takaddama* تقدّمَ . سار نحو (يسيرُ) تمشّى

ACHETER v.a. *Echtara* إشترى . شرى (يشري) ابتاع

ACHETEUR, SE s.m. *Mochtari* مشترٍ . شارٍ . مبتاع

ACHEVÉ, ÉE adj. *Montahi* ou *tam* منتهٍ . تام . مكمّل

ACHÈVEMENT s.m. *Tatmim* تتميم . اكمال . فراغ انجاز . انهاء

ACHEVER v.a. *Tammama* تمّمَ . اكمل . فرغ من (يفرَغُ) أنجزَ . انهى

ACHOPPEMENT s.m. *âçrat* عثرة ج عثرات . عقبة

ACIDE s.m. t. de chim. *Homde* حمض (في الاصطلاح الكيماوي

— adj. *Hamed* حامض ج حوامض

ACIDITÉ s.f. *Hemoudat* حموضة

ACIDULÉ, ÉE adj. *Zou taâm hamed* ذو طعم حامض . محمّض . حويمضي

ACIDULER v.a. *Hamouda* حمُض (يحمُضُ) . حمّض

ACIER s.m. *Solbe, foulaze* صلب . فولاذ . بولاد

— laminé *Solbe modjallakhe* صلب مجلخ في (اصطلاح الورشات)

— de cémentation *Soble mohabbab* صلب محبب

— fondu *Solbe nammour* صلب نمور (في اصطلاح الورشات)

ACIÉRAGE s.m. *El taçallob* التصلّب . الاستحالة الى الفولاذ او الصلب

ACIÉRER v.a. *Taçallab al hadid* تصلّب الحديد . صار فولاذًا

ACIÉRIE s.f. *Ouarchat le âmal el solbe* ورشة يصنع بها الصلب اي الفولاذ

*ACNÉ ou ACMÉ s.f.en méd. *Akana* اكنه «في الاصطلاح الطبي»

ACOLYTE s.m. *Chemmas* شماس ج شمامسة . شمعداني

ACOMPTE s.m. *Keste* قسط ج اقساط . دفعة من اصل مبلغ

ACONIT s.m. en bot. *Biche* ou *khanek el dib* بش . خانق الذئب . (نبات

ACOQUINER (S') v.r. *Taoualláa* تولّع طمِعَ (يطمَعُ) . تعلق شديدًا

ACOUSTIQUE s.f. *élme el samaâ* علم السماع

— tuyau *Anboub lel takallom* انبوب للتكلم من محل الى آخر

ACQUÉREUR z.m. *Mouchtari* مشترٍ . شارٍ . مبتاع

ACQUÉRIR v.a. *Achtara* اشترى . حصل (يحصُلُ) على . اكتسب . نال (ينالُ) . تملك . حاز . يحوزُ

ACQUÊT s.m. t. de jurisp. *Ékar momtalak bel hèbat* عقار ممتلك بالهبة او بالوصاية

ACQUIESCEMENT s.m. *Koboul* قبول . رضاء

ACQUIESCER v.a. *Kabila* قبِل (يقبَلُ) . رضي (يرضي) . ارتضى

ACQUIS, ISE p.p. d'acquérir *Moktaçab* ou *momtalak* مكتسب . ممتلك . محصل

ACQUISITION s.f. *Chéra* ou *emtélak* شراء . امتلاك . تحصيل . نوال

ACQUIT s.m. *Ouasle* وصل ج وصولات . ايصال ج ايصالات . مخالصة

ACQUITTEMENT s.m. d'une dette *Ouafa* وفاء مخالصة . تسديد

— d'un accusé *Tabriat* تبرئة . تبرير

ACQUITTER v.a. *Ouafa* وفى (يفي) . دفع (يدفعُ) سدّد

— un accusé *Barra* برّئ . برّر

— (S') v.r. *Kada oua. djébatoh* قضى (يقضي) واجبانه أم فروضة

ÂCRE adj. *Had* ou *Karès* حاد . قارص

ÂCRETÉ s.f. *Heddat* حدّة . قرص . لذعة

ACRIMONIE s.f. *Kaçaouat* قساوة . جفاء

ACROBATE s.m. *Bahlaouane* بهلوان

ACROTÈRE s.m. t. d'arch. *Korci* ou *kaêdat* كرسي ج كراسي . قاعدة تمثال (في الاصطلاح الهندسي البنائي)

— de balustrade *Kayem el darabzine* قائم الدرابزين

ACTE s.m. *âmal* عمل ج اعمال . فعل ج افعال

— t. de jurisp. *âkde* عقد ج عقود (في الاصطلاح القضائي)

— juridique t. de jurisp. *Fatoua* فتوى ج فتاوي (في الاصطلاح الفقهي)

— de propriété *Hedjat tamlik* حجة ج حجج تمليك . (في الاصطلاح الفقهي)

— authentique *âkde charîi* ou *rasmi* صك شرعي . عقد رسمي . سند ج سندات

— translatif gratuit *âkde tabarrô* عقد تبرع «في الاصطلاح الفقهي»

ACTEUR s.m. t. de théâtre *Mochakhès* مشخص . ممثل (في المرسح)

ACTIF adj. *Nachit* نشيط . فعّال . صاحب همة

— vif, diligent *Modjtahed* مجتهد . حاد في الاعمال

— opposé de passif t. de comm. *Maoudjoudate* موجودات «في الاصطلاح التجاري»

ACTION s.f. *âmal* عمل . فعل

— combat *Kétal* قتال . معركة . ج معارك موقعة ج مواقع

— valeur financière *Sahme mali* سهم مالي «في الاصطلاح التجاري»

— de grâce *Chocre* شكر . حمد

ACTIONNAIRE s.m. t. de fin. *Moçahem* مساهم . صاحب السهم شريك

ACTIONNER v.a. t. de jurisp. *Akama kadiat âla* — اقام قضية على . رفع « يرفعُ » دعوى على (في الاصطلاح القضائي

— une machine t. de méc. *Harraka* — حرّك . ادار «في الاصطلاح الميكانيكي »

ACTIVEMENT adv. *Be-ehte-mam* — باهتمام . بحماسة . بسرعة . بحمية

ACTIVER v.a. *Estahamma* — استهمّ . حثّ (يحثّ) استنهض

ACTIVITÉ s.f. *Nachat* — نشاط . قوة . مروة . حماسة . حمية

ACTUALITÉ s.f. *Hadès ouakti* — حادث وقتي . شيء حاضري

ACTUEL adj. *Fil-hader* — في الحاضر . كائن الان . حاضر

ACTUELLEMENT adv. *Fil-ouakte el hader* — في الوقت الحاضر . حاليًّا

ACUITÉ s.f. *Heddat* — حدّة

ACUPONCTURE s.f. t. de chir. *Al ouakhz ol-êbri* — الوخز الابري «في الاصطلاح الجراحي »

ACUTANGLE adj. en géom. *Zou zaouaya haddat* — ذو زوايا حادة

ADAGE s.m. *Maçal madroub* — مثل مضروب

ADAGIO s.m. t. de mus. *(adagio) rouaydan rouaydan* — رويدًا رويدًا « في الاصطلاح الموسيقي »

ADAMANTIN adj. *Maci* — ماسي . قاسٍ ولامع كالماس « الماسي »

ADAMIQUE adj. *Adami* — آدمي

ADAPTATION s.f. *Tarkib âla* — تركيب على موافقة . تطبيق . مناسبة

ADAPTER v.a. *Rakkaba âla* — ركّب على . وفّق . طبّق . ناسب

ADDITION s.f. *Djmeê* — جمع . إضافة

ADDUCTEUR adj. t. d'anat. *âdal mokarreb* — عضل مقرّب . مقرب « في الاصطلاح التشريحي »

ADDUCTION s.f. *Takrib* — تقريب

ADEMPTION s.f. révocation d'un legs, d'une donation *Al redjoû ân hêbat ou al redjoû ân ouaciat* — الرجوع عن هبة او وصية

ADÉNALGIE s.f. t. de méd. *Alam ol ghodad* — ألم الغُدد «في الاصطلاح الطبي

ADÉNITE s.f. t. de méd. *Eltêhab ol ghodad* — التهاب الغُدد « في الاصطلاح الطبي »

ADÉNOLOGIE s.f. t. de méd. *Al êlm ol bahès âmma yataâllak bel ghodad* — العلم الباحث عما يتعلق بالغدد

ADÉNOME s.m. t. de méd. *Ouaram ol ghodad* — ورم الغُدد

ADÉNOPATHIE s.f. t. de méd. *Marad el ghodad* — مرض الغُدَد

ADENT s.m. t. de men. *Senne ol tadchik* — سنّ التعشيق « في اصطلاح النجارين »

ADEPTE s.m. *Tabê* — تابع . داخل في . منخرط في

ADÉQUAT, ATE adj. en phil. *Kamel* — كامل . تام . مستوفٍ

ADHÉRENCE s.f. *Elteçak* — التصاق . اتحاد . التحام

ADHÉRENT, ENTE adj. *Moltacek* — ملتصق . متّحد . ملتحم

ADHÉRER v.n. *Eltaçaka* — التصق . التحم . اتّحد

— (fig.) *Tabaâ* — تبعَ « يتبعُ » وافق

— t. de pratique *Kabila, saddaka* — قبل . يقبلُ . صدّق

ADHÉSION s.f. *Koboul* — قبول . مصادقة

— *Elteçak* — التصاق . اتحاد

ADIEU loc. adv. *Aouadêâk* — اودعك . خاطرك . الوداع

ADIPEUX, EUSE adj. *Dehni* — دهني

ADIPSIE s.f. t. de méd. *Fakde ol âtach* — فقد العطش

ADIRER v.a. t. de jur. *Adaâa* — اضاعَ . فقَدَ « يفقِدُ » . ضيع «في الاصطلاح القضائي»

ADJACENT, ENTE adj. *Molacek* — ملاصق . مجاور

ADJECTIF s.m. *Naât* — نعت . صفة

ADJECTIVEMENT adv. *Nêâtan* — نعتًا . وصفًا

ADJOINDRE v.a. *Damma ela* — ضمّ « يضمُّ » الى . اضافَ

ADJOINT adj. *Moudouen* — معاون ج معاونون . نائب

ADJONCTION s.f. *Edafat* — إضافة . ضمّ

ADJUDANT s.m. *Moudouen* معاون . نائب . مساعد ج مساعدون

ADJUDANT-MAJOR s.m. *sagh-kol-aghaci* صاغقول اغاسي

ADJUDICATAIRE s.m. *Al raci âleh mazad* الراسي عليه مزاد اومناقصة

ADJUDICATIF, IVE adj. t. de jurisp. *Motaâllek bel mazad* متعلق بالمزاد او بالمناقصة

ADJUDICATION s.f. *Mozayadat* ou *monakaçat* مزايدة ج مزايدات . مناقصة ج مناقصات . اومرسى المناقصة او المزايدة

ADJURATION s.f. *Taksim* تقسيم . اقسام . استحلاف لخروج الارواح الشيطانية

ADJURER v.a. *kassama* قسّم . اقسم على . ناشد . استحلف

ADJUVANT, ANTE adj. en pharm. *Moçaêd* مساعد « في الاصطلاح الصيدلي »

ADMETTRE v.a. *Rada* رضي « يرضى » قبل « يقبَلُ »

ADMINICULE s.m. t. de juris. *Moçaêd lel esbate* اثبات ابتدائي او مساعد للاثبات

ADMINISTRATEUR s.m. *Moudir* ou *raïs idara* مدير . وكيل . رئيس ادارة

ADMINISTRATION s.f. *Idarat* ادارة ج ادارات . مصلحة ج مصالح

— des sacrements *Manhe el asrar* منح الاسرار او توزيعها

ADMIRABLE adj. *Adjib* عجيب . غريب . مدهش . مذهل

ADMIRATEUR s.m. *Môdjeb* معجب . مطنب

ADMIRATION s.f. *Taâdjob* تعجب . عجب . انذهال

ADMIRER v.a. *Taâdjaba* تعجب . اندهش . انذهل

ADMISSIBLE adj. *Mohtamal* محتمل . مقبول . معقول

ADMISSION s.f. *Koboul* قبول

ADMONESTATION s.f. *Taoubikh* توبيخ . تونيب . لوم

ADMONESTER v.a. *Ouabbakha* وبّخ . ونّب . لامَ « يلومُ »

ADMONITION s.f. *Enzar* تنبيه ج تنبيهات انذار ج انذارات

ADOLESCENCE s.f. *Cheboubiat* شبوبية . سن الصبا

ADOLESCENT s.m. *Chab* شاب ج شبان يافع ج يَفَعَة

ADONISER v.a. *Tazaouaka* تزوق . تزخرف

ADONNÉ, ÉE p.p. *Metouallê* متولع . منصب على

ADONNER (S') v.a. *Taouallaâ* تولع . انصبّ على

ADOPTÉ, ÉE p.p. *Mottak'ez* متخذ . مختار . منتخب

ADOPTER v.a. *Attakhaza* إتخذ . اختار . انتخب

— prendre pour fils *Attakhaza ebnan, tabanna* اتخذ ابنًا . تبنّى « تبناه بالذخيرة »

ADOPTIF, IVE adj. *Ebne bezzekhirat* ابن بالذخيرة

ADORABLE adj. *Maâboud* معبود . يُعبد . يسجد له

ADORATEUR s.m. *âbed* عابد . ساجد

ADORATION s.f. *Êbadat* عبادة . سجود

ADOS s.m. t. d'agr. *Betne* en Egypte *Talme* en Syrie بتن . تلم « في الاصطلاح الزراعي »

ADOSSER v.a. *Asnada âla* اسند على . أتكأ على

— (S') v.r. *Astanada* استند . إتكأ

ADOUCIR v.a. rendre doux *Halla* حلّي

— ôter les qualité qui blessent *Naâma* نعم . ليّن

— les souffrances *Khaffafa* خفّف . لطّف

— polir, ôter les aspérités *Sakala* صقل « يصقُلُ » نعّم

ADOUCISSANT, ANTE adj. *Mohalli* محلّ . ملطف . ملين

ADRAGANT ou **ADRAGANTE** adj. gomme adragante *Ketirat* كثيراء . صمغ الكثيراء « وهو نوع من الصمغ »

ADRESSE s.f. d'une lettre *ênouan* عنوان

— d'une maison *Taârif el manzel* تعريف المنزل

— dextérité *Kheffat* خفّة . رشاقة . صنعة

— ruse *Hilat* حيلة . دهاء . مكر

ADRESSER v.a. *Arsala* ارسل . بعث . صدّر الى

ADRESSER v.a. la parole *Khataba* — خاطب . تكلم مع حادث

— **(S')** v.r. *Saala* — سأل . تقدم الى

ADROIT adj. *Khafif* — خفيف . ماهر . بارع . حاذق . رشيق

ADROITEMENT adv. *Bèkheffat* — بخفة . برشاقة . بحذق . بمهارة . ببراعة

ADULATEUR s.m. *Mallak* — ملاق . مملق . مداهن . مدلس

ADULATION s.f. *Tamlik* — تمليق . مخادعة . مداهنة . تدليس

ADULTE adj. *Chab* — شاب ج شبان . بالغ

ADULTÉRATION s.f. en juris. *Tazouir* — تزوير . « في الاصطلاح القضائي»

ADULTÈRE s.m. *Zèna* — زنا . فسق

— adj. *Zani* — زان ج زناة . فاسق ج فساق

ADUSTE adj. en méd. *Asmar ol laoun* — اسمر اللون « في الاصطلاح الطبي»

ADUSTION s.f. en méd. *Al kaï ben-nar* — الكي بالنار

ADVENIR v.a. *Hadaça* ou *haçala baghtatan* — حدث « يحدث» حصل «يحصل» بغتة . جد « يجد» فجأة

ADVENTICE adj. *Hadès, hacel* — حادث حاصل مجهول الاصل

ADVERBE s.m. *Zarf zaman* ou *zarf makan* — ظرف زمان ومكان « في الاصطلاح الغراماطيقي»

ADVERSAIRE s.m. *Khasme* — خصم ج خصوم غريم ج غرما

ADVERSITÉ s.f. *Cheddat* — شدة مصيبة ضيق

ADYNAMIE s.f. t. de méd. *Doôf ol koua* — ضعف القوى « في الاصطلاح الطبي »

AÉRATION s.f. *Tahouiat* ou *djalb el haoua* — تهوية جلب الهواء الى المنازل وغيرها

AÉRÉ adj. *Mohoui* — مهوى محنو على الهواء

AÉRER v.a. *Haaoua* — هوّى . جلب « يجلب » الهواء

AÉRIEN adj. *Haouaï* — هوائي

AÉROGRAPHIE s.f. *Charhe motadllek belbahse ân el haoua* — شرح متعلق بالبحث عن الهواء

AÉROLITHE s.m. *Hadjar samaoui* — حجر سماوي

AÉROMANCIE s.f. *Al tanjime be-ouastet zaouaher el haoua* — التنجيم بواسطة ظواهر الهواء

AÉROMÈTRE s.m. *Mizan ol haoua* — ميزان الهواء

AÉRONAUTE s.m. *Moçafer fil-haoua* ou *fil ballon* — مسافر في المنطاد . في البالون

AÉROSTAT s.m. *Mentad* ou *Ballon* — منطاد « بالون » قبة هوائية

AÉTITE s.f. *Hadjar ol nasre* — حجر النسر ثالث اوكسيد الحديد « في الاصطلاح الكيماوي »

AFFABILITÉ s.f. *Latafat* — لطافة . بشاشة

AFFABLE adj. *Latif* — لطيف . بشوش

AFFADIR v.a *karrafa* — قرّف . اتفه

AFFADISSEMENT s.m. *karaf* — قرف . تفه

AFFAIBLIR v.a. *Dadfa* — ضعّف اضعف اسقم

AFFAIBLISSEMENT s.m. *Doôf* — ضعف انحطاط قوى سقام

AFFAIRE s.f. *Choghle* — شغل مصلحة . غرض

— procès *kadiat* ou *dâoua* — قضية ج قضايا . دعوى ج دعاوي

— embarras *Ertebak* — ارتباك ج ارتباكات عرقلة ج عراقل

— querelle combat *kètal* — قتال واقعة معركة

AFFAIRÉ adj. *Machghoul* — مشغول مرتبك

AFFAISSEMENT s.m. *Hobout* — هبوط سقوط ضعف انحطاط

AFFAITER v.a. *Alafa* — آلف . أنس

AFFAMER v.a. *Djaouda* — جوّع

AFFECTATION s.f. *Taçonnó* تصنّع تظاهر

— t. de droit *Ekhtéças el dayen bi ókar médineh* اختصاص الداين بعقار مدينه

— hypothécaire *El rahne el djabri* الرهن الجبري

AFFECTÉ adj. *Motçanné* متصنّع · متظاهر

AFFECTER v.a. *Taçannâ* تصنّع · تظاهر

— (S') *Anghammâ* انغمّ حزن يحزنُ " تأثر

AFFECTION s.f. *Maouaddat* مودة محبة انعطاف ميل

— maladie *Îllat* علّة مرض

AFFECTIONNER v.a. *Ouadda* ودّ " يودّ " حبّ « يحبّ » انعطف

AFFECTUEUSEMENT adv. *Bimaoueddat* بمودةٍ بودادٍ . بمحبة بانعطافٍ

AFFECTUEUX, EUSE adj. *Moouedde* مود محب منعطف

AFFÉNER v.a *âllaf el maouachi* علّف المواشي

AFFÉRENT, ENTE adj. *Khas bi* خاص ب · تابع الى متعلق ب

AFFERMAGE s.m. *Tadjir* تأجير " مختص بالاراضي

AFFERMER v.a. *Adjara* اجّر " مختص بالاراضي

AFFERMIR v.a. *Makkana* مكّن اثبت ثبّتَ، وطّدَ

AFFERMISSEMENT s.m. *Tamkine* تمكين توطيد تثبيت

AFFÉTÉ, ÉE adj. *Motdallel* متدلل · متصنع « متدلع متشخلع »

AFFÉTERIE s.m. *Tadallol* تصنع تدلّـل " تدلع تشخلُع "

AFFICHAGE s.m. *Taâlik* ou *talsik el êêlanat* تعليق او تلصيق الاعلانات

AFFICHE s.f. *Êlan* اعلان ج اعلانات

AFFICHER v.a. *âllaka êlan* علّق اعلاناً

— ou fig. *Tazahara* تظاهر تشامخ تباهى

AFFIDÉ, ÉE adj. *Motaman* ou *maoudoû cikat* مؤتمن موضوع ثقة · امين

AFFILAGE s.m. *Sanne* سن الآلات الحادة شحذ

AFFILÉ, ÉE adj. *Maçnoun* مسنون حاد قاطع

AFFILER v.a *Sanna* سنّ " يسنّ " شحذ « يشحذ »

AFFILERIE s.f. *Ouarchat sanne* ورشة لسن الآلات الحادة ورشة سن

AFFILIATION s.f. *Djamiîat serriat* جمعية سرية

AFFILIÉ, ÉE adj. *âdou djamiîat serriat* عضو جمعية سرية · مشترك

AFFILOIR s.m. *Méçanne* مِسنّ · مِشحذ · جَلخ · آلة لسن الآلات الحادة

AFFINER v.a. *karrara* كرّرَ · روبصَ · نقّى

AFFINITÉ s.f. *Takarob* تقارُب مُناسبة مُجانسة

AFFINAGE s.m. *Takrir* تكرير · تروبُص تنقية

AFFINOIR s.m. *Mecht-ol-kattan* مشطُ الكتّان

AFFIRMATIF adj. *Takidi* تأكيدي إيجابي تحقيقي تصديقي إثباتي

AFFIRMATION s.f. *Takid* تأكيد تصديق ايجاب إثبات

— d'une créance *Taïid el dayn* تأييد تثبيت الدين المطلوب

AFFLEURAGE s.m. *Tazouib âdjinat'el ouarak* تذويب عجينة الورق

AFFLEURER v.a. *Ouazana djesmen mollaceken âla mizan ouahed* وازن ساوى جسمين ملتصقين على ميزانٍ واحد

— en phys. *Enghemas* إنغماس · غطس " في علم الطبيعيات "

AFFLICTIF, IVE adj. *Mokadder* مكدِّر مُحزن مكرب مشجٍ

— peine afflictive *keças badani* قِصاص بَدَني · عقوبة مؤلمة للجسد

AFFLICTION s.f. *Hezne* حزن كآبة كرب غمّ شجن

AFFLIGER v.a. *Ahzana* أحزن كدّرَ اشجى

AFFLOUAGE s.m. *Tâouim al safinat* تعويم السفينة

AFFLOUER v.a. *âouam al safinat* عوّم السفينة

AFFLUENCE s.m. *Ezdêham* ازدحام

AFFLUENT s.m. *Farê nahr* ou *torda* فرع نهر او ترعة ج فروع

AFFLUER v.n. *Ençabba fi* انصبّ في . إزدحم

AFFLUX s.m. t. de méd. *Al sayalan* ou *al ouroud* السيلان . الورود (في الاصطلاح الطبي

AFFOLEMENT s.m. *Enzéâr* إنذعار . انشغاف توله

AFFOLER v.a. *Zaâra* ذعرَ يذعَرُ شغفَ يشغَفُ ولّهَ

AFFOUILLEMENT s.m. *Bat-bite* ou *chima* بتبيت . شيمه (وهو حفر المياه في قواعد الجسور

AFFOURAGEMENT s.m. *Taâlif* تعليف (توزيع العلف للمواشي

AFFOURAGER v.a. *âllafa* علّف «وزّع العلف للمواشي

AFFOURCHEMENT s.m. t.de menuis. *Djamê bel chaoukat* جمع بالشوكة (في اصطلاح النجارين

AFFOURCHER v.a. *Djamada bel chaoukat* جمعَ (يجمعُ) بالشوكة

— t. de mar. *Salaba bel helbe* صلب بالهلب (وهو في اصطلاح الملاحين وقاية السفينة من صدمات الانواء برمي المراسي

AFFRANCHIR v.a. un esclave *Aâtaka* أعتق . خلّص . أطلق . حرّر

— une lettre *Dafâ odjrat al barid* ou *Dafâ odjrat al bosta* دفع (يدفعُ) أجْرة البريد . خلّص على التحرير

— une pompe, t.de mec. *Tachfit-ol-tolomba* تشفيط الطلمبة (في الاصطلاح المكانيكي

AFFRE s.f. *Ahoual* ou *hiad ol maout* أهوال . حياض الموت . خوف

AFFRÈTEMENT s.m. *Moka-oualat-ol-markab* مقاولة المركب

AFFRÉTER v.a. *Kaouala* ou *estadjara markab* قاول . إستأجر سفينة اومركباً

AFFREUSEMENT adv. *Benaô hayel* بنوع هائل . بصفة مخيفة . بصفة كريهة او ممقوتة

AFFREUX, EUSE adj. qui excite la terreur *Hayel* ou *makhouf* هائل . مخوف

— mauvais, détestable *Karih* كريه . ممقوت

AFFRIANDER v.a. *Chahha* شهّى . طمّع

AFFRONT s.m. *Ehanat* اهانة . فضيحة . كسر شرف (كسفة)

AFFRONTEMENT s.m. t. de menuis. *Mouazanat* موازنة . مساواة (في اصطلاح النجارين

AFFRONTER v.a. *Hadjama* هجم (يهجُمُ) قحم (يقحُمُ) خاض الاهوال

AFFRONTEUR, EUSE adj. *Ghach-chach* غشّاش . مُخادع

AFFUBLER v.a. *Albaça* ألبسَ . لفّ يلفُّ . سترَ يستُرُ

AFFUSION s.f. *Sabb ol mà* صبُّ الماء (وهو صبُّ الماء على الجسم

AFFÛT s.m. l'endroit où l'on se poste *Mersad* مرصاد

— de canon *Ghendak* غِنداق . جرّار ج جرارات المدافع (وهو الخشب الذي يركز عليه المدفع

— à flasque *Ghendak be fakhzayn* غنداق بفخذين (وهو نوع من غنادق المدافع

— à flèche *Ghendak be daman* غنداق بدمن (نوع من غنادق المدافع

— de côte *Ghendak saouahli* غنداق سواحلي (وهو للمدافع التي تكون في إستحكامات السواحل

— de place *Ghendak kelâ* غنداق قلاع (وهو للمدافع التي في القلاع

— de mortier *Ghendak haouini* غنداق هاويني (وهو خاص بالمدافع التي تقذف القنابل وتسمى هاوين»

— de scie *Tazkat menchar* تزكة منشار . يد او قبضة المنشار

— chassis d'une forme à papier *Drezak* دريزق (وهو قالب لصب عجينة الورق

AFFÛTAGE s.m. *Sann-ol-éddat* سنُّ العدّة . تحديد

AFFÛTER v.a. *Sanna* سنّ «يسُنُّ» شحذ «يشحَذُ»

AFIN conj. *Hatta, le adjle* حتى . لاجل . كي

AGACEMENT s.m. *Darce-ol-asnan* ضَرس الأسنان

— au moral *Tankid* تنكيد . تعجيز . مضايقة

AGACER v.a. *Nakkada* — نكّد . عجّز . ضايق

AGAILLARDIR v.a. *Nach-chata* — نشّط . قوّى . شجّع

AGARIC s.m. sorte de champignon *Agharikone* — أغاريقون « نبات» وهو نوع من الفطر »

AGATE s.f. *Hadjar yamani* ou *akik yamani* — حجر يماني . عقيق يماني « من الحجار الكريمة

ÂGE s.m. *Senne* — سن . عمر ج اعمار

— bas âge *Senn-ol-hadaçat* — سنّ الحداثة . سن الصغر

— de raison *Senn-ol-tamiiz* — سنّ التمييز

— nubile *Had-ol-bolough.* — حدّ البلوغ . سن الرشد . سن الصبا

— mûr *Senn-ol-kamal* — سن الكمال . سن الكهولة

— (grand) *Al chaykhoukhat* — الشيخوخة . الهرم . الكبر

— époque *Aouan* — أوان . آن . زمن . عصر

ÂGE s.f. de charrue *Kaçabat-ol-mehrat* — قصبة المحراث . صُنْد « وثي التي تركب باخرها الات المحراث وبراسها الناف اي النير

AGENCE s.f. *Mahall ouakalat* — محل وكالة . توكيل . وكالة . فرع محل تجاري

AGENCEMENT s.m. *Êddat ol dokkan* — عدّة الدكان . ادوات الدكان

AGENDA s.m. *Mofakkarat* — مفكّرة . مذكّرة

AGENOUILLER v.r. (S') *Rakada* — ركع (يركع) خرّ (يخرّ) على الركبتين . برك « يبرك » جثا « يجثو »

AGENT s.m. *Ouakil* — وكيل ج وكلاء . عميل ج عملاء

AGENT voyer s.m. *Mohandès chaouarê* — مهندس شوارع

— de change *Semsar cambio* — سمسار كامبيو . دلاّل

— de la force publique *Mamour-ol-dabte oual rabte* — مأمور الضبط والربط

— de manœuvre *Raïs monaouara* — رئيس مناوره « في الاصطلاح العسكري »

— d'une Admn *Mandoub* — مندوب . معتمد

— réceptionnaire *Mamour kachfe* — مأمور كشف

AGENT diplomatique *Mamour siaci* — مأمور سياسي . معتمد سياسي

— de police *Nafar police* — نفر بوليس . مُخبر . بصّاص

— physique *Moasser tabii* — مؤثر طبيعي

AGGLOMÉRAT s.m. *Kaoumat* — كومة ج كوم

AGGLOMÉRATION s.f. *Takouim* — تكويم . كردسة

AGGLOMÉRER v.a. *Kaouama* — كوّم

AGGLUTINANT adj. *Molassek modabbek* — ملصِق . مدبّق . ملزِق

AGGLUTINATIF, IVE adj. *Lacek* — لاصق . مُلْصق

AGGLUTINATION s.f. *Elteçak* — إلتصاق . لَصق

AGGLUTINER v.a. *Laçaka* — لصق . دبّق

AGGRAVANT, ANTE adj. *Modjassem* — مُجسّم . مُعظّم . مُكبّر

AGGRAVATION s.f. *Takbir, tadjsim* — تكبير . تجسيم . تعظيم

AGGRAVER v.a. *Djassama* — جسّم . عظّم . كبّر

AGILE adj *Sari* — سريع . خفيف . نشيط . رشيق

AGILEMENT adv. *Bêçordat* — بسرعة . بخفة . بنشاط . برشاقة

AGILITÉ s.f. *Sordat* — سرعة . نشاط . رشاقة

AGIO s.m. t.de finan. *Samsarat* — سمسرة . صرافة ناتجة عن ابدال الورق المالي بنقدية « في الاصطلاح المالي »

AGIOTAGE s.m. *Tedjarat bel-ouarak el mali* — تجارة بالورق المالي

AGIOTEUR s.m. *Motadjer bel-ouarak el mali* — مُتاجر بالورق المالي

AGIR v.n. *Faâla* — فعل « يفعل » عمِلَ « يعمَلُ »

— produire une impression *Assara* — أثّر . فعلَ على

— contre *Ârada* — عارض . قاوم

— poursuivre en justice *Akama kadiat* — أقام قضيةً . شكا « يشكو »

— mal ou bien *Taçarrafa* — تصرّف

AGISSANT, ANTE adj. *Âmmal* — عمّال . شغّيل . فعّال

— remède *Fadal* — فعّال . مفيد . مؤثّر . ناجع

AGISSEMENT s.m. *Taçarrof saï* — تصرّف . إجراء « بنوع سيء »

AGITATEUR s.m. *Moklek* — مقلق . مفتان . محرّك . مهيج مقداح

AGITATION s.f. *Kalak* قلق . رجة . هزة . إضطراب
— populaire *Hayadjan* هيجان . ثورة . حركة
— d'esprit *Ertebak-ol-fekrat* إرتباك الفكرة . إنشغال البال
— en méd. *Taharrok* تحرك . قلق . هيجان « في الاصطلاح الطبي »
AGITÉ, ÉE p.p. d'agiter *Mot-tareb* مضطرب . هائج . متحرك . قلقان
AGITER v.a. *harraka.* حرّك . رجّ « برّج » هزّ « يهزّ » أقلق . هيّج
AGNAT s.m. en droit rom. *Karabat açabiat* قرابة عصبيّة
AGNEAU s.m. *Hamal, kharouf* حمل ج حملان . خروف ج خراف
AGNELAGE s.m. *Ouadé-ol-naddjat* وضع النعجة
AGNELIN s.m. *Farouat kharouf* فروة خروف
AGONIE s.f. *Nèzâ* نزاع . نزع « عند الاشراف على الموت »
AGONISANT, ANTE adj. *Monazéé* منازع . مقاسٍ النزع . مشرف على الموت
AGONISER v.n. *Nazada* نازع . نزع . أشرف على الموت
AGRAFE s.f. *Machbak* مشبك ج مشابك . عروة ج عرى
AGRAIRE adj. *Zeraï* زراعي . متعلق بالزراعة
— loi *Kanoun-ol-zeraât* قانون الزراعة . الاصول الزراعية
AGRANDIR v.a. *Kabbara* كبّر . عظّم . وسّع
AGRANDISSEMENT s.m. *Takbir* تكبير . توسيع
AGRÉABLE adj. *Haçan* حسن . مقبول . حميد . لطيف
AGRÉABLEMENT adv. *Be enbèçat* بانبساطٍ . بسرورٍ . بلطفٍ . بقبولٍ
AGRÉÉ s.m. *Mohami makboul amam al madjalès el tedjariat* محامٍ مقبول في المرافعة امام المجالس التجارية
AGRÉÉ, ÉE p.p. d'agréér *Makboul* مقبول . معتمد
— t. de mar. *Modjahhaz* مجهّز . مركب محتوٍ على كل ادواته
AGRÉER v.a. *Kabela* قبِلَ (يقبَلُ) استحسن . رضيَ (يرضى) إعتمد
— ou gréer v.a. t. de mar. *Djahhaz al markab* جهّز المركب (اي احضر ادواته
AGRÉEUR s.m. *Man yokaddem adaouat el markab* من يقدّم ادوات المركب
AGRÉGATION s.f. *Edjtémâ* اجتماع . انضمام . اشتراك
AGRÉGÉ s.m. *Khodja sani* خوجه ثانٍ . معلم ثانٍ
AGRÉGER v. a. *Damma ela* ضمّ الى (يضمّ) ألحق
AGRÉMENT s.m. *Estehsan* استحسان . رضاء . قبول
— plaisir *Enbeçat* إنبساط . كيف . إنشراح صدر
— ornement *Zakhrafat* زخرفة . زينة
AGRÈS s. m. pl. t. de mar. *Adaouat-ol-safinat* أدوات السفينة . آلاتُ المركب (في الاصطلاح الملاحي)
— de secours t. de mar. *Alat-ol-khatar* آلات الخطر
AGRESSEUR s.m. *Motaaddi* متعدٍّ . باغٍ
AGRESSION s.f. *Eètéda* إعتداء . بغي
AGRESTE adj. *Barri* برّي . وحشي . فظّ
AGRICOLE adj. *Zeraï* زراعي . متعلق بالزراعة
AGRICULTEUR s.m. *Mozaré* مزارع . زرّاع ج زرّاعون فلاّح ج فلاحون مشتغل بالزراعة
AGRICULTURE s.f. *Zeraât* زراعة . فلاحة . حراثة . علم الزراعة
AGRIPPER v.a. *Khatefa* خطف (يخطَفُ) نزع بسرعةٍ . إستلب بسرعةٍ
AGRONOME s.m. *Mozarèe* مزارع . عالم بفنّ الزراعة
AGRONOMIE s.f. *Elm-ol-zeraât* علم الزراعة . فنّ الزراعة
AGROUPÉ, ÉE adj. *Motdjammeh* مجمّع . متكوّم

AGROUPER v.a. *Djamada* جمع (يجمع) كوّم

AGUERRI, IE p.p. et adj. *Momarran âla-l-harbe* ممرن على الحرب. حربي محنك

AGUERRIR v.a. *Marrana âla harbe* مرّن على الحرب . عوّد على الحرب

AGUETS s.m. pl. *Makman* مَرْقب ج مراقب . مَرْقبة . مكمن ج مكامن . مرصاد ج مراصد

AHEURTEMENT s.m. *Mocabarat* مكابرة . تمسُّك . تشبُّث برأي . عناد

AHEURTER (S') v.r. *Kabara* كابر . تمسّك . تشبّث برأي . عاندَ

AHURI, IE pp.d'ahurir *Marôub* مرعوب . وجِل . قلقان خائف

AHURIR v.a. *Arâaba* أرعب . أقلق . خوّف

AICHE ou **ÈCHE** s.m. *Toôm-ol-samak* طُعم السمك . دود يطعّم به السنار لصيد السمك . طعومة

AIDE s.f. secours *Moçaâdat* مساعدة . معاونة

— s.m. et f. personne qui prête son concours *Moçaêd* مساعد . معاون

— de camp. *Yaouer* ياور ج ياورية

— professeur *Moîd ol dorous* معيدُ الدروس (بعد المدرس) عريف

AIDER v.a. *Saâada* ساعد . أسعف . عاون . عضد (يعضُد)

AÏEUL s.m. *Djadde* جدّ ج جدود

AÏEULE s.f. *Djaddat* جدّة

AÏEUX s.m. p. *Djodoud* جدود . اجداد . سلَف

AIGLE s.m. *Nasre* نسر ج نسور

— s.f. étendard *Rayat* راية . سنجق . بيرق . لواء . علَم

AIGLON s.m. *Farkhe nasre* فرخ نسر ج فروخ

AIGRE adj. *Hamed* حامض . فج

— fig. *Mokadder* مكدِّر . مشج . محزن

AIGREFIN s.m. *Mâker, khabis* ماكر . خبيث . صاحب دُهاء

AIGRELET, ETTE adj. *Mohammed* محمّض . مائل الى الحموضة

— ton aigrelet *Êtab* عتاب . معاتبة . بنوع العتب

AIGREMOINE s.f. en bot. *Ghafel* غافت (نبات)

AIGREMORE s.m. *Fahme saouarikh* فحم سواريخ (فحم ناعم للفتيش اي الاسهم النارية)

AIGRETTE s.f. *Chouchat-ol tayer* شوشة الطائر " وهي الريش الذي يكون في ام راس الطائر"

— bijouterie *Richat* ريشة " في اصطلاح الجوهرجية

— phys. *Chodê kahrabaî* شعاع كهربائي

AIGREUR s.f. *Homoudat* حموضة

— au fig. *Infêâl* إنفعال . غيظ . تأثر

— en gravure *Hafre âmik* حفر عميق (في اصطلاح النقاشين)

AIGRIR v.a. *Hamoda* حَمَّضَ (يحمِّضُ) خلّل

— **(S')** v.r. *Ehtadda* إحتدّ . إغتاظ . إستشاط

AIGU, UË adj. *Had* حادّ . ماضٍ

— au fig. *Molem* مؤلم . موجع

AIGUADE s.f. t. de mar. *Makhzan-ol-ma fil safinat* مخزنُ الماء في السفينة

AIGUAIL s.m. rosée, t. de chasse *Nada* ندى . في اصطلاح الصيادين

AIGUIÈRE s.f. *Ebrik* ابريق ج اباريق

AIGUILLE s.f.à coudre *Ébrat* إبرة ج إبر

— d'emballage *Ébrat khaych* إبرة خيش . مسلّة (وهي التي تستعمل لخياطة الاكياس والبالات

— à filet *Makkouk-ol-chabak* مكوك الشبك . وهي قطعة من خشب يلف عليها الخيط لحبك الشبك

— à gargousse *Ébrat fathe el khartouch* إبرة فتح الخرتوش (وهي الابرة التي تستعمل لازالة كبسول الخرتوش

— à percussion *Ébrat bondokiat* إبرة بندقية او إبرة ضغط (اي الابرة التي تضغط كبسول الخرتوش لاطلاقه)

AIGUILLE à ralingue *Mêbar dafin* مثبر دفين (وهو المثبر الذي يستعمل لخياطة الحبل بالقلع)

— à réguiller *Êbrat baradîi* إبرة برادعي اوسروجي (وهي التي يستعملها البرادعي او السروجي لخياطة الجلد

— à tricoter *Sennarat* سنارة . شوكة . إبرة جدل (اي السنارة التي تستعمل لحبك الجرابات اي الكلسات)

— à barre mine *âtalat nakre,* عتلة نقر (وهي قطعة من حديد لنقر الصخور ألغم)

— à dégorgeoir *Selk tanfis* سلك تنفيس (وهو الذي تسلك به مواسير قناديل الغاز)

— index d'une balance *âkrab mizan* عقرب ميزان (وهو اللسان الذي يميل مع الكفة الراجحة ويعرف منه رجحانها)

— d'horloge *âkrab saâat* عقرب ساعة

— de chemin de fer *Meftah sekka hadid* مفتاح لخط السكة الحديدية (لتحويل القطار من قضيب الى آخر)

— pendante *Êllakat* علاّقةُ الرّقاص (وهي في الساعات)

— flèche *Tahrimat* تهريمه

— de pertius *âredat-ol-haouis* عارضة الهويس (اي العارضة التي يركب عليها القسم المتحرك من الهويس وهو الجسر الذي يفتح لمرور السفن)

— de pont *âmoud kobri* عامود كُبْري اي جسر

— obélisque *Maçallat* مسلة . مسلّة فرعون (وهي قطعة من حجر واحد طويلة مربّعة رفيعة الرأس عليها كتابات اقامها الفراعنة على سبيل التذكار)

— de retenue *Ashom ghêma* أسهم غما « وهي قطع خشبية تسد بها القناطر لحجز المياه

AIGUILLETAGE s.m. t. de mar. *Al rabte bel djarrar* ألربط بالجرار (ملاحي)

AIGUILLETTE s.f. *Cordon* كوردون « وهي العلائق القصبية التي تعلق على صدر الضباط والياورية »

AIGUILLEUR s.m. *Meftahdji* مفتحجي « لخط الحديدي

AIGUILLIER s.m. *Meybarat* مِبْرة . مدفن

AIGUILLON s.m. *Menkhace* en Egypte, *massas* en Syrie منخاس ج مناخس . مَسّاس

— des insectes *Chaoukat* شوكة . حُمة

— (L') du scorpion *Zobanat* زُبانة . الزُبانيان

AIGUILLONNER v.a. *Nakhaça* نخس « ينخَسُ » وخز « يخِزُ »

— au fig. *Harraka* حرّك . إستهمّ . حثّ « يحُثُّ » حرّض

AIGUISAGE s.m. *Al sanne* السن . التذريب . الشحذ

AIGUISER v.a. *Sanna* سنّ . يسُنُّ . شحذَ . يشحَذُ

AIGUISEUR s.m. *Sannan* سنّان . شحّاذ

AIGUISERIE s.f. *Ouarchat sanne* ورشة سنّ . ورشة تشحيذ

AIL s.m. *Toum* توم

AILE s.f. *Djanah* جناح ج اجنحة

— d'hélice *Richat-ol-raffas* ريشة الرفّاص « في الاصطلاح الملاحي »

— de pont *Ketfe* ou *djanah-ol-kantara* كتف او جناح القنطرة « في الاصطلاح الهندسي البنائي »

— d'une armée *Djanah ol ordi* جناح الاوردي . جناح الجيش

— de moulin à vent *Djanah doulab tahoun el haoua* جناح دولاب طاحون الهواء

AILERON s.m. *Tarf ol djanah* طرف الجناح

— t. d. mar. *Mekzaf* مقذاف . مجذاف « في اصطلاح الملاحين

AILETTE s.f. t. de méc. *Djanah ol merouahat* جناح المروحة « في الاصطلاح المكانيكي

AILLEURS adv. *Fi maoudê akhar* في موضع آخر . في مكان آخر

— (D') *Fadlan ân zalek, ma âda zalek* فضلاً عن ذلك . ما عدا ذلك . غير ذلك

AIMABLE adj. *Mahboub* محبوب . لطيف . أنيس

AIMANT s.m. *Hadjar maghnatis* حجر مغناطيس . حجر مغنيط

AIMER v.a. *Ahabba* أحبَّ . ودّ « يودّ » هوي « يهوى » عشِق « يعشَق »
— mieux *Faddala* فضَّل . إختار . آثر
AINE s.f. t. d'anat. *Erbiat* ou *haleb* إربية . حالب « في الاصطلاح التشريحي
AÎNÉ ÉE s.m. et f. *Bekre* بكر . كبير الإخوة
AÎNESSE s.f. *Al bekouriat* البكورية
AINSI adv. *Hakaza* هكذا . كذلك . كذا
— par conséquent *Ezan, bé-naan âleh* إذن . بناء عليه
AINSI QUE loc. adv. *Kama* كما . ك
AIR s.m. *Haoua* هواء . جوّ
— manière *Sèmat* سمة . ظاهر
— de musique *Lahne* لحن . نغمة . غنّة
— élan. vitesse *Hemmat* همّة . عزم
— plein air *Al fala* الفلاء . الخلاء
— prendre l'air *Tanazzaha* تنزّه . شم الهواء
— prendre la fuite *Farra, haraba* فرّ « يفرّ » هربَ « يهرُبُ »
— projet sans résultat *Darb fil haoua* ضربٌ في الهواء . بلا طائل
— grand air *Sèmat ol âzamat* سمة العظمة . الكبريا
AIRAIN s.m. *Nehas asfar* نحاس اصفر . إسبدريج
— fig. *Kaçaouat* قساوة . نشوفة . صلابة
— un front d'airain *Kel-lat haya* قلّة حياء «صداغة» عناد . قحة
— (L') le canon *Madfâh* مدفع ج مدافع
— (L') la cloche *Djaras* جرس ج اجراس
AIRE s.f. *Baydar* en Syrie, *djorne* en Egypte. بيدر ج بيادر الدراس «وفي القطر المصري يسمى جرنًا ج اجران
— de riz *Marazzat* مرزّة (بيدر لدراس الارز . جرن لدراس الارز
— à plat s.f. t. d'arch. *Tarciçat* ترصيصة « في الاصطلاح الهندسي البنائي

AIRE de grille *Sathe ol baze* سطح الباظ « اي سطح قضبان الحديد التي تضرم عليها النار في الالات البخارية .
— de vent *Ettedjah ol haoua* إتجاه الهواء
— de l'aigle *Och-che ol nasre* عش النسر
— t. de mar. *Sordat* سرعة اي سرعة سير السفينة « في الاصطلاح الملاحي
AIRÉE s.f. *Tadjrinat* suivant le langage Egyptien تجرينة « اي قدر الحبوب الموضوعة في الجرن للدراسة »
AIS s.m. *Laouh khachab* لوح خشب
AISANCE s.f. *Yosre* يُسر . سعة حال . سهولة . هناء . راحة
— lieux d'aisance *Kanif* كنيف . مرحاض . بيت راحة . مرتفق
AISSEAU s.m. *Mekrad ol bar-mildji* آلة لقرض . مقراض البرميلجي البراميل
AISE s.f. *Rahat* راحة . هناء . سعة . سرور . فرح
AISÉMENT adv. *Berahat* براحة . بهناء . بسعة
AISSELLE s.f. *Ebte* إبط ج آباط
AISSELIER s.m. t. d'arch. *Kabouli saghir* كابولي صغير « في الاصطلاح الهندسي البنائي »
AISSELIÈRE s.f. *Rebat kabouli* رباط كابولي
AISSON s.m. *Helbe saghir* هلب صغير . رزّة صغيرة . مرساة صغيرة
AÎTRES s.m. pl. *Takatï manzel* تقاطيع منزل . تفصيل داخل المنزل
AJOINTER v.a. *Ouaçala* وصل « يصِلُ »
AJONC s.m. *Samar* سمر او « سمار » وهو القش الذي يصنع منه الحصير »
AJOUPA s.m. *Khesse, och-chat* خصّ ج خصاص . عشة ج عشش

À JOUR loc. adv. *Makchouf* مكشوف . سماوي

AJOURNEMENT s.m. *Tadjil* ou *takhir* تأجيل . تأخير

AJOUTAGE s.m. t. de mec. *Edafat* إضافة . تعشيق . وَصل (في الاصطلاح المكانيكي)

AJOUTER v.a. *Adafa* أضاف . ضمّ الى (يضمُّ) زاد علي" يزيدُ"

— foi *Saddaka* صدّق . صادق على

AJOUTOIR s.m. voir ajoutage

AJOUX s.m. *Fakhze* فخذ

AJUSTAGE s.m. *Tarkib* تركيب . توضيب

AJUSTEMENT s.m. *Elkan* إتقان . ضبط . زينة

AJUSTER v.a. *Atkana* أتقن . ضبط . يضبُطُ . أحكم

— un balance *Ayara-l-mizan* عاير الميزان (عيّره)

— embellir *Zayiana* زيّن . حسّن . ظرّف

— viser *Nach-chana* نشّن . ضبط . « في اصطلاح الصيادين »

AJUSTEUR s.m. t. de méc. *Barrad* برّاد . خرّاط «في الاصطلاح المكانيكي»

AJUTAGE s.m. t. de mec. *Bolbolat, maçourat tasrif* بلبلة . ماسورة تصريف

ALAISE s.f.t. de menuis. *Ou-aslat laou.* وصلة لوح . وصلات

— linge qui garnit les lits des malades *Melayat* ملاية . شرشف يوضع على فراش المريض لوقايتهِ من الصديد والدم »

ALAMBIC s.m. *Anbic, karakat* . انبيق . كركة . آلة تقطير آلة تكرير

ALARGUER v.n. t. de mar. *Chataha, andjarra* شطح . انجرّ . خرج « بخرُج » الى ظهر البحر

ALARME s.f. *Naoubat tanbih* نوبة تنبيه .طرح صوت .كبسة

— épouvante *Roób* رعب . خوف . جزع

— souci *Ettérab* إضطراب . غم . كدر . همّ . قلق

ALBÂTRE s.m. *Marmar abiad* مرمر أبيض

ALBINISME s.m. en méd. *Enkhetaf ol laoune* إنخطاف اللّون . في الاصطلاح الطبي

ALBINOS s.m. t. de med. *Makhtouf ol laoune* مخطوف اللّون (في الاصطلاح الطبي

ALBUGINÉ, ÉE adj. en anat. *Abiad* ابيض . بيضاء «في الاصطلاح التشريحي»

ALBUGO s.m. *Ghachaouat ol aïne* غشاوة على العين . لبافة العين

* **ALBUM** s.m. *Album* البوم . كتاب لحفظ الصور مجموع صور

ALBUMINE s.f. *Zolal* زلال

ALBUMINEUX, EUSE adj. *Zolali* زلالي

ALBUMINURIE s.f. en méd. *Al baol ol zolali* البول الزلالي « مرض »

ALBUMINOÏDE adj. *Zolali ol chakle* زلاليُّ الشكل

ALCALESCENCE s.f. *El halat ol kalaouiat* الحالة القلوية

ALCALI s. m. *Kela* قلى

ALCALIN, INE adj. *Kalaoui* قلوي

ALCAMA s.f. *Henna* حنّاء « نبات »

ALCARRAZA s.m. *Barradiat* برادية . اناء لتبريد الماء

ALCHIMIE s.f. *élm ol kimia* علم الكيمياء

ALCHIMISTE s.m. *Kimaoui* كيماوي

ALCOOL s.m. *Alcooul* الكؤول . الكحول . روح الخمر

ALCOOLOMÈTRE s.m. *Mizan ol cooul* ميزان الكحول

ALCÔVE s.f. *Makhdad ol naoum* مخدع النوم . مضجع . كهف

ALÉATOIRE adj. t. de droit *Tahte la dlla oua âça* تحت لعلّ وعسى . خاضع لاحكام القدر (في الاصطلاح القضائي

ALÊNE s.f. *Mekhraze* مخراز ج مخارز . عقب ج اعقاب . أشفة

ALÉNOIS adj.cresson *Rachad* رشاد (نبات

ALENTIR v.a. *Khaffafa-l-sayr* خفّف السير · مشى الهوينا

ALENTOUR adv. *Haoul, dayer* حول · دائر

ALENTOURS s.m.pl. *Djêouar* جوار · أطراف · ماحول المكان

ALERTE s.f. *Enbêghat* إنبغات · رجفة

— appel *Ikaz* إيقاظ · تنبيه · نداء

— t. milit. *Naoubat ikaz* نوبة إيقاظ « في الاصطلاح العسكري »

— vigilant adj. *Nachite* نشيط · صاحٍ · متيقظ

— vif. agile *Khafif* خفيف · سريع

ALÉSAGE s.m. *Dachlakat* دشلكة . تصليح الثقب

ALÉSOIR s.m. *Alat ol dachlakat* آلة الدشلكة « وهي التي تستعمل في تصليح الاثقاب

ALÉSER v.a. la lumière du canon *Dachlak al madfah* دشلك المدفع · وسّع ثقبة

ALESTER v.a. t. de mar. *Khaffafa homoulat al markab* خفّف حمولة المركب · جرّم نزع البضاعة من السفينة

ALÉSURES s.f. pl. *Khêratat ol dachlakat* خراطة الدشلكة · اي نفاية المعدن التي تحصل من تصليح الثقب

ALETTE s.f. t. d'arch. *Djanbe* جنب · جناح « في الاصطلاح الهندسي البنائي »

ALEVIN s.m. *Samak saghir* سمك صغير

ALEXIPHARMAQUE adj. *Daoua manê lel samme* دواء مانع للسم

ALEXITÈRE adj. *Manê lel samme* مانع للسم

ALEZAN adj. *Ahmar* لون احمر للخيل واشقر

ALÈZE s.f. *Ghata férach-el-marda* غطاء فراش المرضى

ALGALIE s.f. t.de chir. *Kastal modjaouaf* قسطل مجوف « لاستخراج البول من المثانه عند الاحتقان »

ALGANON s.m. *Zandjir* زنجير · سلسلة المسجونين في الليمان

ALGÈBRE s.f. *Êlm ol djabre* علم الجبر والمقابلة

ALGIDE adj. *Djalidi* t.de méd. جليدي · الحالة الجليدية « في الاصطلاح الطبي »

ALIBI s.m. *Esbat oudjoud el mottaham fi makan khêlaf mahal el djênayat* إثبات وجود المتهم في مكان خلاف المحل الذي وقعت فيه الجناية

ALIBIFORAIN s.m. *Tahadjodje* تحجج بكلام خارج عن الموضوع

ALIBILE adj. en méd. *Moghazzi* مغذٍ « في الاصطلاح الطبي »

ALIBORON s.m. *Hemar* حمار « وهو اسم مجازي يطلق على الحمار وعلى الاشخاص القليلي الادراك »

* **ALIDADE** s.f. *Alidade* أليداد وهي آلة هندسيّة تستعمل لمعرفة الاتجاه وقياس الزوايا

ALIÉNABLE adj. en jurisp. *Momken entekal molkiatoh* ممكن انتقال ملكيته · جائز التصرف به « في الاصطلاح الفقهي »

ALIÉNATAIRE s.m. en jurisp. celui à qui on aliène, *Al montakel êlayh el molk* المنتقل اليه الملك

ALIÉNATION s.f. vente, transport *Taçarrof bel molk* تصرّف بالملك · نقل الملكية انتقال او بيع العقار

— s.f. folie *Ekhtelal ol choôur. djonoun* إختلال الشعور · جنون خلل العقل

ALIÉNÉ, ÉE p.p. d'aliéner, vendu, cédé *Molk montakel lêchakhse akhar* ملك منتقل لشخص آخر

ALIÉNÉ, ÉE s.m. et f. fou *Mokhtal ol choôur, madjnoun* مختل الشعور · مجنون · معتوه مجذوب

ALIÉNER v.a. vendre, transporter *Baâa* باع من · نقل ملكه الى آخر

ALIÉNER rendre hostile *Abâada, naffara* ابعد · نفّر · استعدى

— (S') tourner à la folie *Ekhtallat choôuroh, djonna* اختلت شعوره · جُنّ

ALIÉNISTE s.m. *Tabib ol madjanine* طبيب المجانين طبيب المعتوهين

ALIFÈRES adj. en hist. nat. *Zaouat ol adjnéhat* ذوات الاجنحة

ALIFORME adj. *Djanahi ol-chakle* جناحيّ الشكل

ALIGNÉ p.p. d'aligner *Âla-l-héza* على الحذاء · على خطّ التنظيم

ALIGNEMENT s.m. *Khatt-ol-tanzime* خط التنظيم
— t. milit. *Khatt-ol-tachkil* خط التشكيل (في الاصطلاح العسكري)
ALIGNER v.a. *Saffa, rattaba âla khatte el tanzime* صفّ يصفّ · رتّب على خطّ التنظيم
ALIMENT s.m. *Ghèza* غذاء ج اغذية
ALIMENTAIRE adj. *Ghèzaï* غذائي
ALINÉA s.m. *Awal ol fakarat* اوّل الفقرة
ALISIER s.m. *Sedrat* سِدْرَة · مِيْش (شجرة)
ALITÉ p.p. d'aliter *Raked* راقد · ملتزم الفراش
ALITER v.a. *Rakada* رَقَدَ (يرقُدُ) · لزِمَ (يلزَمُ) الفراش
ALIZARI s.m. *Fouat* فوّة اوجزع الفوّة او شرش الفوّة (وهو الذي يستعمل للصباغة)
ALIZARINE s.f. *Homrat ol fouat* حمرة الفوّه
ALKÉKENGE s.m. *Kakenge* كاكنج (نبات)
ALKERMÈS adj. et s.m. *Kermèz* قرمز صبغ ارمني يستخرج من عصارة نوع من الدود
ALLAITEMENT s.m. *Erdâ* إرضاع
ALLANTOÏDE s.f. en anat. *Al ghècha ol sodjokki* الغشاء السجقي (في الاصطلاح التشريحي)
ALLÉE s.f. *Mech-châyat* مِشَاية · ممشى · دهليز
ALLÉCHANT, ANTE adj. *Motmé* مطمع · مُغرّ · مرغّب · غرّار
ALLÉCHER v.a. *Atmaâ* اطمع · اغرّ · رغّب
ALLÉGATION s.f. *Hedjat* حجّة · شاهد
ALLÈGE s.f. t. d'arch. *Djalsat khafifat* جلسة خفيفة (في الاصطلاح الهندسي البنأي
— t. de mar. *Katirat* قطيرة · فلوكة التخفيف قياسة · قارب (في الاصطلاح الملاحي

ALLÉGER v.a. *Khaffafa* خفّف
ALLÉGORIE s.f. *Ramze* رَمز · كناية · تورية
ALLÉGORIQUE adj. *Ramzi* رمزي · إستعاري
ALLÈGRE adj. *Nachit* نشيط · أريحي
ALLÉGRESSE s.f. *Serour* سرور · إبتهاج · فرح
ALLÉGUER v.a. *Ehtädj-ja* إحتجّ · ذكرَ (يذكُرُ) رَوَى (يروي)
ALLEMANDERIE sf. *Ouarchat hedadat* ورشة حدادة (لتعيين عيار الحديد
ALLER v.n. *Zahaba, raha* ذهبَ يذهَبُ · راحَ يروحُ · إنطلقَ · سارَ يسيرُ
ALLETTES s.f. pl. t. d'arch. *Djambay ol ketfe* جنبيْ الكتف (في الاصطلاح الهندسي البنائي)
ALLIABLE adj. *Kabel ol emtezadje* قابل الامتزاج · قابل الاتحاد · قابل الاختلاط · وهو مختصّ بالمعادن
ALLIACÉ adj. *Toumi* تومي " من التوم "
ALLIAGE s.m. *Emtezadje* امتزاج · اتحاد · اختلاط (في المعادن
ALLIANCE s.f. *Moçaharat, naçab* مصاهرة · نسب · قرابة
— union entre Etats *Mohalafat, moâhadat* محالفة · معاهدة · موائفة
ALLIÉ, ÉE s.m. et f. *motâahed, mothalef* مُتعاهد · محالف · متحد · متفق · محاب
ALLIER v.a. *Mazadja* مزَجَ · يمزُج خلَطَ يخلِطُ
— (S') v.r. *Ettahada* إتحد · إتفق مع
ALLIGATOR s.m. *Temsah* تمساح « الاسم العلمي للتمساح
ALLOCATION s.f. *Mourattab* مرتّب · راتب
ALLOCUTION s.f. *Khotbat* خُطبة · خطاب مختصر
ALLONGE s.f. *Ouaslat* وصلة · تطويلة
ALLONGEMENT s.m. *Tatouil* تطويل · إطالة
ALLONGER v.a. *Taouala* طوّل · وَصلَ يصِلُ

ALLOPATHE s.m. *Tabib moghayer* — طبيب مغاير

ALLOPATHIE s.f. *Al tobb-ol-taghayori* — الطب التغايري

ALLOUER v.a. *Rattaba* — رتّب شيئاً . عيّن مبلغاً

ALLUCHON s.m. *Derse âdjalat* — درس عجلة . سن خشب

ALLUMAGE s.m. *Taouli* — توليع . تشغيل

ALLUMER v.a. *Achâla* — اشعَلَ . ألهب . أضرم . أوقد

ALLUMETTE s.f. *ôud kabrit* — عود كبريت . عود فوسفوريك

ALLUMIÈRE s.f. *Mâmal kabrit* — معمل كبريت

ALLURE s.f. *Mechiat* — مشية . سير . تختر

ALLUSION s.f. *Ramze* — رمز . كناية . تورية

ALLUVION s.m. *Ouhoul*, en Egypte on dit *thami* — وحول . رواسب الانهر . طمي

ALMANACH s.m. *Natidjat* — نتيجة . رزنامة . تقويم السنة

ALOÈS s.m. *Sabre* — صبر . عود الندّ

ALOI s.m. *Kimat ol jaddat* (en parlant de l'argent) *ou al zahab* (s'il s'agit de l'or) *al chariat* — قيمة الفضّة او الذهب الشرعية

ALOPÉCIE s.f. *Sokout ol chaâre* — سقوط الشعر

ALORS adv. *Hinaïzen, ouaktaïzen* — حينئذٍ . وقتئذٍ . عند ذلك . اذ ذاك

ALOUETTE s.f. *Konborat* — قبّرة او قنبرة طائر القبّر

— nœud. t. de mar. *Okdat ol konborat* — عقدة القنبرة في الاصطلاح الملاحي

ALOURDIR v.a. *Çakkala* — ثقّل . بهظ

***ALPAGA** s.m. *Souf alpagha* — صوف الباغا

ALPHABET s.m. *Herouf ol hadja* — حروف الهجا . حروف المعجم

ALPHABÉTIQUE adj. *Hedjaï* — هجائي

ALQUIFOUX s.m. *Kohle* — كحل . إثمد

ALTÉRANT, ANTE adj. *Môtech* — معطش . مظمئ

ALTÉRATION s.f. *Taghyir* — تغيير . افساد

ALTÉRATION des monnaies *Tazouir ol émlat* — تزوير العملة . تزييف النقود

— émotion pénible, *Kadar* — كدر . غمّ . انزعاج

— de soif *âtach* — عطش ظمأ صدى

ALTERCAS s.m. voir altercation

ALTERCATION s.f. *Moudjadalat* — مجادلة منازعة مخاصمة مناظرة شديدة

ALTÉRÉ, ÉE p.p. d'altérer *âtchan* — عطشان . ظمآن . صديان

ALTER EGO s.m. *Kazat-el-chakhse* — كذات الشخص

ALTÉRER v.a. *Ghayara* — غيّر . أفسد

— falsifier *Zaouara* — زوّر . زيّف

— émouvoir péniblement *Kaddara* — كدّر ازعج أغمّ

— exciter la soif *âttacha* — عطّش أظمى

ALTERNATIF, IVE adj. *Motâakeb* — متعاقب . متناوب . متبادل متداول . متوالٍ

ALTERNATIVEMENT adv. *Bel daour ou bel monaouabat* — بالدور . بالمناوبة

ALTERNER v.a. *Naouaba* — ناوب بادل

ALTESSE s.f. *Somou* — سموّ . فخامة . أبهة

ALTIER, IÈRE adj. *Motâazzem* — متعظم متجبّر متكبّر متشامخ

ALTITUDE s.f. *Irtifâ* — ارتفاع علو

ALUMELLE s.f. *Naslat seif* — نصلة سيف ج نصال نصلة مدية ج مدى

— instrument pour gratter l'ivoire *Mekchat* — مقشط ج مقاشط آلة لتقشير سن الفيل

— plaque pour garnir les mortaises, *Lokmat talbichat* — لقمة تلبيشة في الاصطلاح الصناعي

ALUN s.m. *Chabbe* — شب . حجر الشب

ALUNAGE s.m. *Taghtis ol akmêchat bel chabbe* — تغطيس الاقمشة بالشب لاجل الصباغ

ALUNATION s.f. *Estend ol chabb* اصطناع الشب

ALUNERIE s.f. *Mâmal ol chabb* معمل الشب

ALVÉOLE s.m. *Bayt ol nahlat* بيت النحلة

— en méd. *Senkh* سنخ . منبت السن . التجويفة التي يدخل فيها السن

AMABILITÉ s.f. *Latafat* لطافة . رقّة . خفة الدم

AMADOU s.m. *Soufan* صوفان

AMADOUER v.a. *Latafa* لاطف تلطف بِهِ . استرضى

AMAIGRIR v.a. *Adna, ahzala* أضنى . اهزل

— v.n. *Daniya, hazêla* ضنيَ (يَضنى) . هَزِل (يهزَل)

AMAIGRISSEMENT s.m. *Hozal* هُزال . نحول . سُقم . نحافة

AMALGAMER v.a. *Mazadja* مزَجَ (يمزُج) جمع (يجمَعُ) خالَطَ (يخالِطُ) . ملغم

AMANDE s.f. *Laouz* لوز

AMANDIER s.m. *Chadjarat-ol laouz* شجرة اللوز . اوزة

AMANT, ANTE s.m.et f. *âchek* عاشق . مغرم . متيّم . ولهان . هائم

AMARANTE s.f., plante, *Salef ol ârous* سالف العروس . مخملية . قطيفة . طنطور الجندي (نبات)

AMARESCENT, ENTE adj. *Morre kalilan* مرّ قليلاً . قليل المرارة

AMARINAGE s.m. *Ehtélal fi safinat maçourat men el âdou* إحتلال في سفينة مأسورة من العدو

AMARINER v.a. tenir garnison sur un vaisseau captivé *Ehtalla fil-safinat el maçourat* إحتلّ في السفينة المأسورة

— habituer à la mer *âouada âla rokoub el bahre* عوّدَ على ركوب البحر

AMARRAGE s.m. t. de mar. *Rable ol markab* ربْط المركب (في اصطلاح الملاحين)

AMARRAGE à flot, t. de mar. *Rabtat khaliat* ربطة اوعقدة خاليه (في اصطلاح الملاحين)

— bridé ou bridure t. de mar. *Rabtat ol tamchilat* ربطة اوعقدة التمشيلة (في اصطلاح الملاحين)

— en étrave t. de mar. *Rabtat tabouissat* ربطة اوعقدة تبويصه (في اصطلاح الملاحين)

— à fouet. t. de mar. *Rabtat biraka* ربطة اوعقدة بيراقه (في اصطلاح الملاحين)

AMARRE s.f. *Merçat* مرسة . حبل المركب . طرف ج اطراف

AMARRER v.a. *Rabat al markab* ربَط يربُطُ المركب

AMAS s.m. *Kaoumat* كومة ج كُوَم

AMASSER v.a. *Kaouama* كوّمَ . جمع يجمَعُ . لمّ يلمّ كردس

AMATEUR s.m. *Ghaoui* غاوٍ . راغب

AMATIR v.a. *Ezalat ol lamadn* إزالةُ اللمعان

AMAUROSE s.f. *Komnat* كُمْنة (وهي ظلام يغشي الابصار) . فقد النظر

AMAZONE s.f. *Farêçat* فارسة . أمرأة مترجّلة

AMBAGES s.f. p. *Mohaoualat fil-kalam* محاولة في الكلام . معاريض في الكلام

AMBASSADE s.f. *Safarat* سفارة . رسالة

— le palais de l'ambassadeur *Dar ol safarat* دار السفارة

AMBASSADEUR s.m. *Safir* سفير . معتمد . وكيل سياسي

AMBASSADRICE s.f. *Karinat ol safir, safirat* قرينة السفير . سفيرة . رسولة

AMBATTAGE s.m. *Tabtine* تبطين . تطويق بالحديد اي تركيب الطوق الحديدي على دائرة عجلة العربة

AMBESAS s.m. en t. de jeu de dominos *Hab yek* هاب يك . (في لعب الطاولة او الدومينو)

AMBIANT, ANTE adj. *Mohit* مُحيط

AMBIDEXTRE adj. *Adbat* ou *maren ol yaddèin* أضبط . مرن اليدين (قادر على العمل بيمناه ويسراه على السّواء)

AMBIGU, UË adj. *Moltabès* ملتبس . معمّى . مبهم

— par extens. *Hiyouan ardi oua maï* حيوان أرضي ومائي (حيوان يعيش في الماء وخارج الماء)

AMBIGUÏTÉ s.f. *Eltebas* إلتباس . تعقيد . إبهام

AMBIGUMENT adv. *Be-eltèbas* بإلتباس . بتعقيد . بإبهام

AMBITIEUSEMENT adv. *Betamâ* بطمع . برغبة في المعالي

AMBITIEUX, EUSE adj. *Tamê taleb ol maâli* طامع . طالب المعالي

AMBITION s.f. *Tamâ, hob ol-refaât* طمع . حبّ الرفعة . رغبة في التقدم

AMBITIONNER v.a. *Tamaâa fi, talaba-l-maâli* طمع في يطمع . إبتغى رام . يروم . طلب المعالي يطلب

AMBLE s.m. *Rahouanat* رهونة . خبب

AMBLYOPE s.m. en méd. *Daïf ol nazar* ضعيف النظر (في اصطلاح الطبي)

AMBLYOPIE s.f. *Dôf olnazar* ضعفُ النظر

AMBRE s.m. *Anbar* عنبر

— jaune *Kahraba* ou *kahraman* كهرباء . كهرمان

— gris *Anbar ghayr moçannâ* عنبر خام اي غير مُصنّع

AMBULANCE s.f. *Chafakhana* شفاخانة . مستشفى او إسبيتالية نقّالة

AMBULANT, ANTE adj. *Motanakkel, daouar* متنقل . دوّار

AMBULATOIRE adj. en jurisp *Lays lahou markaz mokarrar* ليس له مركز مقرّر . غير مستقِرّ (في الاصطلاح القضائي)

AMBUSTION s.f. en chir. *Kay bel nar* كيّ بالنار (في الاصطلاح الجراحي

ÂME s.f. *Nafse, rouhe* نفس . روح

— d'une bouche à feu *Maçourat ol bondokiat* ماسورة البندقية او المدفع او غيره . تجويف

— de soufflet *Tabek-ol-menfakh* طابقُ المنفاخ او الكور

ÂME d'un cordage *Kalb-ol-hable* قلب الحبل

AMÉLIORATION s.f. *Eslah* إصلاح . تحسين

AMÉLIORER v.a. *Aslaha* أصلح . صلّح . عدّل . حسّن

AMENDABLE adj. *Kabel ol eslah* قابل الإصلاح . قابل التحسين

AMENDE s.f. *Gharamat* غَرامة . جزاء نقدي

— honorable *Ekrar bèzanbe* إقرار بذنب . إعتراف بخطاء مع طلب الغفران أمام الناس

AMENDEMENT s.m. *Taslih halat al aradi* تصليح حالة الاراضي . إصلاح . تحسين

AMENDER v.a. *Sallaha-l-aradi* صلّح الاراضي . أصلح . حسّن

AMENÉ, ÉE p.p. d'amener *Madjrour monkad* مجرور . منقاد

— s.m. t. d'irrig. *Irad* إيراد « يطلق على الترع »

— s.m. mandat d'amener *Elme talab* علم طلب

AMENER v.a. *Djalaba* جلب « يجلبُ » جاء « يجيء » قادَ « يقودُ »

— les voiles *Taoua-l-koloû* طوى « يطوي » القلوع

— pavillon *Sallama lel âdou* سلّم للعدوّ . خفّض الراية . خضع « يخضعُ »

— un incident *Sabbaba* سبّب . أحدث

AMÉNITÉ s.f. *Zarafat* ظرافة . لطافة . رقّة

AMÉNUISER v.a. *Sagh-ghara* صغّر . جعل « يجعلُ » دقيقاً

AMÉNORRHÉE s.f. t. de méd. *Enketa ol hayd* إنقطاع الحيض . إنقطاع الطمث « عند النساء » في الاصطلاح الطبي

AMER, ÈRE adj. *Morre* مرّ

AMERS s.m. p. t. de mar. *Echarat zahèrat* إشارات ظاهرة . إشارات ثابتة . وهي علامات ظاهرة على الشاطي كالابراج والقبب وغيرها ما يهتدي به الملّاح الى طريقه في البحر

AMÈREMENT adv. *Bimararat* بمرارة

AMÉRICAINE s.f. étoffe de coton *Kham* ou *bafta samra* خام . بفته سمره « قماش »

AMEUBLEMENT s.m. *Mafrouchate* مفروشات . أمتعة . أثاث

AMEUTEMENT s.m. *Tadssob* تعصب . هيجان

AMEUTER v.a. *âssaba* عصّب . هيّج

AMI, IE s.m. et f. *Saheb* صاحب . صديق . خليل . حبيب . خدن

— Puissances amies, *Al doual ol mothabbat* الدول المتحابة

AMIABLE adj. *Mouedde* مودّ . محبّ

— à l'amiable *Bel mohabbat* بالمحبة . بطريقة وديّة

AMIANTE s.f. *Harir sakhri* حرير صخري « مادة معدنية »

AMICAL, ALE adj. *Hobbi* حبي . ودادي

AMICALEMENT adv. *Bimohabbat* بمحبة . بوداد

AMIDON s.m. *Nacha* نشأ

AMINCIR v.a. *Rakkaka* رقّق . جعل «يجعل» رقيقاً

AMIRAL s.m. *Amir ol bahre* أمير البحر . قومندان العمارة . أمير الاسطول . أميرال

AMIRAUTÉ s.f. *Diouan amarat el bahre* ديوان أمارة البحر . ديوان البحرية

AMITIÉ s.f. *Mohabbat* محبة . صداقة . وُدّ

AMMI s.m. plante *Nakhoua hendi* نخوة هندى « نبات »

AMMONIACAL, ALE adj. *Nochadri* نشادري

AMMONIAQUE s.f. *Nochader* نشادر

AMNIOS s.m. t. d'anat. *Ghêcha-ol-amnios* غشاء الامنيوس «في الاصطلاح التشريحي»

AMNISTIE s.f. *Afou âme* عفوٌ عام

AMNISTIÉ, ÉE s.m. *Madfi ânho* معفي عنهُ

AMODIATEUR s.m. *Mostadjer atian* مستأجر اطيان

AMODIATION s.f. *Taadjir atian* تأجير أطيان

AMOINDRIR v.a. *Kallala* قلّل . خفّف

AMOINDRISSEMENT s.m. *Taklil* تقليل . تخفيف

AMOLLIR v.a. *Layana* ليّن . رخّي طرّى

AMOLLISSEMENT s.m. *Line* لين . رخاوة . طراوة

AMOME s.m. plante aromatique *Hab-hane* حبهان « نبات »

AMONCELER v.a. *Kaouama* كوّم . كردس . ركّم

AMONT s.m. *El djehhat ol fokaniat men el terâat* الجهة الفوقانية او العليا من الترعة او النهر

AMORCE s.f. *Toôm ol samak* طعم السمك . طعم السنارة

— de fusil *Kabçoul ol bondekiat* كبسول البندقية . ذخيرة

— de pompe *Talkim-ol-tolombat* تلقيم الطلمبة او تعميرها « في الاصطلاح الميكانيكي »

AMORCER v.a. *Tadma, zakhkhara, lakkama* طعّم . ذخّر . لقّم

AMORÇOIR s.m. *Bonta* بونته وهي التي يستعملها النجار في ابتداء عمل الاثقاب

AMORPHE adj. t. de dédactique *âdim ol chakle* عديم الشكل

AMORTIR v.a. *Khaffafa* خفّف . اضعف . اخمد

— une dette *Astahlak al déine* استهلك الدين

AMORTISSEMENT s.m. *Takhfif* تخفيف . تخميد

— d'une dette *Estehlake* إستهلاك

— ou amortisation t. d'arch. *Charrafat* شرّافة «وهي منتهى الجملون في الاصطلاح الهندسي البنائي»

AMOUR s.m. et f. *Hobbe* حُبّ . محبّة . عشق . هوى . هيام . غرام

— propre *Charaf nafse* شرف نفس

AMOURACHER (S') v.r. *âcheka* عَشِقَ يعشَقُ . هويَ يهوي . انشغف . أحبَّ . يحبُّ

AMOUREUX, EUSE adj. *âchek* عاشق . مغرم . متيّم

AMOVIBLE adj. *Kabel ol âzle* قابل العزل . قابل التغيير

AMPÉLOGRAPHIE s.f. *Bahce fi fanne zérâat el karme* بحث في فن زراعة الكرم

AMPHIARTHROSE s.f. t. d'anat. *Mafsal ertefaki* مَفْصَل إرتفاقي « في الاصطلاح التشريحي »

AMPHIBIE adj. et s.m. *Barri bahari* برّي . بحري . حيوان يعيش في الماء وعلى الارض

AMPHIBOLOGIE s.f. *Eltèbas filkalam* إلتباس في الكلام . إشتباه . إبهام

AMPHITHÉÂTRE s.m. *Madraj* مدرج ج مدارج . مرسح ج مراسح . اعلى المرسح في الاصطلاح الدارج الان

AMPHITRYON s.m. *Al daiy* الداعي . صاحب الدعوة . صاحب الوليمة

AMPHORE s.f. *Aniat* ou *anâ* آنية . إناء . وعاء ج اوعية زلعة « بلاّصي »

AMPLE adj. *Mottacé* متسع . واسع

AMPLEMENT adv. *Blettèça* باتساع

AMPLEUR s.f. *Ettèçâ* إتّساع . سعة

AMPLIER v.a. t. de droit *Mad al miâd* مدّ يمدّ الميعاد في الاصطلاح القضائي

AMPLIFICATION s.f. *Taousi* توسيع . تعظيم

— en rèth. *Charhe* شرح . اسهاب

AMPLIFIER v.a. *Ouassaâ* وسّع . كبّر . عظّم

— en rèth. *Charaha* شرح (يشرَحُ) أسهب

AMPLITUDE s.f. En géom. *Daourat* دورة . لنة في الاصطلاح الهندسي

— en artill. *Inhena-ol-makzouf* انحناء المقذوف(في الاصطلاح الطوبجي العسكري

— en astr. *Sêât ol kaoukab* سعةُ الكوكب (في الاصطلاح الفلكي

AMPOULE s.f t. de méd. *Naffatat* نفّاطة . فقّاعة (في الاصطلاح الطبي

AMPUTATION s.f. t. de chir. *Al batre* البَتْر . قطع العضو (في الاصطلاح الجراحي

AMULETTE s.f. *Herze* ou *hedjab* حرز ج احراز حجاب . عوذة

AMUNITIONNER v.a. *Zakhkhara* ذخّر . موّن

AMURE s.f. t. de mar. *Chaghoul* شاغول وهو احد حبال السفينة « في الاصطلاح الملاحي

AMUSANT, ANTE adj. *Mouçalli* مُسَلٍّ . مُبهج . مُلهٍ

AMUSEMENT s.m. *Tasliat* تسلية . تسلٍّ . لهو

AMUSER v.a. *Salla* سلّى . نزّه . ألهى . أبسط

AMUSETTE s.f. *Leêbat* لعبه ج لعَب . ألعوبه ج ألاعيب

AMYGDALE s.f. *Laouzate* لوزة « بنات الاذان »

AMYGDALITE s.f. *Eltehab ol laouzat* التهاب اللوزة (في اصطلاح الطبي)

AN s.m. *Sénat* سنة ج سنين . عام ج أعوام . حول ج أحوال

ANACHORÈTE s.m. *Habis* حبيس . زاهد . متوحد . ناسك

ANACHRONISME s.m. *Ghalat tarikhi* غلط تاريخي . هفوةُ المؤرخين

ANACLASTIQUE s.f. *Bahse fi enêêkas-el-nour* بحث في إنعكاس النور

ANAL, ALE adj. en anat *Chargi* شرجي « متعلق بالدبر »

ANALEPSIE s. f. *Nakah* نقه . إمتلاك القوة بعد العياء

ANALEPTIQUE adj. *Makaoui* مقوٍ

ANALGÉSIE ou **ANALGIE** s.f. *Fekd-ol-alam* فقد الالم . عدم الشعور بالالم

ANALOGIE s.f. *Mochabahate* مشابهة . مناسبة

ANALOGUE adj. *Motchabeh* متشابه . متناسب

ANALYSE s.f. en chimie *Tahlil* تحليل

— grammaticale *Eêrab* اعراب

ANALYSER v.a. *Hallala* حلّل

— grammaticalement *Aâraba* أعرب

ANALYTIQUE adj. *Tahlili* تحليلي

***ANANAS** s.m. *Ananas, kichta* أنا ناس . قشطة

ANAPHRODISIE s.f. t. de med. *fekd-ol-enteçab* فقد الانتصاب «في الاصطلاح الطبي

ANAPLASTIE s.f. *Ramm* رَمّ . ترقيع « في الاصطلاح الجراحي وهي اعادة اقسام الجسم الى حالتها الاصلية بواسطة الترقيع »

ANARCHIE s.f. *Faouda* فوضى

ANARCHIQUE adj. *Faoudaoui* فوضويّ

ANASARQUE s.f. *Esteska âme* استسقاء عام

ANASTOMOSE s.f. t. d'anat. *Tafammom* تفم وهو في الاصطلاح التشريحي اتصال وعائي دم احدهما بالاخر

ANATHÉMATISER v.a. *Ladna* لعن . حرّم

ANATHÈME s.m. *Ladnat* حُرم . لعنة

ANATOMIE s.f. *Êlme-ol-tachrih* علم التشريح

ANCÊTRES s.m. pl. *Djedoud* جدود . أسلاف . اباء

ANCHILOPS s.m. t. de med. *Ouaram maki* ورم ماقي « وهو تورم في ماقي العيون »

ANCHOIS s. m. *Sardine* سردين . سمّوره

ANCIEN, IENNE adj. *Kadim* قديم . عتيق . مزمن

ANCIENNEMENT adv. *Kadiman* قديمًا . من قديم الزمان

ANCIENNETÉ s.f. *Kadmiat* قدميّة . قدم

ANCRE s.f. *Helbe* ou *merçat ol markab* هلب المركب . مرساة . باطر

ANCRER v.n. *Alka el merçat* القى المرساة . رمى الباطر

ANCYROÏDE adj. t. d'anat. *Helbi* هلبي الشكل « في الاصطلاح التشريحي

ANDROGYNE s.m. *Mozak kar moannas* مذكر مؤنث وهي من النبات الذي يحمل زهرة مذكرة وزهرة مؤنثة على ساقٍ واحدة

ÂNE s.m. *Homar* حمار ج حمير

ANÉANTIR v.a. *Afna* افنى . محا بمحو . دمّر . لاشى . أعدم . أباد أزال

ANÉANTISSEMENT s.m. *Fana* فناء . ملاشاة . اضمحلال . ازالة . ابادة

ANECDOTE s.f. *Nektat, naderat* نكتة ج نكت . نادرة ج نوادر . لطيفة ج لطائف

ÂNÉE s.m. *Hemle hemar* حمل حمار

ANÉMIE s.m. *Fakre ol dam-me, anémia* فقر الدم . أنيميا . قلة الدم

ANÉMONE s.m. en bot. *Chakayek ol noman* شقائق النعمان « نبات »

ÂNESSE s.f. *Hêmarat* حمارة . أتان ج أتن

ANESTHÉSIE s.f. en med. *Ghiab ol hassat* غياب الحاسة . فقد الشعور

__ANÉVRISME__ s.m. t. de med. *Anévrisma* ou *ouaram ouaâi* أنوريزما ورم وعائي « في الاصطلاح الطبي »

ANFRACTUOSITÉ s.f. *Êou-édjadje* اعوجاج

ANGE s.m. *Malac* ملك . ملاك ج ملائكة

ANGÉLIQUE adj. *Malaïki* ملائكي . ملكي

— s.f. en bot. *Hachichat ol molouk* حشيشة الملوك « نبات

ANGINE s.f. t. de med. *Zabhat* ذبحة . خُنَاق . في الاصطلاح الطبي

ANGIOLEUCITÉ s.f. *Eltêhab ol aouiat ol limfaouiat* التهاب الاوعية الليمفاوية

ANGIOGRAPHIE s.f. *Ouasf aouïat el adjsam el hayat* وصف أوعية الأجسام الحية

ANGIOLOGIE s.f. *Mabhas fil aouïat* مبحث في الاوعية

ANGLAIS s.m. *Enklizi* انكليزي

ANGLE s.m. *Zaouiat* زاوية ج زوايا

ANGLOMANE s.m. *Mokalled el enkliz* مقلّد الانكليز

ANGLOMANIE s.f. *Taklid el enkliz* تقليد الانكليز

ANGLOPHILE s.m. *Mohebb ol enkliz* محب الانكليز . يميل للانكليز

ANGLOPHOBE s.m. *Mobghed ol enkliz* مبغض الانكليز

ANGOISSE s.f. *Ghamme* غمّ . كرب . شدّة

ANGUILLE s.f. *Hanklis* ou *çôban ol bahr* حنكليس . انقليس . ثعبان السمك او البحر

— de haie *Çoban, hayat* ثعبان ج ثعابين . حيّة ج حيات

ANGULAIRE adj. *Mokarran* مقرّن . ذو زوايا

ANHÉLATION s.f. *Talab-hot* تلهث . لهث . تنفس بسرعة

ANHYDRE adj. *Khali men el mà* خال من الماء

ÂNIER s.m. *Hammar* حمّار . ج حمّارة

ANIL s.m. plante de l'indigo. *Chodjerat ol nilat* شجيرة النيلة « نبات

ANILINE s.f. *Tafta* تفته وهو نوع صباغ

ANIMADVERSION s.f. *Malamat* ملامة . عدم استحسان

ANIMAL s.m. *Hiyouan* حيوان ج حيوانات . بهيم ج بهائم

ANIMATION s.f. *Hêmiat* حمية . احتداد . حركة . حدّة

ANIMÉ, ÉE p.p. d'animer *Hay* حيّ . عائش

— échauffé *Mohtadde* محتد مستشاط . مغتاظ

ANIMER v.a. *Ahia* احيي . انعش

— **(S')** v.r. *Takaoua* تقوّى . تشجّع

ANIMOSITÉ s.f. *Boghdat* بغضة . كراهة . حقد

ANIS s.m. *Yansoun* يانسون

ANKYLOBLÉPHARON s.m. t. de med. *Eltêçak ol adjfan* إلتصاق الأجفان (في الاصطلاح الطبي)

ANKYLOSE s.f. *elteçak ol mafsal* ou *ankylose* إلتصاق المفصل . أنكيلوز (في الاصطلاح الطبي)

ANNAL, ALE adj. en juris. *Moddat sanat* مدة سنة

ANNALES s.f. pl. *Tarikh sanaoui* تاريخ سنوي

ANNEAU s.m. *Halakat* حلقة . خاتم

ANNÉE s.f. *Sanat* سنة ج سنين . عام ج اعوام . حول ج أحوال

ANNELÉ, ÉE p.p. d'anneler *Halaki* حلقيّ . على شكل الحلقة

ANNELER v.a. *Djaâloh halakat* جعله حلقات

ANNELIDES s.m.pl. en zool. *Doudat halakiat* دودة حلقيّة

ANNEXE s.f. *Modaf* مضاف . مسند

ANNEXION s.f. *Istela âla* إستيلاء على . ضمّ الى . اضافة

ANNIHILER v.a. *Âddama, lacha* أعدم . لاشى

ANNIVERSAIRE adj. et subs. *Ide sanaoui* عيد سنوي

ANNONCE s.f. *Êlan* إعلان ج اعلانات

ANNONCER v.a. *Adlama* أعلم . بشر . أنبأ

ANNONCIATION s.f. *Bicharat* بشارة . عيدالبشارة

ANNOTATEUR s.m. *Chareh kêtab* شارح كتاب . معلق شروح على كتاب

ANNOTATION s.f. *Charhe* شرح على كتاب

ANNOTER v.a. *Charaha âla kitab* شرح على كتاب

ANNUEL s.m. *Sanaoui* سنوي . حولي . عامي

ANNUELLEMENT adv. *Sanaouian* سنويًا . في كل سنة . في كل عام

ANNUITÉ s.f. *Keste sanaoui* قسط سنوي

ANNULABLE adj. *Kabel-ol elgha* قابل الالغاء . قابل الفسخ

ANNULAIRE adj. *Al bansar* البنصر . الاصبع الرابع

ANNULATION s.f. *Elgha* الغاء . فسخ . ابطال

ANNULER v.a. *Algha* ألغى . أبطل . فسخ

ANOBLIR v.a. *Charrafa* شرّف فلانًا . صيّره شريفًا

ANODIN, INE adj. t. de med. *Daoua mouçakken* دواء مسكّن (في الاصطلاح الطبي)

ANOMAL, ALE adj. *Ghayr mazbout* غير مضبوط . غير منتظم

ANOMALIE s.f. *âdam zabte* عدم ضبط . عدم انتظام

ÂNON s.m. *Djahche hèmar* جحش حمار ج جحاش وجحشان

ÂNONNEMENT s.m. *Hamranat* حمرنة . هبلنة

ANONYME adj. *madjhoul-ol-esme* مجهول الاسم

ANOREXIE s.m. *Fokde-ol-kabliat* فقد القابلية او الشهية

ANORMAL, ALE adj. *Mokhalef lèl kanoun* مخالف للقانون . مغاير للقاعدة . غير نظامي

ANOSMIE ou **ANOSPHRÉSIE** s.f. *Fekde kassat el chamme* فقد حاسة الشم

ANSE s.f. *Ezne* ou *kabdat* اذن . قبضة . ممسك . مسكة الدلو

ANSE s.f. petite baie, *Khalidje* خليج ج خلجان . غناس ج اغنسة

ANSPECT s.m. t. d'artillerie *Malaouinat* ملاوينة او ملاوينة المدفع « في الاصطلاح الطوبجي العسكري »

ANTAGONISME s.m. *Khoçoumat* خصومة . لدد

ANTAGONISTE s.m. *Khasm* خصم ج خصوم وأخصام

ANTARCTIQUE adj. *Djanoubi, kebli* جنوبي . قبلي

ANTE s.f. t. d'arch. *Ketf-ol-zaouiat* كتف الزاوية «في الاصطلاح الهندسي البنائي »

ANTE-BOIS s.m. *Zeil-ol-zaouiat* ذيل الزاوية (بنائي)

ANTÉCÉDENT, ENTE adj. *Sabek* سابق . متقدم عائد

ANTÉCÉDENT s.m. d'une personne, *Sabêkat* سابقة ج سوابق

ANTÉCHRIST s.m. *El macih ol dadjal* المسيح الدجال . المسيح الكاذب

ANTÉDILUVIEN, ENNE adj. *Sabek ol toufane* سابق الطوفان . قبل الطوفان

ANTENNE s.f. t. de mar. *Kariat* قارية « في الاصطلاح الملاحي »

ANTÉPÉNULTIÈME adj. *Kabl-ol-akhir* قبل الاخير

ANTÉRIEUR, EURE adj. *Sabek* سابق . مقدم

ANTÉRIEUREMENT adv. *Sabêkan* سابقًا . قبلاً . آنفًا

* **ANTHÉLIX** s.m. t. d'anat. *Anthélixe* انتيليكس هالة صغرى للاذن « في الاصطلاح التشريحي »

ANTHELMINTHIQUE adj. *Modad leldoud* مضاد للدود . قاتل الدود

ANTHOLOGIE s.f. *Êlme ol azhar* علم الازهار

* **ANTHRACITE** s.m. *Antracite* انتراسيت . نوع فحم حجري

ANTHRAX s.m. t. de méd. *Djamrat hamidat* جمرة حميدة او فرخ جمر « في الاصطلاح الطبي »

ANTHROPOLOGIE s.f. *Tarikh ol ançan el tabii* تاريخ الانسان الطبيعي

ANTHROPOMORPHE adj. *âla chakle-el-ansan* على شكل الانسان . بصورة انسان

ANTHROPOPHAGE adj. *Akkoul lahme el ansan* أكول لحم الانسان

ANTIAPOPLECTIQUE adj. en méd. *Daoua moudad ledà el saktat* دواء مضاد لداء السكتة « في الاصطلاح الطبي »

ANTIBRACHIAL, ALE adj. t. d'anat. *Adadi* عضدي . متعلق بالعضد

ANTICHAMBRE s.f. *Ghorfat ol entézar* غرفة الانتظار . غرفة الاستراحة . مدخل

ANTICHRÈSE s.f. *Gharoukat* غاروقة وهي في الاصطلاح القضائي الرهن الذي يرجع ريعة للدائن

ANTICIPANT, ANTE adj. en méd. *Aouared motakaddémat* عوارض متقدمة « في الاصطلاح الطبي

ANTICIPATION s.f. *Sobke* سُبق . تقدُّم

— par anticipation *Moçabbakan* مسبقًا معجلاً

ANTICIPER v.a. *Sabbaka* سبّق . قدّم

— un paiement دفع مسبقًا . دفع معجلاً

— usurper *Taddda âla* تعدى على

ANTICONSTITUTIONNEL, ELLE adj. *Modad lel chaouri* مضاد للشوري . غير موافق للحكومة الشوروية

ANTIDARTREUX, EUSE adj. t. de méd. *Modad lel koubat* مضاد للقوبة « في الطب »

ANTIDATE s.f. t. de juris. *Tarikh moçabbak âmdan* تاريخ مسبّق عمدًا « في الاصطلاح القضائي »

ANTIDATER v.a. *Kaddam al tarikh* قدّم التاريخ سبّقة عمدًا

ANTIDOTE s.m. *Tériak* ترياق . درياق . دواء مضاد للسم

ANTIFÉBRILE adj. *Modad lel homma* مضاد للحمى

* **ANTILOPE** s.f. *Antilope* انتيلوب . نوع من الغزلان

* **ANTIMOINE** s.m. *Antimone* انتيمون « معدن يصنع منه المقيئ »

ANTIMONARCHIQUE adj. *Mobghed lel hokoumat-el-malakiat* مبغض للحكومة الملكية

ANTINOMIE s.f. *Mokhalafat ou tanakod bèin kanounein* مخالفة او تناقض بين قانونين او شريعتين

ANTIPATHIE s.f. *Karahat* كراهة . نفور . اشمئزاز

ANTIPATHIQUE adj. *Makrouh* مكروه

ANTIPHERNAUX adj. m.p. t. de pratique, biens antiphernaux. *Al amlak ol lati yamnahha-l-zaoudje le zodjathi fi âkde el zidjat* الاملاك التي يمنحها الزوج لزوجته في عقد الزيجة

ANTIPHLOGISTIQUE adj. t. de méd. *Modad lel eltèhab* مضاد للالتهاب « في الاصطلاح الطبي

ANTIPODE s.m. *Motsamet* ou *motkater* متسامت . متقاطر « في الاصطلاح الجغرافي »

ANTIPSORIQUE adj. et s.m. *Daoua modad lel djarab* دواء مضاد للجرب

ANTIQUAILLE s.f. *Antika ghayr zi kimat* انتيكة غير ذي قيمة

ANTIQUAIRE s.m. *âlem bel açar el kadimat* عالم بالآثار القديمة

ANTIQUE adj. *Kadime* قديم . عتيق

ANTIQUITÉ s.f. *Antika* ou *açar kadimat* انتيكة . آثار قديمة

ANTISEPTIQUE adj. *Madat manèât lel tadffon* مادة مانعة للتعفن . مانع للتعفن

ANTISPASMODIQUE adj. t. de méd. *Modad lel tachonnodje* مضاد للتشنج (في الاصطلاح الطبي)

* **ANTITRAGUS** s.m. ou antitragos, *Antitragos* انتيتراجس . الحدبة الخلفية للقناة السمعية

ANTRE s.m. *Magharat* مغارة . كهف .

— t. d'anat. *Djeib* جيب « في التشريح »

ANUS s.m. *Bab-ol-badan, charge* باب البدن . شرج . دبر

ANXIÉTÉ s.f. *Kalak* قلق . ضجر . انشغال فكر

AORTE s.f. en anat. *Orti* اورطي . الوريد الابهر « في الاصطلاح التشريحي »

AORTÎTE s.f. en méd. *Eltehab ol orti* التهاب الاورطي

AOÛT s.m. *Aghostos* اغسطس . آب

APAISER v.a. *Hadda* ou *sakkana* هدأ . سكن

APAISER (S') v.r. *Sakana* سكن يسكن . هدأ يهدأ

APANAGE s.m. *Mokatadt* مقاطعة . اقطاع

APATHIE s.f. *Baladat* بلادة . برودة قلب . قلة حساسة

APEPSIE s.f. t. de méd. *âdam ol hadme* عدم الهضم « في الاصطلاح الطبي »

APERCEVOIR v.a. *Lamaha* لمح يلمح رأى يرى أبصر

— **(S')** v.r. *Chââra* شعر يشعر احس

APERÇU s.m. *Lamhat* لمحة . نظرة

APÉRITIF, IVE adj. en méd. *Moufatteh lel maçam* مفتح للمسام « في الاصطلاح الطبي »

APÉTALE adj. en bot. *Adim el touedje* عديم التويج « نبات عديم التويج

APÉTISSER v.a. *Sagh-ghara* صغر . دقق . جعل يجعل صغيرا

APHÉMIE s.f. *Fekd-ol-takallom* فقد التكلم . ارتباط اللسان

APHONIE s.f. *Fekd-ol-saoute* فقد الصوت

APHORISME s.m. *Raï ekhteçari* رأي اختصاري . رأي وجيز

APHRODISIAQUE adj. *Mohayedj ol chahouat* مهيج الشهوة

APHTE s.m. *Beçour-ol-famme* ou *afte* بثور الفم . أفت

APICULTURE s.m. *Tarbiat-ol-nahle* تربية النحل

APITOYER v.a. *Hannana* حنن . شفق على

— **(S')** v.r. *Hanna* حن يحن . رق قلبه تشفق على

APLANIR v.a. *Sah-hala* سهل . مهد

APLANISSEMENT s.f. *Tashîl* تسهيل تمهيد

APLATIR v.a. *Rakkaka* رقق . بسط « بطط

APLATISSEMENT s. m. *Tarkik* ترقيق . بسط . تبطيط

— au figuré *Danaât* دناءة . خضوع دني

APLOMB s.m. *Eêtedal, ouazne* اعتدال . وزن

APLOMB s.m. au fig. *Ouakahat* — وقاحة · جسارة

APNÉE s.f. en méd. *Fekd-ol-tanaffos* — فقد التنفس " في الطب "

APOCRYPHE adj. *Taht-ol-chakke* — تحت الشك · مرتاب مشكوك به

APODIE s.f. absence de pieds *Fekd ol akdam* — فقد الاقدام

APOGÉE s.m. *Aâla* ou *oge* — اعلى · أوج · اعلى درجة

APOGRAPHE s.m. *Noskhat* — نسخة · صورة مأخوذة عن الاصل

* — instr. pour copier le dessin *Apographe* — ابوغراف آلة لاخذ صورة الرسوم

APOLOGIE s.f. *Takriz* — تقريظ · مديح

APOLOGUE s.m. *Mokarrez* — مقرِّظ · مادح

APONÉVROSE s.f. t. d'anat. *Al saffak* — الصفاق " في الاصطلاح التشريحي

APONÉVROTIQUE adj. t. d'anat. *Saffaki* — صفاقي · خاص بالصفاق

APONÉVROTOME s.m. instr. de chir. *Katé-ol-saffakat* — قاطع الصفقات (جراحه)

APOPHYSE s.f. en anat. *Natou* — نتو · بروز · ظهور «في الاصطلاح التشريحي»

APOPLECTIQUE adj. *Sakti* — سكتي · متعلق بداء السكتة

APOPLÉXIE s.f. *Dâ-ol-saktat* — داء السكتة داء النقطة ضرب الدم

APOSPASTIQUE adj. en méd. *Mehaouel* — محوِّل · جاذب «في الطب»

APOSTASIE s.f. *Kofre* — كفر · جحد · ترك الدين

APOSTAT s.m. *Kafer* — كافر · جاحد · ناكر الدين

APOSTER v.a. *Akam racédan* — اقام راصداً · اوقف بالمرصاد وضع " يضعُ كمينا

APOSTÈME s.m. *Khorradjat* — خراجة ج خرّاج دمّلة ج دمامل

APOSTILLE s.f. *Hachiat* — حاشية · ذيل · شرح

APOSTOLAT s.m. *Rèçalat rassouliat* — رسالة رسولية

APOSTOLIQUE adj. *Raçouli* — رسولي

APOSTROPHE s.f. *Eltefate fil-hadis* — التفات في الحديث

— reproche *Taoubikh* — توبيخ · تعنيف لوم

APOSTROPHER v.a. *Ouabbakha* — وبّخ عنّف لامَ " يلومُ "

APOSTUME s.m. *Dommal* — دُمّل · خُرّاج

APOTHÉOSE s.f. *Taalloh* — تألّه · شرف عظيم

APOTHICAIRE s.m. *Attar* — عطّار · صيدلاني · اجزاجي

APÔTRE s.m. *Raçoul* — رسول ج رُسل · حواري ج حواريون

APPARAÎTRE v.n. *Zahara* — ظهرَ يظهرُ · لاح يلوحُ · بدأ يبدو

APPARAT s.m. *Djakh-khe* — جخّ · زينة · أُبّهة

APPARAUX s.m. plur. t. de mar. *Adaouat ol safinat* — أدوات السفينة

APPAREIL s.m. t. de chir. *Djèhaz* — جهاز ج اجهزة

— t. de méc. *Aalat* — آلة ج آلات

APPAREILLAGE s.m. t. d'agr. *Ezouadj* — ازواج · توفيق بين زوج مواشي (في الاصطلاح الذراعي

— t. de mar. *Al tahdir lel safar* — التحضير اوالتهيؤ للسفر · حل القلوع

APPAREILLEMENT s.m. *taauafok* — توافق شيئين او ماشيتين

APPARENCE s.f. *Al zaher* — الظاهر · الهيئة الظاهرة

— vraisemblance *Ehtémal* — احتمال · امكان

APPARENT, ENTE adj. *Zaher* — ظاهر · جليّ · واضح · بيّن

APPARIATION s.f. *Mokaranat* — مقارنة · مقابلة

APPARIER v.a. *Akrana* — أقرن · أزوج

APPARITION s.f. *Zohour* — ظهور · رؤية

APPARTEMENT s.m. *Beit* — بيت ج بيوت · محل ج محلات · شقة للسكن · دار ج دور

APPARTENIR v.n. *Taâlaka bi, khassa* — تعلّق ب · خص يخصُّ

APPAS s.m. pl. *Djazeb* — جاذب ج جوازب

APPÂT s.m. *Toôm* — طعم لصيد الاسماك او الطيور

APPAUVRIR v.a. *Afkara* — افقر . احوج

APPAUVRISSEMENT s.m. *Fokre* — فقر . احتياج . فاقة

APPEAU s.m. *Soffarat létaklid saout el tiour* — صفارة لتقليدصوت الطيور .

APPEL s.m. *Néda* — نداء

— t. de pratique *Esténaf* — استئناف . ابلّلو

APPELANT, ANTE adj. *Mostanef* — مستأنِف . طالب الابللو

APPELER v.a. *Nada* — نادى

— t. de pratique *Estanafa* — استأنف . رفع الابِلّلو

— (S'). v.r. *Doï.* — دُعي . سمي . يدعى . يسمّى

APPENDICE s.m. *Zayl* — ذيل .

— t. de méd. *Zaïdat* — زائدة . معلقة

APPENDRE v.a. *Àllaka* — علّقَ

APPENTIS s.m. t. d'arch. — بناء صغير مستندالى اكبر منة

APPESANTIR v.a. *Sakkala* — ثقّلَ

APPESANTISSEMENT s.f. *Taskil* — تثقيل .

APPÉTENCE s.f. *Kabliat* — قابليّة . اشتهاء . مشتهى

APPÉTISSANT, ANTE adj. *Mochahhi lel akle* — مشهٍ للاكل . مفتح القابلية

APPÉTIT s.m. *Kabliat* — قابلية . شهية للاكل

APPIÈCEMENT s.m. *Tarkí* — ترقيع

APPLAUDIR v.a. *Saffaka bel aydi* — صفّق بالايدي . استحسن

APPLICABLE adj. *Motabek* — مطابق . موافق . مناسب

APPLICATION s.f. en droit *Motabakat* — مطابقة . موافقة . مناسبة

— s'appliquer à une chose *Edjtéhad* — اجتهاد . اهتمام

APPLIQUE s.f. *Taâlikat* — تعليقة . وهي ما يُعلّق على الجدران من شمعدانات وغيره

APPLIQUER v.a. *Ouadada* — وضعَ يضعُ حطّ يحُطُ لصقَ يلصقُ على

— (S') v.r. *Adjtahada* — اجتهد . اعتنى . اهتمّ

APPOINT s.m. *Bakiat mablagh* — بقية مبلغ . تكملة . رصيد

APPOINTEMENT s.m. *Mahiat* — ماهية . راتب . اجرة . جعالة

APPOINTER v.a. *Rattaba mahiat* — رتّبَ ماهية

— un procès *Anha dâoua bel solhe* — انهي دعوى بالصلح

APPONTEMENT s.m. *Kantarat* — قنطرة . كبري . جسر

APPORT s.m. *Hessat* — حِصة ج حِصَص . راسمال مقدم من كل شريك

— d'un fleuve *Tarhe ol nahre* — طرح النهر وهو ما يجرهُ النهر من الوحول ويُرسب على الشواطي

APPORTER v.a. *Djaba* — جاب يجيبُ . جلبَ يجلبُ احضرَ .

APPOSER v.a. *Ouadda âla* — وضع يضَعُ على . حطّ يحُط

APPOSITION s.f. *Ouadée* — وضع . حط

— en méd. *Tarakom* — تراكم . تراكب «في الاصطلاح الطبي»

— des scellés *Ouad-ol-akhtam* — وضع الاختام

APPRÉCIABLE adj. *Zou kimat* — ذو قيمة . ذو قدر

APPRÉCIATEUR, TRICE s.m. et f. *Motammen, mokadder* — مُثمِن . مقدِر . مقوِم

APPRÉCIATION s.f. *Tatmine, takdir* — تثمين . تقدير . تقويم

APPRÉHANDER v.a. saisir au corps *Kabada âla* — قبض على يقبَضُ

— craindre *Khafa* — خافَ يخافُ . توهمَ

APPRÉHENSION s.f. *Khaouf* — خوف . خشية . وهم

APPRENDRE v.a. *Taâllama* — تعلّم . تفقّه . تلقّى العلوم

— informer *Aâlama* — اعلمَ . اخبرَ . انبأ . حدّث عن

APPRENTI, IE s.m.et f. *Sané* — صانع . تلميذ في صناعة

APPRENTISSAGE s.m. *Taâlim ol sanâat* — تعليم الصنعة . مدة هذا التعليم

APPRÊT s.m. *Tadjhiz* — تجهيز . تحضير . اعداد . تهيئة

APPRÊTER v.a. *Djahhaza* — جهزَ . حضرَ . هيأ . أعدّ

APPRIVOISÉ, ÉE p.p. d'apprivoiser *Moanès* — مؤانس . مؤالف

APPRIVOISER v.a. *Anaça* — آنس . الف

APPROBATION s.f. *Estehçan, étémad* استحسان · اعتماد · استصواب رضاء · قبول · مصادقة

APPROCHABLE adj. *Sahel ol ektérab* سهل الاقتراب · سهل المأخذ

APPROCHE s.f. *Korb* قرب · دنو

APPROCHER v.a. *Karoba* قَرُبَ يقرُبُ دنا يدنو

APPROFONDIR v.a. *âmmaka* عمّق · حفر بحِثر ·

APPROPRIATION s.f. action de rendre propre *Taouafok* توافق · تطابق · تناسب

— action de s'approprier une chose. *Tamallok* تملّك · استيلاء · وضع اليد

APPROPRIER v.a. *Ouafaka* وافق طابق · ناسب

— (S') v.r. *Tamallaka* تملّك · استولى · وضع يضعُ يدهُ على

APPROUVER v.a. *Sadaka âla, âtamada* صادق على · اعتمد · استصوب استحسن

APPROVISIONNEMENT s.m. *Ezkhar* ou *tazkhir* اذخار · تذخير · مونة · تموين

APPROVISIONNER v.a. *Zakhkhara* ذخّر · اذخر · موّن

APPROXIMATIF, IVE adj. *Takribi* تقريبي

APPROXIMATION s.f. *Takrib* تقريب

APPROXIMATIVEMENT adv. *Takriban* تقريبًا · بوجه التقريب

APPUI s.m. *Sanad* ou *âdad* سند · عضد · معونة · مساعدة عون · نقطة ارتكاز

APPUI-MAIN s.m. *Mattaka-l-meçaouer* متكأ المصور · مسند يد «يستعمل عند المصورين»

APPUYER v.a. *Asnada* اسند · دعم يدعَم

— (S') v.r. *Estanada* إستند · اتكأ

ÂPRE adj. *Khéchen* خشن · قاس · شرس

ÂPREMENT adv. *Bikhéchounat* بخشونة · بقساوة · بشراسة

APRÈS prép. *Baâd* بعد · غب

— derrière. *Ouara* وراء · خلف

— (D') *Be-hesbe* بحسب · بموجب · بمقتضى

ÂPRETÉ s.f. *Khéchounat* خشونة · قساوة · شراسة

APTE adj. en jurisp. qui a les qualités requises. *Zou ahliat* ذو اهلية

— qui a de l'aptitude *Ahlan* ou *lahou emkan* اهلاً · لهُ امكان · متمكن من

APTÈRE adj. *âdim ol djanah* عديم الجناح

APTITUDE s.f. t. de droit *Ahliat* اهليّة (في الاصطلاح القضائي)

— disposition naturelle, *Mayl tabit* ميل طبيعي

APTYALIE s.f. en méd. *Fekd ol laâb* فقد اللعاب · فقد الريق في الاصطلاح الطبي

APUREMENT s.m. *Tasfiat ol héçabat* تصفية · او تنظيف الحسابات مراجعة الحسابات لاخلاء طرف الكاتب

APYRÉTIQUE adj. en méd. *Ghayr mashoub-bi homma* غير مصحوب بحمّى (في الطب)

APYREXIE s.f. *Sekout-ol-homma* سقوط الحمّى · الفترة بين دوريّ حمّى

AQUARIUM s.m. *Berkat* بركة · حوض عمومي

— *Hod létarbiat el asmak* حوض لتربية الاسماك

AQUATIQUE adj. *Maï* مائي · يعيش او ينمو في الماء

AQUEDUC s.m. *Medjra modllak âla kanater* مجرى معلق على قناطر مجاري · قناة ماء ج اقنية

AQUEUX, EUSE adj. *Maï* مائي · من طبيعة الماء

AQUILIN adj. m. *Akni ol anfe* أقني الانف

AQUILON s.m. *Rih ol chémal* ريح الشمال

ARABE s.m. et adj. *Arabi* عربي

ARABESQUE adj. *Nakche ârabi* نقش عربي · اي على الطراز العربي

ARACHIDE s.f. *Foul soudani* فول سوداني (نبات)

ARACHNIDE s.m. *Anaqeb* عناكب او الحشرات التي هي من نوع العنكبوت

ARACHNOÏDE s.f. t. d'anat. *Ankaboutiat* عنكبوتية وهي في الاصطلاح التشريحي · غشاء شفّاف مغشي الدماغ والنخاع النقري

ARACHNOÏDITE s.f.t.de méd. *Eltéhab-ol-ânkaboutiat* — التهاب العنكبوتية« في الاصطلاح الطبي

ARACK ou **RACK** s.m. *Araki* — عرق او عرقي (من المشروبات)

ARAIGNÉE s.f. *Ankaboutat* — عنكبوتة . عنكبوت

— t. de mar, *Machabik* — مشابيك وهي في الاصطلاح البحري حبال متصلة ومشبكة وموثقة بالصواري

ARASEMENT s.m. *Ouazn-ol-bona* — وزن البنا

ARASER v.a. *Ouazana-l-bona* — وزن البنا يزنُ « في الاصطلاح الهندسي البنائي

ARATOIRE adj. *Zerat* — زراعيٌّ . فلاحيٌّ

ARAU s.m. *Mehrat* — محراث

ARBALÈTE s.f. *Kaous* — قوس ج اقواس

ARBALÉTRIER s.m. en arch. *Delé mayel bel djamaloun* — ضلع مائل بالجملون (في الاصطلاح الهندسي البنائي

ARBITRAGE s.m. en jurisp. *Hokme ôrfi* — حكم عرفي . حكم متحكمين

ARBITRAIRE adj. *Estebdadi* — استبدادي

ARBITRAIREMENT adv. *Zolman* — ظلمًا . غدرًا . بنوع استبدادي

ARBITRATION s.f. en jurisp. *Takdir edjmali* — تقدير اجمالي . تقويم

ARBITRE s.m. en jurisp. *Mohakkam* — محكم ج محكمون

— maître absolu *Hakem bi amrehi* — حاكم بامره . صاحب السلطة المطلقة

ARBORER v.a. *Naçaba* — نصب ينصُب رفع يرفَع

ARBORESCENT, ENTE adj. *Motchadjer* — متشجر . نبات ذوفروع كفروع الشجر

ARBORISATION s.f. *Tachadjor* — تشجُّر . تفرُّع

ARBOUSIER s.f. *Chadjarat ol katleb* — شجرة القطلب

ARBRE s.m. *Chadjarat* — شجرة ج اشجار

— de transmission t. de méc. *Âmoud el tambour* — عامود الطنبور في الاصطلاح الميكانيكي

— t. de mar. *Sari ou dreik* — صاري ج صواري، دريك ج دريكات

ARBRE s.m. fourchu de noria *Chééb* — شعب . وهي الخشبة المشعبة المركبة على محور دولاب الساقية (الناعوره) لتديرها

— généalogique *Chadjarat el adjdad* — شجرة الاجداد. شجرة الاسلاف

ARBRISSEAU s.m. *Chodjéyrat* — شجيرة . شجرة صغيرة

ARC s.m. *Kaous* — قوس ج اقواس

— en arch. *Akde* — عقد ج عقود

— **en plein ceintre** t. d'arch. *Akde nosf dayra* — عقد نصف دائرة « في الاصطلاح الهندسي البنائي

— **rampant** en arch. *Akde monhader* — عقد منحدر« في الاصطلاح الهندسي البنائي

— **surbaissé** en arch. *Akde monkhafed* — عقد منخفض« في الاصطلاح الهندسي البنائي

— **surhaussé** en arch. *Akde âly* — عقد عالي « في الاصطلاح الهندسي البنائي

ARCADE s.f. *Kantarat* — قنطرة ج قناطر . باكية ج بواكي

ARCASSE s.f. t. de mar. *Al rababat* — الربابة (في الاصطلاح الملاحي)

— de poulie t. de méc. *Sourrat ol tarat* — صُرّة الطارة . (في الاصطلاح الميكانيكي الملاحي)

ARCATURE s.f. *Kanater séghirat mozakhrafat* — قناطر صغيرة مزخرفة (في الاصطلاح الهندسي البنائي)

ARC-BOUTANT s.m. en arch. *Akde saned* — عقد ساند

ARC-DOUBLEAU s.m. en arch. *Akde ezdéouadje* — عقد مزدوج

ARCEAU s.m. en arch. *Kantarat* — قنطرة . عقد . قوس القنطرة

ARC-EN-CIEL s.m. *Kaous kazah* — قوس قزح

ARCHAL s.m. *Selke maådani* — سلك معدني

ARCHANGE s.m. *Raïs-ol-malaykat* — رئيس الملائكة

ARCHE s.f. en arch. *Aïn kantarat* — عين قنطرة (في الاصطلاح الهندسي البنائي

ARCHE DE NOË s.f. *Safinat nouh* سفينة نوح

ARCHE D'ALLIANCE — *Tabout ol âhde* تابوت العهد

ARCHÉOLOGIE s.f. *Êlme ol açar el kadimat* علم الاثار القديمة

ARCHÉOLOGUE s.m. *Alem bil açar el kadimat* عالم بالاثار القديمة

ARCHET s.m. *Kaous ol kamandjat* قوس الكمنجه

ARCHEVÊCHÉ s.m. *Korsi raïs el assakéfat* كرسي رئيس الاساقفة

ARCHEVÊQUE s.m. *Raïs ol assakéfat* رئيس الاساقفة · مطران · مترو بوليت

ARCHIÈRE s.f. *Mermayat* مرماية · كُوَّه في الحصون والقلاع لاطلاق الرصاص

ARCHIMAGIE s.f. *Êlm ol kimia el mokhtasse fi âmal el zahab* علم الكيميا · القسم المختص منهُ بعمل الذهب

ARCHIPEL s.m. *Madjmoû djazâyer, arkhipel* مجموع جزائر · ارخبيل

ARCHITECTE s.m. *Mohandès êmari* مهندس عماري

ARCHITECTURE s.f. *El handaçat ol bênaïat* الهندسة البنائية · هندسة الابنية

ARCHITRAVE s.f. *Asfal-ol-tadje* اسفل التاج · حمال اول

ARCHITYPE s.m. *Kaleb ornek* قالب اورنيك (في الاصطلاح الهندسي البنائي)

ARCHIVES s.f. pl. *Al daftarkhana* الدفترخانه

ARCHIVISTE s.m. *Amin ol daftarkhana* امين الدفترخانه

ARCHIVOLTE s.f. t. d'arch. *El khoroudje bel-bona* الخروج بالبنا (في الاصطلاح الهندسي البنائي)

ARÇON s.m. *Karbous ol sardje* قربوس السرج

ARÇONNER v.a. t. de chapellerie تنبيض الصوف (في اصطلاح صانعي البرانيط)

ARCTATION s.f. t. de méd. *Tadayok* تضايق ·ضيق (في الاصطلاح الطبي)

ARDÉLION s.m. *Radjol hechri* رجل حشري · فضولي كثير الغلبة

ARDEMMENT adv. بحرارة · برغبة كلية

ARDENT, ENTE adj. *Moltaheb* ملتهب · مشتعل · مضطرم حاد

— actif. *Nachit* نشيط · ذو حمية · ذو غيرة

ARDEUR s.f. *Nachat* نشاط · حماسة · غيرة · إحتداد

ARDOISE s.f. *Balat asouad* بلاط اسود · حجر اسود

— à écrire *Laouh kétabat* لوح كتابة

ARDU, UE adj. *Saêb* صعب · عسر · معقد · مشكل

ARDUITÉ s.f. *Saoûbat* صعوبة · تعقُّد · تعسُّر · اشكال

AREC s.m. plante *Fofal* فوفل (نبات)

ARÉNACÉ, ÉE adj. *Ramli* رملي · له شكل اوخاصة الرمل

ARÉNAIRE adj. *Ma ianmou fil arde el mormélat* ما ينمو في الارض المرملة

ARÈNE s.f. lieu de combat. ou de jeu *Midan* ميدان القتال · مضمار النزال

ARÉNIFÈRE adj. *Mormel* مرمل · محتوٍ على رمل

ARÉOLAIRE adj. t. d'anat. *Zou fadaouat* ذو فضوات (في الاصطلاح التشريحي)

ARÉOLE s.f. t. d'anat. *Fada* فضاء · خلاء (في الاصطلاح التشريحي)

— t. de méd. *Dayer batrat el djedri* دائر بثرة الجدري

ARÉOMÈTRE s.f. *Mizan ol saouayel* ou *aréomètre* ميزان السوائل · اريومتر

ARÉOTECTONIQUE s.f. *Fan ol hodjoum oual déjâ ân el hossoun* فن الهجوم والدفاع عن الحصون

ARÊTE s.f. de poisson *Haçakat* حسكة · سفاية

— en arch. *Zaouiat* زاوية · مفصل بارز (في الاصطلاح الهندسي البنائي)

ARÊTIER s.f. *Ras sakf el djamalone* راس سقف الجملون

ARGÉMON s.m. t. de méd. *Korhat el korniat* قرحة القرنية (في الاصطلاح الطبي)

ARGENT s.m. métal *Faddat* فضة (معدن)

— monnaie *Nekoud, félouss* نقود . فلوس . عمله . دراهم

— comptant *Nakdan* نقدًا . الدفع فورًا

— (bourreau d') *Mobazzer* مبذّر . مسرف .

— vif argent *Zaybak* زيبق (معدن)

ARGENTER v.a. *Tala bil faddat* طلى بالفضة . فضّض

ARGENTERIE s.f. *Faddiat* فضيات . اواني فضية

ARGENTEUR s.m. *Moufadded* مُفضِّض . مطلّي بالفضة

ARGENTIFÈRE adj. *Mehtaoui âla faddat* محتوٍ على فضة

ARGENTIN, INE adj. *Faddi* فضي . لون كالفضة . رنّة كالفضة

ARGILE s.f. *Torab ol fokh-khar ou khazaf* تراب الفخار . خَذَف . صلصال . طَفْل

ARGILEUX, EUSE adj. *Khazafi* خزفي . طفَلي

ARGOT s.m. *Mostalah ou argot* مُصطلح (ارغوم) وهي لغة اصطلاحية بين الرعاع في فرنسا

ARGOTER v.a. t. de jardinage *Tach-hil* شحّل . نقّى . قطع الاغصان اليابسة

ARGOUSIN s.m. *Ghafir ol masdjounin fil loumane* خفير . حارس المسجونين في اللومان

ARGUE s.f. *Tazkat ol sahbe* تذكة السحب الة لسحب السلك (الشريط)

ARGUER v.a. *Sahaba-l-selk* سحب السلك (الشريط)

— tirer nne conséqueuce *Barhana* برهنَ . استنتجَ

— de faux *Addaâ betazouir ouarakaten ma* ادّعى بتزوير ورقةٍ ما

ARGUMENT s.m. *Borhan* برهان . قياس . حجة

ARGUMENTER v.n. *Barhana* برهنَ . اقام البينة

ARGUTIE s.f. *Borhan rakik* برهان ركيك . قياس واهٍ

ARIDE adj. *Yabès* يابس . قاحل . عقيم . قحِط

ARIDITÉ s.f. *Yèbouçat* يبوسة . قحولة . عقم . قحط

ARIMER v.a. t. de mar. *Tastif ol ouaske fil sefinat* تستيف . توضيب الوسق في السفينة

ARISTOCRATE s.m. *Nabil* نبيل . شريف . من الاعيان من الاشراف

ARISTOCRATIE s.f. *Djamaât ol nobala* جماعة النبلا . جماعة الاشراف

ARISTOLOCHE s.f. plante *Zaraouan* زروان (نبات)

ARITHMÉTIQUE s.f. *Êlme ol hèçab* علم الحساب

ARITHMOLOGIE s.f. *Êlme ol arkam* علم الارقام

ARLEQUIN s.m. *Moharredje* مهرّج . مُضحِك

ARMATEUR s.m. *Saheb ol sèfinat* صاحب السفينة . مجهز السفينة

ARMATURE s.f. t. d'arch. *Taslibat men hadid* تصليبة من حديد . سندة «في الاصطلاح الهندسي البنائي»

ARME s.f. *Sèlah* سلاح ج أسلحة

— (place d') *Midan le tadlim el açaker* ميدان لتعليم العساكر

— (port d') *Ezne le hamle el selah* ازن لحمل السلاح

ARMÉ, ÉE p.p. d'armer *Motsalleh* متسلّح . شاك السلاح

ARMÉE s.f. *Djaych* جيش . اوردي . معسكر

ARMEMENT s.m. *Tadjhiz ol açaker* تجهيز العساكر

— d'un navire *Tadjhiz ol markab* تجهيز المركب . تجهيز طاقم السفينة

ARMER v.a. *Sallaha* سلّح . جهّز للحرب . قلّد السلاح

— t. de mar. *Djahhaza-l-markeb* جهّز المركب

ARMILLES s.f. pl. *Nekouchat halakiat* نقوشات حلَقيّة

ARMISTICE s.m. *Hednat harbiat* هدنة حربية

ARMOIRE s.f. *Khèzanat* خزانة . دولاب

ARMOISE s.f. plante *Habak el raï* حبق الراعي . برنجاسف (نبات)

ARMON s.m. t. de carrosserie *Estenda* استندة . الخشبة التي يدخل فيها عريش العربة

ARMURE s.f. *El dèrè* الدرع . الزرد

ARMURERIE s.f. *Ouarchat sélah* ورشة سلاح . معمل اسلحة

ARMURIER s.m. *Kerdahji* قرداحجي . غندقجي

AROMATE s.m. *Otre* عُطر ج عطورات

AROMATIQUE adj. *Otri* عطريٌّ الرائحة

AROME s.m. *Asl ol ôtre* اصل العطر . رائحة

ARONDE s.f. ancien nom de l'hirondelle, *Sénounou* سنونو . عصفور الجنَّة . حجيجة

ARPENTAGE s.m. *Mèçahat* مساحة . مقاس

ARPENTER v.a. *Maçaha* مَسح . قاس

ARPENTEUR s.m. *Massah* مسَّاح . قيَّاس

ARPON s.m. *Mounchar sékalat* منشار سقالة

ARQUÉ, ÉE p.p. d'arquer *Mokaouass* مقوَّس . منحني كالقوس

ARQUER v.a. *Kaouassa* قوَّس . أحنى كالقوس

ARRACHAGE ou **ARRACHEMENT** s.m. *Kalé* قلع . تقليع

ARRACHER v.a. *Kalaâ* قلَع . بَقلَع . اقتلَع . خلَّص من

ARRACHOIR s.m. *Alat le kalé el achdjar* آلة لقلع الاشجار

ARRANGÉ, ÉE pp. d'arranger *Mourattab* مرتَّب . منظَّم . مصلَّح . منهي . متمَّم

ARRANGEMENT s.m. mise en ordre *Tartib* ترتيب . تنظيم . تصليح

— conciliation *Solhe* صلح . مصالحة

ARRANGER v.a. *Nazzama* نظَّم . اصلَح . رتَّب . انهى

ARRÉRAGES s.m. pl. *Motaakhérate* متأخرات . بقايا

ARRESTATION s.f. *Elka ol kabde* القا القبض . توقيف

ARRÊT s.m. jugement, *Hokme* حكم ج احكام . مضبطة ج مضابط

— action d'arrêter *Taoukif* توقيف . ايقاف

— (maison d') *Sedjne* سجن

ARRÊTÉ s.m. décision *Karar* قرار ج قرارات

— de compte *Tarcid ol hêçab* ترصيد الحساب . ربط الحساب

ARRÊTER v.a. *Ouakkafa* وقَّف . القا القبض

— prendre une décision *Karrara* قرَّر

ARRHES s.f. pl. *Arboun* عربون (باشين)

ARRIÈRE s.m. *Motaakhkher* متأخر . وراء

— vent arrière t. de mar. *El haoua men el mokhar* الهواء من الموخر « وهو الهوا الاتي من الموخر الموافق لسير السفينة

— t. de mar. *Maoukhar ol séfinat* موخر السفينة . كوثل

ARRIÈRE-BEC s.m. l'éperon d'aval du pont *Baghlat khalfiat* بغلة خلفية . الخ الخلفي للقنطرة (في البناء)

ARRIÈRE-BOUCHE s.f. t. d'anat. *Halk* حلق (في التشريح)

ARRIÈRE-BOUTIQUE s.f. *Khaznat* خزنة . القسم الداخلي من الدكان

ARRIÈRE-FAIX s.m. t. de méd. *Khalas ol djanine* خلاص الجنين (في الطب)

ARRIÈRE-GARANT s.m. t. de juris. *Moçaddek* مُصدِّق اي مصدق الضمانة . ضامن الضامن (في القضاء)

ARRIÈRE-GARDE s.f. *Moakhkhar ol âçaker* موخر العساكر

ARRIÈRE-GOÛT s.m. *Taâm sani* طعم ثاني

ARRIÈRE-NEVEU s.m. *Ebne ebne el akhkhe* ابن ابن الاخ اوابن ابن الاخت

ARRIÈRE-PENSÉE s.f. *Fekrat modmérat* فكرة مضمرة . بسوء نيَّة

ARRIÈRE-POINT s.m. *Tanbitat* تنبيتة . نباتة (في الخياطة)

ARRIÈRE-RANG s.m. t. mil. *El saffe ol khalfi* الصف الخلفي اي اخر صف من العساكر الواقفة في هيئة الطابور

ARRIÈRE-SAISON s.f. *Akher ol kharif* آخر الخريف واول الشتاء

ARRIÈRE-SENS s.m. *Bemeêna khafi* بمعنى خفي . بقصد غير ظاهر بالمحسوس

ARRIÈRE-TRAIN s.m. *El adjlatane ol moakhkharatan men el ârabat* العجلتان الموخرتان من العربة

ARRIÈRE-VIEILLESSE s.f. *Senne ol kahoulat* سن الكهولة . سن الهرم

ARRIÈRE-VOUSSURE s.f. t. d'arch. *El âkde ol moakhkhar* — العقد المؤخر او حجر العقد الخلفي (في البناء)

ARRIÉRÉ, ÉE p.p. d'arriérer *Motaakhkher* — متاخر

ARRIÉRER v.a. *Akhkhara* — أخَّرَ

ARRIMAGE s.m. t. de mar. *Tastif ouaske ol markeb* — تستيف وسق المركب . توضيبه

ARRISER v.a. t. de mar. *Lamme tarf el kalê* — لمّ طرف القلع

ARRIVAGE s.m. *Al oussoul* — الوصول . وصول المركب

ARRIVÉ, ÉE p.p. d'arriver *Ouçoul* — وصول قدوم ورود وفود

— s.f. d'un évènement *Hodous* — حدوث . حصول حادث وقوع واقع

ARRIVER v.a. *Ouaçala* — وصَلَ يصِلُ . قَدِمَ يقدُمُ . وَرَدَ يَرِدُ . وَفَدَ يَفِدُ

ARROCHE s.f.(plante) *Sarmak* — سرمق (نبات)

ARROGAMMENT adv. *Bê-kabahat* — بقباحة بتجبُّر بتكبُّر

ARROGANCE s.f. *Kabahat* — قباحة . تجبُّر . تكبُّر

ARROGANT, ANTE adj. *Kabih* — قبيح متجبِّر متكبِّر

ARROGER (S') v.r. *Adaâ* — ادَّعى . نسَبَ لنفسه حقًا

ARROI s.m. *Djakhkhat* — جخّة . عُظمة . أُبهة

ARRONDI, IE p.p. d'arrondir *Mostadir* — مستدير . مدوَّر

ARRONDIR v.a. *Daouara* — دوَّر

— **(S')** *Taoussaâ* — توسَّع . اتسع . تدوَّر

ARRONDISSEMENT s.m. *Tadouor* — تدوُّر

— circonscription administrative *Aklim* — اقليم . ولاية . مقاطعة . مديرية

ARROSABLE adj. *Kabel ol sêkayat* — قابل السقاية قابل الري

ARROSAGE s.m. *Al sêkayat* — السقاية . الري

ARROSER v.a. *Saka* — سقى يسقي . روَّى

ARROSOIR s.m. *Mêrach-chat* — مرشّة . رشّاشة

ARRUGIE s.f. *Masraf* — مصرَف وهي قناة لتصفية المياه من حفر المعادن (اي الاماكنة التي تستخرج منها المعادن)

ARSENAL s.m. *Taraçanat* — ترسانة او ترسخانة . مخزن السلاح

ARSÉNIATE s.m. t. de chim. *Zarnikhat* — زرنيخات . (من السموم)

ARSÉNIC s.m. *Zarnikh* — زرنيخ . سم الفار (من السموم)

ARSÉNICOPHAGE s.m. *Akkoul ol zarnikh* — أكّول الزرنيخ

ARSÉNIEUX adj. *Zarnikhoz* — زرنيخوز (في الكيميا)

ARSÉNIQUE adj. *Zarnikhique* — زرنيخيك (في الكيميا)

ARSÉNITE s.m. *Zarnikhite* — زرنيخيت (في الكيميا)

ARSÉNIURE s.m. *Zarnikhor* — زرنيخور (في الكيميا)

ART s.m. *Fanne* — فن ج فنون

ARTÈRE s.f. t. d'anat. *Chêrian* — شريان عرق الدم الاحمر (في التشريح)

ARTÉRIALISATION s.f. t. d'anat. *Charianat* — شرينة . احالة الدم الاسود الى احمر

ARTÉRIECTASIE s.f. t. de méd. *Tamaddod ol charaîne* — تمدد الشرايين (في الطب)

ARTÉRIEL, ELLE adj. t. d'anat. *Chêriani* — شرياني (في التشريح)

ARTÉRIOLE s.f. t. d'anat. *Chêrian sêghir* — شريان صغير

ARTÉRIOLOGIE s.f. *mabhas fil charaîne* — مبحث في الشرايين

ARTÉRIOMALACIE s.f. en méd. *Ertekha ol charaîne* — إرتخا الشرايين . تلينها (في الطب)

ARTÉRIOSCLÉROSE s.f. t. de méd. *Tayabbos ol charaîne* — تيبس الشرايين . تصلب الشرايين (في الطب)

ARTÉRIOTOME s.m. t. de chir. *Mabdâ* — مبضع . ريشة الفصادة

ARTÉRIOTOMIE s.f. t. de méd. *Fêçadat el chêrian* — فصادة الشريان بضع الشريان (في الطب)

ARTÉRITE s.f. t. de méd. *Eltêhab ol chêrian* — التهاب الشريان شريانية (في الطب)

ARTHRALGIE s.f. t. de méd. *Alam mafsali* — الم مفصلي (في الطب)

ARTHRITE s.f. en méd. *Eltêhab mafsali* — التهاب مفصلي . مفصلية (في الطب)

ARTHRITIQUE adj. en anat. *Mafsali* منصلي · نقرسي (في الطب)

ARTICHAUT s.m. *Kharchouf* خرشوف · ارضي شوكي (نبات)

ARTICLE s.m. marchandise *Sanfe bodaât* صنف بضاعة

— en anat. *Mafsal* منصل (في التشريح)

— de mort *Ande el mamat* عند المات

— de contrat *Bande* بند شرط

— de loi *Madat* مادة

— passage d'un écrit *Fekrat* فقرة · مقطع · فصل

— de foi *Men kanoun el iman* من قانون الايمان

— de journal *Makalat* مقالة فصل نبذة

— de grammaire *Adat ol taârif* اداة التعريف · ال

ARTICULAIRE adj. en méd. *Mafsali* مفصلي (في الطب)

ARTICULATION s.f. en anat. *Mafsal* مفصل (في التشريح)

ARTICULÉ, ÉE p.p. d'articuler ; en hist. nat. *Zou mafsal* ذو منصل (في التاريخ الطبيعي)

ARTICULER v.a. *Fassala* فصّل

— parler *Lafaza* لفظ · نطق

ARTIFICE s.m. *Taçannô* تصنّع صناعة

— ruse *Hilat* حيلة · مكر · خداع · دهاء

— (feu d') *Chènnelek* ou *harikat ésténaïat* شنلك · حريقة اصطناعية

ARTIFICIEL, ELLE adj. *Esténaï* اصطناعي · صناعي

ARTIFICIELLEMENT adv. *Esténaïan* اصطناعيًا · صناعيًا

ARTIFICIER s.m. *Sanê ol Saouarikh* صانع الصواريخ · صانع الاسهم النارية

ARTIFICIEUSEMENT adv. *Bèmakre* بمكر · بخداع · بدهاء

ARTIFICIEUX, EUSE adj. *Makkar* مكّار · خدّاع · صاحب دهاء

ARTILLÉ, ÉE adj. *Moçallah belmadafê* مسلّح بالمدافع

ARTILLERIE s.f. *Al madafê* المدافع وما يتعلق بها

— (soldat d') *Al tobajiat* الطوبجيّة او عساكر الطوبجية

ARTILLEUR s.m. *Tobadji* طوبجي ج طوبجيّة

ARTIMON s.m. t. de mar. Mât. *Sari-l-mokhar* صاري الموخر (في الملاحة)

ARTISAN s.m. *Sanê* صانع · محترف اي صاحب حرفة او صناعة

ARTISON s.m. *ôussat* عُثّة ج عثّ وعثث (من الحشرات)

ARTISTE s.m. *Moâllem* معلم · استاذ صنعة

— de théâtre, *Mochakhkhès* مشخّص · ممثّل

— vétérinaire *Tamardji-ol-bahayem* تمرجي البهائم · معالج البهائم

ARTISTEMENT adv. *Bèçanaât* بصناعة · بفن

ARUM (plante) *Aroum* اروم · رجل البقرة · سبط (نبات)

ARY-ARYTÉNOÏDIEN, IENNE adj. *Tordjuhali mezdaouèdj* طرجهالي مزدوج (في الطب)

ARYTÉNO ÉPIGLOTTIQUE ou **ARY-ÉPIGLOTTIQUE** adj. *Tordjahali mozmari* طرجهالي مزماري

ARYTÉNOÏDE adj. *Tordjahali* طرجهالي

AS s.m. *As* et *yek* آس · يك (في اللعب)

ASARET s.m. plante *Açaroun* أسارون (نبات)

ASCARIDE s.m. en hist. nat. *Doudat harrakat* دودة حرّاكة (في التاريخ الطبيعي)

ASCENDANCE s.f. la ligne des ascendants *Al adjdad* الاجداد · السّلف

— en astrologie *Al chorouk* الشروق · البزوغ

ASCENDANT s.m. t. de généalogie *Al djedde* الجد · الاصل · السّلف

— t. d'astrologie *Cherouk* شروق · بزوغ

— t. d'autorité *Soltat* سلطة

ASCENSEUR s.m. *âyar* عيّار (آلة رافعة)

ASCENTION s.f. *Soôud* صعود · ارتفاع

ASCENTIONNEL, ELLE adj. *Soôûdi* صعودي · ارتفاعي

ASCÈTE s.m. ou f. *Zahed* زاهد

ASCÉTIQUE adj. *Zohdi* زهدي · متعلق بالزهد

ASCITE s.f. t. de méd. *Esteska zekki* استسقاء زقي (في الطب)

ASCITIQUE adj. *Mostaski* مستسقي . منتفخ البطن بالماء

ASCLÉPIADE s.f. ou **ASCLÉPIAS** s.m. (plante) *Kamé ol samme* قامع السم (نبات)

ASIALIE s.f. *Fekde ol lèâbe* فقد اللعاب (في الطب)

ASIATIQUE adj. *Aciatiki* اسياتيقي . اسيوي . من سكان اسيا

ASILE s.m. *Dar ol hèma* دار الحمى . ملاذ . ملجا

— des pauvres *Tèkiat* تكيّة

ASITIE s.f. t. de méd. *Fekde ol chahiat* فقد الشهية . فقد القابلية (في الطب)

ASPARAGINE s.f. *Haliounine* هليونين (في الكيميا)

ASPECT s.m. *Haïat zahèrât* هيئة ظاهرة . منظر

ASPERGE s.f. *Halioun* et en Egypte *kouch-koumaz* هليون . قوش قونماز (في القطر المصري)

ASPERGER v.a. *Rach-cha bilma* رشّ بالماء

ASPÉRITÉ s.f. *Hèrachat* حراشة . خشونة

ASPERSION s.f. *Rach ol ma* رشّ الماء . طرْش بالماء

ASPERSOIR s.m. *Mourach-chat* مرشّة

ASPÉRULE s.f. (plante) *Ka-oukab el oudre* كوكب الوعر (نبات)

ASPHALTE s.m. *Hoummar, asphalte* حمّر . اسفالت . قفر اليهود (معدن)

ASPHODÈLE s.m. (plante) *Séras* سراس . سيراس . برواق (نبات)

ASPHYXIANT, ANTE adj. *Mokhnek* مُخنِق

ASPHYXIE s.f. *Ekhtênak, asphixia* اختناق . اسفيكسيا

ASPHYXIÉ, ÉE p.p. d'asphyxier *Mokhtanek* مختنق

ASPHYXIER v.a. *Khanaka* خنق يخنق

— (S') v.r. *Ekhtanaka* اختنق

ASPIC s.m. *Hayat saoudà, afâa* حيّة سوداء . افعى

— (plante) *Noô laouanda* نوع لاونده (نبات)

ASPIRAIL s.m. *Malkaf haoua* ملقف هواء . منفس للفرن

ASPIRANT, ANTE adj. *Taleb* طالب . طامح الى

ASPIRATION s.f. *Estenchak* استنشاق . سحب الهواء (شفط)

— élan du cœur vers les choses élevées *Roghbat* ou *baghiat* رغبة . بغية . طموح

ASPIRER v.a. attirer l'air *Estanchaka* استنشق . سحب الهواء شفط

— **À** v.n. avoir le désir *Raghèba* رغب . ابتغى . طمح الى

ASSA FŒTIDA s.f. *Haltite* حلتيت

ASSAILANT s.m. *Mohacer* محاصر

— agraisseur *Motaâddi* متعدٍ . بادٍ بالشر

ASSAILLIR v.a. *Taâdda âla* تعدّى على . بداء بالشر

ASSAINIR v.a. *Tayaba-l-haoua* طيّب الهواء . نظّف

ASSAISONNEMENT s.m. *Tatbil* تتبيل . تنظيم الطبخ بالبهارات

ASSAISONNER v.a. *Tabbala* تبّل . نظّم الطبخ بالبهارات

ASSASSIN s.m. *Katel* قاتل

ASSASSINANT, ANTE adj. fig. *Mozéédje, kattal* مزعج . قتّال

ASSASSINAT s.m. *Katle* قتل . فتك

ASSASSINÉ, ÉE adj. *Maktoul* مقتول . مفتوك به

ASSASSINER v.a. *Katala* قتل . يقتُل . فتك يفتُكُ به

ASSAUT s.m. *Hadjmat* ou *hodjoum* هجمة . هجوم

ASSEAU s.m. *Chakouch sankari* جاكوش سنكري

ASSEMBLAGE s.m. *Tadjammô* تجمع . جَمْع

— t. de men. *Taâchik* تعشيق (في اصطلاح النجارين)

— **à queue d'aronde** t. de menuis. *Taâchik zel el âsfour* تعشيق ذيل العصفور

— **double** *Taâchik modaâf* تعشيق مضاعف

— **avec renfort** *Taâchik maâ katê el lessan bel mayl* تعشيق مع قطع اللسان بالميل

ASSEMBLAGE à panne grosse *Taâchik cazeb* تعشيق كاذب
— **à trait de Jupiter** *Taâchik zat el mochtari* تعشيق ذات المشتري
ASSEMBLÉE s.f. *Djamîat* جمعية . مجلس . محفل
ASSEMBLEMENT s.m. *Tadjammô* تجمّع . حشد
ASSEMBLER v.a. *Djamaâ* جمع . يجمع . حشد يحشد
— t. de men. *Ach-chaka* عشّق (في اصطلاح النجارين)
— t. de relieur. *Ouaddaba aourak al kêtab* وضّب اوراق الكتاب
ASSÉNER v.a. *Daraba* ضرب يضرب . لطم
ASSENTIMENT s.m. *Koboul* قبول . رضا . استحسان
ASSENTIR v.a. *Kabila* قبل (يقبل ويقبل) . رضي يرضى
ASSEOIR v.a. *Akâada* اقعد . اجلس
— **(S')** v.r. *Kaâda* قعد . جلس يجلس
ASSERMENTÉ, ÉE p.p. d'assermenter *Halef ol yamine* حالف اليمين
ASSERMENTER v.a. *Hallafa-l-yamin* حلّف اليمين
ASSERTION s.f. *Takid kaoul* تأكيد قول . تأييد
ASSERVIR v.a. *Estarakka* استرق . استعبد . سخّر
ASSERVISSEMENT s.m. *esterkak* استرقاق . استعباد . تسخير
ASSESSEUR s.m. *Nayeb kadi* نائب قاضي
ASSETTE s.f. *Kaddoum ol barmildji* قدوم البرملجي
ASSEZ adv. *Kêfayat* كفاية
ASSIDÉRATION s.f. *Al maoute bel tadjallod* الموت بالتجلّد
ASSIDUE, UE adj. *Mêdaouem* مداوم . مواظب
ASSIDUITÉ s.f. *Mêdaouamat* مداومة . مواظبة
ASSIÉGÉ, ÉE p.p. d'assiéger *Mouhaçar* محاصر ج محاصرين
ASSIÉGEANT, ANTE adj. et subst. *Mouhaçer* محاصر ج محاصرون
ASSIÉGER v.a. *Haçara* حاصر
ASSIETTE s.f. *Kaêdate* قاعدة . قعدة
— vaisselle *Sahne* صحن . صحنة

ASSIETTE fixe *Sefat ol estêkrar* صفة الاستقرار
— de propriété *Halat ol molkiat* حالة الملكية . هيئة الملكية
— au fig. *El halat ol tabiîat* الحالة الطبيعية . الحالة الاعتيادية
ASSIGNABLE adj. *Kabel ol tahdide* قابل التحديد . قابل البيان
ASSIGNATION s.f. *Héoualat* حوالة . تحويل
— en procédure *Êlme talab* علم طلب . طلب للحضور امام المحكمة
ASSIGNER v.a. *Talaba, chakhsan amam al mahkamat* طلب شخصاً للحضور امام المحكمة
ASSIMILABILITÉ s.f. *Sêfat ol mokaranat* صفة المقارنة اوالمقابلة او المشابهة
ASSIMILATION s.f. *Mokaranat* مقارنة . مقابلة . مشابهة
ASSIMILER v.a. *Karana* قارن . قابل . شابه
ASSISE s.f. t. d'arch. *Medmak* مدماك . دكّة (في البناء)
— (cour d') *Mahkamat ol djanayat* محكمة الجنايات
ASSISTANCE s.f. *Hodour* حضور . اجتماع
— personnes réunis الحاضرون
— aide, secours *Mouçaâdat* مساعدة . اعانة
— judiciaire *Eâfa men el reçoum el kadaïat* اعفاء من الرسوم القضائية
ASSISTANT s.m. *Mouçaêde* مساعد . معاون
ASSISTER v.n. *Hadara* حضر . يحضر
— v.a. aider *Saâda* ساعد . اعان
ASSOCIATION s.f. *Cherkat* شركة ج شركات
ASSOCIÉ, ÉE s.m. et f. *Chérik* شريك
ASSOCIER v.a. *Charaka* شارك
ASSOLEMENT s.m. *Tartib ol zaraât* ترتيب الزراعة
ASSOLER v.a. *Rattab-al-zaraât* رتّب الزراعة
ASSOMBRIR v.a. *Azlama* اظلم . ادلم . اعتم . دجدج
— fig. *Kaddara* كدّر . اقلق

ASSOMMER v.a. *Katala bi-darbat* — قتل يقتُلُ بضربةٍ · قتل بآلةٍ راضة

— fig. *Azdadja* — ازعج · اقلق · اتعب

ASSOMMOIR s.m. *Dabbous* — دبوس

ASSOMPTION s.f. *Ertéjâ ol âzra ila-l-sama* — ارتفاع العذراء الى السما

ASSORTIR v.a. *Ouaffaka* — وفّق · وضّب · جمع اشياء موافقة بعضها لبعض

ASSOUCHEMENT t. d'arch. *Kaêdat moçallas el ouadjêhat* — قاعدة مثلث الواجهة (في الاصطلاح البنائي)

ASSOUPIR v.a. *Naouama khafifan* — نوّمَ خفيفًا · نعّس

ASSOUPISSANT, ANTE adj. *Ménaouem khafifan* — منوم خفيفًا · منعِس

ASSOUPISSEMENT s.m. *Naoum khafif* — نوم خفيف · نعاس

ASSOUPLI, IE p.p. d'assouplir *Moutarra* — مطرّى · مليّن

ASSOUPLIR v.a. *Tarra* — طرّئ · ليّن

ASSOUPLISSANT, ANTE adj. *Moutarri* — مطرّي · مليّن

ASSOURDIR v.a. *Tarracha* — طرّش · اصمّ اي جعله اصمّ

ASSOURDISSEMENT s.m. *Tarach* — طرَش · صمم

ASSOUVIR v.a. *Achbaâ* — أشبع · أرضي · نوّل مرامًا

ASSOUVISSANT, ANTE adj. *Mochbé* — مشبع · مرضي الرغائب · منيل المرام

ASSOUVISSEMENT s.m. *Al chabâ* — الشبع · نوال الاماني · ارضاء الرغائب

ASSUJETTI ou **ASSUJÉTI, IE** p.p. d'assujétir *Khadé* — خاضع · داخل تحت سلطة مذلول

ASSUJETTIR ou **ASSUJÉTIR** v.a. *Akhdaâ* — اخضع · ادخل تحت سلطة · اذلّ

ASSUJETTIR ou **ASSUJÉTIR (S')** v.r. *Khadaâ* — خضعَ يخضعُ · ادخلَ نفسهُ تحت سلطة · رضخَ يرضخُ

ASSUJETTISSANT ou **ASSUJÉTISSANT, TE** adj. *Motéêb* — متعب · شاقّ · متسلّط

ASSUJETTISSEMENT ou **ASSUJETISSEMENT** s.m. *Kahre* — قهر · تضييق · تكليف

ASSUMER v.a. *Akhaz âla nafcihi* — اخذ على نفسهِ · اخذ تحت مسئوليتهِ

ASSURANCE s.f. confiance, sécurité, *Aman* — امان · ثقة · اطمئنان

— protestation *Takid* — تاكيد · تأييد

— garantie *Daman* — ضمان · تثبيت · سوكرة

— fermeté, audace *Djaçarat* — جسارة · وقاحة · قِحة

ASSURÉ, ÉE p.p. d'assurer *Madmoun, moçokar* — مضمون · مسوكر · مكفول

ASSURÉMENT adv. *Bétakid* — بتأكيد · موكدًا

ASSURER v.a. *Akkada* — اكّدَ · أيّد

— **(S')** se garantir *Daména* ou *saoukara nafsoh* — ضمنَ يضمن نفسهُ · سوكر حياته

— **(S')** avoir la certitude *Taakkada* — تأكّد · تحقّق

ASSUREUR s.m. *Damen ol khêçarat, saheb ol sokortah* — ضامن الخسارة · صاحب السوكرتاه

ASTATIQUE adj. t. de physiol. *Matharrek* — متحرِّك (في الفيسيولوجيا)

ASTÉRIE s.f. en zool. *Hadjar chamsi* — حجر شمسي او نجمة البحر (في علم الحيوان)

ASTÉRISQUE s.m. *Nadjmat* — نجمة (علامة مطبعة)

ASTÉROÏDE s.f. *Sayar séghir* — سيار صغير

ASTHÉNIE s.f. en méd. *Fakde ol kouat* — فقد القوة · ضعف (في الطب)

ASTHMATIQUE adj. t. de méd. *Moçab bédik el nafas* — مصاب بضيق النفَس · مصاب بالربو (في الطب)

ASTHME s.m. (maladie) *Dik ol nafas* — ضيق النفَس · ربو (مرض)

ASTI ou **ASTIC** s.m. t. de cordonn. *Azmat sékafat* — عظمة سكافة (في اصطلاح الاسكافين

ASTICOT s.m. *Doud ol lahme* — دود اللحم وهو دود ابيض يتولّد في اللحم ويستعمل لصيد الاسماك

ASTICOTER v.a. *Dayaka* — ضايق · ازعج · زهّق

ASTIQUER v.a. *Bardakha* — بردخ · نعّم · صقّل بصقُل

ASTRAGALE s.m. t. d'archit. *Rébat badan el âmoud* — رباط بدن العامود · كورنيش حزام (في الهندسة البنائية)

— en anat. *Ehda ëzam el kadam* — احدى عظام القدم

— en bot. *Chadjar ol samghe* ou *konzëi* — شجرُ الصمغ · قنزعي

ASTRAL, ALE adj. *Kaoukabi* — كوكبي · متعلق بالكواكب

ASTRE s.m. *Kaoukab* — كوكب ج كواكب

ASTREINDRE v.a. *Alzama* — الزم · كلّف

ASTRICTION s.f. t. de méd. *Enkèmache* — إنكماش · إنقباض (في الطب

— t. de chir. *Chadde ol ribat* — شد الرباط (في الجراحة)

ASTRINGENCE s.f. t. de méd. *Takammoch* — تكمّش · قبض · تكرمش (في الطب)

ASTRINGENT, ENTE adj. *Kabed* ou *mokammech* — قابض · مكمّش

ASTROÏTE s.f. *Hadjar ol kaoukab* — حجرُ الكوكب

ASTROLABE s.m. *Astorlabe* — اسطرلاب آلة لقياس بعد الكواكب

ASTROLÂTRE s.m. *Abed ol nodjoum* — عابد النجوم

ASTROLÂTRIE s.f. *Êbadat ol nodjoum* — عبادة النجوم

ASTROLOGIE s.f. *Al tandjime* — التنجيم اي معرفة الغيب بواسطة النجوم

ASTROLOGUE s.m. *Monadjem* — منجّم · اي عالم بالغيب بواسطة النجوم

ASTROMANCIE s.f. *Tandjime* — تنجيم · معرفة الحوادث بواسطة النجوم

ASTRONOME s.m. *Falaki* — فلكي · عالم بالهيئة

ASTRONOMIE s.f. *Êlme ol falak* — علم الفلك · علم الهيئة

* **ASTROSCOPE** s.m. *Astroscope* — استرسكوب وهي آلة للبحث على النجوم في الفلك

ASTUCE s.f. *Hilat* — حيلة · خديعة · مكر

ASTUCIEUX, EUSE adj. *Saheb hial* — صاحب حيل · مكّار خدّاع

ASYMÉTRIE s.f. *Adam ol tartib* — عدم الترتيب · عدم النظام

ATAXIE s.f. en méd. *Adam entèzam halat el djesme* — عدم انتظام حالة الجسم (في الطب)

— locomotrice, t. de méd. *Ekhtèladje ol harakat* — اختلاج الحركة

ATELIER s.m. *Ouarchat* — ورشة · محل التشغيل

ATERMOIEMENT s.m. t. de jurisp. *Mehlat* — مهلة تعطى للمديون الى ان يتمكن من الوفاء (نظرة الى ميسرة)

— faux fuyant *Mouhaoualat* — محاولة · مماطلة · مراغة

ATERMOYER v.a. *Aâta mehlat* — اعطى مهله للمديون

— chercher des faux fuyants *haouala* — حاول · ماطل بالدفع

ATHÉE s.m. *Kafer* — كافر · جاحد · ناكر وجود الله

ATHÉISME s.m. *Kofre* — كفر · جحود · نكران وجود الله

ATHERMANE ou **ATHERMIQUE** adj. *Mofked ol hararat* — مفقد الحرارة

ATHÉROMATEUX, EUSE adj. t. d'anat. *Hélami olkaouam* — هلاميّ القوام (في التشريح)

ATHÉROME s.f. en méd. *Ouaram hélami* — ورم هلاميّ (في الطب)

ATHLÈTE s.m. *Moçarê* — مصارع · مبارز

ATHLÉTIQUE adj. *Adali* — عضلي · ذو عضلات عظيمة

ATLAS s.m. *Madjmoû khorayet djografiat* — مجموع خرائط جغرافية

— en anat. *Hamélat* ou *al fékrat ol hamélat lelras* — حاملة · الفقرة الحاملة للراس (في التشريح)

ATLOÏDE adj. en anat. *Haméli* — حاملي (في التشريح)

ATMOSPHÈRE s.f. *Djaou* — جوّ

ATOME s.m. *Zarrat* — ذرّة · جوهر الفرد

ATONIE s.f. t. de méd. *Doôf* ou *ertèkha* — ضعف · ارتخاء (في الطب)

ATOUR s.m. *Zinat* — زينة · حلية

ATOURNÉ, ÉE p.p. d'atourner *Motazayen* — متزين · متحلّ

ATOURNER v.a. *Zay-yana* — زيّن · حلّى

ATOXIQUE adj. *Khali men el samme* — خالٍ من السمّ · غير مسمّ

ATRABILAIRE adj. t. d'ancienne méd. *Soudaoui* — سوداوي

ATRABILE s.f. t. d'ancienne méd. *El-saouda* السوداء

ÂTRE s.m. *Mostaoukad* مستوقد . فوهة الفرن

ATRÉTOBLÉPHARIE s.f. t. de méd. *Eltèham ol adjfan* التحام الاجفان (في الطب)

ATRICHIE s.f. *Fakde ol chaâre* فقد الشعر

ATROCE adj. *Fahèche* فاحش . قاسٍ جدًّا

ATROCEMENT adv. *Bifahche* بفحش . بقساوة

ATROCITÉ s.f. *Fahche* فحش . قساوة

ATROPA s.f. ou **BELLADONE** en bot. *Maraat hosna* ou *belladona* اتروبيا . مرأة حسناء . بلادونا

ATROPHIE s.m t. de méd. *Noksan* نقصان . خمود . تخسيس (في الطب)

ATROPHIQUE adj. *Takhcici* تخسيسي . خمودي

ATTABLER v.a. *Djallaça âla-l-mayêdat* جلّس على المائدة

ATTACHANT, ANTE adj. *Moâllek* معلِّق . جاذب . مولِع

ATTACHE s.f. *Rébat* رباط ج اربطة . قيد ج قيود

— fig. *Taâllok* تعلّق . تمسُّك

ATTACHÉ, ÉE p.p. d'attacher *Motaâllek* متعلق . مرتبط . مقيد . متمسك

ATTACHEMENT s.m. *Taâllok* تعلّق . إرتباط . تقيُّد . تمسُّك . مودّة

ATTACHER v.a. *Rabata* ربط يربُط . قيّد . جذب يجذُب

— (S' *Rabata nafsahou* ربط نفسهُ . تعلّق . تمسّك ب

ATTAQUE s.f. *Hodjoum* هجوم . حملة . غارة . غزوة

— en méd. *Naoubat* نوبة . إعتراء (في الطب)

ATTAQUÉ, ÉE p.p. d'attaquer. *Mouhadjam* مُهاجَم . مهجوم عليهِ . متعدّى عليهِ

— en méd. *Aleh el naoubat* عليهِ النوبة . مصاب (في الطب)

ATTAQUER v.a. *Hadjama âla* هجمَ على . هاجم . كبس

— *Endommager atlafa* أتلف . اضرّ

— en justice *Akama dâouah* اقام دعوى . رفع قضية

ATTAQUER un acte *Taâna fi sobhat âkde* طعن في صحة عقد

— saisir en parlant de maladie *Eétaraho marad* اعتراه مرض

— quelqu'un de conversation *Masse hassatêhi* مسّ حاسّاته

ATTARDER v.a. *Âouaka* عوّق . اخّر . أرجأ

— (S') v.r. *Taakh-khara* ou *tâouaka* تأخّر . تعوّق

ATTEINDRE v.a. un but *açaba* اصاب

— arriver à *Ouaçala* وصل يصلُ . حصّل

— joindre *Lahéka* لحق يلحَقُ . اتصل ب

ATTEINT, EINTE adj. *Moçab* مصاب

— d'un crime *Mottaham* متّهم

ATTEINTE s.f. *Éçabat* إصابة . وصول . اتصال . لحوق

ATTELAGE s.m. *Kadne ol kheil el lati tadjour el ârabat* كدنُ الخيل التي تجر العربة . مكدنة

— les chevaux d'une voiture *Khayl ol ârabat* خيل العربة

ATTELÉ, ÉE p.p. d'atteler *moâllak* معلّق . مكدون

ATTELER v.a. *Allaka* علّق . كدن يكدِن

ATTELLE s.f. t. de sellerie *halakat ol rakabat* حلقة الرقبة (في السروجيّة)

— t. de chir. *Djoubêirat* جبيرة (في الجراحة)

ATTENANT adj. *Mollacek* ملتصق . متصل . لاحق . مجاور

ATTENDRE v.a. *Entazara* إنتظر . تمهّل

ATTENDRIR v.a. rendre tendre *Tarra* طرّى . ليّن

— fig. rendre sensible *Hannana* حنّن . رقّق قلبهُ

— (S') v.r. *Tahannana* تحنّن . ترقّق . ترحّم

ATTENDRISSANT, ANTE adj. *Mohannen* محنِن . مرقق القلب

ATTENDRISSEMENT s.m. *Henniat* حنية . رقة القلب . شفقة

ATTENDU, UE p.p. d'attendre *Mountazar* منتظر

ATTENDU, loc. prép. *Men hays* من حيث . بناء على

— **que** loc. conj. *Nazran éla* نظرًا الى

ATTENTAT s.m. *Taâddi* تعدٍّ . هجوم على . تجنٍّ

ATTENTATOIRE adj. *Êdouani* عدواني . اعتدائي

ATTENTE s.f. *Entézar* إنتظار

— (salle d') *Ghorfat ol estérahat* غرفة الاستراحة . غرفة الانتظار

— (pierre d') *Ehdjar barézat le taâchik el béna* احجار بارزة لتعشيق البنا

ATTENTER À v.n. *Taâdda âla* تعدّى تهجّم على

ATTENTIF, IVE adj *Montabeh* منتبه . ملتفت مُصغٍ . متيقظ

ATTENTION s.f. *Eltéfate* إلتفات إنتباه إصغاء تيقّظ

— égards, soins *Eêtébar* إعتبار ملاطفة مسايرة

ATTENTIVEMENT adv. *Béentébah* بانتباه بالتفات باصغاء بتيقّظ

ATTÉNUANT, ANTE adj. t. de méd. *Mokhaffef* مخفِّف ملطِّف مضعِّف (في الطب)

— en droit *Mokhaffeb lel djénayat* مخفِّف معذِّر للجناية (في القضاء)

ATTÉNUATION s.f. *Takhfif* تخفيف . تلطيف

ATTÉNUER v.a. *Khaffafa* خفّف لطّف . اضعف

ATTERRAGE ou **ATTERRISSAGE** s.m. t. de mar. *El ektérab men el arde* الاقتراب من الارض اي اقتراب السفينة من الشاطي (في الملاحة)

ATTERRÉ, ÉE p.p. d'atterrer *Matrouh âla-l-arde* مطروح على الارض . مجندل ملقي

— ou **ATTERRI** t. de mar. *Al safinat ol raciat* السفينة الراسية . السفينة التي وصلت الى الشاطي (في الملاحة)

ATTERREMENT s.m. *Ghalbat* ou *élka âla-l-arde* غَلَبة . القاء على الارض . طرح على الارض

— épouvante *Khaouf âzim* خوف عظيم رعبة جزع

ATTERRER v.a. *Alka âla-l-arde* القى على الارض . طرَح يطرَح على الارض جندَل صرَع يصرَع

— jeter dans l'affliction *Kaddara kadaran chadidan* كدّر كدرًا شديدًا

ATTERRER jeter dans l'épouvante *Khaouafa* خوّف . ارعب

— ou **ATTERRIR** t. de mar. *Karouba men el arde* قرُب من الارض . دنت السفينة من الشاطي (في الملاحة)

ATTERRISSEMENT s.m. *Raouaceb* رواسب وهي تراب مجتمع من جرف سيول الانهر او امواج البحر

ATTESTATION s.f. *Eda ol chéhadat* اداء الشهادة

ATTESTER v.a. *Chahéda* شهِدَ (يشهَدُ)

ATTIÉDI, IE p.p. d'attiédir *Fater* فاتر . مُلطّفة حرارته

ATTIÉDIR v.a. *Fattara* فترّ . لطّف الحرارة

— (S') v.r. فترَ (يفتُرُ) تلطّفت حرارته

ATTIÉDISSEMENT s.m. *Fotour* فتور . تلطّف الحرارة

ATTIFER v.a. *Zayana* زيّن . حلّى . زخرف

ATTIQUE s.m. en arch.. *Dérouat* دروة . قمندلون (في البناء)

ATTIRAIL s.m. *Mohémmat* مهمات . عِدّة

ATTIRANT, ANTE adj. *Djazeb* جاذب . مستميل

ATTIRER v.a. *Djazaba* جذَب يجذِب . استمال

ATTISÉ, ÉE p.p. d'attiser *Mochtaêl* مشتعل . مضطرم . موجّج

ATTISER v.a. *Achâala* اشعل . اضرم . اجج

ATTISEUR s.m. *Ouakkad* وقّاد

ATTITUDE s.f. *Halat* حالة . وقفة . هيئة

ATTOUCHEMENT s.m. *Lams* لمس . مسّ

ATTRACTIF, IVE adj. *Djazeb* جاذب . مستميل

ATTRACTION s.f. *Djazbe* جذب . استمالة

ATTRAIT s.m. *Mayl* ميل . انشغاف . جاذب ج جواذب

ATTRAPE s.f. *Fakhe le sayd el tiour* فخ لصيد الطيور . مصيدة

— tromperie حيلة . خداع

ATTRAPER v.a. *Maçaka* مسك يمسُكُ اوقع بالفخ . ادرك . الحق بلحق

ATTRAPER fig. *Dahèka âla* ضحك يضحك على غش يغش · غر يغر

ATTRAPOIRE s.f. *Fakh* فخ · شرك · مصيدة

— fig. *Hilat* حيلة · مكر · دهاء

ATTRAYANT, ANTE adj. *Djazzab* جذاب مميل

ATTREMPER v.a. l'acier *Saka-l-solb* سقى يسقي الصلب اي الفولاذ

— chauffer le four d'une verrerie حمى يحمي فرن معمل الزجاج

ATTRIBUER v.a. *Naçaba ila* نسب الى ينسب · عزى يعزو

— (S') *Naçaba linafséhi* نسب لنفسو · ادّعى

ATTRIBUT s.m. *Séfat* ou *khassat* صفة · خاصة

ATTRIBUTION s.f. *Khassiat* خاصية · مزية

— compétence *Ekhtéçass* اختصاص

— effective ; t. de jurisp. *Sarf ol dayn lel dayen* صرف الدين للداين

ATTRISTANT, ANTE adj. *Mohzen* محزن · مشجٍ

ATTRISTER v.a. *Ahzana* احزن · اشجى

— (S') v.r. *Hazèna* حزن يحزن اغتمّ

ATTRITION s.f. t. de chir. *Taçallokh* تسلخ (في الجراحة)

— regret *Nadam* ندم · اسف · انسحاق

ATTROUPEMENT s.m. *Tadjammô* تجمّع جمع حشد

ATTROUPER v.a. *Djamaâ* جمع « يجمع » حشد « يحشد »

— (S') v.r. *Adjtamaâ* اجتمع · احتشد

AU, pour à le ; **AUX,** pour à les *Ila* ل · الى

AUBAIN s.m. étranger *adjnabi* غريب · اجنبي خاضع لقوانين البلاد القاطن بها

AUBAINE s.f. succession aux biens d'un aubain *terkat ol adjnabi* تركة الاجنبي

— droit d'aubaine *Rasme maouaris el adjaneb* رسم مواريث الاجانب · الرسم الذي يؤخذ على مواريث الاجانب

— fig. et famil ; avantage inattendu *Sodfat mofidat* صدفة مفيدة · ربح غير منتظر

AUBE s.f. *Al fadjre* الفجر · طلوع النهار

AUBE vêtement blanc du prêtre *Kattounat* كتونة · قميص الكاهن

— de bateau à vapeur ou de moulin *Doulab ouabour el bahre* دولاب وابور البحر · دولاب الطاحون المائي

AUBÉPINE s.f. arbre *zârourat* زعرورة · شجرة الزعرور

AUBÈRE adj. couleur de chevaux *Maouardi* ما وردي اللون (في الخيل)

AUBERGE s.f. *Fondok* ou *locanda* فندق · لوكانده

AUBERGINE s.f. (plante) *Badendjane* باذنجان (نبات)

AUBERGISTE s.m. *Locandadji* لوكاندجي · خاناتي · فندقجي قيّم الفندق

AUBIER s.m. *Khachab kazeb* خشب كاذب وهو الطبقة الخشبية الرقيقة بين القشرة الخارجية وقلب الشجرة وتكون في الاشجار ذات الفلقتين

AUCUN, UNE adj. *Ouala ouahed* ولا واحد · لا احد

AUCUNEMENT adv. *Abadan* ابداً · اصلاً · البتّه

AUDACE s.f. *Djaçarat* جسارة · وقاحة · جرأة · قحة

AUDACIEUSEMENT adv. *Bidjaçarat* بجسارة · بوقاحة · بجرأة · بقحة

AUDACIEUX, EUSE adj. *Djaçour* جسور · وقح · جريء

AU DEDANS loc. adv. *Men el dakhel* من الداخل

AU DEHORS loc. adv. *Men al kharedj* من الخارج

AU DELÀ loc. adv. *Ma zad* مازاد · ما فوق · وزيادة

AU DESSOUS loc. adv. *Ma tahte* ما تحت · ما دون

AU DESSUS loc. adv. *Ma faouk* ما فوق · اعلا

AU DEVANT loc. adv. *Men el amam* من الامام · للامام

AUDIENCE s.f. réception *Moukabalat* مقابلة · مواجهة

— de Tribunal *Djalçat* جلسة (في المرافعات)

— (salle d') *Oudat ol djalsat* اوضة الجلسات · اوضة المرافعة

AUDITEUR s.m. *Samê* سامع · سميع

AUDITIF, IVE adj. *Samaï* سمعي · متعلق بالسمع . (في التشريح)

AUDITION s.f. *Estémâ* استماع

AUDITOIRE s.m. *Al saméôun* السامعون . القوم السامعون

AUGE s.f. *Maâlaf* معلف . مذود

— de maçon *Kareb* قارب ج قوارب . قادوس ج قواديس

AUGET s.m. petite auge où l'on met la mangeaille des oiseaux *Matadmat* مطعمة اناآء صغير يوضع فيه ماء كول العصفور

AUGETS s.m. pl. godets placés autour d'une roue hydraulique pour élever l'eau *Kaouadis el sakieh* قواديس الساقية . اي الناعورة

AUGMENT s.m. en méd. période d'accroissement d'une maladie *Ziadat* زيادة . نمو . ازدياد المرض

AUGMENTABLE adj. *Kabel ol ziadat* قابل الزيادة . قابل النمآء

AUGMENTATIF, IVE adj. *Mokabber* مكبِّر

AUGMENTATION s.f. *Ezdiad* ازدياد . زيادة . تكثير

AUGMENTER v.a. *zaouada* زوّد كثّر

AUGURE s.m. (bonne) *Fal* فأل ج فؤول . زَجْر

— (mauvaise) *Choume* شؤم . تطير

— celui qui tire des présages *Arraf* عرّاف . زاجر

AUGURER v.a. bien *Faoula* فوّل تفأل زجَرَ يزجُرُ استنتج

— mal *Tachaama* تشأم . تطيّرَ . زَجرَ

AUGUSTE adj. *Moâzzam* معظَّم . محترم . جليل . موقر . مبجل

AUJOURD'HUI adv. *Al iaoum* اليوم . هذا اليوم . هذا النهار

AULOFFÉE s.f.t. de mar. *Redjoû ol safinat ledjehhat el haoua* رجوع السفينة الى جهة الهواء . رجوع السفينة من التبليط تحت الهوا

AUMAILLES adj. f. pl. *Zaouat ol koroun* ذوات القرون . الحيوانات ذات القرون .

AUMÔNE s.f. *Haçanat* حسنة . صدقة . زكاة

AUMÔNIER s.m. *Khouri* خوري ج خوارنة

AUMÔNIÈRE s.f. *Kis* كيس . شنته صغيرة تعلّق في الحزام

AUNE s.f. arbre *Haourat roumyat* حورة رومية

AUNÉE s.f. plante médicinale *Erk ol djenah* عرق الجناح « نبات »

AUPARAVANT adv. *kablan* قبلاً . سابقًا

AUPRÈS adv. *Belkorb men* بالقرب من . بجوار . عند بجانب

AURA s.m. *Al nesmat* النسمة . وهي ريح خفيفة يشعر بها المصابون باللبسة وبدآء الاستيريا عند ثورة المرض

AURANTIACÉ, ÉE adj. en bot. *Bortakaniat* برتقانية (نبات)

AURATE s.m. *Zahbate* ذهبات

AURÉOLAIRE adj. *Chabhe aklil el nour* شبه اكليل النور

AURÉOLE s.f. *Aklil nour* اكليل نور . هالة

AURICULAIRE adj. *Ezni* اذني . متعلق بالاذن

— (témoin) *Chahed semâ* شاهد سماع . اي شاهد بما سمع

— s.m. petit doigt *khançar* خنصر

AURIFÈRE adj. *Bihi zahab* بهِ ذهب ارض موجود بها ذهب

AURIFICATION s.f. t. de dentiste *Tazhib ol asnan* تذهيب الاسنان المجوفة

AURIQUE adj. t. de mar. *kalê morabbâ mostatil* قلع مربع مستطيل (في الملاحة)

AURORE s.f. *Fadjre, sobhe* فجر . صبح

AUSCULTATION s.f. en méd. *Estamâ* استماع . وهو وضع الطبيب اذنه على صدر المريض ليسمع دقات القلب والاوعية الدموية

AUSCULTER v.a. *Astamaâa* استمع (في الطب)

AUSPICE s.m. *Fal* فأل . زجرُ الطير بزجرِ الطير

— sous les auspices *Bèesm* باسم . تحت عناية . تحت نظر . تحت رعاية

AUSSI adv. pareillement *Aydan* ايضًا . كذلك

— conj. c'est pourquoi *Bènaan âla zalek* بناء على ذلك . فلهذا

— bien que loc. conj. *Meçle* مثل . بقدر . على حسب

AUSSITÔT adv. *Fil-hal* في الحال . حالاً . بوقته

AUSSITÔT QUE loc. conj. *Enda ma* عندما . حالّا

AUSTÈRE adj. *Kaci* قاسي . صعب . شاق . صارم . زاهد . متقشف

AUSTÈREMENT adv. *Bikaçaouat* بقساوة . بصعوبة . بمشقة . بصرامة . بزهد . بتقشف

AUSTRAL, ALE adj. *Djénoubi* جنوبي . قبلي

AUSTÉRITÉ, s.f. *Kaçaouat* قساوة . صعوبة . مشقة . صرامة . زهد . تقشف

AUTAN s.m. vent du midi *Al rih ol djénoubiat* الريح الجنوبية

AUTANT adv. *Bi mokdar ma* بمقدار ما . على قدر

— **QUE** adv. *Kama, mesle* كما . مثل

— **d'autant plus.** *Fadlan ân zalek* فضلاً عن ذلك . زد على ذلك

AUTEL s.m. *Haykal* هيكل . مذبح

AUTEUR s.m. *Asle* اصل . سبب

— qui laisse une succession *Mouarrès* مورِّث

— inventeur *Mokhtarê* مخترع . مبدع

— d'un ouvrage *Mouallef* مؤلِّف . مصنِّف

AUTHENTICITÉ s.f. *Al séfat ol rasmiat* الصفة الرسمية . صحة . الحالة الشرعية لعقد ما

AUTHENTIQUE adj. *Charii* شرعي . رسمي . صحيح (في القضاء)

— acte authentique *Akde rasmi* عقد رسمي . عقد شرعي . عقد صحيح

— copie authentique *Sourat tabke ol asle* صورة طبق الاصل

AUTHENTIQUER v.a. *Sadjala* سجَّل . قيَّد رسميًا

AUTOBIOGRAPHIE s.f. *Tarikh hayat chakhs moharrar biaddéhi* تاريخ حياة شخص محرر بيده

AUTOCHTHONE s.m. *Asli* اصلي . شعب اصلهُ من البلاد القاطن بها

AUTOCRATE s.m. *Motlak ol soltat* مطلق السلطة . غير مقيَّد بشرع

AUTOCRATIE s.f. *Al soltat ol motlakat* السلطة المطلقة

AUTOCRATIQUE adj. *Motlak* مطلق . غير مقيد

AUTO-DA-FÉ s.m. *Al harik* الحريق اعدام المحكوم عليهِ بالنار

AUTODIDAXIE s.f. *El taâllom bedoun moâllem* التعلم بدون معلم

AUTOGRAPHE adj. et s.m. *Bikhatte el moallef* بخط المؤلف

AUTOMATE s.m. *Temsal motharrek bi alat* تمثال متحرك بآلة

— adj. au fig. *Motharrek bédoun edrak* متحرك بدون ادراك

AUTOMATIQUE adj. *Yatharrak men nafsêhi* يتحرك من نفسه

ARTOMÉDON s.m. *Arbadji* عربجي . سائق عربة (لقب للاستهزاء)

AUTOMNAL, ALE adj. *Kharifi* خريفي . متعلق بالخريف

AUTOMNE s.m. et f. *Kharif* خريف

AUTONOME adj. *Mostakelle* مستقل

AUTONOMIE s.f. *Esteklal* استقلال . حكومة مستقلة

AUTOPLASTIE s.f. t. de chir. *Ramme* رَمّ . ترقيع (في الجراحة)

AUTOPSIE s.f. t. de chir. *Tachrih ol djettat* تشريح الجثة . فتح الجثة . نظر تشريحي في الجثة

AUTORISATION s.f. *Rokhsat* رخصة . اذن . تفويض . اجازة

AUTORISER v.a. *Rakh-khaça* رخَّص . آذن يأذَنُ اجاز فوَّض

AUTORITAIRE adj. *Mouthakkem* متحكم . محب السلطه . متسلط

AUTORITÉ s.f. *Soltat* سلطة . حكم

— s.f. pl. les personnes investies du pouvoir *Al hokkam* الحكام . الرؤساء . اصحاب السلطة

— considération *Etébar* اعتبار . نفوذ

— abus d'autorité *Taâddi hédoud el soltat* تعدي حدود السلطة . استبداد

AUTOUR DE prép. *Haoul, dayer* حول . دائر

— **tout au tour** loc. adv. de tous cotés, *Men kol nahiat* من كل ناحية

AUTOUR s.m. oiseau de proie *Baz* باز او بازي . ج بزاة

AUTOURSERIE s.f. *Fan taâllim el bozat* فن تعليم البُزَاة للصيد

AUTOURSIER s.m. *Moâllem ol bouzat* معلم البُزَاة . البازِدار

AUTRE adj. *Akhar* آخر . غير

— **l'un après l'autre** *Ouahed baâd el akhar* واحد بعد الاخر

— **ni l'un ni l'autre** *La haza ouala zak* لا هذا ولا ذاك

— **les uns et les autres** *Al djamiî* الجميع . الكل

— **de temps à autre** *Fi baâd el ahian* في بعض الاحيان . من وقت الى آخر

— **ils se méfient les uns des autres** *La ioumen baâdêhom lèbaâd* لايثق لايؤمن بعضهم لبعض

AUTREFOIS adv. *Fi zak el ouakte* في ذاك الوقت . فيما مضى . في الزمن الغابر . سابقًا

AUTREMENT adv. *Biouajhe akhar* بوجه اخر . على غيره الطريقة

— sinon, sans quoi *Maza oua-ella* ماذا والاّ

AUTRUCHE s.f. *Nadmat* نعامة . طير النعام

AUTRUI s.m. *Al ghayr* الغير . القريب

AUVENT s.m. *Darouand* دروند . رفراف

AUVERGNE s.f. *Tazouîb kèchre chadjar el sendian lel dèbaghat* تذويب قشر شجر السنديان للدباغة

AUVERGNER v.a. *Nakâ al djeloude* نقع الجلود في مذوب قشر السنديان

AUXILIAIRE adj. *Moussaêde* مساعد . معاون

AVAL s.m. le bas du courant d'une rivière *Al djèhhat ol tahtiat men el nahre* الجهة التحتية اي القسم الاخير من النهر او من الترعة

— garantie *El tasdik âla-l-damanat* التصديق على الضمانة

AVALAISON ou **AVALASSE** s.f. *Sayl* سيل . غدير

AVALANCHE s.f. *Hayalan ol taldje* هيلان الثلج . سقوطه من الجبل

AVALÉ, ÉE p.p. d'avaler *mobtalê* مبتلع . مبلوع . مذدرد

AVALER v.a. *Balada* بلع . اذدرد . ابتلع

— descendre le courant *Sar mâ el tayar* سار مع التيار . سير المركب مع التيار

AVALER donner l'aval garantir, *Damana* ضمن . كفل

AVALIES s.f. pl. *Djezzat ol aghnam el mazbouhat* جزة الاغنام المذبوحة

AVALISTE s.m. *Al damen* الضامن . المصدّق على الضمانة

AVANCE s.f. *Takaddom* تقدم . سبق

— en arch. *Kharêdjat* خارجة . خرجة

— faire des avances *Arada khèdaman* عرض خدمًا . عمل مقدمات

— somme prêtée *Solfat* سُلفة . سلفية . تسليفة

— paiement anticipé, *Salafan* سلفًا . دفع معجلاً

AVANCÉ, ÉE p.p. d'avancer *Motkaddem* متقدِم . سابق

— poisson navancé, gâté *mounten* منتن

AVANCEMENT s.m. *Takaddom* تقدم . نجاح

AVANCER v.a. *Takaddama* تقدّم . نجح ينجح سبق . يسبق

— de l'argent *Sallafa* سلّف . اقرض

AVANIE s.f. *Ehanat* اهانة . احتقار . إذلال

AVANT adv. *Kable* قبل . قُدّام . امام

AVANT-BASSIN s.m. t. d'arch. *Mokaddam ol haouis* مقدّم الهويس (في البناء)

AVANTAGE s.m. *Ardjahiat* ارجحية . خير . فائدة . صالح

— supériorité *Afdaliat* افضليّة . تقدم

— **(D')** loc. prép. *Ziadat* زيادة . اكثر من ذلك

AVANTAGER v.a. *Mayaza* ميّز . فضّل . قدّم على

AVANTAGEUSEMENT adv. *Bi ardjahiat* بارجحية . بفائدة . بثمرة

AVANTAGEUX, EUSE adj. *Radjeh* راجح . مفيد

AVANT-BEC s.m. t. d'arch. *Baghlat amamiat* دعامة او بغلة امامية للقنطرة (في البناء)

AVANT-BRAS s.m. *Saêd* ساعد . ج سواعد

AVANT-CORPS s.m. t.d'arch. *Maouardat* ماوردة (في البناء)

AVANT-COUREUR s.m. *Moubach-cher* مبشّر . مخبّر

AVANT-COURRIER s.m. *Mèdjri* مجرٍ . وهو الذي يجري امام العربة لتحضير الخيل في المحطات

AVANT-DERNIER adj. *Kable ol akhir* قبل الاخير

AVANT-FOSSÉ s.m. t. de forti. *Al khandak ol amami* — الخندق الامامي (في الاستحكامات)

AVANT-GARDE s.f. *Taliât ou bachdar* — طليعة . باشدار . مقدمة الجيش

AVANT-GLACIS s.m. t. de fort. *Al mayl ol amami kable el khandak* — الميل الامامي قبل الخندق (في الاستحكامات)

AVANT-GOÛT s.m. *Sabek ol lezzat* — سابق اللذة

AVANT-HIER adv. de temps *Aoual ams* — اول امس . قبل امس

AVANT-PIEU s.m. *Ouatad amami* — وتد امامي (في البناء)

AVANT-PORT s.m. *Madkhal ol mina* — مدخل الميناء

AVANT-POSTE s.m. *Noktat motkaddêmat* — نقطة متقدمة . صبّارة . اول خفر العسكر

AVANT-PROJET s.m. *Al tasmim ol aoual* — التصميم الاول . العزم الاول

AVANT-PROPOS s.m. *Mokaddamat* — مقدمة . فاتحة . ديباجة . تمهيد

AVANT-SCÈNE s.f. *El kesme ol amami men el marsah* — القسم الامامي من المرسح

AVANT-TOIT s.m. en arch. *Rafraf ol djamaloun* — رفراف الجملون (في البناء)

AVANT-TRAIN s.m. *Al kesm ol amami men el ârabat* — القسم الامامي من العربة

AVARE s.m. *Bakhil* — بخيل ج بخلاء . شحيح ج اشحاء . ضنين . ممسك

AVARICE s.f. *Bokhle* — بخل . إمساك . شحة

AVARIE s.f. *Atlaf bahariat* — اتلاف بحرية

AVARIE-GROSSE s.f. *Al khêçarat ol bahriat* — الخسارة البحرية

AVARIER v.a. *Atlafa* — اتلف . عطّب . سقّط

AVEC prép. *Mâ* — مع . ب

AVENANT, ANTE adj. *Latif* — لطيف . ظريف . حسن

— t. de droit, *Molhak* — ملحق (في الفقه)

AVÈNEMENT s.m. *Hoçoul chêi montazar* — حصول شيء منتظر . حدوث . حادث

— au trône *El soôud âla-l-seddat el mêloukiat* — الصعود على السدة الملوكية

AVÈNERON s.m. *Dobrêdje* — دحريج (نبات)

AVENIR v.n. *Hadaça* — حدث يحدث . تأتى

AVENIR s.m. *Al mostakbel* — المستقبل . الزمن الآتي

— t. de pratique *Sahifat hodour lel morafaâl* — صحيفة حضور للمرافعة

AVENT s.m. *Al ayam ol sabêkat lêid el milad* — الايام السابقة لعيد الميلاد

AVENTURE s.f. *Hadêçat* — حادثة . واقعة

— dire la bonne aventure *Tandjime* — تنجيم . عرافة

— mal d'aventure *Al douhas* — الدوحاس (داء)

— par aventure, loc. adv. *Bel sodfat* — بالصدفة . بطريق الاتفاق

AVENTURER v.a. *Khatara* — خاطر . وضع تحت الخطر

AVENTUREUX, EUSE adj. *Mokhater* — مخاطر . مقتحم الاخطار

AVENTURIER s.m. *Madjhoul ol safat* — مجهول الصفات . لا تعرف صفة معيشته

AVENTURINE s.f. *Hadjar ol bark* — حجر البرق

AVENUE s.f. *Charê* — شارع . معبر

AVÉRÉ, ÉE p.p. d'avérer *Moçaddak âleh* — مصدق عليه

AVÉRER v.a. *Saddaka âla* — صدّق على

AVERSE s.f. *Matarat* — مطرة . سيل . (ريّة شتا)

AVERSION s.f. *Karahat* — كراهة . نفور . مقت . اشمئزاز

AVERTIR v.a. *Nabbaha* — نبّه . اعلم . اخبر . انذر . حذّر

AVERTISSEMENT s.m. *Tanbih* — تنبيه . إنذار . نصيحة . تحذير

AVEU s.m. *Êtêraf, êkrar* — اعتراف . اقرار

— **sans aveu**, vagabond *Falit* — فليت . هاشل . تايه

AVEUGLE s.m. *Âdma* — اعمى . ضرير . كفيف . عاجز

AVEUGLÉ, ÉE p.p. d'aveugler *Maâmi* — معمي . فاقد البصر

AVEUGLEMENT s.m. *Ama* — عمى . فقد النظر

AVEUGLÉMENT adv. *Bidma* — بعمى . بغير نظر

AVEUGLER v.a. *Adma* — اعمى . افقد البصر

AVIDE adj. *Tammâ* — طمّاع . شره

AVIDITÉ s.f. *Tamâ* — طمع . شراهة

AVILI, IE adj. *Marzoul* — مرذول . مذلول . مهان . محتقر

AVILIR v.a. *Razzala* رذلَ. برذُلَ. اذلّ. اهان. احتقر

AVILISSEMENT s.m. *Zoulle* ذُلّ . إهانة . احتقار هوان

AVIRON s.m. t. de mar. *Mokzaf* مقذاف . مجذاف (في الملاحة)

AVIS s.m. *Élan* اعلان

— conseil *Raï* راي . ج اراآء

— avertissement *Tanbih* ou *inzar* تنبيه . انذار

AVISÉ, ÉE adj. intelligent *Nabih* نبيه . فهيم . متعقل . ذكي . مدرك

AVISER v.a. *Nabbaha* نبّه . اعلن . انذر

AVISO s.m. t. de mar. *Tarrad* ou *aviso* طرأ د . افيزو . سفينه طراده

AVITAILLEMENT s.m. *Takdim ol Zakhirat* تقديم الذخيرة . تقديم المؤنة

AVITAILLER v.a. *Zakh-khara* زخّرَ . زوّد . موّن

AVIVER v.a. *Kaoua* قوّى . نشط . هيّج . أنعش احيى

— le feu *Alhaba* الهب . اضرم . أجج

AVOCAT s.m. *Mohami* ou *avocato* محامٍ . افوكاتو . وكيل دعاوى

— général *Nayeb ol houkoumat* نائب الحكومة مدعي عمومي

AVOINE s.f. *Choufane* شوفان

AVOIR v.a. *Andoh* عنده . صار عنده . صار فيه

— s.m. ce qu'on possède *Molk* ملك . مقتني . مال

— t. de comptabilité *Men* ou *ossoul* من . اصول (في الحسابات)

AVOISINER v.a. *Djaouara* جاوَر . قارَب

AVORTEMENT s.m. *Tarhe* طرح . سقط الجنين

AVORTER v.n. *Tarahat* طرحت . سقطت

AVORTON s.m. *Sekte* سُقط . طُرح . جنين . ساقط

AVOUABLE adj. *Djayez ol ékrar bibi* جائز الاقرار او الاعتراف بهِ

AVOUÉ s.m. *Ouakil dadoui* وكيل دعاوي . محرر اوراق دعاوي

AVOUÉ, ÉE p.p. d'avouer *Moôtaraf bibi* معترف بهِ . مقر بهِ

AVOUER v.a. *Akarra* اقرّ . اعترف

AVRIL s.m. *April* ou *Niçan* ابريل . نيسان (شهر)

AVULSION s.f. en chir. arrachement *Kaleê* قلع . استئصال (في الجراحة)

AXE s.m. *Méhouar* محور

AXILE adj. t. de bot. *Méhouari* محوري (في النبات)

AXILLAIRE adj. en anat. *Ebti* إبطي . متعلق بالابط (في التشريح)

AXIOME s.m. *Mabda* مبدأ ج مبادئ . قاعدة ج قواعد

AXIS s.m. en anat. *Méhouariat* محورية وهي الفقرة الثانية العنقية (في التشريح)

AXONGE s.f. *Chahme khanzir* شحم خنزير

AZÉROLE s.f. *Zaârour* زعرور (شجر)

AZIMUT s.m. *Al samte* السمت

AZOTE s.m. en chim. *Azote* ازوت . الغاز المعدم الحياة (في الكيميا)

AZOTEUX adj. en chim. *Azotoz* ou *azoti* ازوتوز . ازوتي (في الكيميا)

AZUR s.m. *Azrak samaoui* ازرق سماوي

AZYGOS adj. et s.f. en anat. *Farde* ou *ouarid* فرد . وريد . عرق من عروق الرأس (في التشريح)

AZYME adj. *Fétir* فطير . خبز فطير

B

B deuxième lettre de l'alphabet *Ba* — ب · وهو الحرف الثاني من الحروف الهجائية

— ne savoir ni **A** ni **B** *âdim ol edrak* — عدمُ الإدراك · لا يعرف الالف من الباء

BABEURRE s.m. *Laban ol khadde* — لبنُ الخض · لبن صافٍ وهو اللبن المنزوع منهُ السمن

BABIL s.m. *Kosrat ol kalam* — كثرة الكلام · ثرثرة · شقشقة لسان

BABILLARD, ARDE adj. *Kacir ol kalam* — كثيرُ الكلام · غلباوي · ثرثار

BABILLER v.a. *Kassar al kalam* — كثّر الكلام · ثرثر · كثّر الغلبة

BABINE ou **BABOUINE** s.f. *Maremmat* — مَرِمّة او مَرَمّة وهي اسم لشفة بعض الحيوانات كالقرد والكلب وخلافها

BABIOLE s.f· *Chay zahid* — شيءٌ زهيد · لا قيمة لهُ

BÂBORD s.m. *Yaçar ol markeb* — يسار المركب · الجانب الايسر من المركب

BABOUCHE s.f. *Baboudj* — بابوج ج بوابيج

BAC s.m. *Mâddiat* — معدِية · مركب · وهو قارب للمرور في الانهر من جانب الى اخر

BACCHANAL s.m. *Daoudà* — ضوضاء · غوغاء

BÂCHE s.f. pièce de grosse toile dont ou couvre les charrettes, les machines etc. *Ghata komach* — غطآء · قماش

— partie de la grève où il reste de l'eau à marée basse *Berkat* — بركة وهي مكان تبقى فيو المياه بعد جزر البحر

BÂCHE traînante ; filet de pêche *Kattâ ou djérif* — قطّاع · جريف · شبكة لصيد الاسماك

— de forgeron *Hod* — حوض (مستلّة)

BÂCHER v.a. *Ghatta* — غطّى

BACHOT s.m. *Kareb* — قارب · زورق (مركب صغير)

BÂCLAGE s.m. arrangement des bateaux dans un port *Tartib ol marakeb fil marfa* — ترتيبُ المراكب في المرفاء للشحن والتفريغ

— fermeture d'un port par des chaînes *Sadde boughaz el mina bel salacel* — سدّ بوغاز المينا بالسلاسل

BÂCLER v,a. un bateau *Rattaba-l-marakeb* — رتّب المركب · وضّب البضائع

— un port *Kafala-l-boughaz* — قفَل يقفِل البوغاز بالسلاسل

— fig. expédier à la hâte n'importe comment *Anha kayfma ettafaka* — أنهى كيفما اتفق · انهى بسرعةٍ

BADAUD, DE s.m. *Ahbal* — اهبل · ابله · صفة من يحدق نظره بكل ما يراه

BADAUDER v.a. *Tabalaha* — تباله · تظاهر بالبله

BADERNE s.f. *Filassa* — فيلاّسه · وهي جدائل من الحبال توضع على صواري السفينة لوقايتها من الاحتكاك

BADIGEON s.m. *Bayad forchat* — بياض فرشه · طَرش · تبييض الجدران

BADIGEONNER v.a. *Bay-yada* — بيّضَ · طَرَشَ

BADIGEONNEUR s.m. *Mobay-yed* — مبيّض · طرّاش

BADIN s.m. *Nokati* نُكَتي · مزوح · هَرِج

BADINAGE s.m. *Tankite* تنكيت · مزح · هزار · هرج

BADINE s.f. *Kadib* قضيب · عصا رفيعة

BADINER v.a. *Nakkata* نكّت · مزح بمزح · هرّج

BAFOUER v.a. *Razzala* رذّل · إستهزأ ب · عذّر · بهدل · حقّر

BÂFRE s.f. *Aklat bekasrat* اكلة بكثرة · وجبة عظيمة

BÂFRÉE s.f. *Oualimat youkal beha bekasrat* وليمة يؤكل بها بكثرة

BÂFREUR s.m. *Akoul* أكول · شَرِه

BAGAGE s.m. *Afche* عفش · أمتعة

BAGARRE s.f. *Daoudâ* ضوضاء · غوغاء

BAGASSE s.f. *Mossaçat kaçab el sokkar* مُصاصة قصب السكر · خشب القصب بعد عصره

BAGATELLE s.f. *Chay tafif* شيءٌ طفيف · شيءٌ لا يجدر بالذكر

BAGNE s.m. *Louman* لومان · سجن

BAGUE s.f. *Khatam* خاتم ج خواتم · حلقة

— t. de méc. *Djelbat* جلبة (في الميكانيكات)

— t. d'arch. *Hèzam ol âmoud* حزام العامود (في البناء)

BAGUER v.a. t. de couturière *Challala* ou *sarradja* شلّل الثوب · سرّج (في الخياطة)

BAGUETTE s.f. *Kadib* قضيب · عصا رفيعة

— de fusil *Mèdakk ol bondokiat* مِدك البندقية

— en arch. *Zanat* زانة (في البناء)

BAHUT s.m. *Sandouk* صندوق ج صناديق

BAI, AIE adj. rouge brun (couleur de cheval) *ahmar* أحمر (في الوان الخيل)

BAIE s.f. petit golfe *Djounat* جُونة · موردة · غناس

— en arch. ouverture pour une porte ou pour une fenêtre *Fathat* فتحة (في البناء)

— fruit de la famille des raisins *Al asmar ol ènabiat* الاثمار العنبية (اي من فصيلة العنب)

BAIGNER v.a. *Anzala fil hammam* انزل في الحمام · غطّس في الماء

— mouiller *Ballala* بلّل

BAIGNOIRE s.f. *Maghtas* مغطس · مستحمّ

BAIL s.m. *Àkde idjar* عقد ايجار

BAILLE s.f. *Kadous khachab* قادوس خشب · دلو خشب

BAILLEMENT s.m. *Taçaob* تثاؤب

BAILLEUL ou **rebouteur** s.m. *Modjabber* مجبّر

BAILLEUR, ERESSE s.m. *Moadjer* موجّر

— **de fonds** *Mokaddem ras el mal* مقدّم راس المال

BAILLON s.m. *Chèbam* شبام · عُقلة

BAILLONNER v.a. *Chabama* شبم (يشبم) وضع عقلةً في الفم

BAIN s.m. *Hammam* حمّام · مغطس

BAÏONNETTE s.f. *Sankat* سنكة · حربة

BAÏRAM s.m. *Èid ol fetre* عيدُ الفطر

BAISE-MAIN s.m. *Baous ol ayâi* بوس الايدي · تقبيل الايدي

BAISER v.a. *Baça* باس يبوس · قبّل · لثم (يلثم)

BAISSE s.f. *Hobout ol açâar* هبوط الاسعار · نزول

BAISSER v.a. *Khaffada* خفّض · حطّ يحطّ · اهبط · انزل · وطّى

— incliner, pencher *Enhana* إنحنى · طأطأ

— pavillon *Sallama* سلّم · خضع · (يخضع)

— l'oreille *Khadjèla* خجِلَ (يخجل)

— les yeux *Kassara-l-nazar* قصّر النظر · أطرقَ

BAISSIÈRE s.f. enfoncement dans un terrain labouré *nokrat* نُقرة · حُفرة

BALAFRE s.f. *Açar ol djorhe fil ouadjhe* أثرُ الجُرح في الوجه

BALAFRER v.a. *Djaraha fi-l-ouadjhe* جرحَ (يجرحُ) في الوجه

BALAI s.m. *Meknaçat* ou *mèkach-chat* مِكنسة · مقشّة

BALANCE s.f. instrument pour peser *Mizan* ميزان · ج موازين

— t. de compt. *Mizâniat ol hèçab* ميزانيةُ الحساب

— constellation *Bordj ol mizan* برجُ الميزان

***BALANCE** s.f. t. de méc. pour soupape de sûreté *Seft balf* سِفت بَلف · ميزان صِمَام الامان (في الميكانيكيات)

BALANCEMENT s.m. *Tamardjoh* تمرجُح · إرتجاج · إهتزاز

BALANCER v.a. *Ouazana* وازن · عادل

— agiter *Mardjaha* مرجح · هزَّ · يهزُّ · رَجّ

— hésiter *Taraddada* تردّد

— (SE) v.a. sur une escarpolette *Tamardjaha* تمرجح (في المرجوحه)

BALANCIER s.m. d'une horloge *Rakkas ol saât* رقّاص الساعة

— machine pour frapper la monnaie *Sekkat* سِكّة وهي حديدة منقوشة تضرب عليها النقود

— long bâton du danseur de corde *Aça-l-bahlaouan* عصا او ميزان البهلوان

— de pompe *Yad ol tolombat* يد الطلمبة

BALANCINE s.f. t. de mar. *Baracia* باراسيا او حبل الترنكيتا (وهو الحبل الذي يميل الصاري و يعدله)

BALANÇOIRE s.f. *Ordjouhat* ou *mardjouhat* أُرجوحة ج اراجيح · مرجوحة او مرجاحة (عنزوقة)

BALANIFÈRE adj. *Al achdjar al lati tosmer ol ballout* الاشجار التي تثمر البلوط

BALANITE s.f. t. de méd. *Eltèhabe ol hachafat* إلتهاب الحشفة (في الطب)

BALAUSTE s.f. t. de pharm. *Zahr ol romman el yabès* زهر الرمان اليابس (في الاصطلاح الصيدلي)

BALAUSTIER s.m. *Chadjar ol romman el barri* شجر الرمان البرّي ·

BALAYAGE s.m. *Kans* كنس · فعل الكناسة

BALAYER v.a. *Kanaça* كنس يكنُسُ · قشّ يقِشّ

BALAYEUR s.m. *Kannas* كنّاس · زبّال · قشّاش

BALAYURE s.f. *Zèbalat* زبالة · كِناسة

BALBUTIEMENT s.m. *Tamtamat* تمتمة · همهمة · لجلجة

BALBUTIER v.a. *Tamtama* تمتم · همهم · لجلج

BALCON s.m. *Chorfat* شُرفة ج شُرَف (بالكون تراسينا)

BALDAQUIN s.m. *Haoudadj* هودج ج هوادج · تخت روان

BALEINE s.f. *Hout* حوت ج حيتان

— constellation *Bordj ol hout* برج الحوت · برج القيطس

— s.f. pl. d'un parapluie *Kodban ol chamsiat* قضبان الشمسية او المظلّة

BALEINIER s.m. *Markab le sayd el hout* مركب لصيد الحوت

BALEINIÈRE s.f. *Foloukat* فلوكة · زورق · قارب

BALISE s.f. *Alamat* ou *chakhès* علامة شاخص جندره (آلة هندسية)

— t. de mar.. *Echarat* إشارة وهي اشارة موضوعة علامة على الخطر (في الملاحة)

BALIVERNE s.f. *Hazayan* هذيان · هذر

BALLAST s.m. *Ramle* رمل (وهو يوضع فوق الاخشاب الممكنة لقضبان السكه الحديد)

BALLE s.f. *Korat* كُرة · طابة

— de plomb *Raçaçat* رصاصة

— de marchandise *Balat* بالة · طرد

— d'inprimerie *Tabbat* طبّة تستعمل لتحبير الاحرف بالمطبعة

BALLET s.m. *Raksat* رقصة

BALLON s.m. *Korat haouaïat* كُرة هوائية

— aérostat *Kobbat haouaïat, mentad* قبّة هوائية · منطاد · قبّة طيارة بالون

— t. de chim., vase sphérique, *Kabèlat* قابلة (آنية كيماوية)

BALLONNEMENT s.m. *Entèfakh ol batne* إنتفاخ البطن

BALLOT s.m. *Balat saghirat* بالة صغيرة · طرد

BALLOTTAGE s.m. *Taâdol ol asouat* تعادُل · تساوي الاصوات (في الانتخابات)

BALLOTTEMENT s.m. des vagues *Talatom ol amouadj* تلاطم الامواج

— t. de méd. *Sadme* صدْم · كيفية البحث عن الحبل (في الطب)

BALLOTER v.a. en méd. *Sadama* صدمَ بحثَ عن الحَمْل
— quelqu'un *Ahala âla* أحال على(احالة الطالب من واحدٍ الى آخر)
— être balloté par les flots *Eltatamathou-l-amouadj* التطمته الامواج
— dans une élection *Tadâdalat el asouat* تعادلت الاصوات (في الانتخابات)

BALOURD, OURDE s.m. et f. *Kacif ol tabê* كثيفُ الطبع · ابله · اعمه

BALOURDISE s.f. *Kaçafat ol tabê* كثافة الطبع بَلَه بهلنة هبلنة

BALSAMINE s.m. *Balçamat* بلسمة « نبات »

BALSAMIQUE adj. *Balçami* بلسمي

BALUSTRADE s.f. *Darabzine* درابذين
— d'escalier *Barmak* ou *darabzine ol sollam* برمقُ السُلَّم درابذينُ السُلَّم

BALUSTRE s.m. *Kaïmat darabzine* قائمة درابذين

BALZAN adj. *Mohadjal* مُحجَّل حصان مُحجَّل

BALZANE s.f. *Handjalat* حنجلة تحجُّل

BAMBIN s.m. *Tefle* طِفل مبأباً

BAMBOU s.m. *Ghab hendi* غاب هندي

BAN s.m. *Êlan zidjat* إعلان زيجة
— proclamation s.f. *Tanbih* تنبيه
— exil. *Nafi* نفي ابعاد

BANAL adj. *Aami* عاميٌّ · عمومي · عادي · بسيط

BANANE s.f. *Maouzat* موزة

BANANIER s.m. *Chadjarat ol maouz* شجرة الموز

BANC s.m. *Banq* بنك · دِكّة
— des accusés *Mahall, oukouf el mouthamin* محلُّ وقوف المتَّهمين
— de sable *Kaoumat ramle* كومة رمل
— de poisson *Raffe samak* رَفّ سمك · جُرّة سمك · جلبة سمك
— de menuisier *Tazkate nadjar* تازكة او تازجة نجار
— en pierre *Mastabat* مسطبة · بسطة

BANCAL adj. *Modouadje ol sakayn* معوَّج الساقين

BANCROCHE adj. *Chadide êouedjadj ol sakayn* شديدُ اعوجاج الساقين

BANDAGE s.m. *Rêbat* رباط (في الجراحة)
— de roue *Taban* طبان · طوق عجلة (شمبر عجلة)
— **contentif**; en chir. *Rêbat ouaki* رباط واقٍ (في الجراحة)
— **compressif**; en chir. *Rêbat daghet* رباط ضاغط (في الجراحة)
— **unissant**; en chir. *Rêbat damme* رباط ضام · رباط مُلحِم (في الجراحة)
— **de corps** *Réfadat badaniat* رفادة بدنية (في الجراحة)

BANDAGISTE s.m. *Bayâ arbêtat* بياع اربطة

BANDE s.f. plusieurs personnes *Zomrat* زُمرة · جماعة · عُصبة
— de voleurs *Mansar haramiat* منصر حرامية · عُصبة لصوص
— en chir. *Rêbat* رباط (في الجراحة)
— de terre *Lessan arde* لسان ارض · قطعة ارض مستطيلة
— du ressort *kouat ol yay* قوةُ الياي اشتدادُ الذنبلك

BANDEAU s.m. *Êçabat* عصابة · كمامة

BANDELETTE s.f. en arch. *djelbat sêghirat* جلبة صغيرة (في البناء)
— bande d'étoffe *Charitat* شريطة ج شرائط

BANDER v.a. *Assaba* عصّب
— un arc *Chadda-l-kaous* شدَّ القوس · اوتر القوس

BANDEROLE s.f. petit étendard *Rayat* راية · علم
— bretelle d'un fusil ou autre *Sayr djelde* سير جلد

BANDIT s.m. *katê tarik* قاطع طريق · لُصّ

BANDOIR s.m. ressort *Yay* ياي · قوس · زنبلك

BANDOULIÈRE s.f. *Hemalat* حمالة · سير جلد (فشيكلك)

BANK-NOTE s.f. *Banknote* ou *ouarak bank enklisi* ورق بنك انكليزي (بنكنوت)

BANLIEUE s.f. *Daouahi* ضواحي · اطراف البلد · ارباض · ظاهر البلد

BANNE s.f. *Ghata-l-bedaâ* غطا البضاعة · خيمة

BANNEAU s.m. *Arabat saghirat* عربة صغيرة

BANNETTE s.f. *kouta* قوطه وهي سبت صغير من قش يستعمل في ميزان باعة الخضار

BANNI, IE p.p. de bannir *Manfi* منفي . مطرود

BANNIÈRE s.f. *Rayat* راية . علَم . سنجق

BANNIR v.a. *Nafa* نفى ينفي .طرد يطرُدُ (سَركل)

BANQUE s.f. *Bank* بنك . مكتب صرافة

BANQUEROUTE s.f. *Taflis* تفليس

— frauduleuse *Taflis ekhtélaci* تفليس اختلاسي

BANQUEROUTIER s.m. *Moflès* مُفلس

BANQUET s.m. *Oualimat* وليمة . مادبة ج مآدب

BANQUETTE s.f. *Takhtat* تختة . لوحة

— t. de fort. *Choupiada kadama* شوبياده قَدَمه وهو قسم من السور تمترس وراءه العساكر « في الاستحكامات »

BANQUIER s.m. *Banquièr* ou *sarraf* بنكير . صراف ج صيارفة

BAPTÊME s.m. *Tansir* ou *mâmoudiat* تنصير . معمودية . عماد

BAPTISER v.a. *Nassara* نصَّر . عمَّد

BAPTISTAIRE adj. registre, *Daftar ol mâmoudiat* دفتر المعمودية

BAPTISTÈRE s.m. *Djorne ol mâmaoudiat* جرنُ المعمودية . كابلّة العماد

BAQUET s.m. *kaçaât* قصعة خشب

BARAGOUIN s.m. *Retanat* رطانة . هذيان . هذر . برطمة

BARAGOUINER v.a. *Ratana* رطن . برطم . هذَر يهذُرُ هذى يهذي

BARAQUE s.f. *koukh, takhchibat* كُوخ . تخشيبة . عِشّة . خُصّ

— construction légère remplaçant les casernes *kechlak nakkal* قشلاق نقال

BARAQUER v.a. *Amala takhchibat* عمل تخشيبة . عمل خُصّ او كوخ

BARATTE s.f. *Ouêâ lèkhadde èl laban* وعاء لخض اللبن

BARATTERIE s.f. *Ekhtélas mélahi* اختلاس ملاحي (الاختلاس الذي يقع من ربان السفينة)

BARATTER v.n. *Khadd ol laban* خضّ اللبن

BARBACANE s.f. *Mermayat* مرماية وهي كوّة في البناء تطلق منها البنادق والمدافع

BARBARE adj. *Barbari* بربري . قاسٍ

BARBARIE s.f. *Barbariat* بربرية . قساوة . خشونة

BARBE s.f. *Lèhiat* لحية

BARBEAU s.m. *Samak bouri* سمك بوري

BARBETTE s.f. t. de fort. *Barbatat* بربطة . محل مرتفع في الحصون لوضع المدافع

BARBIER s.m. *Hallak, mozayen* حلاّق مزيّن

BARBILLE s.f. *Zandjir ol èmlat* زنجيرُ العملة . زنجير المسكوكات

BARBILLON s.m. *Chanab ol samak* شنب السمك

BARBOTER v.a. *Taouahhala* توحّل . خاض يخوض . غاص يغوص في الوحل

BARBOTEUSE s.f. *Ahèrat* عاهرة . فاحشة ج فواحش

BARBOUILLAGE s.m. *Lakhbatat* لخبطة . توسيخ

BARBOUILLER v.a. *Lakhbata* لخبط . خبّص . وسّخ

BARBU, UE adj. *Mollahi* ملتحٍ

BARCELONNETTE s.f. *Ordjouhat* ou *sarir ol tafle* ارجوحة . سرير الطفل

BARDANE s.f. *Arakiton* اراقيطون (نبات معرّق)

BARDELLE s.f. *Djoll* ou *bardaât* جُل . بردعة

BARDIS s.m. *Hadjez fi ânbar el safinat* حاجز في عنبر السفينة

BARDOT s.m. petit mulet produit par l'accouplement du cheval et de l'ânesse. *Naghle* نغل . ابن الحصان والحمارة

BARGUIGNER v.n. *Taouakkafa* توقّف . تردّد . تحيّر

BARIL s.m. *Barmil* برميل ج براميل

BARILLET s.m. *Èlbat yay el saât* علبة ياي الساعة

BARIOLER v.a. *Zakhrafa be alouan ghayr mouafékat* زخرفَ بالوان غير موافقة زوّق الكلام بعبارات غير مناسبة

***BAROMÈTRE** s.m. *Baromètre* بارومتر. مقياس الهواء

BAROQUE adj. *Béid ân el zaouk* بعيد عن الزوق

— perle baroque t. de bijout. *Loulouat ghâyr mostadirat* لؤلؤة غير مستديرة

BARQUE s.f. *Foloukat* فلوكة . قائق . قارب

BARRAGE s.m. *Sadde* سدّ . حاجز

BARRE s.f. *Derbas* درباس ج درابيس

— de fer *kadib hadid* قضيب حديد

— du gouvernail, *Yad ol daffat* يدُ الدفة

— trait de plume *khatte* خط شحط

BARREAU s.m. *kadib saghir* قضيب صغير

— de grille; t. de méc. *Baz* باظ وهو حديد المصبّع الكائن داخل مستوقد الآلة البخارية (في الميكانيكيات)

— lieu où se tiennent les avocats. *Maoukef ol avocatiat* موقف الافوكاتيه اي المحامين عند المرافعة

— l'ordre des avocats *Taïfat ol mohamin* طائفة المحامين جوقة الافوكاتية

BARRER v.a. faire un barrage *Sadda* سدَّ يسدُّ . اقام حاجزًا او سدًّا

— faire une barre, *khatta* خطَّ يخطُّ . شحطَ يشحط

— le gouvernail, *Adar al daffat* ادار الدفّة

BARRETTE s.f. *Takiat* طاقية . عرقية (نوع قبعة)

BARRICADE s.f. *Mêtras* متراس . حاجز

BARRICADER v.a. *Matraça* مترس . اقام حاجزًا

— fermer *Darbaça* دربَسَ . قَفَلَ يقفِلُ . دقَّرَ

BARRIÈRE s.f. *Hadjez* حاجز . سد حائل

— porte d'entrée d'une ville, *Bab ol madinat* باب المدينة . مدخل المدينة

BARRIQUE s.f. *Barmil* برميل

BAS s.m. *Djorab* جوراب . كلسة ج كلسات (قلشين)

BAS, ASSE adj. *Ouati* واطٍ . وضيع . حقير . سافل دنيٌّ

— (qualité) *Doun* دون

— du navire *Kâ ol markab* قاعُ المركب . قعرُ المركب

— mettre bas *Ouadâat* وَضعت . خلّفت (مختص بالحيوانات)

BASANÉ p.p. *Laoun asmar* لون اسمر

BASCULE s.f. *Kabban éfrandji* ou *mizan tabliat* قبان افرنجي . ميزان طبليّة

BASCULER v.a. *Enkalaba* انقلَب

BASE s.f. *Kaêdat* قاعدة . اصول

— de conduit d'eau *Dakkat ardiat ol madjra* دكّة ارضية المجرى

— d'une porte *Dakkat ol bab* دكّة الباب

— fondement *Aças* أساس

BASER v.a. *Assaça* أسّس

BAS-FOND s.m. *Ghoutat* غوطة . وطأ

BASILAIRE adj. en anat. *Kaêdi* قاعدي (في التشريح)

BASILIC s.m. en bot. *Rihan* ريحان . حبَق

— serpent *Afâa* افعي . حيّة

BASILIQUE s.f. *Kaniçat kabirat* كنيسة كبيرة

— en anat. *Baciliki* باسيليقي وهو العرق الباسيليقي الكائن في الذراع (في التشريح)

BAS-MÂT s.m. *Asfal ol sari* اسفل الصاري

BASQUE s.m. tambour de..., *Tar* ou *rekk* طار . رقّ . دائرة

BAS-RELIEF s.m. *Nakch barèz* نقش بارز . نقش نائي

BASSE-COUR s.f. *Masrah ol dêdjadj* مسرحُ الدجاج

BASSESSE s.f. *Danaât* دناة . خساسة

BASSIN s.m. *Haoud* حوض . بركة

— de balance *Kaffat ol mizan* كفّة الميزان

— de radoub *Haouz* حاووز . حوض ترسي فيه السفن لتصليحها

BASSINER v.a. *Sakh-khana férach al naoum* — سخّن فراش النوم

BASSINET s.m. d'une arme à feu *Djorne ol kaddahat* — جرنُ القداحة اي جرن البارود في البنادق التي تطلق بالزناد

BASTE interj. *Kéfayat* — كفاية (يكفى)

BASTINGAGE s.m. t. de mar. *Metras fil markab* — متراس في المركب (في الملاحة)

* **BASTION** s.m. *Bastion* ou *bordj* — بسطيون · برج

BASTONNADE s.f. *Darb bel âça* — ضرب بالعصا

BAS-VENTRE s.m. t. d'anat. *Al batne ol sofla* — البطن السفلى · الخثلة الصفاق (في التشريح)

BÂT s.m. *Djélal* — جلال بردعة

— de chameau s.m. *Rahle* ou *chagher djamal* — رَحْل · قتب · (شاغر جمل عند العامة في القطر المصري)

BATAILLE s.f. *Madrakat* ou *kétal* — معركة · قتال · موقعة حربية

BATAILLER v.a. *Katala* — قاتَلَ · ناوَشَ · نازَلَ

BATAILLON s.m. *Ortat* — اورطة · طابور ج طوابير

BÂTARD s.m. *Ebn haram* — ابن حرام · ابن زنا · بندوق

BATARDEAU s.m. *Sadde* — سدّ يقام بالانهر لبنأ قناطر وغير ذلك

BATEAU s.m. *Markab* — مركب · سفينة ج سُفن

— à vapeur, *Ouabour bahre* — وابور بحر · باخرة ج بواخر

BATELÉE, s.f. *Chabnat ol markab* — شحنة المركب · وسقة السفينة

BATELEUR s.m. *Mozâberdji* — مزعبرجي · مهرج · مشعبذ

BATELIER s.m. *Falayki* — فلايكي · مراكبي · ملاّح · نوتي

BATHYMÉTRIE s.f. *Mékias ômk el bahre* — مقياس عمق البحر · مسبار غور المياه

BÂTIER s.m. *Baradêi* — برادعي · جلالاتي

BÂTIMENT s.m. construction *Bénayat* — بناية ج بنايات · عمارة ج عمارات

— navire *Markab* — مركب · سفينة

BÂTIR v.a. *Bana* — بنى يبني · عمّر · شاد يشيد شيّد

BATIS s.m. pl. d'une porte *Êdam ol bab* — عضام الباب

BÂTISSE s.f. *Bena* — بناء · عمارة

BÂTISSE EN BÂTIS s.f. *Béna baghdadli* — بناء بغدادلي وهو بناء من عوارض خشب رفيعة تحشّى بالحجارة الصغيرة او الطوب «القرميد»

BÂTON s.m. *Aça* — عصا ج عصي

BÂTONNAT s.m. *Riaçat ol avocatiat* — رياسة الافوكاتية · مدة هذه الرياسة

BÂTONNER v.a. *Daraba bel âça* — ضرب يضربُ بالعصا

BÂTTONNIER s.m. *Raïs ol avocatiat* — رئيس الافوكاتية او رئيس طائفة المحامين

BATTAGE s.m. des grains *Déras* — دراس · دراسة

BATTANT s.m. d'une cloche *Metrakat ol djaras* — مطرقة الجرس · ضرّابة الناقوس · قارعة الجرس

— d'une porte *Darfat ol bab* — درفة الباب · مصراعُ الباب

BATTEMENT s.m. *Darbe* — ضرْب · دقّ · قرْع · طَرق ·

— des mains *Tasfik* — تصفيق بالايدي

— des pouls *Dak ol nabad* — دقّ النبض · نبوض النبض

— du cœur *Dak ol kalbe* — دقّ القلب · خفقانُ القلب

* **BATTERIE** s.f. *Battariat* — بطارية وهي اعتياديًا مجموع ستة مدافع

— électrique *Zédjadjat kahrabaïat* — زجاجه كهربائية

— de cuisine *Nehas ol matbakh* — نحاس المطبخ · مهمات المطبخ

BATTEUR s.m. *Naouardji* ou *darras* — نوارجي · دراس

BATTEUSE s.f. *Naouaradj* — نورج او مورج · مدراس

— du battant d'une porte ou d'une fenêtre *Kayem ol darfat* — قائم الدرفة · قائم المصراع

BATTRE v.a. *Daraça* — درَس · يدرِس

— frapper *Daraba* — ضرَب يضرِبُ · قرع يقرَعُ · دقّ يدِقّ · طرق يطرُقُ

BATTRE v.a. vaincre *Kaçara* — كسَر . غلَب
— monnaie *Dakk-al-émlat* — دق العملة . ضرَب السكة . سكَّ يسكُّ النقود
— le tambour *Karâ al table* — قرَع يقرَع الطبل
— le briquet *Kadaha-l-zénad* — قدَح يقدَح الزناد
— des mains *Saffaka* — صفَّق
— en retraite *Enhazama* — انهزَم . هرَب (يهرُب)
— des ailes *Rafrafa bé adjnéhatehi* — رفرف باجنحته
BATTU, UE p.p. de battre un chemin. *Tharik mathrouk* — طريق مطروق . سكة سالكة مدمثة
— qui a reçu des coups *Madroub* — مضروب
BAUDET s.m. *Hemar* — حمار . اتان
BAUDRIER s.m. *Hemalat ol seyf* — حمالة السيف . بند السيف
BAUGE s.f. *Maoua-l-khanzir el barri* — مأوى الخنزير البري
BAUME s.m. *Rihan* — ريحان (نبات)
— suc d'arbre *Balsam* — بلسم
BAUMIER s.m. *Balsamat* — بلسمة . شجرةُ البلسم
BAVARD adj. *Kacir ol kalam* — كثير الكلام . مهذار
BAVARDAGE s.m. *Kasrat ol kalam* — كثرةُ الكلام . ثرثرة
BAVARDER v.a. *Kassara-l-kalam* — كثَّر الكلام . ثرثر
BAVE s.f. *Rialat* — ريالة . لُعاب
BAVETTE s.f. *Marioul* — مريول (وهي منشفة توضع على صدر الطفل)
BAVOCHER v.n. t. d'imp. *Tabâa tabâan ghayr nazif* — طبع طبعاً غير نظيف (في الطباعة)
BAVOCHURE s.f. *Ouaçakhat fit-l-tabê* — وساخه في الطبع . طبع غير نظيف
BAYADÈRE s.f. *Ghaziat* — غازية . راقصة
BAYER v.n. *Bahota* ou *fataha fahou* — بهُت (يبهَت) فتح . فغَر فاهُ
BAZAR s.m. *Souk* — سوق . بازار

BDELLIUM s.m. *Samgh ratendji* — صمغ راتنجي
BÉANT adj. *Mabhout* ou *Fateh fahou* — مبهوت . فاتح فاهُ . جامد
BÉATIFICATION s.f. *Tattouib* — تطويب . جعله طوباوي
BÉATIFIER v.a. *Thaouaba* — طوَّب . ثبَّت طوبيًّا
BÉATITUDE s.f. *Thoubaouiat* — طوباوية . غبطة . نعيم دائم
BEAU, BEL, BELLE adj. *Djamil* — جميل . بهيّ . حسن . مليح
BEAUCOUP s.m. *Kacir* — كثير . غزير . وافر
— adv. *Kaciran* — كثيرًا . بغزارة . بوفرة
BEAU-FILS s.m. *Sehre* — صهر ج اصهار . زوج الابنة ويطلق ايضًا على ابن الامرأة
BEAU-FRÈRE s.m. frère du mari ou de la femme *Self* ou *ebn el hamou* — سلف . اخو الزوج . ابن الحمو . اخو الزوجة
— mari de la sœur *Sehre* ou *nacib* — صهر . نسيب
BEAU-PÈRE s.m. *Hamou* — حمو . ابو الزوج او ابو الزوجة او زوج الام
BEAUPRÉ s.m. *Sari-l-makdam* — صاري المقدم
BEAUTÉ s.f. *Djamal* — جمال . حسن
BÉBÉ s.m. *Thefle* — طفل ج اطفال
BEC s.m. *Menkar* — منقار ج مناقير . منقاد ج مناقيد
BÉCASSE s.f. *Dejadj ol ard* — دجاج الارض (طائر)
BÉCASSINE s.f. *Beccacina* ou *chokkabat* — شكُّبة ج شكُّب « بكاسينا » (طائر)
BEC D'ÂNE s.m. t. de men. *Menkar* — منقار . محفار (في النجارة)
— t. d'ajusteur *Kalam taadjin* — قلم تاجين (في الميكانيكيات)
— de canne *Kabdat mouadjat* — قبضة معوَّجه
— de lièvre t. de chir. *Chéfat arnabiat* — شفه ارنبية (في الجراحه)
BEC-FIGUE s.m. *Asfour ol tine* — عصفور التين
BÊCHE s.f. *Fas* ou *medjrafat* — مجرفة . و في الاصطلاح المصري فاس

BÊCHER v.a. *Azaka-l-arde* عزَقَ يعزُقُ الارض نكش (ينكُشُ)

BÉCHIQUE adj. *Nafé lelsoâl* نافع للسعال

BECQUÉE s.f. *Zakkat* زقّة وهي مقدار ما يتناوله الطائر بمنقاده

BECQUETER v.a. *Nakara* نقرَ « ينقرُ » . نقدَ « ينقدُ »

BÉDEAU s.m. *Kaouas ol kaniçat* قوّاس الكنيسة

BÉDOUIN s.m. *Badaoui* بدوي . ساكن البادية

BÉE s.f. *Maçabbe* مصبّ. كوّة الطاحون المائي

BEFFROI s.m. *Kobbat ol djaras* قبّة الجرس

BÉGAYEMENT s.m. *Tamtamat* تمتمة . لعثمة . تهتهة

BÉGAYER v.a. *Tamtama* تمتم . تلعثم . تهته

BÈGUE s.m. *Tamtam* تمتام . تهتاه

BÉGUEULE s.f. *Horrat* حُرّة . امرأة حرّة

BEIGE adj. laine beige *Souf bélaounêhi-l-tabii* صوف بلونهِ الطبيعي

BEIGNET s.m. *Zelabiat* زلابية . لقمة القاضي

BÉLANDRE s.f. *Sandal* صندل . ماعونة . قايق . فلوكه ذات قعر مسطح

BÊLEMENT s.m. *Sogha* ثغاء . صوت الغنم

BÊLER v.n. *Sagha* ثغا يثغو

BELETTE s.f. *Érçat* ابن عرس . عرسة « حيوان »

BÉLIER s.m. *Kabche* كبش ج كباش واكباش

— constellation zodiacale *Bordje ol hamal* برجُ الحَمَل

BÉLÎTRE s.m. *Radjol doun* رجل دون . رجل دني . عديم الاصل

BELLADONE s.f. (plante) *Omraât hasnà ou belladona* امرأة حسناء . حشيشة الحمرة او بلادونه « نبات »

BELLE-FILLE s.f. *Bent ol zaoudje* بنت الزوج

— fille de la femme *Bent ol zaoudjat* بنت الزوجة

— bru *Kannat* كنّة . زوجة الابن

BELLE-MÈRE s.f. *Hamat* حماة . ام الزوج . ام الزوجة

BELLE-SŒUR s.f. *Selfat* سلفة . زوجة الاخ

BELLIGÉRANT adj. *Mobareb* محارب

BELLIQUEUX, EUSE adj. *Harbi* حربي

BELISSIME adj. *Djamil djeddan* جميل جداً . جميل للغاية

BELVÉDÈRE s.m. *Kochk âli* كشك عالي . عليّة مطلّ . مشرف

BÉNÉDICTION s.f. *Barakat* بركة

— abondance *Khayrat* خيرات . نعيم

BÉNÉFICE s.m. *Rebh* ربح ج ارباح

BENÊT s.m. *Ahbal* اهبل . ابله

BÉNÉVOLE adj. *Mayel ela-l-rêda* مائل الى الرضا . مسهّل

BÉNIGNITÉ s.f. *Latafat* لطافة . رأفة . حلم . رقّة

BÉNIN adj. *Latif* لطيف حليم رؤوف رقيق

— mal bénin *Marad salim* مرض سليم . عياء ضعيف

BÉNIR v.a. *Baraka* بارك كرّس

BÉNI, IE, BÉNIT, TE p.p. de bénir *Mobarak* مبارك مكرّس مقدّس

BÉNITIER s.m. *Haoud ol mà el mokaddas* حوض الماء المقدّس

BENJOIN s.m. *Bakh-khour djaoueri* بخور جاوري

BÉNOÎTE s.f. (plante) *Hachichat mobarakat* حشيشة مباركة (نبات)

BENZINE s.f. *Djaouine* جاوين « مادة كيماوية »

BENZOATE s.m. *Djaouate* جاوات « مادة كيماوية »

BÉQUILLE s.f. *Okkaz* عكاز . عصا بعكاز

BERCAIL s.m. *Hazirat* حظيرة . زريبة

BERCEAU s.m. *Sarir* سرير . مهد الطفل

— treillage *Taârichat* تعريشة . عريش

BERCEMENT s.m. *Mardjahat* مرجحة . هزهزة

BERCER v.a. *Mardjaha al sarir* مرجح السرير . هزهز المهد

BERGAMOTE s.f. *Barghamot* برغموت « جنس ليمون »

BERGE s.f. *Djarf ol téraât* جرف الترعه

BERGER s.m. *Raïi* راعٍ ج رُعاة

BERGERIE s.f. *Hazirat* حظيرة · صيرة · زريبة

BERLE s.f. *Karafs ol mà* كرفس الماء (نبات)

* **BERLINE** s.f. *Berlina* برلينه · عربة تستعمل غالبًا للسفر

BERLUE s.f. *Dababat ol äin* ضبابة العين

BERME s.f. t. de fort. *Kafà sathi* قفا سطحي (في الاستحكامات)

BERNE s.f. *Khank ol baïrak* خنق البيرق · تنزيل الراية الى نصف الصاري اشارة الى الحزن

BERNER v.a. *Sakhara* سخَر يسخَر هزأ يهزأ استهزأ

BESACE s.f. *Khordj* خرج ج اخراج · جراب ج اجربة

BESAS s.m. *Hab yek* هاب يك (في لعب الطاولة او الضومينو)

BÉSICLE s.f. *Ouaïnat* عوينات · نظّارات

BESOGNE s.f. *Choghle* شُغْل · مشغلة

BESOGNEUX, EUSE adj. *Mohtadj* محتاج · فقير

BESOIN s.m. *Ehtiadj* احتياج · فقر · عوز

— nécessité *Darourat* ضرورة · حاجة

BESTIAL, ALE adj. *Bahimi* بهيمي · وحشي

BESTIAUX s.m. pl. *Maouachi* مواشي · بهائم · ماشية · حيوانات

BÉTAIL s.m. *Machiat* ماشية ج مواشي

BÊTE s.f. *Haïouan* حيوان ج حيوانات ·

— sauvage *Ouahche barri* وحش برّي

— féroce *Ouahche kacer* وحش كاسر · وحش ضارٍ

BÊTISE s.f. *Ghabaouat* غباوة · بلادة

BETON s.m. *Kharaçan* et en Syrie *hadjariat* خراسان · حجرية · خافقي (في البناء).

BETTE s.f. *Selk* سِلق · سليق (نبات)

BETTERAVE s.f. *Bandjar*, en Egypte; *chamandar* ou *chamandour*, en Syrie. بنجر · شمندر اوشمندور

BEUGLEMENT s.m. *Adjidj ol bakar* عجيج البقر · خوار

BEUGLER v.n. *Adja* عجّ يعجّ · خار يخور

BEURRE s.m. *Samne* سمن ـ مسلي

— frais *Zobdat* زُبدة · زُبد

BEURRIER, IÈRE s.m. *Samman* سمّان · بائع السمن او الزُبدة

BÉVUE s.f. *Ghaltat* غلطة

BEY s.m. *Bey* بيك · بك

BÉZOARD s.m. *Hadjar ol samme* حجر السم

BIAIS s.m. *Enhéraf* ou *mayl* انحراف · ميل

BIAISER v.n. *Enharafa* إنحرف · مال يميلُ شرَد · يشرِد

BIBASIQUE adj. t. de chim. *Sonaï ol kaèdat* ثنائيُّ القاعدة (في الكيميا)

BIBELOTS s.m. pl. *Achià mozakharafat* اشياء مزخرفة · اوان مزخرفة

BIBERON s.m. *Raddaât* رَضّاعة · مصّاصة · ثدي صناعي

BIBLE s.f. *Al taourat* التوراة · الكتاب المقدس

BIBLIOGRAPHIE s.f. *Mâréfat ol kotob* معرفةُ الكتب · الكتب وما يتعلق بها

BIBLIOMANCIE s.f. *Al tandjim béoacétate el kotob* التنجيم بواسطة الكتب

BIBLIOMANE s.m. *Ghaoui-l-kotob* غاوي الكتب

BIBLIOPHILE s.m. *Mohebbe ol' kotob* محبُّ الكتب

BIBLIOTHÉCAIRE s.m. *Amin ol maktabat* أمينُ المكتبة · ناظرالكتبخانه

BIBLIOTHÈQUE s.f. *Kotob-khanat* كتبخانه · مكتبة

BIBUS s.m. sans valeur, t. de mépris, *La kimat lahou* لا قيمة له · غير ذي قيمة · دني (بنوع الاحتقار)

BICEPS adj. t. d'anat. *Zat ol raçaïn* ذات الراسين « شريانات» (في التشريح)

BICHE s.f. *Onça-l-ayal* انثى الأيِّل . أُرويَّة

— pied de biche, t. de menuis. *Mokouarat* مقوَّرة . آلة نجارة

BICIPITAL, ALE adj. t. d'anat. *Zou-l-raçaïn* ذو الراسين (في التشريح)

BICUSPIDE adj. en bot. *Zou chourrafatayn* ذو شرَّافتين (في النبات)

BIDON s.m. *Ena* إناء . وعاء . علبة تَنَك ـ اي صفيح ـ

BIELLE s.f. t. de méc. *Zérâ* ذراع رقَّاص (في الميكانيكيات)

BIEN s.m. *Khaïr* خير . منفعة

— bienfait *Maârouf* معروف . إحسان . جميل

— vertu *Salah* صلاح

— fortune *Molk* ملك . ثروة . مقتنى

BIEN adv. *Djayed* جيِّد . مليح . موافق

BIEN-AIMÉ, ÉE adj. *Mahboub* محبوب . عزيز

BIEN-ÊTRE s.m. *Raghde* رَغَد . نعيم العيش

BIENS-LIBRES s.m. pl. *Atian horrat* اطيان حُرَّة . اطيان مباحة

BIENS-MEUBLES s.m. pl. *Amoual mankoulat* اموال منقولة . منقولات

BIENFAISANCE s.f. *Ehçan* احسان . عمل الخير

BIENFAIT s.m. *Maârouf* معروف . فضل . جميل . خير

BIENFAITEUR, TRICE s.m. *Mohsen* محسن . منفضل . فاعل خير

BIENS-FONDS s.m. pl. *Akarat* عقارات

BIENHEUREUX, EUSE adj. *Thoubaoui* طوباوي . سعيد . مغبوط .

BIENNAL, ALE adj. *Ma yamkos sanatain* ما يمكث سنتين

BIENSÉANCE s.f. *Adab* أدب . لياقة . حشمة

BIENTÔT adv. *Kariban* قريبًا . عن قريب . بعد قليل . عما قليل

BIENVEILLANCE s.f. *Entâaf* إنعطاف . حسنُ التفات

BIENVENUE s.f. *Kodoum bel salamat* قدوم بالسلامة . سلامة الوصول

* **BIÈRE** s.f. *Birra* ou *djâât* بيره . جعة

— cercueil *Tabout* تابوت ج توابيت

BIEZ ou **BIEF** s.m. *Kanat ol tahoun el maï* قناة الطاحون المائي

BIFFER v.a. *Maha* ou *chataba* محا يمحو . شطَب يشطُب

BIFIDE adj. t. de bot., *Zou farâyne* ذو فرعين . ذو قسمين (في النبات)

BIFURCATION s.f. *Mafrak* مفرق ج مفارق

BIFURQUER v.a. *Faraka* فَرَق (يفرُق)

BIGAME adj. *Motzaouèdj be omraâtayn* متزوّج بامرأتين

BIGAMIE s.f. *Al zidjat be omraâtayn* الزيجة بامرأتين . إضرار

BIGARADE s.f. *Laymoun otrendj* ليمون اترنج . زُفَيْر . ابو صُفَيْر

BIGARRER v.a. *Chaouaha be alouan mokhtalèfat* شوَّهَ بالوان مختلفة

BIGARRURE s.f. *Ekhtélaf alouan ghaïr motouafékat* اختلاف الوان غير متوافقة

BIGORNE s.f. t. de forge *sendan béraçaïne* سندان براسين (في الحدادة)

BIGOT, OTE adj. *Motmassek bel dine* متمسك بالدين . مترفِّض . رافضيّ

BIGOTERIE s.f. *Tamassok bel êbadat* تمسُّك بالعبادة . ترفُّض

BIGUE s.f. *Ayar* عيَّار . صاله . وهما خشبتان بينهما بكرة يجر عليها الحبل لرفع الاثقال

BIJON s.m. t. de pharm. *samgh ol sénobar* صمغ الصنوبر (في الصيدلية)

BIJOU s.m. ouvrage élégant *Tohfat* تحفة

— objet en pierres précieuses *Hêliat* حلية . جوهرة

BIJOUTERIE s.f. *Modjaouharat* مجوهرات . حلي . مصاغات

BIJOUTIER, IÈRE s.m. *Djaouhardji* جوهرجي . جوهري

BILAN s.m. t. de compt. *Mizaniat* ميزانية . بيلانتشو (في الحسابات)

BILE s.f. t. de méd. *Safrâ* صفراء

— au fig. *Kadar* كدر . نكد . زعل

BILIEUX, EUSE adj. en méd. *Sofraoui* صفراوي . صاحب صفراء

BILIVERDINE s.f. en méd. *Safra mokhaddarat* صفرا مخضرة (في الطب)

BILLE s.f. *Kellat* ou *korrat* كلّة . كُرَة

BILLET s.m. *Tazkèrat* تذكرة . ورقة

— obligation *Sanad* سند . تعهد . كمبيالة

BILLET s.m. d'avertissement *Tanbih* تنبيه · انذار

BILLETTE s.f. *Ouasle ol djomrok* وصل الجمرك · علم خَبَر

* **BILLION** ou **MILLIARD** s.m. *Milliard* ou *alf malioun* مليار او الف مليون

BILLON s.m. t. d'agr. bande de terre élevée par la charrue au dessus du niveau du sol environnant *Harfe* حرف · مسطبة · وهو ما يدفعهُ المحراث على جانبَي الثلم (اي الخط) من التراب

BILLOT s.m. de cuisine *Ouadam* ou *farmat* وَضَم · فَرْمة

— bloc de bois sur lequel on appuie la tête du condamné à être décapité *Masnadat* مسندة ـ وهي قطعة خشب يلقى عليها راس المحكوم عليه بالاعدام ليقطع

BILOBÉ, ÉE adj. en bot. *Zou Fassayn* ذو فصين (في النبات)

BILOCULAIRE adj. en bot. qui renferme deux loges *Çonaï ol maskan* ثنائيُّ المسكن · ذو مسكنين (في النبات)

BIMANES adj. *Zat ol yaddayn* ذات اليدين

BIMBELOT s.m. *Lêbat* لعبة · العوبة

BINAGE s.m. *Azik ol aradi* عزيق الاراضي · نكش الاراضي

BINAIRE adj. t. de chim. *Çonaï ol ôncor* ثنائيُّ العنصر · ذو عُنصرين (في الكيمياء)

BINARD s.m. *Arabat dastour* عربة دستور · عربة لمثال المثقلات

BINER v.a. t. d'agr. *Azaka* عَزَق يعزق · نكش ينكش (في الزراعة)

BINETTE s.f. t. de jard. *Maâzakat* معْزَقة · منكاش (من ادوات الحدائق)

— aspect, figure, t. famil. *Manzar* منظر · هيئة

BINOCLE s.m. *Ouaynat* عوينات · نظّارة

BIOGRAPHIE s.f. *Tarikh hayat* تاريخ او ترجمة حياة · قصّة حياة شخص ما

BIOLOGIE a.f. *Al bahse fi nezam el kaïnat* البحث في نظام الكائنات · العلم المختص بالبحث عن نظام الكائنات

BIOXIDE s.m. en chim. *Sani oxide* ثاني اوكسيد (في الكيمياء)

BIPARTI, IE adj. *Zou chatrayne* ذو شطرين

BIPÈDE adj. *Zou redjlayne* ذو رجلين

BIPENNE adj. en zool. *Zou djanahayne* ذو جناحين (في علم الحيوانات)

BIS adj. *Asmar* اسمر

BISAÏEUL s.m. *Abou-l-djadd* ابو الجد والجدة

BISAÏEULE s.f. *Omm ol djadd* ام الجد

BISCORNU, UE adj. *Moâouadj* معوج · معكوس

BISCOTIN s.m. *Kers* قرص

BISCUIT s.m. *Boksomat* بقصماط · كعك

— pâtisserie *Hêloua* حلوى · قرص بسكر

BISE s.f. *Rihe ol chêmal* ريح الشمال

BISEAU s.m. *Monharef ol adjnab* منحرف الاجناب

BISEL s.m. t. de chim. *Mozdaouêdj ol malhe* مزدوج الملح (في الكيمياء)

BISEXE, BISEXUÉ, BISEXUEL adj. en bot. *Mozdaouêdj ol naoû* مزدوج النوع (في النبات)

BISAC s.m. *Djorab* جراب · جعبة

BISEXTILE adj. *Sanat kabis* سنة كبيس

BISTORTE s.f. en bot. *Loflafat* لفلافة · «نبات»

BISTOURI s.m. en chir. *Mêchrat* مشراط

BISTOURNAGE s.m. t. de vétérin. *Khaci-l-hiouanat* خصي الحيوانات (في الطب البيطري)

BITUME s.m. *Hommar* حُمَر · قار

BIVAC ou **BIVOUAC** s.m. t. milit. *Mabit ol âssaker* مبيت العساكر · قِناق (في الاصطلاح العسكري)

BIVALVE adj. en zool. *Zou mesradyne* ذو مصراعين (في الحيوان)

BIZARRE adj. *Gharib* غريب · نادر

BIZARRERIE s.f. *Taâtadt* تعنته · جنون

BLAFARD, ARDE adj. *Kabi-il-laoun* كابي اللون · اغثر · اغبر

BLAGUE s.f. *Kis ol dokh-khan* كيس الدخان

— mensonge pour rire *Noktat* نكتة · اضحوكة

BLAIREAU s.m. *Anak ol ard* عَناق الارض (حيوان)

BLÂMABLE adj. *Maloum* ملوم · مذموم

BLÂME s.f. *Malamat* ملامة · مذمّة · لوم · ذَمّ

BLÂMER v.a. *Lama* لامَ يلومُ · عزلَ يعزِلُ · ذمَّ · يذمُّ · فنّد

BLANC, ANCHE adj. et sub. *abiad* ابيض اللون

— de baleine s.m. *Man ol samak* منُّ السمك · مَنّ القيطس

— d'Espagne s.m. *Esbidadj baladi* اسبيداج بلدي

— de céruse s.m. *Espidadj bondoki* اسبيداج بندقي

— d'œuf s.m. *Zalal ol baïd* زلالُ البيض

— de fard *Hosne Youssef* حسن يوسف

BLANCHÂTRE adj. *Mayel ela l-bayad* مائل الى البياض · ضارب الى البياض

BLANCHIR v.a. *Bay-yada* بيّض · قصّر يقصِر

— laver *Ghaçala* غسل · يغسِل

BLANCHISSEUR, EUSE s.m. et f. *Ghassal* غسّال

BLANC-SEING s.m. *Khatm âla bayad* ختم على بياض

BLASER v.a. *Adaâf al haouas* أضعف الحواس

BLASON s.m. *Arma* آرمه · شِعار

BLASPHÉMATEUR, TRICE s.m. et f. *Modjaddef* مجدِّف · سبّابُ الدين

BLASPHÉMATOIRE adj. *Tadjdifi* تجديفي

BLASPHÈME s.m. *Tadjdif* تجديف · مسبّةُ الدين

BLASPHÉMER v.a. *Djaddafa* جدّف · سبَّ الدين

BLASTÈME s.m. t. d'anat. *Notfat* نطفة · جرثومة الجنين (في التشريح)

BLASTODERME s.m. t. d'anat. *Djelde ol djarçoumat* جلدُ الجرثومة

BLASTOPHORE s.m. t. d'anat. *Hamel ol djarçoumat* حاملُ الجرثومة

BLATIER s.m. *Bayâ kamh* بيّاع قمح · بائع حنطة

BLATTE s.f. insecte nocturne, rongeur, *Sarçar* صرصار

BLÉ s.m. *Kamh* قمح · حنطة

BLÊME adj. *Asfar* اصفر

BLENNORRHAGIE s.f. t. de méd. *Sayalan abiad* سيلان ابيض (في الطب)

BLENNORRHÉE s.f. en méd. *Sayalan mozmen* سيلان مزمن (في الطب)

BLÉPHARITE s.f. t. de méd. *Eltêhab djafni* إلتهاب جفني « في الطب »

BLÉPHARONCOSE s.f. t. de méd. *Taouarrom ol adjfan* تورُّمُ الاجفان

BLÉPHAROPHIMOSIS s.m. t. d'anat. *Dik fathat el adjfan* ضيق فتحة الاجفان (في التشريح)

BLÉPHAROPYORRHÉE s.f. t. de méd. *Ramad ol atfal el sadidi* رمدُ الاطفال الصديدي (في الطب)

BLÉPHAROSPASME s.f. t. de méd. *Tachannodj ol adjfan* تشنّجُ الاجفان

BLÉPHAROXYSTE s.m. inst. de chir. *Kachêtat ol adjfan* كاشطة الاجفان (آلة جراحية)

BLESSER v.a. *Djaraha* جرَحَ يجرَحُ · كلَمَ يكلِمُ

— l'honneur *Talam al site* ثلَمَ يثلِمُ الصيت

— faire du tort *Addarra* اضرَّ · أذى يؤذي

BLESSURE s.f. *Djerh* جرح ج جراح · كَلْم ج كُلوم

BLETTE s.f. *Selk* سلق · سليق · (نبات)

BLEU, UE adj. *Azrak* أزرق

— d'outre mer *Zahret ol nilat* زهرة النيلة

BLEUÂTRE adj. *Mozrakke* مزرّق · مائل الى الازرق

BLEUE s.f. (maladie) *Al murad ol azrak* المرض الازرق

BLEUIR v.n. *Ezrakka* ازرقّ · صار ازرق

BLINDAGE s.m. *Tasfihe* تصفيح · تدريع اي تركيب الدرع

BLINDÉ, ÉE p.p. de blinder *Moçaffah* مصفّح · مدرّع

BLOC s.m. *Kétâat ouahêdat* قطعة واحدة

— de pierre *Kétâat hadjar ouahêdat* ou *hadjar dastour* قطعة حجر واحدة · حجر منحوت · حجر دستور

— en bloc, *Bel djemlat* بالجملة · دُفعة واحدة

BLOCUS s.m. *Mohaçarat* محاصرة · حصار

BLOND, ONDE adj. *Achkar* اشقر

BLOQUER v.a. *Ahata* ou *haçara* احاطَ ٠ حاصر ٠ رمى الحصار القى الحصار

BLOTTIR (SE) v.r. *Talabbaça* تلبَّث ٠ تربَّص

BLOUSE s.f. *Djallabiat* جلابية

BLUETTE s.f. *Chararat* شرارة ٠ لمعة

— d'esprit *Molhat* مُلحة

BLUTAGE s.m. *Nakhl ol tahin* نخل الطحين

BLUTEAU s.m. *Monkhol* مُنخل

BOBÈCHE s.f. *Kas ol chamêdan* كاس الشمعدان ٠ زجاج (وهي الزجاجة التي تكون في راس الشمعدان تتلقى مسيل الشمع)

BOBINE s.f. *Bakarat* بكرة ٠ مكبّ

BOBINETTE s.f. *Dabbat ol bab* ضبّة الباب ٠ سكَّرة الباب

BOCAGE s.m. *Ghabat* غابة ٠ حُرش ٠ اجم صغير

BOCAL s.m. *Ena* اناء ٠ وعاء

BŒUF s.m. *Çaour* ثور

BOHÉMIEN, IENNE s.m. *Nouri* ou *ghadjari* نوري ٠ غجري ٠ بوهيمي ٠ من طائفة النَوَر

BOIRE v.a. *Charêba* شرِب يشرَب ٠ ارتشف ٠ ارتوى

BOIS s.m. *Khachab* خشب

— à brûler *Hatab* حطب

— forêt *Ghab* ou *herche* غاب ٠ حرش ٠ اجم

— du Suède ou du Nord *Khachab moski* خشب موسكي

— de Venise *Khachab bondoki* خشب بندقي

— de Trieste *Khachab latazana* خشب لا تازنه

— dur *Chouh* شوح «خشب»

BOISER v.a. *Gharaça achdjar fil ghabat* غرس اشجار في الغابات

— garnir de menuiserie خشّب ٠ وضع خشبًا

BOISERIE s.f. *Akchab*, ou *mandjour* اخشاب ٠ منجور

BOISSON s.f. *Charab* شراب مشروب ج مشروبات

BOÎTE s.f. *Êlbat* علبة ٠ حُقّ

— à feu, en méc. *Forne ol ouabour* فرن الوابور ٠ بيت النار ٠ مستوقد «في الميكانيكيات»

— à filière, t. d'ajust. *Sandouk kalaouz* صندوق قلاووز – وهو مجموع الآلات التي تستعمل لصنع القلاووز

— à fumée, en méc. *Djarabandiat ol ouabour* جربندية الوابور «في الميكانيكيات» وهو في الالة البخارية المكان الذي يجمع فيه الدخان قبل صعوده في المدخنة

BOITER v.a. *Aradja* عرَج يعرِج ٠ خمع ٠ يخمَع

BOITEUX, EUSE s.m. *Aradj* أعرج

BOL s.m. *Seltaniat* سلطانية ٠ كاسة

BOLET s.m. en bot. *Fotre anboubi* فُطر انبوبي «نبات»

BOMBARDEMENT s.m. *Darb ol kanabel* ضرْبُ القنابل. إطلاق الكلل

BOMBARDER v.a. *Daraba bel kanabel* ضرَب بالقنابل ٠ أطلق الكلل

BOMBE s.f. *Konbolat* ou *bomba* قنبلة ٠ بومبة ٠ دانة

BOMBER v.a. *Kabbaba* قبّب ٠ سنَّم ٠ قوّس

BOMBYX s.m. *Doud ol harir* دود الحرير ٠ دود القز

BON, ONNE adj. *Tayeb* طيّب ٠ جيّد

— **garçon** *Latif* لطيف ٠ خيِّر

— s.m. autorisation de payer *Ezne lel-dafê* إذن للدفع إذن للتسليم

— **-ordre** s.m. *Entêzam* ou *hesne entêzam* إنتظام ٠ حسن انتظام

BONACE s.f. t. de mar. calme après l'orage *Hodou* هدو ٠ سكون ٠ سكينة

BONASSE adj. *Bacite* بسيط ٠ سذج

BONBON s.m. *Molabbès* ملبس ٠ سكريات

BONBONNE s.f. *Damêjanat* دمجانة ٠ مقششة

BOND s.m. *Nattat* نطّة ٠ وثبة ٠ قمزة

BONDE s.f. *Tekb ol barmil* ثقب البرميل

BONDIR v.n. *Natta* نطّ ينطُّ ٠ وثب يثِبُ قمزَ يقمُزُ

BONDON s.m. *Sedad ol barmil* سداد البرميل

BONHEUR s.m. *Sadd* سعد . حظ . بخت

BONHOMIE s.f. *Baçatat* بساطة . سذاجة

BONHOMME s.m. *Bacit* بسيط . سَذِج

BONI s.m. *Ouafre* وفر . نتيجة الاقتصاد

BONIFICATION s.f. *Eslah* إصلاح . تحسين

BONNE s.f. *Khadèmat, dadat* خادمة . دادة

BONNET s.m. *Takiat* ou *tarbouch* طاقية . طربوش . عرقية

BONNETIER, IÈRE s.m. *Tarabichi* طرابيشي . بيّاع طرابيش صانع او بيّاع طواقي

BONNETTE s.f. t. de fort. *Bornetat ol kassis* برنيطة القسيس « في الاستحكامات »

— t. de mar. *Kalè saghir* قلع صغير « في الملاحة »

BONSOIR s.m. *Maça-l-khayr* ou *layla saïda* مسا الخير . ليلة سعيدة

BONTÉ s.m. *Helme* حلم . رأفة . جودة قلب

BORAX s.m. en chim. *Baourak* بورق « مادة كيماوية »

BORD s.m. *Harf* حرف . طرف . حافة

— rivage *Chati* شاطي . ضفّة

BORDÉE s.f. t. de mar. *Etlak kol madafè el markab* إطلاق كل مدافع المركب دفعة واحدة

BORDER v.a. *Sadj-jaka* سجّق . ركّب السجق

— v.a. t. de mar. côtoyer, *Çar bejaneb el chati* سار بجانب الشاطي . شطّط « في الملاحة »

— une voile, la tendre par en bas *Afrada atraf al koloû* افرد اطراف القلوع « في الملاحة »

BORDEREAU s.m. *Hafèzat* ou *kayèmat* حافظة . قائمة . كشف

BORDEYER v.n. t. de mar. *Ballat al markab* بلّط المركب . ضرب بُلطة (في الملاحة)

BORDURE s.f. *Hachiat* حاشية ج حواشي . دائرج دوائر

BORÉAL, ALE adj. *Chèmali* شمالي

BORGNE adj. *Adouar* اعور

BORNAGE s.m. *Tahdid* تحديد . تعيين الحدود

BORNE s.f. *Alamat ol hadde* علامةُ الحد

BORNER v.a. *Haddada* حدد . عيّن الحدود

BOSQUET s.m. *Raoudat* روضة . حديقة

BOSSE s.f. enflure, *hadbat* حدبة

— de chameau *Sènam* ou *atab* سِنام . أتب . حدب

BOSSOIR s.m. t. de mar. *Arèdat ol helbe* عارضة الهلب (في الملاحة)

BOSSU, UE adj. *Ahdab* احدب . محدوب

BOTANIQUE s.f. *Élme ol nabat* علم النبات

BOTHRIOCÉPHALE s.m. t. de zool. *Doud hafari* دود حَفَري (في علم الحيوان)

BOTHRION s.m. t. de méd. *Enbèâdj ol karniat* انبعاج القرنية (في الطب)

BOTTE s.f. *Hezmat* حزمة . رزمة

— chaussure *Djazmat* جزمة

— coup d'épée *Taânat séif* طعنة شيش او سيف

BOTTIER s.m. *Djazamati* جزماتي . جزمجي . صانع احذية

BOTTINE s.f. *Lastike* لستيك . نصف جزمة

BOUC s.m. *Tays* تيس ج تيوس

BOUCANER v.a. *Tadkhine ol asmak* تدخين الاسماك

ROUCHAGE s.m. *Al sad* السدّ

BOUCHE s.f. *Famme* فم . فاه

— à feu *Madfâ* مدفع ج مدافع

— de cornue t. de méc. *Fam ol kazan* فم القزان . منفذ الحلق (في الميكانيكيات)

BOUCHÉE s.f. *Lokmat* لُقمة ج لُقم

BOUCHER v.a. *Sadda* سدّ يسدّ

— s.m. *Djazzar* جزّار . لحّام

BOUCHERIE s.f. *Madjazarat* مجزرة . ملحمة

BOUCHOIR s.m. *Bab ol forne* بابُ الفرن وهو لوح من حديد تسدّ به فوهة الفرن

BOUCHON s.m. *Sèdadat* — سدادة · فلينة · صمام

BOUCHONNEMENT s.m. *Tatmir ol khaïl* — تطمير الخيل

BOUCHONNER v.a. *Tammara* — طمّرَ · مسح بمسحَ

BOUCLE s.f. *Abzime* — ابزيم ج ابازيم · مشبك ج مشابك

— de cheveux *Kheslat chàr* — خصلة شعر

— d'oreille *Halakat* — حلقة · قُرط

BOUCLER v.a. *Chabaqa* — شَبكَ يشبكُ · بكّلَ

BOUCLIER s.m. *Terse* ou *darkat* — ترس ج تروس · دَرقة ج درَق

BOUCON s.m. *Taâm masmoum* — طَعام مسموم

BOUDER v.n. *Zaèla* — زعِل يزعَل · حرد يحرَد · كظَم يكظُم · بوّزَ

BOUDIN s.m. *Sodjokke* — سجق · مقانق

— ressort en spirale *Zambalek malfouf* — زنبلك ملفوف

BOUDOIR s.m. *Makhdâ* — مخدع · غرفة زينة المرأة

BOUE s.f. *Ouâhle* — وحل · دردي

— splénique, t. de méd. *Derdi-l-tèhal* — دردي الطحال (في الطب)

BOUÉE s.f. t. de mar. *Chamandourat* — شمندورة (في الملاحة)

BOUFFÉE s.f. *Tanfiçat* — تنفيسة · سحب النفس من الفم

— de maladie *Faourat marad* — فورة مرض

BOUFFISSURE s.f. t. de méd. *Taouarrom* — تورّم (في الطب)

BOUFFON s.m. *Moharredj* — مهرّج · نُكتي · سوترجي

BOUFONNERIE s.f. *Mazhe* ou *Tahridj* — مزح · تهريج

BOUGE s.m. *Khalouat Mozlèmat* — خلوة مظلمة

BOUGEOIR s.m. *Chomèdan* — شمعدان

BOUGER v.a. *Taharraka* — تحرّك

BOUGIE s.f. *Chamadt* — شمعة · شمعة منّ سمك

— en chir. sorte de sonde *Madjasse* — مجسّ · بوجي (في الجراحة)

BOUGIER v.a. *Tachmî khayt el naçidj* — تشميع خيط النسج

BOUGONNER v.n. *Hamhama* — همهم · تمتم · حرق الأرّم

BOUILLANT, ANTE adj. *Ghali* — غالٍ

BOUILLI s.m. *Lahme maslouk* — لحم مسلوق

BOUILLI, IE p.p. de bouillir *Maslouk* — مسلوق · مغلي

BOUILLIR v.n. *Ghala* — غلى يغلي · سلَقَ يسلُقُ

BOUILLOIRE s.f. *Kanakat* — كنكة · غلّاية · بكرج

BOUILLON s.m. *Marakat* — مرقة

— **blanc** s.m. en bot. *Loubaydat bayda.* — لُبَيدة بيضاء « نبات »

BOUILLONNEMENT s.m. *Ghalayan* — غَلَيانَ

BOULANGER s.m. *Farran* — فرّان · خبّاز

BOULANGERIE s.f. *Forne* — فرن · مخبز

BOULE s.f. *Korrat* — كُرّة

— d'escalier *Rommanat ol sollam* — رمانة السُلّم

BOULEAU s.f. (arbre) *Botoula* — بتولا « شجر »

BOULEVARD s.m. *Charê* — شارع

BOULEVARI s.m. *Daouda* — ضوضاء · ضجّة · غوغاء

BOULEVERSEMENT s.m. *Enkèlab* — انقلاب · حركة عظيمة

BOULEVERSER v.a. *Kalaba* — قلَبَ يقلِبُ

BOULIMIE s.f., t. de méd. *Djoû kalbi* — جوع كلبي · جوع شديد مسبّب من عدم انتظام الهضم (في الطب)

BOULIN s.m. *Kadous bordj el hamam* — قادوس برج الحمام · وهو اناء من فخار يعشش فيه الحمام في الابراج

— t. de maç. — سندة السقاله

BOULINE s.f. t. de mar. *Rihe djanbiat* — ريح جنبية وهي الريح التي تهب من جانب السفينة (في الملاحة)

* **BOULINGUE** s.f. t. de mar. *Babafanko* — بابافنكو · قلع راس الصاري (في الملاحة)

BOULON s.m. *Mesmar mokalouaz* — مسمار مقلوز

BOUQUET s.m. *Dammat zohour* — ضمة زهور · باقة زهر · حزمة زهر

BOUQUIN s.m. *Famme cigara* فم سيكاره . بز سيكاره

— vieux livre *Kêtab kadim* كتاب قديم

BOUQUINEUR s.m. *Ghaoui ol kotob el kadimat* غاوي الكتب القديمة

BOUQUINISTE s.m. *Bayâ kotob kadimat* بيّاع كتب قديمة

BOURBE s.f. *Ouahle* وحل

BOURBIER s.m. *Maouhel* مَوْحِل . محل مجتمع الوحل

BOURBILLON s.m. t. de méd. *Om ol kayh* ام القيح (في الطب)

BOURDEINE ou **BOURGÈNE** s.f. t. de bot. *Chaoukat ol sabbaghine* شوكة الصباغين . نبات

BOURDE s.f. *Kezbat* كذبة . خرطة

BOURDONNEMENT s.m. *Tanin ol ozne* طنينُ الاذن

BOURDONNET s.m. t. de chir. *Karrat nêçalat* كرّة نسالة (في الجراحة)

BOURG s.m. *Bandar* بندَر . قَصَبَة

BOURGADE s.f. *Kariat* قرية . كَفر

BOURGEOIS, OISE s.m. *Men ahle el modon* من اهل المدن

BOURGEON s.m. t. de bot. *Ouaïnat, zerre* عوينة . زر . طلع . (في النبات)

BOURGEONS CHARNUS s.m. pl. en pathol. *Azrar lahmiat* ازرار لحميّة . (في الباثولوجيا اي علم الامراض)

BOURGEONNEMENT s.m. *Takaouon ol azrar* تكوّن الازرار او العيون

BOURLE s.f. *Odhoukat* أضحوكة . ملعوب

BOURRACHE s.f. (plante) *Leçan ol çaour* لسان الثور (نبات)

BOURRASQUE s.f. *Zaoubaât* زوبعة . ج زوابع

BOURRE s.f. de fusil, *Sêdadat ol bondokiat* سِدادة البندقيّة (خُرقة او شَرطوطة) وهي السدادة التي تضع فوق حشو البندقية

— de soie ; la partie du cocon qui ne se devide pas *Laycine* ليسين . بوبي (بقيّة شرنقة دود الحرير التي لا تُحَلّ)

BOURREAU s.m. *Djallad* ou *sayaf* جلاد . سياف . نشجي

BOURRELET s.m. t. de matelassier *Harf* حرف . دائر (في اصطلاح المنجدين)

— t. de carrosserie *Mekhaddat djelde* مخدة جلد لعريش العربة

BOURRELET s.m. t. d'agric. *Mastabat* مسطبة . خرف . حرف الثلم (في الزراعة)

BOURRELIER s.m. *Soroudji* سروجي . جلالاتي

BOURELLE s.f. *Omraât ol djallad* امراة الجلاد

BOURRIQUE s.f. *Hêmarat* حمارة

BOURRIQUIER s.m. *Hammar* حمّار . المكاري على الحمار

BOURRU, UE adj. *Khachen ol atbâ.* خشن الاطباع . سيّئ الاخلاق

BOURSE s.f. *Kice* كيس . ج اكياس

— somme de 500 piastres *Kice* كيس (قدر خمسمائة غرش)

— s.f. pl. t. d'anat. *Safan* صَفَن ـ اي كيس الخصيتين (في التشريح)

— s.f. de commerce *Borsa* البورصة . نادي التجار . مجتمع التجار

— s.f. pension accordée à un élève *Korci* كرسي وهو الراتب الذي يدفع المدرسة عن التلميذ من صندوق الدولة

BOURSIER s.m. *Saheb korci* صاحب كرسي . تلميذ على نفقة الدولة

BOURSIER, IÈRE s.m. et f. *Sanê* ou *Tadjer aqias* صانع او تاجر اكياس

BOURSOUFLEMENT s.m. *Entêfakh* إنتفاخ

BOURSOUFLER v.a. *Entafakha* إنتفخ

BOUSCULER v.a. *Dafaâa* دَفعَ . يدفعُ . قَلَبَ يقلِبُ

BOUSE s.f. *Djellat* جِلّه . براز البقر

BOUSSOLE s.f. *Boussola* ou *ébrat maghnaticiat* بوصولة . ابرة مغناطيسية

BOUT s.m. *Taraf* طَرَف . منتهى

BOUTADE s.f. *Hadjou* هجو . ابيات هجو

BOUTARGUE s.f. *Batarêkh* بتارخ

BOUTÉE s.f. t. d'arch., culée d'un pont *Baghlat* ou *doâamat* بغلة . دُعامة القنطرة (في البناء)

BOUTE-FEU s.m. *Kobsat* ou *oualaât* قُبسة . ولعة . شعلة

BOUTEILLE s.f. *Zêdjajat* ou *kênninat* زجاجة . قنينة

BOUTEROUE s.f. borne au coin des maisons ; *Aamoud zaouiat* عامود زاوية

BOUTE-SELLE s.m. t. milit. *Naoubat rokoub* نوبة ركوب (في العسكرية)

BOUTIQUE s.f. *Dokkan* دكان . حانوت . ج حوانيت

BOUTIQUIER s.m. *Saheb ol dokkan* صاحب الدكان . حانوتجي

BOUTISSE s.f. *Hadjar sahel* حجر سهل اي موضوع على طوله

BOUTOIR s.m. *Caffat* كفّة آلة البيطار لقطع حوافر الخيل

— du sanglier *Bouz* ou *nab ol khanzir* بوز الخنزير . ناب الخنزير

BOUTON s.m. *Zerre* زرّ . ج ازرار

— bourgeon t. de bot. *Boroum* برعوم (في النبات)

— de porte *Okrat ol bab* أكرة الباب

— tumeur *Dommalat* دُمَّلة . بزرة . حبّة

— de manivelle, t. de méc. *Esbâ ol denguel* اصبع الدنجل (في الميكانيكيات)

BOUTONNER v.a. *Zarra* زرّ يزرُّ شدّ الازرار

BOUTONNIÈRE s.f. *Orouat* عروة . فتحة للزر

BOUTURE s.f. *Foçaylat* فُسيلة . عُقّالة (في النبات)

BOUVIER s.m. *Rali bakar* راعي بقر . في القطر المصري يسمّى كلّاف

BOVINE adj. race bovine, *Djense ol bakar* جنس البقر . طائفة البقر

BOYAU s.m. *Mesrane* مصران . امعاء

— corde à boyau *Ouatar* وَتَر

— passage étroit *Madiak* مضيق . دهليز

BRACELET s.m. *Séouar* سِوار . دملج

BRACHIAL, ALE adj. *Adadi* عضدي

BRACHIOTOMIE s.f. *Batre ol zérâ* بتر الذراع . قطعه

BRACONNAGE s.m. *Al sayd fi arde el ghayr* الصيد في ارض الغير بدون اذن صاحبها

BRACONNIER s.m. *Sayad fi arde ghayréhi* صياد في ارض غيره . مَن يصطاد بارض غيره دون اذن صاحبها

BRADYPEPSIE s.f. t. de méd. *Êsre ol hadme* عسرُ الهضم وبطؤهُ (في الطب)

BRAIE s.f. *Métras* متراس

BRAILLARD, ARDE adj. *Sarrikh* صرّيخ . جعجاع . صخّاب من دأبه الصريخ

BRAILLER v.n. *Sarakha* صَرَخَ يَصْرُخُ زَعَقَ يَزْعَقُ

BRAIMENT s.m. *Nahak ol homar* نهاق الحمار شهنقة

BRAIRE v.n. *Nahaka* نَهَقَ يَنْهَقُ شَهْنَقَ

BRAISE s.f. *Djamrat* جمرة قَبسة بصّة

BRAISIÈRE s.f. *Canoun* ou *mankal* كانون ج كوانين . منقل . مجمرة

BRANCARD s.m. *Nadch* نعش . محمل

— d'une charette *Arich ol ârabat* عريش العربة المفردة

BRANCHE s.f. *Ghosne* غُصن ج اغصان . فرع ج فروع

— de palmier *Djaridat nakhle* جريدة نخل

BRANCHEMENT s.m. *Tafri* تفريع . توزيع

BRANCHETTE s.f. *Faré saghir* فرع صغير . فنن ج افنان

BRANCHIES s.f.pl. *Khaychoum ol samak* خيشومُ السمك

BRANCHU, UE adj. *Cacir ol faroû* كثير الفروع . كثير الاغصان

BRANDIR v.a. *Hazza biadéhi* هزَّ يهزّ بيده

BRANDON s.m. *Méchâal* مِشعل ج مشاعل

BRANLANT, ANTE adj. *Mokhalkhal* مخلخل . مقلقل . غير مكين

BRANLE s.m. *Hazzat* هزّة . رجّة

BRANLE-BAS s.m. t. de mar. *Estéédad ol sofon ol harbiat lel kétal* استعداد السفن الحربية للقتال

BRANLEMENT s.m. *Ehtézaz* اهتزاز . ارتجاج

BRANLER v.a. *Ehtazza* اهتزّ . ارتجّ . تزعزع

BRAQUEMENT s.m. *Tasouib* تصويب . توجيه

BRAQUER v.a. *Saouaba* صَوَّبَ . سَدَّدَ . وَجَّهَ

BRAS s.m. *Zérâ* ذراع . زند

— d'une fleuve *Faré* فرع (من نهر)

BRAS D'ATELLE s.m. de moulin et autres *Sahme daouara* سهم دواره وهي الخشبة التي يعلق بها الحيوان الذي يدبر الرحى او غيرها

— de mer *Khalidj* خليج

BRASEMENT s.m. *Lèham ol hadid* لحامُ الحديد

BRASER v.a. *Lahama-l-hadid* لَحَمَ يلحِمُ الحديد

BRASERO s.m. *Mankal* منقل · كانون · مجمرة

BRASIER s.m. *Maouked ol nar* موقد النار

BRASSAGE s.m. *Sènadt ol birra* صناعة الجعة · صناعة البوزة او البيرة

BRASSARD s.m. *Éçabat ol zend* عصابة الزند · اسورة زند

BRASSE s.f. *Bâ* باع · قدر طول باع

BRASSÉE s.f. *Heml ol zèradyn* حمل الزراعين

BRASSER v.a. *Harraka* حرَّكَ · خضَّ

— tramer *Tadssaba* تعصَّبَ

— ou brasseyer t. de mar. *Taghiyr ettèdjah ol kalè* تغيير اتجاه القلع (في الملاحة)

BRASSERIE s.f. *Madmal ol birra* ou *birreria* معمل البيره · معمل الجعة · بيره رية او محل بيع البيره

BRASSEUR, EUSE s.m. *Sanè ol birra* صانع البيرة · صانع الجعة

BRASSIAGE s.m. *Mèkias bel bâ* مقياس بالباع

BRASSIN s.m. *Tabkhat saboun* طبخة صابون

BRAVACHE s.m. fanfaron *Moddaïi bel férouciat* مدَّعٍ بالفروسية · جحَّاف

BRAVADE s.f. *Ehtèkar* احتقار · ازدراء · احتقار الخصم لاثارة حميته

BRAVE adj. *Chodjâ* شجاع · جسور · باسل

— **homme** *Salim ol taouyat* · سليم الطويَّة · طيِّب النيَّة · خالص السريرة

BRAVEMENT adv. *Bèchadjaât* بشجاعة · ببسالة · بجسارة

BRAVER v.a. les périls *Ektahama-l-ahoual* اقتحم الاهوال · خاض المخاطر

— quelq'un *Ehtakara* احتقَرَ · ازدرى · اثار حميتو بكلمة احتقار

BRAVO interj. *Ahçante* ou *âafarem* احسنت · عفارم · عافاك · ماشا الله (كلمة استحسان)

— s.m. assassin à gages *Kattal bi odjratèhi* قتَّال باجرتو · سفَّاك دماء

BRAVOURE s.f. *Chadjaât* شجاعة · بسالة · جسارة

BRAYE s.f. *Ouahle* وحل · طين

BRAYER s.m. en chir. *Hizam ol fetk* حزام الفتق (في الجراحة)

BRAYON s.m. *Fakhe* فخ (لصيد الثعالب وما اشبه)

BREBIS s.f. *Naâdjat* نعجة · غنمة · شاة

BRÈCHE s.f. *Cherme* ou *charme* شرْم · شَرْم · نقب · ثِقب

— à une lame de couteau *çolmat* ثُلمة · فِرْض

— faite à un canal *Katée djesre el tèraât* قطع جسر الترعة (في القطر المصري كلمة جسر تُطلق على الحاجز الجانبي للترعة والنهر)

BRÈCHE-DENT s.m. *Ahtam* أهتم اي فاقد اسنانهُ او جانباً منها

BRECHET s.m. en anat. *Rahabat* رهابة · نتو حنجري (في التشريح)

BREDI-BREDA loc. adv. *Be âdjalat* بعجلة · بسرعة وارتباك

* **BREDINDIN** s.m. t. de mar. *Balanco metouasset* بلانكو متوسط (آلة لرفع الاشياء المتوسطة الثقل)

BREDOUILLEMENT s.m. *Tadlçom* تلعثم · عجلة في الكلام وعدم تفسيره

BREF s.m. lettre close du pape *Baraât babauiat* براءة باباوية

— **, ÈVE** adj. *Ouadjiz* ou *mokhtaçar* وجيز · مختصَر · موجز

— t. de mar. *Rokhçat lel mèlahat* رخصة للملاحة

BRÉHAIGNE adj. *âkim* عقيم «من الحيوانات»

BRELOQUE s.m. *Hamayel solçolat el saât* حمائل سلسلة الساعة اعني ما يُعلق بها

BREQUIN s.m. *Meskab* مثقاب

BRETÈCHE s.f. t. de fort. *Karnak bèchorfat* كرنك بشرفة (في الاستحكامات)

BRETELLE s.f. *Hammalat ol bantalon* حمَّالة البانطالون

BREUVAGE s.m. *Charab* شراب

BREVET s.m *Faraman* فرمان · براءة · خط شريف

* — d'invention *Batenta* باتنطة · شهادة الاختراع

— de titre *Faraman* ou *bilordi* فرمان · بيلوردي

BRÉVIAIRE s.m. *Kétab ol farde* كتاب الفرض

BRIBE s.f. *Kasrat khobz*, ou plus vulgairement *kasrat dyche* كسرة خبز · كسرة عيش · فرزدقة خبز

* **BRICK** s.m. bâtiment à voile *Brik* بريق · سكونه

BRICOLE s.f. *Sedriat ol hoçan* سدرية الحصان

— de pêche *Khayt ol sennarat* خيط السنارة

BRIDE s.f. *Soré ledjan* صُرع لجام · عِنان · زمام

— anneau pour assujettir une pièce de bois, un tuyau, etc. *Djelbat* جلبة · حَلَقة

BRIDER v.a. *Ladjama* لَجَمَ · يَلجِمُ وضع اللجام في فم الحيوان

BRIDON s.m. *Kartommat* قرطمة وهي قطعة حديد تضع في فم الجواد مع اللجام ولهاصرعان مثله

BRIÈVETÉ s.f. *Ekhteçar* اختصار · ايجاز

BRIGADE s.f. t. milit. *Ferkat* فرقة (في العسكرية)

BRIGADIER s.m. t. milit. *Onbachi saouari* اونباشي سواري

BRIGAND s.m. *Kateé tarik* قاطع طريق · لُصّ

BRIGANDAGE s.m. *Katé ol tarik* قطعُ الطريق · لصوصية

BRIGANTIN s.m. bateau, *Socounat* سكونة · مركب

BRIGUER v.a. *Sada* سعى · جدّ في طلب شيء

BRILLANT, ANTE adj. *Lamé* لامع · برّاق · منير · متلألئ

— s.m. *Almas berlanti* الماس برلانتي

BRILLER v.n. *Lamad* لَمَعَ · يَلمَعُ · بَرَقَ · يَبرُقُ · تلألأ

BRIMBALE s.f. *Yad ol tolomba* يد الطلمبة

BRIMBORION s.m. *Halsat* هلسة · لا قيمة له

BRIN s.m. *Kach-chat* قشّة

BRIOCHE s.f. *Fatirat* فطيرة · حلوة

BRIQUE s.f. *Toubat* طوبة · قرميدة

— **réfractaire** *Toub nar* ou *toub asouanli* طوب نار · طوب اصوانلي · قرميد ناري اي لا تقطعه النار

— **tibulaire** *Toub mofarragh* طوب مفرّغ · طوب مجوّف · قرميد فارغ

— **vitrifiée**, brique trop cuite dans le four formant des blocs durs en partie vitrifiés *Khorfech* خُرفَيش وهو عدة قوالب من الطوب (قرميد) ملتصقة بعضها ببعض من زيادة الاحتراق

BRIQUET s.m. *Kaddahat* ou *zénad* قداحة · زناد

BRIQUETERIE s.m. *Mâmal toub* معمل طوب · معمل قرميد

BRIQUETIER s.m. *Taouab* طوّاب · صانع الطوب · صانع القرميد

BRIQUETTE s.f. *Fahme kaoualeb* فحم قوالب · فحم حجري مصطنع على شكل قوالب الطوب (القرميد)

BRIS s.m. *Kasrat* كَسرة · قطعة مكسورة

— de scellés t. de prat. *Facq ol akhtam* فك الختوم او الاختام (في اصطلاح الحاكم)

BRISANT s.m. t. de mar. *Sokhour bahriat* صخور بحرية

BRISE s.f. *Naçamat* نسمة · نسيم لطيف

BRISÉ, ÉE p.p. *Maksour, mohattam* مكسور · محطّم (مجبور)

BRISÉES s.f. pl. *Açar* اثر آثار جرّة

BRISE-LAMES s.m. t. de mar. *Racif kharédgi* رصيف خارجي (في الملاحة)

— **mottes** *Zahhafat* زحّافة · آلة زراعية لتنعيم التراب

BRISER v.a. *Kaçara* كسّر · يكسّر · حطّم · يحطّم

BRISURE s.f. *Kasrat* كسرة · كسور · حطام

BROC s.m. *Kas ol bira* كاس البيرة · الكاس الذي تشرب به الجعة

BROCANTAGE s.m. *Bayé oua chérâ achia mokhtaléfat* بيع وشراء اشياء مختلفة الانواع

BROCANTER v.a. et n. *Bada oua achtara achia mokhtaléfat* باع واشترى اشياء مختلفة الانواع

BROCANTEUR, EUSE s.m. *Khordadji* خرده جي الذي يبيع ويشتري اشياء مختلفة الانواع

BROCARD s.m. paroles piquantes *Tankite* تنكيت . نقر وتنقير

BROCARDER v.a. attaquer de brocards *Nakkata* نكّت . نقَرَ ينقُر نَقْر

BROCHE s.f. *Sikh lahme* سيخ لحم . شيش

— épingle pour dame, *Machbak* ou *broche* مشبك . بروش . دبوس لزينة النساء

— de sanglier *Nab ol khanzir el barri* ناب الخنزير البرّي

BROCHER v.a. faire sans soin *Calfata.* كلّفتَ . صنَعَ بدون اعتناء

— un livre *Habaka* حَبَكَ يَحبِكُ . شَدَّ يشُدّ وَرَقَ بوَرَق

— clouer le fer du cheval *Dakka-l-maçamir behafer el faras* دقّ المسامير بحافر الفَرَس

BROCHETTE s.f. *Sikh* ou *chiche lahme* سيخ او شيش لشوي اللحم . سَفّود

BROCHOIR s.m. *Chacouch ol bitar* جاكوش البيطار

BROCHURE s.f. *Qétab machdoud béouarak* كتاب مشدود بورق . كتاب محبوك . كتاب غير مجلّد

BRODER v.a. *Zarcacha* زركش . طرّز . وشّى

BRODERIE s.f. *Zarcachat* زركشة . تطريز

BRODEUR, EUSE s.m. et f. *Mouzarqech* مزركِش . مطرِّز . مُوشّ

BROIE s.f. *Médakkat ol til* مدقة التيل والكتان

BROIEMENT s.m. *Harse* هرْس . تفتيت

BRONCHADE s.f. *Asrat* عثرة . كبوة

BRONCHE s.f. en anat. *Chébat* شعبة (في التشريح)

BRONCHER v.n. *Açara* عثرَ يعثُرُ . كبا يكبُو

BRONCHIQUE adj. *Chébi* شعبي . متعلق بالشعب

BRONCHITE s.f. en méd. *E'tébab chébi* التهاب شعبي . التهاب الشِعَب (في الطب)

BRONCHO PNEUMONIE s.f. en méd. *Eltébab chébi riaoui* التهاب شعبي رئوي (في الطب)

BRONCHORRHAGIE s.f. en méd. *Nazif chéébi* نزيف شعبي (في الطب)

BRONCHORRHÉE s.f. en méd. *Nazlat chébiat* نزلة شعبية (في الطب)

BRONCHOTOMIE s.f. en chir. *Fathe ol chéab* فتحُ الشِعَب . او شقها (في الجراحة)

BRONZE s.m. *Nébas* نحاس . برونز

— canon *Al madfâ* المدفع

BRONZER v.a. *Thala bel nahas* طلى بالنحاس

— (SE) *Esmarra laounohou* اسمرّ لونهُ

BROSSE s.f. *Forchat* فرشة

BROSSER v.a. *Maçaha bel forchat* مسحَ بالفرشة

BROSSEUR s.m. *Khadem ol zabet* خادمُ الضابط

BROU s.m. *Kechre ol djaouz el akhdar* قشر الجوز الاخضر

BROUETTE s.f. *Arabatyadde* عربة يد وهي عربة صغيرة بعجلة واحدة تُنقل عليها الاثقال

BROUHAHA s.m. *Daoudà* ضوضاء . غوغاء

BROUILLAMINI s.m. *Ekhlat* اخلاط . لخبطة . تخليط

BROUILLARD s.m. *Dabab* ضباب (شابورة)

— registre *Daftar khartouch* دفتر خرطوش

— papier *Ouarak nachchaf* ورق نشّاف

BROUILLE s.f. *Fetnat* فتنة . معركة

BROUILLER v.a. *Taghayam al djaou* تغيّمَ الجوُّ . غامَ يغيمُ

— semer le trouble *Aftana* افتنَ . افسدَ . دسَّ القلاقل

— (SE) v.r. *Tazadla* تزاعَلَ . تباعدَ . تنافرَ

BROUILLON s.m, *Moçouaddat* مسودّة . صورة

— adj. *Mojten* منتِن . مفسد . مدسُّ القلاقل زارع النتن

BROUSSAILLE s.f. *Aouçadj* عوسج (نبات)

BROUTER v.a. *Rad* رعى . قضمَ النبات

BROYAGE ou **BROYEMENT** s.m. *Sahke* سحق . سحن

BROYER v.a. *Sabaka* سحقَ يسحقُ . سحنَ يسحَنُ

BRU s.f. *Cannat* كَنَّة . امرأة الابن

BRUCELLES s.f. pl. *Cammachat* كماشة . كلبات او كلّابات

BRUISSEMENT s.m. *Daoui* دَويّ . هدير . لجب

BRUIT s.m. *Hesse* حِسّ . دويّ . قرقعة

— nouvelle *Echaât* اشاعة . خبر . سمعة

BRÛLANT, ANTE adj. *Mohrek* محرق . كاوٍ

BRÛLE-POURPOINT (À) loc. adv. *Baghtatan* بغتة . على بغتةٍ

BRÛLER v.a. *Ahraka* احرَق . كوَى

BRÛLOIR s.m. *Mèklat ol banne* مقلاة البّن . محمصة البّن

BRÛLURE s.f. *Herk* حِرق . كيّ

BRUME s.f. *Ghamam* غمام . ضباب كثيف

BRUN, UNE adj. *Asmar* اسمر

— **rouge** adj. couleur *ônk ol hamam* عنق الحمام (لون)

BRUNE s.f. déclin du jour *Al ghoroub* الغروب

BRUNISSAGE s.m. *Sékal* صِقال . بردخة

BRUNISSOIR s.m. *Meskalat* مصقلة

BRUSQUE adj. *Fazze* فَظّ . غليظ . شَرِس

BRUSQUEMENT adv. *Béfazazat* بفظاظة . بغلاظة . بشراسة

BRUSQUER v.a. *Taghalaza* تغالظ . تخاشن

BRUSQUERIE s.f. *Fazazat* فظاظة . غلاظة . خشونة . شراسة

BRUT, UTE adj. *Ghaliz* غليظ . فظّ . وحش

— non travaillé, *Kham* خام . غير مشغول

— poids brut *Ouazne kayen* وزن قائم وزن البضائع باوعيتها

BRUTAL, ALE adj. *Ouahchi* وحشي . خشن الطبع

BRUTALITÉ s.f. *Taouahhoche* توحّش خشونة الطباع

BRUTE s.f. *Bahimat* بهيمة . حيوان

BRUYANT, ANTE adj. *Mokarké* مقرقع

BRUYÈRE s.f. *Khalandj* خلنج (نبات)

BRYONE s.f. en bot. *Facherat* فاشرة (نبات)

BUANDERIE s.f. *Maghçal* مغسل . محل غسيل الثياب

BUANDIER, IÈRE s.m. et f. *Ghassal* غسّال

BUBON s.m. en méd. *Khayardjal* خيرجل «خُرّاجة» (في الطب)

BUCCAL, ALE adj. *Hanaki* حَنَكي . متعلق بالحنك

BUCCINATEUR adj. t. d'anat. *Mobaouakat* مبوّقة «عَضَل» (في التشريح)

BÛCHE s.f. *Hatabat* حطبة . قطعة حطب

BÛCHER s.m. *Kaomat hatab* كومة حطب

BÛCHERON s.m. *Hattab* حطّاب

BUDGET s.m. *Mizaniat* ميزانية . برنامج

BUFFET s.m. *Khézanat ol sofra* خزانة . دولاب لاواني المائدة (خزانة الصُفرة)

— *Khammarat* خمّارة . اوضة المشروبات

BUFFLE s.m. *Fahle djamous* فحل جاموس

BUFFLESSE s.f. *Djamouçat* جاموسة (انثى الجاموس)

BUFFLETIN s. m. *Édjle djamous* عجل جاموس

BUIS s.m. (arbre) *Bakse* بقس « شجر »

BUISSON s.m. *Ollaykat* عُلّيقة (نبات)

BULBE s.f. t. de bot. *Baçalat* بَصَلَة (في النبات)

BULBIFORME adj. *Chakle baçali* شكل بصلي

BULLE s.f. *Fokkaât* فقّاعة

— papale *Manchour babaoui* منشور باباوي

BULLETIN s.m. *Tazkérat* تذكِرة

— nouvelle *Akhbar yaoumiyat* اخبار يومية . اجمال احوال

BURE s.f. *Mesh, Souf khachen* مِسح وهو قماش من صوف خشن

BUREAU s.m. table *Maktabat* مكتبة . مائدة كتابة

— le cabinet *Maktab* مكتب . محل الادارة

BUREAUCRATE s.m. *Kateb* كاتب . مشتغل بالكتابة

BUREAUCRATIE s.f. *El echtéghal bel kètabat* الاشتغال بالكتابة

BURETTE s.f. *Ebrik* ابريق

BURIN s.m. *Menkache* منقاش · قلم النقّاش

BURINER v.a. *Nakacha* نَقَشَ يَنقشُ حفرَ يحفِرُ

BURLESQUE adj. *Modhek* مضحك · مسخن

BUSE s.f. *Kouat ol taboun* كُوَّة الطاحون · مصب المياه التي تدبر رحى الطاحون

BUSTE s.m. *Sourat nosfiat* صورة نصفيّة

BUT s.m. *Gharad* غرض · مقصد · غاية

— mire *Hadaf* هَدَف · نيشان

BUTE s.f. *Kaffat ol bitar* كفة البيطار (وهي التي يقص فيها الحوافر)

BUTER v.a. *Sadama* صدَمَ يصدُمُ · لطَمَ يلطِمُ

— v.n. *Asnada* اسندَ · ادعمَ

BUTIN s.m. *Ghanimat* غنيمة · سلب

BUTOR s.m. *Ghaliz* غليظ · فظّ · عديم الادب · شرس

BUTTE s.f. *Talle* تل · كثيب ج كثبان

BUTTER v.a. *Eltatama* التَطَمَ · اصطَدَمَ

BUTTOIR s.f. *Sékrédjat* سكرجة

BUTYREUX, EUSE adj. *Zobdi* زُبدي على شكل الزُبدة

BUVABLE adj. *Yochrab* يُشرَب · قابل الشرب · ممكن شربهُ

BUVARD s.m. *Ouarak nachchaf* ورَق نشّاف

BUVETIER s.m. *Khomordji* خمرجي · صاحب خمّارة

BUVETTE s.f. *Khommarat* خمّارة · محل مبيع المسكرات

C

C troisième lettre de l'Alphabet ث · س · ك · ثالث الحروف الهجائية

ÇA adj. dém. *Hèna* et *haza* هنا · هذا

CABALE s.f. *Sehre* سحر

— menée sourde, intrigue *Mafçadat* مفسدة · دسيسة · فتنة

CABALISER v.n. *Sahara* سحَرَ يسحُرُ · فتَنَ يفتِنُ

CABAN s.m. *Cab·out* كبوت

CABANE s.f. *Khosse* ou *èchchat* خُص · عشّة · كوخ

CABANON s.m. *Sedjne dayiek* سجن ضيِّق

CABARET s.m. *Khommarat* خمّاره · حانة

— service pour les liqueurs *Takme ol machroubat* طقم المشروبات اي زجاجة الشراب والكاسات

CABARET ou **ASARET** s.m t. de bot. *Açaroun* اسارون (نبات)

CABARETIER s.m. *Khammar* ou *khomardji* خمّار · حاناتي (خمرجي)

CABAS s.m. *Mèchannat saghirat* مشنّة صغيرة · قفّة

CABESTAN s.m. *Erghat* ارغاط آلة تدار لرفع الاثقال كقاطر السفينة وغيره

CABINE s.f. *Oudat fil safinat* اوضة في السفينة · خانة (كابين)

CABINET s.m. *Maktab* مكتب · ديوان

— le ministère *Al ouazarat* الوزارة

— de toilette *Ghorfat ol zinat* غرفة الزينة «اوضة التواليت» محل داخلي لغسل الوجه

— d'aisance *Canif* كنيف · مرحاض · بيت راحة

CÂBLE s.m. *Hable dakhm* حبل ضخم (مادة)

CABLEAU s.m. *Merça-l-safinat* — مرسى السفينة اي الحبل الذي تربط بهِ السفينة

CABLE-CHAÎNE s.m. t. de mar. *Salçalat ol helbe* — سلسلة الهلب (في الملاحة)

CABOTAGE s.m. *Tachtite* — تشطيط اي السفر بقرب الشاطي

— petit cabotage *Al safar ol kacir* — السفر القصير

CABOTER v.a. *Chattata* — شطّط . سار بقرب الشاطي

CABOTIN s.m. *Mochakh-kès nakkal* — مشخّص او ممثل نقّال . ونطلق ايضاً على المشخّص غير المتقن

CABRER v.n. *Kantara* — قنطرَ الحصان اي وقف على رجليهِ

CABRI s.m. *Djèdi saghir* — جدي صغير

CABRIOLE s.m. *Nattat* — نطّة . وثبة . قفزة

CABRIOLER v.n. *Natta* — نطّ ينطُّ . وثبَ يثبُ . قفزَ يقفزُ

CABRIOLET s.m. *Hantour* — حنطور . عربة بعجلتين

CACADE s.f. *Bèraz* — براز . غائط

CACAO s.m. *Laouz hendi* ou *cacao* — لوز هندي « كاكاو » وهو يستعمل في اصطناع الشوكلاته

CACAOYER ou **CACAOTIER** s.m. *Laouzat hendiat* — لوزة هندية . شجرة اللوز الهندي . شجرة الكاكاو

***CACATOIS** s.m. mât gréé au dessus du mât de perroquet *Contrababajango* — كونترابابافنكو (من صواري السفينة)

CACHE s.f. *Mèkhabaàt* — مخبأة

CACHEMIRE s.m. *Cachemir* — كشمير . شال طُرمه

CACHE-NEZ s.m. *Lèçam* — لِثام . نِقاب . خِمار

CACHER v.a. *Khabba* — خبّأ . اخفى . سترَ يسترُ

CACHET s.m. *Khatme* — ختم . طابع

— lettre de... *Amre sami* — امر سام . امر ملوكي . فرمان

CACHETER v.a. *Khatama* — ختمَ يختمُ وقّعَ على

CACHETTE s.m. *Mekhbaàt* — مخبأة (مخباية)

CACHEXIE s.f. en méd. *Taouaòk ol mazadj* — توعك المزاج (في الطب)

CACHOT s.m. *Habs-ol damme* — حبسُ الدم

CACHOU s.m. *Cad hendi* — كاد هندي

CACOCHYME adj. en méd. *Nahif ol djesme* — نحيف الجسم (في الطب)

CACOGRAPHIE s.f. *Tarkib ol kalam ghalatan be kasde tamrin el ahdas* — تركيب الكلام غلطاً بقصد تمرين الاحداث

CACOPHONIE s.f. *Adam ettèfak el alhan* — عدم إتفاق الالحان . تنافر الاصوات . تضاد الانغام

CADASTRAL, ALE adj. *Tarii* — تاريعي « متعلق بمساحة الاملاك »

CADASTRE s.m. *Tari* — تاريع . مساحة الاملاك

CADAVÉREUX, EUSE adj. *Djifi* ou *rommi* — جيفي . رُمّي

CADAVRE s.m. *Djifat* ou *rommat* — جيفة . رُمّة

CADEAU s.m. *Hadiyat* — هدية . بخشيش

CADENAS s.m. *Cofle* — قُفل . سكر

CADENASSER v.a. *Kafala* — قفلَ يقفِلُ سكّرَ

CADENCE s.f. *Ouazne* — وزن . موازنة

— t. milit. *Ouazne ol khaouat* — وزنُ الخطوة (في العسكرية)

CADET, ETTE s.m. *Saghir ol ekhouat* — صغير الاخوة

CADETTE s.f. pierre de taille pour paver *Hadjar tablit* — حجر تبليط (في البناء)

CADOLE s.f. *Derbas biokrat* — درباس بأكرة

CADRAN s.m. *Mina-l-saà* — مينا الساعة

CADRAT s.m. t. d'impr. *Morabaàt* — مربعة . تربيعة (في الطباعة)

CADRE s.m. *Borouaz* — برواز

— d'employés, t. d'adm. *Djadoual ol mostakhdèmine* — جدول المستخدمين « في الادارة »

— du tympan t. d'anat. *Dayer sandouk tablat el ezne* — دائر صندوق طبلة الاذن (في التشريح)

CADUC, UQUE adj. *Adjouz* — عجوز . ساقط . هرم

— t. de jurisp. **legs caduc** *Hèbat facèdat* — هبة فاسدة شكلاً « في الفقه »

CADUCITÉ s.f. *Chaykhoukhat* — شيخوخة · هَرَم

CAFÉ s.m. *Banne* — بُنّ

— boisson *Kahouat* — قهوة

CAFETIER s.m. *Kahouadji* — قهوجي · صاحب قهوة

CAFETIÈRE *Ebrik ol kahouat* ou *bakradj* — ابريق القهوة · مغلاة القهوة « كَنكَة او بكرَج »

CAFIER s.m. *Chadjarat ol banne* — شجرة البَن

CAGE s.f. *Kafas* — قفص

— d'escalier *Bir ol sollam* — بِئر السُلّم

CAGOT, OTE s.m. et f. *Khadid ol taâbbod* — شديدالتعبُّد · شديدالتمسُّك بالتقوى « بنوع هزئي »

CAGOTERIE s.f. *Cheddat ol taâbbod* — شدّة التعبُّد · شدّة التظاهر بالتقوي « بنوع استهزاء »

CAHIER s.m. *Carras* ou *daftar* — كراس · دفتر

— **des charges**, *Layêhat ol buyê* ou *al moukaoualat*, s'il s'agit d'une entreprise — دفتر الشروط · لائحة المبيع او المقاولة

CAHOT s.m. *Radjat ol adjjalat* — رجّة العجلة

CAHUTE s.f. *Ech-chat* — عِشّة · كوخ

CAILLASSE s.f. *Chakfe* — شقَف · شحَف · دقشوم · حجارة صغيرة

CAILLE s.f. (oiseau) *Semman* en Egypte ; *Ferri* en Syrie — سمان · فِرّي

CAILLÉ s.m. lait caillé *Laban rayeb* — لبن رائب

— **ÉE** p.p. de cailler *Motdjammed* — متجمِّد · منعقد

CAILLER v.a. *Raououaba* ou *djammada* — روَّب · جمَّد

CAILLETTE s.f. *Qis ol madjbanat* — كيس المجبنة · كيس المصوة · معدة رابعة في الحيوانات المجترة

CAILLOT s.m. *Djoltat* — جُلطة · سلخة الجلد

CAILLOU s.m. *Haçat* — حصاة · زلطة

CAÏMAN s.m. *Temsah* — تمساح

CAÏQUE s.m. *Caïk* — قائق · فلوكة

CAISSE s.f. coffre en bois *Sandouk* — صندوق

— coffre dans lequel on dépose l'argent, *Khaznat* ou *khazinat* — خزنة · خزينة

— grosse caisse *Thable* — طبل

— du tambour de l'oreille; en anat. *Sandouk thablat el ezne* — صندوق طبلة الاذن

CAISSIER s.m. *Sarraf* — صرّاف · امين صندوق

CAISSON s.m. *Sandouk djabakhanat* — صندوق جبه خانة

CAJOLER v.a. *Tamallaka* — تملّق · لاطف · احتال على

CAJOLERIE s.f. *Tamlik* — تمليق · ملاطفة · مخاتلة مخادعة

CAL s.m. en chir. cicatrice des os fracturés, *Al dochbod* — الدُشبُد · ندبة العظام اي انجبار العظام بعد كسرها

CALAISON s.f. t. de mar. *Al kesme ol ghayès men el markab bel mâ* — القسم الغائص من المركب بالماء

CALAMINE s.f. *Hadjar ol toutia* — حجر التوتيا

CALAMITÉ s.f. *Macibat* — مصيبة · نكبة · بلية

CALANDRE s.f. *Souss* — سوس « من الحشرات »

CALCAIRE adj. *Hadjar ol qels* — حجر الجير · حجر الكلس

CALCANÉUM s.m. *Akab* ou *âzm ol kaâbe* — عقب · عظم الكعب

CALCINABLE adj. *Yatacallas* — يتكلّس · قابل التحويل الى كلس او جير

CALCINATION s.f. *Taclis* ou *tadjiyr* — تكليس · تجيير · التحويل الى كلس او جير

CALCUL s.m. en méd. *Haça* — حَصاة « في المثانة » (في الطب)

— opération d'arithmétique *Heçab* — حساب · عدّ

CALCULER v.a. *Haçaba* — حسَبَ · يحسِبُ · عدّ · يعِدُّ

CALCULEUX, EUSE adj. *Moçab bêdâ el haçat* — مصاب بداء الحصاة

CALE s.f. de navire *Anbar ol markab* — عنبرُ المركب · فراغُ المركب

— **de constuction** *Haoouz ol tarmime* — حاووز الترميم

CALEBASSE s.f. *Zekk, karâat* — زِق · قرعة · بطّة

* **CALÈCHE** s.f. *Calèche* — كاليش (نوع عربة)

CALEÇON s.m. *Lébas* — لباس · سروال ج سراويل شنتيان

CALEMBOUR s.m. *Noktat* نكتة. كلمة مضحكة. قلب معنى الكلمة

CALENDRIER s.m. *Natidjat* نتيجة . رزنامة

CALEPIN s.m. *Mofakkérat* مُفكِّرة . مذكِّرة . دفتر صغير للجيب

CALER v.a. les voiles, *Nazzal al koloû* نزّل القلوع . خفّض القلوع

— v.n. en parlant du navire *Enghamaçat el safinat fil mâ* إنغمست السفينة في الماء

CALFAT s.m. *Kalfat* قلفاط

CALFATAGE s.m. *Kalfatat* قلفَطة

CALFATER v.a. *Kalfata* قلفَط

CALFEUTRAGE s.m. *Sad ol chokouk* سدُّ الشقوق او المنافذ

CALFEUTRER v.a. *Sadda-l-chokouk* سدَّ يسدُّ الشقوق او المنافذ

CALIBRAGE s.m. *Tadiyn ol îyar* تعيينُ العيار

CALIBRE s.m. *îyar* عيار . وزن

CALICE s.m. *Cass* كاس

CALICOT s.m. *Bafta samra* ou *Kham* بفته سمرة . خام

CALIFOURCHON s.m. *Mofarchekh* مفرشِخ . منشِخ

CALIN, INE adj. *Modallaâ* مدلَّع . مدلَّل

CALINER v.a. *Dallaâ* دلَّع . دلَّل

CALINERIE s.f. *Dalaâ* دلع . دلال

CALLEUX, EUSE adj. *Mondamel* ou *moqalqel* مندمِل . مكلكِل . متصلِّب

CALLIGRAPHE s.m. *Khattat* خطاط . معلم خط

CALLIGRAPHIE s.f. *Êlme ol khatte* علم الخط . حسن الخط

CALLOSITÉ s.f. *Endêmal* ou *taqalqol* اندمال . تكلكُل . تصلُّب

CALMANT, ANTE adj. en méd. *Moçaqqen* مسكِّن . مهدِّئ (في الطب)

CALME adj. *Sokoun* ou *hodou* سكون . هدو

— s.m. de la mer. *Ghallinat* غلّينة . هدوُّ البحر

CALMER v.a. *Saqqana* سكَّن . هدأ

CALOMEL ou **CALOMÉLAS** s.m. en chim. *Zaybak holou* زيبق حلو (في الكيميا)

CALOMNIATEUR, TRICE s.m. *Nammam* نمّام . واشي

CALOMNIE s.f. *Namimat* نميمة . وشاية . تهمة باطلة . سعاية

CALOMNIER v.a. *Namma* نمَّ ينمُّ . وشى يشي . اتهم باطلاً سعى ب يسعى

CALORIFÈRE s.m. *Canoun lêtadfiat el ghoraf* كانون لتدفئة الغُرَف . آلة لجر الحرارة الى الغُرَف (وابور)

CALORIMÈTRE s.m. *Mèkias ol hararat* مقياسُ الحرارة

CALORIQUE s.f. *Al hararat* الحرارة

CALOTTE s.f. *Takiat* طاقية . عرقيّة

— t. d'arch. *Kobbat* قبَّة (في البناء)

CALQUE s.m. *Rasm mankoul* رسم منقول «على ورق شفّاف»

CALQUER v.a. *Nakala* نقَلَ الرسم «على ورق شفّاف»

CALUS s.m. en chir. *Dochbod* دُشبُد . لحام عظم مكسور

CALVITIE s.f. *Salâ* صَلع . فقد شعر الراس

CAMARADE s.m. *Rafik* رفيق . صاحب

CAMARD, ARDE adj. *Aftas* افطس . افطس الانف

CAMBOUIS s.m. *Chahme khanzir âlik* شحم خنزير عتيق

CAMBRER v.a. *Ahna* ou *kaouaça* احنى . قوَّس

— (SE) v.r. *Enhana* ou *takaouaça* انحنى . تقوَّس

CAMBUSE s.f. *Carar ol safinat* كرار السفينة ويقال ايضاً كلار

CAMBUSIER s.m. *Carardj ol safinat* كرارجيُّ السفينة او كلارجي

CAMÉLÉON s.m. *Harba* حرباء

CAMÉRIER s.m. *Khadem oudat el baba* خادم اوضة البابا او الكاردينال

CAMÉRISTE s.f. *Ouacifat* ou *camériera* وصيفة (كميريره)

CAMION s.m. *Arabat nakle* عربة نقل . كارُّو

CAMIONNAGE s.m. *Al nakle bel drabat* النقل بالعربات بالكارُّو

CAMISADE s.f. *Cabçat* كبسة . هجوم ليلاً على مدينة او مكان حصين

CAMISOLE s.f. *Kamis* قميص

CAMOMILLE s.f. en bot. *Babounadj* بابونج (نبات)

CAMP s.m. *Moàscar* معسكر · اوردي

— lit de... *Sarir nakkal* سرير نقّال

— maréchal de... *Léoua* لواء

— aide de... *Yaouer* ياورج ياوران وياورية

— prendre le camp, ficher le camp *Ensahaba* انسحب · فرّ · ولّى الادبار

CAMPAGNARD, ARDE s.m, *Fallah* فلّاح · قروي

CAMPAGNE s.f. *Rif* ريف · مزرعة · حقل

— opération de guerre *Moharabat* محاربة · مدة الحرب · اي الزمن الذي تستقيم فيه المحاربة ما بين مملكتين

CAMPAGNOL s.m. *Far ol hakle* فار الحقل · فار الغيط

CAMPANILE s.m. t. d'arch. *Kobbat ol djaras* ou *chokhchékhat* قبّة الجرس · شخشيخة (في البناء)

CAMPANULACÉ, ÉE adj. *Djaraci ol chakle* جرسيّ الشكل

CAMPANULACÉES s.f. pl. en bot. *Djaraciat* جرسية · الفصيلة الجرسية

CAMPÊCHE s.m. (bois) *Bokme* بقّم · نوع خشب يستعمل في الصباغة وهو احمر اللون

CAMPEMENT s.m. *Madrab khiyam el ordi* مضرب خيام الاوردي

CAMPER v.n. *Ascara* ou *daraba-l-ordi kheyamahou* عسكر · ضرب الاوردي خيامهُ

CAMPHRE s.m. *Cafour* كافور

CAMPHRER v.a. *Ouadaà-l-kafour* وضع الكافور · اعطى الكافور

CAMUS, USE adj. *Aftas* افطس · افطس الانف

CANAILLE s.f. *Nazle*, vulgairement *nadle* نذل · وغد · رزل · دون

CANAL s.m. *Tordat* ou *kanat* ترعة · قناة

— t. d'anat. *Kanat* قناة (في التشريح)

CANALISATION s.f. *Hafre ol terà* حفر الترع · توزيع المياه بالاقنية

CANALISER v.a. *Hafar al torà* حفر يحفر الترع · وزّع المياه بالاقنية

CANAMELLE s.f. ou vulgairement canne à sucre, *Kaçab ol soccar* قصب السكّر

CANAPÉ s.m. *Makâad* ou *dionan* مقعد · ديوان · كانابه

CANARD s.m. *Zakar ol batte* ou simplement *batte* ذكر البطّ · بطّ

— fig., nouvelle suspecte *Khabar kezbe* خبر كذب · اشاعة مختلقة · خبر واهٍ اي بلا اساس

CANARDIÈRE s.f. lieu couvert pour tuer le canard *Makman lêçayd el batte* مكمن لصيد البط · محل مغطى لصيد البط

— fusil *Bondokiat lêçayd ol batte* بندقية لصيد البط

CANARI s.m. *Asfour kanari* عصفور كناري · كناري

CANCAN s.m. *Kal oua kil* قال وقيل · نقل الكلام

CANCELLER v.a. *Chataba* شطب يشطب · الغى · محى يمحو

CANCER s.m. en méd *Da ol Saratan* داء السرطان (في الطب)

— constellation *Bordj ol saratan* برج السرطان (في علم الفلك)

CANCRE s.m. *Saratan bahari*, en Egypte on dit *Abou galambo* سرطان بحري · سلطعون سلعطان (ابو كلامبو)

— fig. avare, rapace *Bakhil* بخيل · شحيح · طمّاع

CANDÉLABRE s.m. *Chmêdan kabir* شمعدان كبير

CANDEUR s.f. *Salamat ol niyat* سلامة النية · بياض القلب · طيبة السريرة

CANDI adj. m. *Soccar nabat* سكر نبات

CANDIDAT s.m. *Motarachcheh* مترشّح · متقدم الى وظيفة · طالب

CANDIDE adj. *Salim ol taouyat* سليم الطوية · طيب السريرة · ابيض القلب

CANDIDEMENT adv. *Bêçalamat niyat* بسلامة نية · بطيبة سريرة

CANE s.f. *Battat* بطّة · انثى البط

CANETON s.m. *Farkh ol batte* فرخ البط

CANEVAS s.m. grosse toile, *Khèich* ou *djenfas* — خيش . جنفاص
— ébauche d'un travail littéraire *Afkar ol moallef el aoualiat* — افكار المؤلف الاولية
CANEZOU s.m. *Badan ol çaoub* — بدن الثوب اي الثوب بدون الاكام
CANICHE s.m. et f. *Calbe sagkir* — كلب صغير
CANICULE ou **SIRIUS** s.f. en astr. (étoile) *Al chéêra l-yamaniat* — الشعرى اليمانية «اسم نجمة في علم الفلك»
CANIF s.m. *Matoua* ou *éoucyciat* — مطوى . عويسية . مدية
CANIN, INE adj. *Calbi* — كلبي
— dents canines *Aniab* — انياب
— faim. *Djoû kalbi* — جوع كلبي
CANIVEAU s.m. *Kastar* — قسطر
CANNAIE s.f. *Ghabat* ou *makçabat* — غابة . مقصبة . محل مغروس فيه غاب
CANNE s.f. à sucre *Kaçab ol soccar* — قصب السكر
— bâton léger *Adça* — عصا
CANNELER v.a. *Dallad* — ضلّع . رسم . برسم اضلعاً . خطّط
CANNELLE s.f. plante *Kerfat* — قرفة (نبات)
CANNELLE ou **CANNETTE** s.f. *Hanafiat barmil* — حنفية برميل
CANNELURE s.f. *Tadlî* — تضليع . تخطيط
CANNIBALE s.m. *Acoul lah ne el ençan* — اكول لحم الانسان
CANON s.m. *Madfâ* — مدفع
— de fusil, *Hadidat ol bondokiat* — حديدة البندقية . حديدة البارودة
— de l'Eglise *Kaouanin ol kaniçat* — قوانين الكنيسة
CANONIQUE adj. droit canonique *Al charidat ol canaçciyat* — الشريعة الكنائسية
CANONISATION s.f. *Takdis ol abrar* — تقديس الابرار
CANONNADE s.f. *Etlak ol madafê* — اطلاق المدافع
CANONNER v.a. *Daraba bel madfaâ* — ضرب بالمدفع
CANONNIER s.m. *Tobdji* ou *madfâdji* — طوبجي . مدفعجي
CANONNIÈRE s.f. *Mermayat ol madfâ* — مرماية المدفع وهو المكان الذي تطلق منه المدافع
— t. de mar. vaisseau de guerre, *Safinat madfaîyat* — سفينة مدفعية
CANOT s.m. *Kareb* — قارب . صندل . قطار
— à vapeur *Raffas* — رفاص وهو صندل صغير يسير بالبخار
CANOTIER s.m. *Kaouarbi* — قوارِبي . مراكبي
CANTATRICE s.f. *Moghanniat* ou *âalêmat* — مغنية . عالمة
CANTHARIDE s.f. *Zobban hendi* — ذبان هندي . ذباب هندي
CANTHUS s.m. *Mak* ou *zaouiat ol âyne* — ماق . زاوية العين
CANTINE s.f. *Khommarat* — خمّارة . حانة
CANTIQUE s.m. *Tartilat* — ترتيلة . تسبيحة . نشيدة
CANTON s.m. *Aklim* ou *kesme* — اقليم . قسم . مقاطعة
CANTONNEMENT s.m. t. milit. *Mahattat âscariat* — محطة عسكرية . مضرب خيام العساكر في القرى اثناء السفر
CANTONNIER s.m. *Faêl taslih el tork*, et en t. tech. des chemins de fer Egyptiens *Ascari drissa* — فاعل تصليح الطرق . عسكري دريسه في اصطلاح مصلحة السكة الحديد المصرية
CANULE s.f. *Maçourat* ou *anboub* — ماسورة . انبوب
***CAOUTCHOUC** s.m. *Caoutchouc* ou *lastiq* — كاوتشوك (لستك)
CAP s.m. t. de géog. *Ras* — راس
CAPABLE adj. *Djadir* ou *saheb ahliat* — جدير . صاحب اهلية . قادر
— t. de jurisp. *Rached* — راشد . بالغ سن الرشد (في القضاء)
CAPACITÉ s.f. *Ahliat* — اهلية . جدارة
— t. de jurisp. — رُشد (في القضاء)
— contenance *Sêât* — سعة . قدرة . طاقة
CAPARAÇON s.m. *Rakhte* — رخت . سرج

CAPARAÇONNER v.a. *Rakhkhatta* رخّت . البس الرخت او الكوبان

CAPE s.f. *Cabbout be kobâat* كبوت بقبعة . نوع برنس

CAPILLAIRE adj. t. d'anat. *Chaâri* شعري (في التشريح)

— en bot. *Cozbèrat ol bir* كزبرة البئر (نبات)

CAPITAINE s.m. *Youzbachi* يوزباشي . قائد مئة

— de navire *Coptan* قبطان . ربان المركب . قبودان . سواري السفينة . رئيس المركب

CAPITAL, ALE adj. *Raci* راسي . اصلي

— s.m. *Rasmal* راسمال

CAPITALE s.f. *Acèmat* عاصمة . حاضرة

CAPITALISER v.a. *Edafat-ol faouayez êla ras el mal* اضافة الفوائظ الى راس المال

CAPITALISTE s.m. *Saheb mal* صاحب مال

CAPITEUX, EUSE adj. *Modaouekhe* مدوّخ . مدير الراس

CAPITILUVE s.m. *Hammam raci* حمام راسي . غسيل الرأس

CAPITONNER v.a. *Battana bel kotne* بطّن بالقطن . ضرّب

CAPITULATION s.f. *Taslim* تسليم (بوقت الحرب)

— s.f. pl. convention entre les Puissances et la S. Porte; *Chorout daouliat mokhtassat be hokouk el adjaneb fel mamalec el Osmaniat* شروط دولية مختصة بحقوق الاجانب في الممالك العثمانية

CAPITULER v.a. *Sallama* سلّم . اجرى تسليم المدينة او الحصن المدافع عنه

CAPNOFUGE adj. *Ouaki men el dokh-khane* واقٍ من الدخان

CAPON s.m. *Ghach-chach* غشّاش . خدّاع

CAPONNIÈRE s.f. t. milit. *Mahal le èkamat el aâçaker fil khanadek* محل لاقامة العساكر في الخنادق

CAPORAL s.m. *Onbachi* اونباشي . قائد عشرة

CAPOTE s.f. *Cabbout âaskari* كبوت عسكري

— de voiture *Cabbout ol ol ârabat* كبوت العربة . غطاء العربة

CAPOTER v.n. t. de mar. *Enkalabat el safinat* انقلبت السفينة (في الملاحة)

CÂPRE s.f. *Kobbar* قبّار (نبات)

CAPRICE s.m. *Haoua* هوى . مراد . خاطر . دلال . مرام

CAPRICIEUX, EUSE adj. *Haouaï* هوائي . خواطري . متدلل

CAPRICORNE s.m. constellation zodiacale *Bordj ol djadi* برج الجدي (في علم الفلك

CAPRIER s.m. *Chodjayrat ol kobbar* شجيرة القبّار

CAPSULAIRE adj. t. de bot. *Mahfazi* محفظي . حرزي . حقي (في النبات)

CAPSULE s.f. en bot. *Mahfazat* محفظة . حرز . حُق

— de fusil *Cabsoul ol baroudat* كبسول البارودة

CAPTATION s.f. *Estèmalat* استمالة . خلب . سَلب النهى

CAPTER v.a. *Estamala* استمال . خَلَبَ يخلِبُ . سَلَبَ النهى

CAPTEUR adj. vaisseau capteur, *Safinat acèrat* سفينة آسرة

CAPTIEUX, EUSE adj. *Ghachchacne* غشّاش . خدّاع . غرّار

CAPTIF, IVE adj. *Maçour* مأسور

— s.m. *Acir* أسير

CAPTIVER v.a. *Açara* أسَرَ يأسِرُ

CAPTIVITÉ s.f. *Esre* إسر

CAPTURE s.f. *Al makboud âlehi* المقبوض عليهِ . غنيمة

— bâtiment pris. *Safinat mâçourat* سفينة مأسورة

CAPTURER v.a. *Kabada âla* قبض يقبُضُ على . أسَرَ يأسِرُ . مسك يمسِكُ

CAPUCHON s.m *Kobâat* قبعة . قلنسوة

CAPUCIN s.m. *Cabbouchi* كبوشي . راهب كبوشي

CAPUCINE s.f. (plante) *Abou khandjar* ابو خنجر (نبات)

CAQUAGE s.m. *Tastif ol sardine fil barmil* تسفيف السردين في البرميل

CAQUE s.f. *Barmil ol sardine* برميل السردين

CAQUETAGE s.m. *Kal oua kil* قال وقيل . هذرمة

CAR conj. *Bema enne, la enne* بما ان . لان

CARABÉ s.m. *Kahraba* كهربا او كهرمان

* **CARABINE** s.f. *Carabine* كرابين وهي بندقية مشخخنة

CARACOLE s.f. escalier en caracole, *Sollam laoulab* سُلّم لولَب · دورة · سُلّم دائِر
— du cheval *Khioulat* خيولة · تلعيب الخيل
CARACOLER v.n. *Khayiala* خيّل · لعّب الجواد
CARACTÈRE s.m. *Tabê* طبع · خصلة
— d'écriture *Khatt* خط · كتابة
— d'imprimerie *Ahrof, têbaât* احرف طباعة
— légal t. de jurisp. *Sêfat* صفة
CARACTÉRISER v.a. *Ayana* ou *ârrafa* عيّن · عرّف · وصف
CARACTÉRISTIQUE adj. *Târifi* تعريفي · بياني
* **CARAFE** s.f. *Carafat* كرافة · دورق قزاز · زجاجة لوضع الماء
CARAMEL s.m. *Soccar mahrouk* سكر محروق (كراميلّة)
CARAPACE s.f. *Derkat ôlia* درقة عليا (مثل ظهر السلحفاة)
CARAT s.m. *Kirat* (s'emploie, en arabe, aussi bien pour indiquer le titre de l'or que pour le poids du diamant]. قيراط (عيار الذهب او وزن الماس)
CARATCH ou plus exactement **KHARADJ** s.m. tribu qu'on paie au Sultan *Kharadj* خراج وهو المال الذي يدفع للميري
CARAVANE s.f. *Kafêlat, karaoin* قافلة · كروان · رُكب
CARAVANSÉRAIL s.m. *Khan* خان · فندق
CARBONARO, ARI s.m. *Fahham* فحّام (شعبة من الماسونية منشأها ايتاليا)
CARBONIFÈRE adj. *Arde mohtaouyat âla mâdan fahme* ارض محتوية على معدن فحم
CARBONISATION s.f. *Tafhim* تفحيم · تفحّم
CARBONISER v.a. *Fahhama* فحّم · حوّل الى فحم
CARBONNADE s.f. t. de cuisine *Chêoua ol lahme âla-l-fahme* شوأ اللحم على الفحم
CARBURATION s.f. t. de chim. *Ettêhad ol carbone bel madden* اتحاد الكربون بالمعادن
CARCASSE s.f. *Ézam ol djessat* عظام الجثة (كركوبة)
— du navire *Ezam ol safinat* عظام السفينة · اخشاب السفينة
CARCINOMATEUX, EUSE adj. t. de méd. *Saratani* سرطاني

CARCINOME s.m. t. de méd. *Ouaram saratani* ورم سرطاني
CARDAGE s.m. *Tanfich ol souf* تنفيش الصوف · تمشيط الصوف
CARDAMINE s.f. (plante) *Rochad* رشاد (نبات)
CARDAMOME s.f. (plante) *Habhane* حبهان (نبات)
CARDE s.f. *Mechte naffach ol souf* مشط نتّاش الصوف · قوس المنجّد
CARDER v.a. *Naffacha-l-souf* نتّش الصوف · مشّط الصوف
CARDEUR, EUSE s.m. et f. *Naffach ol souf* نتّاش الصوف · منجّد
CARDIA s.m. t. d'anat *Fouad* فؤاد · فتحة المعدة المرئية (في التشريح)
CARDIALGIE s.f. t. de méd. *Alam ol fouad* ou *al kalbe* ألم الفؤاد . ألم القلب (في الطب)
CARDIAQUE adj. t. d'anat. *Fouadi, kalbi* فؤادي · قلبي (في التشريح)
CARDINAL, ALE adj. principal, premier *Asli* اصلي · اولي
* — s.m. prélat *Cardinal* كردينال
CARDINALAT s.m. *Cardalat* ou *cardinaliat* كردلة · كردينالية · رتبة الكردينال
CARDITE s.f. t. de méd. *Eltêhab ol kalbe* التهاب القلب (في الطب)
CARÊME s.m. *Siam* صوم · صيام
CARÉNAGE s.m. t. de mar. *Tarmime asfal el markab* ترميم اسفل المركب (في الملاحة)
CARENCE s.f. procès verbal de carence *Mahdar be âdam oudjoud chay lel hadjze* محضر بعدم وجود شيء للحجز (في اصطلاح المحاكم)
CARÈNE s.f. *Asfal ol markab* اسفل المركب
CARESSE s.f. *Molatafat* ملاطفة · تدليل
CARESSER v.a. *Latafa* لاطفَ · دلّلَ
CARGAISON s.f. t. de mar. *Chahnat ol markab* شحنة المركب
CARGUER v.a. t. de mar. *Lamma kolou el markab* لمّ قلوع المركب · طواها
CARICATURE s.f. *Sourat estêhzaïat* صورة استهزائيّة

CARICATURISTE s.m. *Mossaouer estèhzaï* مصوّر استهزائي

CARIE s.f. *Taçouis ol asnan* تسويس الاسنان

CARIER (SE) v.r. *Taçaouaça* تسوّسَ

CARILLON s.m. *Karê ol adjras* قرع الاجراس

CARMIN s.m. *Ahmar doudi* احمر دودي

CARMINATIF, IVE adj. t. de méd. *Mokhrèdj lel ariah* مخرج للارياح (في الطب)

CARNAGE s.m. *Malhamat* ملحمة · مذبحة

CARNASSIER adj. *Caçer* كاسر · ضارٍ

CARNASSIÈRE s.f. *Djarabandiat ol sayd* جربندية الصيد

CARNATION s.f. *Laoun lahmi* لون لحمي

CARNAVAL s.m. *Marfaâ* مرفع

CARNET s.m. *Mofakkèrat* مفكرة · جزدان

CARNIFICATION s.f. *Talahhom* تلحُّم : اتخاذ شكل اللحم

CARNIVORE adj. *Accal ol lohoum* اكال اللحوم

CARNOSITÉ s.f en méd. *Talahhom maradi* تلحُّم مَرَضي

CARONCULE s.f. t. d'anat *Lohaymat zayèdat* لحيمة زائدة (في التشريح)

CARONCULES myrtiformes s.f. pl. t. d'anat. *Chorrafaat aciyat* شرَّافات آسية

— **papillaires** t. d'anat. *Zaouayed halamiat* زوائد حَلَمية

CAROTIDE s.f. *Al sobati* السُباتي وهو احد الشريانين الكبيرين الذين يوصلان الدم الى الراس (في التشريح)

CAROTTE s.f. (plante) *Djazar* جَزَر (نبات)

CAROTTEUR, EUSE ou **CAROTTIER, IÈRE** s.m. et f. *Nassab* نصَّاب

CAROUBE s.f. *Kharroub* خرّوب

CAROUBIER s.m. *Kharroubat* خروبة · شجرة الخرّوب

CARPE s.m. t. d'anat. *Rosgh ol yadde* رُسغ اليد (في التشريح)

— poisson, *Bolti* بلطي نوع سمك نهري

CARPETTE s.f. *Sadjadat* سجادة

CARQUOIS s.f. *Quènanat* كنانة · جُعبة

CARRABLE adj. *Kabel ol tarbî* قابل التربيع · ممكن تربيعه

CARRÉ, ÉE adj. *Morabbâ* مربع

— s.m. de soldats *Kalâat* قلعة · بهيئة قلعة وهو وقوف العساكر على هيئة مربع لرد صدمات العدو و بالاخص هجوم الخيالة

— **pronateur,** t. d'anat. *Morabbaât kabbat* مربعة كابَّة (في التشريح)

— tête carrée *Anid* عنيد

CARREAU s.m. *Tarbiât* تربيعة

— de vitre *Laouh zedjadj* لوح زجاج

— de terre cuite *Tarbiât fokh-khar* تربيعة فخار · تربيعة خزف · بلاطة فخار

— au jeu de cartes *Dinari* ديناري (في لعب الورق)

— fer à repasser *Mekouat* مِكْواة · مكوى

— en méd. *Dà ol sodad* داء السُدَد · درن المساريقا

CARREFOUR s.m. *Mafrak ol tork* مفرق الطرق · مصلَّبة طرق

CARRELAGE s.m. *Tablit* تبليط

CARRELET s.m. *Mèybar khèich* مئبر خيش · ابرة سروجي

CARRELETTE s.f. *Mebrad mobattat* مِبْرَد مبطَّط

CARRELEUR s.m. *Kèmarati* قماراتي

— savetier ambulant *Escaf nakkal* اسكاف نقّال · اسكاف دوَّار · صانع الاحذية الدوّار

CARRÉMENT adv. *Bèdoun haya* بدون حياء · بلا خشية

CARRER v.a. *Rabbaâ* ربَّعَ · جعل شيئًا مربعًا

CARRIER s.m. *Kallaâ* ou *hadjjar* قلّاع · حجّار · مقلعجي

CARRIÈRE s.f. lieu disposé pour les courses *Midan Khayl* ميدان خيل · مرماح

— profession, état, *Khèdmat kabèlat ol tarakki* خدمة قابلة الترقي

— lieu d'où l'on tire de la pierre *Maklà hèdjarat* ou *mahdjar* مقلع حجارة · محجر

CARROSSE s.m. *Arabat* عربة · عجلة · كروسة

CARROSSIER s.m. *Sanê ârabàt* صانع عربات · كروسجي

CARROSSERIE s.m. *Ouarchat ârabat* ورشة عربات · معمل عجلات

CARRURE s.f. *Ard ol aktaf* عرض الاكتاف

CARTE s.f. de visite *Ouarakat ziarat* ورقة زيارة

— blanche *Tafouid motlak* تفويض مطلق

— à jouer *Ouarak lééb* ورق لعب · ورق شدّة

— des mets *Kayémat alouan el todm* قائمة الوان الطعام

— de géog. *Kharetat geoghrafiat* خارطة جغرافية · خريطة

CARTEL s.m. *Talab lel mobarazat* طلب للبارزة · دعوة للقاتلة

CARTHAME s.m. (plante) *Kortom* قرطم (نبات)

CARTILAGE s.m. t. d'anat. *Ghodrouf* غضروف (في التشريح)

CARTOMANCIE s.f. *Al tandjime bé ouastat el ouarak* التنجيم بواسطة الورق

CARTOMANCIEN, ENNE s.m. et f. *Monadjem be ouasétat el ouarak* منجّم بواسطة الورق

* **CARTON** s.m. *Carton* كرتون · ورق قوي · مقوي

— de bureau *Mahfazat* محفظة

CARTONNER v.a. *Ouadâ ol carton lel kotob* وَضع الكرتون للكتب

CARTONNERIE s.f. *Mâmal ol carton* معمل الكرتون

CARTOUCHE s.f. de fusil, de canon *Fachak* فشك · خرطوش

— s.m. ornement de sculpture portant des inscriptions *Tarikh* تاريخ · بلاطة ضريح

CARTOUCHIER, IÈRE s.m. et f. *Bayt ol fachak* بيت الفشك · بيت الخرطوش

CARUS s.m. *Khomoud colli* خمود كلي · فقد الاحساس بالكلية

CARVI s.m.(plante) *Caraouyat* كراوية (نبات)

CAS s.m. *Sedfat* صدفة · حال

— **fortuit** *Sabab kahri* سبب قهري

— **en tous cas** loc adv. *Fi col hal* في كل حال · على اي حال

— **au cas que** loc. conj. *Eza, laou, fi fard enne* اذا · لو · في فرض ان

CASANIER, ÈRE adj. *Mohebbe ol ékamat fi manzélehi* محب الاقامة في منزله

CASCADE s.f. *Challal mà* شلال ماء

CASE s.f. chétive maison *Ech-chat* عشة · كوخ

— d'un casier et au jeu de tric-trac, etc. *Khanat* خانة

CASÉEUX, EUSE adj. *Djebni* جبني · ذو طبقة جبنية

CASEMATE s.f. t. de fortif. *Maldja maskouf* ملجا مسقوف (في الاستحكامات)

CASERNE s.f. *Kechlak* قشلاق · ثكنة

CASIER s.m. *Khanat* خانة

* **CASINO** s.m. *Casino* ou *kahouat ghéna* كازينو · قهوة غناء

CASQUE s.m. *Khouzat* خوذة · بيضة الراس

CASSABLE adj. *Kabel ol kasre* قابل الكسر · منكسر

CASSANT, ANTE adj. *Sahel ol kasre* سهل الكسر · سهل الانكسار

CASSATION s.f. acte juridique par lequel on casse un jugement *Elgha charîi* الغاء شرعي

— Cour de cassation *Mahkamat ol nakd oual ebram el djanaïat* محكمة النقض والابرام الجنائية مجلس التمييز

CASSE s.f. fruit *Kheyar chanbar* خيار شنبر (شجر)

— action de briser *Kasrat* كسرة · فعل الكسر

— t. d'impr. *Sandouk ol ohrof* صندوق الاحرف

— t. milit. *Tanzil ol retbat* تنزيل الرتبة

— **cou** *Makan khater* مكان خطر · هُوَرَت

— **croûte** s.m. *Fotour* فطور · كسر الصفرة · ترويقة

— **motte** s.m. *Zahhafat* زحّافة · آلة لتنعيم التراب (في الزراعة)

— **noisette** s.m. *Cassarat* كسّارة · آلة لتكسير البندق والجوز

— **pierres** s.m. *Azamat* أزمة · جاكوش لتكسير الحجارة

CASSER v.a. *Caçara* كسّر

— en jurisp. *Âlgha* ألغى · أبطل · نسخ ينسخ

— aux gages *Rafata* رفتَ يرفتُ · عزَلَ يعزِلُ

CASSEROLE s.f. *Tandjarat* ou *hallat* طنجرة · حلّة · قِدرة

CASSE-TÊTE s.m. *Dabbous* دبوس

CASSETIN s.m. t. d'impr. *Khanat* خانة في صندوق احرف المطبعة

CASSETTE s.f. *Sandoukat* صندوقة · حكيمة

— d'un prince *Khazinat ol ouali-l-khossouciat* خزينة الوالي الخصوصية

CASSOLETTE s.f. *Mabkharat* مبخرة

CASSONADE s.f. *Soccar kham* سكر خام · سكر غير مكرر

CASSURE s.f. *Casrat* كسرة

CASTAGNETTES s.f. pl. *Sadjate* ساجات · فقيشات — وهي التي تضعها الراقصات في اصابعهن وتدق بها

CASTE s.f. *Tayêfat* طايفة

CASTEL s.m. *Kasre hacine* قصر حصين

CASTORÉUM s.m. *Djondbadastar* جُندباَدستر (دواء مضاد للتشنج)

CASTRATION s.f. *Khaci* خصي · طوشنة

CATACHRÈSE s.f. *Tachbih* تشبيه · استعارة

CATACLYSME s.m. *Taouafan* طوفان

— au fig. *Ekhtélal ol ahoual* اختلال الاحوال · اختلال احوال المملكة والهيئة الاجتماعية

CATACOMBES s.f. pl. *Dimas* ديماس · مغائر لدفن الموتى

CATACOUSTIQUE s.f. *Fanne ol sada* فن الصدى وهو قسم من علم السمع

CATADOUPE ou **CATADUPE** s.f. *Challal* شلال

CATAFALQUE s.m. *Naâche mozayan* نعش مزين

CATAIRE s.f. *Hachichat ol kotte* حشيشة القط (نبات)

CATALEPSIE s.f. *Takhach-chob* تخشب · داء الجمود

CATALOGUE s.m. *Djadoual* جدول · كشف · قائمة

CATALYSE s.f. t. de chim. *Tacir bel hodour* تاثير بالحضور او بالملامسة (في الكيمياء)

CATAPLASME s.m. *Labkhat* لبخة · لصقة

CATARACTE s.f. *Challal* شلال

— t. de méd. *Cataracta* كترَكتا · الماء الساقط (من امراض العيون)

CATARRHAL, ALE adj. en méd. *Nazli* نزلي (في الطب)

CATARRHE s.m. *Nazlat* نزلة · التهاب خفيف

CATASTROPHE s.f. *Macibat* مصيبة · بلية · نكبة

CATÉCHISME s.f. *Tâlim macihi* تعليم مسيحي

CATÉCHUMÈNE s.m. et f. *Taleb ol êêmad* طالب العماد · طالب التنصر

CATÉGORIE s.f. *Daradjat* درجة · طبقة · طور

CATÉGORIQUE adj. *Katti* قطعي · باتّ · شافٍ

CATÉGORIQUEMENT adv. *Kattian* قطعيًا · بصفة جازمة · بصفة قطعية

CATHARTIQUE adj. *Meshel Khafif* مسهل خفيف

CATHÉDRALE s.f. *Catédrat* كاتدره · الكنيسة الكاتدرائية

CATHÉRÉTIQUE adj. *Caoui sathi* كاوٍ سطحي · كاوٍ ضعيف

CATHÉTER s.m. instr. de chir. *Caçatir* قساطير (آلة جراحية)

CATHOLICISME s.m. *Al catlacat* الكثلكة

CATHOLIQUE adj. et s. *Catoliqui* كاثوليكي

CATIMINI [EN] loc. adv. en cachette *Bel makhfi* بالمخفي · خفيةً

CAUCHEMAR s.m. *Cabous* ou *helme moréêb* كابوس · حلم مرعب · حلم مزعج

CAUDAL, ALE adj. en zool. *Zanabi* ou *zaïli* ذَنبي · ذيلي · متعلق بالذيل (في علم الحيوان)

CAUDE, ÉE adj. en hist. nat. *Zou zanab* ذو ذَنَب · ذو ذيل (في التاريخ الطبيعي)

CAUDIMANE adj. en zool. *Hayaouan yastâmel zanabahou kayaddehi* حيوان يستعمل ذنبهُ كيده · صفة الحيوان الذي يستعمل ذنبهُ كيده كبعض القرود

CASUALITÉ s.f. *Taçabbob* تَسَبُّب · جعل لكل شيء سبب

CAUSE s.f. *Sabab* سبب · علّة

— en jurisp. *Cadïat* قضية · دعوى

CAUSER v.a. *Sabbaba* سَبَّب

— v.n. s'entretenir familièrement, *Hadaça, faouada* حادث · فاوض · تكلّم مع

CAUSERIE s.f. *Mohadaçat, mofaouadat* محادثة · مفاوضة · تكلّم

CAUSETTE s.f. *Monadamat* منادمة · مكالمة

CAUSEUR, EUSE s.m. et f. *Motkallem* متكلّم · محدّث

CAUSEUSE s.f. canapé, *Diouan* ou *canabat saghirat* ديوان او كنبة صغيرة

CAUSTIQUE adj. en méd. *Caoui* كاوٍ · مادة كاوية (في الطب)

CAUTÈRE s.m. *Cay* ou *hommoçat* كيّ · حمّصة

— instrument; t. de chir. *Mêhouar* محوَر · حديدة الكيّ (في الجراحة)

CAUTÉRISATION s.f. t. de chir. *Al Cay* الكيّ (في الجراحة)

— **inhérente** t. de chir. *Cay ghayer* كي غائر (» »)

— **napolitaine** t. de chir. *Cay ouasty* كي واسطي (» »)

— **transcurrente** t. de chir. *Cay khatti* كي خطي (» »)

— **par pointes** t. de chir. *Cay nokti* كي نُقطي (» »)

— **objective** t. de chir. *Cay bel tachâoô* كي بالتشعّع (» »)

— **en flèche** t. de chir. *Cay sahmi* كي سهمي (» »)

CAUTÉRISER v.a. t. de chir. *Caoua* كوى يكوي

CAUTION s.f. *Damanat* ضمانة · كفالة

CAUTIONNEMENT s.m. l'action, *Damanat* ضمانة · كفالة

— la somme déposée *Taamin* تأمين · مال الضمانة

CAUTIONNER v.a. *Damana* ضمِنَ يضمَنُ · كفِلَ يكفَلُ

CAVALCADE s.f. *Khioulat* خيولة

CAVALE s.f. *Faras* فرَس

CAVALERIE s.f. *Khay-yalat* خيالة · سواري · فرسان

CAVALIER, IÈRE s.m. et f. *Khay-yal* خيّال · فارس

— de bal *Mokhacer* مخاصر · مكاتف — وهي صفة الرجل الراقص مع السيدة عند الافرنج

— air cavalier *Tachamokh* تشامُخ · كبر نفس

CAVE s.f. *Kabou* قبو · كيلار تحت الارض

— en anat. *Adjouaf* اجوف (في التشريح)

— rat de cave *Chamdat ol sacristani* شمعة السكريستاني

CAVEAU s.m. *Madfan* مدفن · خشخاشة

CAVEÇON s.m. demi cercle de fer qu'on met au nez des chevaux pour les dompter, *Bêlam* بلام او بيلام · كرفصان

CAVER v.a. *Djaouafa* جوّفَ

— t. de jeu *Dafaâ rasmal ol lêêb* دفع راسمال اللعب (في اللعب)

CAVERNE s.f. *Mogharat* مغارة

— en méd. *Cahfe* كهف (في الطب)

CAVERNEUX, EUSE adj. en méd. *Cahfi* كهفي (في الطب)

CAVIAR s.m. œufs de poissons *Khebiari* خبياري · نوع من البطرخ (اكثر اصطناعه في روسيا)

CAVILLATION s.f. *Estehzâ* استهزاء · سخرية

CAVITÉ s.f. *Tadjouif* تجويف

CE, CET, CETTE, CES adj. démonst. *Haza, hazeh, haoulâ* هذا · هذه · هولاء

CÉCITÉ s.f. *Âma* عمى

CÉDAT s.m. *Solb tabii* صلب طبيعي · فولاذ طبيعي

CÉDER v.a. t. de jurisp. *Tanazala ân* تنازل عن (في القضاء)

— ne pas résister *Sallama* سلّم · قَبِلَ يقبَلُ · مالَ يميل نحو

CÉDRAT s.m. *Laymoun kabbad* ليمون كبّاد

CÈDRE s.m. *Arzat* ارزة ج ارز

CEINDRE v.a. *Hazzama* حزّم · زنّر

— la tête *Callala* كلّل · توّج

CEINTRE s.m. *Hêzam ol markab* حزام المركب

— modèle pour la construction des arcades *Ornèk* اورنيك · عبوّة

CEINTURE s.f. *Hêzam* حزام · زنّار

CEINTURON s.m. *Hommalat ol sèif* حمّالة السيف · سير لتعليق السيف

CÉLADON s.m. couleur, *Akhdar fateh* اخضر فاتح

CÉLÉBRATION s.f. *Ehtéfal* احتفال · اقامة العيد

CÉLÈBRE adj. *Chahir* شهير · ذائع الصيت

CÉLÉBRITÉ s.f. *Cobrat* شهرة

CELER v.a. *Akhfa* اخفى . كتم يكتم

CÉLERI s.m. *Carafs* كرفس (نبات)

CÉLÉRIPÈDE adj. *Sari ol djari* سريع الجري (في الحيوانات)

CÉLÉRITÉ s.f. *Serâat ol djari* سرعة الجري

CÉLESTE adj. *Samaoui* سماوي

CÉLIBAT s.m. *Ozoubat* عزوبة

CÉLIBATAIRE s.m. *Azeb* عزب اعزب

CELLÉRIER, IÈRE s.m. et f. *Kelardji ol dayr* كلارجي الدير

CELLIER s.m. *Kilar* كيلار . بيت المؤنة

CELLULAIRE adj. t. d'anat. *Khalaoui* خلوي (في التشريح)

— voiture... *Arabat lé nakle el modjrémin* عربة لنقل المجرمين

CELLULE s.f. t. d'anat. *Khaliat* خلية (في التشريح)

— prison *Sedjne monfarèd* سجن منفرد

— d'un religieux *Ghorfat* ou *saoumâat ol raheb* صومعة الراهب . غرفة الراهب

— **embryonnaire** t. d'anat. *Khaliat ol djanine* خلية الجنين

CÉMENT s.m. en anat. *Djaouhar kechri* جوهر قشري (في التشريح)

CÉMENTATION s.m. *Sékayat ol maâden* سقاية المعادن

CENDRE s.f. *Remad* رماد

CENDRÉ, ÉE adj. *Remadi* رمادي

CENDRIER s.m. *Menfadat* منفضة . نفاضة . صحن السيكارة

CÉNESTHÉSIE s.f. *El hasse bel oudjoud* الحس بالوجود . الشعور بالوجود

CENS s.m. *Adad ol anfos* عدد الانفس

CENSÉMENT adv. *Bel takhmine* بالتخمين . بالحدس . كأن

CENSEUR s.m. *Montaked* منتقد . مراقب

CENSURE s.f. *Entekad* انتقاد . مراقبة . توبيخ . ملامة

CENT adj. num. *Mayat* مائة

CENTAURÉE s.f. *Kantariyoun* قنطريون (نبات)

CENTENAIRE adj. *Ebn mayat sénat* ابن مئة سنة . عمره مائة سنة

CENTIÈME adj. *Djezé men el mayat* جزء من المائة

* **CENTIGRAMME** s.m. *Centigramme* سنتيغرام . جزء من المائة من الغرام

* **CENTILITRE** s.m. *Centilitre* سنتيليتر . جزء من المائة من الليتر

* **CENTIME** s.m. *Centime* سانتيم . جزء من المائة من الفرنك

CENTRAL, ALE adj. *Markazi, ouosti* مركزي . وسطي

— administration centrale *Dioüan ômoum* ديوان عموم . ادارة عمومية

CENTRALISATION s.f. *Tadjammô* تجمع . انضمام

CENTRALISER v.a. *Djamaâ* جمع يجمع . ضم يضم

CENTRE s.m. *Markaz* ou *ouaste* مركز . وسط

— d'une armée *Ouast ol djaych* وسط الجيش . قلب الجيش

— de gravité *Markaz ol cekle* مركز الثقل

CENTRIFUGE adj. *Mobêêd an el markaz* مبعد عن المركز

CENTRIPÈTE adj. en phys. *Mokarreb lel markaz* مقرب للمركز (في علم الطبيعيات)

CENTUPLE adj. *Mayat Deêf* مائة ضعف

CEP s.m. *Chatlat ol ênab* شتلة العنب

CEPENDANT adv. *Oual-hal* والحال . مع ذلك

CÉPHALALGIE s.f. t. de méd. *Sodaâ* صداع . الم في الراس (في الطب)

CÉPHALIQUE adj. t. de méd. *Démaghi* دماغي (في الطب)

CÉPHALOÏDE adj. *Raci ol chakle* رأسي الشكل . على شكل الرأس

CÉPHALOTRIPSIE s.f. t. de chir. *Dahs ras el djanine* دهس راس الجنين . تكسير راس الجنين عند تعسر الولادة (في الطب)

CÉRACÉ, ÉE adj. *Chamiy ol c akle* شمعي الشكل . على شكل الشمع

CÉRAMIQUE adj. et s. *Sanâat ol fakh-khar oual sini* صنعة الفخار والصيني . ما يتعلق بصنعة الفخار والصيني

CÉRAT s.m. *Marham bacit* مرهم بسيط

CERCEAU s.m. *Taouk* طوق · طارة

CERCLAGE s.m. *Tatouik ol baramil* تطويق البراميل

CERCLE s.m. *Taouk* طوق · حلقة · دائرة

— lieu de réunion *Nadi l-edjtémad* نادي الاجتماع · سركل

— circonscription *Kesme* قسم

CERCLER v.a. *Taouaka* طوّق

CERCUEIL s.m. *Tabout* تابوت · نعش

CÉRÉALES s.f. pl. *Ghélal* غلال

CÉRÉBELLEUX, EUSE adj. t. d'anat. *Mokhaykhi* مخيخي (في التشريح)

CÉRÉBELLITE s.f. t. de méd. *Eltéhab ol mok aykh* التهاب المخيخ (في الطب)

CÉRÉBRAL, ALE adj. t. de méd. *Mokh-khy* مخي (في التشريح)

CÉRÉBRITE s.f. t. de méd. *Eltéhab ol mokh-khe* التهاب المخ (في الطب)

CÉRÉMONIAL s.m. t. d'église *Takse* طقس · عادة · قانون

— **ALE** adj. qui concerne les cérémonies *Taklifi* تكليفي · تكريمي · تبجيلي

CÉRÉMONIE s.f. *Ékamat ol takse el dini* اقامة الطقس الديني

— les formalités de civilité *Taklif* تكليف · كلفة · مراعاة واجبات الاحترام

— maître des cérémonies *Tachrifati* تشريفاتي

— habit de cérémonie *Takme rasmi* طقم رسمي

CERF s.m. *Ayiel* أيّل · وعل

CERFEUIL s.m. (plante) *Kozbarat* كزبرة (نبات)

CERF-VOLANT s.m. *Tay-yarat* طيّارة

CERISE s.f. *Caraz* كرز

CERISIER s.m. *Chadjarat ol karaz* شجرة الكرز

CERNE s.m. *Zabalane* ذبلان · دائر ازرق تحت العين او دائر القرح

CERNER v.a. *Abata* احاط · احدق

CERTAIN, AINE adj. *Aqid* أكيد · حقيق · ثابت

— s.m. quelque *Badd* بعض

CERTAINEMENT adv. *Betakid ou akidan* بتأكيد · أكيدًا

CERTIFICAT s.m. *Chéhadat* شهادة

CERTIFIER v.a. *Akkada* أكّد

— donner un certificat *Chahéda* شهد يشهد · اعطى شهادة

— **conforme** *Saddaka* صدّق

CERTITUDE s.f. *Takid* تأكيد · ثبوت

CÉRUMEN s.m. *Somakh* صماخ · وسخ الاذن

CÉRUSE s.f. *Esfidadje* اسفيداج

— pour machines *Maadjoun abiad* معجون ابيض

CERVEAU s.m. t. d'anat. *Mokhe* مخ (في التشريح)

CERVELET s.m. *Mokhaykhe* مخيخ (في التشريح)

CERVELLE s.f. *Démagh* دماغ · نخاع

CERVICAL, ALE adj. *Énki* عنقي · متعلق بمؤخر العنق

CERVICO-BRACHIAL adj. *Onki ådadi* عنقي عضدي

CESSATION s.f *Enkétaa* إنقطاع · ابطال

CESSER v.a. *Kataa* قطع يقطع · كفّ يكف · ابطل

CESSIBLE adj. *Kabel ol entékal* قابل الانتقال

CESSION s.f. d'un immeuble t. de jurisp. *Entékal ol molkiat* انتقال الملكية (في القضاء)

— d'une créance, d'un droit; t. de jurisp. *Tanazol* تنازل · احالة المطلوب لاخر · حوالة دين

CESSIONNAIRE s.m. *Al motanazal elayhi* المتنازل اليه · المنتقلة اليه الملكية

CESTOÏDE adj. *Al doudat ol charitiah* الدودة الشريطية

CHACAL s.m. *Ebne aoui* ابن آوى · واوي

CHACUN, UNE pronom distrib. sans pluriel *Koll ou kolle ouahed* كل · كل واحد

CHAGRIN s.m. *Ghamme* غم · كدر · أسف · حزن

— cuir *Djelde chagrin* جلد شاغرين

— **, INE** adj. *Maghmoum* مغموم · محزون · متكدر

CHAGRINER v.a. *Ghamma* اغمّ . كدّر . احزن

CHAÎNAGE s.m. *Al makas bel zandjir* المقاس بالزنجير

CHAINE s.f. *Zandjir* زنجير . سلسلة

— de montre *Selselat* سلسلة او كستيك ساعة

— de montagne *Salsalat djébal* سلسلة جبال

— t. de tisserand *Maddat ol nacidj ou sada* مدة النسيج . سدى

CHAÎNER v.a. *Kaça bel zandjir* قاس بالزنجير

CHAÎNEUR s.m. *Zandjirdji* زنجرجي . قيّاس

CHAIR s.f. *Lahme* لحم

— au figuré *Al malazzate* الملذّات . الشهوات

— de poule *Raâbat* رعبة . هول . خوف شديد

CHAIRE s.f. *Menbar* منبر . كرسي الخطيب او الواعظ

CHAISE s.f. *Corsi* كرسي

— de poste *Arabat ol bosta* عربة البوسطة

CHALAND s.m. *Maôounat* ماعونة . صندل لنقل البضائع

CHALASIE s.f. t. de chir. *Fasle djeze men el kornìat el solbat* فصل جزء من القرنية من الصلبة (في الجراحة)

CHALAZE s.f. t. d'anat. *Sorrat baténat* سرّة باطنة (في التشريح)

CHALAZES s.f. pl. *Ahbêlat sortiat* احبلة سرتية

CHALAZION s.m. *Choâyrat* شعيرة (في الطب)

CHALCOGRAPHE s.m. *Naccache maâden* نقّاش معادن

CHALCOGRAPHIE s.f. *Al nakche âla-l-maâden* النقش على المعادن

CHÂLE s.m. *Chal* شال

CHÂLET s.m. *Koukh* ou *takhchibat* كوخ . تخشيبة

CHALEUR s.f. *Hararat* حرارة

— en chaleur, en rut *Hayel* حائل . طالب

CHALOUPE s.f. *Sandal* صندل . فلوكه . زورق

CHALUMEAU s.m. *Bouri-l-sayegh* بوري الصائغ

CHAMADE s.f. t. milit. *Naoubat taslim* نوبة تسليم (في العسكرية)

CHAMAILLE s.f. *Mochadjarat* مشاجرة . مناوشة

CHAMAILLER v.a. *Tachadjara maâ* تشاجر مع . ناوش

CHAMBELLAN s.m. *Hadjeb* حاجب

CHAMBRANLE s.m. *Berouaz ol bab* برواز الباب او برواز وجاق تدفئة الغرف وغيره

CHAMBRE s.f. *Oudat* اوضة . غرفة

— noire, en phot. *Al khézanat ol mozlémat* الخزانة المظلمة «في التصوير الشمسي»

— des députés *Madjles ol nouab* مجلس النواب

— des lords *Madjlès ol omara* مجلس الامراء . مجلس النبلاء

— du Conseil *Madjlès ol chaoura* مجلس الشورى

CHAMBRIÈRE s.m. *Khadémat* خادمة . وصيفة . كربرة

CHAMEAU s.m. *Djamal* جمل . بعير

CHAMELIER s.m. *Djammal* جمّال

CHAMELLE s.f. *Nakat* ناقة ج نوق

CHAMÉLON s.m. *Facil, koôud* فصيل . قعود . حوار

CHAMP s.m. *Hakle, ghayt* حقل . غيط

— de repos *Al makbarat* المقبرة . المدفن . القرافة . الجبانة . التربة

— de foire *Souk* سوق

— de course *Midan ol sébak* ميدان السباق

— la clef des champs *Al zohab* ou *al férar* الذهاب . الفرار

— de bataille *Sahat ol kétal* ساحة القتال . محل الواقعة الحربية

— sur le champ loc. adv. *Halan, fil hal* حالاً . في الحال

— à tout but de champ, à chaque bout de champ, loc. adv. *Fi kolle ouakte* في كل وقت . في كل ساعة

CHAMPÊTRE adj. *Barri* برّي . فلّاحي

CHAMPIGNON s.m. (végétal) *Fotre* فطر . عيش الغراب «نبات»

CHAMPIGNONIÈRE s.f. *Mahal moâdde létanbit el fotre* محل معدّ لتنبيت الفطر

CHAMPION s.m. *Mobarèz* مبارز · مصارع · منازل

CHAMSIN ou **KAMSIN** s.m. vent chaud d'Egypte *Al khamacine* ريح الخماسين وهي ريح سموم تهب في مصر مدة خمسين يوماً

CHANCE s.f. *Bakhte* بخت · نصيب · حظ

CHANCELANT, ANTE adj. *Motazdzè* متزعزع · مترجرج

— au fig. *Motahay-yer* متحير · متردد

CHANCELER v.n. *Tazadzad* تزعزع · ترجرج

— au fig. *Tahayara* تحيَّر · تردَّد

CHANCELIER s.m. *Mahrdar* مهردار · كنشيلير

CHANCELLERIE s.f. *Canchelleriat* كنشلرية · مكتب

CHANCEUX, EUSE adj. *Saheb bakhte* صاحب بخت · صاحب حظ

CHANCIR v.n. *Taâffana* تعفّن

CHANCISSURE s.f. *Taâffon* تعفُّن

CHANCRE s.m. *Korhat* قرحة

— vénérien *Korhat zohriat* قرحة زهرية · قرحة افرنجية

— infectant *Korhat âfènat* قرحة عفنة

— induré *Korhat motaçallèbat* قرحة متصلبة او يابسة

CHANDELIER s.m. *Chamèèdan* شمعدان

CHANDELLE s.f. *Chamdat* شمعة

CHANDELLERIE s.f. *Madmal ol chamè* معمل الشمع

CHANFREIN s.m. t. d'arch. *Machtour* مشطور · مشطوف · وهو قطع حد الزاوية (في البناء)

CHANFREINER v.a. en arch. *Chatara.* شطَّر يشطِّر · شطَف يشطِف اي قطَع حد الزاوية (في البناء)

CHANGE s.m. *Mobadalat* مبادلة · مقايضة · تغيير

— de monnaie *Sèrafat ol èmlat* صِرافة العملة

— lettre de... *Cambialat* سفتجة · كمبيالة

— agent de..., *Semsar cambio* سمسار كامبيو

CHANGEMENT s.m. *Taghiyr* تغيير · تبديل · تبدُّل

CHANGER v.a. *Ghayara* غيَّر · بدَّل

— (SE) v.r. *Taghayara* تغيَّر

CHANGEUR, EUSE s.m. et f. de monnaie *Sarraf* صرّاف

CHANSON s.f. *Oghniat* اغنية · دور غنائي

CHANSONNER v.a. *Dandana* دندن · غنّى بصوتٍ واطٍ

CHANSONNIER, IÈRE s.m. *Moallef aghani* مؤلف اغانٍ · مرتب ادوار

CHANT s.m. *Ghèna* غنا

— d'église *Tartil* ترتيل

— de coq. *Siah ol diq* صياح الديك

CHANTAGE s.m. *Al nasbe bel tahdide* النصب بالتهديد · وهو سلب الدراهم من الغير بواسطة التخويف بافشاء سر ما

CHANTEPLEURE s.f. *Komè* قُمع · ذو انبوب طويل فيه ثقوب لصب السوائل بدون تعكيرها

— fente dans un mur pour le passage des eaux, *Balladt* بلّاعة · مجرى ج مجارٍ

— arrosoir *Rach-chachat* رشّاشة

CHANTER v.a. *Ghanna* غنّى

— à l'église *Rattala* رتَّل

— en parlant du coq *Saha* صاح يصيحُ

— pain à chanter *Kobz fatir* ou *aych fatir* خبز فطير · عيش فطير

— faire chanter *Alzamahou be ebahat be serrehi* الزمهُ بالاباحة بسره وهو الزام احدٍ بالحيلة او بطريقةٍ اخرى بالاباحة بسره

CHANTEUR s.m. *Moghanni*; *alati*, si c'est un chanteur de profession مغنٍّ · آلاتي

CHANTIER s.m. *Ouarchat* ورشة · محل العمل

CHANTRE s.m. *Morattel* مرتِّل

CHANVRE s.m. *Til* تيل · قنّب

— en toron pour machine *Sari mastara* ساري مسطرة وهو حبل من القنّب يستعمل لسدِّ منافذ الآلة البخارية

— travaillé *Til chadre* تيل شعر · قنّب مشغول

CHAOS s.m. *Fadà* فضاء · فلا

CHAPE s.m. t. de méc. *Ghata-aubik* غطاء الانبيق او الكركة
— de prêtre *Ghaffarat* غفّارة وهي ما يلبسهُ الكاهن في الاحتفالات الكنسية
— de maçon *Forchat mounat* فرشة مونة وهي التي تبيّض بها الحيطان

CHAPEAU s.m. *Bornaytat* برنيطة · قبعة ج قِبَع

CHAPELET s.m. *Sobhat* ou *masbahat* سبحة · مسبحة
— de noria *Hable kaouadis el sakiat* حبل قواديس الساقية اي الناعورة

CHAPELIER, IÈRE s.m. et f. *Baraniti* برانيطي · صانع برانيط · بائع برانيط اي قبع

CHAPELLE s.f. *Cabilla* كابلا · معبد · كنيسة صغيرة

CHAPELERIE s.f. *Maâmal baranit* معمل برانيط · محل صناعة او بيع البرانيط اي القبع

CHAPITEAU s.m. *Tadj ol âmoud* تاج العامود

CHAPITRE s.m. *Bab* ou *fasle* باب · فصل

CHAPON s.m. *Diq makhci* ديك مخصي

CHAQUE adj. distrib. *Qoll* كل

CHAR s.m. *Arabat* عَرَبة

CHARADE s.f. *Loghze* لُغز · احجية ج احاجٍ · معمّى

CHARANÇON s.m. *Sous ol hoboub* سوس الحبوب

CHARBON s.m. *Fahme* فحم
— en méd. *Djamrat khabiçat* جمرة خبيثة (في الطب)

CHARBONNER v.a. *Fahhama* فحّم · صَنعَ يَصنعُ الفحم

CHARBONNEUX, EUSE adj. *Fahmi* فحمي اي من جنس الفحم

CHARBONNIER, IÈRE s.m. et f. *Fahham* فحام · صانع الفحم او بائعهُ

CHARBONNIÈRE s.f. *Makmourat* ou *djourat* مكمورة · جورة · مشجرة وهو المكان الذي يحرق فيهِ الحطب للتفحيم

CHARCUTER v.a. *Faram al lahme* فرّمَ يفرِمُ اللحم

CHARCUTIER s.m. *Farram ol lahme*; en Egypte, *faramaoui* فرّام اللحم · بياع لحم الخنزير فرماوي

CHARDON s.m. (plante) *Akoul* عقول · شوك الدواب (نبات)

CHARDONNERET s.m. *ôsfour hassoùn* عصفور حسون

CHARGE s.f. *Hemle* حمل ج احمال
— de bâtiment *Chahnat ol markab* شحنة المركب · وسقة
— au fig. *Sokle* ثقل · ضيق · عبوء
— imposition *Daribat* ضريبة · تعيين مال الميري
— fonction *Ouazifat* وظيفة
— contre un accusé *Esbat* اثبات · بينة · مواد مثبتة الجرم
— témoin *Chohoud ol taâne* شهود الطعن
— de soldats *Hodjoum* هجوم · مهاجمة
— de fusil *Taâmirat ol bondokiat* تعميرة البندقية · حشو · دكّة

CHARGEMENT s.m. *Al chahne* الشحن · التحميل
— cargaison *Chahnat* شحنة · حمولة · وسقة
— d'une lettre *Saoucarat ol tahrir* سوكرة التحرير

CHARGER v.a. un navire *Chahana* شحن يشحن
— un fusil *Ammara* عمّر · دكّ يدكّ · حشا يحشو
— une lettre *Saoucara tahrir* سوكر تحرير
— au fig. exagérer, amplifier, *Balagha* بالغ
— charger quelqu'un de quelque chose *Kallafa* كلّف · وكّل

CHARGEUR s.m. *Al chahen* الشاحن

CHARIOT s.m. *Arabat nakle* عربة تستعمل لنقل البضائع

CHARITABLE adj. *Mohsen* محسن · صاحب برّ

CHARITÉ s.f. *Ehçan* احسان · صَدَقة

CHARLATAN s.m. *Daj-jal* دجّال

CHARLATANISME s. m. *Tadjil* تدجيل

CHARLEMAGNE s.m. faire Charlemagne; t. de jeu, *Al encêlat* ou *al encêhab* الانسلات · الانسحاب وهو الامتناع عن المقامرة بعد الربح

CHARMANT, ANTE adj. *Latif* لطيف · ظريف · مبهج

CHARME s.m. attrait *Lotfe* لطف · حسن

— ce qui plait *Bahdjat* بهجة · لذّة

CHARMER v.a. *Fatana* فتن · يفتن · سحر يسحر · سبى يسبي · ابهج

CHARMEUR, EUSE, ERESSE s.m. et f. *Faten* فاتن · ساحر · سابي الالباب

— de serpents *Haouy* حاوي · من يلاعب الحية

CHARMILLE s.f. *Mamcha* ممشى مظلل بالاشجار

CHARNEL, ELLE adj. *Djesdani* جسداني · شهواني

CHARNIÈRE s.f. *Mofassalat* مفصّلة

CHARNU, UE adj. *Kacir ol lahme* كثير اللحم

CHAROGNE s.f. *Rommat* رمّة ج رمم · جيفة ج جيف

CHARPENTE s.f. *Takfiçat khachab* تقفيصة خشب · نجارة غشيمة

— de l'homme *Beniat ol ençan* بنية الانسان

CHARPENTIER s.m. *Nadj-jar* نجّار

CHARPIE s.f. *Néçalat* نسالة

CHARRETIER s.m. *Arabadji carro* عربه جي كارّو · سائق عربة النقل

CHARRETTE s.f. *Arabat carro* عربة كارّو · عربة نقل

CHARROI s.m. *Nakl bel ârabat* نقل بالعربة اي نقل البضائع بالعربة

CHARRON s.m. *Nadjar ârabat* نجار عربات · نجار عجلات

CHARRONNAGE s.m. *Nedjarat ol achia-l-dakhmat* نجارة الاشيا الضخمة · صنعة نجارة العربات

CHARROYER v.a. *Nakala bel ârabat* نقل ينقل بالعربات

CHARRUE s.f. *Mèhrat* محراث ج محاريث

CHARTE-PARTIE s.f. *Sanad homoulat el markab* سند حمولة المركب · مشارطة رب السفينة على اجرة سفينته

CHARYBDE s.m. **de Charybde en Scylla**, *man haraba men charren fa ouakaâ fi akbar menhou* من هرب من شرّ فوقع في اكبر منه

CHAS s.m. *Çekbe ol èbrat* ثقب الابرة

CHASSE s.f. *Sayd* صيد · قنص

— donner la chasse *Laheka* لحق يلحق · طارد · سار يسير في اثر

— à parer, t. de méc. *Bols estédal* باص استعدال من مهمات الوقد في الآلات البخارية

— clavette t. de forg. *Rosle solbe* رسل صلب · من ادوات الحدادين

— mouche *Ménach-chat* منشّة · منشّة الذباب

— pierre t. de chem. de fer, *Dalil* ou *kazzaf* دليل · او قذّاف وهي قطعة من حديد في مقدم وابور السكة الحديدية تقذف الرمال والحجارة التي تكون على القضيب الذي يمر عليه القطار (كلمة دليل هي ما اصطلح عليها بمصلحة السكة الحديد المصرية)

— pointes t. de men. *Djacouch* جاكوش من ادوات النجارين

— rivets *Sonboc* سُنبك من ادوات الحدادين

CHASSER v.a. *Sada* صاد يصيد · قنص يقنص · اصطاد · اقتنص

— mettre dehors *Tarada* طرد يطرد

CHASSEUR s.m. *Sayad* صيّاد · قنّاص

CHASSIE s.f. *Emach ol âyne* عماش العين · عماص · قذى

CHÂSSIS s.m. *Bérouaz* برواز ج براويز · شريحة

CHASTE adj. *Afif, taher* عفيف · طاهر

CHASTETÉ s.f. *Èffat, taharat* عفّة · طهارة

CHASUBLE s.f. *Badlat ol keddas* بدلة القدّاس

CHAT, ATTE s.m. et f. *Kette* قط · هرّ · سنور ج سنانير

CHÂTAIGNE s. . *Castanat* ou *abou farouat* كستنة · ابو فروة

CHÂTAIGNER s.m. *Chadjarat ol castanat* شجرة الكستنة

CHÂTAIN adj. *Laoun castani* لون كستني · كستني اللون

CHATEAU s.m. *Kasre* قصر ج قصور · صرح ج صروح

— **fort** *Kaldat* قلعة ج قلاع · حصن ج حصون

CHATEAU d'eau s.m. *Haouz* حاووز ج حواويز · حوض ج احواض

CHATELAIN, AINE s.m. et f. *Saheb ol kasre* صاحبُ القصر · اميرُ القصر

CHAT-HUANT s.m. *Boumat* بومة · طائر البوم

CHÂTIER v.a. *Akaba* عاقَبَ · قاصَّ · قاصص

CHATIÈRE s.f. *Djiyazat ol bab* جيازة الباب « وهي نافذة تفتح باسفل الباب لمرور الهر »

CHÂTIMENT s.m. *Êkab* عِقاب ج عِقابات · عُقوبة ج عقوبات · قِصاص ج قِصاصات

CHATON s.m. *Hadjar ol khatam* حجر الخاتم · فَصُّ الخاتم

CHATOUILLEMENT s.m. *Zagh-zaghat* زغزغة · زكزكة

CHATOUILLER v.a. *Zagh-zagha* زغزغ · زكزك

CHAUD, DE adj. *Sokhne* سخن · حادّ · حام

CHAUDEMENT adv. *Beçokh-ounat* بسخونة · بحرارة · بحماوة

CHAUDIÈRE s.f. *Kazan* قزان · قدر · ج قدور

CHAUDRON s.m. *Daste* دست ج دسوت

CHAUDRONNIER, IÈRE s.m. celui qui fait des ustensiles de cuisine, *Nahhace* نحّاس

— t. de méc. ouvrier chaudronnier, *Barchamdji* برشمجي

CHAUFFAGE s.m. *Taskhine* تسخين · تدفئة · تحمية

CHAUFFER v.a. *Sakh-khana* سخَّنَ · دفَّأ · احمى

— **(SE)** v.r. *Tadaffa* تدفَّأ · استدفأ

CHAUFFERETTE s.f. *Medfaat ol redjlayn* مدفئة الرجلين · محماة الرجلين

CHAUFFEUR s.m. *Ouakkad ol ouabour, atachdji* وقاد الوابور · آتشجي

CHAUFFOIR s.m. *Bayt ol dafa* بيت الدفاء · حجرة الاستدفاء

CHAUFOUR s.m. *Atoun* ou *madjyarat* آتون · مجيرة · مكلسة « موقد لاصطناع الكلس »

CHAUFOURNIER s.m. *Djayar* ou *kallas* جيّار · كلاّس

CHAUME s.m. *Kach-che* قشّ · قصلة

CHAUMIÈRE s.f. *Ech-chat* عشة ج عشش · كوخ ج اكواخ · بيت الفلاّح

CHAUSSÉE s.f. *Djesre, hadjez* جسر ج جسور · حاجز ج حواجز

— levée de terre servant de route *Djesre tarik* جسر طريق اي الارض المرتفعة عن ما حولها وتمر عليها الطريق

— **rez de chaussée** *Daour ardi* دور ارضي

CHAUSSER v.a. *Labéça-l-marcoub* لبِسَ يلبِسُ الحذآء اي المركوب

CHAUSSE-TRAPE s.f. *Fakh-khe* فخّ · ج فخاخ

CHAUSSETTE s.f. *Chorab* جراب جرابات · كلسة

CHAUSSURE s.f. *Marcoub* مركوب ج مراكيب · حذاء ج احذية

CHAUVE adj. *Aslâ* اصلع · اجلح

CHAUVE-SOURIS s.f. *Ouatouat* وطواط · خفاش

CHAUVIN s.m. *Harbadji* حربجي · محب الحرب

CHAUX s.f. *Kels, djir* كلس · جير

— **vive** *Kels harrak* كلس حرّاق · كلس غير مطفي

— **hydraulique** *Djir* ou *kels maï* جير مائي · كلس مائي

CHAVIREMENT s.m. *Enkélab ol markab* انقلاب المركب

CHAVIRER v.n. *Enkalaba* انقلب · انقلبت السفينة

CHEBEC s.m. *Kabak* قبق « نوع من السفن »

CHEF s.m. *Raïs* رئيس · ناظر

— **ingénieur** *Bach mohandès* باشمهندس

— de parquet *Raïs kalam el niabat* رئيس قلم النيابة

— de cuisine *Tabbakh* طبّاخ

— en chir. *Taraf ol rebat* طرفُ الرباط

— **d'œuvre** *Nokhbat ol melah* نخبةُ الملح · احسن ملحة

— **-lieu** *Kaçabat* ou *âcémat* قصبة ج قصبات · عاصمة ج عواصم · حاضرة

CHEMIN s.m. *Tarik* طريق ج طرقات · سكة ج سكك · سبيل ج سُبل

CHEMINÉE s.f. *Madkhanat* مدخنة ج مداخن
— pour chauffer les appartements *Ouédjak tadfiat el ou-ouad* وجاق تدفئة الأوض
CHEMINER v.n. *Macha* مَشى يمشي · سار يسير
CHEMISE s.f. *Kamis* قميص
— enveloppe de toile, de carton etc. *Mahfazat ol ouarak* محفظة الورق
CHEMISERIE s.f. *Ouarchat komçan* ورشة قمصان · محل خياطة القمصان
CHEMISIER s.m. *Khayat komçan* خيّاط قمصان
CHENAIE s.f. *Ghabat sendian* غابة ج غابات سنديان · حرش ج احراش
CHENAL s.m. *Kanat mà* قناة ماء
— passage étroit *Madik* مضيق ج مضايق
CHENAPAN s.m. *Losse* لص ج لصوص · قطاع طرق نذل ج انذال · وغد ج اوغاد
CHÊNE s.m. *Sendian* سنديان · شجرة السنديان
CHÈNEVIÈRE s.f. *Ghayt til* ou *hakle konnab* غيط تيل · حقل ج حقول قنّب
CHÈNEVIS s.m. *Bezre ol til* بزر التيل
CHENIL s.m. *Markad ol calb* مرقد الكلب
CHENILLE s.f. *Doudat* دودة ج ديدان · دود
CHENU, UE adj. *Chayeb* شائب · أشيب
CHEPTEL s.m. *Machiyat* ماشية ج مواش
CHÈQUE s.m. *Tahouil âla-l-banq* تحويل على البنك « شاك »
CHER, ÈRE adj. *Aziz* عزيز · محبوب
— qui se vend à un prix élevé *Ghali* غال
CHERCHER v.a. *Fattacha* فتّش · طَلَبَ يطلُبُ · بحث يبحث
CHÉRIR v.a. *Aâzza* اعزّ · احبّ
CHERTÉ s.f. *Ghala ol asâar* غلاء الاسعار · علو الاثمان

CHÉRUBIN s.m. *Charoubim* شاروبيم · كاروبيم (اسم ملك)
CHÉTIF, IVE adj. *Na'if* نحيف · ضعيف · حقير
CHEVAL s.m. *Hoçan* حصان · جواد
— de race *Cahil* كحيل · اصيل · ابن رسن
— **de frise**, t. de guerre *Khayl ol charkheflek* خيل الجرخنلك هي في الاصطلاح العسكري الحربي قطعة من الخشب مربعة بارزٌ منها قوايم ضخمة بها اسنة من حديد حادة
— **vapeur** t. de méc. *Hoçan* حصان وهي ما يستعمل لتعيين قوة الآلة البخارية « يقال وابور قوة كذا خيل » (في الميكانيكيات)
— **vapeur alimentaire,** t. de méc. *Zenk* زنك لتطعيم القزانات (في الميكانيكيات)
CHEVALEMENT s.m. t. d'arch. *Tasnid* تسنيد · تحميل
CHEVALERESQUE adj. *Zou chahamat* ذو شهامة · ذو مروّة · ذو فروسية
* **CHEVALERIE** s.f. *Cavaleriat* كفاليرية · رتبة شرف
CHEVALET s.m. *Tazkat choghle* تزكة شغل
— instr. de supplice *Markabat hadidiyat* مركبة حديدية وهي آلة للتعذيب
— tréteau *Djahch khachab*. جحش خشب · حمار خشب سيبة
* **CHEVALIER** s.m. *Cavalier* كافالير ذو رتبة الكافاليرية
— **d'industrie** *Nassab* نصّاب · محتال
CHEVAUCHER v.n. *Khay-yala* خيّل
CHEVELU, UE adj. *Cacir ol chaâre* كثير الشعر · طويل الشعر
CHEVELURE s.f. *Chouchat* شوشة · شعر
CHEVET s.m. *Makhaddat* مخدة ج مخاد · جهة الرأس من السرير « هي في الاشتقاق اللغوي مفرش الخد »
CHEVÊTRE s.m. en chir. *Rebat fakki* رباط فكي (في الجراحة)
CHEVEU s.m. *Chaârat* شعرة او شعر

CHEVILLE s.f. *Mesmar* ou *khabour* مسمار ج مسامير · خابور ج خوابير

— **ouvrière,** t. de carrosserie *Mesmar ol kalbe* مسمار القلب « في العربات »

— du pied *Kadbe ol redjle* كعب الرجل · كاحل ج كواحل

CHÈVRE s.f. *Meëza* معزى · عنزة « شعاري »

CHEVREAU s.m. *Djadi* جديٌ ج جِدى

CHÈVREFEUILLE s. m. (plante) *Zahre ol âçal* زهرُ العسل « نبات »

CHEVREUIL s.m. *Tays barri* تيس برّي

CHEVRIER s.m. *Maâz* معّاز · راعي الماعز

CHEVRON s.m. *Morabbaât khachab* مربعة خشب · مورينة

CHEVROTEMENT s.m. *Ertedjaf ol saout* ارتجاف الصوت · الجلجة

CHEVROTIN s.m. *Djelde djadi madbough* جلد جدي مدبوغ

— ou **CHEVROTAIN** *Hayaouan ol mesk* حيوان المسك

CHEVROTINE s.f. *Haouachat, raçaçat saghirat* حوّاشة · رصاصة صغيرة

CHEZ prép. *Ende* عند · لدن · لدى

CHIASMA s.m. t. de méd. *Taçalob* تصالب (في الطب)

CHIASSE s.f. *Bèraz ol zabab* براز الذباب

CHIBOUQUE s.f. *Chobok* شبق · غليون

CHICANE s.f. *Momahakat* ماحكة · مخاصمة

CHICANEUR, EUSE adj. *Mohebbe ol momahakat* محب المماحكة · مخاصم

CHICHE adj. en parlant des choses *Kalil* قليل · شحيح

— en parlant des personnes *Bakhil* بخيل · شحيح · مسك

CHICORÉE s.f. *Hendeba* هندباء · سريس · شكورية

CHICOT s.m. *Aromat ol chadjarat* ارومة الشجرة · جزع الشجرة

— fragment d'une dent cassée *Bakiat ol senne el makçour* بقية السن المكسور

CHIEN s.m. *Calb* كلب ج كلاب

CHIENDENT s.m. (plante) *Érk ol andjil* عرق الانجيل · شرش الانجيل · نيّل (نبات)

CHIENNÉE s.f. *Adjriat ol calbat* اجرية الكلبة

CHIER v.a. *Barraza* برّز · غاط يغوط

CHIFFON s.m. *Kherkat* خرقة ج خرق · شرطة · قطعة قماش

CHIFFONNER v.a. *Dadka* دعكَ يدعَكُ · جعّد

CHIFFONNIER, IÈRE s.m. et f. *Lammam khèrak* لمّام خِرَق

CHIFFRE s.m. *Rakme* رقم · عدد

CHIFFRER v.a. *Rakama* رقَمَ يرقُمُ · نمّر

CHIMÈRE s.f. *Ouahme* وهم · عشم باطل · اماني واهية

CHIMÉRIQUE adj. *Ouahmi* وهمي

CHIMIE s.f. *Qimia* كيمياء · علم الكيمياء

CHIMISTE s.m. *Qimaoui* كيماوي

CHINOIS, SE adj. *Sini* صيني · من اهل الصين

CHINOISERIE s.f. *Bedaât Siniyat* بضاعة او سلع صينية · تُحف صينية

CHIOURME s.f. *Loumandjiyat* لومانجية · جماعة اللومان المسجونون في اللومان

CHIPER v.a. *Khatefa* خطفَ يخطَفُ · سرَقَ يسرِقُ

CHIPIE s.f. *Omraât carihat* امرأة كريهة · أمرأة غير محبوبة

CHIQUE s.f. *Madghat* مضغة وهي كبة الدخان التي تضع في الفم للمضغ

CHIQUER v.n. *Madagha* مضغ يمضَغُ ويَمضُغُ

CHIROGRAPHAIRE adj. créancier chirographaire, t. de jurisp. *Dayen bèmaoudjab auarakat órfiat masboutat* دائن بموجب ورقة عُرفية مثبوتة

CHIROLOGIE s.m. *Fanne ol takallon bel echarat* فن التكلم بالاشارة

CHIROMANCIE s.f. *Al tandjime bel nazar fil yadde* التنجيم بالنظر في اليد وهي الادعا بمعرفة الغيب بمجرد نظر اليد

CHIROPTÈRE s.m. en zool. *Khèfachiat* خفاشية « في علم الحيوان »

CHIRURGIE s.f. *Al djarahat* الجراحة · علم الجراحة

CHIRURGIEN s.m. *Djarrah* جرّاح

CHIURE s.f. *Béraz ol zabab* براز الذباب

* **CHLOROFORME** s.m. *Chloroforme* كلوروفورم « مادة مخدرة »

CHLOROFORMISATION s.f. *Al tanouim bel chloroforme* التنويم بالكلوروفورم . التخدير بالكلوروفورم

CHLOROFORMISER v.a. *Naouama bel chloroforme* نوّم بالكلوروفورم . خدّر بالكلوروفورم

CHLOROSE s.f. *Khlorose* ou *ozme fakr el damme* خلوروز . عظم فقر الدم

CHOC s.m. *Sadmat* صدمة . لطمة

* **CHOCOLAT** s.m. *Cocolata* شوكولاته وهي تصنع من الكاكاو والسكر

CHOCALATIER s.m. *Sanê ol chocolata* صانع الشوكولاته

CHŒUR s.m. *Djaouk moghaniyn* جوق مغنين

CHOIR v.n. *Ouakaâ* وقعَ يقعُ . سقَطَ يسقُطُ

CHOISIR v.a. *Entakhaba* إنتخب إختار . انتقى

CHOIX s.m. *Entêkhab* إنتخاب . إختيار . انتقاء

CHOLATE s.m. t. de méd. *Safrate* صفرات (في الطب)

CHOLÉDOQUE adj. *Safraouiat* صفراوية (في الطب)

CHOLÉRA s.m. *Haydat* ou *haoua asfar* هيضة . هواء اصفر

CHOLÉRINE s.f. *Houaydat* هويضة . هواء اصفر خفيف

CHÔMAGE s.m. *Bétalat* بطالة . بطالة عن الاشغال

CHÔMER v.n. et a. *Battala* بطّلَ . بطّلَ عن الاشغال

CHOPE s.f. *Cobbayat ol birra* كباية البيرة . كاس لشرب الجعة

CHOPPEMENT s.m. *Sadmat ol redjle* صدمة الرجل

CHOQUEMENT s.m. *Sadmat* صدمة . لطمة

CHOQUER v.a. *Sadama* صدَمَ يصدِمُ . لطَمَ يلطِمُ

— fig. offenser, blesser; *Aghaza* اغاظ . كدّر . مسّ يمسّ حاسانه

CHORÉE ou **DANSE de St. Guy** s.f. t. de méd. *Al raks ol zendji* الرقص الزنجي . داء الرقص (في الطب)

CHORISTE s.m. *Moghanni fil djaouk* مغنٍّ في الجوق

CHOSE s.f. *Chay* شيٌ

CHOU s.m. *Cronbe* كرنب . ملفوف « نبات »

CHOUCROUTE s.f. *Cronbe makbous* كرنب او ملفوف مكبوس

CHOUETTE s.f. *Boumat* بومة . طائر البوم

CHOU-FLEUR s.m. *Karnabit* قرنبيط

CHOYER v.a. *Dallaâ* دلّع . دلّل

CHRÊME s.m. le Saint Chrême *Al mayroun* الميرون . الزيت المقدّس

CHRÉTIEN, IENNE adj. *Macihi, nosrani* مسيحي . نصراني

CHRISTIANISME s.m. *Al din ol macihi* الدين المسيحي . النصرانيّة

CHRONICITÉ s.f. en méd. *Ezman ol marad* إزمان المرض . استطالة المرض (في الطب)

CHRONIQUE s.f. t. de journalisme *Haouadès* حوادث . الحوادث الحاضرة (في اصطلاح الجرائد)

— adj. t. de méd. *Mozmen* مزمن (في الطب)

CHRONIQUEUR s.m. *Moharrer djaridat* محرر جريدة . جرنالجي . محرر الحوادث المحلية في الجريدة

CHRONOLOGIE s.f. *Élme ol tarikh* علم التاريخ

CHRYSALIDE s.f. *Doudat hadiçat* دودة حديثة

CHRYSOCALE s.m. *Chebh ol zahab* شبه الذهب . مادة مركّبة تشبه الذهب

CHUCHOTEMENT s.m. *Ouachouachat* وَشْوَشة . همس الكلام

CHUCHOTER v.a. *Ouachouacha* وشوش . همَسَ يهمِسُ الكلام

CHUTE s.f. *Ouakâat* وقعة . هبطة . سقطة

— d'eau *Challal* شلّال . فسقية . انحدار ماء

— du jour *Ghoroub ol chams* غروب الشمس

CHYLE s.m. *Qilos* — كيلوس . سائل لبني متحصل من المضم للتغذية

CHYLIFÈRES s.m. pl. *Aouiat ol qilos* — اوعية الكيلوس

CHYME s.m. *Kimos* — كيموس .كتلة الغذاء المهضوم الذي يتحصل منهُ الكيلوس

CI-APRÈS adv. *Bâdahou* — بعدهُ . ما يليهِ

CIBLE s.f. *Marma* — مرمى . هدف . غرَض

CIBOIRE s.m. *Hekkat ol korban* — حقّة القربان

CICATRICE s.f. *Nadbat* — نَدبة . اثر الجرح الباقي على الجلد بعد التحامهِ

CICATRISER v.a. *Eltahama-l-djarhe* — التحم الجرح . التأم

CICÉRONE s.m. *Dalil* — دليل . مرشد

CI-CONTRE loc. adv. *Ela-l-djaneb el ayman* — الى الجانب الايمن

CI-DESSUS loc. adv. *Adllah* — اعلاه . المذكور اعلاه

CI-DESSOUS loc. adv. *Adnah* — ادناه . المذكور ادناه

CIDRE s.m. *Khamre ol teffah* — خمر التفاح . شراب التفاح

CIEL s.m. *Sama* — سماء . فلك

— de lit *Sakf ol namouciat* — سقف الناموسية

— **ouvert** en arch. *Cachf samaoui* — كشف سماوي «في البنا»

CIERGE s.m. *Chamadt* — شمعة

CIGALE s.f. *Sarsour* — صرصور . صرصار

CIGARETTE s.f. *Sicarat* — سيكارة

CIGOGNE s.f. (oiseau) *Corqi* — كُركي ج كراكي «طائر»

CI-JOINT adv. *Maâ haza* — مع هذا . طيه . لفه

CIL s.m. *Hedbe* — هدب . شعر الاجفان . رمش

CILIAIRE adj. *Hedbi* — هدبي . رمشي

CIME s.f. *Kommat* ou *ras* — قمّة . رأس . ذروة

CIMENT s.m. *Lakounat* ou *cimento* — لاقونة . سيمانتو

CIMENTER v.a. *Lahama bel lakounat* ou bien *âch-chaka bel cimento* — لحمَ يلحمُ باللاقونة . لوقن . عشّق بالسيمنتو

CIMETERRE s.m. sorte de sabre *Bala* — بالَه وهي نوع من السيوف عريضة النصلة

CIMETIÈRE s.m. *Makbarat* — مقبرة . مدفن . جبانة . قرافة

CINCENELLE s.f. t. de mar. *Al lèban* — اللبان . حبل لجر المركب في الانهر (في الملاحة)

CINÉRAIRE adj. *Remadi* — رمادي . متعلق بالرماد

CINGLAGE s.m. *Sayr ol markab maçafat yaoum* — سير المركب مسافة يوم

CINGLER v.a. *Sayara-l-markab* — سيّر المركب

— frapper avec un fouet, un baguette *Daraba bèkadibe* — ضرب بقضيب او بالسوط سوَّطَ

CINQ adj. num. *Khamçat* — خمسة

CINQUANTE adj. num. *Khamcine* — خمسون

CINQUANTIÈME adj. num. ord. *Al khamçoun* — الخَمسُون

— s.m. *Djez men khamcine* — جزء من خمسين

CINQUIÈME adj. num. ord. *Khamès* — خامس

— s.m. *Khoms* — خمس . جزء من خمسة

CINQUIÈMEMENT adv. *Khamèçan* — خامساً

CINTRE s.m. t. d'arch. *Obouat* — عبوّة . قالب يبنى فوقهُ العقد (في البناء)

— **plein cintre** t. d'arch. *Ornèk nesf dayèrat* — اورنيك نصف دائرة (في البناء)

CINTRER v. a. *Ouaddâ-l-ornèk fi mahallehi* — وضع الاورنيك في محلهِ اي وضع القالب الذي يبنى عليهِ العقد في محلهِ

CIRAGE s.m. *Boya* — بويا . دهان الاحذية

— action de cirer *Mash ol ahziat* — مسحُ الاحذية

CIRCINÉ, ÉE adj. *Halaki* — حلَقي

CIRCONCIRE v.a. *Khatana, tahhara* — ختَن . طهّر

CIRCONCISION s.f. *Khètan, tohour* — ختان . طهور

CIRCONFÉRENCE s.f. *Dayèrat* — دائرة

CIRCONLOCUTION s.f. *Daourat fil qalam* — دورة في الكلام

CIRCONSCRIPTION s.f. *Kesme* قسم

— t. de prat. *Dayérat ekhtéças* دائرة اختصاص (في اصطلاح الحاكم)

CIRCONSCRIRE v.a. *Ahata* احاطَ . حدَّدَ

CIRCONSPECTION s.f. *Ehtéras* احتراس . احتفاظ

CIRCONSTANCE s.f. *Forcat* فرصة ج فِرص . ظرف ج ظروف . وقت ج اوقات

CIRCONVALLATION s.f. t. de fort. *Khandak dayer* خندق دائر (في الاستحكامات)

CIRCONVENIR v.a. *Ehtala* احتال . غشَّ يغِشُّ . خدعَ يخدَعُ

CIRCONVENTION s.f. *Ghechche* غش . احتيال . خِداع

CIRCONVOLUTION s.f. t. d'arch. *Daourat haoul el noktat el markaziat* دورة حول النقطة المركزية (في البناء)

CIRCUIT s.m. *Dayer* دائر

CIRCULAIRE adj. *Dayri* دائري . على شكل الدائرة

— s.f. lettre adressée à plusieurs personnes, *Manchour* منشور ج مناشير . شيركولاري

CIRCULATION s.f. *Sayr* سير . مشي

— **du sang** *Daouaran ol damme* دوران الدم

CIRCULER v.n. *Sara* سارَ يسيرُ . مشى يمشي . دارَ يدورُ

CIRCUMDUCTION s.f. t. d'anat. *Harakat mèklaiyat* حركة مقلاعية (في التشريح)

CIRE s.f. *Chamê âassal* شمع عسل

— **à cacheter** *Chamê ahmar* شمع احمر للختم

CIRER v.a. *Maçaha-l-markoub bel boya* مسحَ يمسحُ المركوب بالبويا

— enduir de cire *Dahana bel chamê* دهن بالشمع

CIRQUE s.m. *Maldab khayl* ملعب خيل . مرسح العاب بهلوانية

CIRSOPHTALMIE s.f. t. de méd. *Ramad daouali* رمد دوالي (في الطب)

CISAILLES s.f. pl. *Mekass ol madden* مقص المعادن

CISEAU *Mekass* مقص . مقراض

— de menuiserie. de maçon etc. *Ezmil* ازميل ج ازاميل

— de sculpteur *Menkach* منقاش

— pour calfatage *Qelfat hadid* قلفاط حديد

CISELER v.a. *Nacacha* نَقَشَ ينقُشُ . حفَرَ يحفِرُ

CISELEUR s.m. *Naccache* نقّاش . حفّار

CITABLE adj. *Djadir bel zeqre* جدير بالذكر

CITADELLE s.f. *Kaldat* قلعة ج قِلَع

CITADIN s.m. *Baladi* ou *ebne balad* بَلَدي . إبن بلد

CITATION s.f. t. de prat. *Eêlan hodour* إعلان حضور . طلب

— passage emprunté à un auteur *Estech-had* استشهاد . ذكر

CITÉ s.f. *Balad* بلد ج بلدان . مدينة ج مُدُن

CITER v.a. t. de prat. *Talaba lel hodour* طلَبَ يطلُبُ للحضور

— rapporter un texte, *Zacara* ذكرَ يذكرُ . استشهدَ

CITERNE s.f. *Bir* بير ج آبار . صهريج ج صهاريج

CITOYEN, ENNE s.m. *Ebne balad* ابن بلد . وطني

CITRATE s.m. *Laymounate* ليمونات

CITRON s.m. *Laymoun* ليمون

CITRONNIER s.m. *Chadjarat ol laymoun* شجرة الليمون

CITROUILLE s.f. *Karê* قرع . يقطين

CIVETTE s.f. *Ket ol mesk* قِطُّ المسك « حيوان »

— substance exhalant une odeur de musc *Zabad* زَبَد

CIVIÈRE s.f. *Mahmal* مَحمَل وهو خشبة يُحمَل عليها المرضى او الجرحى

CIVIL adj. *Madani* مدنيٌّ

— opposé de militaire *Molki* ملكي

— liste civile *Rateb ol malek* راتبُ الملك والعائلة الملوكية

— poli *Mohazzab* مهذَّب . مؤدَّب . انيس المعاشرة

CIVILISATION s.f. *Tamaddon* تمدن . مدنية

CIVILISER v.a. *Maddana* — مدّن · هذّب

CIVIQUE adj. droits *Ouatani* — وطني · حق وطني

CLAIR, AIRE adj. *Modii, monir* — مضيء · منير · لامع

— évident, *Ouadèh* — واضح · بيّن · ظاهر · جليّ

— non trouble, *Safi* — صافٍ · رائق · غير متكدّر

CLAIREMENT adv. *Béoudouh* — بوضوح · بجلاء

CLAIRIÈRE s.f. *Fashat arde dakhel el Ghab* — فسحة ارض داخل الغاب

CLAIRON s.m. *Bouri* — بوري · نفير

— soldat qui sonne le clairon *Bourdji* — بورجي · نفيرجي · الجندي الذي ينفخ بالبوري

CLAIRVOYANCE s.f. *Nazar* — نظر · بصيرة

CLAMEUR s.f. *Siah* — صياح . صراخ . ضوضاء . غوغاء

CLANDESTIN, INE adj. *Khafi* — خفيّ · مكنون · مستّر

* **CLAPET** s.m. t. de méc. *Balf* — بَلْف وهو غطاء فوهة القزان (في الميكانيكيات)

CLAPIER s.m. *Djohr ol arnab* — جحر الارنب

— en chir. *Baourat sadidiat* — بورة صديدية (في الجراحة)

CLAPOTAGE s.m. *Harakat ol maoudje* — حركة الموج · هدير · تلاطم الامواج

CLAQUE s.f. *Latmat* — لطمة ج لطمات . ضربة كف

CLAQUEMURER v.a. *Sadjana* — سَجَنَ يسجِنُ . حَبَسَ يحبِسُ

CLAQUER v.n. *Saffaca* — صفّق

— des dents *Taktaka bé asnanéhi* — طقطق باسنانه

CLARIFICATION s.f. *Tarouik* — ترويق · تصفية

CLARIFIER v.a. *Raou-ouaka* — روّق · صفّى

CLARINE s.f. *Djaras ol maêz* — جرس الماعز · جرس يعلق في عنق تيس المعزي في البرّية

CLARINETTE s.f. *Cornaytat* — كرنيطة (من آلات الموسيقة)

CLARTÉ s.f. *Daou* — ضوء · نور · لمعان

— netteté *Oudouh* — وضوح · جلاء

CLASSE s.f. *Tabakat* ou *daradjat* — طبقة · درجة

— en hist. nat. *Facilat* — فصيلة ج فصائل · نوع ج انواع · صنف ج اصناف

CLASSER v.a. *Rattaba* — رتّب · صفّ · وضّب

CLASSIFICATION s.f. *Tartib* — ترتيب · توضيب · صفّ

CLASSIQUE adj. *Madraci* — مدرسي · متعلق بالمدارس

CLAUDE s.m. *Ablah* — أبله · أعمه · أهبل

CLAUDICATION s.f. *Aradj* — عَرَج

CLAUSE s.f. *Charte* — شرط · بند من الشروط

CLAUSTRAL adj. *Dayri* — ديري · مختص بالدير

CLAVETTE s.f. *Khabour* — خابور (في الميكانيكيات)

— **à tête** t. de méc. *Khabour be zakne* — خابور بذقن (في الميكانيكيات)

CLAVEAU s.m. t. d'arch. *Hadjar âtabat* — حجر عتبة · دستير العقد (في البناء)

CLAVICULE s.f. t. d'anat. *Torkouat* — ترقوة · العظم المقدم من الكتف (في التشريح)

CLEF s.f. *Meftah* — مفتاح

— à douille pour écrou; outil d'ajusteur *Meftah sandouk* — مفتاح صندوق (آلة براد)

— à rochet pour forêt t. d'ajust. *Fargha enklisi* — فرغة انكليزي (آلة براد)

— **de voûte** t. d'archit. *Meftah ol âkde* — مفتاح العقد (في البناء)

CLÉMENCE s.f. *Helme* — حِلم · رحمة · رأفة

CLÉMENT, ENTE adj. *Halim* — حليم · رحيم · رأوف

CLERC s.m. opposé à laïque *Acliriqui* — اكليريكي

— d'avocat *Kateb avocato* — كاتب افوكاتو

CLERGÉ s.m. *Acliros* — اكليروس · كهنوت

CLÉRICAL, ALE adj. *Acliriqui* — اكليريكي

* **CLICHÉ** s.m. *Cliché* — كليشه · رسم على النحاس او الخشب او الزجاج

CLICHER v.a. *Sanda-l-cliché* — صنعَ الكليشه · اخذ الرسم على النحاس او الخشب او الزجاج

CLIENT s.m. *Zaboun* زبون

CLIENTÈLE s.f. *Al zubayen* الزبائن

CLIGNEMENT s.m. *Ramch ol âyne* رَمش العين. تغميض . اغماض العين وفتحها بسرعةٍ

CLIGNER v.a. *Ramacha bé âynêhi* رَمَش بعينو . غمض . اغمض العين

CLIMAT s.m. *Haoua, monakh* هواء . مناخ

CLINIQUE s.f. *Mahall iadat el marda* محل عيادة المرضى . محل استشارة طبية

— en méd.; leçon clinique *Taâlim ol tob ênde sarir el marda* تعليم الطب عند سرير المرضى

CLIQUET s.m., t. de méc. *Lêçau taoukif* لسان توقيف وهو لسان يمنع دوران العجلة ذات الاسنان للجهة المخالفة لدورانها (في الميكانيكيات)

CLIQUETER v. n. *Taktaka* طقطق . قرقع . صلصل

CLIQUETIS s.m. *Taktakat* طقطقة . قرقعة . صلصلة

CLISSE s.f. *Hacir ol djebne* حصير الجبن ـ وهو حصير يصفى فيو الماء من الجبن

CLITORIS s.m. t. d'anat. *Bazre* ou *zanbour* بظر . زنبور المرأة (في التشريح)

CLOAQUE s.m. *Mostankâ mà kazer* مستنقع . ماء قذر

CLOCHE s.f. *Djaras* جرس ج اجراس . ناقوس ج نواقيس

CLOCHEMENT s.m. *Aradj* عرَج . قزَل

CLOCHER s.m. *Kobbat ol djaras* قبّة الجرس

— v.n. boiter en marchant *Aradja fi machièhi* عرَجَ يعرجُ في مشيو

CLOCHETTE s.f. *Djaras saghir* جرس صغير

CLOISON s.f. *Hadjez* حاجز ج حواجز

CLOITRE s.m. *Dayr* دير ج اديرة

CLOITRER v.a. *Habaça fil dayr* حبَسَ يحبِسُ في الدير

CLORE v.a. *Sayadja* سيّج . سوّرَ . سدّ

CLORE v.a. une enchère *Kafala bab al mazad* قفَلَ يقفِلُ باب المزاد

— un compte *Kafala-l-hêçab* قفل الحساب . رصَّد الحساب

CLOS s.m. *Moçayadj* مسيّج . مسوّر . مسدود

— huis clos *Morafaât ghayr âlaniat* مرافعة غير علنية المرافعة التي تحصل وابواب المحكمة مغلقة

CLÔTURE s.f. *Siadj* سياج . سور . سد

CLÔTURER v.a. *Sayadja* سيّج . سوّرَ . سدّ يسدُّ

— une compte *Kafala-l-hêçab* قفل الحساب . رصَّدهُ

CLOU s.m. *Mesmar* مسمار ج مسامير

CLOUEMENT s.m. *Tasmir* تسمير . دق المسامير

CLOUER v.a. *Sammara* سمّرَ

CLOUTERIE s.f. *Madmal maçamir* معمل مسامير . محل اصطناع المسامير

* **CLUB** s.m. *Club* ou *nadi edjtêmâ* كلوب . نادي اجتماع

CLYSOPOMPE s.m. *Heknat betolombat* حقنة بطلمبة

COACCUSÉ, ÉE s.m. et f. *Mochtarek beltohamat* مشترك بالتهمة

COAGULABLE adj. *Kabel ol tadjammod* قابل التجمُّد

COAGULATION s.f. *Tadjammod* تجمُّد

COAGULER v.a. *Djaméda* جمِدَ يجمَدُ

COALESCENCE s.f., t. de chir. *Tadjammô* ou *eltêham* تجمُّع . التحام (في الجراحة)

COALESCENT, ENTE adj. en anat. *Moltahem* ملتحم . ملتصق (في التشريح)

COALISER (SE) v.r. *Tahalafa* تحالَفَ . تعصَّبَ . إتفَقَ . إتحدَ

COALITION s.f. *Mohalafat* محالفة . تعصُّب . إتفاق . إتحاد

COASSEMENT s.m. *Naknakat ol dafadê* نقنقة الضفادع

COASSER v.n. *Nakka* نقَّ ينِقُّ

CO-AUTEUR s.m. *Mochtareq bel talif* مشترك بالتأليف

— en criminel *Mochtarek bel djarimat* مشترك بالجريمة

COCARDE s.f. *Ouardat* وردة . علامة . وهي زهرة من حرير يعلقها تشريفاتي الدعوات على صدره وسائق عربات النبلاء على قبعتو

COCASSE adj. *Modhek* مضحك

COCAUTION s.m. en droit *Damen sani* ضامن ثان (في القضاء)

COCCYGIEN, IENNE adj. *Osóci* عصعصي . متعلق بالعصعوص

COCCYGIODYNIE s.f. t. de méd. *Alam ósóci* ألم عصعصي (في الطب)

COCCYX s.m. *Osós* عصعص وهو عظم صغير تحت العجز ومتصل به

COCHE s.m. *Àrabat safar* عربة سفر

— s.f. *Khenzirat* خنزيرة . أنثى الخنزير

COCHENILLE s.f. *Doudat* دودة «صبغة»

COCHER s.m. *Arbadji* عربجي . سائق العربة

COCHÈRE adj. porte cochère *Baouabat* بوابة . مدخل عمومي

COCHLÉAIRE adj. en hist. nat. *Halazouni* حلزوني اي حلزوني الشكل (في التاريخ الطبيعي)

COCHLÉARIA s.m. t. de bot. *Hachichat ol maâlek* حشيشة المعالق (في النبات)

COCHLÉE s.f. t. d'anat. *Halazaoun ol ezne* حلزون الاذن (في التشريح)

COCHON s.m. *Khenzir* خنزير . حلّوف

COCHONNERIE s.f. *Ouaçakhat* وساخة . نجاسة

COCO s.m. noix de coco *Djaouz ol hend* جوز الهند

COCON s.m. *Charnakat* شرنقة ج شرانق . شرنقة الدودة

COCOTIER s.m. *Chadjarat djaouz el hend* شجرة جوز الهند

COCTION s.f. t. de didactique *Tabkh* طبخ (في الاصطلاح العلمي)

CODE s.m. *Kanoun* قانون . مجموع القوانين

— **pénal** *Kanoun ol ókoubate* قانون العقوبات

— **civil** *Al kanoun ol madani* القانون المدني

— **commercial** *Al kanoun ol tedjari* القانون التجاري

— **de procédure** *Kanoun ol Morafaâat* قانون المرافعات

— **d'instruction criminelle** *Kanoun tahkik el djenayat* قانون تحقيق الجنايات

CODÉBITEUR s.m. *Mochtareq fil dayn* مشترك في الدين

CODEMANDEUR s.m. *Mochtarek fil talab* مشترك في الطلب

CODEX s.m. *Dastour* ou *kanoun ol adouiat* دستور . قانون الادوية

CODICILE s.m. *Molhak ol ouaciat* ملحق الوصيّة

CODIFICATEUR s.m. *Monchi-l-kaouanine* منشي القوانين . مؤلف القانون

CŒLIAQUE s.f. t. d'anat. *Maêdi* معدي . بطني . متعلق بالمعدة (في التشريح)

COERCITIF, IVE adj. *Djabri* جبري . قهري . قسري . اكراهي (في القضاء)

COERCISION s.f. en jurisp. *Edjbar* اجبار . قهر . قسر . اكراه (في القضاء)

CŒUR s.m. *Kalbe* قلب ج قلوب . فؤاد ج افئدة

COFFRE s.m. *Sandouk* صندوق ج صناديق

— **-fort** *Sandouk hadid* صندوق حديد . خزانة حديد

COFFRER v.a. *Sadjana* سَجَنَ يسجِنُ . حَبَسَ يحبِسُ

COFFRET s.m. *Sandoukat* صندوقة . صندوق صغير . حكيجة

COFIDÉJUSSEUR s. m. *Ahad ol daménin* احد الضامنين . كل من ضامنيّ المديون الواحد

* **COGNAC** s.m. *Cognac* كونياك «من المشروبات»

COGNASSIER s.m. *Chadjarat ol safardjal* شجرة السفرجل

COGNAT s.m. *Nacib* نسيب ج انسباء . عديل ج عدلاء

COGNÉE s.f. *Baltat* ou *farraâat* بلطة . فرّاعة

COGNER v.a. *Latama* لطَمَ يلطِمُ . صَدَمَ يصدِمُ . دقّ يدِقّ

— **(SE)** v.r. *Eltatama* إلتطم . تصادم

COHABITATION s.f. *Al èkamat saouiatan* الاقامة سويةً . بعيشة واحدة

COHÉRENCE s.f. en phys. *Eltèçak* التصاق . التحام (في الطبيعيات)

COHÉRITIER, IÈRE s.m. et f. t. de droit *Ouarès bel echtéraq maâ ghayrêhi* وارث بالاشتراك مع غيره

COHÉSION s.f. *Tamaçok* تماسُك

COHOBATION s.f.t. de pharm. *Taqrar ol taktir* تكرار التقطير (في الصيدلية)

COHOBER v.a. t. de pharm. *Carrara-l-taktir* كرّر التقطير (في الصيدلية)

COHORTE s.f. *Djambour* جمهور ج جماهير · جماعة ج جماعات · زُمرة ج زُمر

COHUE s.f. *Edjtemaâ bédaoudâ* اجتماع بضوضاء · اجتماع بغوغاء

COIFFE s.f. *Eçabat ol maraât* عصابةُ المرأة

COIFFER v.a. *Albaça fil ras* ألبس في الراس · عصَّبَ · مشَّطَ

COIFFEUR s.m. *Mozayen* مزيِّن · حلَّاق

COIN s.m. *Roque* ركن ج اركان · زاوية ج زوايا · قرنة ج قِرَن

— de bois *Asfine* اسفين

— pour démontage, (outil d'ajusteur) *Samkh solbe* سخ صلب « من ادوات البرادين »

— pour marquer les bijoux, *Tamghat* تمغة لدمغ المعادن

COÏNCIDENCE s.f. *Taouafok* توافُق · تصادُف

COÏNCIDER v.n. *Taouafaka* توافقَ · تصادفَ

COING s.m. fruit *Safardjal* سفرجل

COINTÉRESSÉ, ÉE s.m. et f. *Mochtareq fil saleh* مشترك في الصالح · ذو شان

COJOUISSANCE s.f. en jurisp. *Echtéraq bel entéfaâ* اشتراك بالانتفاع (في القضاء)

* **COKE** s.m. *Fahme ol coke* فحم الكوك

COL s.m. *Yakat* ياقة ج ياقات · طوق ج اطواق · قَبَّة

— en anat. *Onok* عنق ج اعناق (في التشريح)

— en géogr. *Madik* مضيق (في الجغرافية)

COLATURE s.f. en pharm. *Tasfiat ol saouayel* تصفية السوائل (في الاصطلاح الصيدلي)

COLÉGATAIRE s.m. *Mochtareq belhébat* مشترك بالهبة اي بالشيء الموهوب بالوصية

COLÈRE s.f. *Ghadab* غضب · غيظ

COLÉRIQUE adj. *Ghadoub* غضوب · شرس الاخلاق

COLICITANT s.m. *Abad ol mobaâ la om chay bel machaâ* احد المباع لهم شيء بالمشاع · احد المباع لاسهم شيئًا لاينقسم

COLIQUE s.f. en méd. *Maghs* مغص (في الطب)

— **néphrétique,** en méd. *Maghs kalaoui* مغص كلوي (في الطب)

COLIS s.m. *Tarde* طرد ج طرود · رزمة ج رِزَم · حزمة ج حِزَم

COLLABORATEUR, TRICE s.m. *Mochtareq bel âamal* مشترك بالعمل · مساعد

COLLABORATION s.f. *Echtéraq fil âmal* اشتراك في العمل · مساعدة

COLLABORER v.a. *Echtaraka fil âmal* اشترك في العمل · ساعدَ

COLLAGE s.m. *Taghriat* تغرية · إلصاق

— du vin *Tarouik ol khamre* ترويق الخمر

COLLATÉRAL, ALE adj. en jurisp. *Karabat ghayr âçabiyat* قرابة غير عصبية · قرابة فرعية نسب بالعرض وهو الذي يكون بين بني الاخوة او بني الاعمام والاعمام (في الاصطلاح الفقهي)

COLLATION s.f. *Fotour* فطور · عصرونية · اكلة خفيفة صباحًا وبعد الظهر

— action de collationner *Mokabalat* مُقابلة · مُراجعة

COLLATIONNER v.a. *Kabala* قابل · راجع

COLLE s.f. *Ghéra* غِراء

COLLECTE s.f. *Djébayat*, vulgairement: *lammat* جباية · احسان · لَمَّة

COLLECTEUR adj. canal *Masraf ômoumi* مصرف عمومي

COLLECTION s.f. *Madjmoudât* مجموعة ج مجموعات

COLLECTIONNER v.n. *Djamaâ* جمعَ · جمَّعَ

COLLÈGE s.m. *Madraçat* مدرسة ج مدارس

COLLÉGIEN s.m. *Talmiz* تلميذ ج تلاميذ مدرسة

COLLÈGUE s.m. *Zamil* زميل ج زملاء · رصيف ج رصفاء · رفيق ج رفقاء

COLLEMENT s.m. *Eltéçak* التصاق

COLLER v.a. *Laçaka* لصَّقَ · غرَّى

— le vin *Raouaka-l-khamre* روَّق الخمر

COLLER v.a. quelqu'un *Afhama* — أفحم . أسكت

COLLET s.m. *Taouk* — طوق ج اطواق . قبّة . ياقة

— piège, nœud coulant, *Charaq* — شَرَك ج اشراك

COLLEUR s.m. *Lassak* — لصاق . مغرّ

COLLIER s.m. *Êkde* ou *taouk* — عقد ج عقود . طوق

— de cheval *Rakabiyat* — رقبيّة وهو ما يعلق بعنق الفرس الذي يجر العربة

— t. d'arch. ; sorte d'astragale *Abou Rayah* — ابو رياح وهو في الاصطلاح الهندسي البنائي نوع من الاحزمة التي يزخرف بها

COLLINE s.f. *Tall* — تل ج تلال . كثيب ج كثبان ربوة ج رُبى

COLLIQUATIF, IVE adj. t. de méd. *Moumhek* — مُمحق . مُعدم (في الطب)

COLLISION s.f. *Moçadamat* — مصادمة . ملاطمة

COLLOCATION s.f. t. de jurisp. *Tartib daradjat el daïnin* — ترتيب درجات الدائنين بحسب مقتضيات القانون (في القضاء)

— **utile** t. de jurisp. *Al dayn ol maoudjoudat nokoud cafiat lè ifaèhi* — الدين الموجودة نقود كافية لايفائه (في اصطلاح القضاء)

COLLOQUE s.m. *Mocalamat* — مكالمة . مداولة

COLLOQUER v.a. *Rattaba daradjat el daïnin* — رتّب درجات الدائنين (في القضاء)

— mettre quelqu'un à une mauvaise place, *Ouadaâ ahadan fi macan ghayr monaceb* — وضَعَ احدًا في مكانٍ غير مناسب

— **(SE)** v.r. *Ouadaâ nafsohou fi macan ghayr monaceb* — وضَعَ نفسهُ في مكانٍ غير مناسب

COLLUSION s.f. t. de jurisp. *Taouato* — تواطوء شخصين ضد شخص ثالث (في القضاء)

COLLUSOIRE adj. *Ghech-chi* — غشي . تواطوي

COLLYRE s.m. *Katrat lel âyn* — قطرة للعين

— **sec** *Kohle* — كحل . شيئم

COLMATAGE s.m. *Taniyl* — تنييل وهي في الاصطلاح الزراعي كيفية جر مياه الانهر الى الاراضي لترسب عليها طبقة من الوحول التي تجرها في فيضانها والتي تحسن بها الزراعة وقد اصطلح على تسميتها في القطر المصري بلفظة تنييل بالنسبة الى النيل

COLOMBAGE s.m. t. de charpentier *Saffe kaouayem* — صف قوائم . صف عواميد

COLOMBE s.f. *Hamamat* — حمامة

COLOMBIER s.m. *Bordj ol hamam* — برج الحمام

COLOMBINE s.f. *Resmal* — رسمال . براز الحمام يستعمل لتسبيخ الارض . وفي القطر المصري يسمى رسمال

COLON s.m. *Fallah, mozareê* — فلّاح . مزارع . مساقي

— habitant des colonies *Saken ol mostaâmarat* — ساكن المستعمرات

— t. d'anat. *Kolon* — قولون قسم من الامعاء الغلاظ

COLONEL s.m. *Amir alay* — امير الاي . كولونل

COLONIAL, ALE adj. *Motaâllek bel mostaâmarat* — متعلق بالمستعمرات . وارد المستعمرات

COLONIE s.f. *Mostaâmarat* — مستعمرة ج مستعمرات

COLONISATION s.f. *Estêmar* — إستعمار . انشاء مستعمرات

COLONISER v.a. *Estaâmara* — إستعمر . أنشأ مستعمرات

COLONNADE s.f. *Saff âouamid* — صف عواميد « بواكي »

COLONNE s.f. *Amoud* — عامود ج عواميد

— rouleau *Âmoud estouani* — عامود اسطواني

— **du rectum**, en anat. *Admêdat ol mostakim* — اعمدة المستقيم (في التشريح)

* — de soldats, en turc : *Kol* — قول (تركية في الاصطلاح العسكري)

* — **double** de soldats, en turc: *Djeft kol* — جفت قول (كلمة تركية في الاصطلاح العسكري)

— **de division**, en turc : *Sanfadja kol* — صنجة قول (كلمة تركية في الاصطلاح العسكري)

COLONNETTE s.f. petite colonne *Amoud saghir* عامود صغير

COLOPHANE s.f. *Kalfouniyat* قلفونية

COLOQUINTE s.f. *Hanzal* حنظل « نبات »

COLORATION s.f. *Talaoun* ou *talouine* تلوُّن . تلوين

COLORER v.a. *Laouana* لوَّنَ

COLORIAGE s.m. t. de peinture *Talouine* تلوين (في التصوير)

COLORIER v.a. *Laouana* لوَّن . وضع الوانًا

COLOSSAL, ALE adj. *Azim ol haycal* عظيم الهيكل . جسيم

COLOSSE s.m. *Temçal hayel* تمثال هائل . شخص جسيم

COLPORTAGE s.m. *Al bayê bel daouaran* البيع بالدوران . الدوران بالبضائع لبيعها

COLPORTER v.a. *Baâ bel daouaran* باع بالدوران . دار بالبضاعة لبيعها

— une nouvelle *Nakala-l-khabar* نقل الخبر

COLPORTEUR s.m. *Bayaâ daouar* بياع دوار

— de nouvelles *Nakel akhbar* ناقل اخبار

* **COMA** s.m. en méd. *Coma* كوما . نوم مستغرق وهو نوم المريض على اثار معاناة سورة المرض

COMBAT s.m. *Kêtal* قتال . معركة

COMBATTANT s.m. *Mokatel* مقاتل . محارب . مبارز

COMBATTRE v.a. *Katala* قاتل . حارب . بارز

COMBIEN adv. *Cam* كم اداة الاستفهام عن الاعداد

COMBINAISON s.f. *Tartib hêçab* ترتيب حساب

— en chimie *Ettêhad qimaoui* اتحاد كيماوي

COMBINER v.a *Rattaba* رتَّب . وفَّق . حسَبَ

COMBLE s.m. *Al tabakat ol ôlia men el bayt* الطبقة العليا من البيت

— ce qui déborde d'une mesure *Fayadan ol cayl* فيضان الكيل

— le dernier dégré, *Ghayat* غاية . قصوى . ملء

COMBLEMENT s.m. *Radm* ردْم

COMBLER v.a. *Radama* ردَمَ يردُمُ . ملأ يملأ

— de bien *Ghamara bel ehsan* غمرَ يغمِرُ بالاحسان

— les vœux *Nal al maram* نال المرام . قضى الوطر

COMBUGER v.a. *Djarraba-l-barmil* جرَّبَ البرميل . ضبَطَ البرميل بالماء

COMBURANT, ANTE adj. *Mohrek* محرق (في الكيميا)

COMBUSTIBLE adj. *Kabel ehtêrak* قابل الاحتراق . يحترق

— s.m. matière dont on fait du feu *Ouakde* وَقد . وُقود

COMBUSTION s.f. *Ehtêrak* احتراق . اشتعال . اضطرام

* **COMÉDIE** s.f. *Comêdia* كومديه . تمثيل مضحك

COMÉDIEN, IENNE s.m. et f. *Mochakh-khès* مشخص . ممثل

COMESTIBLE s.m. *Macoul* ماكول . ما يؤكل

COMÈTE s.f. *Nejm zou zanab* نجم ذو ذنب

COMIQUE adj. *Modhêq* مضحك . هزلي

— s.m. le genre comique *Moskhen* مسخن . مضحك . مهرج

COMIQUEMENT adv. *Bêsêkhan, bidehqe* بسخان . بضحك . بهرج

COMITE s.m. *Zabet ouardiat ol louman* ضابط وردية اللومان

COMITÉ s.m. *Lodjnat* لجنة . كوميته

COMMAND s.m. *Mozayêdat men chakhs le esm ghayrêhi* مزائدة من شخص لاسم غيره

COMMANDANT s.m. officier *Bimbachi* بكباشي

— qui commande les troupes, t. milit. *Hoqmêdar* حكمدار . قائد الجيش

COMMANDE s.f. *Talab* طلب . وصاية

COMMANDEMENT s.m. t. de proc. *Tanbih, enzar* تنبيه . انذار (في اصطلاح الحاكم)

— t. milit. *Nêda* نداء (في الاصطلاح العسكري)

— autorité *Soltat* سلطة . حكم

— immobilier; t. de procéd. *Enzar âkari* انذار عقاري (في المرافعات)

— d'armée *Hoqmêdariyat* حكمدارية العساكر

COMMANDER v.a. *Amara* أَمَرَ يأمُرُ

— un chose *Oaussa, talaba* وصّى على شيءٍ . طلبَ يطلُبُ

— des troupes *Kad al djiouch* قاد الجيوش . يقود

COMMANDEUR s.m. *Nichan daradjat saliçat* نيشان درجة ثالثة

COMMANDITEUR s.m. *Moçahem* مساهم . مشارك

COMMANDITE s. f. *Chercat commandite* شركة قوماندیت . شركة مساهمة

COMMANDITER v.a. *Kaddama rasmal* قدمّ راسمال

COMME adv. *Mesle* مثل . نظير . كما

COMMÉMORATIF, IVE adj. *Tazcari* تذكاري

COMMÉMORATION s.f. *Tazcar* تذكار

COMMENÇANT s.m. *Mobtadi* مبتدئٌ

COMMENCEMENT s.m. *Ebtedâ* ابتداء . شروع

COMMENCER v.a. *Ebtadaâ* ابتدأ . شرعَ يشرَعُ

COMMENSAL, ALE s.m. et f. *Djalis ol toâm* جليس الطعام . مؤاكل

COMMENSURABLE adj. *Motanaceb ol kias* متناسب القياس او الكيل

COMMENTAIRE s.m. *Charhe* شرح . تفسير . تعليق حواشٍ

COMMENTER v.a. *Charaha* شرَحَ . يشرَحُ . فسّر علّق حواشي

COMMÉRAGE s.m. *Kal oua kil* قال وقيل . كثرة غلبة

COMMERÇANT, ANTE s.m. et f. *Tadjer* تاجر ج تجار

COMMERCE s.m. *Tedjarat* تجارة . اتجار

COMMENCER v.n. *Tadjara* تاجرَ . اتجرَ

COMMERCIAL, ALE adj. *Tedjari* تجاري . متعلق بالتجارة

COMMÈRE s.f. *Echbinat* اشبينة . وكيلة المتعمد

— famme bavarde et médisante *Omroat sarçarat oua nammamat* امرأة ثرثارة ونمامة

COMMETTANT s.m. en jurisp. *Al moassi âla chay* الموصي على شيءٍ . المكلف احدًا بشيءٍ (في القضاء)

COMMETTRE v.a. *Callafa* كلّف . وصّى على

— un acte répréhensible *Ertaqaba* ارتكب . جَنَى يجني . اخطأ

— sa dignité *Arrada makamohou* عرَّض مقامهُ

COMMINATOIRE adj. en jurisp. *Tahdidi* تهديدي . تحت صدور الحكم (في القضاء)

COMMIS s.m. *Kateb* كاتب ج كُتّاب

— **greffier** *Cateb ol mahkamat el sani* كاتب المحكمة الثاني

COMMISÉRATION s.f. *Rahmat* رحمة . حنو . رأفة

COMMISSAIRE s.m. *Adou commission* عضو قومسيون . قوميساري ويطلق على نشر بفاتي البالوا يضًا

— **de train,** au chemin de fer *Comissari* كوميساري القطر (في السكة الحديدية)

— **de police** *Mamour police* مامور بوليس

— **priseur** *Dallal* دلاّل . مثمّن

COMMISSION s.f. *Ouaciat* وصيّة ج وصايا . تكليف

— de personnes *Lodjnat* لجنة . قومسيون

— t. de commerce *Ouecalat bel ômoulat* وكالة بالعمولة

— ce qu'un commissionnaire perçoit pour son salaire, *Omoulat* عمولة . قومسيون

COMMISSIONNAIRE s. m. *Commissiondji* قومسيونجي . تاجر بالعمولة

— de roulage *Attal, chayal* عتال . شيال . حمّال . مقاول نقل

COMMISSIONNER v.a. *Callafa* كلّف . وكّل باجراء شيء بالعمولة

COMMISSOIRE adj. (pacte) *Charte ouafa* شرط وفاء . رهنية بشرط ان لم يحصل الوفاء في الميعاد المعين بسند الرهنية يكون الشيء المرهون ملكًا للدائن

COMMISSURE s.f. en anat. *Madjmâ* مجمع ج مجامع . زاوية ج زوايا (في التشريح)

— en archit. *Lohmat* لُحمة (في البناء)

COMMODANT s.m. *El-moçallef bedoun mokabel* المسلف بدون مقابل بشرط ان يرد المستلف السلفة من نوعها

COMMODAT s.m. en jurisp. *Solfat bedoun mokabel* سلفة بدون مقابل وهي عقد سلفة بدون مقابل ترد من نوعها

COMMODE adj. *Sahel* سهل . هيّن

* — s.f. meuble *Buroh* ou *comode* بوروه . خزانة بادراج (كومود)

— en parlant des personnes *Moçayer* مساير . مسامح . سهل الاخلاق . ليّن العريكة

COMMODÉMENT adv. *Béçohoulat* بسهولة . براحة

COMMODITÉ s.f. *Sohoulat* سهولة . راحة

COMMOTION s.f. *Ertédjadje* ارتجاج . اهتزاز . انتفاض

COMMUER v.a. *Badala-l-kéças* بَدل القصاص . لطّفهُ

COMMUN, UNE adj. *Mochtareq* مشترك . عام

— nom commun *Esme naqira* اسم نكرة

— ordinaire *Adi* عادي . بسيط

— droit commun *Al hak ol âam* الحق العام

— le peuple, le vulgaire, *Aammat* عامة . رعاع . سفلة

— en commun *Saouiat* سوية . بالاشتراك

— les communs dans les grandes maisons *Manafê ol manzal* منافع المنزل مثل المطبخ والاسطبل والعربخانة الخ

COMMUNAUTÉ s.f. *Tayéfat* طائِفة . جمعية

COMMUNIANT, ANTE adj. *Motanaouel ol korban* متناول القربان

COMMUNICABLE adj. *Momqen ol ettelâ âlaybi* ممكن الاطلاع عليه

— qui peut être mis en communication, *Momken etteçaloh béghayréhi* ممكن اتصالهُ بغيره

COMMUNICANT, ANTE adj. *Moucel* موصل

COMMUNICATIF, IVE adj. *Moçayer* مساير . محب الاخبار . محب الكلم

— qui se communique, *Sahel ol ettéçal* سهل الاتصال . معدٍ

COMMUNICATION s.f. *Ettelaâ* اطلاع . تعريف . إعلام

— passage d'un lieu à un autre *Manfaz, tarik* منفذ ج منافذ . طريق ج طُرُق

— moyen de communiquer, *Etteçal* اتصال

COMMUNION s.f. union *Cherkat* شركة . وحدة

— réception de l'Eucharistie, *Tanaol ol korban* تناولِ القربان

COMMUNIQUER v.a. *Atalaâ* أطْلَعَ . عرّفَ

— mettre en communication, *Ouaçala* وَصَلَ يصِلُ

COMMUNISTE s,m. en jurisp. *Malek bel machâ* مالك بالمشاع

COMMUTATION s.f. de peine *Ebdal ol kéças* ابدال القصاص او تلطيفهِ

COMPACTE adj. *Cacif* كثيف . مكتَنِز

COMPAGNE s.f. *Rafikat* رفيقة . صاحبة

COMPAGNIE s.f. *Refkat* رفقة . مرافقة . صحبة

— de soldats *Ferkat askar* فرقة عسكر . فرقة جنود

— société industrielle *Chercat* ou *companiyat* شركة . قومبانية

COMPAGNON s.m. *Rafik* رفيق ج رفقاء . مصاحب

COMPARABLE adj. *Kabel ol momaçalat* قابل المماثلة . قابل المقارنة او المقابلة

COMPARAISON s.f. *Mokabalat* مقابلة . مقارنة . مماثلة

COMPARAÎTRE v.n. *Hadera amam* حضِرَ يحضَرُ امام

COMPARATIF, IVE adj. *Mokabel* مقابل . مقارن . مماثل

COMPARATIVEMENT adv. *Bémokabalat* بمقابلة . بمناسبة . بمقارنة . بمماثلة

COMPARER v.a. *Kabala* قابَل . ماثَل . قارَن

COMPAROIR v.n. en justice *Hadera amam el mahkamat* حضر امام المحكمة (في الاحكام)

COMPARSE s.m. et f. *Momassel hodouri* ممثل حضوري . مشخص غير متكلم في مرسح التمثيل

COMPARTIMENT s.m. d'un tiroir *Kanat ol dordj* خانة الدرج

— d'une voiture *Kesme* ou *khelouat* قسم . خلوة في القطار او العربة

COMPARUTION s.f. *Hodour amam* حضور امام

COMPAS s.m. *Bikar* ou *bargal* بيكار . بَرْجل

— **d'épaisseur** *Bargal caraoui* بَرْجل كروي

— **de maître de danse** *Bargal mekasse* بَرْجل مقصّ

— **à pointe et à couteau** *Bargal be sekkinat oua be djenah solb* بَرْجل بسكينة وبجناح صلب

COMPASSION s.f. *Chafakat* شفقة . رأفة . رحمة

COMPATIBILITÉ s.f. *Mouafékat* موافقة . ملايمة . مطابقة

COMPATIBLE adj *Mouafek* موافق . ملايم . مطابق

COMPATIR v.n. *Chafa'a* شفق يشفَق . رأف يرأفُ ب . رثى يرثي

COMPATRIOTE s.m. et f. *Ouatani* وطني . مواطن . ابن بلد

COMPENDIEUX, EUSE adj. *Mokhtaçar* مختصر موجز

COMPENSATION s.m. *Taâouid* تعويض

— en jurisp. *Mokassat* مقاصّة (في القضاء)

— distribution des frais judiciaires, *Al hokme bel maçarif âla-l-khosmayn* الحكم بالمصاريف على الخصمين (في القضاء)

COMPENSER v.a. t. de droit *Kassa* قاصّ يُقاصُّ

COMPÉRAGE s.m. *Chachbanat* شبنة . حق الميرون . القرابة بين الشبين والشبينة

— connivence, complicité *Taouatô* تواطؤ . احتيال

COMPÈRE s.m. *Chébin* شبين

— complice *Motaouaté* متواطئ . محتال

COMPÉTENCE s.f. *Ekhtéças* اختصاص

— habilité, connaissance *Ahliat* ou *khobrat* اهلية . خبرة

COMPÉTENT, ENTE adj. *Saheb ol ekhtéças* صاحب الاختصاص

— habile, connaisseur, *Zou ahliat* ou *zou khébrat* ذو اهلية . ذو خبرة

COMPÉTITEUR, TRICE s.m. et f. *Mozahem* مزاحم

COMPILATEUR s.m. *Djameê* جامع

COMPILATION s.f. *Djamê* جمع . تجميع

COMPILER v.a. *Djamaâ* جمَعَ يجمَعُ . جمّع

COMPLAIRE v.a. *Arda* ارضى . اعجب

— (SE) v.r. *Aâdjaba be nafséhi* اعجب بنفسهِ

COMPLAISANCE s.f. *Moradt* مراعاة . مسايرة

COMPLAISANT, ANTE adj. *Morali* مراعي . مساير

COMPLÉMENT s.m. *Takmélat* تكملة . تتمة

COMPLÉMENTAIRE adj. *Takmili* تكميلي . تتميمي

COMPLET, ÈTE adj. *Kamel* كامل . تام

COMPLÈTEMENT s.m. *Takmil* تكميل . تتميم

— adv. *Tamaman* تماماً . بالكمال والتمام

COMPLÉTER v.a. *Kammala* كمّل . تمّم

COMPLEXE adj. *Ektérani* اقتراني . مركّب . غير مفرد

COMPLEXION s.f. t. de méd. *Mezadj* مزاج . جبلّة . تركيب الجسد (في الطب)

COMPLICATION s.f. *Taâkid* تعقيد . اشتباك . شربكة

COMPLICE s.m. *Mochtareq bel djénayat* مشترك بالجناية

COMPLICITÉ s.f. *Echtéraq bel djénayat* اشتراك بالجناية

COMPLIMENT s.m. *Tahiat* تحيّة ج تحيّات . سلام . مديح

— **de condoléance** *Khétab taâziat* خطاب تعزية . تقديم التعزية

— **de félicitation** *Tahniyat* تهنئة . خطاب تهنئة

— étiquette *Taclifat* تكليفات . تجميلات

COMPLIMENTER v.a. *Hayia* حيّى . سلّم . هنأ . بارك . مدح يمدَح

COMPLIQUÉ, ÈE p.p. de compliquer *Moâkkad* معقّد . مشبّك . مشربك

COMPLIQUER v.a. *Akkada* عقّد . شبّك . شربك

— (SE) v.r. *Taâkkada* تعقّد . تشبّك . تشربك

COMPLOT s.m. *Moamarat* مؤامرة . تعصّب

COMPLOTER v.a. *Taouamara* تآمر . تعصّب

COMPONCTION s.f. *Nadam* ندم . ندامة . انسحاق

COMPORTER v.a. *Kabela* قبِلَ يقبَلُ . احتمل

— (SE) v.r. *Salaka* ou *taçarrafa* سلك يسلِكُ . تصرّف

— (SE) t. de jurisp. *Fi halatéhi-l-rahénat* في حالتهِ الراهنة . ما هو موجود في حالتهِ الراهنة

COMPOSER v.a. *Raccaba* ركّب . ألّف

— en imprim. *Saffa* صفّ . ركّب الحروف (في الطباعة)

COMPOSER v.a. en musique *Rattaba angham* رتّبَ انغام . ألّفَ الحان موسيقية

COMPOSITEUR s.m. t. d'imprim. *Saffaf horouf* صفّاف حروف . مرتب (في الطباعة)

— en musique *Moallef mouciki* مؤلّف موسيقي

— amiable compositeur; en jurisp. *Hakam* حكَم . محكم

COMPOSITION s.f. *Taalif* تأليف ج تآليف

— en imprim. *Saffe* صَفّ . ترتيب (في الطباعة)

— reconciliation s.f. *Solhe* صلح . توفيق بين

— de Tribunal *Tachqil* تشكيل

COMPOSTEUR s.m. *Meçaff* مِصَفّ وهو الذي تُصَفّ عليهِ الاحرف

COMPOTE s.f. *Morabba* مربّى ـ نوع من الحلويات

COMPOTIER s.m. *Hok* ou *matbakiet ol morabba* حُق او مطبقية المربّى

COMPRÉHENSIBLE adj. *Mafhoum* مفهوم . قابل الادراك

COMPRÉHENSION s.f. *Fahme* فهم . ادراك

COMPRENDRE v.a. *Fahama* فهِمَ يفهَمُ . ادرك

COMPRESSE s.f. en chir. *Refadat* رفادة . خرقة يرفد بها الجرح . وهي قطعة قماش مطوية تُبل بالماء او غيره وتضع على العضو المريض

COMPRESSEUR s.m. *Daghet* ضاغط

— t. milit. *Gastaniat* جاسطانية آلة لسد المدفع وتعطيلهِ (في الاصطلاح العسكري)

COMPRIMER v.a. *Dag'ata* ضغطَ يضغَطُ . كبَسَ يكبِسُ

COMPROMETTRE v.a. *Arrada lel khatar* عرّضَ للخطر

— t. de jurisp. *Aoukada taht-el-chobbat* اوقع تحت الشبهة (في القضاء)

— son honneur, sa dignité, *Hatta fi charafêhi* حطّ في شرفهِ . عرّض مقامهُ للهوان

— (SE) *Taârrada lel zonoun* تعرّض للظنون . تعرّض للشك

COMPROMIS s.m. *Machbouh* مشبوه . مبهم

— en jurisp. *Saq ol tahqime* صك التحكيم . قومبرومِيسّو

COMPTABILITÉ s.f. *Al hêçabat* الحسابات . فن الحسابات

COMPTABLE s.m. *Cateb hêçabat* كاتب حسابات

COMPTANT adj. *Nakdan* نقدًا . بالنقد . الدفع فورًا

COMPTE s.m. *Hêçab* حساب ج حسابات

— **à compte** *Keste* قسط ج اقساط . جانب من المطلوب

— **tenir compte** *Haçaba lahou* حسبَ يحسِبُ لهُ . قيّدلهُ بالحساب

— **de gestion** *Hêçab ol ôhdat* حساب العهدة . مقاصدات

COMPTE-GOUTTE s.m. t. de méd. *Addad ol nokat* عداد النقط « آلة طبية »

COMPTER v.a. *Adda* عدّ يعدُّ . حسبَ يحسِبُ

— sur *Ettakala âla* اتكل على

COMPTEUR s.m, t. de méc. *Addad* عدّاد وهي آلة تعدُّ دورات دواليب الآلة او الكمية التي تُصرَف من الماء او الغاز

COMPTOIR s.m. *Bank* بنك ج بنوكة . مكتب ج مكاتب . محل تجاري

— de marchand *Banq ol doccan* بنك الدكّان

COMPULSER v.a. *Cachafa âla* كشفَ يكشِفُ على . بحثَ يبحَثُ في

COMPULSION s.f. *Cachfe âla* كشف على سجل او غيره . بحث في

* **COMTE, ESSE** s.m. et f. *Comte* كونت . لقب شرف في اوروبا

COMTÉ s.m. *Amlaq ol comte* املاك الكونت

CONCASSÉ, ÉE p.p. de concasser *Madchouch* مدشوش . مجروش . مكسّر تحت الرحى

CONCASSER v.a. *Dach-cha djaracha* دشّ . جرشَ يجرُشُ . كسّرَ تحت الرحى

CONCASSEUR s.m, *Médach-chat* مِدشّة . طاحونة لجرش الحبوب رحى . جاروش

CONCAVE adj. *Modjaou-ouaf* مجوّف

CONCAVITÉ s.f. *Tadjouif* تجويف

CONCÉDER v.a. *Tanazala ân* تنازل عن . سمح يسمح

CONCENTRATION s.f. *Ehtêcar* احتكار . جمع في المركز المتوسط

— en phis. *Tadjammô* تجمّع . اتجاه الى نقطة مركزية متوسطة

— en méd. *Tarqiz* تركيز

CONCENTRER v.a. *Djamaâ* جمع يجمع في المركز المتوسط

CONCEPTION s.f. action par laquelle un être vivant est conçu *Haml, habal* حمْل . حَبَل

— en philos. faculté de comprendre *Edrak* ادراك . استيعاب (في الفلسفة)

CONCERNANT prép. *Mokhtasse bi* مختص ب . متعلق ب

CONCERNER v.a. *Akhtassa bi* اختص ب . تعلق ب

CONCERT s.m. intelligence entre deux personnes *Ettéfak* اتفاق . اتحاد

— **de concert**, d'intelligence *Béettefak* باتفاق . باتحاد

— musical *Naoubat moucikiyat* نوبة موسيقية

CONCERTER v.a. *Tadaouala mâ* تداول مع . دبّر مع

CONCESSION s.f. privilège *Emtiaz* امتياز

— désistement *Tanazol ân* تنازُل عن

CONCESSIONNAIRE s.m. *Saheb ol emtiaz* صاحب الامتياز

— celui en faveur duquel le désistement a lieu *Al motanazal elayhi* المتنازل اليه

CONCEVOIR v.a. *Hamalat* ou *habalat* حملت حبلت

— comprendre en philos. *Fahema* فهم يفهم . ادرك استوعب (في الفلسفة)

CONCHOÏDE adj. en archit. *Amoudi* عامودي (في البناء)

CONCIERGE s.m. *Baouab* بوّاب

CONCILE s.m. *Madjmâ açakéfat* مجمع اساقفة

CONCILIABLE adj. *Kabel ol ettêhad mâ* قابل الاتحاد مع

CONCILIABULE s.m. *Mouamêrat* مؤامرة . اجتماع بسوء النية

CONCILIATEUR, TRICE s.m. et f. *Moçaleh* مصالح . مُصلح

CONCILIATION s.f. *Moçalahat* مصالحة . موافقة

— de texte *Tatabok* تطابق . توافُق

CONCILIER v.n. *Salaha* صالح . وفّق

CONCIS, SE adj. *Mokhtaçar* مختصر . موجَز

CONCISION s.m. *Ekhtéçar* اختصار . ايجاز في الكلام

CONCITOYEN, ENNE s.m. et f. *Mouaten* مُواطن . ابن بلد

CONCLAVE s.m. *Madjmâ ol caradélat* مجمع الكرادلة لانتخاب بابا

CONCLUANT, ANTE adj. *Mokné* مقنع . بتّي . جزمي

CONCLURE v.a. *Estantadja* استنتج . حكم

— arrêter, régler définitivement *Anha* انهى . بتّ يبتّ

CONCLUSIF, IVE adj. *Dal âla-l-natidjat* دالّ على النتيجة

— qui règle définitivement *Nehaï* نهائي . بتّي

CONCLUSION s.f. *Natidjat* نتيجة ج نتائج . خاتمة ج خواتم . خلاصة ج خلاصات

CONCOCTION s.f. en phisiol. *Hadm ol aghziat* هضم الاغذية (في اصطلاح علم تركيب الاجسام الحيوانية)

CONCOMBRE s.m. *Khiar* خيار . قثّاء

CONCOMITANCE s.f. *Mokaranat* مقارنة . ملازمة

CONCORDANCE s.f. *Motabakat* مطابقة . موافقة

* **CONCORDAT** s.m. *Concordato* كونكورداتو . عقد صلح المفلس

CONCORDE s.f. *Ettéfak* اتفاق . اتحاد

CONCORDER v.n. *Ouafaka* وافق . طابق

CONCOURIR v.n. *Saâda* ساعد . عاون

— être en concurrence *Taçabaka* تسابق . تزاحم

CONCOURS s.m. *Moçabakat* مسابقة . مزاحمة

— prêter son concours *Moçaâdat* مساعدة . معاونة

— en jurisp. *Oudjoud daïnin mortahenin fi tarikh ouahed* وجود دائنين مرتهنين في تاريخ واحد

CONCRET adj. *Motadjammed* متجمّد . منعقد

CONCRÉTION s.f. *Tadjammod* تجمُّد · انعقاد

— **arthritique** t. de méd. *Tadjammod nekreci* تجمُّد نِقرسي (في الطب)

— **osseuse** t. de méd. *Taçallob âzmi* تصلُّب عظمي (في الطب)

— **fibrineuse** t. de méd. *Enèêkad lifi* انعقاد ليفي (في الطب)

CONCUBINAGE s.m. *Moçacanat omraat ghayr chariyat* مساكنة امرأة غير شرعية · مرافقة

CONCUBINE s.f. *Omraat ghayr chariyat* امرأة غير شرعية · رفيقة

CONCUPISCENCE s.f. *Chahouat* شهوة · ميل الى المنكر

CONCRÉTIONNER (SE) v.r. *Tadjammada* تجمَّد · انعقد

CONCURREMMENT adv. *Saouiyat* سوية · بآن واحد

CUNCURRENCE s.f. *Mozahamat* مزاحمة · مجاراة · مسابقة

— en jurisp. *Al moçaouat bel hokouk* المساواة بالحقوق (في القضاء)

— **jusqu'à concurrence** *Lèghayat* لغاية · الى حد

CONCURRENT, ENTE s.m. et f. *Mozahem* مزاحم · مجار

CONCUSSION s.f. *Rachouat* رشوة · اختلاس

CONCUSSIONNAIRE s. m. *Mortachi* مرتش · مختلس

CONDAMNABLE adj. *Mostahekk ol êkab* مستحق العقاب

CONDAMNATION s.f. *Hokme bel ôkoubat* حكم بالعقوبة او بالقصاص

CONDAMNÉ, ÉE s.m. *Mahkoum âlayhi* محكوم عليه

CONDAMNER v.a. *Hakama âla* حكمَ بحكُمُ على · عاقبَ

— une porte *Sadda-l-bab* سدَّ الباب « بنوع انهُ لا يفتح بعد سدّهِ »

CONDENSABILITÉ s.f. *Kabeliyat ol caçafat* قابلية الكثافة

CONDENSATION s.f. *Caçafat* كثافة

CONDENSER v.a. *Djaâla cacifan* جعل َ يجعَل كثيفاً

— t. milit. *Damma safouf ol djaych* ضمَّ يضمُّ صفوف الجيش

* **CONDENSEUR** s.m. t. de méc. *Candaçat* كندسة وهي في الاصطلاح الميكانيكي وعاء يكون في الآلة البخارية يستحيل فيه البخار الى ماء

CONDESCENDANCE s.f. *Radyat* رعاية · تنازل

CONDESCENDRE v.n. *Rad* راعى · تنازل

CONDIMENT s.m. *Bahar* بهار « من التوابل »

CONDISCIPLE s.m. *Rafik madraçat* ou *zamil* رفيق مدرسة · زميل

CONDITION s.f. classe à laquelle appartient une personue *Tabakat* طبقة · رتبة · درجة الانسان في الهيئة الاجتماعية

— situation, état *Halat, mehnat* حالة · مهنة

— clause *Charte* شرط

CONDITIONNEL, ELLE adj. *Charti* شرطي

CONDITIONNELLEMENT adv. *Tahte charte* تحت شرط

CONDITIONNEMENT s. m. *Estenâ ol chay* اصطناع الشيء

CONDITIONNER v.a. *Estanaâ chay-an* اصطنع شيئاً

CONDOLÉANCE s.f. *Tadziat* تعزية في مصيبة · تسلية

CONDUCTEUR, TRICE s.m. et f. d'une barque *Raïs ol marcab* رئيس المركب · رئيس الفلوكة

— **de travaux** *Nazer achghal* ناظر اشغال

— **de machines** t. de méc. *Saouak* سواق · اوسطه وابور (في الميكانيكيات)

— en phys. *Mouassel* موصِّل (في الطبيعيات)

— de voiture *Arabadji* عربه جي · سائق عربة

CONDUCTION s.f. en phys. *Içal* ou *taoucil* ايصال · توصيل

— en droit romain *Estèdjar* استئجار في القانون الروماني

CONDUIRE v.a. *Kada* قادَ يقودُ · سيَّر

— une machine *Saka-l-ouabour* ساقَ يسوقُ الوابور · دوَّرَ الوابور

— **(SE)** v.r. *Taçarrafa* تصرَّفَ · سلكَ يسلُكُ

CONDUIT s.m. *Kanat* قناة · مجرى ماء

— auditif, t. d'anat. *Kanat samîyat* قناة سمعية (في التشريح)

CONDUITE s.f. *Taçarrof* تصرُّف · سيرة · سلوك

— t. de mar. *Masrouf safar el mallahin* مصروف سفر الملاحين (في الملاحة)

— des eaux *Madjra miah* مجرى مياه · قناة

CONDYLE s.m. en anat. *Natou lokoumi* — نتوء لقمي (في التشريح)

CONDYLOME s.m. en méd. *Ouaram lokoumi* — ورم لقمي (في الطب)

CONE s.m. t. de géom. *Makhrout* — مخروط (في الهندسة)

CONFECTION s.f. *Estenâ* — اصطناع · صنع · عمل

— t. de tailleur *Açouab moukhatat* — اثواب مخاطة

CONFECTIONNER v.a. *Sanaâ* — صنعَ يصنعُ · اصطنع · عمِلَ يعمَلُ

CONFÉDÉRATION s.f. *Ouelayat mottahêdat* — ولايات متحدة

CONFÉRENCE s.f. de diplomates *Motamar* — موءتمر · مجتمع

— action de traiter d'un objet quelconque *Mafaouadat* — مفاوضة · مداولة

CONFÉRER v.a. *Tachaouara* — تشاور · تفاوض · تداول

— donner, accorder *Manaha* — منحَ يمنحُ · اعطى · قلّد

CONFESSER v.a. *ârrafa* — عرّفَ · قرّر

— **(SE)** v.r. *Êtarafa* — إعترف · اقرّ

CONFESSEUR s.m. *Moârref* — معرّف · مرشد · مقرّر

CONFESSION s.f. *Êteraf* — اعتراف · اقرار

CONFESSIONNAL s.m. *Korsi-l-êteraf* — كرسي الاعتراف

CONFIANCE s.f. *Cékat* ou *amanat* — ثقة · امانة

CONFIANT, ANTE adj. *Ouacek* — واثق · موءتمن

CONFIDEMMENT adv. *Serran* — سرًّا · بمسارّةٍ · بثقةٍ

CONFIDENCE s.f. *Moçarrat* — مسارّة · اسرار

CONFIDENT, ENTE s.m. et f. *Amin ol serre* — امين السر · موضع الثقة

CONFIDENTIEL, ELLE adj. *Serri* — سرّي

CONFIER v.a. *Sallama, ammana* — سلّم · أمّن

— **(SE)** v.r. *Ettakala âla* — إتّكل على · وثق ب يثق

CONFIGURATION s.f. *Rasme* — رسم · شكل · صورة

CONFIGURER v.a. *Raçama* — رسمَ يرسمُ · صوّر

CONFINEMENT s.m. *Motakhamat, modjaouarat* — متاخمة · مجاورة

CONFINER v.n. *Takhama* ou *djaouara* — تاخم · جاور

— **(SE)** *Êtazala* — اعتزل · انفرد

CONFINS s.m. pl. *Hodoud* — حدود · تخوم

CONFIRE v.a. *Amela morabba* — عمل مربّى

CONFIRMATIF, IVE adj. *Takidi* — تأكيدي · تثبيتي · تصديقي

CONFIRMATION s.f. *Takid* — تأكيد · تثبيت · تصديق

CONFIRMER v.a. *Accada* — اكّدَ · ثبّتَ · صدّق

— t. d'église *Çabbata* — ثبّت (في الاصطلاح الكنسي)

CONFISCABLE adj. *Kabel ol dabte* — قابل الضبط · ممكن حجزه

CONFISCATION s.f. *Dabte* — ضبط · حجز

CONFISERIE s.f. *Maâmal heloua* — معمل حلواء

CONFISEUR, EUSE s.m. et f. *Halaouani* — حلواني · صانع الحلواء

CONFISQUER v.a. *Dabata* — ضبطَ يضبطُ · حجزَ يحجزُ

CONFITURE s.f. *Morabba* — مربّى · حلواء · طاتلي

CONFITURIER, IÈRE s.m. et f. *Sané ol morabba* — صانع المربّى

CONFLAGRATION s.f. *Ehtérak* — احتراق · اشتعال · اضطرام

CONFLIT s.m. *Mochadjarat* — مشاجرة · خلاف · شقاق

CONFLUENCE s.f. *Encébab* — إنصباب · اختلاط · اجتماع نهرين

— en méd. *Ekhtélat* — اختلاط · تماسّ (في الطب)

CONFLUENT, ENTE adj. *Mokhtalet* — مختلط · متماسّ

— s.m. d'un fleuve *Moltaka nahrayne* — ملتقى نهرين

CONFLUER v.a. *Ekhtalata* — اختلطَ · اجتمعَ في · انصبّ في

CONFONDRE v.a. unir *Mazadja* — مزجَ يمزجُ · خلطَ يخلِطُ · جمعَ يجمعُ

— faire échouer *Ahbata* — احبط · نكّل

— maudire *Laâna* — لعنَ يلعَنُ · اخزى

— mettre dans l'impossibilité de répondre *Ajhama* — افحم · سكّت

— étonner, stupéfier *Adhacha* — ادهش · اذهل

— humilier *Akhdjala* — اخجل · اخزى

— **(SE)** v.r. *Ekhtalata* ou *emtazadja* — اختلط · امتزج ب

CONFORMATION s.f. *Takonin* تكوين · تركيب
— en méd. *Tarkib ol djesme* تركيب الجسم (في الطب)
CONFORME adj. *Motabek* مطابق · موافق · مناسب
CONFORMÉMENT adv. *Bénaan âla* بناء على · بمناسبة · بالنسبة
CONFORMER v.a. *Tabaka* طابق · وافق · ناسب
CONFORMITÉ s.f. *Motabakat* مطابقة · موافقة · مناسبة
CONFORT s.m. *Rahat* راحة · رفاهة · رغد
CONFORTABLE adj. *Morih* مريح · رغِد · جالب الرفاهة
CONFORTABLEMENT adv. *Bérahat* براحة · برفاهة · برغد
CONFORTANT, ANTE adj. *Mokaouy* مقوٍّ (في الطب)
CONFORT v.a. *Kaououa* قوّى · شدّد
— (SE) *Takaououa* تقوّى · اشتدّ
CONFRATERNEL, ELLE adj. *Ekhaï* إخائي · أخوي
CONFRATERNITÉ s.f. *Ekhà* إخاء · أخوّة
CONFRÈRE s.m. *Zamil* زميل · رصيف
CONFRÉRIE s.f. *Ekhà* إخاء · أخوّة · اخوية
CONFRONTATION s.f. t. de droit pénal *Moouadjèhat* مواجهة · مقابلة (في المواد الجنائية)
CONFRONTER v.a. t. de droit pénal *Ouadjaha* واجه · قابل
CONFUS, USE adj. t. de droit *Houkouk modjtamaât fi chakhsen ouahed* حقوق مجتمعة في شخص واحد (في القضاء)
— honteux *Makhdjoul* مخجول · خزيان · مستحٍ
— embarassé *Mortabec* مرتبك · محتار
CONFUSÉMENT adv. *Bé ertébak* بارتباك · بحيرة
CONFUSION s.f. *Ertébac* ارتباك · حيرة
— t. de jurisp. *Ettèhad ol zemmat* إتحاد الذمة (في الاصطلاح القضائي)
CONGÉ s.m. *Edjazat* إجازة · رخصة
— t. de mar. *Edjazat rabban el safinat bel safar* إجازة ربان السفينة بالسفر
— **prendre congé** *Ouaddaâ* ودّع · استأذن

CONGÉDIER v.a. *Sarrafa* صرّف · أذن بالانصراف
— d'un emploi *Rafata* رفت · رفيتُ · عزلَ · يعزِلُ
CONGÉLABLE adj. *Kabel ol tadjallod* قابل التجلّد
CONGÉLATION s.f. *Tadjallod* تجلّد · تجمّد
CONGÉLER v.a. *Djallada* جلّد · جمّد
CONGÉNÈRE adj. *Macil* ou *Chabih* مثيل · شبيه · نظير
— en anat. *Notadjanès* متجانس · من جنس واحد (في التشريح)
CONGÉNITAL, ALE adj. en méd. *Khelki* خِلْقي (في الطب)
CONGESTION s.f. *Ehtékan* إحتقان (في الطب)
CONGRATULATION s.f. *Tahniyat* تهنئة
CONGRATULER v.a. *Hannaâ* هنّأ · قدّم التهاني
CONGRÉGANISTE s.m. *Adou Akhaoui-yat* عضو اخوية · عضو جمعية إخاء
CONGRÉGATION s.f. *Akhaoui-yat* اخوية · جمعية إخاء
CONGRÈS s.m. *Motamar* مؤتمر · اجتماع الدول
CONGRU, UE adj. *Mostaoufi* مستوفٍ · كافٍ
CONGRUITÉ s.f. *Estifà* استيفاء · كفاءة
CONGRÛMENT adv. *Béestifà* باستيفاء · بكفاءة
CONIQUE adj. t. de géom. *Makhrouti-ol-chakle* مخروطيُّ الشكل (في الهندسة)
CONJECTURAL, ALE adj. *Tahte el takhmine* تحت التخمين · مبني على الظن
CONJECTURALEMENT adv. *Beltakhmine* بالتخمين · بالظن
CONJECTURE s.f. *Zenne* ظنّ · تخمين · توهُّم
CONJECTURER v.a. *Zanna* ظنّ يظنُّ · خمّن · توهّم
CONJOINDRE v.a. *Ouaçala* وَصلَ يصِلُ · جمع يجمع
CONJOINT, OINTE p.p. de conjoindre *Mottacel* متصِل · متّحِد
— s.m. chacun des époux *Collon men el zaoudjayn* كلٌّ من الزوجين · الزوج والزوجة
CONJOINTEMENT adv. *Bi ettèhad, bi èttèçal* باتحاد · باتصال · باجتماع
CONJONCTIF, IVE adj. *Moucel* موصل · موحِّد · جامع

CONJONCTIVE s.f. en anat. *Moltahèmat* ملتحمة . غشاء في العين (في التشريح)

CONJONCTIVITÉ s.f. *Eltèhab ol moltahèmat* التهاب الملتحمة (في الطب)

CONJUGAISON s.f. *Tasrif ol fèël* تصريف الفعل

CONJUGAL, ALE adj. *Ektèrani* اقتراني . تزويجي . زواجي

CONJUGALEMENT adv. *Bèck-tèran* باقتران . بازدواج

CONJUGUER v.a. *Sarraf al fèël* صرّف الفعل

CONJURATION s.f. *Moamarat* مؤامرة . مكيدة

— du démon. *Taâzime* تعزيم . تقسيم «لاخراج الارواح الشريرة»

CONJURÉ s.m. *Motaouamer* متوامر . احد افراد العصبة

CONJURER v.a. supplier *Taouassala* توسّل . تضرّع

— le diable *Azzama âla* عزّم على . قسّم

— au fig. un danger *Tadjannaba* تجنّب . تخلّص من

CONNAISSANCE s.f. *Maârèfat* معرفة . علم

— t. de procédure *Ekhtèças* اختصاص

CONNAISSEMENT s.m. *Bouliçat* بوليصة . سند الشحن

CANNAISSEUR, EUSE s.m. *Khabir* خبير . صاحب خبرة

CONNAÎTRE v.a. *Arafa* عرف يعرف . علم يعلم

CONNEXION s.f. *Endèmam* إنضمام . تقارُب . اقتران

CONNEXITÉ s.f. en droit *Endèmam kadiatayn bè hoqm ouahed* انضمام قضيتين بحكم واحد

— en droit, *Daâoua marfouât amam mahqamat oué sabek èkametha amam mahkamat okhra* دعوى مرفوعة امام محكمة وسابق اقامتها امام محكمة اخرى

CONNIVENCE s.f. *Taouato* تواطؤ . إتفاق

CONNIVENT, ENTE adj. en anat. *Motakareb* متقارب

CONNIVER v.a. *Ekhfa djarimat el mottaham* اخفاء جريمة المتهم

CONNU, UE p.p. de connaître *Maârouf* معروف . مشهور . معلوم

CONOÏDE adj. t. de géom. *Makhrouti ol chagle* مخروطي الشكل (في الهندسة)

CONQUASSANT, ANTE adj. douleurs conquassantes, *Enhèchari* انحشاري . آلام وقت الولادة

CONQUE s.f. *Sadafat* صدفة . ودعة

— en anat. *Siouan ol ezne* صيوان الاذن

CONQUÉRANT s.m. *Fatch* ou *ghazi* فاتح . غاز

CONQUÉRIR v.a. *Fataha* فتح . غزى

CONQUÊTE s.f. *Fotouh* فتوح . فتح

CONSACRER v.a. bénir *Carraça* كرّس

— un prêtre *Raçama* رسم برسم

— un roi *Taouadja* توّج

— son temps *Khassaça ouaktahou* خصص وقته

CONSANGUIN, INE adj. *Karabat âcab ouahed* قرابة عصب واحد . من دم واحد

CONSCIENCE s.f. *Zemmat* ذمّة . ضمير

CONSCRIPTION s.f. *Korâat* قرعة . طالب للعسكرية

CONSCRIT s.m. *Nafar koraât* نفر قرعة . مطلوب للعسكرية

CONSÉCRATION s.f. *Taqris* تكريس . تخصيص

— d'un prêtre *Rèçamat* رسامة

CONSÉCUTIF, IVE adj *Motatabê* متتابع . متوال

CONSÉCUTIVEMENT adv. *Bètatabô* بتتابع . بتوال

CONSEIL s.m. *Nacihat* نصيحة . مشورة . رأي

— assemblée *Madjlès* مجلس

— **des Ministres** *Madjles ol nozzar* مجلس النظار

— **législatif** *Madjles chaoura-l-kaouanin* مجلس شورى القوانين

— **sanitaire** *Madjles ol sohhat* مجلس الصحة

CONSEILLER v.a. *Naçaha* نصح ينصح . بدى رأيا . اشار

CONSEILLER, IÈRE s.m. et f. *Naçouh* نصوح . راشد

— s.m. membre d'un Conseil, *Mostachar* مستشار

CONSENSUEL, ELLE adj. en droit, (contrat) *Orfi* عرفي . شروط عرفية (في القضاء)

CONSENTANT, ANTE adj. t. de droit *Al kabel* القابل (في القضاء)

CONSENTEMENT s.m. *Kaboul* قبول ۰ رضاء ۰ مصادقة

CONSENTIR v.a. *Kabila* قبِلَ يقبَلُ ۰ رضيَ يرضَى

— t. de mar. *Eltaoua* ou *enhana* التوى ۰ انحنى (في الملاحة)

CONSÉQUEMMENT adv. *Ezan* اذًا ۰ فالنتيجة ۰ فالحاصل

CONSÉQUENCE s.f. *Natidjat* نتيجة ۰ عاقبة ۰ خلاصة

CONSERVATEUR s.m. (parti) *Hezb ol mohafézine* حزب المحافظين ۰ الحزب المحافظ

— **TRICE** s.m. et f. *Mohafèz* مُحافظ ۰ حافظ ۰ امين

CONSERVATION s.f. *Hefz* حفظ ۰ صيانة ۰ وقاية

CONSERVATOIRE adj. t. de jurisp. *Tahaffozi* تحفُّظي ۰ احتراسي (في القضاء)

— s.m. t. de mus. *Madraçat ol mocika* مدرسة الموسيقى

CONSERVE s.f. sorte de confiture *Morabba* مربّى

— substance alimentaire conservée dans les boîtes, *Matboukhate, maqbouçat* مطبوخات او مكبوسات محفوظة ضمن علب

— t. de mar., navire qui fait route avec un autre pour le secourir, *Safinat mohafèzat* سفينة محافظة (في الملاحة)

CONSERVER v.a. *Hafaza* حفَظَ يحفَظُ ۰ صانَ يصونُ ۰ وقى يقي

CONSIDÉRABLE adj. *Azime* عظيم ۰ جسيم ۰ معتبر ۰ خطير

CONSIDÉRABLEMENT adv. *Bicosrat* بكثرة ۰ بوفرة ۰ بغزارة

CONSIDÉRANT s.m. t. de jurisp. *Asbab ol hoqme* اسباب الحكم (في القضاء)

CONSIDÉRATION s.f. *Molahazat* ملاحظة ۰ اهمية

— égard *Eêtébar* اعتبار ۰ رعاية

— action de considérer *Taammol* تأمُّل ۰ غيرة ۰ نظر

CONSIDÉRÉ, ÉE adj. *Moôtabar* معتبر ۰ مرعي

CONSIDÉRER v.a. *Nazara* نظرَ ينظرُ ۰ تأمل

— estimer *Eêtabara* اعتبر ۰ راعى

— (SE) v. r. *Eêtabara nafsohou* اعتبرنفسهُ ۰ حسبَ يحسِبُ نفسهُ

CONSIGNATAIRE s.m. *Al moçallam ilayh* المسلَّم اليهِ

CONSIGNATEUR s.m. *Al moçallem* المسلِّم

CONSIGNATION s.f. *Taslim* تسليم

— à la consignation *Ala-l-taslim* على التسليم ۰ تحت التسليم

CONSIGNE s.f. *Amre, tanbih* امر ۰ تنبيه

— ce qui est consigné, t. de comm. *Amanat* امانة ۰ تسليم (في التجارة)

— **porte consigne** *Boloq anim ol kalâat* باوك امين القلعة

CONSIGNER v.a. *Sallama* سلَّم ۰ أمَّن

CONSISTANCE s.f. *Salabat* صلابة ۰ متانة ۰ ثبات

CONSISTER v.n. *Tacaon-ouna men* تكوَّن من ۰ تألَّف من ۰ احتوى في

CONSŒUR s.f. *Zamilat* زميلة ۰ رصيفة

CONSOLABLE adj. *Kabel ol tadziyat* قابل التعزية

CONSOLANT, ANTE adj. *Modzzi* معزٍّ ۰ مسلٍّ « شيء »

CONSOLATEUR, TRICE adj. *Modzzi* معزٍّ ۰ مسلٍّ « شخص »

CONSOLATION s.f. *Tadziat* تعزية ۰ تسلية

* **CONSOLE** s.f. meuble *Console* كونصول

— t. d'archit. *Cabouli* كابولي (في البناء)

CONSOLER v.a. *Azza* عزّى ۰ سلّى

CONSOLIDABLE adj. *Kabel ol takoui-yat* قابل التقوية ۰ قابل التمكين

CONSOLIDATION s.f. *Takaoui-yat* تقوية ۰ تمكين ۰ تثبيت

CONSOLIDER v.a. *Kaou-oua* قوّى ۰ مكّن ۰ ثبّت

CONSOMMATEUR s.m. *Mostahlec* مستهلك ۰ قاطع من ماكول او مشروب

— d'un café *Zeboun ol kahouat* زبون القهوة اعني المتردد الى القهوة

CONSOMMATION s.m. *Estehlac* استهلاك ۰ ما تنفقهُ المدينة او غيرها

CONSOMMÉ s.m. *Marak ol lahme* مرق اللحم

— **ÉE** p.p. de consommer *Mostahlac* مستهلك ۰ منفوق

CONSOMMER v.a. *Estahlaca* استهلك ۰ قطع من ماكول او مشروب

— achever, accomplir *Tammama* تمّم ۰ انهى ۰ اجرى

CONSOMPTIF, IVE adj. en méd. *Mombek* — محق · مفنٍ (في الطب)

CONSOMPTION s.f. *Mahk* — محق · فناء

CONSONNANCE s.f. *Mooua-fakat açouat* — موافقة اصوات · مقارنة الحان

CONSONNE s.f. *Harf saqen* — حرف ساكن

CONSORTS s.m. pl. *Rofaka* — رُفقاء · شركاء

CONSOUDE s.f. (plante) *Azan ol homar* — آذان الحمار « نبات طبي »

CONSPIRANT, ANTE adj. *Mo-taouamer* — متوامر · متحزّب · متعصِّب

CONSPIRATEUR, TRICE s.m. et f. *Ahad el mo-taouamèrin* — احد افراد المتوامرين · احد المتعصبين · احد المتحزبين

CONSPIRATION s.f. *Moua-mèrat* — موامرة · تحزّب · تعصّب

CONSPIRER v.n. *Taouamara* — توامر · تحزّب · تعصّب

CONSPUER v.a. *Ehtakara* — احتقر · اهان · ازلّ

CONSTAMMENT adv. *Dayé-man* — دائمًا · بدون انقطاع

CONSTANCE s.f. *Sabre, ça-bat* — صبر · ثبات

CONSTANT, ANTE adj. *Sa-ber, çabet* — صابر · ثابت

CONSTATATION s.f. *Tahkik* — تحقيق · بحث · تحرّي

CONSTATER v.a. *Hakkaka* — حقّق · بحث يبحثُ · تحرّى

CONSTELLATION s.f. t. d'astr. *Bordj* — برج (في الاصطلاح الفلكي)

CONSTERNATION s.f. *En-queçar kalb, zohoul* — انكسار قلب · ذهول · دهشة اكتئاب

CONSTERNER v.a. *Azhala* — اذهلَ · كدّرَ · أحزنَ · ادهش

CONSTIPATION s.f. *Emçaq ol batne* — امساك البطن

CONSTIPER v.a. *Amçaca-l-batne* — أمسك البطن

CONSTITUÉ, ÉE p.p. de constituer *Monazzam* — منظّم · مشكّل · موّلف

CONSTITUER v.a. *Akama* — اقام · جعَلَ يجعَلُ

— donner charge à quelqu'un *Ay-yana* — عيّن · وكّل · فوّض

— quelqu'un prisonnier *Habaça* — حبس · سجن

— une société *Chaccala* — شكّل · ألّف · نظّم

— (SE) v.r. se constituer prisonnier *Sallama nafsahou lel sedjne* — سلّم نفسه للسجن

CONSTITUTIF, IVE adj. *Açaci* — اساسي · جوهري

CONSTITUTION s.f. *Bèniat, taqouin* — بنية · تكوين

— le fait de constituer *Tarquib, tacis* — تركيب · تاسيس

— de Gouvern. *Al hokou-mat ol chabouraouiyat* — الحكومة الشورويةوالدستورية

— de rente *Tartib irad* — ترتيب ايراد

— de Wakf *Ikaf* — ايقاف · اصل الوقف

CONSTITUTIONNEL, ELLE adj. *Chaouraouy* — شوروي · دستوري

CONSTITUTIONNELLEMENT adv. *Chaouraouiyan* — شورويًا · دستوريًا

CONSTRICTION s.f. *Asre* — عَصْر · ضمّ · ضغطٌ على الدائر

CONSTRUCTEUR s.m. *Banna* — بنّاء · عمّار

CONSTRUCTION s.f. *Benà* — بِناء · عمارة

— du corps *Beniat* — بنية · تركيب الجسم

— d'une machine *Tar-qib* — تركيب

CONSTRUIRE v.a. *Bana* — بنى يبني · شاد يشيد · عمّر

— une machine *Raccaba* — ركّب

CONSUL s.m. *Konsol* — قنصل · شهبندر

CONSULAIRE adj. *Konsoli* — قنصلي · متعلق بالقونصلاتو

*CONSULAT s.m. *Konsolato* — قنصلاتو · دار القنصلية

CONSULTATIF, IVE adj. *Zou ray* — ذو رأي · ذو حق باعطاء رأي

CONSULTATION s.f. *Machou-arat* — مشورة

— **médicale** *Estéchارat tobbi-yat* — استشارة طبيّة

CONSULTER v.a. *Chaouara* — شاور · استشار

CONSUMABLE adj. *Kabel ol estehlaq* — قابل الاستهلاك

CONSUMER v.a. *Estahlaca* — استهلك · افنى

CONTACT s.m. *Molamaçat* — ملامسة · مماسّة

CONTAGIEUX, EUSE adj. *Moôdi* — معدٍ

CONTAGION s.f. *Adoua* — عدوى

CONTAMINATION s.f. *Adoua* — عدوى في الامراض الوبائيّة « تظنير »

CONTAMINÉ, ÉE p.p. en méd. *Mozzaffar* — مظفّر · متصلة اليه العدوى

CONTAMINER v.a. *Aâda* ou *zaffara* — اعدى · ظفّر

CONTE s.m. *Nadérat* ou *latifat* — نادرة · لطيفة · قصّة · خرافة

CONTEMPLATEUR, TRICE s.m. et f. *Mochahed* — مشاهد · ناظر في · متأمّل

CONTEMPLATION s.f. *Mochahadat* — مشاهدة · نظر في · تأمّل

CONTEMPLER v.a. *Chahada* — شاهَدَ · نظرَ ينظرُ في · تأمّلَ

CONTEMPORAIN, AINE s.m. et f. *Moâcer* — مُعاصِر ج معاصِرون

CONTEMPTEUR, TRICE s.m. et f. *Mohtaker* — محتقِر · مزدرٍ

CONTEMPTIBLE adj. *Mostahekk ol èhtékar* — مستحق الاحتقار · اهلٌ للازدراء به

CONTENANCE s.f. capacité *Séât* — سِعة

— superficie *Maçahat* — مساحة

— maintien *Haïat* ou *mazhar* — هيئة · مظهر · ثبات

— **perdre contenance** *Edtaraba* — اضطرب · خزي · خجل

CONTENIR v.a. *Haoua* — حوى يحوي · تضمّن · شمل يشمُل

CONTENT, TE adj. *Masrour* — مسرور · راضٍ

CONTENTEMENT s.m. *Sorour* — سرور · رضى

CONTENTER v.a. *Sarra* — سرّ · ارضى

— **(SE)** v.r. *Ektafa* — اكتفى · قنِعَ يقنَعُ · قبِلَ يقبَلُ · رضيَ يرضَى ب

CONTENTIEUX, EUSE adj. *Motanazâ béhi* — متنازَع بهِ · مجادل فيهِ

— **bureau du contentieux** t. d'adm. *Kalam kadaya* — قلم قضايا

CONTENTIF, IVE adj. t. de chir. *Momacqen* — ممكّن · مثبّت (في الجراحة)

CONTENU s.m. *Madmoun* — مضمون · فحوى

CONTER v.a. *Kassa* — قصّ يقصّ · روى يروي · الخبر · حدّث

CONTESTABLE adj. *Kabil ol monazaât* — قابل المنازعة

CONTESTANT, ANTE adj. *Monazé* — منازع · مخاصم

CONTESTATION s.f. *Nezâ* — نزاع · خصام

CONTESTE s.f. *Nezâ* ou *kheçam* — نزاع · خصام · مقاومة

CONTESTER v.a. *Nazaâ* — نازع · خاصم · قاوم

CONTEUR, EUSE adj. *Raoui* — راوي · محدِّث · مخبر · قصّاص

CONTIGU, UË adj. *Molacek* — ملاصق · مجاور

CONTIGUÏTÉ s.f. *Molaçakat* — ملاصقة · التصاق · مجاورة

CONTINENCE s.f. *Emtenâ* — امتناع · امساك عن · عفّة

CONTINENT s.m. *Barre* — برّ · يبس

CONTIGENCE s.f. en géom. *Zell ol tamam* — ظلّ التمام (في الهندسة)

CONTINGENT, ENTE adj. portion, t. de droit *Kesme* ou *hessat* — قِسم · حصّة وهو القسم المختص بكل دائن في تقسيم الدين

— s.m. de soldats *Djaych ol moçaâdat* — جيش المساعدة

CONTINUATION s.f. *Modaouamat* — مداومة · اضطرار · مواظبة

CONTINUEL, ELLE adj. *Dayem* — دائم · متواصل

CONTINUELLEMENT adv. *Dayéman* — دائمًا · بتواصل · بلا انقطاع

CONTINUER v.a. *Daouama* — داوَمَ · واصلَ · واظب ·

— prolonger, étendre *Madda* — مدّ يمدّ · طوّل

— **(SE)** v.r. *Emtadda* — امتدّ · استطال

CONTINUITÉ s.f. *Mouaçalat* — مواصلة · مداومة

CONTINÛMENT adv. *Bémouaçalat* ou *bimadaouamat* — بمواصلة · بمداومة · بدون انقطاع

CONTONDANT, ANTE adj. t. de chir. *Radde* — راضّ وهو صفة آلة ترض الجسم ولا تجرحهُ (في الجراحة)

CONTONDRE v.a. *Radda* — رضّ يرضّ

CONTORSION s.f. *Elteoua* — التواء · اعوجاج

CONTOUR s.m. *Dayer* — دار

CONTOURNEMENT s. m. *Ehatat* — إحاطة

CONTOURNER v.a. *Dara haoul* — دائر حول

— t. de métier *Daouara* — دوّرَ · جعلهُ مستديرًا

CONTRACTANT, ANTE adj. en droit *Mocharet* — مشارط · متعاقد

CONTRACTATION s.f. en droit *Mocharatat* — مشارطة · عقد · عهد

CONTRACTER v.a. passer un contrat *Charata* — شارطَ · عقدَ يعقدُ عهدًا

CONTRACTER v.a. une dette *Estadana* — استدانَ . اقترَضَ

— resserrer *Lamma, damma* — لَمَّ يَلُمُّ . ضمَّ يضمُّ

— **(SE)** v.r. *Enkabada* — انقبَضَ انضمَّ . التمَّ

CONTRACTILE adj. en physiol. *Yankabed* — ينقبض . قابل الانقباض (في علم تركيب الحيوان)

CONTRACTION s.f. *Enkébad* — انقباض . انضمام

CONTRACTUEL, ELLE adj. en droit *Bimaoudjeb charte* — بموجب شرط . واقع بشرط . حاصل بشرط (في القضاء)

CONTRACTURE s.f. en méd. *Taçallob* — تصلُّب . تخشُّب (في الطب)

— en arch. *Ekhtènak badan el âmoud* — اختناق بدن العامود

CONTRADICTEUR s.m. t. de palais *Monaked* — مناقض . مضادّ . معارض (في المرافعات)

CONTRADICTION s.f. t. de palais *Monakadat* — مناقضة . معارضة . مضادة (في المرافعات)

CONTRADICTOIRE adj. t. de droit *Bèhodour el akhçam* — بحضور الاخصام « اي الخصوم حسب الاصطلاح اللغوي » (في القضاء)

CONTRAINDRE v.a. *Ajbara* — اجبر . اكره . الزم

CONTRAINTE s.f. *Edjbar* — اجبار . اكراه . الزام

— **par corps** *Alka-l-Rabde âla* — القى القبض على

CONTRAIRE adj. *Mokhalef* — مخالف . مضادّ

CONTRAIREMENT adv. *Bemokhalafat* — بمخالفة . بمضادّة

CONTRARIANT, ANTE adj. *Moâred* — معارض . مضادّ . ميال الى المضادّة

CONTRARIER v.a. *Aârada* — عارَضَ . ضادَدَ

CONTRARIÉTÉ s.f. *Moâradat* — معارضة . مضادّة

CONTRASTE s.m. *Tabayon* — تبايُن . فرق . عكس

CONTRASTER v.a. *Bayana* — بايَنَ . اختلَفَ

CONTRAT s.m. *Chartiat* ou *contrato* — شرطية . كونتراتو . عهد

CONTRAVENTION s.f. *Mokhalafat* — مخالفة

CONTRE prép. *Dedde* — ضِدّ

CONTRE-ACCUSATION s.f. *Nafi-l-tohamat bèetham el mottahom* — نفى التهمة باتهام المتَّهَم

— **-attaque**, t. milit. *Hodjoum mokabel* — هجوم مقابل لرد هجمات العدو (في الاصطلاح العسكري)

CONTREBALANCER v.a. *Addala* — عادلَ وازنَ وازى

CONTREBANDE s.f. *Tahrib ol badayé* ou *coutrabanda* — تهريب البضائع من الجمرك « كونترابنده »

CONTREBANDIER s.m. *Moharreb ol badayé men el djomroq* — مهرِّب البضائع من الجمرك

CONTREBATTERIE s.f. t. de fortif. *Battariat défâ* — باطارية دفاع (في الاستحكامات)

CONTRE-BOUTANT s.m. t. d'arch *Kiaçat khachab* — قياسة خشب (في البناء)

CONTRE-CARRER v.a. *Aâradà* ou *Kaouama* — عارض . قاوم

CONTRE-CHASSIS s.m. t. d'arch. *Chèribat dakhèlat* — شريحة داخلة (في البناء)

CONTRE-CLEF s.f. t. d'arch. *Sendjat bedjaneb moftah el âkde* — سنجة بجانب مفتاح العقد . احد الحجرين الكائنين بجانبي مفتاح العقد (في البناء)

CONTRE-CŒUR à contrecœur loc. adv. *Carhan* — كرهًا . رغمًا . عن غير خاطر

CONTRE-COUP s.m. *Ertedad ol sadmat* — ارتداد الصدمة

CONTRE-COURANT s.m. *Tayar moâquès* — تيار معاكس . تيَّار جارٍ بعكس تيَّار اخر

CUNTRE-DÉCLARATION s.f. t. de prat *Nakd ol ekrar el aoual* — نقض الاقرار الاول او السابق (في المرافعات)

CONTRE-DIGUE s.f. *Djesre takouiat* — جسر تقوية . حاجز مقوّي لحاجز اخر

CONTREDIRE v.a. *Nakada* — ناقض . عارض

— **(SE)** v.r. *Nakada zatohou* — ناقض ذاته . عارض قوله

CONTREDIT s.m. t. de prat *monakadat Kaoul el khosm* — مناقضة قول الخصم (في المرافعات)

CONTRÉE s.f. *Nahiat* — ناحية . جهة

CONTRE-ENQUÊTE s.f. t. de prat. *Tahkik ol nafi* — تحقيق النفي (في المرافعات)

CONTRE-EXPERTISE s. f. *Modyanat al khobrat* معاينة آل خبرة

CONTREFAÇON s f. *Taklid, tazouir* تقليد · تزوير

CONTREFACTEUR s.m. *Mokalled, mozaou-ouer* مقلّد · مزوّر

CONTREFACTION s.f. *Taziyf* تزييف · تزوير

CONTREFAIRE v.a. *Kallada, zaou-ara* قلّد · زوّر

CONTREFAIT, AITE p.p. de contrefaire *Mokallad, mozaou-ouar* مقلّد · مزوّر

— difforme *Mamsoukh ol haïat* ممسوخ الهيئة

CONTRE-FICHE s.f. t. d'arch. *Sak âlaoui moçaêd* ساق علوي مساعد (في البناء)

CONTRE-FORT s.m.t.d'arch. *Doâmat* ou *catef* دعامة · كتف (في البناء)

* — de cordonnerie *Contrafortê* كونترافورته وهي قطعة جلد قوية في مؤخر الحذاء فوق الكعب (في اصطلاح الاسكافيين)

CONTRE-JOUR s.m. *Nour modquès* نور معاكس · نور غير مناسب

CONTRE-LETTRE s.f. t. de prat. *Moharrar nafi* محرر نافٍ · ورقة تنافي ماهو مدون بسند سابق (في المرافعات)

CONTRE-LIGNE s.f. t. de fortif. *Khandak motatras* خندق متترس (في الاستحكامات)

CONTRE-MAÎTRE s.m. *Raïs ouarchat* رئيس ورشة · مقدم فعلة

CONTREMANDER v. a. *Ghayara-al-amre* غيّر الامر · ابطل الامر

CONTRE-MARCHE s.f. *Al rodjoû âla-l-aâkab* الرجوع على الاعقاب

— t. milit. *Harakat karchadoun* حركة قارشدون · اي الرجوع الى ورا (كلمة تركية في الاصطلاح العسكري)

— t. d'arch. *Kayem ol daradjat* قائم الدرجة (في البناء)

CONTREMINE s.f. t. de fortif. *Laghme mokabel* لغم مقابل وهو لغم يضع للاشاة لغم العدو (في الاستحكامات)

CONTRE-MONT (À) s.m.t. de navigat. *Dedd ol tayar* ضد التيار · بعكس التيار وهو سير المركب بعكس مجرى المياه (في الملاحة)

CONTRE-MUR s.m. t. d'arch. *Hayet saned* حائط ساند (في البناء)

CONTRE-OBSERVATION s.f. *Nafi-l-malhouzat* نفي الملحوظات

CONTRE-OPPOSITION s. f. t. de prat. *Modradat dedd modradat okhra* معارضة ضد معارضة اخرى · مقاومة ضد مقاومة اخرى (في المرافعات)

CONTRE-ORDRE s.m. *Tagbiyr ol amre* تغيير الامر · الرجوع بامر صدر

CONTRE-PARTIE s.f. t. de compt. *Mortadd hêçab* مرتد حساب (في الحسابات)

CONTREPOIDS s.m. *Mooua-zênat* موازنة · معادلة

CONTRE-POIL s.m. *Aqse ol chadre* عكس الشعر · على غير ميلو الطبيعي

— **à contre-poil** loc. adv. *Beâqse el chadre* بعكس الشعر

CONTRE-POISON s.m. *Dedd ol samme* ou *tèriak* ضد السم · درياق · ترياق

CONTRE-PROJET s.m. *Tasmim mokabel* تصميم مقابل

CONTRE-PROPOSITION s.f. *Talab modad* طلب مضادّ

CONTRE-RAIL s.m. t. ch. de fer; *Modoudj-jat* معوّجة او معوّج وهو القضيب الجاري استعماله في المنافذ والمزلقانات بجانب الشريط الاصلي ليمنع وقوع التاثير على القضبان المعدة لمرور الوابورات

CONTRESCARPE s.f. t. de fortif. *Sêtar kharedj* ستار خارج (في الاستحكامات)

CONTRE-SEING s.m. *El emda du...* الامضا عن . . .

CONTRE-SENS s.m. *Modad-dut ol mêêna* ou *ghalat* مضادّة المعنى · غلَط

CONTRE-SIGNER v.a. *Saddaka âla emda* صدّق على إمضا

CONTRE-TEMPS s.m. *Manê* مانع · عائق

CONTREVALLATION s.f. t. de fortif. *Khandak kharedj* خندق خارج (في الاستحكامات)

CONTREVENANT, ANTE s.m. et f. *Mokhalef* مخالف · مرتكب مخالفة

CONTREVENIR v.n. *Khalafa* خالف · إرتكب مخالفة

CONTREVENT s.m. *Darfat chebbac kharedjat* درفة شباك خارجة وهي درفة خارجة لمنع الهواء

CONTRIBUABLE adj. *Mamaou-ouel* مموّل وهو من يدفع مال الميري

CONTRIBUER v.n. *Dafaâ ma khassohou* دَفَعَ ما خصّهُ

— payer à l'ennemi une contribution *Dafaâ lèl âdou gharamat* دفع للعدو غرامة

CONTRIBUTION s.f. *Kesme, hessat* قسم · حصة
— impôt *Mal ol miri* مال · مال اميري
— de guerre *Gharamat harbiyat* غرامة حربية
— **directe** *Amoual mokarrarat* اموال مقرّرة
— **indirecte** *Amoual ghayr mokarrarat* اموال غير مقرّرة
— t. de palais *Taouzi ol dayn* توزيع الدين (في اصطلاح الحاكم)
— **foncière** *Mal atian* ou *mal ol aradi* مال اطيان · مال الاراضي
— **personnelles** *Aouayed chakhciat* عوائد شخصيّة

CONTRISTER v.a. *Ahzana* أحزن · ألّم

CONTRIT, ITE adj. *Nadem* نادم · منسحق

CONTRITION s.f. *Nadamat* ندامة · انسحاق

CONTRÔLE s.m. *Moradjaât* مراجعة · مراقبة
— marque des métaux précieux *Tamghat ol moçaghat* تمغة المصاغات

CONTRÔLEUR s.m. *Morakeb* مراقب · مراجع

CONTROUVER v.a. *Laffaka* لَفّقَ · إختَلَقَ · صنّعَ

CONTROVERSE s.f. *Monakadat* مناقضة · مجادلة · مناظرة

CONTROVERSÉ, ÉE p.p. *Monakad* مناقَض · مُختَلَف · مناظَر

CONTROVERSER v.a. *Nakada* ناقضَ · ناظرَ في مسألة مختلفة فيها الآراء

CONTUMACE s.m. et f. t. de prat. *Ghayeb* غائب · ممتنع عن الحضور (في المرافعات)

CONTUMAX adj. t. de droit crim. *Mottaham tahte el mohakamat ghiabiyan* متّهم تحت المحاكمة غيابياً

CONTUSION s.f. *Raddat* رضّة

CONTUSIONNER v.a. *Radda* رضّ يرُضّ

CONVAINCANT, ANTE adj. *Mokné* مقنع

CONVAINCRE v.a. *Aknaâ* أقنع

CONVAINCU, UE p.p. de convaincre *Moktané* مقتنع · مسلّم

CONVALESCENCE s.f. *Nakah* نَقَه · قيام من مرَض

CONVALESCENT, ENTE adj. *Nakèh* ناقه · قائم من مرض

CONVENABLE adj. *Mouâfek* موافق · مناسب

CONVENABLEMENT adv. *Cama yalzam* كما يلزم · كما يجب · بلياقة · بموافقة

CONVENANCE s.f. *Maouafékat* موافقة · مناسبة · ملائمة

CONVENIR v.n. *Ouafaka* وافق · ناسب · لاق · لائم
— être d'accord *Ettafaka mâ* اتفق مع · وافق

CONVENTICULE sm. *Djamîyat saghirat* جمعية صغيرة ـ تكون على الغالب سرية وغير قانونية

CONVENTION s.f. *Ettefak* اتفاق · معاهدة
— **matrimoniale** *Akde nécahe* عقد نكاح · شرط زواج

CONVENTIONNEL, ELLE adj. *Ettéfaki* اتفاقي

CONVENTIONNELLEMENT adv. *Bel ettefak, hesbe ol ettéfak* بالاتفاق · حسب الاتفاق

CONVERGENCE s.f. *Ettedjah éla marcaz ouahed* اتجاه الى مركز واحد

CONVERGER v.n. en géom. *Ettadjaha nahou el nektat el marcaziyat* اتجه نحو النقطة المركزية (في الهندسة)

CONVERSATION s.f. *Mohadaçat* محادثة · مكالمة · مخاطبة

CONVERSER v.n. *Haddaça* حادَث · تكلّم مع · فاوَضَ

CONVERSION s.f. à la foi *Ehtédà* اهتداء · هداية
— t. milit. *Taghyir ouadjhe el tabour* تغيير وجه الطابور (في الجندية)
— de rente *Tahouil* تحويل

CONVERTIBLE adj. *Kabel ol hédayat* قابل الهداية
— en parlant de la rente *Kabel ol tahouil* قابل التحويل

CONVERTIR v.a. *Hada* هدى يهدي
— une rente *Haou-ouala* حوّل

CONVEXE adj. *Mohaddab* محدّب · مسنّم

CONVEXITÉ s.f. *Ehdidab* إحديداب

CONVICTION s.f. *Eknâ* اقناع · تأكيد

CONVIER v.a. *Daâ* دعا يدعو · كلّف للحضور

CONVIVE s.m. *Madôu* مدعو · نديم

CONVOCATION s.f. *Daôuat lel edjtèmâ* دعوة للاجتماع

CONVOI s.m. funèbre *Djénazat* جنازة · مشهد

— t. de guerre *Arabat ol zakhirat* عربات الذخيرة (في الجندية)

— **de chemin de fer** *Kètar* قطار · رطال (في اصطلاح السكك الحديدية)

CONVOITABLE adj. *Matmoû bèhi* مطموع بو · ممكن الطمع بو

CONVOITER v.a. *Tamèâ* طَمِعَ ب يطمَعُ

CONVOITISE s.f. *Raghbat* ou *echetèhâ* رغبة · اشتهاء · طمَع

CONVOL s.m. *Al tazouidj sanian* التزوج ثانيًا او ثالثًا

CONVOLER v.n. *Tazaouadja sanian* تزوّج ثانيًا او ثالثًا

CONVOLVULACÉES s.f. pl. en bot. *Ollaykiyat* عليقيّة (في النبات)

CONVOQUER v.a. *Estadâa* استدعى · جمعَ يجمَعُ

CONVULSIF, IVE adj. en méd. *Mokalless* مقلّص (في الطب)

CONVULSION s.f. en méd. *Takallos* تقلّص (في الطب)

CONVULSIVEMENT adv. *Bè takalloss* بتقلّص

COOBLIGÉ, ÉE s.m. et f. *Mochtareq bel elzam* مشترك بالالزام · شريك في الدين

COOPÉRATEUR, TRICE s.m. et f. *Mochareq bel âmal, moçaêd* مشارك في العمل · مساعد · مسعف · معين

COOPÉRATION s.f. *Moçaâdat* مساعدة · معاونة · اسعاف

COOPÉRER v.n. *Saâda* ساعد · عاون · اسعف

COORDINATION s.f. *Tartib* ترتيب · تنسيق

COORDONNER v.a. *Rattaba* رتّب · نسّق

COPARTAGE s.m. *Kesmat bayn djemlat choraca* قسمة بين جملة شركاء

COPARTAGEANT, ANTE adj. *Mokacem* مقاسِم

COPARTAGER v.a. *Kaçama* قاسَمَ

COPEAU s.m. *Nocharat* نُشارة · نفاوة النجارة

COPERMUTANT s.m. *Motabadel* متبادِل · متفاوض

COPERMUTATION s.f. *Mobadalat* مبادَلة · مفاوَضة

COPERMUTER v.a. *Badala* بادَلَ · فاوَضَ

COPHOSE s.f. en méd. *Tarach* طَرَشْ · صَمَمْ

COPIE s.f. *Naskhat* نسخة · صورة

COPIER v.a. *Naçakha* نسخَ ينسَخُ · نقلَ ينقِلُ

COPIEUSEMENT adv. *Beqosrat* بكثرة · بوفرة

COPIEUX, EUSE adj. *Cacir* كثير · وافر · جزيل

COPISTE s.m. *Nassakh* نسّاخ · نقّال

COPROPRIÉTAIRE s.m. et f. *Malec bel echtérac* ملك بالاشتراك · احد اصحاب الملك المشترك

COPROPRIÉTÉ s.f. *Molqiat mochtaracat* ملكية مشتركة · ملك مشاع

COPTER v.a. *Nakara* نقَرَ · دقّ الجرس على جانب واحد

COPULATION s.f. *Mozaoudjat ol biaouanat* مزاوجة الحيوانات

COQ s.m. *Diq* ديك ج ديوك

— t. de mar. *Tabbakh ol safinat* طبّاخ السفينة · طبّاخ في السفن الكبيرة

COQ-À-L'ÂNE s.m. *Hadis ghayr mortabètat adjzaouhou* حديث غير مرتبطة اجزاؤهُ

COQUE s.f. de l'œuf *Kechrat ol baydat* قشرةُ البيضة

— d'un vers à soie, *Charnakat* شرنقة ج شرانق

— du navire t. de mar. *Kaçâat ol markab* قصعة المركب · جدران المركب (في الملاحة)

COQUELICOT s.m. (plante) *Khachkhach barri* خشخاش برّي « نبات »

COQUELUCHE s.f. t. de méd. *Chahkat* شهقة · سعال ديكي (في الطب)

COQUET, ETTE adj. *Ghandour* غندور · مدلّل · ظريف

COQUETIER s.m. *Zarf* ظرف يؤكل فيه البيض برشت

COQUETTEMENT adv. *Bèghandarat* بغندرة · بتدلّل

COQUETTERIE s.f. *Ghandarat* غندرة · تدلّل

COQUILLAGE s.m. *Ouadâ* وَدَع . صَدَف

COQUILLE s.f. *Maharat* محارة . قشرة الحلزون وما اشبه

— **d'escalier** *Madkhal sollam laoulabi* مدخل سُلَّم لوالبي

— **d'imprimerie** *Ghalat saffe* غلط صَفّ

COQUIN, INE s.m. et f. *Nazle* نذل ج انذال . وغد ج اوغاد ذميم الخصال

COQUINERIE s.f. *Nazalat* نذالة . رذالة . دناءة

COR s.m. *Mesmar* مِسْمار ج مسامير . عُقر ج اعقار دُمَّل ج دمامل

— Instrument à vent en cuivre *Nafir* نفير

CORAIL s.m. *Mardjan* مَرْجان

CORAILLEUR s.m. *Sayad mardjan* صيَّاد مَرجان . ملتقط مرجان

CORALLIN, INE adj. *Mardjani* مَرجاني . ذو لون مَرجاني

CORAN s.m. *Al coraân ol charif, al mosbaf* القرآن الشريف . المُصحَف

CORBEAU s.m. *Ghorab* غراب ج غربان

— en arch. *Cabouli* كابولي . زفر . وهو في البناء حجر خارج عن الحائط تُلقى عليه اخشاب السقف

CORBEILLE s.f. *Méchannat* مشنَّة ج مشنَّات . سلَّة ج سلال

CORBILLARD s.m. *Arabat lénakle el amouat* عربة لنقل الاموات

CORBILLAT s.m. *Farkh ol ghorab* فَرْخ الغراب

CORDAGE s.m. *Hable men hébal el markab* حبل من حبال المركب

CORDE s.f. *Hable* حبل . سَلَبة

— en fibre de palmier t. de cordelier en Egypte *Dabalak lif* دبلاق ليف « في القطر المصري »

— d'inst. de musique *Ouatar* وتر ج اوتار

— en fibre pour godets de saquies en Egypte : *Tounès* طونس للسواقي « في اصطلاح الزراعة المصرية »

— de Damiette, t. d'agr. Egyptienne *Kels* قِلس دمياطي « في اصطلاح الزراعة المصرية »

CORDEAU s.m. *Hable rafi* حبل رفيع

CORDELLE s.f. *Hable*, en Egypte : *Léban* لبان وهو حبل رفيع لجر المراكب في الانهر

CORDER v.a, *Fatala-l-hable* فتلَ الحبل

CORDERIE s.f. *Ouarchat hébal* ورشة حبال

CORDIAL, ALE adj. en méd. *Monéèche* منعش (في الطب)

— dévoué de cœur *Ekhlaci* اخلاصي . قلبي . ودادي

CORDIALEMENT adv. *Béekhlas* بإخلاص . بمودّة

CORDIALITÉ s.f. *Ekhlas* إخلاص . مودّة

CORDIER s.m. *Habbal* حبَّال . فتَّال حِبال

CORDIFORME adj. en bot. *Kalbi ol chakle* قلبيُّ الشكل . على شكل قلب « في النبات »

CORDON s.m. *Kitan* قيطان

— **grand cordon** (décoration) *Nichan rotbat ouola* نيشان رتبة اولى « كران كوردون »

— t. de guerre *Yatouk* ياطوق . كوردون

— **bleu** *Tabbakhat hazékat* طبَّاخة حاذقة

— de soulier *Charit ol héza* شريط الحذاء

— **sanitaire** *Cordon sehhi, hadjre seh-hi* كوردون صحي . حجر صحي

— des monnaies *Zandjir ol émlat* زنجير العملة

— **ombilical** en anat. *Hable sarti* حبل سِرْتي . حبلُ الوريد (في التشريح)

CORDONNERIE s.f. *Ouarchat sécafat* ورشة سكافة

CORDONNIER s.m. *Escaf* ou *djazmadji* إسكاف . جزمجي . صانع أحذية

CORÉLIGIONNAIRE s.m. *Men din ouahed* من دين واحد

CORÉCLISE s.f. t. de méd. *ensédad ol hadakat* انسداد الحدقة (في الطب)

CORIACE adj. *Motadjalled* متجلّد . يابس كالجلد

CORIANDRE s.f. (plante) *Cozborat* كُزْبَرة « نبات »

CORNAC s.m. *Kayed ol fil* قايد او خادم الفيل

CORNARD s.m. *Zou koroun* ذو قرون

CORNE s.f. *Karne* قرن ج قرون

CORNÉE s.f. *Korni-yat* قرنية (في التشريح)

CORNÉITE ou **KÉRATITE** s.f. t. de méd. *Eltêhab ol korni-yat* التهاب القرنية (في الطب)

CORNER v.a. *Nafakha bel bouk* نفخ ينفخ بالبوق · تكلم بالبوق

— frapper avec la corne *Nataha* نطح ينطح

— **(SE)** v.r. *Yabeça cal-karne* يبس كالقرن

CORNET s.m. *Nafir* نفير · بوق ج ابواق

CORNICHE s.f. t. d'arch. *Raf-raf* ou *cornèch* رفراف ج رفارف · كورنيش (في البناء)

CORNICHON s.m. (plante) *Kobbar* قبار « نبات »

CORNIER, IÈRE adj. (pilastre) *Aâmoud zaouiat* عامود زاوية وهو عامود يقي زوايا المنزل في العطفات من صدمات العربات وغيرها

CORNIÈRE s.f. t. d'arch. *Zaouiat* زاوية ج زوايا (في البناء)

CORNOUILLE s.f. *Hab ol choum* حب الشوم

CORNOUILLER s.m. *Chadja-rat ol choum* شجرة الشوم

CORNU, UE adj. *Zou koroun* ذو قرون

CORNUE s.f. t. de chim. *Moâ-ouadjat* معوجة · وعاء من زجاج يستعمل للتقطير (في الكيميا)

COROLLAIRE s.m. *Borhan* برهان ج براهين · مثل ج امثال · دليل ج ادلة

COROLLE s.f. en bot. *Touaydj* تويج · الغلاف الباطن من المحيط الزهري (في النبات)

CORONAIRE adj. en anat. *Eclili* اكليلي · محيط (في التشريح)

CORONAL, ALE adj. en anat. *Djabhi* جبهي (في التشريح)

CORONOÏDE adj. *Karni* قرني (في التشريح)

CORPORATION s.f. *Ahle herfat* اهل حرفة · اهل صناعة · طائفة ج طوائف

CORPOREL, ELLE adj. *Dja-çadi* جسدي · بدني

CORPORELLEMENT adv. *Djaçadi-yan* جسديا · بدنيا

CORPS s.m. *Djaçad* جسد ج اجساد · بدن ج ابدان

— **de garde** *Karakol* قراقول · مخفرة ج مخافر

— **d'armée** *Djaych* جيش ج جيوش · اوردي

— **de délit**, t. de droit *Nafs ol djênayat* نفس الجناية (في القضاء)

— **diplomatique** *Ouocala el doual* وكلاء الدول · معتمدو الدول

— **mort**, t. de mar. pieu établi sur le rivage pour l'amarrage des navires *Ouatad* وتد ج أوتاد · ما تربط به مرساة السفن

CORPULENCE s.f. *Djaçamat, dakhamat ol djesme* جسامة · ضخامة الجسم

CORRECT, ECTE adj. *Madbout* مضبوط · صحيح · أصولي · مدقق فيه

CORRECTEMENT adv. *Be-dabte* بضبط · بدقة · بأصول

CORRECTEUR s.m. *Moçah-heh* مصحح · منقح · ضابط

CORRECTION s.f. *Tashih* تصحيح · تنقيح · ضبط

— châtiment *Tadib* تأديب · توبيخ

— maison de correction *Sedjne tadibi* سجن تأديبي

CORRECTIONNEL, ELLE adj. *Tadibi* تاديبي · توبيخي

— Tribunal correctionnel *Mahkamat ol djenah* محكمة الجنح

CORRECTIONNELLEMENT adv. *Bêcêfat tadibiyat* بصفة تأديبية

CORRÉLATIF, IVE adj. t. de droit *Taâh-hod motu-âlek bêtaâh-hod akhar* تعهد · متعلق بتعهد آخر

CORRESPONDANCE s.f. *Mo-raçalat* مراسلة ج مراسلات · مكاتبة ج مكاتبات

— conformité d'une chose à une autre *Mo-naçabat* مناسبة · مقارنة

CORRESPONDANT s.m. *Mo-racel* مراسل · مكاتب

— celui avec qui on est en rapport d'affaires *Amil* عميل ج عملاء · معامل

— **, ANTE** adj. qui se cor-respond *Monaceb* ou *motabek* مناسب · مطابق · مقابل

CORRESPONDRE v.n. *Raçala* راسل · كاتب

CORRIDOR s.m. *Dahliz, mam-cha* دهليز ج دهاليز · ممشى ج مماشي

CORRIGER v.a. *Sallaha* صلّح · أصلح
— redresser *Addaba* ادّب · هذّب
— tempérer *Lattafa* لطّف
— punir *Kaça* قاصّ · عاقب
CORRIGIBLE adj. *Kabel ol tahzib* قابلُ التهذيب · قابلُ الإصلاح
CORROBORATION s.f. *Tasdik âla kaoul akhar* تصديق على قول آخر
CORROBORER v.a. *Saddaka âla kaoul akhar* صدّق على قول آخر
CORRODANT, ANTE adj. *Accal* أكّال · مذيب
CORRODER v.a. *Acala* أكل يأكل · اذاب
CORROMPRE v.a. *Afçada* افسد
— au fig. gagner quelqu'un par dons ou par promesses *Racha* رشى يرشو · برطل
— altérer un texte *Harrafa* حرّف · غيّر
CORROMPU, UE p.p. de corrompre *Faced* فاسد · منسود
— au fig. *Mortachi* مرتشٍ · مبرطل
CORROSIF, IVE adj. *Accal* أكّال · من شانو الاذابة والاكل
CORROSION s.f. *Aqle* ou *acalan* أكل · أكلان · إكّال
CORROYAGE s.m. *Debaghat* دباغة
CORROYER v.a. *Dabagha* دبغ · يدبغ
CORROYEUR s.m. *Dabbagh* دبّاغ
CORRUPTEUR, TRICE s.m. et f. *Mofced* مُفسِد
— au fig. *Rachi* راشٍ · مبرطِل
CORRUPTIBLE adj. *Kabel ol façad* قابل النساد
— qu'on peut corrompre *Kabel ol rachouat* قابل الرشوة · سهل الارتشاء · مرتشٍ
CORRUPTIF, IVE adj. *Mofced* مُفسِد · من شأنو الافساد
CORRUPTION s.f. *Façad* فساد · عفن
— au fig. *Rachouat* رشوة · برطيل
CORSAGE s.m. *Khasre* خصر ج خصور

CORSAIRE s.m. *Kerçan* قرصان · لصّ بحري
CORSET s.m. *Sedriat* ou *corset, mechadde* صدرية «كورسيه» مِشدّ
CORTÈGE s.m. *Maoucab* موكب ج مواكب · محفل ج محافل
CORVÉABLE adj. *Kabel ol taskhir* قابلُ التسخير · سهل تسخيرهُ
— ouvrier corvéable *Nafar âmaliat* نفر عَمَليّة · نفر معدّ للعونة
CORVÉE s.f. *Sokhrat*; en Egypte: *Amaliat* سخرة · عملية · عونة
CORVETTE s.f. *Nakirat* ou *corvette* نقيرة · سفينة حربية صغيرة «كورفيت»
CORYMBE s.m. t. de bot. *Khaymat zahriyat* خيمة زَهْرية (في النبات)
CORYZA s.m. t. de méd. *Zokam* زكام · إستهواء (في الطب)
COSMÉTIQUE adj. *Ghomrat* ou *cosmétique* غُمرة · دِهان لتحسين الصورة · كوزمتيك
* **COSMOGONIE** s.f. *Cosmoghoniyat* كوسموغونية · وصف تخميني لكيفية تركيب العالَم او العوالم
COSMOGRAPHIE s.f. *Elme ol falak el ouasfi* علمُ الفلك الوصفي · رسم الدنيا الفلكي
COSMOPOLITE s.m. *Sayeh* سائح · سوّاح · متجول اي بلدٍ حلهُ يألف عوائدهُ
COSSE s.f. *Kechre* قشر ج قشور
COSSER v.n. *Nataha* نطح · ينطح
COSSON s.m. *Farê ol daliat* فرع الدالية · فَنَن ج أفنان
COSTAL, ALE adj. t. d'anat. *Delêi* ضِلْعي (في التشريح)
COSTO-CLAVICULAIRE adj. *Delêi torkaoui* ضِلعي تُرْقوي
COSTUME s.m. *Lebse* لِبس · زيّ ج ازياء
COSTUMER v.a. *Labbaça* لبّس · زيّى · ألبس
COSTUMIER s.m. *Bayâ malabes lel téatro* ou *al-ballo* بيّاع ملابس للتياترو والبالو

CÔTE s.f. t. d'anat. *Delè* ضِلع ج اضلاع او ضلوع (في التشريح)
— de montagne *Djaneb* جانب · حاجر
— de bourse *Sèèr* سِعْر ج اسعار (في المعاملات)
— de mer *Daffat* ou *chati* ضِفَّة ج ضفاف · شاطئ ج شواطئ · ساحل ج سواحل
— niveau, t. de topogr. *Olou, ertèfâ* عُلُوّ · إرتفاع (في هندسة الاراضي)

CÔTÉ s.m. *Djaneb* جانب ج جوانب
— à côté, loc. prèp. *'Bè-djaneb* بجانب · الى جانب
— mettre de côté *Ouaf-fara* وفَّرَ · اهمَلَ
— de côté, loc. adv. *Mon-haref* منحرف · مائل

COTEAU s.m. *Djaneb ol tallat* جانب التلَّة · سفح الرابية
COTELETTE s.f. *Delè* ضلع « كوستليته »
CÔTER v.a., t. de bourse *Sadra* سعَّر (في المعاملات)
COTERIE s.f. *Osbat* عُصبة ج عُصبات · حِزب ج أحزاب
CÔTIER, ÈRE adj. *Saouaheli* سواحلي · ساكن الساحل · ساكن شاطئ البحر
— pilote côtier t. de mar. *Raïs saouaheli* رئيس سواحلي (في الملاحة)
COTIGNAC s.m. *Morabba-l-sofardjel* مربَّى السفرجل
COTISATION s.f. *Faridat* فريضة ج فرائض
COTISER v.a. *Farada* فرَضَ يفرِضُ
— (SE) v.r. *Farada âla nafsèhi* فرض على نفسهِ
COTON s.m. *Kotne* قُطن ج اقطان
— égrené *Kotne chaâr* قُطن شعر · قُطن محلوج
— non égrené *Kotne zahre* قُطن زهر · قطن غير محلوج اي ببذره
COTONNADE s.f. *Akmèchat kotniyat* اقمشة قطنية
COTONNIER s.m. *Chadjarat ol kotne* شجرة القطن

CÔTOYER v.a. t. de mar. *Chattata* شطَّطَ · سار بجانب الشاطئ (في الملاحة)
COTTAGE s.m. *Montazah* منتزه · بيت صغير للنزهة
COTTE s.f. d'arme *Derè, zarad* دِرع ج دروع · زرد
COTUTEUR, TRICE s.m. et f. *Ouaci çani* وصيّ ج اوصياء ثانٍ · قسيِّم ثانٍ
COTYLE s.m. en anat. *Hokke* حُق وهو جوف عظمة تدخل فيه عظمة ثانية (في التشريح)
COTYLÉDON s.m. t. de bot. *Falkat* فَلْقة (في النبات)
COTYLÉDONÉ, ÉE adj. *Zou falkat* ذو فَلْقة
COTYLOÏDE adj. en anat. *Hokki* حُقّي · متعلق بالحُقّ (في التشريح)
COU ou **COL** s.m. *Onok* عنق ج أعناق · رقبة ج رقاب جيد ج اجياد
COUARD s.m. et adj. *Djaban, nadle* جبَان ج جبناء · نذل ج انذال · لئيم ج لؤماء
COUARDISE s.f. *Djobn* جُبن · نَذَالة
COUCHANT s.m. *Maghreb* مغرب · غروب
COUCHE s.f. *Tabakat* طبقة ج طبقات · وجه ج اوجه · قشرة
— enfantement *Ouèladat* ولادة · نفاس · وضع
— fausse couche *Eskat* ou *tarhe* إسقاط · طَرح
COUCHER v.a. *Rakada* رقدَ يرقُدُ · نامَ ينامُ
— un bâtiment, t. de mar. *May-yala-l-safinat lel kalfalat* ميَّل السفينة للقلفطة
— en joue *Nach-chana* نشَّن · صوَّب
— s.m. du soleil *Ghoroub* غُروب · غياب · أُفول
COUCHETTE s.f. *Markad* مرقد ج مراقد · مضجع ج مضاجع
COUDE s.m. *Coû* كوع ج أكواع · مِرفق ج مرافق

COUDE s.m. angle, en géom. *Zaouyat* — زاوية ج زوايا . كوع (في الهندسة)

COUDÉE s.f. mesure *Zérâ* — ذراع ج اذرع (من المقاييس)

COUDOIEMENT s.m. *Dafé bel coû* — دَفع بالكوع . لَمْس بالكوع

COUDOYER v.a. *Dafaâ bé-kouêhi* — دَفعَ يدفعُ بكوعهِ . لَمَسَ يلمِسُ بكوعهِ

COUDRE v.a, *Khata* ou *khay-yata* — خاطَ يخيطُ . خيَّطَ

COUDRIER s.m. *Bondokat, chadjarat ol bondok* — بُندُقة . شجرة البندق

COUENNE s.f. en méd. *Ou-ahmat* — وحمة . علامة ظاهرة في البدن تأتي عن الوحام (في الطب)

— t. de méd. *Djoltat* — جُلطة (في الطب)

— peau de cochon *Djelde khenzir* — جلد خِنزير

COUFFE s.f. *Koffat* — قُفة ج قُفَف

COULAGE s.m. *Sayalan* — سيلان . جريان

COULAMMENT adv. *Bécéhoulat* — بسهولة . بسيول قريحة

COULER v.n. *Sala* — سَالَ يَسيلُ

— dans un moule, t. de fondeur *Sabaca* — سكَبَ . سبَكَ

— aller au fond, *Gharéka* — غَرِقَ يغرَقُ . غَطَسَ يغطِسُ غاصَ يغوص

— du beton, t. de maç. *Nazzal-l-kharaçan* — نَزَّلَ الخَرَسانَ «الحجريَّة»

COULEUR s.f. *Laoun* — لَون ج ألوان . صِبْغة ج صبغات

COULEUVRE s.f. *Hay-yat* — حيَّة ج حيَّات . افعى ج افاعي ثعبان ج ثعابين

COULEVREAU s.m. *Farkh ol hay-yat* — فَرْخُ الحيَّة . فَرْخُ الأفعى

COULEVRINE s.f. *Madfa djabali* — مدفع جَبَلي

COULISSE s.f. *Tadjouifat* — تجويفة . مجرى

— t. de bourse *Mahall-ol-samâcérat ghayr el rasmiyn* — محل السماسرة غير الرسميين اي الغير مقررين رسميًا بالبورصة

COULISSE s.f. t. de théâtre *Dakhel setar el marsah* — داخل ستار المرسح

COULISSEAU s.m. t. de méc. *Lokmat zahre* — لقمة ظهر (في الميكانيكيات)

COULOIR s.m. *Dabliz* — دهليز ج دهاليز . ممشى ج مماشٍ

COULOIRE s.f. *Mesfat* — مصفاة ج مصافٍ

COULPE s.f. *Khatiyat* — خطيئة . ذنب . اثم ج آثام

COUP s.m. *Darbat* — ضَرْبة ج ضربات . صدمة ج صدمات . لطمة ج لطمات

— **de pied** *Rafçat* — رفسة ج رفسات . لبطة ج لَبطات

— **de sang** *Darbat damm* — ضربة دم . نقطة دم

— **de vent** *Safkat haoua* — صفقة هواء . لفحة هواء

— **d'œil** *Lamhat* — لمحة ج لمحات . لحظة ج لحظات التفاتة

— tout à coup *Baghtatan* — بغتة . فجأة

— tout d'un coup *Bedafâat ouahêdat* — بدفعة واحدة

— **sur coup** *Betaouator* — بتواتر . بلا انقطاع

COUPABLE s.m. *Mokhti, mozneb* — مخطئ . مذنب

— criminel *Modjrem, djani* — مجرم . جانٍ

COUPE s.f. *Cace* — كاس ج كؤوس . قدح ج أقداح

— d'habit *Tafcilat* — تفصيلة ج تفصيلات

* **COUPÉ** s.m. *Coupé* — كوبيه . عربة مقفولة

COUPE-GORGE s.m. *Mahlak* — مهلك ج مهالك . تهلكة ج تهلكات

COUPELLATION s.f. *Taroubos* — تروبُص . استخراج الفضة من باقي المعادن

COUPER v.a. *Kataâ* — قطَعَ يقطَعُ . فصَّلَ . قصَّ يقصُّ

COUPERET s.m. *Satour* ساطور ج سواطير · آلة لقطع او لفرم اللحم

COUPEROSE s.f. t. de chim. *Zadje* زاج · سُلفات الحديد (في الكيميا)

COUPLE s.m. *Zaoudj* زوج ج ازواج

COUPLER v.a. *Azouadja* أزوَجَ · ربط الكِلاب للصيد أزواجًا

COUPLET s.m. *Daour ghêna* دور غناء · بيت غناء

COUPOIR s.m. *Mekasse* مِقَصّ · مقراض

COUPOLE s.f. *Kobbat* قُبّة ج قُبَب

COUPON s.m. *Kétaât* قِطْعة ج قِطَع

* — titre de finance *Coupon* كوبون (في الاصطلاح المالي)

— t. de théâtre *Ouarakat ol dokhoul* ورقة الدخول

COUPURE s.f. *Djerhe* ou *khedche* جَرْح · خِدْش

COUR s.f. *Façhat* فسحة · حوش ج احواش

— d'un roi *Al balat ol molouqi* البلاط الملوكي · حاشية الملك

— de justice *Mahqamat esténafiyat* محكمة استئنافية

COURAGE s.m. *Chadjaât* شجاعة · جرأة · بسالة · حماسة

COURAGEUX, EUSE adj. *Chodjâ* شجاع ج شجعان · باسل · جريء

COURAMMENT adv. *Beçohoulat* بسهولة

COURANT s.m. *Tayar* تيار · مجرى المياه

— au courant *Mottalê* مطّلِع · خبير

COURBATURE s.f. *Tachannodj* تشنُّج · تيبُّس

COURBE s.f. *Mahni* محنيّ · معوَّج

COURBÉ, ÉE p.p. de courber *Mokaouass, monhani* مقوَّس · منحنٍ

COURBER v.a. *Ahna* أحنى · عوَّج

— (SE) v.r. *Enhana* إنحنى · طأطأ

COURBETTE s.f. *Khochoû* خشوع · تذلُّل · استكانة

COURBURE s.f. *Eëouêdjadj* إعوجاج · إنحناء · طأطأة

COUREUR, EUSE s.m. et f. *Sari ol djari* سريع الجري

— qui précède la voiture *Sayass* ou *modjri* مجرٍ · سائس ج سياس

COURGE s.f. *Couça* كوسى · قرع « نبات »

COURIR v.n. *Racada* ركضَ يركُضُ · جرى يجري

— être répandu, propagé *Chaâ* شاع يشيع · ذاع يذيع

COURONNE s.f. *Tadje* تاج ج تيجان · اكليل ج اكاليل

COURONNEMENT s.m. *Tatouidj* تتويج · تكليل

COURONNER v.a. *Taouadja* توَّج · كلَّل

— un cheval *Djaraha-l-hoçan fi rokbatayhi* جرح يجرَح الحصان في ركبتيه

COURRIER s.m. *Saïi* ساعٍ ج سُعاة · رسول ج رُسل · ضاوٍ

— la Poste *Posta* ou *barid* بوستة · بَريد ج بُرُد

COURROIE s.f. lanière *Sayr khiatat* سير خياطة

— de machine, t. de méc. *Sayr edarat* سير إدارة وهو الذي يدير دولاب الآلة (في الميكانيكيات)

COURROUCER v.a. *Aghdaba* اغضبَ · اسخَطَ

COURROUX s.m. *Ghadab* غضَب · سخْط · رجْز

COURS s.m. *Sayr* سير · دَوَران

— t. de mar. *Maçafat* مسافة (في الملاحة)

— d'eau *Nahre* ou *ghadir* نهر ج انهر · غدير ج غدران مجرى ماء ج مجارٍ

— de bourse *Seêr* سعر ج اسعار (في اصطلاح البورصة)

COURSE s.f. *Djari* جريٌ · ركضٌ

— démarche *Mechouar* مشوار ج مشاوير

— lutte de vitesse *Sébak* سِباق · رِهَان

COURSIER s.m. *Djaouad* جواد · حصان

COURSIVE s.f. t. de mar. *Mamcha djanébi* ممشى جانبي للسفن (في الملاحة)

COURT, TE adj. *Kacir* قصير ج قصار

COURTAGE s.m. *Samçarat* سمسرة

COURTAUD, DE adj. *Kacir ol kamat* قصيرُ القامة

COURTAUDER v.a. *Kataâ azan el hayaouan, salama* قطع آذان الحيوان وذيله . صَلَمَ يصلِمُ

COURT-BOUILLON s.m. *Marak ol samac* مرق السمك

COURTER v.a. *Samsara* سَمْسَرَ . دلَّلَ

COURTIER s.m. *Semçar* سمسار . دلاّل

COURTINE s.f. *Setarat ol sarir* ستارة ج ستائر السرير . ستارة التخت

COURTISAN s.m. *Djalis ol maleq* جليس الملك . من اهل البلاط الملوكي

— flatteur *Momallek* مماِلق . مدلّس . مدهلِس

COURTISANE s.f. *Adhérat* عاهرة ج عواهر . قحبة ج قحبات

COURTISANERIE s.f. *Tamlik* تمليق . دهلسة . تدليس

COURTISER v.a. *Mallaka* ملَّقَ . سايرَ

COURTOIS, SE adj. *Latif, anis* لطيف . انيس . بشوش

COURTOISIE s.f. *Lotfe* لطف . انس . رقّة . بشاشة

COUSEUSE s.f. femme qui coud les livres *Khayyatat kotob* خيّاطة كتب

COUSIN s.m. *Namous*, en Egypte ; *barghach*, en Syrie. ناموس . برغش

COUSIN, INE s.m. et f. *Ebn âmme* ابن عم . ابن عمّة . ابن خال ابن خالة

COUSINIÈRE s.f. *Namouciyat* ناموسية

COUSSIN s.m. *Mekhaddat* مخدّة ج مخادّ . وسادة

COUSSINET s.m. petit coussin *Khédaydi-yat* خديدية . مخدّة صغيرة

— t. de méc. *Corsi, lokmat* كرسي ج كراسي . لقمة (في الميكانيكيات)

COÛT s.m. *Saman* ثمن ج اثمان . مقدار ج مقادير قيمة ج قيم . كُلفة

COUTEAU s.m. *Secqinat* سكينة ج سكاكين . مدية ج مدى

— de niveleuse, t. d'agr. *Sayf kassabiyat* سيف قصابية (القصابية هي في الاصطلاح الزراعي المصري آلة لتقصيب الارض اي تمهيدها)

COUTELAS s.m. *Khandjar* خنجر ج خناجر . قامة

COUTELIER, IÈRE s.m. et f. *Sacaqini* سكاكيني . صانع المدَى والسكاكين والامواس وغيرها

COUTELLERIE s.f. *Ouarchat sacaqine* ورشة سكاكين . معمل مدى

COÛTER v.n. *Callafa* كلَّف

COÛTEUSEMENT adv. *Bea-qlaf* باكلاف . بكلفة . بنوع مكلف

COÛTEUX, EUSE adj. *Moqlef* مكلِف . غالٍ

COUTIL s.m. *Komach qettan* قماش كتان . كوتيل

COUTRE s.m. *Baltat* بلطة . فرّاعة لشق الخشب

— de charrue *Sekkine sélah el méhrat* سكين سلاح المحراث وهي سكين كائنة امام سلاح المحراث «اي السكّة» (في الزراعة)

COUTUME s.f. *Aâdat* عادة ج عوائد . ائتلاف

COUTURE s.f *Khiatat* خياطة

COUTURIER, IÈRE s.m. et f. *Khay-yat* خياط . خائط

COUVAISON s.f. *Moddat hadn el bayd* مدة حضن البيض . مدة حضن الدجاجة البيض . رقد الرنقاء «الفرقة»

COUVÉE s.f. *Afrakh, cataqit* افراخ . كتاكيت . صيصان

COUVENT s.m. *Dayr* دير ج اديرة

COUVER v.a. *Hadanat él dédjajat* حضنت تحضُن الدجاجة البيض «رَقدت الدجاجة»

COUVERCLE s.m. *Ghuta* غطآء ج اغطية

COUVERCLE s.m. de la descente des chauffeurs, dans les bâteaux à vapeur *Ghata bab el choroq* غطاء باب الشُرُك (في الملاحة)

COUVERT s.m. *Mahall mouki* محل موق · ملجأ

— t. de comm. et de banque *Taghtiyat* تغطية (في التجارة والصرافة)

— de table *Takem mayédat* ou *takem sofrat* طاقم مائدة · طاقم صفرة

COUVERTURE s.f. *Ghata* غطاء ج اغطية

— de lit *Héram* حرام ج حرامات

— bourrée de coton *Lébaf* لحاف ج لُحُف

— de cheval *Coubane* كوبان

COUVEUSE s.f. *Korkat* قرقة · رنقاء حاضنة البيض

COUVI adj. m. *Bayd modffen* بيض معفّن «ممشّش» ممودَر

COUVRE-CHEF s.m. *Ghata rass* غطاء راس

COUVRE-FEU s.m. t. milit. *Naoubat naoum* نوبة نوم (في العسكرية)

COUVRE-JOINT s.m. t. méc. *Baça* باصا (في الميكانيكيات)

— **-pied** s.m. *Lébaf* لحاف ج لُحُف

— **-semences** s.m.t.d'agr. *Zabhafat* زحّافة · آلة تستعمل لتغطية الحب بعد بذره (في الزراعة)

COUVRIR v.a. envelopper *Ghatta* غطّى

— la marche, t. mili. *Al sayr ol serri* السير السري

— une nullité, t. de pratique *Azal-al-batalane* أزال البطلان (في المرافعات)

— (SE) v.r. t. d'escrime *Dafaâ* دافعَ · مدافعة (في علم السلاح)

COWPOX s.m. t. de méd. *Djedri bakari* جدري بقري (في الطب)

COXAL, ALE adj. en anat. *Horkofi* حرقفي (في التشريح)

CRABE s.m. *Saratan* سرطان · سلطعون «ابو جلانبو»

CRACHAT s.m. *Béçak* بصاق · تناف

— décoration *Nichan* نيشان · وسام (القطعة الفضية او الذهبية التي تضع على الصدر

CRACHEMENT s.m. *Bask* بصق · نفث

CRACHER v.a. *Baçaka* بَصق. يبصُق · نفث

CRACHOIR s.m. *Mebçakat* مِبْصقة · متفة

CRAIE s.f. *Tabachir* طباشير

CRAINDRE v.a. *Khafa* خاف يخاف · خشى · ارتاع

CRAINTE s.f. *Khaouf* خوف · خشية · رُعب · إرتياع

CRAINTIF, IVE adj. *Khayef* خائف · جبان

CRAINTIVEMENT adv. *Békhaouf* بخوف · برَعدة · بخشية · برُعب

CRAMOISI, IE s.m. et f. *Kermézi* قرمزي · احمر قرمزي

CRAMPE s.f. *Eétékal* اعتقال · قرْص

CRAMPON s.m. *Qallab* كلّاب

CRAMPONNER v.a. *Chabbaca* شبّك · علّق

— (SE) v.r. *Tachabbaca* تشبّك ب تعلّق ب تمسّك ب

CRAN s.m. *Senne âdjalat* سنّ عجلة · فرْض

CRÂNE s.m. *Djemjémat* جمجمة

CRÂNEMENT adv. *Béouakahat* بوقاحة · بجسارة

CRÂNERIE s.f. *Ouakahat* وقاحة · جسارة

CRAPAUD s.m. *Defdâ* ضفدع ج ضفادع

CRAPULE s.f. *Dani* دنيْ · ذميم · وغد · لئيم

CRAQUE s.f. *Qezbat* كذبة · خرطة

CRAQUEMENT s.m. *Taktakat* طقطقة · قرقعة

CRAQUER v.n. *Taktaka* طقطق · قرقع

CRAQUERIE s.f. *Qezb* كذب · خرط · مين

CRASSE s.f. *Ouaçakh* وسخ · درَن · قذَر

CRASSES s.f. pl. *Kechr ol hadid* قشر الحديد

CRATÈRE s.m. *Fouhat baracan* فوهة بركان

CRAVACHE s.f. *Qerbadj* كرباج ج كرابج

CRAVATE s.f. *Rebat ol rakabat* رباط الرقبة · صباغ

CRAYEUX, EUSE adj. *Tabachiri* طباشيري

CRAYON s.m. *Kalam raças* قلم رصاص

CRAYONNER v.a. *Raçama be kalam el raças* رسم يرسم بقلم الرصاص

CRÉANCE s.f. *Dayn* دين · ذمة

— donner créance *Tasdik* تصديق · اعتقاد

CRÉANCE s.f. lettre de créance *Efadat taouciat* — إفادة توصية

CRÉANCIER s.m. *Dayen* — دائن · مدين

— hypothécaire *Dayn be rahne* — دائن برهن · مرتهن

CRÉATEUR, TRICE s.m. *Khalek* — خالق · مُبْدِع · مكوّن · منشئ

— inventeur *Mokhtaré* — مخترع · مبتدع

CRÉATINE s.f. *Lahmine* — لحمين · المادة التي هي اصل اللحم

CRÉATION s.f. *Khelkat* — خلقة · إيجاد · إبداع

— fondation, invention *Enchà* — إنشاء · اختراع

CRÉATURE s.f. *Khalikat* — خليقة

— personne protégée *Mahsoub* — محسوب · خصيص

CRÉCELLE s.f. *Nakous khachab, khochkhèchat* — ناقوس خشب · خشخيشة

CRÈCHE s.f. *Mazouad* — مذود · معلف

CRÉDIT s.m. *Eëtèbar* — إعتبار · نفوذ

— t. de comptabilité *Khoçoum ol hèçab* — خصوم الحساب · الى

— à crédit *Bel dayn* — بالدين · شكك

— t. de budjet *Mablagh mokarrar* — مبلغ مقرّر اي مبلغ محدّد لعمل ما ـ في البرنامج

— ouvert, t. de Finances *Eëtèmadat mokarrarat* — اعتمادات مقرّرة (في اصطلاح المالية)

— ouvrir un crédit, t. de banque *Fathe crèdito* — فتح كريديتو · فتح حساباً جارياً

CRÉDITER v.a. *Kay-yada le hèçab ou khaçama èla* — قيّد لحساب · خصم يخصم الى

CRÉDITEUR s.m. *Al dayen* — الدائن · المقيّد له

CRÉDULE adj. *Sarî ol tasdik* — سريعُ التصديق

CRÉDULITÉ s.f. *Seraât ol tasdik* — سرعة التصديق · بساطة

CRÉER v.a. *Khalaka* — خلق يخلق · ابدع · أنشأ · أحدث

CRÉMAILLÈRE s.f. *Moâllakat ol deste* — معلّقة الدست · حلقة الدست مسكة الدست

— t. de méc. *Sâk moçannan* — ساق مسنّن (في الميكانيكيات)

CRÉMASTER adj. et s.f. en anat. *Moâllakat ol khèciat* — معلّقة الخصية (في التشريح)

CRÉMATION s.f. *Hark djessas el maouta* — حرق جثث الموتى

CRÈME s.f. *Kechtat* — قشطة (كريما)

CRÉMENT s.m. t. de méd. *Dakhel, momtass* — داخل · ممتص اي المادة التي يمتصها الجسم من الاطعمة

CRÉMER v.a. *Sanâ al kechtat* — صنع القشطة · حوّل الى قشطة

CRÉMERIE s.f. *Maâmal ol kechtat* — معمل القشطة

CRÉNAGE s.m. *Kass ahrof el matbâat* — قصّ احرف المطبعة

CRÉNEAU s.m. t. de fortif. *Mermayat* ou *mètras* — مرماية · متراس طابية (في الاستحكامات)

CRÉNELER v.a. t. de fortif. *Bana mètras* — بنى يبني متراساً او مرماية

— une roue, t. de méc. *Aâmela asnan ol adjalat* — عمِلَ يعمل اسنان العجلة المسننة

— faire un cordon sur l'épaisseur d'une pièce de monnaie *Aâmala zandjir ol èmlat* — عمل زنجير العملة · عمل زنجيراً على داير قطعة العملة

CRÉNELURE s.f. en anat. *Zayèdat senniyat* — زائدة سنية وتكون في العظام الداخل بعضها ببعض كما في عظام الجمجمة (في التشريح)

CRÉNER v.a. *Kassa ahrof al matbaât* — قصّ يقصّ احرف المطبعة

CRÉOLE s.m. et f. *Moalled abiad* — مولّد ابيض وهو المولود في المستعمرات

* **CRÉOSOTE** s.f. en chim. *Créosote* — كريوزوت وهو زيت كاوٍ يكون في الدخان ومزيّته وقاية اللحم من التعفّن

CRÊPE s.m. *Craychat* — كريشة « نوع من الاقمشة »

CRÉPI s.m. t. de maç. *Liaçat* — لياسة وهو الطين الذي يوضع فوق البناء

CRÉPIN s.m. *Alat ol escaf* — آلات الاسكاف وهي كافة ما يقوم به عمل الاسكاف عدا الجلد

— **saint-crépin** *Djorab alat el escaf* — جراب آلات الاسكاف · الجراب الذي توضع فيه آلات الاسكاف

CRÉPINE s.f. *Chahmat ol kharouf* — شحمة الخاروف وهي التي تغطي كرش الخاروف

CRÉPIR v.a. *Lay-yaça* — ليّس الحائط

CREPISSAGE, EMENT s.m. *Taliys* تلييس

CRÉPITATION s.f. *Farkaât* فرقعة · طقطقة · تكتكة · طشطشة

CRÉPITER v.a. *Farkaâ* فرقع · طقطق · تكتك · طشطش

CRÉPU, UE adj. *Modjaâd* مجعّد

CRÉPUSCULAIRE adj. en astr. *Chafaki* شفقي · متعلق بالشفق

CRÉPUSCULE s.m. t. d'astr. *Chafak* شفق وهو ضوء يبقى بعد غروب الشمس ويبدو قبل بزوغها (في علم الفلك)

CRESSON s.m. *Korrat harêkat* قُرّة حارقة

CRESSONNIÈRE s.f. *Manbet ol korrat* منبت القُرّة · مكان على جانب المياه تنبت فيه القُرّة

CRÉTACÉ, ÉE adj. *Tabachiri* طباشيري

CRÊTE s.f. de coq. *Orf ol diq* عُرف الديك

— de montagne *Kommat* قمّة · راس الجبل

— t. d'arch. *Ascarat foukaniyat* عسكرات فوقانية وهو القرميد الذي يكون في راس الجملون

CRÉTIN s.m. *Ablah* ابله · عديم الادراك

CRÉTINISER v.a. *Ballaha* بلّه · اعدم الادراك · صيّر ابله

CRÉTINISME s.m. *Balah* بَلَه · عَمَه · عدم الادراك

CREUSAGE, EMENT s.m. *Hafre* حفر · فحر · نكش · بحث

CREUSER v.a. *Hafara* حفَرَ يحفِرُ · فحرَ · نكشَ · بحثَ

— t. de grav. *Ammaka-l-nakche* عمّقَ النقش

CREUSET s.m. *Baoudakat* بودقة

CREUSEUR s.m. *Bahès* باحِث · مدقّق

CREUX s.m. *Faragh* فراغ · تجويف

CREUX, EUSE adj. *Faregh* فارغ · اجوف

CREVASSE s.f. *Chakke* شق · صدع · فسخ

CREVASSER v.a. *Chakkaka* شقّق · صدّع · فسّخ

— (SE) v.r. *Tachakkaka* تشقّق · تصدّع · تفسّخ

CRÈVE-CŒUR s.m. *Cadar âzim* كدر عظيم · حزن اليم · كرب انكسار قلب

CREVER v.n. en parlant d'animaux *Nafaka* نفق · مات

— éclater *Enfalaka* انفلق · انشق · انفزر · انفجر

— les yeux *Kalaâ* قلَعَ اي قلَعَ عينًا

— le cœur *Sadaâ* صدع قلبًا · فتت كبدًا

— une chose, faire éclater *Falaka* فلَق · شقّ · فزرَ

CREVETTE s.f. *Arìdès* ou *barghout ol bahre* اريدِس · برغوث البحر · «حيوان بحري»

CRI s.m. *Sorakh* صراخ · نداء · صياح

CRIAILLER v.n. *Sarakha* صرخ بصوتٍ كره · جعر · صخب

CRIAILLERIE s.f. *Sorakh, djaîr* صراخ · جعير · صخب

CRIARD, ARDE adj. *Sakhkhab* صخّاب · كثير الصراخ

CRIBLAGE s.m. *Gharbalat* غربلة

CRIBLE s.m. *Gherbal* غربال · سارود

CRIBLER v.a. *Gharbala* غربل

CRIBLEUR, EUSE s.m. et f. *Mogharbel* مغربل

CRIBLURE s.f. *Gharbalat* غربلة · حصالة · نفاية الغربلة

CRIBRATION s.f. t. de pharm. *Gharbalat ou nakhle* غربلة او نخل (في الصيدلية)

CRIC s.m. *Afritat* عفريتة · آلة لرفع الاثقال

CRICO-ARYTÉNOÏDIEN, ENNE adj. t. d'anat. *Halaki tardjahali* حلَقي طرجهالي (في التشريح)

CRICOÏDE adj. *Halaki* حلَقي

CRI-CRI s.m. *Sarsour* ou *sersar* صرصور · صرصار

CRIÉE s.f. *Dalalat* دلالة · مناداة · مبيع بالمزاد

CRIER v.a. *Saha* ou *sarakha* صاح يصيح · صرخ

— une marchandise *Dallala* دلّل · نادى في مبيع المزاد

CRIEUR s.m. *Dallal* دلّال · منادٍ في مبيع المزاد

CRIME s.m. *Djenayat* جناية · جريرة · جريمة

CRIMINALISER v.a. *Ahal al daôua djanaîyan* احال الدعوى جنائيًا اي احال دعوى مدنيّة الى جناية (في القضاء)

CRIMINEL, ELLE adj. *Modjrem* مجرم · مرتكب جناية · مقترف جريرة

— affaire criminelle *Kadiyat djenaïyat* قضية جنائية

— chambre criminelle *Mahkamat ol djenayat* محكمة الجنايات

CRIN s.m. *Chaâr ol khayl* شَعْرُ الخيل

CRINIÈRE s.f. du cheval *Naciat* ou *maârafiyat* ناصية ج نواصٍ · معرفية الخيل

— du lion *Lobbat ol açad* لُبَّة الاسد

CRIQUET s.m. (insecte) *Djarad* جراد (من الحشرات)

CRISE s.f. en méd. *Bohran* بُحران · آخر نوبة (في الطب)

— d'affaire *Ouakf hal* وقْف حال

— ministérielle *Estêfa ol ouazarat* استعفاء الوزارة · أزمة وزارية خلو مناصب الوزارة من وزراء

CRISPATION s.f. *Tacammoch* تكمُّش · انقباض · تشنُّج

CRISPER v.a. *Cammacha* كمَّش · سبَّب الانقباض · شنَّج

CRISPER (SE) v.r. *Tacammacha* تكمَّش · إنقبض · تشنَّج

CRISSER v.n. *Sarrat-l-asnan* صرَّتَ الاسنان · صوَّتت (اذ شدَّ بعضها على بعض)

CRISTAL s.m. *Ballaour* بلَّور

CRISTALLERIE s.f. *Ouarchat ballaour* ورشة بلَّور · معمل يصطنع به البلَّور

CRISTALLIN, INE adj. *Ballaouri* بلَّوري · بلَّوريُّ الشكل

CRISTALLISABILITÉ s.f. *Tabalouor* تبلُّور · حالة التبلُّور · خاصة التبلُّور

CRISTALLISABLE adj. *Kabel ol tabalouor* قابلُ التبلُّور

CRISTALLISATION s.f. t. de chim. *Tabalouor* تبلُّور الاستحالة الى شكل بلَّوري (في الكيميا)

CRISTALLISER v.a. *Balouara* بلوَرَ · حوَّلَ الى شكل بلوري

CRISTALLOGRAPHIE s.f. *Elme mârêfat el ballaour* علم معرفة البلَّور · علم متعلق بالبحث عن انواع البلَّور

CRISTALLOÏDE adj. en anat. *Al mahfazat ol ballaouriyat* الحفظة البلَّورية (في التشريح)

CRISTALLOÏDITE s.f. *Eltêhab ol ballaouriyat* التهاب البلَّورية (في الطب)

CRITÉRIUM s.m. en philos. *Alamat ol tamiyz* علامة التمييز (في الفلسفة)

CRITIQUABLE adj. *Kabel ol entêkad* قابل الانتقاد · قابل الهجو

CRITIQUE s.f. *Entêkad* انتقاد · هجو

CRITIQUE adj. en méd. *Bohrani* بحراني (في الطب)

— âge critique *Senn ol yâs* سنُّ اليأس · سنُّ الكهولة

— position critique *Halat sayïât* حالة سيئة · حالة مكربة

CRITIQUER v.a. *Entakada* انتقد · هجا يهجو

CRITIQUEUR s.m. *Montaked* منتَقِد · محب الانتقاد · هجَّا · محب الهجو

CROASSEMENT s.m. *Naïk, siah ol ghorab* نعيق · نعيب · صياح الغراب

CROASSER v.a. *Naâka, saha-l-ghorab* نعق ينعقُ · نعب ينعَبُ · صاح يصيحُ الغراب

CROC s.m. *Collab* كلَّاب وهو شوكة من حديد يعلَّق فيها اللحم

CROCHET s.m. *Chancal* شنكل · خطَّاف · خلبوص

— à tricoter *Sennarat* سنَّارة

— d'animaux *Nab* ناب ج انياب

CROCHETABLE adj. *Momquen fathohou bel collab* ممكن فتحهُ بالكلَّاب

CROCHETAGE s.m. *Fath ol kofle bel collab* فتحُ القُفل بالكُلَّاب

CROCHETER v.a. *Fataha-l-kofle bel collab* فتح يفتحُ القفل بالكلَّاب

CROCHETEUR s.m. de serrures *Losse* لصّ ج لصوص

CROCHU, UE adj. *Modouadje calqollab* مُعوَّج كالكلَّاب · كلَّابيٌّ

CROCUS s.m. (plante) *Zaâfaran* زعفران « نبات »

CROCODILE s.m. *Temsah* تمساح ج تماسيح

CROIRE v.a. *Saddaka* صدقَ · آمن · اعتقد · ظنَّ

— **(SE)** v.r *Eêtabara zatahou* اعتبرَ ذاتهُ · ظنَّ نفسهُ

CROISADE s.f. *Al harbe ol salibiyat* الحرب الصليبيَّة

CROISÉ s.m. *Salibi* صليبي · من الصليبيين

CROISÉ, ÉE p.p. de croiser *Motaçalleb* متصلّب ・ بصفة صليب ・ على شكل صليب

CROISÉE s.f. *Chebbac* شبّاك ج شبابيك ・ نافذة

CROISEMENT s.m. *Takabol* تقابُل ・ ملاقاة

— de race *Ezdeouadj adjnas el hayouanat* ازدواج اجناس الحيوانات

CROISER v.a. *Kabala* قابَلَ ・ لاقى

— les races *Azouadja adjnas al hayaouanat* أزوج اجناس الحيوانات

— en mer *Djala bel bahre* جال يجولُ بالبحر

CROISEUR s.m. bâtiment *safinat khafar saouahel* سفينة خَفَر سواحل

CROISIÈRE s.f. *Djaoualan lè khafar el saouahel* جوَلان لخفَر السواحل

CROISSANCE s.f. *Nomou* نموّ ・ ازدياد ・ تكاثُر

CROISSANT s.m. *Hêlal* هلال ج اهلّة

— **, ANTE** adj. *Nami* نام ・ متزائد ・ متكاثِر

CROISURE s.f. t. de mar. *Taslibat* تصليبة « في الملاحة »

CROÎTRE v.n. *Nama* نما ينمو ・ تكاثرَ ・ زادَ يزيدُ

CROIX s.f. *Sâlib* صليب ج صُلْبان

— affixion s.f. *Macibat* مصيبة ・ بليّة ・ شدّة ・ « يقال ايضاً صليب »

— décoration s.f. *Nichan* ou *ouêçam* نيشان ・ وسام

CROQUE-MORT s.m. *Hammal ol maouta* حمّال الموتى ・ حانوتي

CROQUER v.a. *Acala, karacha* أكَلَ يأكُلُ ・ قرَشَ

CROQUIS s.m. *Rasme* ou *croquis* رسم ・ كروكي

CROSSE s.f. d'évêque *Occaz* عُكّاز ج عكاكيز

— de fusil *Kandak* ; en Egypte: *Cornafat* قُنْدَق ・ كرنافة وهو خشب البندقية

CROTAPHITE s.m. t. d'anat. *Al âzm ol sadghi* العظم الصدغي (في التشريح)

CROTON s.m. (plante) *Habbe ol molouk* حبُّ الملوك « نبات »

CROTTE s.f. *Tine, ouahle* طين ・ وحل

— fiente d'animaux *Baâre* ou *zeble* بعر ・ زبل ・ جِلّة

CROTTER v.a. *lattakha bel ouahle* لطخ بالوحل ・ لوّث بالطين

— **(SE)** v.r. *Talâttakha bel ouahle* تلطّخ ・ تلوّث بالوحل

CROTTIN s.m. *Baârat, zeblat* بعرة ・ ذبلة

CROULANT, ANTE adj. *Saket, habet* ساقط ・ هابط ・ على وشك الهبوط

CROULEMENT s.m. *Sokout, hobout* سقوط ・ هبوط

CROULER v.n. *Sykata, habata* سَقَطَ يسقُطُ ・ هبَطَ

CROUP s.m. t. de méd. *Khonnak* خُنّاق ・ ذبحة (في الطب)

CROUPE s.f. *Cafal ol faras* كَفَل الفرس ・ موخر

CROUPIER s.m. *Khadem mahal el komar* خادم محل القمار

CROUPIÈRE s.f. *Hiaçat* ou *kouch* حياصة ・ قُوش

CROUPION s.m. *Ousse* ou *osôus* عُصّ ・ عصوص ・ عَجْبُ الذنب عظمُ الذنب

CROUPIR v.n. *Antana* انتَنَ ・ فسد ・ أسن ・ أجَن

— rester dans l'ordure *Ouadjada fi halat monténat* وجد في حالة منتنة

CROUPISSANT, ANTE adj. *Monten* منتن ・ فاسد ・ آجن ・ آسِن

CROUPISSEMENT s.m. *Natanat* نتانة ・ فساد ・ أجَن ・ أسَن

CROÛTE s.f. *Casrat khobz* كسرة خبز ・ فرزدقة ・ قشرة

CROÛTON s.m. *Casrat khobz saghirat* كسرة خبز صغيرة ・ طرفي رغيف الخبز الافرنجي

CROYABLE adj. *Kabel ol tasdik* قابلُ التصديق

CROYANCE s.f. *Eêtèkad, iman* إعتقاد ・ ايمان

CROYANT, ANTE adj. et subs. *Momen, moôtaked* موءمن ・ معتقد

CRU s.m. *Cammiat ol nomou* كميّة النمو

— du vin *Asl ol khamre* اصل الخمر ・ جنس الخمر

— **, UE** adj. *Nay* نيّ ・ غير مستوٍ ・ غير ناضج ・ فج

CRUAUTÉ s.f. *Kaçaouat* قساوة ・ عدم شفقة

CRUCHE s.f. *Djarrat* ou *ballas* جرّة ・ بلّاص ・ زلعة زلعات

CRUCHON s.m. *Djarrat saghirat* جرّة صغيرة ・ بلّاص صغير « دويك »

CRUCIAL, ALE adj. *Salibi* — صليبي · على شكل صليب

CRUCIFÈRE adj. t. de bot. *Al facilat ol salibiyat* — النصيلة الصليبية « نبات »

CRUCIFIEMENT ou **CRUCIFIMENT** s.m. *Salb* — صلب · تعليق على الصليب

CRUCIFIER v.a. *Salaba* — صَلَبَ يصلِبُ · علّق على الصليب

CRUCIFIX s.m. *Al salib* — الصليب · المسيح المصلوب

CRUCIFORME adj. *Salibi ol chacle* — صليبيُّ الشكل

CRUDITÉ s.f. *Fadjadjat* — فجاجة · عدم استواء · نيوّة

CRUE s.f. *Fayadan* — فيضان · ازدياد

CRUEL, ELLE adj. *Kaci* — قاسٍ · عديم الشفقة

CRUELLEMENT adv. *Bèkaçaouat* — بقساوة · بعدم شفقة

CRÛMENT adv. *Bèdoun mohabat* — بدون محاباة · بدون موار بة

CRUOR s.m.t. de méd. *Djoltat damaouyat* — جلطة دموية

CRURAL, ALE adj. en. anat. *Fakhzi* — فخذي (في التشريح)

CRYPTOGAME adj. en bot. *Khafi ol zahre* — خفيُّ الزهر « نبات »

CUBAGE s.m. *Taqîib* — تكعيب

CUBATURE s.f. *Al tahouil èla-l-mocaâb* — التحويل الى المكعّب

CUBE s.m. *Mocaâb* — مكعّب ج مكعّبات

CUBÈBE s.m. *Cababa sini* — كبابه صيني

CUBER v.a. *Caâba* — كعّب · حوّل الى مكعّب

CUBIQUE adj. forme cubique *Chacle mocaâb* — شكل مكعّب

— racine cubique *Djazr mocaâb* — جذر مكعّب

CUBITAL, ALE adj. en anat. *Zendi* — زندي · متعلّق بالزند (في التشريح)

CUBITUS s.m. en anat. *Azm ol zende* — عَظْمُ الزند (في التشريح)

CUBOÏDE adj. *Mocaâb* — مكعّب

— en anat. *Al azme ol zendi* — العظم الزندي او المكعّب

CUCURBITARCÉES s.f. pl. *Al facilat ol karîyat* — الفصيلة القرعية

CUCURBITE s.f. *Dast ol anbik* — دست الانبيق او دست الكركة

CUEILLAGE s.m. des fruits *Katf ol asmar* — قطف الاثمار

— action d'enlever le verre eu fusion avec la sarbacane *Nafkh ol zedjadj el sayel* — نفخ الزجاج السائل

CUEILLETTE s.f. *Edjtêna* — إجتناء · قطف

CUEILLEUR, EUSE s.m. et f. *Modjtani* ou *djani* — مجتنٍ · جانٍ · مقتطِف

CUEILLIR v.a. *Djana* — جنى يجني · قَطَفَ يقطِفُ

CUILLER ou **CUILLÈRE** s.f. *Melâaka* — ملعقة ج ملاعق

CUILLERÉE s.f. *Melo melaâkat* — ملءُ ملعقة · قدر ملعقة · لُعقة · غَرفة

CUILLERON s.m. *Feragh ol melâkat* — فراغ الملعقة · جوفُ الملعقة

CUIR s.m. *Djelde madbough* — جِلْد مدبوغ ج جلود

— bouilli *Djelde balamout* — جلد بلاموط

— chevelu *Djeldat mechêerat* — جلدة مشعرة اي جلدة الرأس

— fort *Djelde haour* — جلد حور

— à rasoir *Kayech* — قايش وهو ما يُسَنُّ عليه الموس

— de langage *Ghalat lafze* — غلط لفظ

CUIRASSE s.f. *Dèrê* — درع ج دُرُوع · ذرخ

CUIRASSÉ, ÉE p.p. de cuirrasser *Modarrâ* — مدرّع · مذرّخ · مصفّح

CUIRASSER v.a. *Darrâa* — درّعَ · صفّحَ · ذرّخ

CUIRASSIER s.m. *Djendi modarrâ* — جندي مدرّع · ذرخجي

CUIRE v.a. *Tabakha* ou *salaka* — طبخَ يطبُخُ · سلَقَ يسلِقُ

— causer de la douleur *Ahraka, caoua* — أحرَقَ · كوى يكوي

CUISANT, ANTE adj. *Mohrek* — محرق · كاوٍ

CUISINE s.f. *Matbakh* — مطبخ ج مطابخ

CUISINER v.n. *Tabakha* — طبخَ يطبُخُ · طهى يطهي

CUISINIER, IÈRE s.m. et f. *Tabbakh* — طبّاخ ج طبّاخون · عشّي · طاهٍ

CUISSARD s.m. *Al fakhziyat* — الفخذية وهي قطعة من الدرع كان يُغطّى بها الفخذ

CUISSE s.f. *Fakhze* — فخذ ج افخاذ

CUISSON s.f. *Tabkh* طبخ · ساق · طهي

— brûlure *Ebtérak, ectéoua* احتراق · اكتواء

CUISTRE s.m. *Dani* دنيء · وغد · لئيم

CUITE s.f. des briques *Harik ol toub* حريق الطوب او الخزف

— d'un sirop *Tabkh ol charab* طبخ الشراب

CUIVRAGE s.m. *Talbis bel nèhas* تلبيس بالنحاس

CUIVRE s.m. *Nèhas* نحاس

CUIVRÉ, ÉE adj. *Nehaci* نحاسي · لون نحاسي

CUIVRER v.a. *Nahhaça* نحّس · لبّس نحاساً

CUL s.m. *Dobor, tiz* دُبُر · طيز

— **de jatte** *Mocarçah* مكرسح · مكسّح · كسيح

— **de bouteille** *Kaâr ol zèdjadjat* قعر الزجاجة او القنينة

— **de charrette** *Moakhar ârabat el nakle* مؤخّر عربة النقل

— **de sac** *Zokak ghayr nafez* زقاق غير نافذ · حارة او عطفة مسدودة

— **de lampe** en arch. *Caâr ol kandil* قعر القنديل « نوع من الزخرفة »

CULASSE s.f. *Khaznat ol baroudat* خزنة البارودة او المدفع

CULBUTABLE adj. *Kabel ol enkélab* قابل الانقلاب · قابل الشقلبة

CULBUTE s.f. *Kalbat, chaklabat* قلبة · انقلاب · شقلبة

CULBUTER v.a. et n. *Kalaba, chaklaba* قلّبَ يقلبُ · شقلب

— **(SE)** v.r. *Enkalaba* إنقلب · تشقلب

CULÉE s.f. en arch. *Doâmat* دُعامة · ركيزة (في البناء)

— ou boutant *âmoud hamel ol âkde* عامود حامل العقد

— t. de mar. *Al maçafat ol lati taktaôba-l-safinat men djehhat el moakhar* المسافة التي تقطعها السفينة من جهة المؤخر (في الملاحة)

CULER v.n. *Sarat el safinat ela-l-ouara* سارت السفينة الى الوراء (في الملاحة)

CULINAIRE adj. *Taâmi* طعامي · ما يختص بالطعام

CULMINANT, ANTE adj. t. d'astr. *Daradjat ol ertéfâ el ôlia* درجة الارتفاع العليا (في علم الفلك)

CULMINATION s.f. en astr. *Al ertéfâ ol aâla* الارتفاع الاعلى (في علم الفلك)

CULOT s.m. *Akab* عَقَب

— t. de fonderie *Raceb ol maâdan* راسب المعدن (في اصطلاح السباكين)

CULOTTE s.f. *Lébas* لباس · شنتيان · سروال

CULPABILITÉ s.f. *Djarimat* جريمة · ذنب

CULTE s.m. *Ebadat* عبادة

CULTIVABLE adj. *Kabel ol zèraât* قابل الزراعة · قابل الفلاحة

CULTIVATEUR, TRICE s.m. et f. *Zarrâ* ou *fallah* زرّاع · فلّاح

CULTIVER v.a. *Zaraâ* زرعَ يزرعُ · فلحَ يفلحُ

— une science *Atkana êlman* أتقنَ علماً · اعتنى في درس علم · تروّض في

CULTURE s.f. *Zèraât* زراعة · فلاحة

CUMIN s.m.(plante) *Cammoun* كمون « نبات »

CUMUL s.m. *Djamê* جَمْع · القيام بوظائف عديدة

CUMULATION s.f. *Tadjmi* تجميع

CUMULER v.a. *Djamaâ* جمعَ يجمعُ

CUMULUS ou **disque proligère** s.m. en anat. *Kors ol bouaydat* قرص البويضة عند الجنين (في التشريح)

CUNÉEN, ÉENNE adj.t. d'anat. *Esfini* إسفيني (في التشريح)

CUNÉIFORME adj. et s.m., os cunéiforme *Al azme ol esfini* العظم الاسفيني

CUPIDE adj. *Tammâ* طمّاع · حبّاب الاقتناء

CUPIDITÉ s.f. *Tamâ* طَمَع · محبّة الاقتناء

CURABLE adj. en parlant des canaux *Kabel ol tathir* قابل التطهير وهو ازالة الوحول والاتربة الراسبة في قاع الترع

— en méd. *Kabel ol moâ-ladjat* قابل المعالجة · قابل المداواة · ممكن شفاؤه

CURAGE s.m. *Tathir, nazhe* تطهير · نزح · تنظيف

CURARE s.m. *Curare* كورار وهوسم نافع يستعمله اهل اميركا الجنوبية لتسميم نبلهم

CURATEUR s.m. *Ouali, ouaqil tercat* ولي · وكيل تركة

CURATION s.f. t. de méd. *Laouazem ol chéfa* لوازم الشفا (في الطب)

CURCUMA s.m. (plante) *Corcom* كُركُم « نبات »

CURE s.f. t. de méd. *Moâladjat* معالجة (في الطب)

CURÉ s.m. *Khouri* خوري ج خوارنة

CURE-DENT s.m. *Meçouaq* مِسواك · ريشة لتنظيف الاسنان

CURÉE s.f. t. de chasse *Hessat ol calb* حِصَّةُ الكلب (في الصيد)

CURE-OREILLE s.m. *Monazzéf ol azan* منظِّفُ الآذان

CURER v.a. *Tahhara* طَهَّر · نظَّف · نَزَحَ ينْزَحُ

CURIEUSEMENT adv. avec indiscrétion *Befadouliyat* بفضولية · بكثرة غلَبَة · بحشارية

CURIEUX, EUSE adj. indiscret, *Fadouli* فضولي · حِشْري · كثير الغَلَبَة

— rare, singulier *Adjib* عجيب · غريب

CURIOSITÉ s.f. *Tadouliyat* فضولية · كثرة غلَبَة · حشارية

— chose rare *Tohfat* تحفة

CURRENTE CALAMO expr. latine adv. *Ala madjra-l-kalam* على مجرى القلم

CURSIF, IVE adj. *Khatt monhani* خط منحنٍ

CURVILIGNE adj. t. de géom. *Rasme monhani* رسم منحنٍ (في الاصطلاح الهندسي)

CUTANÉ, ÉE adj. t. de méd. *Djeldi* جلدي

CUTITE s.f. *Eltéhab ol djelde* التهاب الجلد

***CUTTER** s.m. t. de mar. *Cutter* كوتِّر · سفينة حربية صغيرة ذات صاري واحد (في الملاحة)

CUVE s.f. *Khabiat* خابية · اناء · فخار كبير · خلقين

CUVELAGE s.m. *Sannadat* سَنَّادات · الاخشاب التي تسنَّد بها الآبار

CUVELER v.a. *Sannada* سَنَّدَ الآبار بالاخشاب

CUVELLEMENT s.m. *Tasnid* تسنيد · تسنيد الآبار بالاخشاب

CUVER v.n. *Ekhtamara* إختمر

— son vin *Nama makhmouran* نام مخموراً · نام سكران

CUVETTE s.f. *Tachte* طَشْت · طَسْت ج طسوت

— de water closet *Mandjanik ol mostarah* منجنيق المستراح

— de montre *Zarf ol saât* ظرف الساعة

CYANOSE s.f. en méd. *Zorkat ou al marad ol azrak* زرقة · المرض الازرق (في الطب)

CYANOSÉ, ÉE p.p. de cyanoser, t. de méd. *Mozrakke* مزرقّ · مصاب بالمرض الازرق (في الطب)

CYANOSER v.a. *Zarraka* زرّق · جعلهُ ازرق

CYCLITE s.f. en méd. *Eltéhab ol djesm el hodbi* التهاب الجسم الهُدبي

CYCLONE s.m. *Acef* ou *Zaoubaât* عاصف · زوبعة · هواء شديد « سيكلون »

CYCLOPE s.m. t. de myth. *Omlak* عملاق · ذو عين واحدة

CYGNE s.m. *Badjaât* بجعة ج بجع « طائر »

— constellation *Bordj ol dedjadjat* برج الدجاجة او برج الطائر

CYLINDER AXIS s.m. t. d'anat. *Mehouar ol âçab* محوَرُ العَصَب (في التشريح)

CYLINDRE s.m. *Ostaouanat* أُسطوانة ج اساطين

— t. d'agr. *Zahhafat* زحّافة « آلة زراعيَّة »

— t. de métier d'égrenage. *Chobac* شوبك · قطعة من خشب أُسطوانية يمر عليها القطن المحلوج (في الميكانيكيات)

CYMAISE s.f. t. d'arch. *Rafraf ol corsi* رفراف الكرسي (في البناء)

CYMBALE s.f. *Sandj* صَنْج ج صنوج وهو من آلات الطرب

CYNANCHE ou **CYNANCIE** s.f. t. de méd. *Zobhat calbiyat* ذُبحة كلبية (في الطب)

CYNÉGÉTIQUE adj. *Saydi* صيدي · ما يتعلق بالصيد والقنص وكلاب الصيد

CYNIQUE adj. t. de méd. *Tachanodj calbi* تشنّج كلبي (في الطب)
— effronté *Ghayr adabi, safih* غير أدبي · سفيه . قليل الادب
CYNIQUEMENT adv. *Bèghayr adab, bèçafahat* بغير ادب . بسفاهة . بقلّة ادب
CYNISME s.m. affronterie, impudence *Kellat adab, safahat* قِلّة ادب · سفاهة · عدم حشمة
CYNOGLOSSE s.f. (plante) *Lessan ol calbe* لسان الكلب « نبات »
CYNOREXIE s.f. t. de méd. *Chahiyat calbiyat* شهيّة كلبيّة . قابليّة كلبيّة (في الطب)
CYPRÈS s.m. (arbre) *Sarouat* سروة ج سرو « شجرة »
CYSTALGIE s.f. t. de méd. *Alam ol maçanat* ألم المثانة (في الطب)
CYSTICERQUE s.m. en méd. *Doudat haouçaliyat* دودة حوصلية (في الطب)
CYSTIQUE adj. t. d'anat. *Marari haouçali* مراري حوصلي (في التشريح)
CYSTIRRHAGIE s.f. t. de méd. *Nazif maçani* نزيف مثاني (في الطب)
CYSTIRRHÉE s.f. t. de méd. *Nazlat maçaniyat* نزلة مثانية (في الطب)
CYSTITE s.f. t. de méd. *Eltèhab ol maçanat* التهاب المثانة (في الطب)
CYSTOHÉMIE s.f. t. de méd. *Ehtekan ol maçanat* احتقان المثانة (في الطب)

CYSTOÏDE adj. t. d'anat. *Qici* كيسي · متعلق بالكيس (في التشريح)
CYSTOPLÉGIE s.f. t. de méd. *Chalal ol maçanat* شللُ المثانة (في الطب)
CYSTOTOME s.f. instr. de chir. *Katé ol maçanat* قاطعُ المثانة (آلة جراحية لشق المثانة)
CYSTOTOMIE s.m. t. de chir. *Chakk ol maçanat* شقُّ المثانة (في الجراحة)
CYTOBLASTION sm. t. d'anat. *Khaliyat djarçoumiyat* خليّة جرثوميّة (في التشريح)
CYTOGÈNE ou **CYTOGÉNÉTIQUE** adj. en anat. *Moualled ol khalaya* مولد الخلايا (في التشريح)
CZAR s.m. *Al kayçar* القيصر ج القياصرة « جلالة امبراطور روسيا »
CZARINE s.f. *Al kayçarat* القيصرة « جلالة امبراطورة روسيا)
CZAROWITZ s.m. *Ouali âhde Rouciya* ولي عهد روسيّا

D

D la quatrième lettre de l'alphabet *Dal* د · دال . الحرف الرابع من الحروف الفرنسوية
DA-CAPO loc. adv. t. de mus. *Men el mabda* من المبدأ · يعاد من المبدأ « في الاصطلاح الموسيقي »
DACRYADÉNITE s.f. t. de méd. *Eltèhab ol ghéddat el damîyat* التهاب الغِدّة الدمعية (في الطب)
DACRYAGOGUE adj. et subs. en anat. *Madjra-l-domôu* مجرى الدموع
DACRYELCOSE s.f. *Takarroh madjari-l-domôu* تقرّح مجاري الدموع

DACRYOCYSTITE s.f. en méd. *Eltèhab ol qiss el damîy* التهاب الكيس الدمعي (في الطب)
DACRYOCYSTOPTOSE s.f. en méd. *Fetk ol qiss el damîy* فتق الكيس الدمعي (في الطب)
DACRYOLITHE s.f. en méd. *Haçat damîyat* حصاة دمعية (في الطب)
DACTYLION s.m. *Eltéçak ol açabé* التصاق الاصابع
DAGUE s.f. *Khandjar* خنجر ج خناجر · شاكرية · مدية
DAGUER v. a *Daraba bel khandjar* ضرَبَ بالخنجر · طعَنَ بالمدية

DAIGNER v.n. *Taffaddala, tanazala* تفضّل · تنازَلَ

DAIN s.m. *Zabi* ظبي ج ظباء · شادن

DAINE s.f. femelle du dain *Zabiat* ظبية ج ظبيات

DAIS s.m. *Mazallat* مَظلّة ج مظالّ

DALLAGE s.m. *Tablit* تبليط · وضع البلاط

DALLE s.f. *Balatat* بلاطة

DALLER v.a. *Ballata* بلّط · فرش بالبلاط

DALMATIQUE s.f. *Cattounat* كتّونة · حلّة الشماس

DALOT s.m. t. de mar. *Madjra* مجرى · نوع ميزاب لتنزيل الماء عن سطح السفينة (في الملاحة)

DAMAS s.m. *Demechk* دمشق · دمشق الشام « هي إرم ذات العماد »

— du sabre *Djaouhar ol nasle* جوهر النصل

DAMASQUINAGE s.m. *Tarsî, tanzil* ترصيع · تنزيل · نقْش

DAMASQUINER v.a. *Rassaâ, nazzala* رصّع · نزّلَ · نقَش ينقُشُ

DAMASSER v.a. *Ouach-cha* وشّى · زخرف بالنقوش

DAME s.f. *Sayèdat* سيّدة ج سيدات · ستّ

— au jeu des cartes *Coualle* ou *bent* كُوَلّ · بنت (في اصطلاح لعب الورق)

— au jeu de dames *Dama* ضامه (في لعب الضامه)

— embarcation s.f. *Djalia* جاليه

DAME-JEANNE s.f. *Dame-djanat* دمجانة · زجاجة كبيرة

DAMIER s.m. *Al dama* ou *taouèlat ol dama* الضامة · طاولة الضامة · رقعة الضامة

DAMNABLE adj. *Mostahek ol halac* مستحق الهلاك

DAMNATION s.f. *Halac* هَلاك

DAMNÉ, ÉE s.m. et f. *Halec* هالك

DAMNER v.a. *Ahlaca* أهلك

— **(SE)** v.r. *Halèca* هَلكَ يهلكُ · اهلكَ نفسهُ

DANDIN s.m. *Aâdim ol çabat* عديم الثبات · ابله

DANDINEMENT s.m. *Tabakhtor* تبختُر · عياقة · غندرة · تخطّر

DANDINER v.n. *Tabakhtara* تبختَر · تخطّر · تعايق · تغندر (في مقام الاستهزاء)

DANDY s.m. *Motabakhter* متبختِر · متخطّر · عايق · غندور مولع بالزينة (في مقام الاستهزاء)

DANDYSME s.m. *Iakat, ghandarat* عياقة · غندرة · ولوع بالزينة

DANGER s.m. *Khatar* خطَر · مهلكة · هول

DANGEREUSEMENT adv. *Bèkhatar* بخطر · بهَوْل

DANGEREUX, EUSE adj. *Mokhter* مُخْطِر · خَطِر · هائل

DANS prép. *Fi, bé* في · ب

DANSE s.f. *Rakse* رقْص

— **de St-Guy** t. de méd. *Al raks ol zendji* الرقص الزنجي (مرض)

DANSER v.n. *Rakaça* رَقَصَ يرقُصُ

DANSEUR, EUSE s.m. et f. *Rakkas* رقّاص

— de corde *Bahlaouan* بهلوان · رقّاص على الحبل

DANSEUSE s.f. *Rakkaçat* رقّاصة · غازية · غوازِ

DARD s.m. *Sahme, nablat* سهم ج سهام · نبلة · نشّابة

— du scorpion *Zobanat ol âkrab* زُبانة العقرب وغيرها · حُمة

DARDER v.a. *Rachaka* رشقَ يرشِقُ · رمى

DARTOÏDE ou **DARTOÏQUE** adj. t. de méd. *Lifi maren* ليفيّ مَرِن (في الطب)

DARTOS s.m. t. d'anat. *Tabakat lifiyat* طبقة ليفيّة (في التشريح)

DARTRE s.f. t. de méd. *Koubat* قوبة · حزازة (في الطب)

DATE s.f. *Tarikh* تاريخ ج تواريخ

— certaine, t. de prat. *Tarikh maçbout rasmi* تاريخ مثبوت رسمي (في اصطلاح المحاكم)

DATER v.a. *Arrakha* ارّخ · وضع تاريخًا

DATION s.f. t. de prat. *Eêta, dafê* إعطاء · دفع (في اصطلاح المحاكم)

— en paiement *Ouafa dayn bèchay men ghayr djens el mottafak âleh* وفاء دين بشيء من غير جنس المتفق عليه

DATTE s.f. *Balahat, tamrat* بَلَحَة ج بلح . تَمْرَة ج تمر

DATTES sf. pl. **en pâte** *Adjouat* عجوة . قوطة

DATTIER s.m. *Nakhlat* نخلة ج نخل . بلحة . شجرة البلح

DATURA s.m. (plante) *Datoura* داتورة « نبات »

DAUBER v.a. *Daraba* ضَرَبَ . لَطَمَ

— t. famil. *Estahza* استهزأ . اهانَ

DAUPHIN s.m. *Darfil* ou *dalfine* درفيل . دلفين ـ سمكة كبيرة

* — titre du fils aîné du roi de France *Dauphin* دوفين . لقب ولي عهد فرانسا منذ انضمام اقليم الدوفينيه الى المملكة الفرنساوية

DAVANTAGE adv. *Acçar* اكثر . بزيادة

DAVIER s.m. t. de mén. *Kamtat* قمطة . مَرسة (في اصطلاح النجارين)

— instr. de dentiste *Collab* كُلَّاب ج كُلَّابات . كلبتون « آلة تقلع فيها الاسنان »

DE prép. *Men* من . عن

DÉ s.m. à coudre *Cochtaban* كشتبان . قمع

— à jouer *Zahre ol lééb* زهر اللعب

— t. d'arch. *Badan ol corsi* بدنُ الكرسي (في البناء)

DÉBACLE s.f. *Enkélab ol hal* انقلابُ الحال

— des glaces *Enhélal ol çaldje* انحلالُ الثلج . ذوبانُ الثلج

DÉBACLEMENT s.m. *Ekhla ol-mina men el sofon* اخلاءُ الميناء من السُفُن الفارغة لورود السُفُن المشحونة

DÉBACLER v.a. *Akhla-l-mina men el sofon* اخلى الميناء من السُفُن الفارغة لورود السُفُن المشحونة

DÉBALLAGE s.m. *Fak ol toroud* فَكُّ الطرود . حلٌّ

DÉBALLER v.a. *Fakka-l-toroud* فكَّ الطرود . حلَّ

DÉBANDADE s.f. *Tachattot* تشتُّت . تفرُّق . تبدُّد . تشعُّث

DÉBANDER v.a. détendre *Arkha* ارخى . فكَّ . حلَّ

— **(SE)** se disperser *Tachattata* تَشتَّتَ . تَفرَّقَ . تبدَّدَ . تشعَّثَ

DÉBAPTISER v.a. *Ghay-yara esmahou* غيَّرَ اسمهُ . بدَّلَ اسمهُ

DÉBARBOUILLER v.a. *Maçaha ouadjhahou* مَسَحَ وجههُ . نظَّفَ . غسَلَ وجههُ

DÉBARCADÈRE s.m. *Maouradat* مَوْرِدَة . مَرسى . مينا صغيرة

DÉBARDER v.a. *Farragha-l-chahne* فرَّغ الشحن . نَقَلَ الاخشاب من المركب للبر

DÉBARDEUR s.m. *Chay-yal* شيَّال . عتال مينا

DÉBARQUEMENT s.m. *Al-nozoul men el markab* النزول من المركب

DÉBARQUER v.a. *Nazala men el markab* نَزَلَ من المركب

DÉBARRAS s.m. *Takhalloss* تخلُّص . تملُّص

DÉBARRASSER v.a. *Khallaça* خَلَّصَ . مَلَّصَ

— un lieu *Akhla* أخلَى . افرغ

DÉBAT s.m. *Modjadalat* مُجادلة . مُباحثة . مُناظَرة

— t. de palais *Morafaât* مرافعة (في القضاء)

DÉBÂTÉ, ÉE adj. âne débâté *Bela djelal* بلا جلال . حمار بلا جلال

DÉBATELAGE s.m. *Tafrigh chahn el markab* تفريغ شحْنُ المركب

DÉBATELER v.a. *Farragha chahn el markab* فَرَّغَ شحْن المركب

DÉBÂTER v.a. *Rafaâ-l-bardaât âu el hayaouan* رفعَ البردعة او الجلال عن الحيوان

DÉBÂTIR v.a. *Hadama-l-bena* هَدَمَ البناء

DÉBATTRE v.a. *Djadala* جادَلَ . باحَثَ . ناظَرَ

— **(SE)** v.r. *Haouala-l-takhalloss* حاوَلَ التخلُّص

DÉBAUCHE s.f. *Façad* فَساد . فسق . فَلَت

DÉBAUCHER v.a. *Afçada* أفسَدَ . أفسَقَ . جعل فاسقًا عوَّدَ على الفسق والفلت

— **(SE)** v.r. *Enfaçada* إنفسَدَ . تعوَّدَ الفسق

DÉBET s.m. *Baki-l-hêçab* باقي الحساب

— **(EN)** s.m. t. de finance *Taht ol hêçab* تحت الحساب (في الاصطلاح المالي)

DÉBILE adj. *Daïf, nahif* ضعيف . نحيف

DÉBILEMENT adv. *Bêdôf* بضعف . بنحافة . بنحول

DÉBILEMENT adv. *Bédôf* بضعف · بنحافة · بنحول

DÉBILITANT, ANTE adj. *Modéf* مُضعِف · مُنحِل

DÉBILITATION s.f. *Doóf* ضُعْف · نُحول ·نحافة

DÉBILITER v.a. *Addafa* اضعَفَ ·انحلَ ·أنحفَ

DÉBINE s.f. *Eflas* إفلاس · نتيجة سوء التصرُّف بالاشغال

DÉBIT s.m. *Raouadj* رَوَاج ·نَفَاق

— t. de compt. *Al matloub* المطلوب · من · اصول الحساب (في مسك الدفاتر)

DÉBITABLE adj. *Kabel ol mabî bel mofarrak* قابل المبيع بالمفرّق

DÉBITANT, ANTE s.m. et f. *Bayad bel mofarrak* بيّاع بالمفرّق · بيّاع بالمفرد

DÉBITER v.a. *Bad* بَاع · نَفّق · روّج

— t. de compt. *Kay-yada âla* قيّد على · اضاف على (في مسك الدفاتر)

DÉBITEUR, TRICE s.m. et f. *Madioun* مديون · مدين

— hypothécaire, t. de droit *Madioun bémaoudjab rahn* مديون بموجب رهن

DÉBLAI s.m. *Fahre* حَفر · بحث · ازالة التراب

DÉBLAIS s.m. pl. *Radim* ردم · انقاض

DÉBLATÉRER v.a. *Atala-l-kazf* اطال القذف · اطال القدح او الطعن بحق ....

DÉBLAYEMENT s.m. *Taâzil* تعزيل · رفع التراب

DÉBLAYER v.a. *Aâzzala* عزّلَ · رَفعَ التراب

DÉBLOQUEMENT s.m. *Raf ôl héçar* رَفْعُ الحصار

DÉBOIRE s.m. *Karahat* كراهة اشمئزاز · قَرَف

— au fig. *Açaf* اسف · كدر

DÉBOISEMENT s.m. *Ezalat ol ghabat* ازالة الغابات والاحراش · تقطيع اشجار الغابات

DÉBOISER v.a. *Azal al ghabat* ازالَ الغابات · قَطَعَ الاشجار

DÉBOÎTEMENT s.m. *Zayaghan ol âzm* زَيَغان العظم · انفكاك العظم

DÉBOÎTER v.a. *Azagh al âzm* أزاغَ العظم · خلَعَ

DÉBONDER v.a. *Fataha sedadat el barmil* فتحَ سدادة البرميل

DÉBONNAIRE adj. *Halim* حليم · رقيق الطبع · رؤوف

DÉBORD ou **DÉBORDEMENT** s.m., t. de méd. *Fayadan sayel* فيضان سائل · ثوران (في الطب)

DÉBORDEMENT s.m. d'un vase *Tafah* طفاح · زيادة

— d'un fleuve, *Taghayan, fayadan* طغيان · فيضان

DÉBORDER v.n. en parlant d'un vase *Tafaha* طفحَ يطفَحُ

— en parlant d'un fleuve *Tagha, fada* طغا يطغو · فاض يفيضُ

DÉBOTTER v.a. *Khalaâ-l-héza* ou *Kalaâ-l-djazmat* خلعَ الحذاء · قلعَ الجزمة

DÉBOUCHÉ s.m. *Manfaz* منفذ ج منافذ · مخرج

— point d'exportation des marchandises, *Mahal tasrif el badayé* محل تصريف البضائع · سوق لترويج البضائع

DÉBOUCHER v.a. *Fataha-l-sedadat* فَتَحَ السدادة

DÉBOUCLER v.a. *Fak al abzim* فكَّ الابزيم · حلَّ العروة

— déboucler un port t. de mar. *Sallaca madkhal al marsa* سلّك مدخل المرفأ · نزحهُ

DÉBOUQUEMENT s.m. *Kanat ou madik* قناة او مضيق بين جزيرتين

DÉBOUQUER v.n. t. de mar. *Kharadja men al madik* خرج من القناة او المضيق الفاصل بين جزيرتين

DÉBOURRER v.a. *Nafada hachou el choboc* نفض حشو الشبق او الغليون

— un fusil, *Rafaâ sedad el baroudat* رَفعَ سداد البارودة

DÉBOURS s.m. *Masraf, masrouf* مصرَف · مصروف

DÉBOURSEMENT s.m. *Dafé* دفع · صرف

DÉBOURSER v.a. *Dafâa* دَفعَ · صرَفَ

DEBOUT adv. *Ouakef* واقف · قائم

— vent debout, t. de mar. *Rih moâqès* ريح معاكس (في الملاحة)

DÉBOUTEMENT s.m. *Rafd ol-daôua* رَفضُ الدعوى · الحكم بعدم صحة الدعوى

DÉBOUTER v.a. *Rafada-l-daôua* رَفضَ الدعوى · حكم بعدم صحتها

DÉBOUTONNÉ, ÉE p.p. de déboutonner *Mafcouq ol azrar* منكوك الازرار

DÉBOUTONNER v.a. *Fakka-l-azrar* فكَّ الازرار

DÉBRIDEMENT s.m. *Fakk ol lèdjam* فكُّ اللجام

— t. de chir. *Katê ol al-djèmat* قطع الاجمة وهي في الاصطلاح الجراحي عملية قطع الالياف الخيطية التي تمنع خروج الصديد من القروح

DÉBRIDER v.a. *Fakk al lèdjam* فكَّ اللجام

— en chir. *Katâ-al-aldjèmat* قطع الاجمة (في الجراحة)

DÉBRIS s.m. *Bakaya* بقايا · فضلات · آثار

— de construction *Ankad* أنقاض · حطام · ردم

DÉBROUILLEMENT s.m. *Halle* حلٌّ · فكٌّ

DÉBROUILLER v.a. *Halla* حلَّ · فكَّ

DÉBUSQUEMENT s.m. *Tard* طرد · تهزيم · عزل

DÉBUSQUER v.a. *Tarada* طَرَدَ · هزَمَ · عزَلَ

DÉBUT s.m. *Ebtèda* ابتداء · بدء

DÉBUTANT, ANTE s.m. et f. *Mobtadi* مبتدئ · بادئ

DÉBUTER v.a. *Badaà* بدأ · ابتدأ · شرع

DÉCA adj. *âcharat* عشرة (في حساب الاوزان والقياس المتري)

DEÇA loc. prép. *Men haza-l-djaneb* من هذا الجانب · من هذا الصوب

DÉCACHÈTEMENT s.m. *Fath ol khatm* فتح الختم · فضّ الختم

DÉCACHETER v.a. *Fataha-l-khatm* فتَحَ الختم · فضَّ الختم

— (SE) v.r. *Enfataha khatmohou* انفتح ختمهُ · انفضَّ ختمهُ

DÉCADE s.f. *âcharat ayam* عشرة ايام · مدة عشرة ايام

DÉCADENCE s.f. *Enhetat* انحطاط · هبوط · سقوط

DÉCAÈDRE adj. t. de géom. *Zat âcharat astoh* ذات عشرة اسطح (في الهندسة)

DÉCAGONE adj. *Moâch-char ol adlâ* معشَّر الاضلاع · ذو عشرة اضلاع

DÉCAGRAMME s.m. *âcharat ghramat* عشرة غرامات

DÉCALOGUE s.m. *Al ouas-saya-l-âcher* الوصايا العشر

DÉCALQUE s.m. *Nakl ol rasme* نقلُ الرسم

DÉCALQUER v.a. *Nakala-l-rasme* نقَلَ ينقُلُ · الرسم

DÉCAMÈTRE s.m. *Ac'arat amtar* عشرة امتار

DÉCAMPEMENT s.m. *Ertèhal ol djaych* ارتحال · ارتحال الجيش

DÉCAMPER v.n. *Rahala-l-djaych* رحلَ يرحَلُ الجيش

— par extens. *Ençalla, ençahaba* انسلَّ · انسحب

DÉCANTATION s.f. t. de phar. *Fasl ol sayel* فصلُ السائل وهي في الاصطلاح الصيدلي فصل جزء سائل من جزء راسب

DÉCAPAGE s.m. *Djali ol maâden* جلْيُ المعادن

DÉCAPER v.a. *Djala* جَلَو يجلو

DÉCAPITATION s.f. *Katê ol rass* قطع الرأس · ضرب العنق

DÉCAPITER v.a. *Katâa-l-rass* قَطَعَ يقطَعُ الرأس · ضَرَبَ يضربُ العنق

DÉCARBURATION s.f. *Ezalat ol carbone* إزالةُ الكربون

DÉCARBURER v.a. *Azala-l-carbone* أزال الكربون

DÉCARRELAGE s.m. *Rafê ol balat* رفع البلاط

DÉCARRELER v.a. *Rafâ al balat* رفَعَ يرفَعُ البلاط

DÉCAVER v.a. t. de jeu *Kaceba bel mokamarat* كسِبَ يكسِبُ · بالمقامرة

— (SE) v.r. *Khaçara bel mokamèrat* خسر يخسر بالمقامرة فلّس بالمقامرة

DÉCÉDÉ, ÉE s.m. *Motaouaffi* متوفّي · ميّت · مرحوم

DÉCÉDER v.n. *Taouffa* تُوفّي · مات يموت · انتقل

DÉCÈLEMENT s.m. *Cachf* كشْف · إظهار

DÉCELER v.a. *Cachafa* كشفَ يكشِفُ · أظهر

DÉCEMBRE s.m. *Kanoun aoual* ou *décembre* كانون اول · دسمبر

DÉCEMMENT adv. *Bèchtè-cham* باحتشام · بلياقة

DÉCENCE s.f. *Hechmat* حشمة · لياقة · احتشام

DÉCENNAL, ALE adj. *Achar sanin* عشر سنين · مدة عشر سنوات

DÉCENT, ENTE adj. *Mohta-chem* محتشم · اديب · ذو لياقة

DÉCENTRALISABLE adj. *Momken tafrikokou* ممكن تفريقهُ . قابل التفريق

DÉCENTRALISATION s.f. *Tafarrok ân el markaz* تفرّق عن المركز

DÉCEPTION s.f. *Ghorour* غرور . غش . خداع

— fausse attente *Khaybat ol amal* خيبةُ الامل . ضياع الرجا . حبوط المسعى

DÉCERNEMENT s.m. *Hoqm bé moâkabat* حكم بمعاقبة . بقصاص

— action d'accorder certaines récompenses *Manhe* منح . تخصيص

DÉCERNER v.a. *Hacama be moâkabat* حكَمَ . يحكُمُ بمعاقبة . قاصص

— accorder certaines récompenses *Manaha* مَنَحَ . يمنَحُ . خصّص

DÉCÈS s.m. *Ouafat* وفاة . موت . انتقال الى رحمة الله

DÉCEVANT, ANTE adj. *Gharrar* غرّار . غشّاش

DÉCEVOIR v.a. *Agarra* أغرّ . غشّ

— (SE) v.r. *Khaba amalohou* خاب امله . ضاع عشمهُ . حَبِطَ مسعاهُ . انخدع . أغترّ

DÉCHAÎNEMENT s.m. *Fakk ol kayd* فكُّ القيد

— par extension *Hayadjan* هيجان . ثوران . حركة

DÉCHAÎNER v.a. *Fakka-l-kayd* فكّ القيد

— au fig. *Hay-yadja* هيّجَ . اثار . حرّك

DÉCHARGE s.f. *Tafrigh ol chahn* تَفريغُ الشحن . تنزيل الوسق او الحِمْل

— d'arme à feu *Talak nari* طَلَق ناري . عيار ناري

— écoulement *Masraf* مَصْرِف . منفذ للمياه

— libération, t. de jurisp. *Ekhla taraf* إخلاء طرق (في القضاء)

— témoins à décharge, t. de jurisp. *Choboud ol nafi* شهودُ النفي

DÉCHARGEMENT s.m. *Tafrigh ol chahn* تفريغُ الشحن . تنْزيل الحِمْل

DÉCHARGEOIR s.m. *Ballaât, masraf* بلاّعة . مَصْرِف

DÉCHARGER v.a. *Farragha-l-chahn* فرّغ الشحن . نزّل الوسْق او الحِمْل

— une arme à feu *Atlaka êyaran naryan* أطْلَقَ عيارًا ناريًا . فرّغ البندقيّة

DÉCHARGER v.a. libérer quelqu'un, t. de jurisp. *Akhla tarafahou* أخْلَى طرفهُ (في القضاء)

— une forme, t. de typog. *Ghaçala-l-a'rof men el hebre* غسل الاحرف من الحبر (في الطباعة)

— t. de teinturier *Bakha* باخَ . جرّدَ (في الصباغة)

— soulager d'une charge *Khaffaf-al-heml* خفّفَ الحِمْل

— un accusé *Barraâ sahat el mottaham* برّأ ساحة المتّهم

— (SE) v.r. *Takhallaça* تخلّص . تملّص

DÉCHARNEMENT s.m. *Tadjrid ol lahm ân el âzm* تجريدُ اللحم عن العظم

DÉCHARNER v.a. *Djarrada-l-lahm ân el âzm* جرّدَ اللحم عن العظم

— amaigrir *Daôufa* ضعُفَ . نَحُلَ . هزل

DÉCHAUMAGE s.m. *Haraçat khafifat* حراثة خفيفة . برش (في الزراعة)

DÉCHAUMER v.a. *Haraça haraçat khafifat* حرَثَ حراثة خفيفة . برَشَ

DÉCHAUSSEMENT s.m. *Tahaffi* تحفّي . خَلْعَ الحذاء

— des dents *Tajarrod ol lassat ân el asnan* تجرُّد اللثّة عن الاسنان

DÉCHAUSSER v.a. *Haffa* حفّي . خلَعَ الحذاء

— (SE) v.r. *Tahaffa* تحفّى . خلَعَ حذاءهُ

— les dents *Djarrada-l-lassat ân el asnan* جرّد اللثّة عن الاسنان

DÉCHÉANCE s.f. *Sokout ol hak* سقوطُ الحق (في القضاء)

DÉCHET s.m. *Nakse ouazne* نقص وزن . نقص كميّة

DÉCHEVILLER v.a. *Rafâ al khabour* رفعَ الخابور

DÉCHIFFRABLE adj. *Momkénat karaâtohou* ممكنة قراءتهُ . مفروءٌ . مقريٌّ

DÉCHIFFRER v.a. *Karaâ-l-khatte al ghayr al ouadeh* قرأ الخط الغير الواضح كالهيروغليف وغيره

DÉCHIQUETER v.a. *Mazzaka* مزّقَ . شرّمَ

— (SE) v.r. *Tamazzaka* تمزّقَ . تقطّعَ . تشرّمَ

DÉCHIRAGE s.m. t. de mar. *Akhchab ol sofon el mofakkakat* اخشاب السفن المفككة (في الملاحة)

— action de désassembler les planches d'un navire *Fakk akhchab ol safinat* فكّ اخشاب السفينة

DÉCHIRANT, ANTE adj. *Mofattète ol akbad* — مُفَتِّت الاكباد · ممزّق الاحشآء

DÉCHIREMENT s.m. *Tamzik* — تمزيق · تقطيع

DÉCHIRER v.a. *Mazzaka* — مزّق · قطّع

— t. de mar. *Fakkaka-l-safinat* — فكّكَ السفينة

DÉCHIRURE s.f. *Mezk* — مزق · خزق · شرط

DÉCHOIR v.n. *Enhatta* — إنحطّ · هبَطَ يهبط · سقَطَ يسقط · نَزَلَ ينزلُ عن قيمتهِ

DÉCHU, UE p.p. de déchoir *monhatt* — منحطّ · هابط · ساقط

DÉCI préfixe latine exprimant le dixième *Echre* — عِشر

DÉCIDÉ, ÉE adj. *Zou âzme, djaçour* — ذو عزم · جسور · ثابت الجنان

— p.p. de décider *Mahtoum, mokarrar* — محتوم · مقرّر · مجزوم به · مثبوت

DÉCIDÉMENT adv. *Hatman* — حتماً · بجزم

DÉCIDER v.a. *Karrara* — قرّرَ · جزَمَ يجزِمُ ب · بتّ يبتُّ · حتمَ يحتِمُ

DÉCIGRAMME s.m. *Ochre ol ghramme* — عُشْر الغرام · دسيغرام

DÉCIMAL, ALE adj. *Achari* — عشْري

DÉCIME s.f. *Echre ol mal* — عشْر المال

— dixième du franc *Echr ol franc* — عشر الفرنك

DÉCINTRER v.a. t. d'arch. *Rafâ al ôbouat* — رَفَعَ العَبوة وهو قالب من خشب يستعمل في بناء العقد (في البناء)

DÉCISIF, IVE adj. *Katéi, nahaï* — قطعيّ · نهائي · باتّ

DÉCISION s.f. *Kerar* — قرار · حكم

DÉCISOIRE adj. *Hacem* — حاسِم (في القضاء)

— serment décisoire *Al yamin ol hacêmat* — اليمين الحاسمة

DÉCLAMATEUR s.m. *Khatib* — خطيب · مُنشد · شادٍ

DÉCLAMATION s.f. *Khêtabat* — خطابة · انشاد · شدْو

DÉCLAMER v.a. *Khataba* — خطَبَ · انشدَ · شدا يشدو

DÉCLARATION s.f. *Ekrar* — إقرار · اشعار · إعلام

— de guerre *Echhar ol harb* — إشهار الحرب

— de faillite t. de prat. *Echhar ol eflace* — اشهار الافلاس (في المرافعات)

— de naissance ou de décès *Elam* — اعلام بالولادة او بالوفاة

DÉCLARER v.a. *Akarra* — أقرّ · اشهرَ · أعلمَ

— (SE) v.r. *Chahara nafsohou* — شهّرَ يشهّرُ نفسهُ · عرَضَ يعرِضُ نفسهُ · تظاهرَ

DÉCLASSEMENT s.m. *Taghayir fi-l-tartib* — تغيّر في الترتيب او التوضيب

DÉCLASSER v.a. *Ghayara fil tartib* — غيّرَ في الترتيب

— faire sortir de la classe sociale *Nafa ahadan men bayn akranêhi* — نفى احدًا من بين اقرانهِ

DÉCLIN s.m. *Zaoual* — زوال · هبوط · نقص

DÉCLINABLE adj. t. de gram. *Moôrab* ou *motsarref* — مُعرَب · متصرّف (في الاصطلاح الغراماطيقي)

DÉCLINAISON s.f. t. de gram. *Erab* ou *tasrif* — إعراب · تصريف

— des astres, t. d'astr. *Enhéraf* — إنحراف الكوكب عن خطّ الاستواء (في علم الفلك)

DÉCLINATOIRE adj., t. de procéd. *Morafaât bé âdam el ekhtéças* — مرافعة او دفاع بعدم الاختصاص (في المرافعات)

DÉCLINER v.n. *Enharafa* — إنحرَفَ · ابتعدَ عن نقطةٍ او خطٍّ ما (في الهندسة)

— nier, rejeter, t. de proc. *Rafada, djahada* — رَفَضَ يرفِضُ · جحَدَ يجحَدُ · انكر (في المرافعات)

— éviter *Tanahha* — تنحّى · اجتنبَ

DÉCLIVE adj. *Monhader* — منحدر · منحرف

DÉCLIVITÉ s.f *Enhêdar* — إنحدار · انحراف

DÉCLORE v.a. *Rafaâ-l-siadj* — رَفَعَ السياج · رَفَعَ الزريبة

DÉCLOUER v.a. *Nazaâ-l-mesmar* — نَزَعَ المسمار · قلَعَ المسمار

DÉCOCHER v.a. *Rama, rachaka* — رمى يرمي · رشَقَ يرشق

DÉCOCTION s.f. *Ghali ol nabat* — غلْيُ النبات · طبخ الاعشاب

DÉCOIFFER v.a. *Cachafa-l-ras* — كشَفَ الرأس · قوّضَ العمامة

DÉCOLLATION s.f. *Katôu-l-ras* قطع الراس · قطع العنق

DÉCOLLEMENT s.m. *Fakka-l-ghêra* فكّ الغرآء

— t. de chir. *Enfeçal* إنفصال · تعرية · عزل

DÉCOLLER v.a. *Kattaâ-l-ras* قطّعَ الراسَ · قطّعَ العنق

— détacher une chose collée *Fakka-l-ghêra* فكّ الغرآء

DÉCOLORATION s.f. *Zaoual ol laoun* زوالُ اللون

DÉCOLORER v.a. *Azala-l-laoun* أزالَ اللون

DÉCOMBRER v.a. *Rafâ al ankad* رَفَعَ الانقاض · رفع الردم · ازالة

DÉCOMBRES s.m. pl. *Ankad* انقاض · ردم

DÉCOMMANDER v.a. annuler un ordre *Abtala amran sadêran* ابطل امرًا صادرًا

— contremander une demande *Abtala ouaciyatan* ابطل وصيّةً · رجع عن طلبٍ ما

DÉCOMPOSABLE adj., t. de chim. *Kabel ol tahlil* قابل التحليل · ممكن تحليله (في الكيميا)

DÉCOMPOSANT, ANTE adj., t.de chim. *Mohallel* محلّل (في الكيميا)

DÉCOMPOSER v.a.,t.de chim. *Hallala* حَلَّلَ · افسد التركيب (في الكيميا)

— des caractères d'imprimerie *Farraka-l-ahrof* فرّق الاحرف «عمّر» اي فرّق الاحرف المصنوفة في صناديقها (في الطباعة)

— **(SE)** v.r. *Enhalla* انحلّ · انفسدَ

DÉCOMPOSITION s.f.,en chim. *Tahlil* تحليل (في الكيميا)

— corruption *Façad* فساد · تعفّن

DÉCOMPTE s.m. *Eskat* ou *khasme* اسقاط · خصم · تنزيل

DÉCOMPTER v.a. *Askata* ou *khaçama* اسقط · خصم يخصم · نزّل

DÉCONCERTEMENT s.m. *Tabalbol* تبلبل · تعاكس

DÉCONCERTER v.a. *Balbala* بَلْبَلَ · عاكسَ · اقلقَ

DÉCONFIRE v.a. *Kaçara* كَسَرَ · هَزَمَ · غَلَبَ

DÉCONFITURE s.f. *Kasrat* كسرة · هزيمة · غلبة

— t. de droit *Eêçar* إعسار · عُسْر · عجز عن وفاء الدين

DÉCONSEILLER v.a. *Radjjaâ ahadan ân âzmehi* رَجَّعَ احدًا عن عزمهِ بنصيحةٍ

DÉCONSIDÉRATION s.f. *Fokd ol êtêbar* فقد الاعتبار · فقد الكرامة

DÉCONSIDÉRER v.a. *Afkada êêtêbar ahadan* أفقدَ اعتبار احد · أفقدَ كرامتهُ

DÉCONVENUE s.f. *Khaybat ol amal* خيبة الامل · حبوط الاماني

DÉCOR s.m. *Zakhrafat* زخرفة · زينة · توشية

DÉCORATION s.f. *Zakhrafat* زخرفة · زينة

— marque d'honneur *Nichan* نيشان · وسام

DÉCORER v.a. *Zay-yana* زَيَّنَ · زَخْرَفَ · وَشَّى

— donner une décoration *Manaha nichanan* منَحَ نيشانًا · اهدى وسامًا

DÉCORNER v.a. *Khalaâ-l-koroun* خلعَ القرون · ازال القرون

DÉCORTICATION s.f. *Takchir* تقشير · نزع القشرة

— du riz *Darb ol arz* ضرب الارز وهي عملية رفع القشر عن حب الارز

DÉCORUM s.m. *Adab zaher* ادب ظاهر · حشمة ظاهرة

DÉCOUCHER v.n. *Nama kharedjan ân férachêhi* نامَ خارجًا عن فراشهِ · نام خارج منزلهِ

DÉCOUDRE v.a. *Fattaka-l-khiatat* فَتَقَ الخياطة

— t. de mar. *Fakka akhchab djaouaneb el markab* فكّ اخشاب جوانب المركب (في الملاحة)

DÉCOULEMENT s.m. *Sayalan* سيلان · جَرَيان

DÉCOULER v.a. *Sala* سالَ يسيلُ · جرى يجري

DÉCOUPAGE s.m. *Katê* قطْع · قصّ

DÉCOUPER v.a. *Kataâ* قَطَّعَ · قصّ · جزّأ

DÉCOUPOIR s.m., machine à découper *Mektâ* مِقطع · قصّاصة

DÉCOUPURE s.f. *Kass ol komach* قصّ القماش · او الورق

— la chose découpée *Keçaçat* قصاصة

DÉCOURAGEANT, ANTE adj. *Mofatter ol hemmat* منتّرُ الهمة . مخمِّد الحمية . مخلّ العزائم

DÉCOURAGEMENT s.m. *Fotour ol hemmat* فتور الهمّة . خمود الحميّة . انحلال العزم

DÉCOURAGER v.a. *Fattara-l-hemmat* فتّرَ الهمة . أخمدَ النشاط . حلّلَ العزيمة

— (SE) v.r. *Fatarat hemmatohou* فترَتْ همتهُ . خمدَت حميته . انحلّت عزيمتهُ

DÉCOURS s.m. de la lune *Meddat naksan el kamar* مدة نقصان القمر . السرار

DÉCOUSURE s.f. *Fatk* فتق . تفتيق

DÉCOUVERT, ERTE adj. *Macchouf* مكشوف . ظاهر

— t. de mar., bateau non ponté *Safinat bedoun couerta* سفينة بدون كويرته (في الملاحة)

DÉCOUVERTE s.f., invention *Ekhtérâ* اختراع

— d'un pays *Ectéchaf* اكتشاف

DÉCOUVRIR v.a., une chose couverte *Cachafa-l-ghata* كَشَفَ الغطاء . أظهَرَ

— inventer *Ekhtarad* إختَرَعَ

— un pays *Ectachafa* اكتشفَ

— trouver *Ouadjada* وَجَدَ يجِدُ . اظهَرَ

DÉCRASSEMENT s.m. *Ghacil, tanzif* غسيل . تنظيف

DÉCRASSER v.a. *Ghaçala, nazzafa* غسَلَ . نظّفَ

DÉCRÉDITEMENT s.m. *Salm ol sit* ثلمُ الصيت . جرحُ الاسم

DÉCRÉDITER v.a. *Salama sitahou* ثلَمَ صيتهُ . جَرَحَ اسمهُ

DÉCRÉPIT, ITE adj. *Manhouk* منهوك . مضني . مجهود من الهرم

DÉCRÉPITATION s.f. *Tachtachat* طشطشة . تكتكة

DÉCRÉPITER v.a. *Tachtacha* طَشطَشَ . تكتَكَ

DÉCRÉPITUDE s.f. *Haram, caboulat* هرَم . كهولة . شيخوخة

DÉCRET s.m. *Amr aâli* امرٌ عالٍ . ديكريتو

DÉCRÉTER v.a. *Asdara amran âalian* اصدَرَ امرًا عاليًا . اصدَرَ ديكريتو

DÉCRI s.m. *Mahtouq, mafdouh* مهتوك . مفضوح . مثلوم الصيت

DÉCRIER v.a. *Hataca, fadaha* هتكَ . فضحَ . ثلمَ الصيت

DÉCRIRE v.a. *Ouaçafa* وَصَفَ . شرَحَ

DÉCROCHEMENT s.m. *Tanzil ol moâllak* تنزيل المعلّق

DÉCROCHER v.a. *Nazzala-l-moâllak* نزّلَ المعلّق

DÉCROISSEMENT s.m. *Noksan* نقصان . هبوط

DÉCROÎTRE v.a. *Nakaça* نقصَ ينقُصُ . هبَطَ يهبُطُ

DÉCROTTAGE s.m. *Mash* مسح . تنظيف

DÉCROTTER v.a. *Maçaha* مسَحَ . نظّفَ

DÉCROTTEUR s.m. *Massah ol abziat* مساح الاحذية . بويه جي

DÉCROTTOIR s.m. *Mamçahat* ممسحة . صندوق اوعلبة البويه جي

DÉCROTTOIRE s.f. *Forchat limash el abziat* فرشة لمسح الاحذية

DÉCRUE s.f. *Nozoul ol fayadan* نزولُ الفيضان

DÉCRUSER v.a. *Salaka chéranek el harir* سلَقَ شرانق الحرير للحل

DÉCUBITUS s.m., t. de méd. *Estelka* استلقاء . تسطّح . اضطجاع

DÉCULOTTER v.a. *Nazad lébaçahou* نزَعَ لباسهُ . نزَعَ سروالهُ

DÉCUPLE s.m. et adj. *Acharat addâf* عشرة اضعاف

DÉCUPLER v.a. *Daâfa âchr marrat* ضاعَفَ عشر مرات

DÉCUSSATION s.f. t. de méd. *Taçalob* تصالُب (في الطب)

DÉCUVER v.a. *Estekhradj ol khamre men makhmarêhi* استخراج الخمر من مخمرهِ . استخراج الخمر من الخوابي التي يخمر فيها

DÉDAIGNER v.a. *Ehtakara* إحتقرَ . ازدرى . لم يعبأ ب . لم يبالِ ب

DÉDAIGNEUSEMENT adv. *Béehtékar* باحتقار . بازدراء

DÉDAIGNEUX, EUSE adj. *Mohtakar* محتقر . مزدرٍ . غير عابئ ب . غير مبالٍ ب

DÉDAIN s.m. *Ehtékar* احتقار . ازدراء

DÉDALE s.m. *Tachâob ol tork* تشعُّب الطُرق

DÉDALE s.m., au fig. *Ertèbac* إرتباك · حيرة

DÉDALLER v.a. *Rafaâ-l-balat* رَفَعَ البلاط

DEDANS adv. *Dakhel* داخل · داخلاً

DÉDICACE s.f., d'une église *Tacris maâbad* تكريس معبد · تدشين

— d'une livre *Ebda moallaf* اهداء مؤلَّف · تقدمة

DÉDICATOIRE adj. épître dédicatoire *Reçalat ehdà el moallaf* رسالة اهداء المؤلف · رسالة التقدمة

DÉDIER v.a., une église *Karraça maâbadan* كرَّس معبدًا · دشّن

— un livre *Ahda qêtaban* اهدى كتابًا · قدَّمَ

DÉDIRE v.a. *Cazzaba* كذَّبَ · ناقضَ

DÉDIT s.m. *Nakd* نقض · انكار

DÉDOLER v.a., t. de chir. *Kachata* كشَطَ · كحَطَ (في الجراحة)

DÉDOMMAGEMENT s.m. *Taâouid* تعويض

DÉDOMMAGER v.a. *Aou-ouada âla* عوَّضَ على

DÉDOUBLEMENT s.m. *Enféçal* انفصال · الرجوع الى اثنين (في الكيميا)

— enlèvement de la doublure *Taftik ol bètanat* تفتيق البطانة

DÉDOUBLER v.a. *Façala* فَصَلَ · رجَعَ الى اثنين (في الكيميا)

— ôter la doublure *Fattaka-l-bètanat* فتّقَ البطانة

DÉDUCTION s.f. *Tanzil* تنزيل · اسقاط · خصم

— conséquence tirée d'un raisonnement *Estentadj* استنتاج · استخراج

DÉDUIRE v.a. *Nazzala* نزّلَ · اسقطَ

— inférer, tirer comme conséquence *Estantadja* إستنتجَ · استخرجَ

DÉESSE s.f. *Alèhat* آلهة

DÉFÂCHER v.a. *Azala-l-zaâl* ازال الزعل · نفى الكدر

— **(SE)** v.r. *Nafa ân nafsèhi-l-zaâl* نفى عن نفسهِ الزعل · ازال عن قلبهِ الكدر

DÉFAILLANCE s.f. *Daoukhat* دوخة · غشيان · اغماء

— absence, t. de proc. *Ghiab* غياب · غيبة (في اصطلاح الحاكم)

DÉFAILLANT, ANTE s.m. absent, t. de proc. *Ghayeb* غائب (في اصطلاح الحاكم)

DÉFAILLIR v.n. *Dakha* داخ · غشي عليهِ · اغمي على

— faire défaut, t. de proc. *Ghaba* غاب يغيبُ (في اصطلاح الحاكم)

DÉFAIRE v.a. *Facca* فكَّ · خَربَ يخربُ

— vaincre *Caçara* كسَرَ · غلَبَ · هزَمَ · انتصر على

— **(SE)** v.r. se débarrasser *Takhallaça* تخلَّصَ · تملَّصَ

DÉFAITE s.f. *Casrat* كسْرة · غَلَبَة · هزيمة

— excuse, échappatoire, *Hedjat* ou *mahrab* حجة · مهرب · مخلص · مناص

DÉFALCATION s.f. *Tanzil* تنزيل · إسقاط · خصم

DÉFALQUER v.a. *Nazzala* نزّلَ · اسقَطَ · خصمَ

DÉFAUSSER v.a. *Kaou-ouama, âddala* قوَّمَ · عدَّلَ

DÉFAUT s.m. *Adyb* عيب · عاهة · خصلة

— manque *Naks* نقص · قلَّة

— absence, t. de procéd. *Ghiab* غياب (في المرافعات)

DÉFAVEUR s.f. *Razl* رَذْل · عدم قبول

DÉFAVORABLE adj. *Ghayr mouafek* غير موافق · مضادّ · غير ملائم

DÉFAVORABLEMENT adv. *Beghayr molayamat* بغير ملائمة · بمضادة · بعدم موافقة

DÉFÉCATION s.f., en physiol. *Taghouot* تغوّط · اخراج الغائط · تبريز (في الفيسيولوجيا)

DÉFECTIF, IVE adj. en gram. *Nakès* ناقص (في الاصطلاح الغراماطيقي)

DÉFECTION s.f. *Khianat* خيانة · ترك حزب

DÉFECTUEUSEMENT adv. *Bèdyb* بعيب · بنقص

DÉFECTUEUX, EUSE adj. *Maïb* معيب · ناقص · غير متقن

DÉFECTUOSITÉ s.f. *Ayb* عيب · نقص · عدم اتقان

DÉFENDEUR, ERESSE s.m. et f., t. de procéd. *Mod-daâ âlayhi* مدّعى عليهِ (في المرافعات)

DÉFENDRE v.a., en justice *Hama* حامى · دافع عن (في المرافعات)

— empêcher *Manaâ* منعَ · حرَّمَ · نهى

— **(SE)** v.r. *Dafaâ ân nafsèhi* دافع عن نفسه

DÉFENSE s.f., en justice *Mohamat* محاماة · مدافعة

— prohibition *Manê, tahrim* منع · تحريم · نهى عن

— dent d'animal *Nab* ناب ج انياب (يكون في الحيوانات)

— t. de guerre *Estehcamat* استحكامات (في الاصطلاحات الحربية)

— moyens de défense, t. de procéd. *Aoudjoh ol modafaât* اوجه المدافعة (في المرافعات)

DÉFENSEUR s.m. *Mohami* محامٍ · مدافع

DÉFÉRENCE s.f. *Eêtébar* اعتبار · اكرام · رعاية

DÉFÉRER v.a. *Kallada* قلّدَ · سلَّمَ · منحَ شيئًا لمستحقهِ

— porter devant une juridiction *Ahala* احالَ · حوّلَ الدعوى (في المرافعات)

— un serment, t. de procéd. *Callafa lel yamin* كلَّفَ لليمين (في المرافعات)

DÉFERLER v.a., t. de mar. *Nachara-l-koloû* نشرَ القلوع (في الملاحة)

— v.n., en parlant des vagues *Tadaffaka* تدفّق · تدفّقَ الموج على الشاطئ

DÉFERREMENT s.m. *Tahaffi* تحفّي · تحفية الجواد

DÉFERRER v.a. *Haffa* حفّى · نزع نعل الفرس

— **(SE)** v.r. *Ehtafa, tahaffa* احتفى · تحفّى الجواد

DÉFI s.m. *Talab lel mobarazat* طلَب للمبارزة · تهيّج

— mettre au défi *Moâdjazat* معاجزة

DÉFIANCE s.f. *Kellat cèkat* قلّة ثقة · احتراس · تحذُّر · تحرُّز

DÉFIANCER v.a. *Halla âkd ol khotbat* حلّ عقد الخطبة

— **(SE)** v.r. *Halla âkd khotbatèhi* حلّ عقد خطبتهِ

DÉFIANT, ANTE adj. *Kalil ol cèkat* قليلُ الثقة · محترس · متحرّز · متحذّر

DÉFICELER v.a. *Facca rebat el hezmat* فكّ رباط الحزمة

DÉFICIT s.m. *Naks* ou *aâdjze* نقص · نقصان · عجز

DÉFIER v.a., provoquer *Hayyadja* هيّج · حرّك · دعا للمبارزة

— **(SE)** v.r., avoir peu de confiance *Ehtaraça* احترس · تحرّز · تحذّر · انتبه

DÉFIGURER v.a. *Chanaâ-l-ouadjh* شنّع الوجه · شوّه

DÉFILÉ s.m., t. milit. (turc) *Daraband* دره بند وهي في الاصطلاح العسكري مرور صنوف الجيش امام قائده (تركية)

— passage étroit *Madik* مضيق · ممرّ ضيق

DÉFILEMENT s.m. *Morour bettatabô* مرور بالتتابع

DÉFILER v.a. *Sahaba-l-khayt* سحّب الخيط من ثقوب التتالي

— v.n. *Marra ouahèdon baâd al akhar, bettatabô* مرّ واحدٌ بعد الآخر · بالتتابع · بالتوالي

DÉFINI, IE p.p. de définir *Mohaddad* محدَّد · معيّن

DÉFINIR v.a. *Haddada* حدّد · عيّن

— expliquer *Arrafa* عرّف · شرح · وضّح

DÉFINISSABLE adj. *Kabel ol tahdid* قابل التحديد · ممكن تعريفه

DÉFINITIF, IVE adj. *Kateï* قطعي · نهائي · باتّ

DÉFINITION s.f. *Taârif* تعريف · تحديد

DÉFINITIVEMENT adv. *Nahaïyan* نهائيًا · بصفة نهائيّة · قطعيًا

DÉFLEURAISON s.f. *Sokout ol azhar* سقوط الازهار · تناثر الازهار

DÉFLEURIR v.a. *Sakatat el zahrat* سقطت الزهرة · تناثرت الزهرة

DÉFLORATION s.f. *Ezalat ol bakarat* ازالة البكارة · فضّ العذرة

DÉFLORER v.a. *Azala-l-bakarat* أزالَ البكارة · فضّ العذرة · ازال بهآء الشيء

DÉFOLIATION s.f. *Sokout ol aourak* سقوط الاوراق · انتثار الاوراق

DÉFONÇAGE s.f., t. d'agr. *Hars âmik* حرث عميق · فك الارض

DÉFONCEMENT s.m. *Badj* بَعْج · خَرْق

DÉFONCER v.a. *Badja* بَعَج · يبعج · خرق يخرق

— le sol *Haraça-l-arde* حرث الارض · حفر الارض

DÉFORMATION s.f. *Tachouih* تشويه · تغيير شكل

DÉFORMER v.a. *Chaouaha* شوّه · غيّر شكله

— **(SE)** v.r. *Tachaouaha* تشوّه · تغيّر شكله

DÉFRAYER v.a. *Dafaâ masrouf ghayrohou* دفع مصروف غيره

DÉFRICHEMENT s.m. *Hars ol ard* حرث الارض · زراعة الارض البور

DÉFRICHER v.a. *Haraça* حرث · زرع

DÉFROQUE s.f. *Saoub ol raheb* ثوب الراهب · خلق ثوب بال

DÉFROQUER v.a. *Nazaâ saoub errahab* نزع ثوب الراهب · شلح

— **(SE)** v.r. *Nazaâ-l-raheb çaoubohou* نزع الراهب ثوبه · شلح

DÉFUNT, UNTE adj. et subs. *Motaouaffi* متوفّ · متنيّح · مرحوم · منتقل

DÉGAGEMENT s.m. *Khalas* خلاص · خلو طرف

— t. d'arch. *Mamarre* ممرّ · منفذ (في البناء)

— retirer ce qui avait été engagé *Takhlis rahn* تخليص رهن

DÉGAGER v.a. *Khallaça* خلّص · اخلى طرف

— en parlant d'odeurs *Taçadda* تصاعد · انتشر

— t. milit. *Tarada-l-aâda* طرد الاعداء · هزم المحاصرين

— **(SE)** v.r. *Takhallaça* تخلّص · اخلى طرفه

DÉGAINER v.a. *Estalla-l-sayf* استلّ السيف · سحب السيف

DÉGARNIR v.a. *Arra* عرّى · جرّد

DÉGÂT s.m. *Kharab* خراب · اتلاف

DÉGAUCHIR v.a. t. de métier *Addala* عدّل · قوّم · نحت

DÉGEL s.m. *Zaouaban ol çaldj* ذوبان الثلج · انحلال الجليد

DÉGELER v.a. *Zaou-ouaba-l-çaldje* ذوّب الثلج · حلّل الجليد

DÉGÉNÉRATION s.f. *Façad ol naoû* فساد النوع · تلف الاصل

DÉGÉNÉRER v.n. *Façada naouâhou* فسد نوعه · تلف اصله

DÉGLUTITION s.f. *Ebtélâ* ابتلاع · ازدراد

DÉGOMMER v.a. *Azala-l-samgh* أزال الصمغ

— au fig. *Azala* عزل · رفت · طرد من وظيفته

DÉGONFLEMENT s.m., t. de méd. *Ezalat ol entéfakh* ازالة الانتفاخ (في الطب)

DÉGONFLER v.a. *Azala-l-entéfakh* أزال الانتفاخ

DÉGORGEMENT s.m. *Ezalat ol emtéla* ازالة الامتلاء

DÉGORGEOIR s.m., outil de forgeron *Bols* بلص · نواية (من آلات الحدادين)

DÉGORGER v.a. *Azala-l-émtela* أزال الامتلاء

DÉGOURDIR v.a. *Kaou-oua* قوّى · انعش

DÉGOURDISSEMENT s.m. *Takaou-oui* تقوّي · ازالة الخمود · انتعاش

DÉGOÛT s.m. *Echmézaz* اشمئزاز · قرف

— aversion *Karahat* كراهة · ضجر · نفور

DÉGOÛTANT, ANTE adj. *Mokref* مقرف · كريه

DÉGOÛTER v.a. *Karrafa* قرّف · كرّه · اشمأز

DÉGOUTTANT, ANTE adj. *Monakkat* منقّط · متساقطة منه نقط

DÉGOUTTER v.a. *Nakkata* نقّط · تساقطت منه نقط

DÉGRADATION s.f. *Nozoul* نزول · سقوط · تقهقر

— avilissement *Zolle* ذلّ · تحقير

— dégât *Takhrib* تخريب · تلف

DÉGRADEMENT s.m., perte d'un grade *Tadjrid ân el rotab* تجريد عن الرتب

DÉGRADER v.a. *Nazzala* نزّل · أزلّ

— causer des dégâts *Kharraba* خرّب · اتلف

— retirer un grade *Nazaâ rotbatahou* نزع رتبته · جرّده عن رتبته

DÉGRAFER v.a. *Halla-l-azrar* حلّ الازرار · فكّ المشبك

DÉGRAISSEMENT s.m. *Ghasl* غسل · تنظيف

DÉGRAISSER v.a. *Ghaçala* غسّل · نظّف

— ôter la graisse *Azala-l-dohn* أزال الدهن

DEGRÉ s.m. classe *Daradjat* درجة · طبقة

— rang *Rotbat* رتبة ج رتب

DÉGRÉEMENT s.m. *Rafê adaouate ol safinat* رفع ادوات السفينة

DÉGRÉER v.a. *Rafaâ adaouate ol safinat* رَفَعَ ادوات السفينة

DÉGRÈVEMENT s.m. *Rafê ol amoual el miriyat* رفع الاموال الاميرية ·تجبيه

DÉGREVER v.a. *Rafaâ-l-mal* رَفَعَ المال · جبّه

DÉGRINGOLADE s.f. *Dabradjat* دحرجة

DÉGRINGOLER v.a. *Dabradja* دَحْرَجَ

DÉGRISEMENT s.m. *Ezalat ol socre* إزالة السكر

DÉGRISER v.a. *Azala-l-socr* أَزَالَ السكر

DÉGROSSIR v.a. *Rakkaka* رقّق · صغّر

DÉGROSSISSAGE ou **DÉGROSSISSEMENT** s.m. *Tarkik* ترقيق · تصغير

DÉGUENILLÉ, ÉE adj. et subs. *Bali-l-açouab* بالي الاثواب · خلق الاثواب رثّ الاثواب

DÉGUENILLER v.a. *Abla-l-açouab* ابلى الاثواب · مزّق الاثواب

— au fig. *Afkara abadan* افقرَ احداً

DÉGUERPIR v.a. *Taraca* تَرَكَ · اقْلَعَ · هَرَبَ

— t. de pratique *Rafaâ yaddahou* رفع يدهُ · اخلى المحل

DÉGUERPISSEMENT s. m. *Rafô-l-yadde* رَفْعُ اليد · إخلاء المحل

DÉGUEULER v.n. *Takayia* تقيّأ · استفرغ

DÉGUIGNONNER v.a. *Azala-l-nahs* أَزالَ النحس · ازال الشوم

DÉGUISEMENT s.m. *Tabdil ol malabès* تبديل الملابس · تنكّر

— au fig. artifice pour cacher la vérité *Tadlis* تدليس · إخفاء الحقيقة

DÉGUISER v.a. *Baddala-l-malabès* بدّل الملابس · اخفى

— **(SE)** v.r. *Takhaffa* تخفّى · غيّر ملابسة · تنكّر

DÉGUSTATION s.f. *Zaouk* ذوْق · مذاق

DÉGUSTER v.a. *Zaka* ذاقَ يذوقُ

DÉHALER v.a., t. de mar. *Sahaba-l-chaghoul* سحَبَ الشاغول · درّبَ السفينة على المرسى

DÉHANCHEMENT s.m. *Tachakhlô* تشخلُع

DÉHANCHER (SE) v.r. *Tachakhlaâ* تشخلَع

DÉHARNACHER v. a. *Nazaâ tukem al faras* نزع طاقم الفرس

DÉHISCENCE s.f. en bot. *Enfetah* انفتاح (في النبات)

DÉHONTÉ, ÉE adj. *Ouakeh, kabih* وقح · قبيح · عديم الحياء

DEHORS adv. de lieu *Kharedjan* خارجًا · في الخارج

— toutes voiles dehors t. de mar *Nachara kol ol kolouâ* نَشَرَ كل القلوع · فَرَدَ كل القلوع

— s.m. le dehors, l'extérieur *Al zaher* الظاهر

— t. de fort., les dehors d'une place *Al esteh-hamat ol kharédjiyat* الاستحكامات الخارجية المتقدمة

DÉICIDE s.m. *Katel ol élah* قاتل الاله

DÉIFICATION s.f. *Taalloh* تالّه · رفع الى مقام الاله

DÉIFIER v.a. *Allaha* أَلّه · رَفَعَ الى مقام الاله

DÉISME s.m. *Eêtèkad bioudjoud el élah mâ encar el ouahi* اعتقاد بوجود الاله مع انكار الوحي

DÉISTE s.m. *Moôtaked bioudjoud elah oua monqer ol ouahi* معتقد بوجود الاله ومنكر الوحي

DÉJÀ adv. *Sabêkan* سابقًا · قبلاً

DÉJECTION s.f. *Maddat bérazíyat* مادة برازية

DÉJEUNÉ s.m. *Fotour* فطور · ترويقة · اكلة الصباح

DÉJEUNER v.n. *Fatara* فطَرَ · تروّق · اكل صباحًا

DÉJOINDRE v.a. *Facca* فكّ · فرّق · فصَلَ

DÉJOUER v.a. *Abtala* أبطل · عاكس

DELÀ prép. *Men honac* من هناك · من تلك الجهة

— au delà, loc. prép. *Abâad acçar* ابعد اكثر

DÉLABREMENT s.m. *Takhrib* تخريب · تدثير · تدمير

DÉLABRER v.a. *Kharraba* خرّب · دثّر · دمّر

DÉLACER v.a. *Fakka-l-rébat* فكّ الرباط

DÉLAI s.m. *Mehlat* مهْلة · أجَل · فسحة

— t. de prat. *Midd modyian* ميعاد معين (في المرافعات)

DÉLAISSEMENT s.m. *Tarq* ترك · هجران

— t. de jurisp. *Ekhlâ* إخلاء · رفع اليد · تخلية العقار (في القضاء)

DÉLAISSER v.a. *Taraca* تركَ · هجرَ

— t. de jurisp. *Akhla* اخلى · رَفعَ يده · تنازل عن

DÉLARDEMENT s.m., en arch. *Nabt ol hadjar* نحت الحجر · ترقيق الحجر (في البناء)

DÉLASSEMENT s.m. *Estéra-hat* استراحة · تسلية · تنزّه

DÉLASSER v.a. *Araha* أراح · سلّى · نزّه

— (SE) v.r. *Esteraha* استراح · روّح نفسهُ · تنزّه

DÉLATEUR s.m. *Ouachi* واشٍ · ساعٍ بالوشاية · ناقل اخبار

DÉLATION s.f. *Tabligh oué-chayat* تبليغ وشاية · سعاية · نقل اخبار

— de serment *Talab ol yamin* طلب اليمين

DÉLAYABLE adj. *Momqen tazouibohou* ممكن تذويبهُ · قابل الذوبان

DÉLAYAGE s.m. *Tazouib* تذويب · حلّ

DÉLAYANT, ANTE adj. *Mo-zaoueb* مذوّب · محلّل

— en méd. *Molay-yen* مليّن (في الطب)

DÉLAYER v.a. *Zaouaba* ذوّب · حلّل

DÉLÉBILE adj. *Kabel ol mahou* قابل المحو · ممكن محوهُ

DÉLECTABLE adj. *Laziz* لذيذ · مشهيّ

DÉLECTATION s.f. *Talazzoz* تلذّذ · لذّة

DÉLECTER v.a. *Lazzaza* لذّذ · شهّى

— (SE) v.r. *Eltazza* إلتذّ

DÉLÉGATAIRE s.m. et f., t. de prat. *Ouaqil* وكيل · مندوب (في المرافعات)

DÉLÉGATEUR, TRICE s.m. *Al mouacqel* الموكّل (في المرافعات)

DÉLÉGATION s.f. *Ouacalat* وكالة · نيابة

— sur une banque *Héou-alat* حوالة · تحويل

DÉLÉGATOIRE adj. *Tahouili* تحويلي · توكيلي

DÉLÉGUÉ s.m. *Mandoub* مندوب · وكيل

DÉLÉGUER v.a. *Anaba* اناب · وكّل

— sur une banque *Haou-ala* حوّل · أحالَ على

DÉLESTAGE s.m. t. de mar. *Raf ôl sabourat* رَفْعُ الصابورة (في الملاحة)

DÉLESTER v.a. *Rafaâ-l-sa-bourat* رَفعَ الصابورة

DÉLÉTÈRE adj. *Motlef* متلف · قاتل

DÉLIBÉRATIF, IVE adj. *Es-techari* إستشاري · شوروي

DÉLIBÉRATION s.f. *Mocha-ouarat* مشاورة · مداولة

DÉLIBÉRÉ s.m., t. de proc. *Modaoualat* مداولة · (في المرافعات)

DÉLIBÉRÉ, ÉE p.p. de délibé-rer *Motadaoal béhi* متداوَل بهِ

— de propos délibéré, loc. adv. *Beâmden* بعمدٍ · بقصد

DÉLIBÉRÉMENT adv. *Behor-rïat* بحرّية · بثبات

DÉLIBÉRER v.a. *Tachaouara* تشاورَ · تداولَ

DÉLICAT, TE adj. *Latif* لطيف · رقيق · ناعم

— faible *Daïyf* ضعيف · نحيف

— difficile à apprécier *Saâb ol takdir* صعْب التقدير

— sensible *Zou ehsas* ذو احساس

DÉLICATESSE s.f. *Latafat* لطافة · رِقّة · خفّة

— faiblesse *Nahafat* نحافة · ضُعف

— sensibilité *Ehsas* احساس

DÉLICES s.f. pl. *Lazzat* لذّة · تنعّم · رغد

DÉLICIEUSEMENT adv. *Bi-lazzat* باللذّة · بتنعّم · برغد

DÉLICIEUX, EUSE adj. *Laziz* لذيذ · رغد

DÉLICOTER (SE) v.r. *Kalaâ-l-raçan* قلَعَ الرسن وهي من خصائص الحيوانات

DÉLICTUEUX, EUSE adj., t. de droit *Féêl djênaï* فعل جنائي (في القضاء)

DÉLIER v.a. *Facca* فكّ · حلّ

DÉLIMITATION s.f. *Tahdid* تحديد · تعيين التخوم

DÉLIMITER v.a. *Haddada* حدّد · عيّن التخوم

DÉLINÉATION s.f. *Al rasm ol takhtiti* الرسمُ التخطيطي

DÉLINQUANT, ANTE s.m. et f., t. de jurisp. *Mótadi* — معتدٍ · مرتكب جنحة (في القضاء)

DÉLINQUER v.n., t. de jurisp. *Etada* — اعتدى · ارتكب جنحة

DÉLIQUESCENCE s.f. t. de chim. *Miyouât* — ميوعة · امتصاص الرطوبة (في الكيميا)

DÉLIQUESCENT, ENTE adj. t. de chim. *Mayé* — مائع · قابل الميوعة

DÉLIRANT, ANTE adj. *Bohrani* — بحراني · هَذَياني

DELIRE s.m. *Bohran* — بحران · هَزَيان

DÉLIRIUM TREMENS s. m. t. de méd. *Ertéâch hazayani* — ارتعاش هذَياني (في الطب)

DÉLIT s.m. *Djonhat* — جنحة ج جُنَح

— flagrant délit *Halat ol talabbos bel djenayat* — حالة التلبس بالجناية · بحال اجراء الفعل (في القضاء)

DÉLITER v.a. une pierre *Ouadé ol hadjar âla-l-ouadjh el moddad lemarkadéhi* — وضع الحجر على الوجه المضاد لمرقدهِ

— la chaux vive *Elfâ ol kels* ou *el djir* — إطفاء الكلس اي الجير

DÉLITESCENCE s.f. en méd. *Tazahhor* — تزهُّر اي فقد الجسم ماءهُ (في الطب)

— en méd. *Ekhtéfa* — اختفاء · زوال (في الطب)

DÉLIVRANCE s.f. action de délivrer *Khalas* — خلاص · نجاة

— remise d'une chose à quelqu'un *Taslim* — تسليم

— accouchement, t. de méd. *Takhlis* — تخليص · قذف خلاص الجنين (في الطب)

DÉLIVRE ou **PLACENTA** s.m. en méd. *Machymat* ou *khalas* — مشيمة · خلاص الجنين · برنس الجنين

DÉLIVRER v.a. *Khallaça* — خلَّص · نجَّى · أعتَق

— consigner *Sallama* — سلَّم

— (**SE**) v.r. *Takhallaça* — تخلَّص · اعتق نفسهُ

DÉLOGEMENT s.m. *Naklat* — نقلة · تغيير منزل

DÉLOGER v.a. *Nakala* — نَقَلَ · غيَّرَ منزلهُ

— l'ennemi *Tarada* — طَرَدَ · هزم العدو · كسر

DÉLOYAL, ALE adj. *Khayen* — خائِن · خادع

DÉLOYAUTÉ s.f. *Khéyanat* — خيانة · خداع

DELTA s.m. *Al zelta* — الذلتا · القسم المثلث الكائِن ما بين مصبي نهر كذلتا النيل

DÉLUGE s.m. *Toufan* — طوفان

DÉLURÉ, ÉE adj. *Montabeh* — منتبه · متحرز · محترس

DÉLUSOIRE adj. *Ghach-chach* — غشَّاش · غرَّار

DÉLUSTRER v.a. *Azala-l-lamaân* — ازال اللمعان

DÉMAGOGIE s.f. *Tassallot ol chaâb* — تسلُّط الشعب · ثورة الشعب

DÉMAGOGUE s.m. *Motahazzeb leçaourat el chaâb* — متحزّب لثورة الشعب

DÉMAILLOTER v.a. *Fakka léfafat al tefl* — فكَّ لفافة الطفل

DEMAIN adv. *Ghadan* — غداً · في الغد

DÉMANCHER v.a. *Khalaâ-l-kabdat* — خلَع القبضة

DEMANDANT, ANTE adj. *Taleb* — طالب · مستمد · مستدع · ملتمس

DEMANDE s.f. *Talab* — طلب · التماس

— question *Soual* — سؤال ج سؤَّالات

DEMANDER v.a. *Talaba* — طَلَبَ · التمس

— questionner *Saala* — سأَلَ يسأَلُ

— l'aumône *Chahaza* — شحَذَ · استعطى · سأل

DEMANDEUR, ERESSE s.m. et f., t. de proc. *Moddaï* — مدعٍ (في المرافعات)

DÉMANGEAISON s.f. *Acalan* — أكلان · رَعيان

DÉMANGER v.a. *Acala* — اكَلَ · رعى

DÉMANTÈLEMENT s.m., t. de fort. *Hadm assouar el kalaât* — هَدْم أسْوار القلعة (في الاستحكامات)

DÉMANTELER v.a. *Hadama assouar al kalaât* — هَدَمَ أسوار القلعة او المدينة

DÉMANTIBULER v.a. *Khalaâ* — خلَعَ · فكَّ

DÉMARCATION s.f. *Alamat ol hadde* — علامة الحد · خط التحديد

DÉMARCHE s.f. *Machi* — مشي · مسير

— manière d'agir *Solouk* — سلوك

DÉMARIER v.a. *Façakha akde el nekah, tallaka* فسخ عقد النكاح · طلّق

DÉMARQUEMENT s.m. *Nazô-l-âlamat* نزعُ العلامة · ازالةُ التمغة

DÉMARQUER v.a. *Nazaâ-l-âlamat* نزعَ العلامة · ازالَ التمغة

DÉMARRAGE s.m., t. de mar. *Hall ol-merçat* حلّ المرساة (في الملاحة)

DÉMARRER v.a. *Halla-l-merçat* حلّ المرساة

DÉMASQUER v.a. *Cachafa-l-ouadjh* كشفَ الوجه · نزعَ الستر · ازالَ اللثام · زجزج

— fig. mettre en évidence *Fadaha* فضحَ · اظهر الخفي

DÉMÂTER v.a., t. de mar. *Rafaâ-l-saouari* رفع الصواري · كسر الصواري (في الملاحة)

DÉMÊLER v.a. *Halla* حلّ · فرّقَ · فصلَ · فرّدَ

DÉMÊLOIR s.m. *Mecht* مِشط ذو اسنان واسعة

DÉMEMBREMENT s.m. *Taksim* تقسيم · تجزئة

— démembrement de la propriété, t. de jurisp. *Al hokouk ol mofarraât* الحقوق المفرّعة (في القضاء)

DÉMEMBRER v.a. *Kassama* قسّمَ · جزّأ

DÉMÉNAGEMENT s.m. *Taâzil* تعزيل · نقل · رحيل

DÉMÉNAGER v.a. *Azzala* عزّلَ · نقلَ · رحلَ

DÉMENCE s.f. *Djonoun* جنون · عته · لمم

DÉMENER (SE) v.r. *Ekhtabata* إختبط · اضطرب

DÉMENTI s.m. *Taczib* تكذيب · مناقضة

DÉMENTIR v.a. *Cazzaba* كذّبَ · ناقضَ

DÉMÉRITER v.a. *Fakada-l-eètébar* فقدَ الاعتبار · احط الكرامة

DÉMÉRITOIRE adj. *Mofked-ol-eètébar* مُفقِد الاعتبار · مُحِطّ الكرامة

DÉMESURÉ, ÉE adj. *Motadjaouez ol hadde* متجاوزُ الحد

DÉMETTRE v.a. ôter d'un emploi *Azala* عزلَ · رفتَ

— ôter un os de sa place *Khalaâ-l-âzm* خلَع العظم

— **(SE)** v.r. *Estaâfa* استعفى

DÉMEUBLÉ, ÉE p.p. de démeubler; mâchoire démeublée *Faked ol asnan* فاقد الاسنان

DÉMEUBLEMENT s.m. *Taâzil* تعزيل الاثاث · نقْل

— de la mâchoire *Fakd-ol-asnan* فقد الاسنان

DÉMEUBLER v.a. *Azzala* عزّلَ اثاثة · نقلَ

— **(SE)** v.r. perdre ses dents *Fakada asnanahou* فقدَ اسنانهُ

DEMEURE s.f. *Masqen* مسكن · منزل

— mise en demeure *Tahtim* تحتيم · تحديد وقت

DEMEURER v.n. *Sacana* سكنَ · قطنَ · توطن · نزَلَ

— persister *Estamarra* استمرّ · استقر · لبث · بقي

DEMI, IE adj. *Nesf* نِصف

DÉMIS, ISE p.p. de démettre sortir de sa place *Makhloû* مخلوع · مفكوك

— destitué de ses fonctions *Madzoul* معزول · مرفوت

DÉMISSION s.f. *Estéfa* استعفاء · اعتزال · استقالة

DÉMISSIONNAIRE s.m. *Mostaâfi* مستعفٍ · معتزل · مستقيل

DÉMOCRATE s.m. *Djomhouri* جُمهوري · ديمقراطي

DÉMOCRATIE s.f. *Djomhouriyat* جُمهورية · ديمقراطية

DÉMOCRATIQUE adj. *Djomhouri* جُمهوري · ديمقراطي متعلق بالديمقراطية

DÉMOCRATISER v.a. *Charraba-l-mabadi-l-zimocratiyat* شرّب المبادي الديمقراطية

DÉMODER v.a. *Akhradja chayan ân zayèhi-l-âdi* اخرج شيئاً عن زيّهِ العادي «عن مودتهِ»

DÉMOISELLE s.f. *Fatat, bent* فتاة · بنت

— instrument à tasser le beton *Mendalat* مندالة · مطبّة وهي آلة لدق الخراسان «الحجرية»

— insecte *Abou meghzal* ابو مغزل «جنس فراشة»

DÉMOLIR v.a. *Hadda, hadama* هدّ · هدم · خرّب

DÉMOLISSEUR s.m. *Haddad* هدّاد · هادم · خرّاب

DÉMOLITION s.f. *Hadde* هدّ · هدم · تخريب

— s.f. pl. décombres *Ankad* انقاض · ردم

DÉMON s.m. *Chaytan* شيطان · ابليس

DÉMONIAQUE adj. *Mascoun* مسكون · فيهِ روح شيطان · فيهِ روح شريرة

DÉMONOMANIE s.f. *Mass, djonoun* مس · جنون وهو ضرب من اللمم يعتقد فيهِ صاحبهُ بانهُ مسكون من الشيطان

DÉMONSTRATIF, IVE adj. *Dall, echari* دالّ · اشاري · اسم اشارة

DÉMONSTRATION s.f. *Idah* ايضاح · برهنة

DÉMONTAGE s.m. *Faq ol alat* فكُّ الآلات

DÉMONTER v.a. *Faqqa* فكَّ (عن الآلة الميكانيكية)

— un cavalier *Anzala-l-farès ân djaouadèhi* انزل الفارس عن جوادهِ

— une batterie *Hadama-l-battariyat* هدَم البطارية · عطَّل المدافع

DÉMONTRABLE adj. *Kabel ol idah* قابل الايضاح · قابل التبيين

DÉMONTRER v.a. *Aoudaha* أوضحَ · ابان

DÉMORALISATION s.f. *Façad ol adab* فسادُ الاداب

— perte de courage *Ouahn ol âzme* وهْن العزم · فقد الهِمَّة

DÉMORALISER v.a. *Afçada-l-adab* أفسدَ الاداب

— décourager *Aouhana-l-âzimat* أوهنَ العزيمة · اوهى الهمَّة

DÉMORDRE v.n. *Taraca* تركَ · اخلى · رَفَضَ ، رفُضُ

DÉMUSELER v.a. *Nazaâ-l-camamat* نزَعَ الكمامة

DÉNATIONALISATION s. f. *Efkad ol ouataniyat, efkad ol djenciyat* افقاد الوطنية . افقاد الجنسية

DÉNATIONALISER v.a. *Afkada-l-ouataniyat* أفقَدَ الوطنية · افقد الجنسية

DÉNATURATION s.f. *Efçad asl el chay* افساد اصل الشيء · تغيير طبيعتهِ

DÉNATURER v.a. *Afçada asl al chay* أفسَدَ اصل الشيء · غيَّرهُ عن طبيعتهِ · حرَّف

DÉNÉGATION s.f., en jurisp. *Encar* انكار · جحود (في القضاء)

DÉNI s.m., en jurisp. *Emtènâ ân âmal chay ouadjeb* امتناع عن عمل شيءٍ واجب

— de justice *Emtènâ ol kadi ân ennazar fi kadiyaten* امتناع القاضي عن النظر في قضيةٍ

DÉNICHER v.a. *Akhaza-l-fèrakh men el èch-che* اخذ الفراخ من العش

— découvrir *Ectachafa* اكتشفَ · اظهرَ

DENIER s.m. *Dinar* دينار ج دنانير

— à Dieu *ôrboun* عربون

— de la veuve *Ehsan* احسان

— découverts, t.de jurisp. *Mablagh manzour âynan* مبلغ منظور عيناً

— publics *Nokoud miriyat* نقود ميرية

DÉNIER v.a. *Ancara* انكرَ · جحدَ يجحَدُ

DÉNIGREMENT s.m. *Taâyir* تعيير · ثلب

DÉNIGRER v.a. *Aâyara* عيَّرَ · ثلَبَ · قدح ب طعن ب

DÉNOMBREMENT s.m. *Ehça, teêdad* احصاء · تعداد

DÉNOMBRER v.a. *Ahça, âdda* أحصى · عدَّ يعدُّ

DÉNOMINATEUR s. m. t. d'arith. *Makhradj ol casr* مخرج الكَسْر · مقام الكسر وهو العدد الاسفل من الكسر (في الحساب)

DÉNOMINATION s.f. *Tasmiat* تسمية

DÉNOMINER v.a., t. de prat. *Aâyana-l-esm fil âkd* عيَّنَ الاسم في العقد (في اصطلاح الحاكم)

— assigner un nom *Samma* سمَّى

DÉNONCER v.a., t. de jurisp. *Ballagha* بلَّغَ · شكى يشكو (في القضاء)

— un traité *Achâara-l-moâhed be enteha meddat el moâhadat* اشعر المعاهد بانتهاء مدة المعاهدة

— en jurisp. *Aâlana, ballagha* أعلَنَ · بلَّغَ

DÉNONCIATEUR, TRICE s.m. et f. *Moballegh* مبلِّغ · شاكٍ · معلن

DÉNONCIATION s.f. *Tabligh* تبليغ · شكوى ج شكاوى

— t. de prat. *Èlan* اعلان · انذار · تنبيه (في اصطلاح الحاكم)

— de la guerre *Echhar ol harbe* اشهارُ الحرب

DÉNOTATION s.f. *Ècharat* اشارة · علامة

DÉNOTER v.a. *Achara* اشار · علَّمَ

DÉNOUEMENT ou **DÉNOÛMENT** s.m. *Faq ol ékdat* — فكّ العقدة · حلّ العقدة

— solution *Natidjat* — نتيجة · ختام · نهاية

DÉNOUER v.a. *Faq al ékdat* — فكّ العقدة · حلّ يحلّ

DENRÉE s.f. *Habbe* — حبّ · غلّة

DENSE adj. *Cacif* — كثيف · غليظ · ثقيل

DENSIMÈTRE s.m. *Mekias ol caçafat* — مقياس الكثافة

DENSITÉ s.f. *Caçafat* — كثافة · ثقل · غلاظة

DENT s.f. *Senne* — سن ج اسنان · ضرس ج اضراس

— d'animaux *Nab* — ناب ج انياب

— d'engrenage *Senne* ou *derse* — سن اوضرس الدولاب

DENTAIRE adj. *Senni* — سِنّي ـ متعلق بالسن

DENTÉ, ÉE adj. *Zou asnan* — ذو اسنان

DENTELLE s. f. *Takhrim, dantella* — تخريم · دانتلّا

DENTELURE s.f. *Takhrim* — تخريم · تسنين

DENTICULE s.f. *Sen saghirat* — سن صغيرة

DENTIER s.m. *Takem asnan* — طاقم اسنان اصطناعية

DENTIFRICE s.m. et adj. *Daoua lemash el asnan* — دواء لمسح الاسنان

DENTISTE s.m. *Hakim asnan* — حكيم اسنان

DENTITION s.f. *Tasnin* — تسنين · ظهور اسنان

DENTURE s.f. *Saf asnan* — صف اسنان

DÉNUDATION s.f. en chir. *Taâriat* — تعرية · تجريد (في الجراحة)

DÉNUDER v.a. en chir. *Aârra* — عرّى · جرّد

DÉNUER v.a. *Abrama* — احرمَ · عرّى

— **(SE)** v.r. *Harama zatahou* — حرمَ او عرّى ذاته

DÉNÛMENT s.m. *Horman* — حرمان · تعرّي

DÉPAQUETER v.a. *Facqa* — فكّ · فتح

DÉPAREILLER v.a. *Khalafa bayn chay-ayn* — خالف بين شيئين

DÉPARER v.a. *Chaouaha* — شوّه · عطّل

DÉPARIER v.a. *Farraka bayn al azouadj* — فرّقَ بين الازواج اي ازال فردًا من افراد الزوج

DÉPARQUER v.a. *Akhradja-l-ghanam men el zaribat* — اخرج الغنم من الزريبة اي الحظيرة

DÉPART s.m. *Safar* — سفر · رحيل

DÉPARTAGER v.a. t. de jurisp. *Abtala enkéçam al assouat* — ابطل انقسام الاصوات بالاغلبية (في القضاء)

DÉPARTEMENT s.m. *Aklim* — اقليم · مقاطعة · قسم

— ministère *Nezarat* — نظارة · وزارة

— en arch. *Kesm men bénayat* — قسم من بناية كبيرة او سراية

— en arch. première partie du devis *Mokaddamat ol mokayaçat* — مقدمة المقايسة

DÉPARTIR v.a. *Farraka ala* — فرّق على · قسم بين · وزّع

— **(SE)** v.r. *Tanazala* — تنازل · ترك · اخلى

DÉPASSEMENT s.m. *Tadjaoz* — تجاوُز

DÉPASSER v.a. excéder *Tadjaouaza* — تجاوَزَ

— devancer *Sabaka* — سبق · فات

DÉPAVAGE s.m. *Kalé ol balat* — قَلْعُ البلاط

DÉPAVER v.a. *Kalaâ-l-balat* — قَلَعَ البلاط

DÉPAYSEMENT s.m. *Taghar-rob* — تغرّب · خروج من بلد او جهة

DÉPAYSER v.a. *Gharraba* — غرّبَ · اخرج من بلدٍ او جهةٍ

— **(SE)** v.r. *Tagharraba* — تغرّب · خرج من بلدٍ او جهة

DÉPÈCEMENT s.m. *Takti* — تقطيع · تجزئة

DÉPECER v.a. *Kattaâ* — قطّعَ · جزّأ

DÉPÊCHE s.f. *Réçalat* — رسالة ج رسائل

— télégraphique *Réçalat barkiyat, téléghrafe* — رسالة برقيّة · تلغراف

DÉPÊCHER v.a. *Aâdj-jala* — عجّل · نجز

— envoyer *Arçala* — ارسل · بعث يبعَثُ

— **(SE)** v.r. *Asraâ, esta-âdjala* — اسرع · استعجل

DÉPEÇOIR s.m. *Sekkin ol djazzar* — سكين الجزّار

DÉPEINDRE v.a. *Ouaçafa* — وَصفَ · رَسَمَ

DÉPENDANCE s.f. *Tabiïyat* — تابعية · تعلق

— dépendances s.f. pl. *Molhakat* — ملحقات · توابع

DÉPENDANT, ANTE adj. *Tabé* تابع · لاحق · متعلّق

DÉPENDRE v.a. *Tabeâ* تبع · تعلّق ب · لحق ب

DÉPENS s.m. pl., t. de proc. *Maçarif* مصاريف (في المحاكمات)

DÉPENSE s.f. *Masrouf* مصروف · نفقة

— lieu de provision *Kelar* كلار · بيت المؤونة

DÉPENSER v.a. *Sarafa, nafaka* صرف · نفق

DÉPENSIER, IÈRE adj. *Mosref, mobazzer* مسرف · مبذر · محب الصرف

— s.m. chargé de la dépense *Ouakil ol khardj* وكيل الخرج · مأمور المصروفات

DÉPERDITION s.f. en méd. *Fakd ol koua* فقد القوى (في الطب)

DÉPÉRIR v.n. *Talefa* تلف · سقم · فقد القوى

DÉPÉRISSEMENT s.m. *Dana* ضنا · سقم · نحول · فقد القوى

— t. de jurisp. *Molachat ol esbat* ملاشاة الاثبات · ضياع البيّنة مع مرور الزمان

DÉPÊTRER v.a. *Khallaça* خلّص · نجّى

— (SE) v.r. *Takhallassa* تخلّص · نجّى نفسهُ

DÉPEUPLEMENT s.m. *Kharab ol belad* خراب البلاد · اخلاء البلاد من السكان · دمار

DÉPEUPLER v.a. *Kharraba-l-bélad* خرّب البلاد · اخلى البلاد من السكان

DÉPIÈCEMENT s.m. *Taktî* تقطيع · تفكيك

DÉPIÉCER v.a. *Kattaâ* قطّع · فكّك

DÉPILATION s.f. *Natf ol chaâr* نتفُ الشعر

DÉPILATOIRE s.m. *Nourat* نورة · مادة لنتف الشعر

DÉPILER v.a. *Natafa-l-chaâr* نتف الشعر

— (SE) v.r. *Natafa chaârahou* نتف شعرهُ

DÉPISTER v.a. *Cachafa-l-açar* كشف الاثر · وجد الجرّة

DÉPIT s.m. *Cayd* كيد · غم · قهر · نكاية

— en dépit, loc. prép. *Raghman ân* رغمًا عن · قهرًا · نكايةً في

DÉPITER v.a. *Kahara* قهر · انكى · اغاظ · كادَ

DÉPLACEMENT s.m. *Entékal* انتقال

— en méd. *Tahouil* تحويل · زيغ (في الطب)

DÉPLACER v.a. *Nakala* نقل · حوّل

— (SE) v.r. *Entakala* إنتقل

DÉPLAIRE v.n. *Caddara* كدّر · اغمّ · اغاظ

DÉPLAISANCE s.f. *Carahat* كراهة · غم · غيظ

DÉPLAISIR s.m. *Ghamm* غمّ · كدر · قهر

DÉPLANTATION s.f. *Kalé ol achdjar* قلعُ الاشجار

DÉPLANTER v.a. *Kalaâ-l-chadjar* قلع الشجر

DÉPLANTOIR s.m. *Mekourat* مقورة وهي آلة لقلع الاشجار

DÉPLIER v.a. *Nachara-l-matouy* نشر المطوي · بسط · بسُط

DÉPLISSAGE s.m. *Nachr ol matouy* نشرُ المطويّ · بسط الملفوف

DÉPLISSER v.a. *Baçata* بسط · نشر

DÉPLOIEMENT s.m. *Bast* بسط · نشر

— d'un corps d'armée *Entéchar ol açaqer* انتشارُ العساكر

DÉPLOMBAGE s.m. *Ezalat ol raças* ازالةُ الرصاص وهي ازالة الاختام الرصاصية التي يضعها الجمرك على البالات

DÉPLORABLE adj. *Mohzen* محزن · يرثى لهُ

DÉPLORABLEMENT adv. *Behezn* بحزن · باسف · بحالة يُرثى لها

DÉPLORER v.a. *Taassafa* تاسّف · حزن على · رثى ل

DÉPLOYER v.a. *Nachara* نشر · بسط

DÉPLUMER v.a. *Natafa-l-rich* نتف الريش

DÉPOLIR v.a. *Khach-chana* خشّن · ازال الصقال

DÉPOPULARISER v.a. *Afkada mahabbat al djomhour* أفقد محبة الجمهور

— (SE) v.r. *Fakada mahabbat al djomhour* فقد محبة الجمهور

DÉPOPULATION s.f. *Kharab* خراب · اقفار

DÉPORTATION s.f. *Nafi* نفي · ابعاد · سركلة

DÉPORTEMENTS s.m. pl. *Faouahèche* فواحش · قبائح · رذائل

DÉPORTER v.a. *Nafa* نفى · أبعد · سركل

DÉPOSANT, ANTE adj., t. de proc. *Al chahed* — الشاهد (في القضاء)

— celui qui fait un dépôt *Al modè* — المودع . المستودع امانة

DÉPOSE s.f. *Rafè* — رَفع . خَلع (في البناء)

DÉPOSER v.a. *Ouadaâ* — وضَع . نزّل

— enlever *Khalaâ* — خلعَ . نَزَع

— mettre en dépôt *Aoudaâ* — اودع . استودع

— destituer *Aâzala* — عزلَ . رفَتَ

— t.de construction *Rafaâ* — رفَع . خلَع (في البناء)

— t. de proc. *Chahèda* — شَهِدَ يشهَدُ (في القضاء)

— aller au fond *Raçaba* — رسب يرسِب

DÉPOSITAIRE s.m. *Amin* — امين . مستودع

DÉPOSITEUR s.m. *Ouadè* — وادع . صاحب الامانة

DÉPOSITION s.f. destitution *Azl* — عَزْل . خلع

— t. de procéd. *Chahadat* — شهادة ج شهادات

DÉPOSSÉDER v.a. *Arra men al molq* — عرّى من الملك . رفَع يد المالِك عن الملك

DÉPOSSESSION s.f. *Rafè ol yadde ân el molq* — رفْعُ اليد عن الملك . تعرية من المُلك

DÉPÔT s.m. chose confiée *Amanat* — امانة

— ce qui se dépose au fond des vases *Rosb* — رُسْب

— magasin *Makhzan* — مخزن . حاصل ج حواصل

— prison *Sedjn* — سجن . حبس

— de mendicité *Takiyat ol fokara* — تكية الفقراء

DÉPOTOIR s.m. *Makhzan ol akzar* — مخزن الاقذار . المكان الذي تخزن بهِ الاقذار

DÉPOUILLES s.f. pl., des animaux *Djeld ol hayaouan* — جلْد الحيوان

— mortelles d'un homme *Djessat* — جثّة . رِمّة

— ce que l'on prend à l'ennemi *Ghanimat* — غنيمة . سَلب

— d'un serpent *Kechrat ol hay-yat* — قشرةُ الحيّة

DÉPOUILLEMENT s.m. *Taâriat* — تعرية . تشليح . تجريد

— de compte *Tanzif* — تنظيف . مراجعة

DÉPOUILLER v.a. *ârra* — عرّى . شلّح

— un animal *Salakha* — سلَخ حيوانًا

— un compte *Radjaâ* — راجَع . نَظَر في

DÉPOURVOIR v.a. *Ahouadja* — احوج . عرّى

— (SE) v.r. *Ahouadja nafsahou* — احوج نفسهُ . عرّى نفسهُ

DÉPOURVU, UE adj. *Mohtadj* — محتاج . عارٍ . مفتقر

DÉPRAVATION s.f. *Façad ol akhlak* — فساد الاخلاق

DÉPRAVER v.a. *Afçada-l-akhlak* — افسد الاخلاق

DÉPRÉCATION s.f. *Taouassala* — توسّل . تضرّع

DÉPRÉCIATION s.f. *Bakhs ol çaman* — بخْس الثمن . نقص القيمة

DÉPRÉCIER v.a. *Bakhaça-l-çaman* — بخَس الثمن . نقّص القيمة

DÉPRÉDATEUR, TRICE s.m. et f. *Naheb* — ناهِب . غازٍ . سالب . متلِف . مخرِب

DÉPRÉDATION s.f. *Nahb* — نَهْب . سَلب . اتلاف

DÉPRENDRE v.a. *Fakka* ou *Khallaça* — فكّ . خلّص

DÉPRESSIF,IVE adj. *Mohbet* — مُهبِط . معمِّق . باعج

DÉPRESSION s.f. *Enhètat* — انحطاط . انخفاض . هبوط

— en chir. *Enbèâdj* — انبعاج (في الجراحة)

DÉPRIER v.a. retirer une invitation *Abtala-l-dâôuat* — ابطل الدعوى . رجا عدم الحضور للدعوة

DÉPRIMÉ,ÉE p.p.de déprimer (pouls) en méd. *Habet* — هابط . ضعيف (في الطب)

DÉPRIMER v.a. *Ahbata* — اهبط . خَفّض . حطّ

DÉPRISER v.a. *Nakkaça-l-seèr* — نقّص السعر . خفّض القيمة

DEPUIS prèp. *Men* ou *monz* — مِن . منذ . من حين

DÉPURATIF,IVE adj.en méd. *Moraou-ouek* — مروّق . مطهِّر . منقّ (في الطب)

DÉPURATION s.f.,t.de pharm. *Tarouik* — ترويق . تطهير (في الصيدلية)

— en méd. *Tankiyat* — تنقية . تنظيف . تطهير (في الطب)

DÉPUTATION s.f. *Ouafd* وفد · رسالة · بعث

DÉPUTÉ s.m. *Ouakil* وكيل · نائب · مبعوث

DÉPUTER v.a. *Aoufada* اوفد · أرسل · أنفذ · وكّل

DÉRACINABLE adj. *Kabel ol kalé* قابل القلع · ممكن قلعهُ

DÉRACINER v.a. *Kalaâ* قلَع يقلَع

DÉRADER v.a. *Kalé ol safinat men el marça* قلع السفينة من المرسى عند اشتداد العاصفة

DÉRAILEMENT s.m. *Khoroudj ol kétar an el khat el hadidi* خروج القطار عن الخط الحديدي

DÉRAILER ou **DÉRAILLER** v.n. *Kharadja-l-kétar án el kadib el hadidi* خرج القطار عن القضيب الحديدي

DÉRAISON s.f. *Djahl* جهل · غباوة · قلّة عقل

DÉRAISONNABLE adj. *Ghayr saouabi* غير صوابي · مخالف العقل

DÉRAISONNABLEMENT adv. *Beghayr saouab* بغير صواب · بنوع مخالف العقل

DÉRAISONNER v.a. *Haza* ou *kharrafa* هذى · هذر · خرّف

DÉRANGEMENT s.m. *Adam nezam* عدم نظام · قلّة ترتيب

— importunité *Ezaâdj* ازعاج · تثقيل

DÉRANGER v.a. *Kalaba-l-nezam* قلب النظام · لخبط الترتيب

— importuner *Aklaka* ou *azaâdja* أقلق · ازعج · ثقّل

— (SE) parlant d'une machine *Taâtala* تعطّل · اختلّ

DÉRAPER v.n. t. de mar. *Enkalaâ-l-helb* انقلع الهلب من تلقاء نفسهِ (في الملاحة)

DÉRATER v.a. t. de chir. *Nazaâ-l-téhal* نزع الطحال (في الجراحة)

DERECHEF adv. *Men djadid* ou *çaniatan* من جديد · ثانية

DÉRÉGLÉ, ÉE p.p. de dérégler *Mokhtalle* مختلّ · معكوس · غير منظّم

DÉRÉGLEMENT s.m. *Fakd ol entézam* فقد الانتظام · انعكاس · خلل

— de mœurs *Façad ol akhlak* فساد الاخلاق

DÉRÉGLÉMENT adv. *Béghayr Entezam* بغير انتظام · باختلال

DÉRÉGLER v.a. *Afkada-l-nezam* افقد النظام · عكس

DÉRIDER v.a. *Sarra* سرّ · بسط

— (SE) v.r. *Ençarra* انسرّ · انبسط · انشرح

DÉRISION s.f. *Estehzâ* استهزاء · سخرية

DÉRISOIRE adj. *Estehzaï* استهزائي · سخري

DÉRIVATIF, IVE adj. en méd. *Mohaouel* محوّل (في الطب)

DÉRIVATION s.f. *Echtékak* اشتقاق

— t. de méd. *Tahouil* تحويل (في الطب)

— du projectile, t. d'artil. *Enhéraf ol makzouf* انحراف المقذوف (في الطبجية)

— des eaux *Tahouil madjra-l-miah* تحويل مجرى المياه

DÉRIVE s.f., t. de mar. *Enhéraf* انحراف · تحويل عن الطريق (في الملاحة)

— à la dérive, t. de mar. *Al sayr má el tayar* السير مع التيّار (في الملاحة)

DÉRIVER v.n. t. de gram. *Echtakka men* اشتقّ من · انصاغ من (في الاصطلاح الغراماطيقي)

— de la route, t. de mar. *Enharafa án el tarik* انحرف عن الطريق (في الملاحة)

— t. de chaudronnier *Fakka-l-bercham* فكّ البرشام اي المسامير المبرشمة

— t. de méd. *Haouala* حوّل (في الطب)

DERMALGIE s.f. t. de méd. *Alam djeldi* ألم جلدي (في الطب)

DERMATHÉMIE s.f., t. de méd. *Ehtékan djeldi* إحتقان جلدي (في الطب)

DERMATITE s.f. t. de méd. *Eltéhab ol djelde* التهابُ الجلد (في الطب)

DERMALOGIE s.f. t. de méd. *Élm amrad el djelde* علم امراض الجلد (في الطب)

DERMATOSCLÉROSE s.f. t. de méd. *Taçallob ol djeld* تصلّب الجلد · جمودتهُ (في الطب)

DERMATOSE s.f., t. de méd. *Afat ol djeld* آفات الجلد · عاهات الجلد (في الطب)

DERME s.m. t. d'anat. *Adama* آدمه · الطبقة الغائرة من الجلد (في التشريح)

DERMIQUE adj. t. de méd. *Adami* آدمي (في الطب)

DERNIER, IÈRE adj. *Akher* آخِر

— précédent *Madi* ماض . سابق

— en dernier lieu *Moakharan* مؤخّراً

DERNIÈREMENT adv. *Akhiran* اخيراً . باخرةٍ

DÉROBÉ, ÉE p.p. de dérober *Khafi* خفي . سرّي

— à la dérobée, loc. adv. *Serran, khefiyatan* سرّاً . خفيةً

DÉROBER v.a. *Saraka* سَرَقَ . سَلَبَ . اختلَسَ

— cacher *Akhfa* اخفى . خبّأ

— (SE) v.r. *Ekhtafa* اختفى . تملّص من

DÉROCHAGE s.m. *Tadjlikh* تجليخ . تنظيف المعادن . صقل المعادن

DÉROGATOIRE adj *Mokhalef ol kaouanin* مخالف القوانين والعوائد

DÉROGATION s.f. *Mokhalafat ol kaouanin* مخالفة القوانين والعوائد

DÉROGER v.n., t.de droit *Khalafa* خَالَفَ . بايَنَ (في القضاء)

DÉROUILLEMENT s.m. *Djalâ* جلاء . ازالة الصدا

DÉROUILLER v.a. *Djala* جلا يجلو . ازال الصدا

DÉROULEMENT s.m. *Bast* بسطٌ . مدّ

DÉROULER v.a. *Baçata* بسَطَ يبسُطُ . مدَّ

DÉROUTE s.f. *Enqeçar* انكسار . هزيمة

DÉROUTER v.a. *Dayaâ ân el tarik* ضيَّعَ عن الطريق . اضلّ . اتاهَ

DERRIÈRE s.m. *Ouara* وراء . خلف

DERVICHE s.m. *Darouich* درويش . مجاور

DÈS prép. *Men* ou *monz* من . منذ

DÉSABONNEMENT s.m. *Ebtal ol echtéraq* ابطال الاشتراك . شطب الاسم من الاشتراك

DÉSABONNER v.a. *Abtala-l-echtéraq* أبطَلَ الاشتراك . شطَبَ اسمهُ من بين المشتركين

DÉSABUSER v.a. *Rafaâ-l-ouahme* رَفَعَ الوهم . ازالَ الغلط

— (SE) v.r. *Ehtada* إهتدى . تيقّظ . أفاق من غفلتهِ

DÉSACCORD s.m. *Ekhtélaf* إختلاف . عدم وفاق

DÉSACCORDER v.a. *Khalafa* خالف . اوقع الخلاف

— (SE) v.r. *Ekhtalafa* إختلف . وقع في خلاف

DÉSACCOUPLER v.a. *Farraka-l-azouadj* فرّقَ الازواج

DÉSACCOUTUMER v.a. *Abtala âdatan* أبطل عادةً

— (SE) v.r. *Taraka âdatan* ترك عادةً

DÉSACHALANDAGE s. m. d'une boutique *Fakd ol zabayen* فقد الزبائن . فقد المشترين

DÉSACHALANDER v.a. *Afkada-l-zabayen* أفقَدَ الزبائن . افقد المشترين

— (SE) v.r. *Fakada zabayenahou* فَقَدَ زبائنهُ

DÉSACIÉRER v.a. *Azala-l-khassat el foulaziyat* أزالَ الخاصّة الفولاذيّة

DÉSAFFOURCHER v.a. t. de mar. *Rafaâ helb al taslibat* رَفَعَ هلْبَ التصليبة (في الملاحة)

DÉSAGRÉABLE adj. *Macrouh* مكروه . غير مقبول . مستنكف منهُ

DÉSAGRÉABLEMENT adv. *Bécarahat* بكراهة . بغير قبول . باستنكاف

DÉSAGRÉER v.n. *Karéha* كَرِهَ يكرَهُ . استنكف من . اشمأزّ من

DÉSAGRÉGATION s.f., t. de méd. *Fasl* فَصْلٌ . ازالة (في الطب)

DÉSAGRÉMENT s.m. *Enkébad* انقباض . نفور . اشمئزاز . استنكاف . كراهة

DÉSAJUSTEMENT s.m. *Faq ol êddat* فكّ العدّة . فكّ الآلة

DÉSALIGNEMENT s.m., t. milit. *Adam entézam sofouf el djonoud* عدم انتظام صفوف الجنود (في الاصطلاح العسكري)

DÉSALLAITEMENT s.m. *Ebtal ol redaât* ابطال الرضاعة (وهي خلاف الفطام)

DÉSALTÉRER v.a. *Arona* اروى . سقى . بلّ الصدا

— (SE) v.r. *Ertaoua* ارتوى . استقى . بلّ صداه . نقع غلّتهُ

DÉSAMARRER v.a. t. de mar. *Facca-l-merçat* فكّ المرساة (في الملاحة)

DÉSAMORCER v.a., une pompe, t. de méc. *Farragha djesm al tolomba* — فرّغَ جسم الطلمبه

— une arme à feu *Rafad-l-cabsoul* — رفع الكبسول · نزَع الكبسول من البندقية

DÉSANCRER v.a., t. de mar. *Rafaâ-l-helbe* — رفَعَ الهِلب (في الملاحة)

DÉSAPPAREILLER v.a., t. de mar. *Rafaâ-l-hébal* — رفَع الحِبال · رفَعَ ادوات السفينة (في الملاحة)

DÉSAPPOINTEMENT s.m. *Khaybat* — خيبة · خذلان · خنوق مسعى

DÉSAPPOINTER v.a. *Akhza* — اخزى · خذل · خيّبَ

DÉSAPPRENDRE v.a. *Nacia ma taâllamahou* — نَسِيَ ما تعلمهُ

DÉSAPPROBATEUR, TRICE s.m. *Laou-ouam* — لوّام · قدّاح · عيّاب

DÉSAPPROBATION s.f. *Laoum* — لوم · مذمة · قدح · تنديد · تعييب

DÉSAPPROPRIATION s.f. *Nazó-l-malaqiyat* — نَزْع الملكيَّة

DÉSAPPROPRIER v.a. *Nazaâ-l-malaqiyat* — نَزَعَ ينْزَعُ الملكيَّة

DÉSAPPROUVER v.a. *Estakbaba* — إستقبح · لام · استهجن

DÉSARÇONNER v.a. *Kalaba ân el sardje* — قَلَبَ عن السرْج

DÉSARMEMENT s.m. *Nazó-l-selah* — نَزْع السلاح

DÉSARMER v.a. *Nazaâ-l-selah* — نزَعَ السلاح

— au fig. *Saccana* — سكّن · هدّأ

DÉSARROI s.m. *Edtérab* — اضطراب · ارتباك

DÉSARTICULATION s.f., en chir. *Batr* — بَتْر · قطع المنصل (في الجراحة)

DÉSASSEMBLEMENT s.m., t. de menuis. *Faq ol taâchik* — فكّ التعشيق (في اصطلاح النجارين)

DÉSASSEMBLER v.a. *Facca-l-taâchik* — فكّ التعشيق (في اصطلاح النجارين)

DÉSASSIMILATEUR, TRICE adj., en méd. *Ghayr momassel* — غير ممثّل · لاينفع للتغذية (في الطب)

DÉSASSIMILATION s.f. *Aâdam ol tamcil* — عدم التمثيل

DÉSASSIÉGER v.a. *Rafaâ-l-héçar* — رفَع الحصار

DÉSASTRE s.m. *Macibat* — مصيبة ج مصائب · نكبة

DÉSASTREUX, EUSE adj. *Mokhreb* — مخرِب · متلِف · مسبب المصائب

DÉSATTRISTER v.a. *Azala-l-hezn* — أزالَ الحزن · نفى الكدر

DÉSAVANTAGE s.m. *Darar* — ضرر · خسارة

DÉSAVANTAGER v.a. *Adarra* — أضرّ · خسّر

DÉSAVANTAGEUSEMENT adv. *Bedarar* — بضرر · بخسارة

DÉSAVANTAGEUX, EUSE adj. *Moderre* — مضِرّ · غير موافق

DÉSAVEU s.m. *Encar* — انكار · جحود

— t. de droit *Addam koboul ma adjrah ol ghayr* — عدم قبول ما اجراه الغير (في القضاء)

— de paternité *Enkar ol ebn* — انكار الابن

DÉSAVOUER v.a. *Ancara* — انكر · جحد · انكرَ ما فعلهُ الغير

DESCELLER v.a. *Fadda-l-khatm* — فضّ الختم

DESCENDANT, ANTE adj. *Nazel* — نازل · ساقِط

— s.m. et f., qui tire son origine d'une personne *Salil* — سليل · متسلسل · من ذرية · من نسل

DESCENDRE v.a. *Nazala* — نزَلَ · انحَدَرَ

— de cheval *Taradjala* — ترجّل · حوّل عن الفَرَس · ترَك صهوة الجواد

DESCENTE s.f. *Nozoul* — نزول · انحدار

— de lit *Sedj-jadat* — سجادة وهي سجادة تضع امام السرير

— de justice *Taftich mahal bémârêfat el houmat* — تفتيش محل بمعرفة الحكومة · هجوم البوليس على محلٍ ما

— de hernie, en méd. *Fetk* — فِتق · قُرْق (في الطب)

DESCRIPTIF, IVE adj. *Ouasfi* — وصْفي · شرْحي

DESCRIPTION s.f. *Ouasf* — وصف · شرْح

DÉSÉCHOUER v.a. *Âouama-l-safinat* — عوّم السفينة الناشبة بالرمال

DÉSEMBALLAGE s.m. *Fath ol balat* — فتح البالة · فتح الطرد

DÉSEMBALLER v.a. *Fataha-l-balat* فتحَ البالة . فتحَ الطرد

DÉSEMBARQUEMENT s.m., t. de mar. *Al nozoul ela-l-barre* النزول الى البر (في الملاحة)

DÉSEMBARQUER v.a. *Nazzala ela-l-barre* نزّلَ الى البر . رجّعَ الى البر

DÉSEMPAREMENT s.m., t. de mar. *Rafê saouari-l-marcab* رَفْع صواري المركب او رفع دريكات المركب

DÉSEMPARER v.a. *Rafaâ saouari-l-marcab* رَفَعَ صواري المركب

DÉSEMPLIR v.a. *Tafrigh ol malan* تفريغ الملآن

DÉSEMPOISONNER v.a. *Aâta ded al samme* اعطى ضد السم

DÉSEMPRISONNER v.a. *Afradja ân* افرَجَ عن . اطلق سبيل المسجون . اطلق سراحَهُ

DÉSENCHANTEMENT s.m. *Halla-l-eftêtan* حلّ الافتنان

— au fig. *Ezalat ol ghorour* إزالة الغرور

DÉSENCHANTER v.a. *Azala-l-eftêtan* أزالَ الافتنان او الغرور

DÉSENCLOUAGE s.m. *Kalê ol mesmar* قلع المسمار

DÉSENCLOUER v.a. *Kalaâ-l-mesmar* قَلَعَ المسمار

DÉSENCOMBREMENT s.m. *Ezalat ol ezdêham* ازالة الازدحام

DÉSENCOMBRER v.a. *Azala-l-ezdêham* ازال الازدحام

DÉSENFLEMENT s.m. *Ezalat ol ouaram* ازالة الورم . فشّ الورم . ازالة الانتفاخ

DÉSENFLER v.a. *Azala-l-ouaram* ازالَ الورم . ازالَ الانتفاخ

DÉSENGAGEMENT s.m. *Elgha ol taâhhod* الغاء التعهد . نقض الميعاد

— t. milit. *Chatb ol kayd* شطب القيد (في العسكرية)

DÉSENIVREMENT s.m. *Ezalat ol soqr* ازالة السكر . افاقة . صحو

DÉSENIVRER v.a. *Azala-l-soqr* ازالَ السكر . فوّق . صحّا

DÉSENNUYER v.a. *Salla* سلّى . ازال الملل

DÉSENNUI s.m. *Taçalli* تسلّي . زوال الملل

DÉSENRHUMER v.a. *Azala-l-zocam* ازال الزكام او الرشح

DÉSENSABLER v.a. *Khallaça-l-safinat al nachêbat bel remal* خلّص السفينة الناشبة بالرمال

DÉSENSORCELLEMENT s.m. *Takhlis men al sehr* تخليص من السحر

DÉSENTASSEMENT s.m. *Ezalat ol tastif* ازالة التستيف

DÉSERT s.m. *Kafr* قفر . صحراء . برّية . بيداء

— , **ERTE** adj. *Mokfer* مقفِر . مهجور

DÉSERTEUR s.m. *Djendi harban* جندي هربان . عسكري فرار

DÉSERTION s.f. *Harab* ou *ferar men al âscariyat* هرب . فرار من العسكرية

DÉSESPÉRANT, ANTE adj. *Katê ol radja* قاطع الرجا . يئس . قانط

DÉSESPÉRÉ, ÉE p.p. de désespérer *Maktouê ol radja menhou* مقطوع الرجا منهُ . لا امل فيهِ

— s.m. et f. *Ayès* آيس . قاطع الرجا

DÉSESPÉRÉMENT adv. *Beyaâs* بيأس . بقطع رجاء . بقنوط

DÉSESPÉRER v.a. *Aghamma* أغمّ . احزن . كدّر

— **(de)** v.n. *Kataâ-l-amal* قَطَعَ الامل . يئِسَ . قَنَطَ يقنُطُ

DÉSESPOIR s.m. *Yâs* يأس . قطع الامل . قنوط

DÉSHABILLÉ, ÉE s.m. *Bedlat ol naoum* بدلة النوم

— p.p. de déshabiller *Aâri* عارٍ . غير لابس اثوابهُ

DÉSHABILLER v.a. *Aârra* ou *djarrada men al seyab* عرّى . جرّدَ من الثياب

DÉSHABITUER v.a. *Abtala-l-âdat* ابطل العادة

— **(SE)** v.r. *Taraca-l-âdat* ترك العادة

DÉSHÉRENCE s.f. *Aâdam oudjoud ouaraçat* عدم وجود ورثة . وفاة بلا ورثة . بلا عقب

DÉSHÉRITEMENT s.m. *Katê ol miras* قطع الميراث . الحرمان من الوراثة

DÉSHÉRITER v.a. *Kataâ-l-miras* قَطَعَ الميراث . احرم من الميراث

DÉSHONNÊTE adj. *Fahèche* فاحش . قبيح . سفيه . مضاد الادب

DÉSHONNÊTEMENT adv. *Bèkabahat* بقباحة . بفحش . بسفاهة . بعدم ادب

DÉSHONNEUR s.m. *Fadihat* فضيحة . عار . هتيكة

DÉSHONORABLE adj. *Maïb* معيب · مستوجب العار

DÉSHONORANT, ANTE adj. *Fadeh* فاضح · هاتك · معيب

DÉSHONORER v.a. *Fadaha* فَضَحَ · هتكَ · اعاب

DÉSHYDRATATION s.f., en chim. *Ezalat ol mâ* ازالة الماء (في الكيميا)

DÉSHYDRATER v.a. *Azala-l-mâ* أزال الماء (في الكيميا)

DÉSHYDROGÉNATION s.f. *Ezalat ol hydrogène* ازالة الهيدروجين(في الكيميا)

DÉSIDERATA s.m. *Al marghoub* المرغوب · المراد · المشتهى

DÉSIGNATIF, IVE adj. *Taâyini* تعييني · إشاري

DÉSIGNATION s.f. *Taâyin* تعيين

DÉSIGNER v.a. *Achara éla* أشار الى · دلّ على

— nommer *Aâyana* عيّن

DÉSILLUSION s.f. *Ezalat ol ouahm* ازالة الوهم

DÉSILLUSIONNER v.a. *Azala l-ouahm* أزالَ الوهم

DÉSINENCE s.f., t. de gram. *Aouakher ol calam* اواخر الكلام(في الغراماطيق)

DÉSINFATUER v.a. *Abtala-l-ghorour* ابطل الغرور · ازال الغرور

— **(SE)** v.r. *Radjaâ ân ghorourèhi* رجع عن غروره · صحا من غفلته

DÉSINFECTANT, ANTE adj. *Mozil ol ôfounat* مزيل العفونة · منظّف

DÉSINFECTION s.f. *Ezalat ol ôfounat* ازالة العفونة · تنظيف

DÉSINTÉRESSÉ, ÉE adj. *Khali-l-gharad* خالي الغرض · ليس له غاية ذاتية

DÉSINTÉRESSEMENT s.m. *Nazahat* نزاهة · خلو غرض

DÉSINTÉRESSÉMENT adv. *Bènazahat* بنزاهة · بخلو غرض

DÉSINTÉRESSER v.a. *Arda* ارضى احداً بشيء لتركو منفعةً ما

— **(SE)** v.r. *Radia* رضي · ترك عملاً ما بدون خسارة

DÉSINVOLTURE s.f. *Zarafat* ظرافة · الطافة

DÉSIR s.m. *Raghbat* رغبة · مراد · مرام

DÉSIRABLE adj. *Chahi* شهي · مرغوب · مطلوب

DÉSIRER v.a. *Raghéba* رغب · اشتهى · رام

DÉSIREUX, EUSE adj. *Ragheb* راغب · مشتاق · مشتهٍ

DÉSISTEMENT s.m. *Tarq* ترك · تنازل عن · تخلية (في القضاء)

DÉSISTER (SE) v.r. en juris. *Taraca* تَرَكَ · تنازل عن (في القضاء)

DÈS LORS loc. adv. *Men zaq al ouakt* من ذاك الوقت · من ذاك الحين

DESMITE s.f., t. de méd. *El-tèhab ol arbètat* إلتهاب الاربطة (في الطب)

DESMOGRAPHIE s.f., en anat. *Ouasf ol arbètat* وصف الاربطة (في التشريح)

DESMORREXIE s.f., t. de méd. *Tamazzok ol arbètat* تمزّق الاربطة (في الطب)

DÉSOBÉIR v.n. *Khalafa* خالَفَ · عَصَى · نبذ الطاعة

DÉSOBÉISSANCE s.f. *Mokhalafat* مخالفة · عصيان · نبذ الطاعة

DÉSOBLIGEAMMENT adv. *Beâdam maârouf* بعدم معروف · بقلّة معروف

DÉSOBLIGEANCE s.f. *âdam mârouf* عدم معروف · عدم انسانية

DÉSOBLIGEANT, ANTE adj. *âdim ol mârouf* عديم المعروف · خالي الانسانية

— procédé désobligeant *moudjeb ol cadar* موجب الكدر · كاسر الخاطر

DÉSOBLIGER v.a. *Caçara-l-khater* كَسرَ الخاطر · كدّرَ

DÉSOBSTRUANT, ANTE adj., t. de méd. *Mozil ol encèdad* مزيل الانسداد (في الطب)

DÉSOBSTRUCTION s.f. *Ezalat ol encèdad* ازالة الانسداد

DÉSOBSTRUER v.a. *Azala-l-encèdad* أزَالَ الانسداد

— **(SE)** v.r. *Zala encèdadahou* زال انسداده

DÉSOCCUPATION s.f. *Bètalat* بطالة · فراغ

DÉSOCCUPÉ, ÉE adj. *Battal* بطّال · متفرّغ

DÉSOCCUPER v.a. *Abtala achghalan* ابطل اشغالاً · فرّغ من الاشغال

— **(SE)** v.r. *Abtala achghalahou* ابطل اشغالهُ · فرّغ نفسهُ من الاشغال

DÉSŒUVRÉ, ÉE adj. *Battal* بطّال · فارغ من الاشغال

DÉSŒUVREMENT s.m. *Bétalat* — بطالة . عدم شغل

DÉSOLANT, ANTE adj. *Mocadder* — مكدر . محزن

DÉSOLATION s.f. *Cadar, bezne* — كدر . حزن . غم

— ruine *Damar* — دمار . خراب

DÉSOLER v.a. *Caddara, ahzana* — كدّر . احزن

— ravager *Akhraba* — أخرب . دمّر

DÉSOPILANT, ANTE adj. *Modhec* — مضحك . مفرح

DÉSOPILATION s.f., en méd. *Al chéfa men al encédad* — الشفاء من الانسداد (في الطب)

DÉSOPILER v.a., t. de méd. *Azala-l-encédad* — ازال الانسداد

— faire rire *Dahhaca* — ضحّك . فرّح

DÉSORDONNÉ, ÉE adj. *âdim ol entèzam* — عديم الانتظام . مختلّ الترتيب

DÉSORDONNÉMENT adv. *Béâdam entèzam* — بعدم انتظام . بقلة ترتيب

DÉSORDONNER v.a. *Afkada-l-tartib* — أفقد الترتيب

DÉSORDRE s.m. confusion *Adam nèzam* — عدم نظام . قلة ترتيب

— de mœurs *Façad ol akhlak* — فساد الاخلاق

— s.m. pl. sédition *Hayadjan* — هيجان . ثورة . فتنة

DÉSORGANISATION s.f. *Fakd ol tartib* — فقد الترتيب . فقد النظام

— en méd. *Façad âdaoui* — فساد عضوي (في الطب)

DÉSORGANISER v.a. *Afkada-l-tartib* — افقد الترتيب . افقد النظام

DÉSORIENTER v.a. *Ataha* — اتاه . اضلّ . حيّر

DÉSORMAIS adv. de temps. *Men al an façaêdan* — من الان فصاعداً

DÉSOSSEMENT s.m. *Nazô âzm al dédjadje* — نزع عظم الدجاج

DÉSOSSÉ, ÉE p.p. de désosser *Manzoû âzmohou* — منزوع عظمه

DÉSOSSER v.a. *Nazaâ-l-âzm* — نزع العظم

DÉSOXYDATION s.f., t. de chim. *Ezalat ol oxigène* — ازالة الاوكسيجين

DÉSOXYDER v.a. *Azala-l-oxigène* — أزال الاوكسيجين

DESPOTE s.m. *Zalem, mostabedde* — ظالم . مستبد

DESPOTIQUE adj. *Zolmi, estebdadi* — ظلمي . استبدادي

DESPOTIQUEMENT adv. *Bezolm, béestebdade* — بظلم . باستبداد

DESPOTISME s.m. *Zolm, estebdade* — ظلم . استبداد

DESQUAMATION s.f., en pharm. *Ezalat ol kochour* — ازالة القشور (في الصيدلية)

— en méd. *Taqouin kochour* — تكوين قشور . تقشّر الجلد (في الطب)

DESSAISIR (SE) v.r., t. de jurisp. *Takhalla ân* — تخلّى عن . رفع يده (في القضاء)

DESSAISISSEMENT s.m. *Rafô ol yadde* — رفع اليد . تخلّي

DESSALER v.a. *Azala-l-melh* — أزال الملح

DESSANGLER v.a. *Halla hézam al faras* — حلّ حزام الفرس

DESSÉCHANT, ANTE adj. *Modjaffef* — مجفّف . ميبّس . منشّف

DESSÈCHEMENT s.m. *Djafaf, nochoufat* — جفاف . نشوفة . يبوسة

DESSÉCHER v.a. *Djaffafa, nach-chafa* — جفّف . نشّف . يبّس

— (SE) v.r. *Djaffa, nachofa* — جفّ . نشف . يبس

DESSEIN s.m. *Kasd* — قصد . عزم . نيّة

— à dessein, loc. adv. *âmdan* — عمداً . قصداً

DESSELLER v.a. *Nazaâ-l-sardj* — نزع السرج

DESSERRER v.a. *Arkha* — أرخى . حلّ

DESSERT s.m. *Faqèhat* — فاكهة . نقل

DESSERVANT s.m. *Khadem madbad* — خادم معبد

DESSERVIR v.a. *Rafaâ-l-maïèdat* — رفع المائدة

DESSICCATIF, IVE adj. *Modjaffef* — مجفّف . منشّف . ميبّس

DESSICCATION s.f. *Tadjfif* — تجفيف . تنشيف . تيبيس

DESSILLER v.a. *Fataha âynahou* — فتح عينه . ازال الغشاء عن بصره

DESSIN s.m. *Rasm* — رسم . صورة

DESSINATEUR, TRICE s.m. et f. *Rassam* — رسّام . مصوّر

DESSINER v.a. *Raçama* — رسم . صوّر

DESSOLEMENT s.m. *Taklim haouafer al hayaouanat* — تقليم حوافر الحيوانات

DESSOLER v.a. ôter la sole d'un cheval *Kallama haouafer al hayaouanat* — قلّم حوافر الحيوانات

— la terre, en agr. *Ghayyara tartib al zeraât* — غيّر ترتيب الزراعة

DESSOUDER v.a. *Facca-l-lèham* فكّ اللحام

DESSOULER v.a. *Azala-l-soqr* أزال السكر

DESSOUS adv. *Men ta'te* من تحت · من اسفل

— avoir le dessous *Makloube* مقلوب · مكسور

— d'étampe, outil de forgeron *Kaêdat melaffe* قاعدة ملفّ (من ادوات الحدادين)

DESSUS s.m. *Faouk* فوق · على

— avoir le dessus *Faka, ghalaba* فاق · غلب · انتصر

— ci-dessus *âlah* اعلاه

— par dessus (habit) *Saco* ساكو · ردِسو

— d'étampe, outil de forgeron *Melaffe* ملفّ (من ادوات الحدادين)

DESTIN s.m. *Kadar, nacib* قدر · قضا · نصيب · حظ · قسمة

DESTINATAIRE s.m. *Al marsoul élayhi* المرسول اليه

DESTINATION s.f. ce à quoi une chose est destinée *Takhsis* تخصيص · تعيين

— le lieu où une chose est adressée *Al djehhat ol marsoul élayha* الجهة المرسول اليها

DESTINÉE s.f. *Bakht* بخت · حظ · نصيب · قسمة

DESTINER v.a. *Kaddara, khassaça* قدّر · خصّص

DESTITUABLE adj. *Kabel ol âzl* قابل العزل

DESTITUER v.a. *âzala* عزل · رفت · اقال

DESTITUTION s.f. *Aâzl* عزل · رفت · اقالة

DESTRUCTEUR, TRICE s.m. *Hadem* هادم · متلف · مخرّب · مدمّر

DESTRUCTIBLE adj. *Kabel ol hadm* قابل الهدم · قابل التخريب · ممكن تدميره

DESTRUCTIF, IVE *Mokhreb* مخرب · هادم · ملاشٍ · مدمّر

DESTRUCTION s.f. *Hadm* هدم · اتلاف · تخريب · ملاشاة · دمار

DÉSUÉTUDE s.f. *Talâchi* تلاشي · انتساخ · اهمال

DÉSUNION s.f. *Enféçal* انفصال · انقسام · افتراق

DÉSUNIR v.a. *Façala* فصل · فرّق · قسم

DÉSUNISSANT, ANTE adj. *Mofarrek* مفرّق · فاصل · قاسِم

DÉTACHEMENT s.m. *Enféçal* انفصال · تخلّي

— de soldat *Ferkat âscar* فرقة عسكر · قطار منفصل (في الاصطلاح العسكري)

DÉTACHER v.a. *Façala* فصل · حلّ · فكّ

— **(SE)** v.r. *Enfaçala* إنفصل · انحلّ

DÉTAIL s.m. *Eshab* اسهاب · تفصيل

— vente en détail *Al-bayé bel mofarrak* البيع بالمفرّق

DÉTAILLANT, ANTE adj. et subs. *Bayé bel mofarrak* بائع بالمفرّق

DÉTAILLER v.a. *As'haba* اسهب · خبّر بتفصيل

— une marchandise *Baâ bel mofarrak* باع بالمفرّق

DÉTALER v.a. replier *Lamma-l-bédaât, taoua* لمّ البضاعة · طوى يطوي

— v.n. partir *Farra* فرّ · هرب · إنسحب

DÉTALINGUER v.a., t. de mar. *Fakka-l-hable men al helbe* فكّ الحبل من الهلب (في الملاحة)

DÉTAXE s.f., t. d'adm. *Rafâ ol roçoum* رفع الرسوم · تجبيه الاموال (في الاصطلاح الاداري)

DÉTAXER v.a., t. d'adm. *Rafaâ-l-roçoum* رفَعَ الرسوم · جبّه الاموال (في الاصطلاح الاداري)

DÉTEINDRE v.a. *Djarada-l-laoun* جرّد اللون · باخ يبوخ

DÉTELAGE s.m. *Faq-ol-khayl men al ârabat* فكّ الخيل من العربة · حلّ الخيل من العربة

DÉTELER v.a. *Fakka-l-khayl men al ârabat* فكّ الخيل من العربة · حلّ الخيل من العربة

DÉTENDRE v.a. *Arkha* أرخى · حلّ

DÉTENIR v.a. en jurisp. *Eghtaçaba* اغتصب · وضع يده بدون حق (في القضاء)

— emprisonner *Sadjana* سجن · حبس

DÉTENTE s.f. *Zenbalaq ol baroudat* زنبلك البارودة · ياي البندقية

DÉTENTE s.f. t. de méd. *Enhétat* — انحطاط · هبوط (في الطب)

DÉTENTEUR,TRICE s.m.et f. *hayez* — حائز · واضع اليد (في القضاء)

— tiers détenteur *Hayez akhar salès* — حائز اخر ثالث

DÉTENTION s.f.,en jurisp. *Hiazat* — حيازة · وضع اليد

— en droit crimin. *Sedjn* — سجن · حبس (في الجنايات)

DÉTENU,UE s.m. et f. *Masdjoun* — مسجون · محبوس

DÉTERGENT, ENTE adj. en méd. *Monazzef* — منظّف (في الطب)

DÉTERGER v.a. *Nazzafa* — نَظَّفَ (في الطب)

DÉTÉRIORANT, ANTE adj. *Motlef* — مُتْلِف · مخسِّر

DÉTÉRIORATION s.f. *Talaf* — تَلَف · خسران

DÉTÉRIORER v.a. *Atlafa* — أَتْلَفَ · خسَّرَ

DÉTERMINABLE adj. *Kabel ol batte* — قابل البتّ · ممكن الجزم به

DÉTERMINANT, ANTE adj. *Katé, bate* — قاطع · باتّ · جازم

DÉTERMINATIF, IVE adj. en gram. *Taârifi* — تعريفي · معيِّن المعنى (في الغراماطيق)

DÉTERMINATION s.f. *âzm* — عزم · اعتماد

— en gram. *Taârif maâna-l-lafz* — تعريف معنى اللفظ · بيان · تحديد

DÉTERMINÉ, ÉE p.p. de déterminer *Moâyan* — معيَّن · محدَّد

— hardi *Chadid ol âzm* — شديدُ العزم · جسور · جري

DÉTERMINÉMENT adv. *Beâzm* — بعزم · بجراءة · بجسارة

DÉTERMINER v.a. *âyana* — عَيَّنَ · خصَّصَ · حدَّدَ

DÉTERREMENT s.m. *Nabch* — نَبْش · اخراج من الارض

DÉTERRER v.a. *Nabacha* — نَبَشَ · أَخْرَجَ من الارض

DÉTERSIF, IVE adj., en méd. *Monazzef ol korouh* — منظف القروح (في الطب)

DÉTERSION s.f., en méd. *Tanzif ol korouh* — تنظيف القروح (في الطب)

DÉTESTABLE adj. *Macrouh* — مكروه · مبغوض · ممقوت

DÉTESTABLEMENT adv. *Becarahat* — بكراهة · بمقت · ببغضة

DÉTESTATION s.f. *Boghd* — بغض · كراهة · مقت

DÉTESTER v.a. *Baghada* — بغض · كَرِهَ · مَقَتَ

DÉTONANT, ANTE adj. *Mofarké* — مفرقع

DÉTONATION s.f. *Farkaât* — فرقعة · طلقة

DÉTONER v.n.,faire explosion *Farkaâ* — فرقع · أنطلق

DÉTONNER v.n. sortir du ton *Kharadja ân el lahn* — خرج عن اللحن · شذَّ يشذُّ

DÉTORDRE v.a. *Halla* — حلّ · نكث · نقض

DÉTORS, SE adj. *Mahloul* — محلول · منكوث · منقوض

DÉTORTILLER v.a. *Halla* — حلّ · فك · نكث

DÉTOUR s.m. *Daourat* — دورة · ملَفّ

— moyen détourné *Hedjat, mohaoualat* — حجة · محاولة · تلفيقة · دورة

DÉTOURNEMENT s.m. de fonds, *Ekhtélas* — اختلاس

— action de détourner, de dissuader *Ekna bel khélaf* — اقناع بالخلاف · ارجاع عن رأي ما

— de mineur *Taghrir ol kacer* — تغرير القاصر · خداع القاصر

DÉTOURNER v.a., faire prendre une autre direction *Haou-ouala* — حوَّل · لوى يلوي

— soustraire frauduleusement *Ekhtalaça* — إختلس

— un mineur *Gharrara-l-kacer* — غرّر القاصر · خدع القاصر

— (SE) v.r. *Hada ân tarikéhi* — حاد عن طريقه · التفت

DÉTRACTER v.a. *Ady-yaba* — عَيَّبَ · شنَّعَ · فضحَ الصيت · سبَّ · ثلَمَ الصيت

DÉTRACTEUR s.m. *Mochanné* — مشنّع · معيِّب · ثالم

DÉTRACTION s.f. *Tachni* — تشنيع · مسبّة · ثلم · تعييب

DÉTRAQUEMENT s.m. *Etlaf* — اتلاف · عطل · تخريب · افساد

DÉTRAQUER v.a. *Atlafa* — اتلفَ · عَطَّلَ · خرَّبَ · افسد

DÉTREMPER v.a. *Nakaâ* — نقَعَ · اذاب · حلّ

— l'acier *Azala sékayat al foulaz* — ازال سقاية الفولاذ

DÉTRESSE s.f. *Dik* — ضيق · شدّة

— t. de mar., signal de détresse *Echarat ol khatar* — اشارة الخطر (في الملاحة)

DÉTRIMENT s.m. *Madarrat* مضرّة · خسارة

DÉTRITUS s.m. *Fadlat* فضلة · بقية

DÉTROIT s.m. *Boughaz, madik* بوغاز · مضيق

DÉTROMPER v.a. *Nabbaha* نبّه · هدى · ازال الغرور

DÉTRÔNÉ, ÉE p.p. de détrôner, *Monhatte ân corsihi* منحط عن كرسيه · منزّل عن كرسيه

DÉTRÔNEMENT s.m. *Tanzil ân corsi-l-molq* تنزيل عن كرسي الملك

DÉTRÔNER v.a. *Hatta ân corsi l-molq* حطّ عن كرسي الملك · نزّل عن كرسي الملك

DÉTROUSSER v.a. *Salaba* سلَب · عرّى · شلّح · قشّط

DÉTROUSSEUR s.m. *Sallab, katê tork* سلّاب · قاطع طرق · لصّ

DÉTRUIRE v.a. *Hadama* هدمَ · أخْربَ · أفنى · لاشى

DETTE s.f. *Dayn* دين

DÉTUMESCENCE s.f., t. de méd. *Tahlil ouaram* تحليل ورم · ازالة تورّم

DEUIL s.m. *Hédad* حداد · حزن

DEUTÉROPATHIE s.f., t. de méd. *Marad sanaoui* مرض ثانوي (في الطب)

DEUTÉROPATHIQUE adj. *Marad sanaoui* مرض ثانوي · تابعي (في الطب)

DEUX adj. num. *Esnan* اثنان · اثنتان

DEUXIÈME adj. ord. *Sani* ثاني

DEUXIÈMEMENT adv. *Sanian* ثانيًا

DÉVALISER v.a. *Salaba* سلب · عرّى · شلّح · قشّط

DEVANCER v.a. *Sabaka* سَبَقَ · تقدّمَ على

DEVANCIER, ÈRE s.m. et f. *Sabek* سابق · متقدِم · سالف

DEVANT s.m. *Ouadjh, makdam* وجه ج اوجه · مَقدَم

— prép. *Koddam* قدام · امام · تجاه

— t. de mar. vent devant *Al sayr ded al rih* السير ضد الريح (في الملاحة)

DÉVASTATEUR, TRICE adj. *Mokhreb* مخرب · متلف

DÉVASTATION s.f. l'action *Takhrib* تخريب · اتلاف

— son effet *Kharab* خراب · تلَف

DÉVASTER v.a. *Kharraba* خرّبَ · أتلف

DÉVEINE s.f. *Kellat hazze* قلة حظ · سوء بخت · كسر زهر

DÉVELOPPABLE adj. *Momken nomouohou* ممكن نموّهُ · قابل الازدياد قابل الانفراد

DÉVELOPPANTE adj. en géom. *Enféradi* انفرادي (في الهندسة)

DÉVELOPPEMENT s.m. *Nomou* نمو · ازدياد · انتشار

— en arch. *Rasm tafsili* رسم تفصيلي (في البناء)

— en géom. *Enférad* انفراد (في الهندسة)

— en méd. *Ezdiad* ازدياد · تعاظم · كبر

DÉVELOPPER v.a. *Madda* مدّ · نشرَ · بسطَ

— une idée *Bay-yana* بيّنَ · وضّحَ

— (SE) v.r. *Emtadda* امتدّ · انتشر

DEVENIR v.n. *Sara* صار · اضحى · امسى · اصبح

DÉVERGONDAGE s.m. *Kellat haya* قلة حياء · وقاحة · قباحة

DÉVERGONDÉ, ÉE adj. *Kalil ol haya* قليل الحياء · وقح · قبيح

DÉVERGONDER (SE) v.r. *Taouakoh* توافح · اتّقاح · تفاجُ

DÉVERROUILLER v.a. *Rafaâ-l-terbas* رفع الترباس

DEVERS prép. *Men djeh-hat* من جهة · من صوب

DÉVERS, ERSE adj. *Aâouadje* أعوج · مائِل

DÉVERSEMENT s.m. inclination *Mayl* ميل · انحناء

— des eaux d'un canal *Ensébab* انصباب

DÉVERSER v.a. *Amala* امال · أحنى

— faire couler *Sabba fi* صبّ في

— (SE) v.r. s'écouler *Ençabba fi* انصبّ في

DÉVERSOIR s.m. *Haoud* حوض · مصبّ

DÉVÊTIR v.a. *Nazaâ açouabahou* نزَعَ اثوابهُ

DÉVIATION s.f. *Tahouil* تحويل · انحراف · احادة

— en chir. *Ziaghan* زيغان (في الجراحة)

DÉVIDER v.a. *Halla* حلّ · كبّ · سلّك (في اصطلاح معامل الحرير والاقطان)

DÉVIDEUR, EUSE s.m. et f. *Hallal* حلال · مسلك · كباب

DÉVIDOIR s.m. *Doulab, mécabbe* دولاب حلالة · مكبّ

DÉVIER v.a. *Abada* احاد · ازاغ · حوّل

DEVIN s.m. *Aârraf* عرّاف · مبصر · ضرّاب رمل

DEVINABLE adj. *Momqen bezrohou* ممكن حذره · ممكن تخمينه

DEVINER v.a. *Anbaà* أنبأ · أصاب · خمّن · حذّر

DÉVIRER v.a. détourner un cabestan *Aâkaça-l-tadouir* اعكس التدوير · اعكس تدوير الارغاط

DEVIS s.m. *Mokayaçat* مقايسة وهي قائمة تقدير نفقات عمل ما

DÉVISAGER v.a. déchirer le visage *Hach-chama-l-ouadjh* هشّم الوجه

— chercher à connaitre *Tafarraça bèbi* تفرّس بو · نظر في وجهو ليتعرّفة

DEVISE s.f. *Ramz* رمز · آية · مبدأ · قاعدة

DEVISER v.n. *Hadaça* حادث · كالم · نادم

DÉVISSEMENT s.m. *Faq ol kalaouz* فك القلاووز · حلّ البرغي

DÉVOIEMENT s.m. en arch. *Mayl* ميل · إنحناء (في البناء)

— en méd. *Line* لين · اسهال خفيف (في الطب)

DÉVOILEMENT s.m. *Rafô-l-borkô* رفع البرقع · زحزحة اللثام · كشف الستار

DÉVOILER v.a. *Rafaâ-l-borkô* رفع البرقع · زحزح اللثام · كشف الستار

— découvrir un secret *Kachafa-l-mokhabba* كشف المخبى · فضح · يفضح

DEVOIR s.m. *Ouadjeb* واجب · فرض · الزام

— v.a. *Lazema* لزم · وجب

— une somme *Yotlab menhou* يطلب منة · عليو مبلغ

DÉVOLU, UE adj. *Yahok lahou* يحق لهُ · مستحق (في القضاء)

— au fig., jeter son dévolu *Tamêâ fi* طمع في · اختار لنفسو

DÉVOLUTION s.f., en jurisp. *Èbalat* احالة · اختصاص · اختصاص الارث بفرع من العائلة بسبب فناء الفرع الاصلي او رفضه الوراثة

DÉVORANT, ANTE adj. *Moftarès* مفترس · ضار

— appetit dévorant *Djoû chadid* جوع شديد · جوع كلبي

DÉVORER v.a. *Eftaraça* افترس · اكل · افنى

DÉVOT, OTE adj. *Taki* تقي · ديّن · متعبّد

DÉVOTEMENT adv. *Béêbadat* بعبادة · بتقوى · بتديّن

DÉVOTION s.f. *Takoua* تقوى · عبادة · تديّن

DÉVOUEMENT s.m. *Bazl ol zat* بذل الذات · اخلاص

DÉVOUER v.a. *Kaddama* قدّم · خصّص · كرّس

— (SE) *Kaddama zatahou* قدّم ذاتهُ · خصّص · كرّس نفسهُ

DÉVOYER v.a., t. de constr. *Hada ân el mizan* حاد عن الميزان (في البناء)

DEXTÉRITÉ s.f. *Senaât* صناعة · براعة · حذاقة · خفّة

*** DEXTRINE** s.f., en chim. *Dexterine* دكسترين · مادة نشوية (في الكيمياء)

DEXTRINÉ, ÉE adj. *Nachaoui* نشوي

DEXTROGYRE adj., en méd. *Moyammen* ميمّن · متجه الى اليمين (في الطب)

DIABÈTE s.m., en méd. *Al-baoul ol soccari* البول السكري

DIABLE s.m. *Chaytan* شيطان · عفريت · ابليس

DIABLERIE s.f. *Chaytanat* شيطنة · تلبسة · عفرتة

DIABOLIQUE adj. *Chaytani* شيطاني · شرير · ابليسي

DIABOLIQUEMENT adv. *Bé-chaytanat* بشيطنة · بتلبسة · بعفرتة

DIABROSE s.f., t. de méd. *Taaccol* تأكّل (في الطب)

DIACHYLON s.m., t. de pharm. *Mochammâ* مشمّع (في الصيدلية)

DIACODE adj., sirop diacode *Charab ol khachkhach el abiad* شراب الخشخاش الابيض

DIACONAT s.m. *Chémaçat* شماسة

DIACOUSTIQUE s.f, en phys. *Fann ol semâ* فن السماع

DIACRE s.m. *Chammas endjili* شماس انجيلي

DIADELPHIE s.f., en bot. *Zat ol akhaouayn* ذات الاخوين (في النبات)

DIADÈME s.m. *Tadj, eklil* تاج · اكليل · عصابة

DIAGNOSE s.f., en méd. *Maârêfat ol tachkhis el maradi* معرفة التشخيص المرضي (في الطب)

DIAGNOSTIC s.m., en méd. *Tachkis ol marad* تشخيص المرض (في الطب)

DIAGNOSTIQUER v.a., en méd. *Chakh-khaça-l-marad* شخّص المرض (في الطب)

DIAGONALE s.f., t. de géom. *Khatt-ol-zaouiat* خطّ الزاوية (في الهندسة)

DIAIRE adj. *Yaoumi* يومي

DIALECTE s.m. *Loghat* لغة · لهجة · لسان

DIALECTICIEN, ENNE s.m. et f. *Mantiki* منطيقيّ · عالم بالمنطق

DIALECTIQUE s.f. *Êlm ol mantek* علم المنطق

DIALOGUE s.m. *Mokhatabat ou mohaouarat* مخاطبة · محاورة

DIALOGUER v.n. *Khataba, haouara* خاطَبَ · حاوَرَ · حادَثَ

DIALYSE s.f., en chim. *Fasl bel zaouaban* فصْل بالذوبان (في الكيميا)

DIAMANT s.m. *Mas, almas* ماس · الماس

DIAMÉTRAL, ALE adj., t. de géom. *Kotri* قُطري (في الهندسة)

DIAMÉTRALEMENT adv. *Kollian, motlakan* كليًّا · مطلقًا · على خطٍ مستقيم

DIAMÈTRE s.m. *Kotre* قُطر

DIANDRE s.f., en bot. *Sonaï aâdâ el tazqir* ثنائي اعضاء التذكير (في النبات)

* **DIAPASON** s.m. *Diapuson* ديابازون · آلة لوزن الموسيقى

DIAPÉDÈSE s.f., en méd. *Ertèchah ol damme* ارتشاح الدم (في الطب)

DIAPHANE adj. *Chaffaf* شفّاف

DIAPHORÈSE s.f., en méd. *Taârik* تعريق (في الطب)

DIAPHORÉTIQUE adj. en méd. *Moârrek* معرِّق · مسبب العرق

DIAPHRAGMATIQUE adj. en anat. *Hêdjabi* حجابي · حاجزي (في التشريح)

DIAPHRAGME s.f., en anat. *Hedjab* حجاب · حاجز

DIAPHYSE s.f. en anat. *Djesm ol âzm* جسم العظم · جزؤهُ المتوسط

DIAPYÉTIQUE adj., en méd. *Mondedje* منضج اي منضج الدمل (في الطب)

DIARRHÉE s.f., en méd. *Eshal* اسهال · لين (في الطب)

DIARRHÉIQUE adj. en méd. *Eshali* اسهالي · ليني (في الطب)

DIARTHRODIAL, ALE adj. en anat. *Motaharreq* متحرّك (في التشريح)

DIARTHROSE s.f. en anat. *Mafsal motaharreq* منصل متحرك (في التشريح)

DIASTASE ou **DIASTASIS** s.f. en chir. *Enfêçal* انفصال · تفرّق (في الجراحة)

— en chimie *Khamirat* خميرة · ديستاز (في الكيمياء)

DIASTOLE s.f. en méd. *Ertê-kha-l-kalb* ارتخاء القلب · دياستول (في الطب)

DIATHERMANE adj. en méd. *Mouaffez ol hararat* منفّذ الحرارة

DIATHERMANIE s.f. en méd. *Tanfiz ol hararat* تنفيذ الحرارة

DIATHÈSE s.f. en méd. *Façad ol bêniat* فساد البنية

— purulente, en méd. *Façad sadidi* فساد صديدي

DIATHÉSIQUE adj. *Mafçoud ol bêniat* مفسود البنية

DIATRIBE s.f. *Kadh* قدْح · طعْن

DICHOTOME adj. en bot. *Zou kesmayn* ذو قسمين (في النبات)

DICHOTOMIE s.f. *Enkêçam ela kesmayn* انقسام الى قسمين (في النبات)

DICHROÏQUE ou **DICHROMATIQUE** adj. *Mouri laounayn* موري لونين · مشهد لونين

DICHROÏSME s.m., en méd. *Mochahadat laounayn* مشاهدة او رؤية لونين (في الطب)

DICOTYLÉDONE ou **DICOTYLÉDONÉ, ÉE** adj. en bot. *Zou falkatayn* ذو فلقتين (في النبات)

DICROTE adj. en méd. *Mozaouedj ol darbat* مزدوج الضربات (في الطب)

DICROTISME s.m. *Ezdêouadj ol nabad* ازدواج النبض (في الطب)

DICTAME s.m, (plante) *Baklat ol ghazal* بقلة الغزال « نبات »

DICTAMEN s.m. *Hêdayat ol damir* هداية الضمير · حديث النفس

DICTATEUR s.m. *Haqem motlak* حاكم مطلق

DICTÉE s.f. *Emla* إملاء · تلقين

DICTER v.a. *Amla* — املى · لقّن

DICTIONNAIRE s.m. *Kamous* — قاموس · معجم · متن لغة

DICTON s.m. *Kaoul* — قول · مثل

DICTUM s.m. t. de jurisp. *Hoqm* — حكم · قرار (في القضاء)

DICTYITE s.f. en méd. *Eltéhab ol chabakiat* — التهاب الشبكية (في الطب)

DICTYOPSIE s.f. en méd. *Rouyat ol akhyétat* — رؤية الاخيطة «مرض عيني»

DIDACTIQUE adj. *Taâlimi* — تعليمي

DIDELPHE adj., t. de zool. *Zat rahemayn* — ذات رحمين (في علم الحيوانات)

DIDUCTION s.f., t. de méd. *Haracat djanébiyat* — حركة جانبية (في الطب)

DIDYMALGIE s.f. en méd. *Alam ol khessiatayn* — ألم الخصيتين (في الطب)

DIDYME adj., en bot., *Zou fassayn* — ذو فصين (في النبات)

DIDYNAMIE s.f., en bot. *Zat ol kou-ouatayn* — ذات القوتين (في النبات)

DIÉRÈSE s.f., t. de chir. *Taksim* — تقسيم (في الجراحة)

DIÉRÉSILE s.f., en bot. *Enkèçam* — انقسام (في النبات)

DIÈTE s.f., t. de méd. *Hemiat* — حمية · الامتناع عن الاكل (في الطب)

— assemblée *Djamiyat* ou *madjmâ* — جمعية · مجمع

DIÉTÉTIQUE s. et adj., en méd. *Mokaounen lel sehhat* — مقوّن للصحة ـ فرع من علم الطب متعلق بمنع المريض عن الاكل

DIEU s.m. *Elah, Allah* — آ له ج آلهة · الله

— unique *Allah ol ouahed* — الله الواحد

DIFFAMANT, ANTE adj. *Tachnii, kadhi* — تشنيعي · قدحي · ثلبي

DIFFAMATEUR, TRICE s.m. et f. *Mochanné* — مشنّع · قدّاح · ثلّاب

DIFFAMATION s.f. *Tachnii* — تشنيع · قدح · ثلب

DIFFAMATOIRE adj. *Tachnîy* — تشنيعي · قدحي · ثلبي

DIFFAMER v.a. *Channaâ* — شنّع · قدح يقدح · ثلب

DIFFÉREMMENT adv. *Béfark* — بفرق · بغير طريقة · بتباين

DIFFÉRENCE s.f. *Fark* — فرق · اختلاف · تباين · تفاوت

DIFFÉREND s.m. *Monazaât* — منازعة · اختلاف · خلاف

DIFFÉRENT, ENTE adj. *Mokhtalef* — مختلف · متفرّق · متباين · متفاوت

DIFFÉRER v.a. *Akh-khara* — أخّر · اجّل

— être autre, être différent *Tafaouata* — تفاوتَ · تبايَنَ · اختلفَ

DIFFICILE adj. *Saêb* — صعب · عسر · شاقّ

DIFFICILEMENT adv. *Beçoôubat* — بصعوبة · بمشقّة · بعسر

DIFFICULTÉ s.f. *Soôubat* — صعوبة · عُسر · مشقّة

— différend *Machkal* — مشكل · منازعة · خصام

DIFFICULTUEUX, EUSE adj. *Mossaêb* — مصعِّب · معقِّد · محب القاء المشكلات والمصاعب

DIFFLUENCE s.f., t. de méd. *Line* — لين · ليونة (في الطب)

DIFFORME adj. *Chané* — شنع · بشع · غير متناسق · مشوّه

DIFFORMER v.a. *Chaouaha* — شوّهَ · شنّعَ · بشّعَ

DIFFORMITÉ s.f. *Chanaât* — شناعة · بشاعة · تشوّه · عدم تناسُق

DIFFRACTION s.f., t. de phys. *Enqéçar ol daou* — انكسار الضو (في الطبيعيات)

DIFFUS, USE adj. *Montacher* — منتشر

DIFFUSÉMENT adv. *Béentéchar* — بانتشار

DIFFUSION s.f. *Entéchar* — انتشار · توزيع

DIGÉRER v.a. *Hadama* — هضمَ يهضِمُ

DIGESTE s.m. *Madjmoû fataoua fokaha-l-rouman* — مجموع فتاوى فقهاء الرومان

DIGESTIBLE adj. *Kabel ol hadm* — قابل الهضم · ممكن هضمة

DIGESTIF, IVE adj. *Mohdem* — مهضم · مساعد للهضم

DIGESTION s.f. *Hadm* — هضم

DIGITAL, ALE adj. en anat. *Esbaî* — إصبعي (في التشريح)

* **DIGITALE** s.f. (plante) *Digitaliyat* — ديجتالية · زهر الكشاتبين «نبات»

DIGITATION s.f., t. d'anat. *Taçabbô* — تصبّع · تحوّل الى هيئة إصبع (في التشريح)

DIGITÉ, ÉE adj., t. d'anat. *Ala chakl el esbâ* — على شكل الإصبع · إصبعي (في الشكل)

DIGITIGRADE adj., en anat. *Ghechaïat ol esbâ* — غشاية الاصبع

— en zool. *Al hayaounat ol lati tamchi âla-l-assabé* — الحيوانات التي تمشي على الاصابع (في علم الحيوانات)

DIGNE adj. *Mostahêk* — مستحق · مستاهل · جدير

— honorable *Môtabar* — معتبر · مكرّم

DIGNEMENT adv. *Be estehkak* — باستحقاق · باعتبار

DIGNITAIRE s.m. *Motaouazzef* — متوظّف · صاحب رتبة

DIGNITÉ s.f. *âzamat, kimat* — عظمة · قيمة

— fonction, *Ouazifat* — وظيفة · رتبة

DIGRESSION s.f. *Edkhal calam môtared* — ادخال كلام معترض · الخروج عن الموضوع

DIGUE s.f. *Hadjez*, en Syrie; *djesre*, en Egypte; — حاجز · جسر

— de protection, t. d'agr. *Haouchat*, en Egypte — حوشة (في الزراعة المصرية)

DIGYNE adj., en bot. *Çonai ôdou-l-tanis* — ثنائي عضو التانيث (في النبات)

DILACÉRATION s.f. *Tamzik* — تمزيق · تبضيع · تقطيع

DILACÉRER v.a. *Mazzaka* — مزّق · بضّع · قطّع

DILAPIDATION s.f. *Tabzir* — تبذير · اسراف

DILAPIDER v.a. *Bazzara* — بذّر المال · أسرف

DILATABILITÉ s.f., en phys. *Kabêliyat ol tamaddod* — قابلية التمدد او التوسع (في الطبيعيات)

DILATABLE adj. en phys. *Kabel ol tamaddod* — قابل التمدد · ممكن توسيعه (في الطبيعيات)

DILATANT, ANTE adj. en phys. *Momadded* — ممدّد · موسّع (في الطبيعيات)

DILATATEUR s.m. instr. de chir. *Moouassé* — موسّع · آلة للتوسيع « من ادوات الجراحة »

DILATATION s.f. *Tamdid* — تمديد · توسيع

DILATER v.a. *Maddada* — مدّد · وسّع

DILATOIRE adj., en jurisp. *Momatalat* — مماطلة · اكتساب وقت (في القضاء)

DILEMNE s.m. *Borhan katé zou haddayn motbayenayn* — برهان قاطع ذو حدين متباينين

DILETTANTE s.m. *Saheb cayf* — صاحب كيف · صاحب رغبة في سماع الآت الطرب

DILIGENCE s.f. *Adjalate* — عجلة · سرعة · همّة · اجتهاد

— en jurisp. *Mouazabat* ou *molahakat ol dâoua* — مواظبة · ملاحقة الدعوى (في القضاء)

* — voiture *Diligence* — ديليجنس · عربة سفر

DILIGENT, ENTE adj. *Sari* — سريع · نشيط · مجتهد

— partie diligente, en jurisp. *Taleb ol tâdjil* — طالب التعجيل (في القضاء)

DILUSION s.f., t. de pharm. *Taâlik* — تعليق · وجود جوهر في وسط سايل (في الصيدلية)

DILUVIEN, ENNE adj., en géol. *Taouafani* — طوفاني (في اصطلاح علم طبقات الارض)

DILUVIUM s.m. en géol. *Raouaceb taouafaniyat* — رواسب طوفانية

DIMANCHE s.m. *Yaoum ol ahad* — يوم الاحد

DIME s.f. *ôchre* — عشر ج عشور

DIMENSION s.f. *Abâad, kias* — ابعاد · قياس · مساحة

DIMER v.a. *Rattab al ôchour* — رتّب العشور

DIMINUER v.a. *Nakkaça* — نقّص · قلّل · صغّر

DIMINUTIF, IVE adj. *Moçagher* — مصغّر · منقّص · مقلّل

DIMINUTION s.f. *Tasghir* — تصغير · تقليل · تنقيص

DIMORPHE adj., en hist. nat. *Zou chaklayn* — ذو شكلين (في التاريخ الطبيعي)

DIMORPHISME ou **DIMORPHIE** s.m. *Ezdeouadj ol chakle* — ازدواج الشكل

DINDE s.f. *Dedjadjat hendiyat* — دجاجة هندية

DINDON s.m. *Diq hendi* ديك هندي

DÎNER ou **DÎNÉ** s.m. *Ghéza* غذاء

DIOCÉSAIN, AINE s.m. et f. *Ebn ol abrachiyat* ابن الابرشية

DIOCÈSE s.m. *Abrachiyat* ابرشية

DIŒCIE s.f., en bot. *Ezdéouadj ol mascan* ازدواج المسكن (في النبات)

DIOÏQUE adj., t. de bot. *Sonaï ol mascan* ثنائيّ المسكن (في النبات)

***DIORAMA** s.m. *Diorama* ديوراما وهو ستار مصورة عليه مناظر ومشاهد معكوس عليها النور براها الناظر من موضع مظلم

DIPÉTALÉ, ÉE adj., en bot. *Zou ouarakatayn touaydjiyatayn* ذو ورقتين تويجيتين

***DIPHTÉRIE** ou **DIPHTÉRITE** s.f., en méd. *Diphtéria* ديفتاريا . الاغشية الكاذبة (مرض دموي)

DIPLOÉ s.m., en anat. *Al nacidj ol asfendji le âzme el djemdjemat* النسيج الاسفنجي لعظم الجمجمة (في التشريح)

DIPLOMATE adj. *Siaci* سياسي

— s.m. *Saheb ouazifat siaciyat* صاحب وظيفة سياسية

DIPLOMATIE s.f. *Siaçat* سياسة

DIPLOMATIQUE adj. *Siaci* سياسيّ . متعلق بالسياسة

— corps diplomatique *Ouokala ol doual* وكلاء الدول . معتمدو الدول

DIPLÔME s.m. *Chéhadat* شهادة . براءة . ديبلومة

DIPLOPIE s.f. *Ezdeouadj ol nazar* ازدواج النظر

DIPODE adj., en zool. *Zou redjlayn* ذو رجلين (في علم الحيوانات)

DIPTÈRE adj., *Zou djanahayn* ذو جناحين

DIRE v.a. *Kala* قال يقول

— s.m., t. de prat. *Eddeâ* إدّعاء . مدعيات . طلبات الخصم (في المرافعات)

— s.m. *Kaoul* قول . كلام . قال وقيل

DIRECT, TE adj. *Mostakim* مستقيم

DIRECTEMENT adv. *Beestékamat* باستقامة . على خطّ مستقيم

DIRECTEUR, TRICE s.m. *Moudir* مدير ج مديرون

— de conscience *Morched* مرشد . معلّم ذمّة

DIRECTION s.f., administr. *Edarat* ادارة ج ادارات

— tendance *Mayl* ميل . اتجاه

DIRIGER v.a. *Adara* ادار . ارشد . قادَ يقود

— tourner d'un côté *Ouadj-jaha* وجّه . صوّب

DIRIMANT, ANTE adj. t. de droit *Mobtel* مبطل . فاسخ . لاغٍ (في القضاء)

DISCALE s.f. *Fark nochoufat* فرق نشوفة . فرق تهوية

DISCERNABLE adj. *Kabel ol tamiyz* قابل التمييز . ممكن فرزه

DISCERNEMENT s.m. *Tamiyz* تمييز . فرز

DISCERNER v.a. *May-yaza* ميّز . فرز

DISCIPLE s.m. *Talmiz* تلميذ ج تلامذة

DISCIPLINABLE adj. *Kabel ol tadib* قابل التأديب . ممكن تهذيبه

DISCIPLINAIRE adj. *Tadibi* تأديبي . تهذيبي

DISCIPLINAIRENENT adv. *Bétaaddob* بتأدّب . بنوع تهذيبي

DISCIPLINE s.f. *Taadib* تأديب . تهذيب

— règlement *Nezam* نظام . قانون

— fouet *Medjladat* مجلدة . سوط

DISCIPLINER v.a. *Ad-daba* أدّب . هذّب . رتّب

DISCISSION s.f. t. de chir. *Tamzik* تمزيق . تقطيع (في الجراحة)

DISCOÏDE adj. *Korci* ou *korci ol chaqle* قرصي . قرصي الشكل

DISCOLORE adj. *Zou laounayn* ذو لونين

DISCONTINUATION s.f. *Ebtal* إبطال

— de poursuite, t. de prat. *Taoukif ol tanfiz* توقيف التنفيذ (في المحاكمات)

DISCONTINUER v.a. *Abtala* ابطل . فصل ينصل

DISCONVENIR v.a. *Ancara* انكر . رفض يرفض

DISCORDANCE s.f. *Monafarat* منافرة . شذوذ . عدم وفاق

DISCORDE s.f. *Chékak* شقاق . اختلاف . فتنة

DISCOUREUR s.m. *Kacir ol calam* كثير الكلام . محب الخطابة

DISCOURIR v.a. *Khataba* خطب · تحدث · قص · تكلم

DISCOURS s.m. *Khotbat* خطبة · حديث · كلام · خطاب

DISCOURTOISIE s.f. *Khochounat* خشونة · قلّة ادب

DISCRÉDIT s.m. *Kellat êtêbar* قلة اعتبار · ازدراء · فقد الثقة

DISCRET, ÈTE adj. *Hafez ser* حافظ سر · صاحب سر

DISCRÈTEMENT adv. *Serran* سرًّا · بطريقة سرية

DISCRÉTION s.f. *Qotman* كتمان · حفظ السر

— à discrétion, loc. adv. *Bemekdar ma yorid* بمقدار ما يريد · على الخاطر

— âge de discrétion *Sen ol tamiyz* سنّ التمييز

DISCULPATION s.f. *Tabriat* تبرئة

DISCULPER v.a. *Baraâ* برّأ

DISCUSSION s.f. *Modjadalat* مجادلة · مناظرة

DISCUTABLE adj. *Kabel ol êterad* قابل الاعتراض · فيه محل للمناظرة

DISCUTER v.a. *Djadala* جادل · ناظر

DISERT, ERTE adj. *Facih* فصيح · بليغ · سريع الخاطر

DISERTEMENT adv. *Befaçahat* بفصاحة · ببلاغة · بسرعة خاطر

DISETTE s.f. *Keht* قحط · مجاعة

DISGRÂCE s.f. *Fakd ol rêâyat* فقد الرعاية

— malheur *Macibat* مصيبة · نكبة · داهية ج دواهٍ

DISGRACIER v.a. *Askata reâyatahou* اسقط رعايته

DISGRACIEUSEMENT adv. *Bechanadt* بشناعة · بكراهة · بغير قبول

DISGRACIEUX, EUSE adj. *Chani* شنيع · كره · غير مقبول

DISJOINDRE v.a. *Façala* فصل يفصل · فرق يفرق · فك يفك

DISJONCTION s.f. *Enfeçal* انفصال · تفرّق · فكّ

DISLOCATION s.f. *Khalê ol âzm* خلع العظم · فكّ العظم

DISLOQUER v.a. *Khalaâ* خلع يخلع · فكّ

DISPARAÎTRE v.n. *Ekhtafa* اختفى · توارى · زال يزول

DISPARATE adj. *Mobayen* مباين · مخالف

DISPARITÉ s.f. *Mobayanat* مباينة · اختلاف · فرق

DISPARITION s.f. *Ekhtefa* اختفاء · مواراة

DISPENDIEUSEMENT adv. *Becolfat* بكلفة · بغلاء

DISPENDIEUX, EUSE adj. *Ghali, moclef* غالٍ · مكلف

DISPENSAIRE s.m. *Saydaliyat khayriyat* صيدلية خيرية او اجزاخانة مجانية

DISPENSATEUR, TRICE s.m. et f. *Mofarrek* مفرّق · مقسّم · موزّع

DISPENSATION s.f. *Tafrik* تفريق · تقسيم · توزيع

DISPENSE s.f. *Efâ, samah* إعفاء · سماح

DISPENSER v.a., distribuer *Kassama* قسّم · فرّق · وزّع

— exempter *Aâfa, samaha* اعفى · سامح

DISPERME adj., en bot. *Zou bezratayn* ذو بذرتين (في النبات)

DISPERSER v.a. *Baddada* بدّد · فرّق · شتّت

DISPERSIF, IVE adj., en phys. *Mochattet* مشتّت · مفرّق · مبدّد

DISPERSION s.f. *Tachtit* تشتيت · تبديد · تفريق

DISPONIBILITÉ s.f. *Estidâ* استيداع

DISPONIBLE adj. *Zayedân el lozoum* زايد عن اللزوم · حاصل في اليد

DISPOS adj. *Nachit* نشيط · خفيف

DISPOSÉ, ÉE p.p. de disposer *Mostaêd* مستعد · متأهّب · منهيّئ

DISPOSER v.a. *Rattaba* رتّب · نظّم

— préparer *Aâdda* اعدّ · هيّأ · حضّر

— engager *Amala êla* امال الى · حرّض

— de, aliéner *Taçarrafa fi* تصرّف في

DISPOSITIF s.m., en jurisp. *Mantouk* ou *nass ol hokm* منطوق · نص الحكم (في القضاء)

DISPOSITION s.f. *Tartib* ترتيب · نظام

— en jurisp. *Mantouk, nasse* منطوق · نصّ

— dessein *Kasd* قصد · نيّة · عزم

DISPROPORTION s.f. *Adam monaçabat* عدم مناسبة . عدم معادلة . تفاوت . عدم تناسب

DISPROPORTIONNÉ, ÉE adj. *Adim ol monaçabat* عديم المناسبة . فاقد المعادلة

DISPUTABLE adj. *Kabel ol modjadalat* قابل المجادلة . فيه محل المباحثة والمنازعة

DISPUTE s.f. débât *Modjadalat* مجادلة . مباحثة

— querelle *Mochadjarat* مشاجرة . معاركة

DISPUTER v.a. discuter *Tadjadala* تجادل . تباحث . تشاجر . تعارك

— rivaliser *Taçabaka* تسابق . تزاحم

— **(SE)** v.r. se quereller *Tachadjara* تشاجر . تعارك

DISPUTEUR, EUSE s.m. et f. *Mobeb ol khêçam* محبُّ الخصام . محبُّ المعاركة

DISQUE s.m. *Kors* قرص ج اقراص

— de pompe, t. de méc. *Merouahat ol tolombat* مروحة الطلمبة (في الميكانيكيات)

— proligère., en zool. *Kors ou bouayd* قرص . بويض (في علم الحيوانات)

DISSECTION s.f., en chir. *Tachrih* تشريح . تقطيع (في الجراحة)

DISSEMBLABLE adj. *Mokhtalef* مختلف . متباين . غير مشابه

DISSEMBLABLEMENT adv. *Be ekhtélaf* باختلاف . بتباين . بغير مشابهة

DISSEMBLANCE s.f. *Ekhtélaf* اختلاف . عدم مشابهة

DISSÉMINATION s.f. *Tafrik* تفريق . تشتيت

DISSÉMINER v.a. *Farraka* فرّق . شتّت

DISSENSION s.f. *Enchékak* انشقاق . فتنة

DISSENTIMENT s.m. *Ekhtélaf* اختلاف . خلاف

DISSÉQUER v.a. *Charraba* شرّح . قطّع (في الجراحة)

DISSERTATION s.f. *Mobahaçat* مباحثة . مفاوضة

DISSERTER v.n. *Bahaça* باحَثَ . فاوَضَ

DISSIDENCE s.f. *Mokhalafat* مخالفة . انشقاق

DISSIDENT, ENTE adj. *Mokhalef* مخالف . شاق

DISSIMILITUDE s.f. *Adam monaçabât* عدم مناسبة . مباينة

DISSIMULATION s.f. *Cotman* كتمان . إخفاء

DISSIMULER v.a. *Catama, akhfa* كتمَ يكتُمُ . اخفى

DISSIPATEUR, TRICE s.m. et f. *Mosref* مسرف . مبذِّر

DISSIPATION s.f. *Esraf* اسراف . تبذير

DISSIPER v.a. *Asrafa* أسرَفَ . بذّرَ . بدّدَ

DISSOLU, UE adj. *Facek* فاسق . فاسد . فاحش

DISSOLUBLE adj. *Kabel ol zaouaban* قابل الذوبان . ممكن تحليله

DISSOLUTIF, IVE adj. *Mohallel* محلّل . مذوّب

DISLOLUTION s.f. *Enhêlal* انحلال . ذوبان

— en jurisp. *Faskh* فسخ . إبطال

DISSOLVANT, ANTE adj. *Mohallel* محلّل . مذوّب

DISSONANCE s.f. *Adam motabakat* عدم مطابقة . شذوذ في اللحن

DISSOUDRE v.a. *Halla* حلّ يحِلُّ . ذوّبَ . اساح

— en jurisp. *Algha* الغى . فسخ يفسخ . ابطل

— une assemblée *Fadda-l-edjtemâ* فضّ الاجتماع . ألغى

DISSUADER v.a. *Radj-jaâ* رجّعَ . ردَّ يردُّ . ردع يردَعُ

DISSUASION s.f. *Rodjoû* رُجوع . ردْع . رد

DISTANCE s.f. *Maçafat* مسافة . بعد

DISTANT, ANTE adj. *Baîd, âla maçafat* بعيد . على مسافة

DISTENDRE v.a. *Maddada* مدّدَ

DISTENSION s.f. *Tamaddod* تمدُّد

DISTICHIASE s.f. ou **DISTICHIASIS** s.m. *Ezdeouadj ol hedbe* ازدواج الهدب وهو صف ثان من الهدب متجه نحو القرنية

DISTILLATEUR s.m. *Mostakter* مستقطر . مستخرج اي الذي يشتغل بالتقطير

DISTILLATION s.f. *Taktir* تقطير . استخراج

DISTALLATOIRE adj *Taktiri* تقطيري . متعلق بالتقطير . استخراجي

DISTILLER v.a. *Kattara* قطّر . استخرج

DISTILLERIE s.f. *Ouarchat taktir* ورشة تقطير . معمل

DISTINCT, TE adj. séparé *Monfacel* منفصل . مفترق . متميّز

— clair *Sarih* صريح . بيّن

DISTINCTEMENT adj. *Bénaoû sarih* بنوع صريح . بوضوح

DISTINCTION s.f. *Tamiyz* تمييز . بيان . ايضاح

DISTINGUÉ, ÉE adj. *Charif ol asl* شريف الاصل . ممتاز بين اقرانه

DISTINGUER v.a. *May-yaza* ميّز . فرّق . فرز يفرز

DISTIQUE s.m. *Baytan men el cheêr* بيتان من الشعر . ذو بيتين

DISTOME s.m., en zool. *Zou fammayn* ذو فمين (في علم الحيوان)

DISTORSION s.f. *Eltéoua* إلتواء . إعوجاج

DISTRACTION s.f. *Sahou* سهو . ذهول . غفلة

— séparation *Enféçal* إنفصال

— en jurisp. *Estébâad* استبعاد (في القضاء)

DISTRAIRE v.a. *Asha ân* اسهى عن . انسى . شغل عن

— en jurisp. *Estabâada* استبعد (في القضاء)

DISTRIBUER v.a. *Kassama* قسّم . وزّع . فرّق

DISTRIBUTEUR, TRICE s.m. et f. *Mouazzé* موزّع . مفرّق . مقسّم

DISTRIBUTION s.f. *Taouzé* توزيع . تفريق . تقسيم

DISTRICT s.m. *Kesm* قسم . مركز . قضاء

DIT, TE p.p. de dire *Molakkab* ملقّب . مسمّى . مدعو . يقال له

— déja nommé *Mazcour* مذكور . مومأ اليه . مشار اليه . منوّه عنه . سالف ذكره

DITO s.m., t. de comm. *Charh ma kablahou* شرح ما قبله . شرحه (في الاصطلاح التجاري)

DIURÈSE s.f., t. de méd. *Edrar ol baoul* إدرار البول . كثرة البول (في الطب)

DIURÉTIQUE adj. et s.m. *Moderr ol baoul* مدرّ البول

DIURNE adj. *Nehari* نهاري . ما يحصل ويظهر بالنهار

DIVA s.f. *Alemat chahirat* عالمة شهيرة . مغنية

DIVAGATION s.f., action de vaguer *Djaoualan* جولان

— action de parler à tort et à travers *Ehmad, chozouz* احماض . شذوذ . تنقل عن موضوع الكلام

DIVAGUER v.a. errer *Djala* جال يجول . او ترك يجول

— s'écarter de la question *Tanakkala ân maoudoû el kalam* تنقّل عن موضوع الكلام . شذّ

DIVAN s.m. *Diouan, madjlès* ديوان . مجلس . نظارة

— sorte de canapé *Diouan* ou *makâad* ديوان . مقعد ج مقاعد

DIVERGENCE s.f. en géom. *Tabaôd* تباعد . مباعدة (في الهندسة)

DIVERGENT, ENTE adj., en géom. *Motabaêd* متباعد . مختلف الاتجاه (في الهندسة)

DIVERGER v.n. *Tabaâda* تباعد . إختلف اتجاهه

DIVERS, SE adj *Mokhtalef* مختلف . متنوّع

DIVERSION s.f. *Echtéghal* إشتغال . تعلّل . محاولة . مشاغلة

— faire diversion *Chaghala* شغل . الهى . حاول

DIVERSITÉ s.f. *Ekhtélaf* اختلاف . تنوّع

DIVERTIR v.a. *Salla* سلّى . نزّه . ابسط

— (SE) v.r. *Taçalla* تسلّى . تنزّه . انبسط . إنشرح

DIVERTISSABLE adj. *Momken tasliatohou* ممكن تسليته . قابل التنزيه

DIVERTISSANT, ANTE adj. *Moçalli* مسلّ . منزّه . مكيّف

DIVERTISSEMENT s.m. *Enbéçat* انبساط . تسلية . تنزّه

DIVIDENDE s.m. *Al makçoum* المقسوم (في علم الحساب)

— t. de bourse et de jurisp. *Hessat* حصّة . مناب . نصيب (في اصطلاح القضاء والبورصة)

DIVIN, INE adj. *Elahi* إلهي . متعلق بالاله

DIVINATION s.f. *Erafat* عرافة . ضرب رمل . ضرب مندل . كهانة

DIVINATOIRE adj. *Arrafi* عرافي . منبي . تكهني

DIVINEMENT adv. *Benaoû sami* بنوع سام . بغاية الاتقان

DIVINISER v.a. *Allaha* ألّه . عظّم . رفع الى مقام الاله

DIVINITÉ s.f. *Olouhiyat* الوهية

DIVIS, ISE s.m. et f., en jurisp. *Monkacem* منقسم . غير مشاع (في القضاء)

DIVISER v.a. *Kaçama* قسم . فرّق . جزّأ

— brouiller *Farraka bayn* فرّق بين . فتن

DIVISIBILITÉ s.f. *Kabêliyat ol enkêçam* قابلية الانقسام . او التجزؤ

DIVISIBLE adj. *Kabel ol enkêçam* قابل الانقسام . ممكن تجزئته

DIVISION s.f.,t. d'arith. *Kesmat* قسمة (في علم الحساب)

— désunion, discorde *Fetnat* فتنة . اختلاف . قسمة

— sans division, t. de prat. *Bêdoun enkêçam* بدون انقسام . كتخصص واحد

— général de division, t. milit. *Farik* فريق (في الجندية)

DIVISIONNAIRE adj. (monnaie) *Fart* فرط . قطع صغيرة من العملة

DIVORCE s.m. *Talak* طلاق

DIVORCER v.a. *Tallaka* طلّق

DIVULGATION s.f. *Efchâ* افشاء . اذاعة . إشاعة . نشر

DIVULGUER v.a. *Afcha* أفشى . أذاع . اشاع . نشر

DIVULSION s.f., t. de chir. *Tamzik* تمزيق (في الجراحة)

DIX adj. num. card. *Acharat* عشرة

DIX-HUIT adj. num. card. *Samaniat âchar* ثمانية عشر

DIXIÈME adj. num. *Acher* عاشر

— s.m. *óchr* عُشر . جزء من عشرة اجزاء

DIXIÈMEMENT adv. *Achêran* عاشراً

DIX-NEUF adj. num. card. *Tessâat âchar* تسعة عشر

DIX-SEPT adj. num. card. *Sabâat âchar* سبعة عشر

DIZAINE s.f. *Kadar âcharat* قدر عشرة

DOCILE adj. *Tayê* طائع . خضوع . هادئ

DOCILEMENT adv. *Betaât* بطاعة . بخضوع . بانقياد . بهدوء

DOCILITÉ s.f. *Taât* طاعة . خضوع . انقياد . هدوء

DOCIMASIE s.f., t. de chim. *Emtêhan* امتحان . كشف (في الكيميا)

DOCK s.m., t. de mar. *Haoud* حوض (في الملاحة)

DOCTE adj. *Alem* عالم . علاّمة

DOCTEUR s.m.,ecclésiastique *Melfan* ملفان

* — de faculté *Doctor* دكتور . طبيب . حكيم

DOCTORAL, ALE adj. *Allami* علاّمي . ملفاني

— ton doctoral *Taâzimi* تعظيمي . اي التكلم بتعظم

DOCTORAT s.m. *Rotbat ol doctoriyat* رتبة الدكتورية . درجة الدكتورية

DOCTRINE s.f. *Mazhab* مذهب ج مذاهب

DOCUMENT s.m. *Ouarakat rasmiyat* ورقة رسمية . حجة . سند

DODÉCAGYNE adj., en bot. *Zat esna âchar ódou tanici* ذات اثنى عشر عضو تانيثي (في النبات)

DODÉCANDRIE s.f. en bot. *Zou esna âchar ódou tazqiri* ذو اثنى عشر عضو تذكيري (في النبات)

DODU, UE adj. *Samin* سمين . ناصح

DOGAT s.m. *Ouazifat machiakhat el bondokiyat* وظيفة مشيخة البندقية

DOGARESSE s.f. *Omraât raïs machiakhat el bondokiyat* امرأة رئيس مشيخة البندقية

DOGE s.m., de Venise *Raïs machiakhat el bondokiyat* رئيس مشيخة البندقية

DOGMATIQUE adj. *Êtêkadi* اعتقادي . حكمي

DOGME s.m. *Eêtêkad, kaêdat* إعتقاد . قاعدة

* **DOGUE** s.m. *Calb cabir ol djêsm aftas ol enf* كلب كبير الجسم افطس الانف

DOIGT s.m. *Esbâ* اصبع ج اصابع

DOIT s.m., t. de comm. *Al matloub men* المطلوب من . الاضافة (في التجارة)

DOL s.m., t. de jurisp. *Ghech* غش . تدليس (في القضاء)

DOLÉANCE s.f. *Chakoua,laoum* شكوى . لوم

DOLENT, ENTE adj. *Chaki* شاكٍ . لائم

DOLER v.a., t. de tonnelier *Nazzafa akhchab al barmil* نظّف اخشاب البرميل بالمقشط (في اصطلاح البرملجية)

DOLLAR s.m. *Rial américani* ريال اميركاني

DOLOIRE s.f., outil de tonnelier *Mekchat, makass,* مفشط · مقصّ « من ادوات البرملجية اي صانعي البراميل»

— bandage en doloire, t. de chir. *Al rébat el monharef* الرباط المخرف · الرباط المواري (في الجراحة)

DOMAINE s.m. *Molk* ملك · عقار

— **public** *Al âkarat ol miriyat* العقارات الميريّة

DOMANIAL, ALE adj. *Motaâllek bel amlaq el miriyat* متعلق بالاملاك الميريّة

DÔME s.m.. en arch. *Kobbat* قبّة ج قبب (في البناء)

DOMESTICITÉ s.f. *Khedmat* خدمة · حالة الخدمة

— des animaux *Tadjououy* تجوّي · تآلف · استئناس

DOMESTIQUE s.m. et f. *Khadem* خادم · خدام · خذمتكار

— adj. apprivoisé, (en parlant des animaux) *Bayti, djou-ouy* بيتي · جوّي

DOMICILE s.m. *Manzal* منزل · مسكن · محل الاقامة

— **élu**, t. de droit *Mahallan mokhtaran* محلاً مختاراً (في القضاء)

DOMICILIAIRE adj. *Manzeli* منزلي · محلّي

DOMICILIER (SE) v.r. *Sacana* سكن يسكن · اقام

DOMINANCE s.f. *Taçallot* تسلط · غلبة

DOMINANT, ANTE adj. *Motaçallet* متسلّط · غالب

DOMINATEUR, TRICE s.m. et f. *Haqem, motaçallet* حاكم · متسلّط

DOMINATION s.f. *Taçallot* تسلّط · حكم · امارة · سيادة

DOMINER v.a. *Hacama* حكمَ يحكمُ · تسلّطَ · سادَ

— être plus-haut *Achrafa* اشرف · اطلّ · فاق

DOMINICAL, ALE adj. *Rabbani* رباني

DOMINO s.m. *Leêbat ol domino* لعبة الدومينو

DOMMAGE s.m. *Khéçarat, darar* خسارة · ضرر · مضرّة

DOMMAGES-INTÉRÊTS s.m. pl., en jurisp. *Otl oua adrar* عطل واضرار · تعويضات · تضمينات (في القضاء)

DOMMAGEABLE adj. *Moderre* مضرّ · مخسّر · معطّل

DOMMAGEABLEMENT adv. *Bédarar* بضرر · بخسارة · بعطل

DOMPTABLE adj. *Kabel ol ekhdâ* قابل الاخضاع · ممكن تذليله وكبحه

DOMPTER v.a. *Akhdaâ* أخضعَ · قهرَ · غلبَ · كبحَ · اذلّ

— des animaux *Tayiaâ* طبّعَ · روّضَ · ذلّلَ

DOMPTEUR s.m. *Motay-yê* مطبّع · مروّض · مذلّل

DON s.m. *Hébat* هبة ج هبات · عطيّة · هدية

— **de Dieu** *Nêmat* نعمة ج نِعَم · منحة

DONATAIRE s.m. et f. *Al maouhoub lahou* الموهوب لهُ · المعطى لهُ · المهدى لهُ · الممنوح لهُ

DONATEUR, TRICE s.m. et f. *Ouaheb, móti* واهب · معطٍ · مانح · مهدٍ

DONATION s.f. *Ata* عطاء · هبة · هدية · منحة

DONC conj. *Ezan* اذًا · والحالة هذه

DONJON s.m. *Machraf* مَشرف

DONNER v.a. *Ouhaba, adta* وهبَ · اعطى · منحَ

— **sur** *Atalla âla* اطلّ على · اشرفَ

— **contre** *Latama* لَطَمَ · عثَرَ · صادمَ

— t. de mar., donner à la côte *Chahhata* شحّطَ (في الملاحة)

— **(SE)** v.r. *Sallama nafçahou* سلّم نفسهُ · اباح عرضهُ

DONT prép. *Al lazi menhou* الذي منهُ · من ذلك

DORADE s.f., poisson *Samac ahmar* سمك احمر

DORAGE s.m. *Tazhib* تذهيب

DORÉ, ÉE adj. *Mozahhab* مذهّب · مطلي بالذهب

DORÉNAVANT adv. de temps *Men el ân fa çaêdan* من الان فصاعداً

DORER v.a. *Zahhaba* ذهّبَ · طلّي بالذهب · موّهَ بالذهب

DOREUR, EUSE s.m. et f. *Mozahheb* مذهّب · طالٍ بالذهب

DORLOTER v.a. *Latafa* لاطفَ · دلّلَ · دلّعَ

DORMANT, ANTE adj. *Raked* راقد · راكد

— t. d'arch. *Halk* حلق (في البناء)

— t. de mar., manœuvres dormantes *Monaouarat sabétat* مناورات ثابتة (في الملاحة)

DORMEUR,EUSE adj. *Naououam* — نوّام · محب النوم

DORMIR v.n. *Nama* — نامَ ينامُ · رَقَدَ يرقُدُ

— fig. laisser dormir *Taraca* — تَرَكَ · أَهمَلَ · تغافَلَ

DORMITIF,IVE adj., en méd. *Monaouem* — منوِّم · منيّم (في الطب)

DORSAL,ALE adj. en anat. *Zahri* — ظهري · صُلبي · فَقاري (في التشريح)

DORTOIR s.m. *Bayt ol naoum* — بيت النوم · محل المنامة (في المدارس)

DORURE s.f. *Tazhib* — تذهيب · تمويه · طلي

DOS s.m. *Zahr* — ظهر ج ظهور · متن · صلب

— d'âne, en forme de dos d'âne *Djamaloun* — جملون · على شكل جملون

DOSABLE adj. *Momken takdiroh* — ممكن تقديره · او تعيينهُ

DOSAGE s.m. en chim. *Takdir* — تقدير (في الكيميا)

DOSE s.f. *Mekdar* — مقدار · كمية

DOSSIER s.m. d'une chaise *Mottaca ol-corsi* — متكأ الكرسي · ظهر الكرسي

— de papier *Melaff ouarak* — ملف ورق · دستجة ورق

DOT s.f. *Sédak* — صداق ج اصدقة · مهر (دوتّة)

DOTAL,ALE adj. *Sédaki* — صداقي · مهري

DOTATION s.f. *Emhar* — امهار · تجهيز

— d'une église *Ouakf mâbad* — وقف معبد · وقف للبر

DOTER v.a. *Djahhaza,amhara* — جهَّزَ · أَمهَرَ

— une église *Ouakafa lemâbad* — وقف لمعبد · وقَفَ للبرّ

DOTHIÉNENTÉRIE s.f., en méd. *Homma maâouiyat* — حمّى مَعَوية (في الطب)

DOUAIRE s.m. *Ers ol maraât men zaoudjéha* — إرث المرأة من زوجها

DOUAIRIÈRE s.f. *Armalat ouariçat* — ارملة وريثة

DOUANE s.f. *Djomroc* — جمرك

— permis de douane *Raftiyat* — رفتية

DOUANIER s.m. *Djomrocdji* — جمركجي · ورديان

DOUAR s.m. *Al daouarou nadjé ârab* — الدوّار · نجع عرب

DOUBLAGE s.m. t. de mar. *Bétanat, talbis* — بطانة · تلبيس (في الملاحة)

DOUBLE adj. *Modaâf* — مضاعف · مزدوج · مثنى · ثنائي

— s.m., copie *Sourat* — صورة · او نسخة ثانية

DOUBLEAU s.m., t. d'arch. *Mozdaouedje* — مزدوج · عقد مزدوج (في البناء)

DOUBLER v.a., garni d'une doublure *Battana* — بطَّنَ · ابطنَ · طارَقَ

— ajouter une fois autant *Daâfa* — ضاعَفَ · ضعَّفَ

— **un cap**, t. de mar. *Adda* — عدّى · قطع جاز (في الملاحة)

DOUBLURE s.f. *Betanat* — بطانة ج بطائن

DOUCE-AMÈRE s.f. arbrisseau *Ênab ol zibe* — عنب الذيب (شجيرة)

DOUCEÂTRE adj. *Mayel ela-l-halaouat* — مائل الى الحلاوة · عُذَيبي

DOUCEMENT adv. d'une manière douce *Béhodou* — بهدوء · بلطافة · برقَّة

— lentement *Mahlan* — مهلاً · رويدًا · الهوينا

DOUCEREUX,EUSE adj. *Tamliki* — تمليقي · ملاطِف

DOUCEUR s.f. *Halaouat* — حلاوة · عذوبة

— de caractère *Ouadaât* — وداعة · لُطف · بشاشة

DOUCEURS s.f.pl. *Halaouiyat* — حلويات · مربيّات

DOUCHE s.f. *Merach-chat* — مِرَشّة · صبّ الماء رَشًّا

DOUCINE s.f. en arch. *Rakabat mâkouçat* — رقبة معكوسة · تكنة كورنيش (في البناء)

DOUÉ,ÉE p.p. de douer *Hayez âla* — حائز على · مزيّن · محلّى

DOUER v.a. *Djammala* — جمّل · زيّنَ · حلّى · منّ على

DOUILLE s.f. *Fachakat farégbat* — فشكة فارغة

DOUILLET, ETTE adj. *Naêm* — ناعم · طري

DOULEUR s.f. *Alam* — ألم ج آلام · وجع

— au fig. *Hezn* — حزن ج احزان · غم

DOULOUREUSEMENT adv. *Bétaouadjô* — بتوجّع · بألم

— au fig. *Béhezn* — بحزن · بغمّ · بحسرة

DOULOUREUX, EUSE adj. *Moudjé* — موجع · مؤلم · محزن

DOUTE s.m. *Chacq, rayb* — شك · ريب · شبهة

DOUTER v.n. *Chacca fi, ertaba* — شكّ في · ارتاب · اشتبه

DOUTEUSEMENT adv. *Bechacq, birayb* — بشكٍّ · بريب · باشتباه

DOUTEUX, EUSE adj. *Taht al chacq, morib* — تحت الشك · مريب · ملتبس · مشتبه

DOUVE s.f. *Khachab ol barmil* — خشب البرميل

— en méd. *Doudat ol cabed* — دودة الكبد (في الطب)

DOUX, CE adj. *Helou* — حلو · عذب

— au toucher *Naêm ol malmas* — ناعم الملس · مالس

— de caractère *Ouadi, latif* — وديع · لطيف · ظريف

DOUZAINE s.f. *Dazzinat* ou *dastat* — دزينة · دستة

DOUZE adj. num. *Esna achar* — اثنى عشر

DOYEN, ENNE, s.m. et f. *Al acbar fil senne* — الاكبر في السن · الاقدم في المنصب

DRACHME s.f. *Derham* — درهم ج دراهم · درخم

DRAGÉE s.f. *Molabbaçat* — ملبّسة

DRAGON s.m. *Tannin* — تنين ج تنانين

— soldat. *Saouari, draghon* — سواري · دراغون

DRAGONNEAU s.m., en méd. *Fartit* — فرتيت · الدود المدني (في الطب)

DRAGONNE s.f., t.milit. *Charrabat kabdat el sayf* — شرّابة قبضة السيف

DRAGUE s.f., pelle *Zahhafat* en Egyp. *Marre* en Syrie — زحافة · مرّ · جحافة

— machine *Carracat* — كرّاكة

DRAGUER v.a. *Tabhara bel carracat* — طهّر بالكرّاكة · نزح بالكرّاكة

DRAGUEUR s.m. *Osta carracat* — اسطا كرّاكة · سواق الكرّاكة

DRAIN s.m. *Rach-châh* — رشّاح · قناة تصفية · مصرف

DRAINAGE s.m. *Eslah ol aradi bel tasfiyat* — اصلاح الاراضي بالتصفية · تصريف المياه

DRAINER v.a. *Saffa-l-miah* — صفّى المياه · نزح المياه

DRAMATIQUE adj. *Mohzen* — مُحزِن · تشخيص مُحزِن

DRAME s.m. *Ouakêât mohzênat* — واقعة محزنة

DRAP s.m. *Djoukh* — جوخ

— **de lit** *Mêlayat farch, charchaf* — ملاية فرش · شرشف

DRAPEAU s.m. *Rayat, bayrak* — راية · بيرق · سنجق · لواء · علم

DRAPER v.a. *Laffa bel djoukh* — لفّ بالجوخ · لبّس · غطّى

DRAPERIE s.f. fabrique de drap *Mâmal djoukh* — معمل جوخ · ورشة جوخ

— ornement *Sètarat, Zinat bel akmèchat* — ستارة · زينة بالاقمشة

DRAPIER s.m. *Djaouakh* — جوّاخ · تاجر جوخ

DRASTIQUE adj. en méd. *Moshel chadid* — مسهل شديد (في الطب)

DRÊCHE s.f. *Al chêir ol mokhammar* — الشعير المخمّر · وهو الذي يستعمل لصناعة الجعة اي البيره

DRESSAGE s.m. *Taâlim* — تعليم · تهذيب

DRESSER v.a. élever *Rafaâ* — رفع · رفّع · اقام

— un cheval *Tabbaâ* — طبّع · روّض · كبّس

— un plan *Raçama* — رسم · برسم

— former *Allama* — علّم · هذّب

DRISSE s.f., t. de mar. *Drissa* — دريسه · حبل او شاغول لسحب الراية

DROGMAN s.m. *Tordjoman* — ترجمان ج تراجمين

DROGMANAT s.m. *Kalam tardjamat* — قلم ترجمة

DROGUE s.f. *Akakir, daouâ* — عقاقير · دواء

DROGUERIE s.f. *Êtarat* — عطارة · تجارة العقاقير

DROGUISTE s.m. *Attar* — عطّار · عقاقيري

DROIT s.m. *Hakke* — حقّ ج حقوق

— loi *Charîât* — شريعة · قانون

— **canonique** *Al kanoun ol canaci* — القانون الكنسي

— **civil** *Al-hak ol madani* — الحق المدني

— **civique** *Al hokouk ol ouataniyat* — الحقوق الوطنية

— taxe *Rasm* — رسم ج رسوم · عوائد

— **d'encaissement** *Khedmat ol sarraf* — خدمة الصراف · رسم التحصيل

DROIT s.m., **de succession** *Rasm ol ayloulat* رسم الايلولة (في القضاء)
— **de suite** *Estemrar hak el dayen* استمرار حق الداين
— **incorporel** *Modjarrad ol hokouk* مجرّد الحقوق
— **réel de privilège** *Hak ol emtiaz* حق الامتياز (في القضاء)
— **réels** *Hokouk âyniyat* حقوق عينية

DROIT adj., en droite ligne *Mostakim* مستقيم

DROITE s.f. *Al-yamin* اليمين

DROITURE s.f. *Estèkamat* استقامة · انصاف · عدالة

DRÔLE adj. *Modhek* مضحك · مسخن
— s.m. méprisable *Fadjer* فاجر · مستهتر

DRÔLEMENT adv. *Bènaoû modhek* بنوع مضحك · بصفة مسخرة

DRÔLERIE s.f. *Dehk* ضحك · مزح · هزل · سخريه

DROMADAIRE s.m. *Hadjin* هجين

DRU, UE adj. *Kaoui* قوي · نشيط

DRUSE s.m. *Dorzi* درزي · من الطائفة الدرزية

DU art. m. من · من ال · · ·

DÛ s.m. *Matloub* مطلوب · مستحق

DUE forme, t. de prat. *Akd mostaoufi* عقد مستوفي · او محرر حسب الاصول (في اصطلاح المحاكم)

DUALITÉ s.f. *Ezdèouadj* ازدواج · تثنية

DUBITATIF, IVE adj. *Dal âla-l-chaq* دالّ على الشك والريب

DUBITATION s.f. *Chacq* شكّ · ارتياب

DUBITATIVEMENT adv. *Bèchacq* بشكّ · بريب

DUC s.m. *Douk* دوق · من القاب الشرف

DUCHESSE s.f. *Doukat* دوقة وهي قرينة الدوق

DUCROIRE s.m. t. de commerce *Damanat ol darac* ضمانة الدرك · ما يعطى الكومسيونجي لضمانتو المشتري (في التجارة)

DUCTILE adj., t. de métallurgie *Lay-yen* ليّن · قابل التطريق (في المعادن)

DUCTILITÉ s.f. *Liounat* ليونة · قابلية التطريق

DUEL s.m. *Mobarazat* مبارزة · مقاتلة

DUEL s.m., t. de gram. *Moçanna* مثنّى · تثنية

DULCIFICATION s.f. *Tahliyat* تحلية · تلطيف

DULCIFIER v.a. *Halla* حلّى · لطّف

DÛMENT adv., t. de prat. *Bèhaçab el oçoul* بحسب الاصول · كما ينبغي (في المرافعات)

DUNE s.f. *Tall raml* تل رمل · كومة رمل على شاطيء البحر

DUNETTE s.f., t. de mar. *Zahr ol makâd* ظهر المقعد · اي ظهر مقعد السفينة

DUO s.m. *Esnan* اثنان

DUODÉNAL, ALE adj. en anat. *Esna âchari* إثنى عشري (في التشريح)

DUODÉNITE s.f. en méd. *El-tèhab ol esna âchari* التهاب الاثنى عشري (في التشريح)

DUODÉNUM s.m., en anat. *Al esna âchari* الاثنى عشري (في التشريح)

DUPE s.f. *Maghchouch* مغشوش · مغرور · مغبون

DUPER v.a. *Ghach-cha* غشّ · غبن · اغرّ

DUPERIE s.f. *Ghech-che* غشّ · غبن · تغرير

DUPEUR adj. *Ghach-chache* غشّاش · غابن · مغرّر

DUPLICATA s.m. *Sourat* صورة · او نسخة ثانية

DUPLICITÉ s.f. *Khianat* خيانة · تدليس · دهلسة

DUPLIQUE s.f., t. de prat. *Al radde ala-l-djaouab* الرد على الجواب (في المرافعات)

DUPLIQUER v.a. *Radda âla djaouab* ردّ على جواب · اي انهُ رد على جواب الخصم (في المرافعات)

DUR, URE adj. *Yabès* يابس · قاس
— fig. inhumain *Kaci* قاس · صارم · جاف
— d'oreille *Atrache* اطرش · اصمّ

DURABLE adj. *Dayem* دائم · مستديم · مستمرّ · باق

DURAMEN s.m. *Khachab sadek* خشب صادق

DURANT prép. *Fi moddat* في مدّة · في وقت

DURCIR v.a. *Yabbaça* يبّس · صلّب · صلّد

DURE s.f. *Al hadid, al arde* الحضيض · الارض

DURÉE s.f. *Moddat* مدّة

DURE-MÈRE s.f., t. d'anat. *Al om ol djafiat* الام الجافية (في التشريح)

DURER v.n. *Bakia* بقيَ · دامَ · استقامَ · مكثَ

DURETÉ s.f. solidité *Salabat* صلابة · يبوسة

— inhumanité *Kaçaouat* قساوة · خشونة

— en méd. *Tadjammod* تجمّد · جمودة (في الطب)

DURILLON s.m. *Deman* ou *tacalcol* دِمّان · تكلكل · كَنب

DUVET s.m. *Zaghab* زغب · وبر · خَمَل

DYNAMIQUE s.f., t. de méc. *Elm ol kouat* علم القوة · او الحركة (في الميكانيكيات)

DYNAMOMÈTRE s.m. *Mekias ol kouat* مقياس القوة · او الحركة

DYNASTIE s.f. *Al salalat ol moloukiyat* السلالة الملوكية

DYSCRASIE s.f., en méd. *Façad ol mazadje* فساد المزاج (في الطب)

DYSMÉNORRHÉE s.f. en méd. *Esre ol tams* عسْر الطمث (« «)

DYSPEPSIE s.f. en méd., *Taâssor ol hadm* تعسُّر الهضم (« «)

DYSPEPTIQUE adj., en méd. *Tokhami* تخمي

DYSPHAGIE s.f., en méd. *Esre ol ezdérad* عسر الازدراد · عسر الابتلاع

DYSPHONIE s.f. *Esre ol tacallom* عسر التكلّم

DYSPNÉE s.f., en méd. *Esre ol tanaffos* عسر التنفُّس

DYSSENTERIE s.f. *Dà ol dissenteriyat* داء الدبسنطارية · مرض معوي مع استفراغات ثفلية مدمية

DYSPERMATISME s.m., en méd. *Esre ol estemna* عسر الاستمناء (في الطب)

DYSTOCIE s.f. *Esre ol ouéladat* عسر الولادة (« «)

DYSURIE s.f. *Esre ol baoul* عسر البول (« «)

E

E, cinquième lettre de l'Alphabet *Alef, yà* et *casrat* ألف وياء وكسرة وهي الحرف الخامس من الحروف الهجائية الفرنساوية

EAU s.f. *Mà* ماء

— **de vie** *Arak* عرق · عرقي

— **forte** *Mà ol faddat, mà chadid* ماء الفضّة · ماء شديد · حامض الازوتيك

— **régale** *Mà malaki* ماء ملكي وهو حمض كلورور ازونيك مائي

ÉBAHIR v.a. *Azhala* اذهل · عجّب · حيّر · ادهش

— **(S')** v.r. *Enzahala* إنْذَهَلَ · تعجّبَ · تحيّرَ · اندهش

ÉBAHISSEMENT s.m. *Enzehal* انذهال · تعجُّب · حيرة · اندهاش

ÉBARBEMENT s.m., t. de fondeur *Barghalat* برغلة · تنظيف المعادن بعد السبك (في اصطلاح السباكين)

ÉBARBOIR s.m. *Barghal* برغل · وهي آلة لتنظيف المعادن المسبوكة

ÉBATS s.m. pl. *Léêb* لعب · مزح

ÉBATTEMENT s.m. *Ehtêzaz* اهتزاز · رجرجة

ÉBAUCHE s.f. *Rasm tahdiri* رسم تحضيري

ÉBAUCHER v.a. *Charaâ* شرعَ · يشرعُ · ابتدأ

ÉBÈNE s.f. *Abnous* — ابنوس . نوع خشب اسود قاسي

ÉBÉNIER s.m. *Chadjarat ol abnous* — شجرة الابنوس

ÉBÉNISTE s.m. *Nadjar dekki* — نجار دقي

ÉBÉNISTERIE s.f. *Ouarchat nedjarat dekkiat* — ورشة نجارة دقيّة

ÉBLOUIR v.a. étonner *Adhacha* — أَدْهَشَ . أَذْهَلَ . حيّرَ

— la vue *Babara* — بَهَرَ . زغلَلَ النظر

ÉBLOUISSANT, ANTE adj. *Mobher* — مبهِر . متلألئ

ÉBLOUISSEMENT s.m. *Dahchat* — دهشة . غرور . زغللة النظر

ÉBOULEMENT s.m. *Hayalan, sokout ol torab* — هيلان . سقوط التراب . هبوط

ÉBOULER v.a. *Askata* — أَسْقَطَ . أَهبَطَ . هال

— (S') v.r. *Sakata* — سَقَطَ . انهال . هبط

ÉBOURGEONNEMENT s.m. *Tankiyat ol achdjar* — تنقية الاشجار

ÉBOURGEONNER v.a. *Nakka-l-achdjar* — نقّى الاشجار

ÉBOUSINER v.a. une pierre *Nahata-l-hadjar* — نَحَتَ الحجر . صلَّحَ الحجر

ÉBRANCHEMENT s.m. *Takdib* — تقضيب . تقطيع اغصان الشجر تشحيل . تقليم

ÉBRANCHOIR s.m, *Mekass lel achdjar* — مقصّ للاشجار

ÉBRANLEMENT s.m. *Zâzaât* — زعزعة . رجّة . هزّة

ÉBRANLER v.a. *Zâzaâ* — زَعْزَعَ . رَجَّ . هزّ

ÉBRASEMENT s.m.,t. d'arch. *Beloskalat* — بُلسقالة (في البناء)

ÉBRASER v.a. *Ouassaâ* — وَسَّعَ فتحة الباب او الشباك من الداخل

ÉBRÉCHER v.a. *Salama* — ثَلَمَ يثلِمُ . قرَضَ

ÉBRENER v.a. *Nazzafa-l-tefle* — نظّف الطفل الذي في اللفافة

ÉBRIÉTÉ s.f. *Daouakhan* ou *socre* — دوخان . بحالة السكر . سكر

ÉBRUITEMENT s.m. *Échaât* — اشاعة . اذاعة

ÉBRUITER v.a. *Achaâ* — أشاعَ . أذاعَ

ÉBULLITION s.f. *Ghalayan* — غليان . فوران

ÉBURNÉEN, NE ou **ÉBURNIN, INE** adj. t. d'hist. nat. *Moâdjedje* — معجج . متصلب كالعاج (في التاريخ الطبيعي)

ÉCACHEMENT s.m., t. de métier *Dabs* — دهْس . تبطيط (في الصناعة)

ÉCACHER v.a. t. de métier *Dabassa* — دهَسَ يدهَسُ . بطّطَ (في الصناعة)

ÉCAILLAGE s.m. *Ezalat ol kochour* — ازالة القشور

ÉCAILLE s.f., de poisson *Kechrat* — قشرة . فلس

— de tortue *Baghat* — باغة

ÉCAILLER v.a. *Kach-chara* — قشّرَ

ÉCALE s.f. *Kèchrat ol djaouz* — قشرة الجوز الخضراء

ÉCALER v.a. *Kach-chara-l-djaouz* — قَشّرَ الجوز

ÉCARLATE adj. *Kermezi* — قرمزي . احمر قرمزي

ÉCARQUILLEMENT s.m. *Tahamlok* — تحملق . فنجرة . حملقة

ÉCARQUILLER v.a., les yeux *Hamlaka* — حَمْلَقَ . فنجَرَ

ÉCART s.m. *Enhèraf* — انحراف . ابتعاد

— **à l'écart** loc. adv. *Ala djaneb* — على جانب . على ناحية . منفردًا على حدة

ÉCARTÈLEMENT s. m. *Takti èla arbâ kètâ* — تقطيع الى اربع قطع وهو نوع من العذاب عند القدماء كانوا يعلقون المحكوم عليه باربعة افراس كل يد وكل رجل بفرس وينهرونها فتمزقه

ÉCARTELER v.a. *Kattaâ arbâ kètâ* — قطّع اربع قِطَع

ÉCARTEMENT s.m. *Ebtèâd* — ابتعاد . انفصال

ÉCARTER v.a. *Abaâda* — أبعَدَ . فصَلَ

— (S') v.r. *Hada* — حَادَ . مَالَ . زَاغَ عن . تجنّبَ

ECCHYMOSE s.f.. t. de chir. *Alkimoz* — الكيموز . انسكاب الدم تحت الجلد (في الجراحة)

ECCLÉSIASTE s.m. *Qètab ol heqmat* — كتاب الحكمة . سفر الحكمة . احد اسفار التوراة لسليمان

ECCLÉSIASTIQUE adj. et subs. *Canaci* — كنسي . كنائسي . اكليريكي

— livre de la Bible *Qètab yachoû ben sirakh* — كتاب يشوع بن سيراخ (احد اسفار التوراة)

ECCOPROTIQUE adj., en méd. *Moshal khafif* مسهل خفيف (في الطب)

ÉCERVELÉ, ÉE adj. et subs. *Madjnoun* مجنون · مصروع · معتوه

ÉCHAFAUD s.m. *Sékalat ol édam* صقالة الاعدام · تخشيبة لاعدام المحكوم عليهم فوقها

ÉCHAFAUDAGE s.m. *Sékalat* صقالة · تصليبة · تخشيبة

ÉCHALAS s.m. *Selk* ou *seddat ol carm* سلك او سدة الكرم · وتد العريشة

ÉCHALASSEMENT s.m. *Tarkib sédad el carm* تركيب سدد الكرم · تركيب سلوك الكرم

ÉCHALASSER v.a. *Naçaba-l-carm* نصب الكرم · ركّب سدد او سلوك الكرم

ÉCHALIER s.m. *Sollam, racoub* سلّم · راكوب

ÉCHANCRER v.a. *Daouara* دوّر · كوّر

ÉCHANCRURE s.f. *Barézat* بارزة · قصّة هلالية

ÉCHANGE s.m. *Mobadalat* مبادلة · مقايضة

ÉCHANGEABLE adj. *Kabel ol mobadalat* قابل المبادلة · ممكن المقايضة به

ÉCHANGER v.a. *Badala* بادل · قاوض

ÉCHANGISTE s.m., partisan du libre-échange *Men hezb el kabélin béhorriyat el mobadalat* من حزب القابلين بحرية المبادلة

ÉCHANSON s.m. *Saki-l-rah* ساقي الراح · نديم

ÉCHANTILLON s.m. *Ayénat, mastara* عيّنة · مسطرة · فانورة

ÉCHAPPATOIRE s.f. *Hedjat* حجّة · حيلة · مهرب

ÉCHAPPÉE s.f. *Ghaltat, tiachat* غلطة · طياشة

— espace ménagé pour le tournant des voitures *Daouarat* دوّارة · تدويرة · ملفّ · محطة وهي فسحة تُترك في المنعطفات لتسهيل دوران العربات

— t. d'arch. *Faragh bayn al sollam oual sakf* فراغ بين السلّم والسقف (في البناء)

ÉCHAPPEMENT s.m., t. de méc. et d'horlogerie *Tarz* طرز · وهي آلة في الساعة لاجل تخفيف الحركة ووزنها

ÉCHAPPER v.a. *Nadja* نجا ينجو · تخلّص من · إجتنب

— (S') v.r. *Haraba* هرب يهرب · فرّ · أفلت

ÉCHARPE s.f. *Hemalat* حمالة · وشاحة · محزم

— en écharpe, loc. adv. t. d'artil. *Bel may!* بالميل · ضرب المدافع بالميل (في الاصطلاح العسكري الطبجي)

ÉCHARPER v.a. *Hach-chama* هشّم · مزّق · قطّع

ÉCHASSE s.f. *Kobkab ol bahlaouan* قبقاب البهلوان · عصا يمشي عليها البهلوان كالقبقاب

ÉCHAUBOULURE s.f., petits boutons rouges *Hézazat* حزازة

ÉCHAUDAGE s.m., des barils *Ghacil ol baramil* غسيل البراميل

— des murs *Tarch ol djedran bel kels* ou *bel djir* طرش الجدران بالكلس او بالجير

ÉCHAUDER v.a., un cochon *Samat al khenzir* سمط الخنزير اي نتف شعره بالماء الحار

— brûler avec l'eau chaude *Salaka* سلق بالماء السخن

ÉCHAUDOIR s.m. *Daste* دست ج دسوت

ÉCHAUFFANT, ANTE adj. *Moçakh-khen* مسخّن · حاد · مهيّج

ÉCHAUFFEMENT s.m. *Taskhin* تسخين · إحماء

— t. de méd. *Emçaq* امساك (في الطب)

— t. de méd. *Sayalan abiad* سيلان ابيض من اعضاء التناسل

ÉCHAUFFER v.a. *Sakh-khana* سخّن · احمى · دفّأ

— (S') v.r. devenir chaud *Hamia* حمي · دفي

— s'animer *Estachata* استشاط · احتدّ · تحمّس

ÉCHAUFFOURÉE s.f. *Monaouachat* مناوشة · موقعة خفيفة

ÉCHAUGUETTE s.f. *Koukh, marçad* كوخ · مرصد

ÉCHÉANCE s.f. *Adjal, estehkak* اجل · استحقاق

ÉCHEC s.m. *Khéçarat* خسارة · كسرة · فشل

— s.m. pl. jeu *Chatrandje* شطرنج

ÉCHELIER s.m. *Sollam ol mahjar* سلّم المحجر · سلّم المقلع

ÉCHELLE s.f. *Sollam nakkali* — سلم نقّالي

— t. de mar., port de relâche *Eskélat* — اسكلة

ÉCHELON s.m. *Daradjat, sollamat* — درجة · سلّمة

ÉCHELONNER v.a. *Saffa bel-tadridj* — صفّ بالتدريج

ÉCHENILLER v.a. *Nakka-l-achdjar men al doud* — نقى الاشجار من الدود

ÉCHENILLOIR s.m. *Mékass lètaklim el achdjar* — مقصّ لتقليم الاشجار

ÉCHEVEAU s.m. *Corariyat, mecabbe* — كرارية · مكب

ÉCHEVELÉ, ÉE adj. *Montafech ol chaâr* — منتفش الشعر

ÉCHINE s.f., t. d'anat. *Fakar ol zahr* — فقار الظهر (في التشريح)

ÉCHINOCOQUE s.m. *Doudat haouçaliyat* — دودة حوصلية

ÉCHIQUIER s.m. *Rekâat ol chatrandj* — رقعة الشطرنج

ÉCHO s.m. *Sada* — صدى ج اصداء

ÉCHOIR v.n. *Estahakka* — إستحقّ

ÉCHOPPE s.f. *Takhchibat* — تخشيبة

— pointe d'acier à l'usage des graveurs *Kalam ol nakkach* — قلم النقاش

ÉCHOUEMENT s.m., t.de mar. *Tachbit ol safinat* — تشحيط السفينة (في الملاحة)

ÉCHOUER v.n. *Chahhatat el safinat* — شحّطت السفينة

— ne pas réussir *Khafaka maçaâhou* — خفق مسعاهُ · خابَ املهُ

ÉCLABOUSSEMENT s.m. *Taltikh* — تلطيخ · تلويث

ÉCLABOUSSER v.a. *Lattakha* — لطّخ · لوّث

— **(S')** v.r. *Talattakha* — تلطّخ · تلوّث

ÉCLAIR s.m. *Bark* — برْق

ÉCLAIRAGE s.m. *Tanouir* — تنوير · إضاءة

ÉCLAIRANT, ANTE adj. *Monaouer* — منوّر · مضيء

ÉCLAIRCIE s.f. *Fashat bayn al ghioum* — فسحة بين الغيوم · او اشجار الغابات ترى منها زرقة الجلد

ÉCLAIRCIR v.a. *Raou-ouaka* — روّق · صفّى

— t. d'agr. *Khaffafa* — خفّف · خلّ (في الزراعة)

— rendre précis *Sarraha* — صرّح · أوضح · بيّن

ÉCLAIRCIR (S') v.r. *Estaf-hama* — إستفهم · إستوضح

ÉCLAIRCISSEMENT s.m. *Bayan* ou *idah* — بيان · ايضاح · جلاء

ÉCLAIRÉ, ÉE p.p. d'éclairer *Monaouar* — منوّر

— instruit *Alem* — عالم · متنوّر

ÉCLAIRER v.a. *Afhama* — افهم · اوضح · نوّر

— v.n., répandre la lumière *Adaâ* — اضاء · انار

ÉCLAIREUR s.m. *Taliât ol djaych* — طليعة الجيش (شرنجي)

ÉCLAMPSIE s.f., en méd. *Al karinat* — القرينة · مرض تقلّصي يحصل للاطفال والنساء الحوامل

ÉCLANCHE s.f. t. de boucherie *Katef ol kharouf* — كتف الخاروف (في اصطلاح الجزارين)

ÉCLAT s.m., pièce détachée *Kètâat* — قطعة · كسرة · شطفة

— bruit *Karkaât* — قرقعة · غوغاء · ضوضاء

— lueur *Dia* — ضياء · جلاء

— splendeur *Raounak* — رونق · بهاء

ÉCLATANT, ANTE adj. *Bahi* — بهي · لامع · مضيء

ÉCLATEMENT s.m. *Enfédjar* — انفجار · انفقاع

ÉCLATER v.a., briser *Enfadjara* — إنفجر · انفقع

— briller *Lamaâ* — لمع · برق

ÉCLECTISME s.m., en philos. *Mazhab ekhtiar el arà el mostahçanat* — مذهب اختيار الاراء المستحسنة (في الفلسفة)

ÉCLIPSE s.f., de soleil *Coçouf ol chams* — كسوف الشمس

— de lune *Khoçouf ol kamar* — خسوف القمر

ÉCLIPSER v.a., au fig. *Caçafa* — كسف · خسف · اذرى · فاق على

ÉCLIPTIQUE s.f. *Samt ol chams* — سمتُ الشمس

ÉCLISSE s.f., éclat de bois *Chokayfat* — شقيفة · قدّة

ÉCLISSES s.f. pl., t. de chir. *Tabat* — طابات ـ اخشاب رقيقة توضع على الاعضاء المكسورة لتسندها

ÉCLOPPÉ, ÉE adj. *Aâradj* — أعْرَج

ECLORE v.n., de l'œuf *Fakaça* فقس · طلع من البيضة
— en parlant des fleurs *Tafattaha-l-zahr* تفتح الزهر · تفتق
— en parlant du jour *La-ha-l-fadjr* لاح الفجر · بزغ

ÉCLOSION s.f., des œufs *Faks ol bayd* فقس البيض
— des fleurs *Tafattok ol zahre* تفتق الزهر

ÉCLUSE s.f. *Haouis* هويس وهو سد يفتح ويقفل في الترع لرفع المياه او تنزيلها

ÉCLUSIER s.m. *Raïs ol haouis* رئيس الهويس وهو الموكل بفتح الهويس وقفله

ÉCŒURER v.a. *Karrafa* قرّف

ÉCOLE s.f. *Madraçat* مدرسة · كتّاب · مكتب
— **primaire** *Madraçat ol mobtadiyan* مدرسة المبتديان
— **préparatoire** *madraçat tadjhiziyat* مدرسة تجهيزية · مدرسة اعدادية
— **normale** *Madraçat ol moällimin* مدرسة المعلمين
— **militaire** *Madraçat harbiyat* مدرسة حربية
— **polytechnique** *Madraçat ol mohandécin* مدرسة المهندسين
— **des arts et métiers** *Madraçat ol fonoun oual sanayé* مدرسة الفنون والصنائع
— **de peloton** etc., t. milit. *Élm ol bolok* علم البلوك او الاورطة وما اشبه (في الجندية)
— secte *Mazhab* مذهب ج مذاهب · شيعة

ÉCOLIER, IÈRE s.m. et f. *Talmiz* تلميذ ج تلامذة · طالب

ÉCONDUIRE v.a. *Sarafa* صرف يصرف · تخلص من

ÉCONOMAT s.m. *Ouacalat ol khardj* وكالة الخرج
— dans les Administr. *Makhzan* مخزن وهو مخزن مهمات المكاتب (في المصالح)

ÉCONOME s.m. *Ouaqil ol khardj* وكيل الخرج · مامور مشتراوات · مخزنجي
— adj., qui sait faire des économies *Moktaced, mouaffer* مقتصد · موفر

ÉCONOMIE s.f. *Ektéçad, taoufir* اقتصاد · توفير

ÉCONOMIQUE adj. *Ektéçadi, taoufiri* اقتصادي · توفيري

ÉCONOMIQUEMENT adv. *Be ektéçad, be taoufir* باقتصاد · بتوفير

ÉCONOMISER v.a. *Ektaçada* إقتصد · وفّر

ÉCOPE s.f., t. de mar. *Corèq* كربك · وهو خشبة مجوّفة تستعمل لنزح المياه من قعر القوارب

ÉCORCE s.f. *Kechrat* قشرة

ÉCORCEMENT s.m. *Takchir* تقشير

ÉCORCER v.a. *Kach-chara* قشّر يقشّر · كشط القشرة

ÉCORCHEMENT s.m. *Salkh* سلخ · ازالة الجلد

ÉCORCHER v.a. *Salakha* سلخ يسلخ · أزال الجلد

ÉCORCHEUR s.m. *Sallakh* سلاخ

ÉCORCHURE s.f. *Selkh* سلخ · جرح سطحي

ÉCORNER v.a. *Caçara karn al hayaouan* كسر قرن الحيوان
— par extens. casser un angle *Caçara zaouyat* كسر زاوية اي كسر راس الزاوية

ÉCORNIFLER v.a. *Tattafala* ou *naçaba* تطفّل · نصب · تسلبط

ÉCORNIFLEUR, EUSE s.m. et f. *Motataffel* متطفل · نصّاب · متسلبط

ÉCOSSER v.a. *Kach-chara* قشّر (زمّط)

ÉCOT s.m. *Hessat* حصّة · ج حصص · فريضة

ÉCOULEMENT s.m., des eaux *Tasrif* تصريف · تصفية
— en méd. *Sayalan* سيلان (في الطب)
— dans le commerce *Tasrif ol badayé* تصريف البضائع (في التجارة)

ÉCOULER (S') v.r. *Sala* سال يسيل · جرى

ÉCOURTER v.a., couper trop court *Kassara* قصّر · جعل قصيرا
— couper la queue et les oreilles des animaux *Salama* صلم · قطع ذنب او اذن الحيوان

ÉCOUTE s.f. *Maoudé tanassot* موضع تنصّت · محل تسمّع
— t. de mar. *Chcouta* شكوته · زند قلع المركب وهي حبلة موصولة بطرف القلع لنشره وطيه (في الملاحة)

ÉCOUTER v.a. *Samed* سمع يسمعُ · اصغى · تنصّت

ÉCOUTILLE s.f., t. de mar. *Bab ol ânbar* باب العنبر (في الملاحة)

ÉCOUVILLON s.m. *Memçahat ol forn* ممسحة الفرن

— t. d'artil. *Forchat lemashe el madfâ* فرشة لمسح المدفع (في الطوبجية)

ÉCRAN s.m. *Hadjez lennar* حاجز للنار · درية

ÉCRASANT, ANTE adj. *Hares* هارس · ساحق · داهس

— t. de guerre *Djayche djarrar* جيش جرّار

ÉCRASEMENT s.m. *Hars* هرس · معس · سحق · دهس

ÉCRASER v.a. *Haraça* هرَسَ يهرُسُ · معَسَ · سحَقَ · دهَسَ

ÉCRÉMAGE s.m. *Akhz ol kechtat* أخذُ القشطة · إصطناعُ القشطة

ÉCRÉMER v.a. *Ahkaza-l-kechtat* أخذَ القشطة · إصْطَنَعَ القشطة

ÉCREVISSE s.f. *Saratan* ; *abou galambo* en Egypte سرطان ج سراطين · سلطعون وفي القطر المصري يسمى ابو جلامبو

ÉCRIER (S') v.r. *Sarâkha* صرخ يصرُخ · هتف · صاح

ÉCRIN s.m. *Êlbat ol modjaouharat* علبة المجوهرات

ÉCRIRE v.a. *Cataba* كتب يكتُبُ · سطَّر · رقم · ألَّف

ÉCRIT s.m. *Qêtab* كتاب · تأليف · رسالة

ÉCRITEAU s.m. *Eêlan* إعلان

ÉCRITOIRE s.f. *Mactabat nakkalat* مكتبة نقّالة

ÉCRITURE s.f. *Khatte, qêtabat* خطّ ج خطوط · كتابة

ÉCRITURE-SAINTE s.f. *Al qêtab ol mokaddas* الكتاب المقدّس

ÉCRITURES s.f. pl., t. de comm. *Hêçabat* حسابات (في التجارة)

ÉCRIVAILLEUR s.m. *Moallef ghayr moudjid* مولّف غير مُجيد · ملنِّق (مخربش)

ÉCRIVAIN s.m. *Cateb* كاتب ج كَتَبَة وكُتّاب

— auteur *Moallef* مولّف · مصنِّف

ÉCROU s.m., t. de méc. *Samoulat* صامولة · وهي قطعة حديد يدخل فيها اللاووز (في الميكانيكيات)

— régistre d'écrou *Daftar ol sedjn* دفتر السجن

ÉCROUELLES s.f. pl., en méd. *Dà ol khanazir* داء الخنازير (في الطب)

ÉCROUER v.a. *Kay-yada fi daftar el sedjn* قيَّدَ في دفتر السجن · سجن

ÉCROUIR v.a., t. de métall. *Tarraka-l-madden* طرّقَ المعدن (في اصطلاح المعادن)

ÉCROUISSAGE ou **ÉCROUISSEMENT** s.m. *Tatrik ol maddan* تطريق المعدن

ÉCROULEMENT s.m. *Hobout* هبوط · سقوط · وقوع

ÉCROULER (S') v.r. *Habata* هَبَطَ يهبِطُ · وقع · سَقَط

ÉCROÛTER v.a. *Ezalat kechr el khobz* ازالة قشر الخبز

ÉCRU, UE adj. *Kham* خام · قماش غيرمشغول ولا مبيَّض

ECTASIE s.f., en méd. *Tamaddod* تمدّد · انساع (في الطب)

***ECTHYMA** s.m., en méd. *Ectima* اكتيما · مرض جلدي ذو بثرات بيضاء (في الطب)

ECTROPION s.m., t. de chir. *Chatrat kharèdjat* شطرة خارجة · مرض جفني (في الجراحة)

ECTYPE s.f. *Basmat khatm* بصمة ختم

ÉCU s.m., monnaie *Rial* ريال ج ريالات

— bouclier *Ters* ترس · درقة

ÉCUBIER s.m., t. de mar. *Lanchou* لنشو وهو نافذة في مقدم السفينة لمرور جنزير الهلب

ÉCUEIL s.m. *Sakhr fil bahr* صخر في البحر

— au fig. *Tahlekat* تهلكة · عثرة · زلّة

ÉCUELLE s.f. *Soltaniyat* سلطانيّة · زبدية

ÉCUISSAGE s.m. *Taflik djozour el achdjar* تفليق جذور الاشجار · اي شقّها

ÉCUMANT, ANTE adj. *Mozbed* مزبد · مرغ

ÉCUME s.f. *Zabad* زَبَد · رغوة

ÉCUMER v.n. *Azbada* ازبَدَ · أرغى

ÉCUMEUR s.m., fig. écumeur de mer. *Korçan* قرصان · لصّ بحري
— fig. écumeur de marmite *Molazem* ملازم · ملاحق
ÉCUMEUX, EUSE adj. *Mozbed* مزبد · مرغ
ÉCUMOIRE s.f. *Cafqirat* كفكيرة · كبشة
ÉCURAGE s.m. *Tanzif* تنظيف · جلاء
ÉCURER v.a. *Nazzafa* نظّفَ · جلَى
ÉCUREUIL s.m. *Sendjab* سنجاب · قرقدون (حيوان صغير)
ÉCURIE s.f. *Estable* اسطبل · ياخور
— de chameaux *Manakh ol djemal* مناخ الجمال
ÉCUSSON s.m. *Armat* ou *chéâr* أرمة · شعار
ÉCUYER s.m. *Amir yakhour* امير ياخور
* **ECZÉMA** s.m., t. de méd. *Eczima* اكزيما · مرض جلدي حويصلي (في الطب)
ÉDEN s.m. *Adan* ou *djannat âdan* عَدن · جنة عدن · فردوس عدن
ÉDENTÉ, ÉE s.m. et f., en zool. *Adim ol asnan* عديم الاسنان (في علم الحيوانات)
ÉDENTER v.a. *Addama-l-asnan* أعدَمَ الاسنان · قَلَعَ الاسنان
ÉDICTER v.a. *Hacama* حكَمَ · امرَ · رسَمَ
ÉDIFIANT, ANTE adj. *Moktada bèhi* مقتدى بهِ · مفيد الفضائل
ÉDIFICATION s.f., construction *Benâ* بناء · تشييد
— au fig. *Êta ol maçal el saleh* اعطاء المثل الصالح · افادة الفضائل
ÉDIFICE s.m. *Bènayat* بناية · عمارة
ÉDIFIER v.a. *Bana* بنَى يبني · عَمَّرَ · شَيَّدَ
— au fig. *Aâta kèdouat salèhat* اعطى قدوة صالحة · افاد الفضائل
ÉDIT s.m. *Amr, faraman* امر ج اوامر · فرمان · مرسوم
ÉDITER v.a. *Tabaâ âla nafakatèhi* طبع على نفقتهِ · باشر طبعة

ÉDITEUR s.m. *Mobacher ol tabê* مباشر الطبع · طابع على نفقتهِ
ÉDITION s.f. *Tabâat qètab* طبعة كتاب
ÉDREDON s.m. *Rich tayr* ريش طير
ÉDUCABLE adj. *Kabel ol tarbiat* قابل التربية · ممكن تهذيبهُ
ÉDUCATEUR, TRICE adj. et subs. *Morabbi* مربٍّ · مهذِّب · مؤدِّب
ÉDUCATION s.f. *Tarbiat* تربية · تأديب · تهذيب
— des animaux *Tatbi* تطبيع · ترويض · تذليل
ÉDULCORATION s.f. en pharm. *Tahliat* تحلية (في الصيدلية)
ÉDULCORER v.a., en pharm. *Halla* حلّى · اي اضاف سكّرًا او عسلًا (في الصيدلية)
ÉDUQUER v.a. *Rabba* ربَّى · أدَّبَ · هذَّبَ
ÉFAUFILER v.a. *Naçala* نسَلَ · سَحَبَ الخيط من النسيج
EFFAÇABLE adj. *Kabel ol mahou* قابل المحو · ممكن شطبهُ
EFFACEMENT s.m. *Mahou* محو · شطب
EFFACER v.a. *Maha* محَا يمحو · شَطَبَ
— au fig., faire oublier *Ança* انسى · محى ذكرهُ
— éclipser *Faka* فاق يفوق · اخسف
— (S') v.r. *Ekhtafa* إختفى توارى · إحتجب
EFFARÉ, ÉE p.p. d'effarer *Maroûb* مرعوب · غايب الرشد · مذعور
EFFAREMENT s.m. *Rôbe* رعب · ذعر
EFFARER v.a. *Arâaba* أرْعَبَ · اذْعَرَ
EFFAROUCHANT, ANTE adj. *Modjfel* مجفِل · منفِّر
EFFAROUCHER v.a. *Djaffala* جفَّل · نفَّر
EFFECTIF, IVE adj. *Hakiki* حقيقي · عين (مبلغ عين)
— s.m. d'une armée *Adad ol âçaqer* عدد العساكر · كمية الجيش
EFFECTUER v.a. *Adjra-l-âmal* أجرى العمل · تمَّمَ
EFFÉMINÉ, ÉE adj. et subs. *Mokhannas* مخنَّث · متأنِّث
EFFÉMINÉMENT adv. *Bètakhannos* بتخنُّث · بتأنُّث
EFFÉMINER v.a. *Khannaça* خنَّثَ · أنَّثَ
EFFENDI s.m. *Afandi* افندي

EFFÉRENT, TE adj. en phisiol. *Kharedj* خارج · صادر من · مُرسل

EFFERVESCENCE s.f. *Faouaran* فوران · ثوران · هيجان

EFFET s.m. *Mafoûl* مفعول · ناتج · تأثير

— t. de comm. *Cambialat* كمبيالة · بوليصة · سند

— vêtements *Amtêât, haouayedj* امتعة · حوايج

— effets m. s., mobiliers, en jurisp. *Mankoulat* منقولات (في القضاء)

EN EFFET loc. adv. *Hakkan* حقًّا · بالحقيقة

A L'EFFET DE loc. prép. *Lé, léadjle* ل · لاجل

EFFEUILLER v.a. *Djarrada men al ouarak* جرّدَ من الورق

— **(S')** v.r. *Sakata ouarakohou* سقط ورقهُ · انتثر ورقهُ

EFFICACE adj. *Faâl* فعّال · موثّر

EFFICACITÉ s.f. *Faêliyat* فاعليَّة · تأثير

EFFICIENT, ENTE adj. *Baês* باعث فعّال · علّة فعّالة

EFFIGIE s.f. *Sourat ol malek âla-l-nokoud* صورة الملك على النقود

EFFILÉ, ÉE p.p. d'éffiler *Moraffa* مرفَّع · مدقَّق

EFFILER v.a. *Naçala-l-khiout* نسل الخيوط

EFFILURE s.f. *Nêçalat* نسالة · خيط منسل من الاقمشة

EFFLEURER v.a. *Lamaça* لَمسَ يلمُسُ · مسَّ

— ôter des fleurs *Ektataf-l-zahr* اقتطاف الزهر

EFFLORESCENCE s.f., en bot. *Ezhar* إزْهار · تزهُّر (في النبات)

EFFLUVE s.f., en méd. *Taçaôdat* تصاعدات (في الطب)

EFFLUXION s.f., en méd. *Enkézaf ol djanin* انقذاف الجنين · سقوطهُ في اول اسبوع

EFFONDREMENT s.m. *Enkhéçaf, hobout* انخساف · هبوط

EFFONDRER (S') v.r. *Enkhaçafa, hâbata* إنخسف · هبط

DFFONDRILLES s.f. pl. *Raouaceb* رواسب · وهي المواد الراسبة بالوعاء بعد الغليان

EFFORCER (S') v.r. *Edjtahada* اجتهدَ · إعتنى

EFFORT s.m. *Djahd* جهد · اعتناء · همّة

EFFRACTION s.f. *Sakb, taccir* ثقب · تكسير

EFFRAYANT, ANTE adj. *Mokhif* مخيف · مرعب · مذعر

EFFRAYER v.a. *Khaouafa* خوّفَ · ارعبَ · ذعَّرَ

EFFRENÉ, ÉE adj. *Motlak ol ênan* مطلق العنان · جامح

EFFRITEMENT s.m., t. d'agr. *Dôf ol ard* ضعف الارض (في الزراعة)

— tomber en poussière *Tafattot* تفتّت

EFFRITER v.a. *Adaâfa-l-ard* أضعفَ الارض (في الزراعة)

— réduire en poussière *Fattata* فتّتَ

EFFROI s.m. *Khaouf* خوف · رُعب · ذُعر

EFFRONTÉ, ÉE adj. *Ouakeh* وقح · قبيح · خالع العذار

EFFRONTERIE s.f. *Ouakahat* وقاحة · قلّة حياء

EFFROYABLE adj. *Mokhif* مخيف · مفزع

EFFUSION s.f. *Encébab* انصباب · دفق

— t. de méd. *Encécab sayel* انسكاب سايل (في الطب)

ÉGAL, ALE adj. *Moçaoui* مساوٍ · معادل

— uni *Motaçaoui* متساوٍ · موازن

ÉGALEMENT s.m. *Moçaouat* مساواة · معادلة · موازنة

— adv. *Aydan* ايضًا

ÉGALER v.a. *Saoua* ساوى · عادَلَ · وازَنَ

ÉGALISATION s.f. *Tasouiat* تسوية · معادلة بين

ÉGALISER v.a. *Saoua bayn* ساوى بين · عادَلَ بين

ÉGALITÉ s.f. *Moçaouat* مساواة

ÉGARD s.m. *Ecram* اكرام · رعاية

— **à cet égard,** loc. prép. *Men kebal zalek* من قِبَل ذلك · عن هذا الخصوص

— **à l'égard de,** loc. prép. *Amma yakhtass bé* عما يختص ب · عما يتعلق ب

ÉGAREMENT s.m. *Dalal* ضلال · تيه

— **d'esprit** *Ekhtêlal âkl* اختلال عقل

ÉGARER v.a. perdre le chemin *Ataha* اتاهَ · شرّدَ · اضاعَ

— jeter dans l'erreur, tromper *Âdalla* أضلَّ · غرّرَ · أغوى

ÉGAYER v.a. *Abçata* أبْسَطَ . سرّ . أبْهَجَ

— **(S')** v.r. *Enbaçata* إنبَسَطَ . انسرّ . ابتهجَ

— les arbres, t. d'hort. *Kallama-l-achdjar* قَلَّمَ الاشجار (في اصطلاح زراعة الحدائق)

ÉGESTIF, IVE adj., t. de méd. *Mokhredj men al kanat el hadmiyat* مُخرج من القناة الهضميّة

ÉGIDE s.f. *Darkat* درقة ج دِرَق . ترس

— au fig. *Hémayat* حماية . ملاذ

ÉGLANDER v.a. *Estaçala-l-ghédad* استأصَلَ الغُدَد

ÉGLANTIER s.m. (plante) *Ouard ol nasrine* ورد النسرين « نبات »

ÉGLISE s.f. *Caniçat* كنيسة ج كنائس . بيعة

ÉGOÏSME s.m. *Hobb ol zat* حُبُّ الذات . طَمَع . انانية . اثرة

ÉGOÏSTE s.m. et f. *Moheb zatehi* محبُّ ذاتهِ . طمّاع . اناني ذواثرة

ÉGORGEMENT s.m. *Zabh* ذبح . نحر

ÉGORGER v.a. *Zabaha* ذَبَحَ . يذبَحُ . نحرَ

ÉGOSILLER (S') v.r. *Babha* بحّ . يبَحّ . صارَ ابحّ

ÉGOUT s.m. *Ballaât* بلّاعة . مجرور

ÉGOUTIER s.m. *Nazzah ol balalî* نزّاح البلاليع . سراباتي

ÉGOUTTER v.a. *Sarrafa-l-mà* صَرّفَ الماء

— le lait *Kataâ-l-laban* قَطَعَ اللبن . اي ازال ماءهُ

— **(S')** v.r. *Fakada maâhou* فَقَدَ ماءهُ . فقَدَ رطوبتهُ

ÉGRAPPER v.a. *Farata-l-ônkoud* فرَطَ العنقود

ÉGRATIGNER v.a. *Khaddacha* خدّشَ . جَلَفَ

ÉGRATIGNURE s.f. *Khedch* خدش . خمش . جلفة

ÉGRENAGE s.m. *Fatt ol habbe* فتُّ الحب

— du coton *Halidj ol kotn* حليج القطن

ÉGRENER v.a. *Fatta* ou *haladja* فتّ . حلجَ

ÉGRISÉE s.f. *Torab ol mas* تراب الماس . وهو الماس الناعم المستعمل لصقل الحجارة الثمينة

ÉGRISER v.a. *Mazzafa-l-mas* لطّف الماس

ÉGRUGEOIR s.m. *Djorn le dak el melh* جرن لدق الملح

ÉGUEULEMENT s.m., t. d'artil. *Tabouiz foubat el madfà* تبويز فوهة المدفع . تكسيرها

ÉGYPTIEN, ENNE s.m. et f. *Mesri* مصري

ÉHERBER v.a., t. d'agr. *Azaka-l-mazrouât* عَزَقَ المزروعات اي ازال العشب المضر للمزروعات

ÉHONTÉ, ÉE adj. *Kalil ol haya* قليل الحياء . خالع العذار

ÉJACULATEUR adj., en anat. *Kazef ol mani* قاذف المني (في التشريح)

ÉJACULATION s.f. *Kazf ol mani* قذفُ المني

ÉJACULER v.a. *Kazafa-l-mani* قذَفَ المني

ÉJECTION s.f. *Ebraz* ابراز . افراز

ÉLABORATION s.f. *Echtéghal* اشتغال

— en méd. *Nodoudj ol maouad* نضوج المواد اي نضوج الاطعمة في المعدة قبل استحالتها الى كيموس

ÉLABORER v.a. *Echtaghala* اشتغل

— t. de méd. *Andadja-l-aghziyat* أنضجَ الاغذية

ÉLAGUAGE s.m. *Taklim ol achdjar* تقليم الاشجار . تقضيب الاشجار . تشحيل

ÉLAGUER v.a, *Kallama-l-achdjar* قلَّمَ الاشجار . قضَّبَ . شحَّلَ

ÉLAN s.m. *Ouasbat* وثبة . هجمة

ÉLANCEMENT s.m. *Enkédad* ou *Ouçoub* انقضاض . وثوب

— t. de méd. *Alam nakhci* ألم نخسي (في الطب)

ÉLANCER (S') v.r. *Ouaçaba* وَثَبَ . يَثِبُ . هَجَمَ . إنقضَ على

ÉLARGIR v.a. *Ouassaâ* وسّعَ . عرّضَ

— mettre en liberté *Atlaka sabilahou* أطلَقَ سبيلهُ . أعتَقَ

ÉLARGISSEMENT s.m. *Taoucî* توسيع . تعريض

— mettre en liberté *Etlak sabil* اطلاق سبيل . عتق

ÉLASTICITÉ s.f. *Morounat* مرونة . تمطّط . لَزَج

ÉLASTIQUE adj. *Maren* مَرِن . متمطّط . لَزِج

* **ELDORADO** s.m. *Eldorado* الدورادو بلاد يقال ان مكتشفها احد قواد بيزار الاسباني وهو فاتح بلاد البيرو في امركا الجنوبية

— au fig. *Bêlad ol raghd oual malaz* بلاد الرغد والملاذ

ÉLECTEUR s.m. *Montakheb* منتخِب. صاحب صوت

ÉLECTIF, IVE adj. *Montakhab* منتخَب. انتخابي

ÉLECTION s.f. *Entékhab* انتخاب

— de domicile, t. de droit *Ettekhaz mahallên mokhtaren* اتخاذ محلٍّ مختارٍ (في القضاء)

ÉLECTRICITÉ s.f., en phys. *Cahrabaïyat* كهربائيّة

ÉLECTRIQUE adj. *Cahrabaï* كهربائي. جذّاب

ÉLECTRISABLE adj. *Kabel ol tacahrob* قابل التكهرب. ممكن جذبه

— au fig. excitable *Sahel ol tahammos* سهل التحمّس. قابل التهيّج

ÉLECTRISER v.a. *Cahraba* كَهْرَبَ. جَذَبَ

— exciter *Haïyadja* هيّجَ. أثارَ

ÉLECTRO-AIMANT s.m., en phys. *Cahrabaïyat maghnaticiyat* كهربائية مغناطيسيّة (في علم الطبيعيات)

ÉLECTRODE s.m. *Kotb ol kahrabaïyat* قطب الكهربائيّة

ÉLECTRO-DYNAMIQUE adj. *Cahrabaïyat motaharrécat* كهربائيّة متحركة

ÉLECTRO-GALVANIQUE adj. *Cahrabaï galouani* كهربائي جلواني او كلفاني

ÉLECTROGÈNE adj. *Moualled ol cahraba* مولّد الكهرباً

ÉLECTROLYSATION, ÉLECTROLYSE s.f. *Tahlil ol cahrabaïyat* تحليل الكهربائيّة

ÉLECTROMÈTRE s.m. *Mekias ol cahrabaïyat* مقياس الكهربائيّة

ÉLECTROMOTEUR, TRICE adj. *Moharreq ol cahrabaïyat* محرّك الكهربائية

ÉLECTRO-NÉGATIF, IVE adj. *Cahrabaï ratendji* كهربائي راتنجي

ÉLECTROPHORE s.m. *Hamel ol cahrabaïyat* حامل الكهربائيّة

ÉLECTRO-POSITIF, IVE adj. *Cahrabaï zedjadji* كهربائي زجاجي

ÉLECTRO-PUNCTURE s.f. *Ouakhz ebri cahrabaï* وخذ ابري كهربائي

ÉLECTRO-THÉRAPEUTIQUE s.f., en méd. *Moâladjat bel cahrabaïyat* معالجة بالكهربائيّة (في الطب)

ÉLECTUAIRE s.m. *Loôuk* لعوق. معجون

ÉLÉGAMMENT adv. *Bedyakat* بعياقة. بظرافة. ببهجة

ÉLÉGANCE s.f. *Ayakat, zarafat* عياقة. ظرافة. بهجة

ÉLÉGANT, ANTE adj. *Ayouk, zarif* عيُوق. ظريف

ÉLÉGIAQUE adj. *Reçaï* رثائي. محزن

ÉLÉGIE s.f. *Merçat* ou *réça* مرثاة. رثاء. مناحة. تأبين

ÉLÉMENT s.m. *ônçor* عنصر ج عناصر

— **transitoire** *ônçor ol entékal* عنصر الانتقال

— **pavimenteux** *ônçor raçafi* عنصر رصفي

ÉLÉMENTS s.m. pl. *Mabadi* مبادي. قواعد. اصول

ÉLÉMENTAIRE adj. *Aouali, ebtédaï* اولي. ابتدائي. اعدادي

— de la nature de l'élément *ônçori* عنصري

ÉLÉPHANT s.m. *Fil* فيل ج فِيَلَة وافيال

ÉLÉPHANTE s.f. *Filat* فيلة. انثى الفيل

ÉLÉPHANTIAQUE adj., t. de méd. *Moçab bedà el fil* مصاب بداء الفيل (في الطب)

ÉLÉPHANTIASIS s.m. *Dà ol fil* داء الفيل (في الطب)

ÉLEVABLE adj. *Kabel ol tarbiat* قابلُ التربية

ÉLEVAGE s.m. *Tarbiat ol hayaouanat* تربية الحيوانات

ÉLÉVATEUR adj., en anat. *Adal rafê* عَضَل رافع (في التشريح)

ÉLÉVATION s.f. *Ertêfâ* ارتفاع. علو

— **de terrain** *Talle* تل ج تلال. رابية. كثيب

ÉLÈVE s.m. *Talmiz* تلميذ. طالب

ÉLEVÉ, ÉE adj. haut *Aâli* عالٍ. مرتفع. سامٍ

— éduqué *Mohazzab* مهذّب. مربّى

ÉLEVER v.a. *Rafaâ* رَفَعَ. رَفَّعَ. علّى

— éduquer *Hazzaba* هَذَّبَ. أدَّبَ. ربّى

— (S') v.r. *Ertafaâ* إرتفعَ. إعتلَى. إرتقى

— se soulever contre *Sara, hadja* ثار يثور. هاج

ÉLEVEUR s.m. *Morabbi-l-hayaouanat* مربّي الحيوانات

ÉLIDER v.a., en gramm. *Hazafa* حَذَفَ يحذِفُ (في الاصطلاح الغراماطيقي)

ÉLIGIBILITÉ s.f. *Kabéliyat ol entékhab* قابلية الانتخاب

ÉLIGIBLE adj. *Kabel ol entékhab* قابلُ الانتخاب

ÉLIMINATION s.f. *Hazf* حذف . إسقاط . اخراج

— en méd. *Efraz* افراز . طرد السموم (في الطب)

ÉLIMINER v.a. *Hazafa* حَذَفَ . أسقَطَ . أخرَجَ . أفرَزَ . طرَدَ

ÉLINGUE s.f., t. de mar. *Sabanat* صبانة . وهو حبل لرفع الاثقال (في الملاحة)

ÉLIRE v.a. *Entakhaba* انتخَبَ

ÉLISION s.f., en gramm. *Hazf* حذف (في الاصطلاح الغراماطيقي)

ÉLITE s.f. *Nokhbat* نخبة . زهرة القوم

ÉLIXIR s.m. *Eccir* اكسير

ELLE pron. de la troisième pers. du f. *Hiya* هي . ضمير شخصي مونث غايب

ELLIPSE s.f., en gram. *Takdir* تقدير . اضمار (في الاصطلاح الغراماطيقي)

— en géom. *Dayérat nakéçat* دائرة ناقصة . مخنى . قطع ناقص (في الهندسة)

ELLIPTIQUE adj. *Takdiri* تقديري . انحرافي

ÉLOCUTION s.f. *Calam, bayan* كلام . بيان . منطق

ÉLOGE s.m. *Madhe* مدح . ثناء . اطناب

ÉLOGIEUX, EUSE adj. *Madhi* مدحي . ثنائي . اطنابي

ÉLOIGNÉ, ÉE p.p. d'éloigner *Baïd* بعيد . قصي

ÉLOIGNEMENT s.m. *Bôd* بعد . ابعاد

— antipathie *Echmézaz* اشمئزاز . استنكاف . نفور

ÉLOIGNER v.a. *Abâada* ابعَدَ

— (S') v.r. *Baôda* بَعُدَ يبعُدُ . غابَ

ÉLOQUENCE s.f. *Façahat* فصاحة . بلاغة

ÉLOQUENT, ENTE adj. *Facih* فصيح . بليغ

ÉLU, UE p.p. et subs. *Montakhab* منتخَب . مختار

ÉLUCIDATION s.f. *Idah* ايضاح . اجلاء . تنوير

ÉLUCIDER v.a. *Aoudaha* أوضَحَ . نوَّر . جلا

ÉLUCUBRATION s.f. *Talif motéeb* تأليف متعب

ÉLUCUBRER v.a. *Bachara talifan motéeban* باشر تأليفًا متعبًا

ÉLUDABLE adj. *Momqen edjténabohou* ممكن اجتنابه . قابل التنحي عنه

ÉLUDER v.a. *Tanahha* تنحّى . تجنّبَ

ÉLYSÉE s.m., t. de myth. *Djannat* جنّة ج جنات (في الاصطلاح الميثولوجي)

ÉLYTRE s.m., en hist. nat. *Djanah ghemdi* جناح غمدي (في التاريخ الطبيعي)

ÉLYTROÏTE ou **ÉLYTRITE** s.f. en méd. *Eltéhab ol mahbal* التهاب المهبل (في الطب

ÉMACIATION s.f. *Nohoul* نحول . نحافة . انهزال

ÉMAIL s.m. *Minu* مينا

ÉMAILLER v.a. *Nakacha* نقش . زيّن بالمينا

ÉMANATION s.f. *Sodour* صدور . اشتقاق

ÉMANATIONS s.f. pl. *Raouayeh, taçaôdat* روائح . تصاعدات

ÉMANCIPATION s.f. *Rafé ol hadjr ân el kacer* رفع الحجر عن القاصر

— affranchissement *Étak* اعتاق . اطلاق الحرية

ÉMANCIPER v.a. *Rafaâ-l-hadjr* رَفَعَ الحجر . أعتقَ . حرّر

— (S') v.r. *Ataka nafsahou* عتق نفسهُ . حرّرَ ذاته

ÉMANER v.a. *Sadara ân* صَدَرَ عن . إشتقّ من

ÉMARGEMENT s.m. *Taâlik âla-l-hamech* تعليق على الهامش

ÉMARGER v.a. *Allaka âla-l-hamech* علّقَ على الهامش

— toucher son traitement *Kabada ratébahou* قبضَ راتبهُ

EMBALLAGE s.m. *Laff ol badayé balat* لفّ البضائع بالات . حزم البضائع

EMBALLER v.a. *Hazama-l-badayé* حزَمَ البضائع . لفّ البضائع

EMBALLEUR s.m. *Attal, hazzam balat* عتّال . حزّام بالات

EMBARBOUILLER v.a. *Chaouacha-l-afcar* شوّشَ الافكار
— **(S')** v.r. *Chaouacha afcarahou* شوّشَ افكارهُ

EMBARCADÈRE s.m., t. de mar. *Maouradat* موردة · رصيف · مرفأ (في الملاحة)

EMBARCATION s.f. *Foloucat* فلوكة · زورق · قارب

EMBARGO s.m. *Heçar fil bahr* حصار في البحر · منع خروج المراكب من المرفأ

EMBARQUEMENT s.m. *Al nozoul fil marcab* النزول في المركب

EMBARQUER v.a. *Nazzala fil marcab* نزّلَ في المركب
— **(S')** v.r. *Nazala fil marcab* نزَلَ في المركب

EMBARRAS s.m. *Ertébac* ارتباك · عائق · تعرقل · تلبُّك
— d'affaires *Ouartat* ورطة · حيرة · هم
— faire des embarras *Tacabbara* تكبّرَ · تعجرَفَ
— **gastrique**, en méd. *Talabboc maêdi* تلبُّك مَعِدِي (في الطب)

EMBARRASSANT, ANTE adj. *Molabbeq* مُلبِّك · محيّر

EMBARRASSER v.a. *Labbaca* لبّكَ · عرْقَلَ · حيّرَ

EMBASE s.f., t. d'arch. *Corsi-l-madkhanat* كرسي المدخنة (في البناء)

EMBATAGE s.m., t. de méc. *Tarqib ol taban* تركيب الطبان اي تركيب الحديد على دائر العجلة (في الميكانيكيات)

EMBÂTER v.a. *Ouadaâ-l-bardaât âla-l-bahim* وضعَ البردعة على البهيم

EMBÂTONNER v.a. *Sallama âça* سلّمَ عصا · سلّحَ بالعصا
— t. d'arch. *Dallaâ* ضلّعَ اي صنع اضلاعًا في بدن العمود (في البناء)

EMBATTRE v.a. *Raccaba-l-taban* ركّبَ الطبان

EMBAUCHAGE s.m., d'ouvriers *Estédjar anfar* استئجار انفار
— action de faire passer des soldats à l'ennemi *Tahrib âçaqer oua erçaleha lel âdou* تهريب عساكر وارسالها للعدو

EMBAUCHER v.a. des ouvriers *Estadjara anfaran* استأجر انفارًا
— chercher à faire déserter le drapeau *Harraba âçaqéran oua arçalaha lel âdou* هرّبَ عساكرًا وارسلها للعدو

EMBAUCHOIR s.m., t. de cordonn. *Kaleb taousî* قالب توسيع « فورما » (في اصطلاح الاسكافيين)

EMBAUMEMENT s.m. *Tahnit* تحنيط · تصبير

EMBAUMER v.a., un corps *Hannata* حنّطَ · صبّرَ
= parfumer *Bakh-khara* بخّرَ · عطّرَ

EMBELLIR v.a. *Hassana* حسّنَ · جمّلَ · زخرفَ

EMBELLISSANT, ANTE adj. *Mohassen* محسّن · مجمّل · مزخرف

EMBELLISSEMENT s.m. *Tahsin* تحسين · تجميل · زخرفة

EMBERLUCOQUER (S') v.r., t. famil. *Taçallaba bérayêhi, cabara* تصلّبَ برايهِ · كابرَ · عاندَ

EMBÊTANT, ANTE adj. *Mozêdj, modayek* مزعج · مضايق

EMBÊTEMENT s.m. *Ezâdj, modayakat* ازعاج · مضايقة

EMBÊTER v.a. *Azâadja, dayaka* ازعجَ · ضايقَ
— **(S')** v.r. *Enzaâdja, tadayaka* انزعجَ · تضايقَ

EMBLÉE (D') loc. adv. *Dafâat ouahédat* دفعة واحدة · كرّة واحدة

EMBLÉMATIQUE adj. *Ramzi* رمزي

EMBLÈME s.m. *Ramz* رمز ج رموز

EMBOIRE v.a., t. de fondeur *Chahhama-l-kaleb* شحّمَ القالب (في اصطلاح السباكين)

EMBOÎTEMENT s.m., t. de chir. *Endemadj ol âzm* اندماج العظم · تعشُّق عظم في اخر (في الجراحة)

EMBOÎTER v.a. *Admadja* أدمجَ · عشّقَ (في الجراحة)

EMBOLIE s.f., t. de méd. *Mesmar damaoui* مسمار دموي · جلطة دموية واقعة في وعاء (في الطب)

EMBONPOINT s.m. *Semn* سمن · نصاحة

EMBOQUER v.a. *Lakkama-l-hayaouan* لقّمَ الحيوان

EMBOSSAGE s.m., t. de mar. *Rami mekhtaf el marcab fil bahre* رمي مخطاف المركب في البحر

EMBOSSER v.a. *Ramâ-l-mekhtaf* رمى المخطاف

EMBOUCHER v.a. *Ouadaâ fahou âla fam alat moucikiyat* وضع فاهُ على فم آلة موسيقية

EMBOUCHURE s.f. *Fam alat moucikiyat* فم آلة موسيقية

— d'un fleuve *Maçabbo nahr* مصبّ نهر

— t. d'artil. *Fam ol madfâ* فمُ المدفع (في الطوبجية)

EMBOUQUEMENT s.m., t. de mar. *Al dokhoul fi madik* الدخول في مضيق

EMBOUQUER v.n., t. de mar. *Dakhala fi madik* دخل في مضيق

EMBOURBEMENT s.m. *Taouhil* توحيل . ايقاع في الوحل

EMBOURBER v.a. *Ouahhala* وَحَّلَ . اربَكَ

— (S') v.r. *Taouahhala* تَوَحَّلَ . تربَّكَ

EMBOURSEMENT s.m. *Kabd nokoud* قبض نقود

EMBOURSER v.a. *Kabada nokoudan* قبَضَ نقودًا . أحرَزَ

EMBOUT s.m. *Hadidat ol âça* حديدة العصا . حديدة في عقب العصا

EMBOUTIR v.a. *Kaffaâ* ou *haddaba* قَفَّعَ . حَدَّبَ

EMBRANCHEMENT s.m. *Moltaka torok* ملتقى طرق . تفرُّع طرق

— de chemin de fer *Farê* فرع . تحويلة

EMBRASEMENT s.m. *Eltêhab* إلتهاب . اضطرام . اشتعال

EMBRASER v.a. *Alhaba* ألْهَبَ . أضْرَمَ . أشْعَلَ

EMBRASSADE s.f. *Moânakat* معانقة . تقبيل

EMBRASSE s.f. *Rebatat sétarat* رباطة ستارة

EMBRASSEMENT s.m. *Moânakat* معانقة . تقبيل

EMBRASSER v.a. *Adnaka* عَانَقَ . قبَّلَ . لثم

— environner *Abata* أحاطَ . أحْدَقَ

EMBRASURE s.f., t. de fort. *Couat ol madfâ* كوّ المدفع « بلوسقالة » (في اصطلاح الاستحكامات)

— d'une fenêtre, t. d'arch. *Mazlakat ol chobbac* مزلقة الشباك (في البناء)

EMBROCATION s.f., t. de méd. *Sabbe* صب . سكب (في الطب)

EMBROCHER v.a. *Saffada* سفَّدَ . شكَّ في السيخ او السفود

EMBROUILLEMENT s.m. *Charbacat* شربكة . لخبطة

EMBROUILLER v.a. *Charbaca* شربَكَ . لخبَطَ

— (S') v.r. *Tacharbaca* تشربك . تلخبط

EMBRUNI, IE adj *Moghayem* مغيَّم . كثيف

EMBRUN s.m., t. de mar. *Moghatta bel dabab* مغطّى بالضباب . مغيّم (في الملاحة)

EMBRYOGÉNIE s.f., en anat. *Tacouin ol djanin* تكوين الجنين (في التشريح)

EMBRYOLOGIE s.f., en anat. *Mabhas fi tacouin el djanin* مبحث في تكوين الجنين

EMBRYON s.m., en anat. *Djanin* جنين ج أجنَّة . علقة

EMBRYOTOMIE s.f., en chir. *Taktî ol djanin* تقطيع الجنين (في الجراحة)

EMBUCHE s f. *Maqiadat* مكيدة ج مكائد . فخ

EMBUSCADE s.f. *Camin* كمين . مرصاد . مكمن

EMBUSQUER v.a. *Camana* كمَنَ يكمُنُ . رصَدَ

ÉMENDER v.a. *Aslaha* أصْلَحَ . هَذَّبَ

— t. de droit *Mahhada* مهَّدَ . أصلَحَ (في القضاء)

ÉMERAUDE s.f. *Zomorrod* زُمرُّد

ÉMERGER v.n., t. de géol. *Kharadja an sath el bahre* خرَجَ عن سطح البحر . برزَ عن وجه الماء (في الجيولوجيا)

ÉMERI s.m. *Senbazedj* ; en Egypte : *Sanfara* سنباذج . صنفره

ÉMERILLON s.m., t. de mar. *Khattaf* خطّاف . خلبوص (في الملاحة)

ÉMÉRITE adj. *Motakaêd* متقاعد وحافظ لقب وظيفته

ÉMERSION s.f. *Aoum* عوم . طفو . خروج عن سطح الماء

— des astres *Chorouk, bozough* شروق . بزوغ

ÉMERVEILLER v.a. *Azhala* أذهَلَ . أدْهَشَ . حيَّرَ

ÉMÉTINE s.f., t. de pharm. *Al asl ol mokayi* الاصل المقيئ (في الصيدلية)

ÉMÉTIQUE s.m. et adj. t. de pharm. *Mokayi* مقيئ . مسبّب القيئ (في الصيدلية)

ÉMÉTO-CATHARTIQUE adj. t. de pharm. *Mokayi moshel* مقيئ مسهل (في الصيدلية)

ÉMETTRE v.a. lancer *Asdara* أصْدَرَ

— exprimer *Aoudaha* أوضَحَ . اظهَرَ

ÉMEUTE s.f. *Fetnat, hayadjan* فتنة . هيجان

ÉMEUTIER s.m. *Raïs ôsbat* رئيس عصبة . محرّك الهيجان

ÉMIETTEMENT s.m. *Fatt* فتّ

ÉMIETTER v.a. *Fatta* فتّ يفتّ

ÉMIGRANT, ANTE adj. *Rahel* راحل . نازح . مهاجر . منسحب

ÉMIGRATION s.f. *Rahil* رحيل . جلاء عن الوطن . مهاجرة . تسحّب

ÉMIGRER v.a. *Rahala* رحل . هجر وطنه . تسحّب

ÉMINCER v.a. *Rakkaka* رقّق . رفّع . قطّع قطعاً صغيرة

ÉMINEMMENT adv. *Lel-ghayat* للغاية . بنوع سام

ÉMINENCE s.f. *Motelle* مطلّ . مشرف

— en méd. *Borouz* بروز . حدبة (في الطب)

— adj. titre de clergé *niafat* نيافة

ÉMINENTISSIME adj. *Kolli ol niafat* كلّي النيافة

ÉMIR s.m. *Amir* امير ج امراء

ÉMISSAIRE s.m. *Saï, raçoul* ساع . رسول . جاسوس

ÉMISSIF, IVE adj. en phys. *Morcel* مرسل . باعث (في الطبيعيات)

ÉMISSION s.f. *Esdar* اصدار . ابراز . توزيع

— en phys. *Ersal* ارسال . خروج . انبثاق (في الطبيعيات)

— **sanguine**, en méd. *Estefragh damaoui* استفراغ دموي (في الطب)

EMMAGASINAGE s.m. *Takhzin* تخزين . خزن . وضع في المخزن

EMMAGASINER v.a. *Khazana* خزن . وضع في المخزن

EMMAILOTTER v.a. *Kammata* قمّط . لفّ الطفل بالقماط

EMMANCHER v.a. *Ouadaâ kabdatan* وضع قبضة . وضع يداً

EMMÊLER v.a. *Khalata* خلط يخلط . لخبط . شبك

EMMÉNAGEMENT s.m. *Nakl ol farch êla-l-bayt* نقل الفرش الى البيت . ترتيب فرش البيت

— t. de mar. *Mahallat ol ékamat oual naoum bel sofon* محلات الاقامة والنوم بالسفن

EMMÉNAGER v.a. *Rattaba farch al bayt* رتّب فرش البيت

EMMÉNAGOGUE adj. *Moderr ol tams* مدرّ الطمث

EMMENER v.a. *Zahaba be* ذهب ب . أخذ مع

EMMEULAGE s.m. *Taconim ol aâchab* تكويم الاعشاب

EMMIELLER v.a. *Assala* عسّل . مزج بالعسل

EMMUSELER v.a. *Cammama* كمّم . وضع الكمام على فم الحيوان

ÉMOI s.m. *Harakat djazâ* حركة جزع . رعب

ÉMOLLIENT, ENTE adj., en méd. *Molay-yen* ملين . محلّل (في الطب)

ÉMOLUMENT s.m. *Morattab* مرتّب . ماهية . جعالة

ÉMONCTOIRE s.m., en méd. *Moçaffi* مصفّ . مخرّج . مفرز (في الطب)

ÉMONDAGE s.m. *Taklim ol achdjar* تقليم الاشجار

ÉMONDER v.a. *Kallama-l-achdjar* قلّم الاشجار

ÉMOTION s.f. *Taassor* تأثّر . انفعال . جزع

ÉMOTIONNER v.a. *Assara* أثّر . حرّك

ÉMOTTEMENT s.m., t. d'agr. *Tacsir ol kolkeil* تكسير القلقيل . اي تلاليع التراب بمعنى تنعيم التراب بعد الفلاحة

ÉMOUCHER v.a. *Nach al zabab* نشّ ينشّ الذباب

ÉMOUCHOIR s.m. *Menach-chat* منشّة

ÉMOUDRE v.a. *Sanna* سنّ يسنّ . شحذ

ÉMOULEUR s.m. *Sannan* سنّان . شحّاذ

ÉMOUSSER v.a. *Sallama-l-had* ثلّم الحد . كسر الحرف . غلّظ الحدّ

ÉMOUSTILLER v. a. *Asarra, abçata* اسرّ . ابسط

ÉMOUVOIR v.a. *Harraca* حرّك . أثّر . راع

— **(S')** v.r. *Taharraca* تحرّك . إضطرب . ارتاع . تأثّر

EMPAILLAGE ou **EMPAILLEMENT** s.m. *Takchich ol caraci* تقشيش الكراسي . وضع القش عليها

— des animaux *Tasbir ol hayaouanat* تصبير الحيوانات . حشوها بالتبن

EMPAILLER v.a. *Hacha bel tebn* حَشَا يحشو بالتبن · صَبَّرَ
EMPAILLEUR, EUSE s.m.et f. d'animaux *Moçabber* مصبّر
— de chaises *Mokach-cheb caraci* مقشّش كراسي
EMPALEMENT s.m. *Khaouzakat* خوزقة · وضع على الخازوق
EMPALER v.a. *Khaouzaka* خوزقَ · وَضعَ على الخازوق
EMPAN s.m. *Chebr* شبر ج اشبار
EMPANACHER v.a. *Chacca richan fi khouzatêhi* شكّ ريشًا في خوذتهِ
EMPANNER v.a. *Ballata* بالطَ (في الملاحة)
EMPAQUETER v.a. *Sarra, laffa* صرَّ يصرُّ · لفَّ · حزَمَ
EMPARER (S') v.r. *Akhaza, estaoula* أخذَ · إستولى · إستحوذَ على
EMPÂTEMENT s.m. *Taddjon* تعجّن
— engraissement des volailles *Tasmin ol tiour* تسمين الطيور
EMPÊCHEMENT s.m. *Ayek, manê* عائق ج عوائق · مانع ج موانع
EMPÊCHER v.a. *Manaâ, âaka* منع يمنع · اعاقَ · صَدَّ · ردَّ
EMPENNER v.a. *Racha-l-sahm* رَاشَ يريشُ السهم · وضع الريش في اسفل السهم
EMPEREUR s.m. *Soltan* سلطان ج سلاطين · امبراطور · قيصر
EMPESAGE s.m. *Tanchiat* تنشية · تصميغ
EMPESER v.a. *Nachcha* نشّى · صمّغ
EMPESTER v.a. *Afçada* أفسَدَ · أعدَى · أزعَج برائحةٍ كريهة
EMPÊTRER (S') v.r. *Tachabbaca* تشبّك · تعرقل
EMPHASE s.f. *Fakhfakhat* فخفخة · تعاظم
EMPHATIQUE adj. *Motadzem* متعاظم · منتفش بالعظمة
EMPHRAXIE s.f., en méd. *Ensêdad* انسداد (في الطب)
EMPHYSÈME s.m. *Enfêzima* انفزيما · انتفاخ المنسوج الخلوي بالهواء

EMPHYTÉOSE s.m. *Al hocre* الحكر · وهو ايجار او حق انتفاع معطى لمدة مستطيلة
EMPHYTÉOTIQUE adj. *Akde ol hocre* عقد الحكر
EMPIERREMENT s.m. *Tahdjir* تحجير · تاسيس بالحجارة
EMPIÉTER v.a. et n. *Taâdda* تعدّى · اعتسف
EMPILAGE s.m. *Tastif* تسفيف · رصّ
EMPILER v.a. *Sattafa* سَتّفَ · رصَّ
EMPIRE s.m. *Saltanat* سلطنة · دولة · مملكة
— autorité *Soltat* سلطة · قدرة · تسلّط
EMPIRER v.a. *Djaâlaho assouà* جعلهُ اسوأ · زادهُ سوءًا
EMPIRIQUE adj. *Tadjribi* تجريبي · امتحاني
EMPIRISME s.m. *Tobbe tadjribi* طب تجريبي
EMPLACEMENT s.m. *Maondê* موضع · مكان · محل
EMPLASTIQUE adj., en méd. *laçouki* لاصوقي · المادة اللاصقة (في الطب)
EMPLÂTRE s.m. *Laskat* لصقة · لبخة · لزقة
EMPLETTE s.f. *Mochtara* مشترى · اشياء مشتراة
EMPLIR v.a. *Malaâ* ملأ يملأ · أفعمَ
EMPLOI s.m. usage *Estêmal* استعمال · تصرّف · تمتّع
— fonction *Ouazifat* وظيفة ج وظائف · خدمة
EMPLOYABLE adj. *Kabel ol estêmal* قابل الاستعمال · ممكن التصرّف بهِ
EMPLOYÉ s.m. *Mostakhdem* مستخدم · متوظف
— hors cadre s.m., t. d'admin. *Khedamat sayerat* خدمة سائرة (في الاصطلاح الاداري)
EMPLOYER v.a. *Estakhdama* إستخدَمَ · وظّفَ
— faire usage *Estaâmla* إستعمَلَ · تصرّفَ في · تمتّع ب
EMPLUMER v.a. *Natafa* نتَفَ ينتِفُ · أزال الريش
EMPOCHER v.a. *Ouadaâ fi djaybêhi* وَضعَ في جيبهِ
EMPOIGNER v.a. *Kabada, maçaca* قبضَ يقبضُ · مسكَ

EMPOIS s.m. *Nacha* نشا · عصيدة · صمغ

EMPOISONNANT, ANTE adj. *Moçammem* مسمّم

EMPOISONNEMENT s.m. *Tasmim* تسميم

EMPOISONNER v.a. *Sammama* سمّم · دسّ السم

EMPOISONNEUR, EUSE adj. *Moçammem* مسمّم

EMPORTÉ, ÉE adj. *Ghadoub, charès* غضوب · شرس

EMPORTEMENT s.m. *Ghadab, charaçat* غضب · شراسة · استنشاطة

EMPORTE-PIÈCE s.m. *Mectâ* مقطع · زَنْبَة صلب

EMPORTER v.a. *Chala* شَالَ يشيلُ · خَطَفَ · رَفَعَ · نَشَلَ

— une place *Fataha énouatan* فتحَ عنوةً · إمتلَكَ بالقوّة

— (S') v.r. *Ghadeba* غضِبَ يغضَبُ · إغتاظَ · استنشاط

EMPOTER v.a. *Ouadâa-l-chodjayrat fil kaçari* وَضَعَ الشجيرات في القصاري

EMPOURPRÉ, ÉE p.p. d'empourprer v.a. *Molaoouan belaoun ordjaouani* ملوّن بلون أُرجواني

EMPOURPRER v.a. *Laou-ouana belaoun ordjaouani* لوّن بلون أُرجواني

EMPREINDRE v.a. *Tabaâ* طبَعَ يطبَعُ · وَسَمَ · دَمَغَ

EMPREINTE s.f. *Tabê* طابع ج طوابع · وسم · علامة · دمغة

EMPRESSÉ, ÉE adj. *Mostâdjel* مستعجل

EMPRESSEMENT s.m. *Mobadarat* مبادرة · استعجال · مسارعة · هرولة

EMPRESSER (S') v.r. *Asraâ* أسرَعَ · بَادَرَ · هَرْوَلَ

EMPRISONNEMENT s.m. *Sedjn* سجن · حبس

EMPRISONNER v.a. *Sadjana* سجَنَ يسجنُ · حبَسَ

EMPROSTHOTONOS s.m., en méd. *Tetanos mokaddam* تيتنوس مقدم · وهو انقباض تشنجي محنٍ للقامة (في الطب)

EMPRUNT s.m. *Ektérad* اقتراض · سلفة · استدانة

EMPRUNTER v.a. *Ektarada* إقترَضَ · تَدَيَّنَ · استَلَفَ

EMPRUNTEUR, EUSE *Moktared* مقترض · مستعير · مستلف

EMPUANTIR v.a. *Antana* أنتَنَ · بَعثَ روائح كريهة

EMPYÈME s.m., en méd. *Tadjammô ol sadid* تجمّع الصديد (في الطب)

EMPYRÉE s.m. *Samâ* سماء · عِلّيون

ÉMU, UE p.p. d'émouvoir *Modtareb* مضطرب · متحرّك · متأثّر

ÉMULATION s.f. *Mobarat* مباراة · مجاراة · مسابقة

ÉMULE s.m. *Mozahem* مزاحم · مبارٍ · مسابق · مجارٍ

ÉMULGENT, ENTE adj., en anat. *Aouïyat mâdjaziyat* اوعية مجزية · اوعية في الكلى (في التشريح)

ÉMULSIF, IVE adj. *Momqen estehlabohou* ممكن استحلابه

ÉMULSION s.f. *Estehlab* ou *mostahleb* استحلاب · مستحلب

ÉMULSIONNER v.a. *Estahlaba* إستحْلَبَ

EN pron. relatif *Menhou, ânhou* منه · عنه (ضمير موصول)

EN prép. *Fi* في · ب

ÉNANTHÈME s.m., t. de méd. *Tafh bateni* طفح باطني (في الطب)

ÉNARRHER v.a. *Dafaâ-l-ôrboun* دفع العربون

ÉNARTHRODIAL, ALE adj., en anat. *Dakhéli* داخلي (في التشريح)

ÉNARTHROSE s.f., en anat. *Mafçal dakhéli* مفصل داخلي (في التشريح)

ENCABLURE s.f., t. de mar. *Toul hable* طول حبل · مقدار مائتي متر تقريبًا (في الملاحة)

ENCADREMENT s.m. *Barouazat* بروزة · وضع برواز

ENCADRER v.a. *Barouaza* بَرْوَزَ · وَضَعَ بروازًا

— t. milit. *Ay-yana* عَيَّنَ · نظّمَ (في الجندية)

ENCAGER v.a. *Ouadaâ belkafas* وَضَعَ بالقفص

ENCAISSE s.f. *Mablagh fil sandouk* مبلغ في الصندوق

ENCAISSEMENT s.m. *Kabd* قبض · تحصيل

ENCAISSER v.a. *Kabada* قَبَضَ يقبِضُ · حصّلَ

ENCAN s.m. *Mazad* مزاد · دلالة

ENCANAILLER v.a. *Ekhtalata mâ el aoubach* اختلط مع الاوباش

ENCANTHIS s.f., t. de méd. *Ouaram maki* ورم ماقي · ورم في زاوية العين (في الطب)

ENCAPUCHONNER v.a. *Takabbad* ou *labeça-l-kébaât* — تقبّع · لبسَ القبعة

ENCAQUEMENT s.m. *Tastif ol sardin fil barmil* — تستيف السردين في البرميل

ENCAQUER v.a. *Sattafa-l-sardin fil barmil* — ستّفَ السردين في البرميل

EN CAS s.m. *Taht ol lozoum* — تحت اللزوم · احتياطي

ENCASTILLAGE s.m., t. de mar. *Al kesm ol zaher men el safinat faouk el mâ* — القسم الظاهر من السفينة فوق الماء

ENCASTILLÉ, ÉE adj. *Markab mertafê ol saouari* — مركب مرتفع الصواري

ENCASTREMENT s.m. *Taâchik* — تعشيق · ادماج

ENCASTRER v.a. *Ach-chaka* — عشّقَ · ادمجَ

ENCEINDRE v.a. *Ahata* — أحاطَ · احدقَ

ENCEINTE adj. *Hobla* — حُبلى ج حبالى حامل ج حوامل

— t. de fort. *Sour* — سور ج اسوار (في الاستحكامات)

— espace clos *Haouche* — حوش ج احواش · حظيرة

ENCENS s.m. *Bakh-khour* — بخور

ENCENSEMENT s.m. *Tabkhir* — تبخير

ENCENSER v.a. *Bakh-khara* — بخّرَ

ENCENSOIR s.m. *Mabkharat* — مبخرة

ENCÉPHALE s.m., en anat. *Démagh* — دماغ (في التشريح)

ENCÉPHALITE s.f., en méd. *Eltéhab ol démagh* — التهاب الدماغ (في الطب)

ENCÉPHALOCÈLE s.f. *Fetk ol démagh* — فتق الدماغ (في الطب)

ENCÉPHALOÏDE adj. et s.m. t. d'anat. *Mokh-khi, démaghi* — مخّي · دماغي (في التشريح)

ENCÉPHALOPATHIE s.f., t. de méd. *Afat mokh-khiyat* — آفة مخية · امراض المخ (في الطب)

ENCHAÎNEMENT s.m. *Ertébat* — ارتباط · تسلسل

— mettre à la chaine *Tazandjor* — تزنجر · تقييد · ادخال في القيد

ENCHAÎNER v.a. *Kay-yada* — قيّدَ · أوثقَ · زنجرَ · غلّلَ

ENCHANTÉ, ÉE p.p. d'enchanter, satisfait *Masrour* — مسرور · منهلّل · مبسوط

— ensorcelé *Mashour* — مسحور · مفتون

ENCHANTEMENT s.m. *Serour* — سرور ابتهال

— ensorcellement *Ensehar* — انسحار · افتنان

ENCHANTER v.a. ensorceler *sahara* — سحرَ · فتنَ

— plaire extrêmement *Sarra, baçata* — سرَّ · بسطَ · هلّلَ

ENCHAPER v.a. *Ouadaâ barmil domn barmil akhar* — وضعَ برميل ضمن برميل اخر

ENCHASSER v.a., *Nazzala* — نزّلَ · رصّعَ

ENCHATONNER v.a. *Nazzala hadjar el khatem* — نزّلَ حجر الخاتم · ركّبَ

ENCHÈRE s.f. *Mazad* — مزاد · دلالة

— folle enchère *Mazad sani âla heçab el mozayed el aoual* — مزاداتي · على حساب المزائد الاول

ENCHÉRIR v.a. *Ouadaâ fil mazad, dallala* — وضعَ في المزاد · دلّلَ

ENCHÉRISSEMENT s.m. *Mazayadat* — مزايدة · مزايدة في الثمن

ENCHÉRISSEUR s.m. *Mozayed* — مزايد · مذود في الثمن

ENCHEVALEMENT s.m. en arch. *Tasnid* — تسنيد (في البناء)

ENCHEVAUCHURE s.f., t. de menuis. *Tarqib chatf kalam* — تركيب شطف قلم (في النجارة)

ENCHEVÊTREMENT s.m. t. de menuis. *Tachabboc* — تشبُّك

ENCHEVÊTRER v.a. *Chabbaca* — شبّكَ

— (S') v.r. *Tachabbaca* — تشبّكَ

ENCHEVÊTRURE s.f., t. de charpentier *Tachbicat* — تشبيكة (في النجارة)

ENCHIFRÈNEMENT s.m. *Zocam* — زكام · رشح

ENCHONDROME s.m., t. de méd. *Ouaram ghodroufi* — ورم غضروفي (في الطب)

ENCLASSER v.a. *Rattaba* — رتّبَ · نظّمَ · صفّ

ENCLAVE s.f. *Ard mohatat bi ard el ghayr* — ارض محاطة بارض الغير · ارض محوطة

ENCLAVEMENT s.m. *Edkhal, ébatat* — ادخال · احاطة

ENCLAVER v.a. *Adkhala, ahata* — أدخلَ · احاطَ

ENCLIN adj. *Mayel ela* — مائل الى · منحنٍ الى

ENCLORE v.a. *Saou-ouana* — صوّنَ · حوّطَ · سيّجَ · سدّ

ENCLOS s.m. *Zaribat* — زريبة · حظيرة · صيرة

ENCLOUAGE s.m. *Tasmir ol madfâ* — تسمير المدفع · لتعطيله

ENCLOUER v.a. enclouer un canon *Sammar al madfâ* سمّر المدفع . سدّ فونية المدفع

ENCLUME s.f. *Sendan* ou *sendal* سندان او سندال

ENCOFFRER v.a. *Ouadaâ fi sandouk* وَضَعَ في صندوق

— au fig., emprisonner *Sadjana* سجن . حبس

ENCOIGNURE s.f. *Reqn* ركن . زاوية (في البناء)

ENCOLLER v.a. *Gharra, laçaka* غرّى . لَصق

ENCOLURE s.f. *Rakabat* رقبة . عنق

— air *Haïât* هيئة . منظر

ENCOMBRE s.m. *Manê* مانع . عائق

ENCOMBREMENT s.m. *Zahmat* زحمة . ازدحام

ENCOMBRER v.a. *Zahama* زحم . إزدحم

ENCONTRE (À L') loc. prép. *Dod* ضد . خلاف . بعكس

ENCORBELLEMENT s. m., t. d'arch. *Takhtabouche* تخبوش . هو بناء بارز راكز على كوابل « ازفار » كالبلكونات (شُرَف) وغيرها

ENCORE adv., de temps *Aydan* ايضاً . كذلك . بعد

ENCOURAGEMENT s. m. *Tachdji* تشجيع . ترغيب . تحريض حض

ENCOURAGER v.a. *Chadjaâ* شجّع . رغّب . حرّض . حضّ

ENCOURIR v.a. *Estaoudjaba* إستوجب . استحق

ENCRASSEMENT s.m. *Ouaçakhat* وَساخة . تجمع الاوساخ

ENCRASSER v.a. *Ouassakha* وسّخ . جمع الاوساخ

ENCRE s.f. *Hebr* حبر . مداد

— **à tampon** *Hebr zayti* حبر زيتي . وهو الحبر الذي يستعمل للاختام

ENCRER v.a., t. d'impr. *Habbara* حبّر (في الطباعة)

ENCRIER s.m. *Daouate* دواة . محبرة ج محابر

ENCROÛTEMENT s.m. *Takach-chor* تقشّر . تكوّن قشور

ENCYCLIQUE s.f. *Manchour babaoui* منشور بابوي

ENCYCLOPÉDIE s.f. *Talif djamê lel êloum* تاليف جامع للعلوم . دائرة معارف (انسيكلوبدية)

ENCYCLOPÉDIQUE adj. *Motaâllek bel talif el djamê lel êloum* متعلق بالتاليف الجامع للعلوم (انسيكلوبدي)

ENDÉMIE s.f., en méd. *Marad ouatani* مرض وطني . موضعي (في الطب)

ENDÉMIQUE adj., t. de méd. *Ouatani* وطني . موضعي (في الطب)

ENDERMIQUE adj. *Djeldi* جلدي

ENDETTÉ, ÉE p.p. d'endetter *Madioun* مديون

ENDETTER v.a. *Djaâlhou madiounan* جعلهُ مديونًا . حمّلهُ دينًا

— **(S')** v.r. *Taday-yana* تديّن . إستدان

ENDIABLÉ, ÉE adj. *Métaâfret* متعفرت . مسكون

ENDIABLER v.n. *Taâfrata* تعفرت . إنسكن

— devenir furieux, enragé *Istachata* استشاط . حنق . كلب

ENDIGUEMENT s.m. *Amal djesre*, en Egypte ; *Amal hadjez*, en Syrie عمل جسر . عمل حاجز

ENDIMANCHER v.a. *Zayana* زيّن . زخرف

— **(S')** v.r. *Tazayana* تزيّن . تزخرف

ENDIVE s.f. (plante) *Hendaba* هندباء

ENDOCARDE s.m., en anat. *Ghêlaf baten el kalb* غلاف باطن القلب (في التشريح)

ENDOCARDITE s.f., en méd. *Altêhab ghêlaf baten el kalb* التهاب غلاف باطن القلب (في الطب)

ENDOCARPE s.m., en bot. *Ghêlaf baten el samar* غلاف باطن الثمر (في النبات)

ENDOCTRINER v.a. *Ouaâza* وعظ يعظ . أرشد

ENDOLORI, IE p.p. et adj. *Motaallem* متالّم . متوجّع

ENDOLORIR v.a. *Allama* ألّم . أوجع

ENDOMMAGEMENT s.m. *Edrâr* اضرار . اتلاف

ENDOMMAGER v.a. *Adarra* اضرّ . أتلف

ENDORMANT, ANTE adj. *Monaouem* منوّم . منيّم . منعّس

ENDORMIR v.a. *Naou-ouama* نوّم . نعّس

— **(S')** v.r. *Nama* نام ينام . نعس

ENDOS s.m. *Tazhir, tahouil* تظهير · تحويل · جيرو

* **ENDOSMOSE** s.f., en phisiol. *Endosmoz* اندسموز · امتصاص داخل (في الفيسيولوجيه)

ENDOSPERME s.m., en bot. *Ghalaf el bezrat* غلاف البزرة (في النبات)

ENDOSSEMENT s.m. *Tazbir, tahouil* تظهير · تحويل · جيرو

ENDOSSER v.a. *Zahhara, haou-ouala* ظهّر · حوّل · جيّر

ENDOSSEUR s.m. *Mozah-her, mohaou-ouel* مظهّر · محوّل · مجيّر

ENDROIT s.m. *Macan* مكان ج امكنة · موضع · محل

ENDUIRE v.a. *Tala* طلى يطلي · دهن

— t. de maçon. *Lay-yaça* ليّس · بطّن · كحّل (في البناء)

ENDUIT s.m. *Dehan* دهان · طلاء

— t. de maç. *Liaçat* لياسة · بطانة · كحلة (في البناء)

ENDURANT, ANTE adj. *Sabour* صبور · طويل البال

ENDURCIR v.a. *Kassa* قسّي · صلّب · يبّس

ENDURCISSEMENT s.m. *Kaçouat* قساوة · صلابة · يبوسة

ENDURER v.n. *Ehtamala* إحتمل · صبر على · قاسى

ÉNERGIE s.f. *Hamaçat* حماسة · قوّة · مروّة · نشاط

ÉNERGIQUE adj. *Hamaci* حماسي · قوي · نشيط

ÉNERGIQUEMENT adv. *Bikouat* بقوّة · بحماسة · بنشاط · بمروّة

ÉNERGUMÈNE s.m. et f. *Mascoun* مسكون · من اعتراهُ لم

ÉNERVANT, ANTE adj. *Mokhabbel* مخبّل · مضعّف

ÉNERVÉ, ÉE p.p. d'énerver *Mokhabbal* مخبّل · مضعوف

ÉNERVER v.a. *Khabbala* خبّل · اضعف

ENFANCE s.f. *Hadaçat* حداثة · صغر · طفوليّة

ENFANT s.m. *Oualad* ولد ج اولاد · طفل · حدث

— garçon *Sabi* صبي ج صبيان · غلام

— fille *Bent* بنت ج بنات · ابنة او كريمة

ENFANTEMENT s.m. *Ouladat* ولادة · وضع

ENFANTER v.a. *Ouladat* ولدت · وضعت

ENFANTILLAGE s.m. *Saghranat, oualdanat* صغرنة · ولدنة · الاتيان باعمال الاولاد

ENFANTIN, INE adj. *Sobiani* صبياني · طفلي

ENFARINÉ, ÉE p.p. d'enfariner *Melaouas beldakik* ملوّث بالدقيق · ملوّث بالطحين

ENFARINER v.a. *Laouaça beldakik* لوّث بالدقيق · رشّ بالدقيق او بالطحين

ENFER s.m. *Djahannam* جهنّم · الجحيم

ENFERMER v.a. *Habaça* حبس يحبس · حجّر

— (S') v.r. *Ekhtala* إختلى · إنفرد

ENFIÉVRER v.a. *Hayadja* هيّج · حرّك · حمّس

ENFILADE s.f., de chambres *Saf ghoraf bi djaneb baddeha badd* صف غرف بجانب بعضها بعض

— en enfilade, loc. adv. *Bidjaneb badd* بجانب بعض

— t. d'artil. tirer en enfilade *El darb ol djanbi* الضرب الجنبي (في الطوبجية)

ENFILER v.a. *Adkhala-l-khayt* أدخل الخيط · أدخل السلك سلّك

ENFIN adv. *Akhiran* اخيرا · الحاصل · النهاية

ENFLAMMER v.a. *Alhaba* ألهب · أشعل · اضرم · اجّج

ENFLÉ, ÉE p.p. d'enfler. *Montafekh* منتفخ · متورّم

ENFLEMENT s.m. *Entéfakh* انتفاخ · تورّم

ENFLER v.a. *Nafakha* نفخ ينفخ · ورّم

— (S') v.r. *Entafakha* إنتفخ · تورّم

ENFLURE s.f. *Entéfakh* انتفاخ · ورم

ENFONCEMENT s.m. *Kaér ou kaá* قعر · قاع · غور

— action d'enfoncer *Khark* خرق · دق · ادخال

— t. de mar. *Derouat* دروة · غناس · جون (في الملاحة)

ENFONCER v.a. quelque chose *Kharaka* خرق · كسر · دقّ · ثقب

ENFONCER v.a. faire entrer *Adkhala* أدخل · غرز · غوّص

ENFOUIR v.a. *Dafana* — دَفَنَ يدفِنُ . طمَرَ . خبَّأ

ENFOURCHER v.a. *Raqiba* — رَكِبَ يركَبُ . فرشخ

ENFOURCHURE s.f. *Tachaôb* — تشعّب . شعبة

ENFOURNEMENT s.m. *Khabz ol âdjin* — خبز العجين . وضع الشيء في الفرن

ENFOURNER v.a. *Khabaza* — خبز . وضع في الفرن

ENFOURNEUR s.m. *Khabbaz* — خبّاز . فرّان

ENFREINDRE v.a. *Khalafa* — خالَفَ . تعدّى

ENFUIR (S') v.r. *Farra* — فرّ يفِرّ . هَرَبَ

ENFUMÉ, ÉE p.p. d'enfumer *Modakh-khan* — مدخّن

ENFUMER v.a. *Dakh-khana* — دخّن . سوّد بالدخان

ENGAGÉ, ÉE p.p. d'engager *Mortabet* — مرتبط . معلّق . داخل في

ENGAGEANT, ANTE adj. *Djazeb* — جاذب . مستميل

ENGAGEMENT s.m. *Taâh-hod* — تعهد . وعد

— mise en gage *Rahana chay mâ hak estêmaleh* — رَهْن شيئًا مع حق استعماله

— combat *Ouakéât* — واقعة ج مواقع . معركة

ENGAGER v.a. *Rahana chayan mâ hak estêmaleh* — رَهَنَ شيئًا مع حق استعماله

— inviter *Daâ* — دَعَا . طَلَبَ

— t. d'arch. *Adakhala fi* — ادخَلَ في (في البناء)

— **(S')** v.r. *Taâhhada* — تعهّدَ . ارتبط

ENGAINÉ, ÉE p.p. d'engainer *Maghmoud* — مغمود . مُغمَد

ENGAINER v.a. *Aghmada* — أغمَدَ

ENGEANCE s.f. *Djence* — جنس . اصل

ENGELURE s.f. *Kachab* — قشب . تورّم الايادي من البرد (توزيم)

ENGENDREMENT s.m. *Taoulid* — توليد

ENGENDRER v.a. *Oualada* — وَلَّدَ

ENGERBER v.a. *Rassa l-sabal* — رَصّ السبل . غمّر الحصيد

ENGIN s.m. *Alat* — آلة ج آلات . اداة

ENGLOBER v.a. *Damma ela* — ضمّ الى . جمعَ الى

ENGLOUTIR v.a. *Balaâ* — بلعَ يبلَعُ . ابتلعَ

ENGLOUTISSEMENT s.m. *Balê* — بلع . ابتلاع

ENGLUER v.a. *Dahana, dabbaka* — دهَنَ يدهَنُ . دبّق

ENGOMMER v.a. *Sammag'a* — صمّغَ . طلَى بالصمغ

ENGONCÉ, ÉE adj. *Akhnas ol ônk* — اخنس العنق . مبلوع الرقبة

ENGORGEMENT s.m. *Ehtekan* — احتقان . انسداد

ENGORGER v.a. *Ehtakana* — احتقَنَ . انسدّ

ENGOUEMENT s.m., au fig. *Gharam* — غرام . انشغاف . ولوع

— en méd. *Sadad* — سدد . امتلا بالدم (في الطب)

ENGOUER (S') v.r. *Taoualla* — تولّعَ . انشغفَ . عشِقَ . تولّه

— t. de méd. *Ençadda* — انسدّ . امتلا بالدم

ENGOUFFRER (S') v.r. *Ghara, ghaça* — غارَ يغورُ . غاصَ . تعمق في

ENGOURDIR v.a. *Khaddara* — خدّرَ . خبّلَ

— **(S')** v.r. *Takhaddara* — تخدّر . تخبّل

ENGOURDISSEMENT s.m. *Khadar* — خدر . خمود . تخبّل

ENGRAIS s.m. *Sabakh* — سباخ . سواد

ENGRAISSANT, ANTE adj. *Meçammen* — مسمّن . معلّف

ENGRAISSEMENT s.m. *Semne, Tasmine* — سمن . تسمين

ENGRAISSER v.a. *Sammana* — سمّنَ . علّفَ

— **les terres** *Sabbakha, saouada* — سبّخ . سوّدَ

ENGRANGER v.a. *Khazanâ-l-ghallat* — خزن يخزنُ الغلّة

ENGRAVEMENT s.m., t. de mar. *Tachbit* — تشحيط . نشوب السفينة في الرمال (في الملاحة)

ENGRAVER (S') v.r. *Chahbata* — تشحّطَ . انشب في الرمل

ENGRENAGE s.m., t. de méc. *Adjalat mouçannanat* — عجلة مسننة . ترس (في الميكانيكيات)

ENGRENER v.n. *Dakhala fi, tachabbaca* — دخَلَ في . تشبّك

ENGRENURE s.f., en anat. *Taâchok* — تعشّق (في التشريح)

— en méc. *Dokhoul ol torous fi bâdêha baâd* — دخول التروس في بعضها بعض . تشبّك (في الميكانيكيات)

ENGUENILLÉ, ÉE adj. *Labes kherak* لابس خرق ٠ لابس اثواب رثّة ٠ متردٍ باسمال بالية

ENGUENILLER v.a. *Albaça kherakan* ألبسَ خرقاً ٠ البس اسمالاً بالية

ENHARDIR v.a. *Djarraa* جرّأ ٠ جسّر

ENHARDISSEMENT s.m. *Tadjriât* تجرئة ٠ تجسير

ÉNIGMATIQUE adj. *Loghzi* لغزي ٠ معمّى ٠ محجّى

ÉNIGMATIQUEMENT adv. *Binaoû loghzi* بنوع لغزي ٠ بصفة معمّاة

ÉNIGME s.f. *Loghz* لغز ٠ معمى ٠ احجيّة ٠ حزّورة

ENIVREMENT s.m. *Socr* سكر ٠ ثمل

ENIVRER v.a. *Ascara* أسكرَ ٠ ثمّلَ

— **(S')** v.r. *Sacara* سكر ٠ ثمِل

ENJAMBÉE s.f. *Fachkhat, khatoûat* فشخة ٠ خطوة

ENJAMBER v.a. *Fachakha, khataâ* فشخ يفشخُ ٠ خطأ ٠ يخطو

ENJEU s.m. *Rasmal ol lééb* راس مال اللعب

ENJOINDRE v.a. *Aouça* اوْصى ٠ فرَضَ ٠ امرَ

ENJOLIVEMENT s.m. *Zakhrafat* زخرفة ٠ تجميل ٠ تزيين

ENJOLIVER v.a. *Zay-yana* زيّنَ ٠ زخرفَ ٠ جمّلَ

ENJOLIVURE s.f. *Zinat* زينة ٠ زخرفة

ENJOUÉ, ÉE adj. *Fareh* فَرِح ٠ بشوش ٠ مسرور

ENJOUEMENT s.m. *Farah* فرح ٠ بشاشة ٠ سرور

ENJOUER v.a. *Farraha* فرّحَ ٠ اسرّ

ENKYSTÉ, ÉE adj. *Motacayas* متكيّس (في الطب)

ENKYSTEMENT s.m. *Takiys* تكيس

ENLACEMENT s.m. *Ehtébac* احتباك ٠ اشتباك

ENLACER v.a. *Habaca* حَبَكَ يحبُكُ ٠ شبَكَ

ENLAIDIR v.a. *Chaouaha, channaâ* شوّهَ ٠ شنّعَ ٠ بشّعَ

ENLAIDISSEMENT s.m. *Tachouih, tachnî* تشويه ٠ تشنيع ٠ تبشيع

ENLÈVEMENT s.m. rapt *Khatf* ٠ خطف ٠ سلب ٠ نشل

— action d'enlever *Chayl* شيل ٠ رفع

ENLEVER v.a. ravir *Khatafa* خطفَ يخطَفُ ٠ سلَبَ ٠ نشلَ

— emporter *Chala* شالَ يشيلُ ٠ رفعَ

ENLIER v.a., t. d'arch. *Lahama-l-bena* لحَمَ البناء ٠ عشّقَ الحجارة (في البناء)

ENLIGNER v.a., t. de charpent. *Ouazana* وزَنَ يزِنُ ٠ وضعَ على خطٍ مستقيم (في النجارة)

— t. de typogr. *Taoudib ol astor* توضيب الاسطر ٠ وزنها (في الطباعة)

ENLIZER v.a. *Ghaça fil raml* غاصَ في الرمل ٠ غبّطَ

ENLUMINER v.a. *Hammara* حمّرَ ٠ لوّنَ ٠ زخرف

— **(S')** v.r. *Ouadaâ laounan ahmar* وضع لوناً احمر على وجهه

ENLUMINURE s.f. *Nakch, talouin* نقش ٠ تلوين ٠ تزويق

ENNÉAGONE s.m., t. de géom. *Zou tessât adlâ* ذو تسعة اضلاع ٠ متسَّع الاضلاع (في الهندسة)

ENNEMI, IE s.m. et f. *Adou* عدو ٠ غريم ٠ خصم

ENNOBLIR v.a. *Charrafa* شرّف

— **(S')** v.r. *Tacharrafa* تشرّف ٠ نال المجد والعظمة ٠ صار شريفاً

ENNUI s.m. *Malal* ملل ٠ ضجر ٠ سآمة

ENNUYANT, ANTE adj. *Momell* مملّ ٠ مضجر ٠ مسئم

ENNUYER v.a. *Mallala* ملّلَ ٠ ضجّرَ

— **(S')** v.r. *Malla* ملّ يملّ ٠ ضجر ٠ سئم

ENNUYEUSEMENT adv. *'Bemalal* بملل ٠ بضجر ٠ بسئامة

ENNUYEUX, EUSE adj. *Momelle* مملّ ٠ مضجر ٠ مسئم

ÉNONCÉ s.m. *Charh* شرح ٠ ايضاح ٠ بيان

ÉNONCER v.a. *Charaha* شرَح يشرَحُ ٠ أوْضحَ ٠ أبان

ÉNONCIATION s.f. *Charh* شرح ٠ ايضاح ٠ بيان

ÉNORGUEILLIR v.a. *Azzama* عظّم ٠ كبّر ٠ نفش ينفش ٠ جعلهُ متجبراً

ÉNORME adj. *Djacim, âzim* جسيم ٠ عظيم ٠ ضخم

ÉNORMÉMENT adv. *Bedja-çamat* بجسامة · بضخم

ÉNORMITÉ s.f. *Djaçamat* جسامة · ضخم

ENQUÉRIR (S') v.r. *Babaça* بَحَثَ يبحث · استقصى

ENQUÊTE s.f. *Bahs, tahkik* بحث · تحقيق · استقصاء

ENQUÊTEUR s.m. *Bahès, mo-hakkek* باحث · محقّق · مستنص

ENRACINÉ, ÉE p.p. d'enraciner *Motamakken* متمكن · ممكّن جذوره في الارض

ENRACINER v.a. *Maccana* مكّنَ · قوّى

— **(S')** v.r. *Taassala, tamaccana* تأصّلَ · تمكّنَ

ENRAGÉ, ÉE p.p. et adj. *Caleb* كَلِب · كلبان

ENRAGER v.n. *Estachata* إستَشَاطَ · حَنِقَ · سَخِطَ · اغتاظ من

ENRAYER v.a. *Aoukafa* أَوْقَفَ · اعاق الدوران · سكّنَ حركة الدوران

ENRAYURE ANNULAIRE s.f. t. d'arch. *Khenziratol bir* خنزيرة البير (في البناء)

ENRÉGIMENTER v.a. *Adkhala fil âscariyat* ادخل في العسكرية

ENREGISTREMENT s.m. *Tasdjil* تسجيل · قيد

ENREGISTRER v.a. *Sadj-jala* سجّل · قيّد

ENRÉGISTREUR s.m. *Mo-kayed* مقيّد · كاتب قيودات

ENRHUMER v.a. *Azcama* ازكم · سبّب زكامًا

— **(S')** v.r. *Zokama* زُكم · اصابهُ زكام

ENRICHIR v.a. *Aghna* أغنى · موّل

— **(S')** v.r. *Eghtana* اغتنى · اثرى · تموّلَ

ENRICHISSEMENT s.m. *Ta-maouol* تموّل · اثرآء · اغتناء

ENROCHEMENT s.m. *Tassis bel hèdjarat fi-l-ma* تاسيس بالحجارة في الماء · تحجير

ENRÔLEMENT s.m. *Takiyd* تقييد · تعيين

ENRÔLER v.a. *Kay-yada* قيّدَ · عيّنَ

— t. de prat. *Kay-yada fil djadoual* قيد في الجدول (في اصطلاح الحاكم)

— **(S')** v.r. *Dakhala fil âscariyat* دخل في العسكرية · تعيّن

ENROUEMENT s.m., t. de méd. *Bohhat* بُحّة · بَحَح الصوت (ضبحة)

ENROUER v.a. *Abahha* أبَحّ · سبّب البُحّة

— **(S')** v.r. *Bahha* بَحّ يبحّ · صار ابحّ

ENROUILLER v.a. *Alhaka-l-sada* الحق الصداء · صدًّا

— **(S')** v.r. *Sadda* صدّى صدِئَ · لحقهُ الصداء

ENROULEMENT s.m. *Laf* لف · التفاف

ENROULER v.a. *Laffa* لَفّ يلُفّ

— **(S')** v.r. *Eltaffa* التفّ

ENSABLEMENT s.m. *Tami* طمي · انسداد الترعة بالرمال التي يجرها التيار

ENSABLER v.a. *Chahhata el safinat fel remal* شحط السفينة في الرمال · ملأ الترعة بالرمال

— **(S')** v.r. *Chahatat-l-safinat* شحطت السفينة · نشبت في الرمال · ملأت الرمال الترعة

ENSABOTER v.a. mettre les sabots à un charrette *Tarqib ol chabt âla-l-ddjalat* تركيب الشحط على العجلة

ENSACHEMENT s.m. *Tâbiyat bel qice* تعبئة بالكيس · تكييس

ENSANGLANTEMENT s.m. *Edma* ادماً · · تخضيب بالدم

ENSANGLANTER v.a. *Adma* أدمَى · خضّبَ بالدم

ENSEINGNE s.f. *Aâlamat* علامة · اشارة

— drapeau *Rayat* راية ج رايات · عَلَم

— de marine *Molazem bahriyat* ملازم بحرية (في الملاحة)

ENSEIGNEMENT s.m. *Tâlim* تعليم

ENSEIGNER v.a. *Aâllama* علّم

ENSELLÉ, ÉE adj. *Masroudj* مسروج

ENSELLER v.a. *Asrâdja* أسرج · وضع السرج على ظهر الفرس

ENSEMBLE s.m. *Djemlat* جملة · اتفاق

— adv. *Seoua* سواء · معًا

ENSEMENCEMENT s.m. *Bazr* بذر · بذار · زراعة

ENSEMENCER v.a. *Bazara* بذَرَ يبذُرُ · زرَعَ يزرَعُ

ENSERRER v.a. *Khazzana* خزّن · حفظ

ENSEVELIR v.a. *Dafana* دفَنَ يدفِنُ · قبَرَ · وارى التراب

— **(S')** v.r. *Ekhtafa* إختَفَى · إختلَى · توارَى

ENSEVELISSEMENT s.m. *Dafn* دفن · قبر · مواراة التراب

ENSORCELER v.a. *Sahara* سحَرَ يسحِرُ · فتَنَ

ENSORCELEUR s.m. *Saher* ساحر · سحّار · فاتن

ENSORCELLEMENT s.m. *Sehr* سحر · فتنة

ENSOUPLE s.f. *Doulab ol hayeq* دولاب الحائك · شوبك

ENSUITE adv. *Somma* ثم · بالتالي · بعد ذلك

ENSUIVRE (S') v.r. *Natadja* نتَجَ · تحصّل

ENTABLEMENT s.m., en arch. *Kharèdjat ol âmoud* خارجة العامود · ماوردة (في البناء)

ENTACHÉ, ÉE p.p. d'entacher *Molaouat* ملوّث · ملطّخ · مبقّع

ENTACHER v.a. *Laouaça* لوّثَ · لطّخَ · بقّعَ

ENTAILLE s.f. *Chek* شِقّ ج شقوق · فرض

ENTAILLER v.a. *Chakka* شَقَّ يشِقُّ · فرَضَ

ENTAILLURE s.f. *Chek* شق · فرض

ENTAMER v.a. *Katad men* قطع من

— une discussion *Badaâ* بدأ · شرع في · أخذ في

ENTASSEMENT s.m. *Tastif* تسنيف · تكويم

ENTE s.f. *Tatim* تطعيم

ENTENDEMENT s.m. *Fahm* فهم · إدراك · عقل

ENTENDRE v.a. *Samêâ* سمِعَ يسمَعُ

— comprendre *Fahèma* فهِمَ يفهَمُ · ادرك

— **(S')** être d'accord v.r. *Ettafaca mâ* اتفق مع

ENTENDU, UE p.p. d'entendre *masmoû* مسموع

— compris *Mafhoum* مفهوم · معقول

— **bien entendu** loc.conj. *Men al mâloum* من المعلوم · من المفهوم

ENTENTE s.f. *Ettefak* اتفاق

ENTER v.a. *Taâma-l-achdjar* طعّم الاشجار

ENTÉRALGIE s.f., t. de méd. *Alam maêdi* الم معدي (في الطب)

ENTÉRÉPIPLOCÈLE s.f., t. de méd. *Fetk serbi maâoui* فتق ثربي معوي (في الطب)

ENTÉRINER v.a., t. de prat. *Sadaka rasmiyan âla akd ma* صدّقَ رسميًا على عقدٍ ما

ENTÉRIQUE adj., t. de méd. *Maâoui* معوي (في الطب)

ENTÉRITE adj. *Eltèhab ol maâ* التهاب المعاء

ENTÉROCÈLE s.f. *Fetk maâoui* فتق معوي

ENTÉRO-COLITE s.f., t. de méd. *Eltèhab maâoui koloni* التهاب معوي قولوني (في الطب)

ENTÉROHÉMIE s.f., t. de méd. *Ehtèkan maâoui* احتقان معوي (في الطب)

ENTÉRO-HÉMORRHAGIE s.f., t. de méd. *Nazif maâoui* نزيف معوي (في الطب)

ENTÉRORRHÉE s.f., t. de méd. *Nazlat maâouiyat* نزلة معوية (في الطب)

ENTÉROTOME s.m., t. de chir. *Mekas ol amâa* مقص الامعاء (في الجراحة)

ENTÉROZOAIRE adj. *Didan maâouiyat* ديدان معوية (في الطب)

ENTERREMENT s.m. *Djènazat* جنازة · مشهد

— action d'enterrer *Dafn* دَفن · قبر · مواراة في التراب

ENTERRER v.a. *Dafana* دفَنَ يدفُنُ · قبر · لحَدَ · رمَسَ وارى التراب

— au fig. *Khabbaâ* خبّأ · طمَرَ

EN-TÊTE s.m. *Tarouiçat* ترويسة · ما يكتب في اول الصفحة

ENTÊTÉ, ÉE adj. et subs. *Anid* عنيد · مصلّب الرأي

ENTÊTEMENT s.m. *Ênad* عناد · تصلّب بالرأي · مكابرة

ENTÊTER (S') v.r. *Cabara* كابرَ · عانَدَ · تصلّبَ برأيه

ENTHOUSIASME s.m. *Hamiyat* حميّة · حماسة

ENTHOUSIASMER v.a. *Hayadja* هيّجَ · حمّسَ · حمّى

— **(S')** v.r. *Tahayadja* تهيّجَ · تحمّسَ · حمِيَ

ENTHOUSIASTE s.m. et f. *Motahammes* متحمّس · متهيّج

ENTICHER (S') v.r. *Taâllaka* تعلّق · تمسّك · تشبّث

ENTIER, ÈRE adj. *Camel* كامل · تام

ENTITÉ s.f., t. de philos. *Zatiyat* ذاتية · جوهر · كون · وحدة (في الفلسفة)

ENTOMOLOGIE s.f. *Êlm ol hachrat* علم الحشرات

ENTONNER v.a. *Mala-l-barmil* ملأ البرميل · سكب

— un air *Ebtadaâ bèlahn* ابتدأ بلحن

ENTONNOIR s.m. *Komô* قمع

ENTORSE s.f. *Facq* فك · التواء القدم (فكش)

ENTORTILLEMENT s.m. *Fatl* فتل · تشبيك

ENTORTILLER v.a. *Fatala* فتل يفتل · شبّك

— (S') v.r. *Eltaffa* إلتفّ على · تعقّد

ENTOURAGE s.m. *Atbâ* اتباع · حوسة

ENTOURER v.a. *Ahdaka* أحدق · احاط · ادار · شمل

ENTOZOAIRES s.m. pl., t. de méd. *Didan batênat* ديدان باطنة (في الطب)

ENTR'ACTE s.m. *Fatrat bayn faslayn* فترة بين فصلين (في التشخيص)

ENTRADOS s.m., t. d'arch. *Dakhel ol âkd* داخل العقد (في البناء)

ENTR'AIDER (S') v.r. *Taâouana* تعاون · تساعد

ENTRAILLES s.f. pl., t. d'anat. *Ahchâ* احشاء · امعاء (في التشريح)

ENTRAIMER (S') v.r. *Tahababa* تحابا · تبادلا الحب

ENTRAÎNANT, ANTE adj. *Djazeb* جاذب · مميل

ENTRAÎNEMENT s.m. *Endjèzab* انجذاب · ميل

ENTRAINER v.a. *Djazaba* جذب · استمال

ENTRAIT s.m., t. d'arch. *Maddadat ofkiyat lel djamaloun* مدادة افقية للجمالون · عرق حامل السقف (في البناء)

ENTRAVES s.f. pl., *Kioud* قيود · وثاقات

— fig. *Aouayek* عوائق · موانع

ENTRE prép. *Bayn* بين · ما بين

ENTRE-BÂILLER v.a. *Chak-ka-l-bab* شقّ الباب · فتحه قليلا

ENTRE-CHOQUER (S') v.r. *Talatama* تلاطم · تقادم

ENTRECOUPÉ, ÉE adj. *Monkatê* منقطع

ENTRE-CROISEMENT s.m., en méd. *Taçalob* تصالب (في الطب)

ENTRE-DEUX s.m. *Ma bayn esnayn* ما بين اثنين

ENTRÉE s.f. *Madkhal* مدخل ج مداخل · معبر

— d'une porte, t. d'arch. *Darkat ol bab* دركة الباب (في البناء)

— droit d'entrée *Rasm Dokhoulzat* رسم دخولية

— s.f. pl., t. de comm. *Daftar ol ouared* دفتر الوارد · دفتر الداخل

ENTREFAITES (SUR CES) loc adv. *Fi asna zaleq* في اثناء ذلك · في غضون ذلك

ENTRELACÉ, ÉE p.p. d'entrelacer *Mohtabec* محتبك · ملتف

ENTRELACER v.a. *Habaca* حبك يحبك · شبك

ENTREMÊLER v.r. *Khalata* خلط يخلط · مزج

ENTREMETS s.m. pl. *Mokhallalat* مخللات · مكبوسات

ENTREMETTEUR, EUSE s.m. *Ouaçètat* واسطة · وسيط

— en mauvaise part *Kaouad, acrout* قواد · عكروت · ديوس

ENTREMETTRE (S') v.r. *Taouassata* توسّط · دخل بين

ENTREMISE s.f. *Ouasetat* واسطة

ENTREPONT s.m., t. de mar. *Tabek fil safinat bayn ol couertat ouel daour el çani* طابق في السفينة بين الكوارتة والدور الثاني (في الملاحة)

ENTREPOSER v.a. *Khazana* خزن · أودع في المخزن

ENTREPÔT s.m. *Makhzan* مخزن · حاصل · مستودع

ENTREPRENANT, ANTE adj. *Djaçour* جسور · صاحب اقدام · مقدام

ENTREPRENDRE v.a. *Charaâ* شرع يشرع · بادر · باشر

ENTREPRENEUR s.m. *Motaâhed, mokaouel* متعهد · مقاول · مكفل ب

ENTREPRISE s.f. *Machroû, mokaoualat* مشروع · مقاولة

ENTRER v.a. *Dakhala* دخل

ENTRE-SOL s.m., t. de constr. *Daour masrouk* دور مسروق · دور مسحور (في البناء)

ENTRETENIR v.a. *Sana* صان يصون · حفظ

— parler à *Khataba* خاطب · حادث · تكلم مع

ENTRETIEN s.m. *Sianat* — صيانة . حفظ

— conversation *Mokhatabat* — مخاطبة . محادثة . مذاكرة

ENTRETOISE s.f. *Djaouitat* — جاويطة . قنيز . عارضة حزم
وهي قطعة من خشب أو حديد توصل بين قطعتين وتقويهما

ENTREVOIR v.a. *Lamaha* — لمح يلمح . لحظ

ENTREVUE s.f. *Mouadjahat* — مواجهة . مقابلة

ENTROUVRIR v.a. *Fataha kalilan* — فتح قليلاً . شق الباب

ÉNUMÉRATION s.f. *Têdad* — تعداد . عدد

ÉNUMÉRER v.a. *Âdda* — عدّ يعدّ . حسب

ÉNURÉSIE s.f., en méd. *Taçalçol ol baoul* — تسلسل البول اي عدم اطاقة
امساك البول (في الطب)

ENVAHIR v.a. *Aghara âla* — أغار على . حمل على . إستولى

ENVAHISSEMENT s.m. *Gharat* — غارة . هجمة . استيلاء

ENVAHISSEUR s.m. *Moghir* — مغير . غاز . مهاجم . مستول

ENVELOPPE s.f. *Moghallaf* — مغلف . غلاف

— de lettre *Moghallaf, zarf* — مغلف . ظرف

ENVELOPPEMENT s.m. *Laffe* — لف . تغليف

ENVELOPPER v.a. *Laffa* — لف يلف . غلف

ENVENIMER v.a. *Samma* — سم . سمم . دس السم

— (S') v.r. (une plaie) *Daghala-l-djorh* — دغل الجرح . نغل . فسد

ENVERGURE s.f., t. de mar. *Mastarat* — مسطرة اي ترتيب القلوع
على السواري بعرضها (في الملاحة)

— des ailes d'un oiseau *Fathat adjnêhat el tayr* — فتحة اجنحة الطير

ENVERS s.m. *Kafa-l-nacidj* — قفا النسيج « قلبة »

— (A L') loc. adv. *Ala-l-kafa* — على القفا . بالمقلوب

— prép. *Nahou* — نحو . بخصوص . بشأن

ENVI (À L') loc. adv. *Ghirat* — غيرة . مزاحمة

ENVIABLE adj. *Mostahek ol haçad* — مستحق الحسد

ENVIE s.f. *Haçad* — حسد

— désir *Raghbat* — رغبة . اشتهاء

ENVIE s.f., taches que les enfants apportent en naissant *Ouahmat* — وحمة

ENVIER v.a. *Haçada* — حسد يحسد . غار من

ENVIEUX, EUSE adj. *Haçoud* — حسود

ENVIRON adv. *Nahou* — نحو . زهاء . ما يقارب

ENVIRONS s.m. pl. *Djeouar* — جوار . حول . انحاء . اطراف
ارباض

ENVIRONNER v.a. *Ahata* — احاط . ادار ب . أحدق

ENVISAGER v.a. *Nazara fi* — نظر في . لاحظ . تأمل

ENVOI s.m. *Reçalat* — رسالة . ارسالية

ENVOLER (S') v.r. *Tara* — طار يطير

ENVOYÉ, ÉE s.m. et f. *Raçoul* — رسول . مبعوث

ENVOYER v.a. *Arçala* — أرسل . بعث

ENVOYEUR s.m., t. de comm. *Al racel* — الراسل . المصدر
(في التجارة)

ÉPAGNEUL s.m. *Calb sayd* — كلب صيد

ÉPAIS, AISSE adj. *Samiq* — سميك . غليظ . كثيف

ÉPAISSEUR s.f. *Samacat* — سماكة . ثخن . غلاظة . كثافة

ÉPAISSIR v.a. *Djammada* — جمد . سمك . خثر

ÉPAISSISSANT, ANTE adj. *Modjammed* — مجمد . مسمك . مخثر

ÉPAISSISSEMENT s.m. *Djomoud* — جمود . كثافة . تخثر

ÉPAMPRAGE s.m. *Tankiat ol daouali* — تنقية الدوالي . تقليم الكرمة

ÉPANCHEMENT s.m. *Ensébab* — انصباب . اندفاق . انسكاب

— au fig. *Mofaouadat kalbiyat* — مفاوضة قلبية

ÉPANCHER (S') v.r. *Faouada* — فاوض مفاوضة قلبية

ÉPANOUIR v.a. *Fattaha-l-zahr* — فتح الزهر

— fig. réjouir *Sarra, faraha* — سر يسر . فرح . شرح يشرح

— (S') v.r. en parlant des fleurs *Tafattaha-l-zahre* — تفتح الزهر

— se réjouir *Ençarra, faréha* — انسر . فرح . انشرح

ÉPANOUISSEMENT s.m. des fleurs *Taftih ol zahre* تفتح الزهر
— réjouissance *Sorour, enchérah* سرور · انشراح · انبساط
ÉPARGNE s.f. *Taoufir* توفير · اقتصاد · استبقاء
ÉPARGNER v.a. *Estabka* إستبقى · وفّر · إقتصد
— quelqu'un *Achfaka âla* أشفق على · ترفّق ب
ÉPARPILLEMENT s.m. *Tafrik* تفريق · تشتيت · تبديد
ÉPARPILLER v.a. *Farraka* فرّق · شتّت · بدّد
ÉPARS, SE adj. *Motafarrek* متفرّق · منثور · متبدّد · متشتّت
ÉPATÉ, ÉE adj. *Aftas* افطس · مفالطح · منفرش الانف متطامن قصبة الانف
ÉPATEMENT s.m. *Fatas* فطس · تفلطح
ÉPATER v.a. *Caçara redjl al cas* كسر رجل الكاس
— t. popul. *Taâdj-jaba* تعجّب · اندهش · انذهل
ÉPAULE s.f. *Catef* كتف · متن
ÉPAULEMENT s.m., t. de fort. *Metras* متراس (في الاستحكامات)
— t. d'arch. *Hayet saned* حائط ساند (في البناء)
ÉPAULER v.a. *Nach-chana* نشّن · القى كرنافة البارودة على الكتف للنيشان
ÉPAULETTE s.f., t. milit. *Rommanat qetf* رمانة كتف « اسبليطة » (في العسكرية)
ÉPAVE s.f., t. mar. *Hetam ol safinat* حطام السفينة · بواقيها بعد انكسارها
— en jurisp. *Chay mohmal* شيء مهمل · غير معروف صاحبه (في القضاء)
ÉPÉE s.f. *Sayf* سيف ج سيوف · حسام
ÉPELER v.a. *Hadj-ja* هجّا
ÉPELLATION s.f. *Tahdjiyat* تهجئة
ÉPENDYME s.m., en anat. *Ghecha botaynat ol mokh* غشاء بطينات المخ (في التشريح)
ÉPERDU, UE adj. *Hayran* حيران · ولهان
ÉPERDUMENT adv. *Behayrat* بحيرة · بولوه · بوله

ÉPERON s.m. *Mehmaz* مهماز · مخس
— de muraille, t. de const. *Daâmat* دعامة · بغلة · راس (في البناء)
— de navire de guerre *Taliman* طليان · شوكة بوردة المركب وهي آلة للدفاع تكون في مقدم السفينة تخرق السفينة التي تلطم بها (في الملاحة)
ÉPERONNER v.a. *Hamaza-l-faras* همز الفرس · نخس
ÉPERVIER s.m. *Bazi* بازي ج بزاة · باشق (صقر)
— filet de pêche *Chabacat le sayd el asmac* شبكة لصيد الاسماك
— t. de chir. *Robat ol enf* رباط الانف (في الجراحة)
ÉPHÉMÈRE adj. *Ebn yaoumeh, yaoumi* ابن يومه · يومي
ÉPHÉMÉRIDES s.f. pl. *Takouim yaoumi* تقويم يومي
ÉPI s.m. *Sonbolat* سنبلة · سبلة
— t. d'arch. *Ras* رأس (في البناء)
ÉPICARPE s.m. *Bacharat ol samar* بشرة الثمر
ÉPICE s.f. *Tabel* تابل · بهار · عطارة
ÉPICER v.a. *Tabbala* تبّل · وضع بهارات في
ÉPICERIE s.f. *êtarat, bekalat* عطارة · بقالة · محل مبيع بهارات
ÉPICIER, IÈRE s.f. *Bakkal* بقّال · عطّار · بياع بهارات
ÉPICRÂNE adj., en anat. *Sefak ol djemdjemat* صفاق الجمجمة (في التشريح)
ÉPICURIEN, ENNE adj. *Chahouani* شهواني · محب الملاذ
ÉPIDÉMIE s.f. *Ouabâ* وباء · مرض منتشر معدٍ
ÉPIDÉMIQUE adj. *Ouabaï* وبائي
ÉPIDERME s.f. *Bacharat* بشرة · الطبقة الظاهرة من الجلد
ÉPIDERMIQUE adj. *Bachari* بشري · مختص بالبشرة
ÉPIDIDYME s.m., en anat. *Barbakh* بربخ · وهو جزء اعلا الخصية (في التشريح)
ÉPIDIDYMITE s.f., en méd. *Eltébab ol barbakh* التهاب البربخ (في الطب)
ÉPIER v.a. *Rakaba* راقب · رصد

ÉPIERREMENT s.m. *Ezalat ol hedjarat* ازالة الحجارة

ÉPIERRER v.a. *Azala-l-hedjarat* أَزَالَ الحجارة

ÉPIEU s.m. *Harbat* حربة

ÉPIGASTRALGIE s.f., en méd. *Alam characifi* الم شراسيفي (في الطب)

ÉPIGASTRE s.m., en anat. *Al characif* الشراسيف وهو الجزء العلوي من البطن (في التشريح)

ÉPIGASTROCÈLE s.f., en méd. *Fetk characifi* فتق شراسيفي (في الطب)

ÉPIGÉ, ÉE adj., en bot. *Kharedj ân el ard* خارج عن الارض او فوق الارض (في النبات)

ÉPIGENÈSE s.f. *Tanaçol* تناسل

ÉPIGLOTTE s.f., en anat. *Leçan ol mezmar* لسان المزمار · غالق الحنجرة (في التشريح)

ÉPIGRAMME s.m. *Hadjou* هجو · قدح

ÉPIGRAMMATIQUE adj. *Hadjoui* هجوي · قدحي

ÉPIGRAPHE s.f. *Tarikh kétab* تاريخ كتاب · عنوان كتاب

ÉPIGYNE s.f., en anat. *Aâla-l-mabid* اعلا المبيض (في التشريح)

ÉPILATION s.f. *Natf ol chaâr* نتف الشعر

ÉPILATOIRE adj. *Natef* ناتف · مستعمل للنتف

ÉPILEPSIE s.f., en méd. *Al sarâ* الصرع · داء النقطة · داء اللبسة (في الطب)

ÉPILEPTIQUE adj., en méd. *Masroû* مصروع · مصاب بداء النقطة ملبوس

ÉPILER v.a. *Natafa* نَتَفَ ينتُفُ

ÉPILEUR, EUSE s.m. et f. *Nattaf* نتّاف الشعر

ÉPILOGUE s.m. *Khatémat* خاتمة

ÉPILOGUER v.a. *Lama* لَامَ يلومُ · عاب · عيَّر

ÉPINARDS s.m. pl., (plante) *Esfinakh, sabanekh* اسفيناخ · سبانخ « نبات »

ÉPINE s.f. *Chaoucat* شوكة

— **dorsale**, t. d'anat. *Salsalat ol zahr* سلسلة الظهر · فقار الظهر

ÉPINEUX, EUSE adj. t. d'anat. *Mochaoueq* مشوّك · كثير الاشواك

— au fig. *Saêb* صعب · متعب · شاق

ÉPINGLE s.f. *Dabbous* دبوس ج دبابيس

ÉPINGLER v.a. *Chacca bel dabbous* شَكَّ بالدبوس

ÉPINGLIER s.m. *Sanê ol dababis* صانع الدبابيس · بائع الدبابيس

ÉPINIÈRE s.m. (moelle), en anat, *Chaouqi* شوكي « نخاع » (في التشريح)

ÉPIPHANIE s.f. *Id ol ghétas* عيد الغطاس

ÉPIPHORA s.m., en méd. *Tadammô* تدمّع · كثرة سيلان الدموع (في الطب)

ÉPIPHYSE s.f. *Taraf ol âzm* طرف العظم · نتوّ (في التشريح)

ÉPIPHYTE adj., en bot. *Motaçallek* متسلّق · نامٍ على غيرهِ (في النبات)

ÉPIPLOCÈLE s.f. *Fetk sarbi* فتق ثربي

ÉPIPLOÏQUE adj., en anat. *Sarbi* ثربي (في التشريح)

ÉPIPLOÏTE s.f., en méd. *Eltéhab ol sarb* التهاب الثرب

ÉPIPLOMPHALE s.f. *Fetk sarbi sorrati* فتق ثربي سُرّي

ÉPIPLOON s.m., en anat. *Sarb* ثَرب ج ثروب · برقع الاحشاء البطنية · هو شحم رقيق يغشي الكرش والامعاء (في التشريح)

ÉPIQUE adj. *Achaâr hamaciyat* اشعار حماسية · نظم مواقع الابطال

ÉPISCOPAL, ALE adj. *Oskofi* اسقفي

ÉPISCOPAT s.m. *Oskofiyat* اسقفية · دار الاسقف · مترو بوليتخانة · مطرانخانة

ÉPISIOCÈLE s.f., en méd. *Sokout ol mahbal* سقوط المهبل (في الطب)

ÉPISODE s.m. *Hadéçat* حادثة معترضة

ÉPISPADIAS s.m. *Enfétah madjra-l-baoul ela-l-djehhat el ôlia* انفتاح مجرى البول الى الجهة العليا (في الطب)

ÉPISPASTIQUE adj., t. de pharm. *Monaffet* منفّط حرّاقي (في الصيدلية)

ÉPISPERME s.m., en bot. *Ghehlaf zaher ol bezrat* غلاف ظاهر البذرة (في النبات)

ÉPISSOIR s.m., t. de mar. *Cobulat hadid* كوبلة حديد وهي آلة كالخراز لحل الحبال (في الملاحة)

ÉPISTAXIS s.f., en méd. *Roaf* رعاف. نزيف انفي (في الطب)

ÉPISTOLAIRE adj. *Enchaï* انشائي. ترسُّلي

ÉPISTYLE s.m., t. d'arch. *Hammal* حمَّال (في البناء)

ÉPITAPHE s.f. *Tarikh kabr* تاريخ قبر. تابين يكتب على الضريح

ÉPITHALAME s.m. *Kacidat ol èrs* قصيدة العرس. قصيدة دعاء للعروسين

ÉPITHÉLIOMA s.m., en méd. *Ouaram bachri makhati* ورم بشري مخاطي (في الطب)

ÉPITHÉLIUM s.m., en anat. *El bachrat ol mokhatiyat* البشرة المخاطية. بشرة الاغشية المخاطية (في التشريح)

ÉPITHÈTE s.f. *Naât* نعت. وصف

ÉPITOMÉ ou **ÉPITOME** s.m. *Makhtaçar qétab* مختصر كتاب. ملخص كتاب

ÉPÎTRE s.f. *Réçalat* رسالة ج رسائل

ÉPIZOAIRE s.m., hist. nat. *Hayaouan djeldi* حيوان جلدي (في التاريخ الطبيعي)

ÉPIZOOTIE s.f. *Ouaba-l-hayaouanat* وباء الحيوانات

ÉPLORÉ, ÉE adj. *Baqi, hazin* باكٍ. حزين. كئيب

ÉPLUCHAGE ou **ÉPLUCHEMENT** *Tanzif* تنظيف. تنقية. تقشير

ÉPLUCHER v.a. *Nazzafa* نظَّف. نقَّى. قشَّر

ÉPLUCHURES s.f. pl. *Kochour* قشور. اوساخ

ÉPONGE s.f. *Esfendjat* إسفنجة

ÉPOPÉE s.f. *Kaçayed fi maouakê el djababérat* قصائد في مواقع الجبابرة. اشعار حماسية

ÉPOQUE s.f. *Tarikh* تاريخ. عصر. زمان. حِقبة

ÉPOUDRER v.a. *Nafada* نفَضَ ينفُضُ. ازال الغبار

ÉPOUFFER (S') v.r. *Dahéca bicheddat* ضحك بشدَّة. تقهقه

EPOUILLER v.a. *Falla-l-ras* فلَّى الراس. نقَّى القمل

ÉPOUMONER v.a. *Ataâb-al-rïat* أتعبَ الرئة

ÉPOUSAILLES s.f. pl. *Zéjaf* زفاف. قران. عرس

ÉPOUSE s.f. *Zaoudjat* زوجة. قرينة

ÉPOUSÉE s.f. *Arous* عروس ج عرائس

ÉPOUSER v.a. *Zaouadja* زَوَّجَ. أقْرَنَ

— **(S')** v.r. *Tazaouadja* تَزَوَّجَ ب. اقترن

ÉPOUSSETAGE s.m. *Tanfid* تنفيض. تنظيف. ازالة الغبار

ÉPOUSSETER v.a. *Nazzafa* نظَّفَ. نفَّضَ. ازال الغبار

ÉPOUSSETTE s.f. *Forchat tanfid* فرشة تنفيض. منفضة

ÉPOUVANTABLE adj. *Rahib* رهيب. مرعب. مرجف

ÉPOUVANTABLEMENT adv. *Bérahb* برهب. برعب. بخوف

ÉPOUVANTAIL s.m. *Khayal morheb* خيال مرهب

ÉPOUVANTE s.f. *Raâbat* رعبة. رجفة. خوف

ÉPOUVANTER v.a. *Araâba* أرْعَبَ. ارهَبَ. خوَّفَ

— **(S')** v.r. *Ertaâba* إرْتعبَ. ارتجفَ. خاف. ارتاع

ÉPOUX s.m. *Zaoudj* زوج. بعل. قرين

ÉPREINDRE v.a. *Aâçara* عَصرَ يعصِرُ

ÉPREINTES s.f. pl., t. de méd. *Taânni* تعنّي (في الطب)

ÉPREUVE s.f. essai *Emtéhan* امتحان. اختبار. تجربة

— calamité *Baliyat* بليَّة ج بلايا. محنة

ÉPRIS, ISE adj. et p.p. *Mouallâ* مولع. عاشق. مغرم

ÉPROUVER v.a. *Djarraba* جرَّبَ. اختبر

ÉPROUVETTE s.f., en chir. *Mekhbar* مخبار «آلة جراحيَّة»

ÉPUCER v.a. *Falla-l-baraghite* فلَّى البراغيث

ÉPUISEMENT s.m. *Edmehlal* اضمحلال. انحطاط. ضعف

ÉPUISER v.a. *Nach-chafa* نشَّف. فرَّغ. نزح

— **(S')** v.r. *Dania* ضنِيَ. اضمحل

ÉPUISETTE s.f. filet *Djarrafat* جرافة وهي شبكة لصيد الاسماك

ÉPURATION s.f. ou **ÉPUREMENT** s.m. *Tankiyat* تنقية · تصفية · تطهير

ÉPURER v.a. *Nakka* نقّى · صفّى · طهّر

ÉPURGE s.f. (plante) *Chabram* شبرم « نبات »

ÉQUARRIR v.a. une pierre *Rabbaâ-l-hadjar* ربّع الحجر

— un animal *Kasaaba-l-hayaouan* قصّب الحيوان · قطّع

ÉQUARRISSAGE s.m. du bois ou de la pierre *Tarbi* تربيع

— d'animaux *Takcib ol hayaouan* تقصيب الحيوان · تقطيعة

ÉQUATEUR s.m. *Khat ol estéoua* خط الاستواء

ÉQUATION s.f., t. de math. *Moâdalat* معادلة · نسبة جبرية (في الرياضيات)

ÉQUERRE s.f., t. de géom. *Zaouyat* زاوية · مثلّث (في الهندسة)

— d'arpenteur *Mossallas massah* مثلّث مسّاح

ÉQUESTRE adj. *Sourat raqeb* صورة راكب · صورة فارس

ÉQUIANGLE adj., t. de géom. *Motaçaoui-l-zaouaya* متساوي الزوايا (في الهندسة)

ÉQUIDISTANT, ANTE adj. *Motaçaoui-l-abâad* متساوي الابعاد

ÉQUILATÉRAL, ALE adj. *Motaçaoui-l-adlâa* متساوي الاضلاع

ÉQUILIBRE s.m. *Mouazanat* موازنة · معادلة

ÉQUILIBRER v.a. *Âdda'a* عدّل · وازن

ÉQUINOXE s.m. *Maâdalat ol layl ouel nahar* معادلة الليل والنهار

ÉQUINOXIAL, ALE adj. *Étèdali* اعتدالي

ÉQUIPAGE s.m., t. de mar. *Noutiyat* نوتية · بحرية المركب · ملاحين (في الملاحة)

— serviteurs *Khadam* خدم · حشم

— de voitures *Khioul ol ârabat* خيول العربة

— de chasse, de guerre, etc. *Adaouat* ادوات · مهمّات

ÉQUIPE s.f. *Ferkat, rocab* فرقة · ركاب

ÉQUIPEMENT s.m., t. de mar. *Tadjhiz* تجهيز · اعداد (في الملاحة)

— matériel et autre *Mohemmat* مهمّات · امتعة · لوازم

ÉQUIPER v.a. *Addda* أعدّ · جهّز

ÉQUITABLE adj., chose équitable, *Hakke* حق · عدل

— personne équitable *Âdel* عادل · منصف

ÉQUITABLEMENT adv. *Behakke* بحق · بعدل · بانصاف

ÉQUITATION s.f. *Farouciyat* فروسية · علم ركوب الخيل

ÉQUITÉ s.f. *Ençaf* انصاف · عدل

ÉQUIVALENT, ENTE adj. *Mouazi* موازٍ · معادل · مساوٍ

— s.m., ce qui équivaut *Badal, âouad* بدل · عوض

ÉQUIVOQUE adj. *Zou mâ-nayayn* ذو معنيين · مشترك · ملتبس

ÉQUIVOQUER v.a. *Labbaça-l-calam* لبّس الكلام · جعل الكلام ذا معان مختلفة

ÉRABLE s.m. *Chadjar ol ârab* شجر العرب · اسفندان

ÉRADICATION s.f. *Kalâ, estéçal* قلع · استئصال

ÉRAFLER v.a. *Khadacha* خدش · جلط · سلخ

ÉRATÉ, ÉE p.p. d'érater *Bédoun tahal* بدون طحال · خالٍ من الطحال

ÉRATER v.a. *Afkada-l-tahal* أفقد الطحال · ازال الطحال

ÈRE s.f. *Tarikh* تاريخ · عصر · عهد

ÉRÈBE s.m., t. de mythol. *Djahannam* جهنم · ظلام الجحيم (في الميثولوجيا اي علم الالوهية)

ÉRECTEUR s.m., en anat. *Âddal ol entéçab* عضل الانتصاب (في التشريح)

ÉRECTILITÉ s.f. *Kabéliyat ol entéçab* قابلية الانتصاب

ÉRECTION s.f. *Entéçab* انتصاب · انعاظ

ÉREINTÉ, ÉE adj. *Madnouq* مضنوك · مجهود

ÉREINTER v.a. *Adnaca* أضنك · اعيى · اجهد

ÉRÉTHISME s.m. *Tahay-yodj chadid* تهيّج شديد

ERGOT s.m. des animaux *Zelf* ظِلف ج اظلاف

— en bot. *Khouidar* خويدار « نبات »

ERGOTER v.a. *Mahaca* ماحك · جادل · خاصم

ERGOTEUR s.m. *Momahec* مماحك · مجادل · مخاصم

ERGOTISME s.m., t. de méd. *Tasmim bel khouidar* تسميم بالخويدار (في الطب)

ÉRIGER v.a. *Chada* شادَ يشيدُ · اقامَ · رفعَ

— **(S')** v.r. *Akama nafçahou* اقامَ نفسهُ · ادعى

ÉRIGNE s.f., t. de chir. *Machbac* مشبك ج مشابك

ERMINETTE s.f. *Baltat* بلطة · من ادوات النجارة

ERMITAGE s.m. *Mahbas* محبس · منسك

ERMITE s.m. *Habis* حبيس · زاهد · ناسك

ÉROSION s.f. *Taaccol* تآكل · فعل المادة الآكلة

ÉROTIQUE adj. *óchki* عشقي · غزلي

ÉROTOMANIE s.f. *Djonoun men fart el gharam* جنون من فرط الغرام

ERRANT, ANTE adj. *Tayeh, dalle* تايه · ضالّ · سائح · دوار

ERRATA s.m. *Eslah ghalat qétab* اصلاح غلط كتاب

ERRATIQUE adj. *Tayeh* تايه · ضالّ

— en méd., fièvre erratique *Homa ghayr montazémat* حمى غير منتظمة (في الطب)

ERREMENTS s.m. pl. *Aghlat* اغلاط · اضاليل · هفوات

ERRER v.n. *Taha* تاهَ يتيهُ · ضلّ · دار

ERREUR s.f. *Ghalat* غلط · ضلال

ERRHIN, INE adj. *Daoua enfi* دواء انفي وهو الذي يدخل في الانف (في الطب)

ERRONÉ, ÉE adj. *Maghlout* مغلوط

ÉRUCTATION s.f. *Tadjachchou* تجشؤ · تكريع

ÉRUDIT, ITE adj. *Âlem* عالم · علاّمة · ماهر

ÉRUDITION s.f. *Êlm* علم · مهارة

ÉRUPTIF, IVE adj. *Tafhi* طفحي (في الطب)

ÉRUPTION s.f. *Tafh* طفح · خروج على

— de volcan *Faouaran* فوران · ثوران · هيجان

ÉRYSIPÈLE s.m., en méd. *Homrat* حمرة · التهاب الجلد (في الطب)

ÉRYTHÈME s.m., en méd. *Ehmérar* احمرار · طفح جلدي (في الطب)

ESCABEAU s.m. *Escamlat* اسكملة · كرسي

ESCADRE s.f., t. de mar. *Ostoul* أسطول ج اساطيل · عمارة بحرية · دونانمة (في الملاحة)

ESCADRILLE s.f. *Ostoul saghir* أسطول صغير · عمارة صغيرة (في الملاحة)

ESCADRON s.m. *Boloc saouari* بلوك سواري (في الجندية)

ESCALADE s.f. *Taçallok* تسلق

ESCALADER v.a. *Taçallaka* تسلّقَ

ESCALE s.f., t. de mar. *Esqélat* اسكلة (في الملاحة)

ESCALER v.n. *Raçat el safinat bel esqélat* رست السفينة بالاسكلة · وقفت بالاساكل

ESCALIER s.m. *Sollam* سلّم · درَج

— **d'une seule volée,** t. d'arch. *Sollam manabri* سلّم منابري (في البناء)

— **en spirale** *Sollam halazouni* سلّم حلزوني

ESCAMOTAGE s.m. *Khatf* خطف · موارات

ESCAMOTER v.a. *Khatifa* خطِفَ · وارَى

ESCAMOTEUR s.m. *Haoui* حاوٍ · مزعبرجي · خطّاف

ESCAPADE s.f. *Harab* هرب · فرار · فلتة

ESCARBILLE s.f. *Fahm radjî* فحم رجيع وهو الساقط من خلال مصبع البابور

ESCARBOT s.m. *Khonfaçâ* خُنفساء · جُعَل

ESCARBOUCLE s.f. *Yacoute djamri* ياقوت جمري

ESCARCELLE s.f. *Qiss* كيس · جيبة

ESCARGOT s.m. *Halazoun* حلزون · بزّاق

ESCARMOUCHE s.f. *Monaouachat* مناوشة

ESCARMOUCHER v.a. *Naouacha* ناوَشَ · نازَلَ

ESCARPE s.f., t. de fort. *Estar dakhel* استار داخل (في الاستحكامات)

— s.m., t. d'argot. *Harami* حرامي · لصّ

ESCARPÉ, ÉE adj. *Ouaér* وَعِر

ESCARPEMENT s.m. *Ouaâr* وَعْر

ESCARPIN s.m. *Kendara* كندره · اسكربينة · خف

ESCARPOLETTE s.f. *Mardjouhat* — مرجوحة · ارجوحة · عنزوقة

ESCHARE s.f., en méd. *Khachcarichat* — خشكريشة « جزء عضوي ميت » (في الطب)

ESCHARIFICATION s.f., t. de méd. *Khachcarat* — خشكرة · تكوين خشكريشة

ESCLANDRE s.m. *Fadihat* — فضيحة · عار

ESCLAVAGE s.m. *Ôboudiyat* — عبودية · اسر · رق

ESCLAVE s.m. et f. *Abd, rakik* — عبد · رقيق

ESCOBAR s.m. *Khabis* — خبيث · مكّار

ESCOMPTE s.m. *Eskat* — اسقاط · خصم «اسكونتو» قطع

ESCOMPTER v.a. *Askata* — أسقَطَ · قطَعَ · خصم الاسكونتو

ESCORTE s.f. *Horras* — حرّاس · محافظون

ESCORTER v.a. *Haraça* — حرَسَ يحرسُ · حفَظَ

ESCOUADE s.f. *Fiât* — فئة · فرقة · شرذمة

ESCRIME s.f. *Lêêb ol sayf* — لعب السيف · علم السلاح

ESCROC s.m. *Mohtal* — محتال · نصّاب

ESCROQUER v.a. *Ehtala* — إحتال · نصَبَ

ESCROQUERIE s.f. *Ehtial* — احتيال · نصْب

ESPACE s.m. *Maçafat* — مسافة · فسحة

— **de temps** *Moddat* — مدة · مقدار من الزمن

— étendue *Maçafat* — مسافة · فسحة · مقدار

— l'étendue indéfinie *Faragh, fada* — فراغ · فضاء

— t. d'impr. *Fark* — فرق وهي قطعة من المعدن توضع بين الاحرف لتصل بعض الكلمات عن بعضها (في الطباعة)

ESPACEMENT s.m. *Taouçî* — توسيع · تفسيح

ESPACER v.a. *Afçaha* — أفسَحَ · وسَّعَ

ESPAGNOLETTE s.f. *Hadidat chebbac* — حديدة شباك « اسبانيولية »

ESPALIER s.m. *Târichat* — تعريشة · شجرة معرشة

ESPALME s.f. *Tarqib lêkalfatat el sofon* — تركيب لقلفطة السفن

ESPAR s.m. *Sari* — ساري ج سواري · قارية

ESPÈCE s.f. *Naoû* — نوع · صنف · جنس

ESPÈCES s.f. pl. *Nakdiyat* — نقدية · نقود

ESPÉRANCE s.f. *Amal* — امل · رجاء · عشم

ESPÉRER v.a. *Ammala* — أمّلَ · رجا · تعشّم

ESPIÈGLE adj. *Tayech* — طائش · عفريت

ESPINGOLE s.f. *Karabinat* — قرابينة · بندقية ذات فم واسع

ESPION s.m. *Djaçous* — جاسوس ج جواسيس

ESPIONNAGE s.m. *Tadjassos* — تجسُّس

ESPIONNER v.a. *Djassaça* — جسَّ · تجسَّسَ

ESPLANADE s.f. *Façahat* — فسحة

ESPOIR s.m. *Amal* — امل · رجاء · عشم

ESPONTON s.m., t. de mar. *Romh, mezrak* — رمح · مزراق (في الملاحة)

ESPRIT s.m. *Raouh* — روح ج ارواح

— raison *âkl* — عقل ج عقول

— **de vin** *Raouh ol khamr* — روح الخمر · الكحول

— **volatil** *Raouh tayar* — روح طيّار

— **-Saint** *Al raouh ol kodos* — الروح القدس

ESQUIF s.m. *Kareb* — قارب ج قوارب · فلوكه · زورق

ESQUILLE s.f., en chir. *Chaziyat* — شظيّة ج شظايا · جزء ميت من عظم (في الجراحة)

ESQUINANCIE s.f., t. de méd. *Eltêhab ol laouzat* — التهاب اللوزة · ذبحة (في الطب)

ESQUIPOT s.m. *Hossalat fokh-khar* — حُصّالة فخار · اناء فخار · مثقوب تسقط فيه الدراهم لتحفظ « قجّة »

ESQUISSE s.f. *Rasm* — رسم · تسويدة رسم

ESQUISSER v.a. *Raçama* — رَسَمَ · صنعَ تسويدة الرسم

ESQUIVER (S') v.r. *Tadjannada* — تجنّبَ · فرّ من · انصرَفَ

ESSAI s.m. *Tadjrêbat* — تجربة · امتحان · اختبار

ESSAIM s.m. *Kafir nahlé* — قفير نحل · نحل

ESSANGER v.a. *Nakâ al kèmache* نقع القماش قبل الغسيل (بحّر)

ESSART s.m. *Hakle mahrout* حقل محروث · غيط محروث

ESSARTER v.a. *Kalô-l-âchab* قلع الاعشاب · تنظيف الحقل من الاعشاب المضرّة

ESSAYER v.a. *Djarraba* جرّب · اختبر · امتحن

— **(S')** v.r. *Djarraba zatahou* جرّب ذاتهُ · امتحن نفسهُ · اختبر نفسهُ

ESSAYEUR s.m. *Nakkad ol darahem* نقّاد الدراهم والدنانير · وهو الذي ينظر في عيار الفضة والذهب

ESSE s.f. *Fetilat* فتيلة وهو خابور دنجل العربة

— **de balance** *Chancal* شنكل وهو يكون باطراف قب الميزان تعلّق بهِ الكفّة

ESSENCE s.f. *Djaouhar* جوهر · مادة ذات الشيء

— substance arom. *ôtr* عطر · خلاصة

— **de thérébantine** *Zayt naft* زيت نفط

ESSENTIEL, ELLE adj. *Zati* ذاتي · جوهري · اصلي

— indispensable *Dorouri* ضروري · مهم · لازم

ESSENTIELLEMENT adv. *Djaouhariyan* جوهريًا · ذاتيًا

— à un très haut degrès *Dèrouriau* ضروريًا · مهمًا · لازمًا

ESSETTE s.f. *Chacouche bibayd* شاكوش ببيض

ESSIEU s.m. *Cotb* قطب · دنجل وهو الحديدة التي في طرفيها دواليب العربة

ESSOR s.m. *Entélak* انطلاق · تعالٍ

ESSORER v.a. *Nachara-l-akmèchat lel tanchif* نشرَ الاقمشة للتنشيف

— rouler du linge mouillé pour le repasser *Laff al akmèchat lel caoui* لفّ الاقمشة المبلولة باخرى ناشفة للكوي

ESSORILLEMENT s.m. *Kutê azan al kalbe* قَطع اذان الكلب · صلم اذان الكلب

ESSOUFLEMENT s.m. *Dik nafas, lahçat* ضيق نَفَس · لهثة

ESSOUFLER v.a. *Dayaka nafaçahou* ضيّقَ نفسهُ · الهث

— **(S')** v.r. *Daka nafaçahou* ضاقَ نفسهُ · لهث

ESSUI-MAIN s.m. *Menchafat* منشفة · فوطة

ESSUYAGE s.m. *Tamsih* تمسيح · تنشيف

ESSUYER v.a. *Maçaha* مسحَ · نشّفَ

— supporter *Kaça* قاسى · تحمّل · كابد

EST s.m. *Chark* شرق · مشرق

ESTACADE s.f. fermeture de port, t. de mar. *Sèkalat* سقالة · سدّ (في الملاحة)

ESTAFETTE s.f. *Raçoul* رسول · ساعٍ

ESTAGNON s.m. *Èlbat safih* علبة صفيح · صندوق صفيح

ESTAMINET s.m. *Kahouat* قهوة · خمارة · حانة

ESTAMPAGE s.m. *Tabô-l-souar* طبع الصور

ESTAMPE s.f. *Sourat matbouât* صورة مطبوعة

ESTAMPER v.a. *Tabaâ* طبعَ يطبَعُ · بصمَ يبصِمُ

ESTAMPILLE s.f. *Tabaât* طبعة · دمغة · تمغة

ESTAMPILLER v.a. *Tabaâ* طبَعَ · دمغَ يدمغُ

ESTER v.a., t. de palais *Hadara amam ol haïat el kadaïyat* حضر امام الهيئة القضائية (في المرافعات)

ESTIMABLE adj. *Môtabar* معتبر · موقّر · مكرّم

ESTIMATEUR s.m. *Maçammen* مثمن · مقدر

ESTIMATION s.f. *Tasmin* تثمين · تقدير

ESTIME s.f. *Ètèbar* اعتبار · قيمة · اكرام

ESTIMER v.a. *Ètabara* إعتبَرَ · أعزّ · وقّرَ · اكرَمَ

— évaluer *Sammana* ثمّنَ · قدّر · سعّر · قوّم

ESTIVAL, ALE adj. *Sayfi* صيفي

ESTIVATION s.f. *Khomoud* خمود · يصيب بعض الحيوانات كالحيّة والتمساح وغيرها في فصل الصيف

ESTOC s.m., t. de palais *Asl* اصل · سلالة (في القضاء)

— t. d'escr. *Tân belsayf* طعن بالسيف · لعب السيف

ESTOCADE s.f. *Tânat sayf* طعنة سيف

ESTOMAC s.m. *Maêdat* مَعِدَة ج مِعَد (في التشريح)

ESTRADE s.f. *Mastabat* مصطبة ج مصاطب · منبر

ESTROPIÉ, ÉE p.p. et subs. *Cacih* كسيح · مقعد · مكرسح

ESTROPIER v.a. *Chaouaha, cassaha* شوَّهَ · كسَّحَ · اقعد · كرسح

ET conj. *Oua, somme* و · ثم

ÉTABLAGE s.m. *Zérabat* زرابة وهو ما يدفع للخانات لبيات الماشية بها

ÉTABLE s.f. *Establ* اصطبل · ياخور

ÉTABLI s.m. *Dazcat* دزكة · طاولة النجار وغيرها من ادوات ارباب الصنائع

ÉTABLIR v.a. *Ouadaâ* وَضَعَ · اسَّسَ · رتَّبَ · عيَّن · مكَّن · وطَّد

ÉTABLISSEMENT s.m. *Tacis* تأسيس · تعيين · ترتيب

— t. de prat. *Esbat* اثبات · اظهار حق (في القضاء)

— siège d'exploitation *Maslahat, idarat* مصلحة ج مصالح · ادارة · مكان

ÉTAGE s.m. *Tabakat* طبقة ج طبقات دور

ÉTAGER v.a. *Rattaba tabakat* رتَّبَ طبقات · رتَّبَ ادوار

ÉTAGÈRE s.f. *Raf* رفّ ج رفوف

ÉTAI s.m. *Salbat* صلبة · سندة · دعامة

ÉTAIN s.m. *Kasdir* قصدير · معدن

ÉTAL s.m. *Kermat ol djazzar* قرمة الجزار · مائدة الجزار

ÉTALAGE s.m. *Maâraḍ ol badayê* معرض البضائع · تبسيط البضائع

ÉTALER v.a. *Faracha* فرَشَ · بَسَطَ · عرَضَ · نشَرَ

ÉTALINGUER v.a., t. de mar. *Rabata-l-hable fi halakat el helb* رَبَطَ الحبل في حلقة الهلب (في الملاحة)

ÉTALON s.m. *Fahl* فحل ج فحول · حصان شبي · حصان طالوقه

— de poids *Iyar* عيار ميزان

ÉTALONNAGE s.m. *Modyarat el aouzan* معايرة او تعيير الاوزان

ETALONNER v.a. *Ayara* عَايَرَ · عيَّرَ

ÉTALONNEUR s.m. *Modyerdji* معايرجي

ÉTAMAGE s.m. *Tabiyd ol nahas* تبييض النحاس · جلوه

ÉTAMBOT s.m., t. de mar. *Contra carena* كونتراكارينا · وهي خشبة بارزة في قعر السفينة تنتهي بانحراف الى الموخر

ÉTAMER v.a. *Bay-yada-l-nahas* بيَّضَ النحاس

ÉTAMEUR s.m. *Mobayed ol nahas* مبيِّض النحاس

ÉTAMINE s.f., t. de bot. *Adou-l-tazqir* عضو التذكير (في النبات)

ÉTAMPE s.f. *Metkab* مثقاب · وهي آلة لثقب الحديد

ÉTAMURE s.f. *Kasdir* قصدير وهو يستعمل لتبييض النحاس

ÉTANCHEMENT s.m. *Tanchif* تنشيف · منع السيلان

ÉTANCHE adj. *Nachef* ناشف · غير قابل السيلان · لا تنفذ منهُ المياه

ÉTANCHER v.a. *Nach-chafa* نشَّفَ · منع السيلان

— la soif *Raoua-l-zama* روَّى الظمأ

ÉTANÇON s.m., t. de mar. *Sanlat* سندة (في الملاحة)

ÉTANG s.m. *Mostanka* مستنقع · بحيرة · غرّاقة

ÉTAPE s.f. *Mohattat* محطة ج محطات · مرحلة

ÉTAT s.m. *Hal* حال ج احوال · شان

— profession *Herfat* حرفة · كار · صنعة · مهنة

— situation *Cachf* كشف · قائمة

— Gouvern^t. *Daoulat* دولة ج دول · مملكة

ÉTAT-MAJOR s.m. *Arcan harb* اركان حرب

ÉTAU s.m. *Mancalat* منكلة · ملزمة · مكبس · مخجمة

ÉTAYAGE s.m. *Tasnid, salb* تسنيد · صلب

ETAYER v.a. *Sanada, salaba* سَنَدَ يسنِدُ · صلَّبَ · دعم

ÉTÉ s.m. *Sayf* صيف · فصل الصيف

ÉTEIGNEMENT s.m. *Etfa* إطفاء

ÉTEIGNOIR s.m. *Metfaât* مطفأة · آلة الاطفاء

ÉTEINDRE v.a. *Atfaa* — أطفأ

— une race *Lacha* — لاشى . افنى

— une dette *Aoufa daynahou* — أوفى دينهُ . سدّد ما عليهِ

ÉTENDAGE s.m. *Hebal manchar ol ghacil* — حبال منشر الغسيل

ÉTENDARD s.m. *Bayrak* — بيرق . لواء . علم . راية

ÉTENDOIR v.a. *Manchar ol ghacil* — منشر الغسيل

ÉTENDRE v.a. *Nachara* — نشرَ ينشرُ . بسَطَ يبسُطُ

— développer *Taouala* — طوّلَ . مدّ . وسّعَ

— **d'eau** *Mazadja belmà* — مزَجَ بالماء

— **(S')** v.r. *Emtadda, entachara* — امتد . انتشر

ÉTENDU, UE p.p. d'étendre *Ouasé* — واسع . رحب . مديد

ÉTENDUE s.f. *Mada* — مدى . سعة . فسحة

ÉTERNEL, ELLE adj. *Abadi* — ابدي . أزلي . دائم . سرمدي

ÉTERNELLEMENT adv. *Dayèman* — دائمًا . ابدًا . سرمدًا . ازليًا

ÉTERNISER v.a. *Abbada* — ابّدَ . خلّدَ

ÉTERNITÉ s.f. *Abadiyat* — ابدية . أزل . سرمدية

ÉTERNUER v.a. *âtaça* — عَطَسَ يعطِسُ

ÉTERNUMENT s.m. *ôtas* — عُطاس

ÉTÉSIENS adj. m. pl., vents étésiens *Ariah chèmaliyat* — ارياح شمالية

ÉTHER s.m. *Écir* — اثير

ÉTHÉRISATION s.f. *Estenchac ol écir* — استنشاق الاثير

ETHMOÏDAL, ALE adj., en anat. *Masfaoui* — مصفوي (في التشريح)

ETHMOÏDE s.m., en anat. *Almesfat* — المصفاة . عظم المصفاة

ETHNOGRAPHIE s.f. *Élm tabayé el emam oué aouçafèha* — علم طبائع الامم واوصافها

ETHNOLOGIE s.f. *Élm ahoual el èmam aua entèchareha* — علم احوال الامم وأنتشارها

ÉTHOLOGIE s.f. *Matlab fil akhlac* — مطلب في الاخلاق . بحث في الاخلاق

ÉTIAGE s.m. *Zaman ol tabarik* — زمن التحاريق . اوان سقوط مياه الانهر الى اوطى درجة

ÉTINCELANT, ANTE adj. *Lamé* — لامع . برّاق . ذو شرر

ÉTINCELER v.a. *Lamaâ* — لمَعَ . برَقَ . تطاير شررهُ

ÉTINCELLE s.f. *Chararat* — شرارة

ÉTIOLEMENT s.m. des plantes *Yobouçat* — يبوسة . نشوفة

— des personnes *Sakam* — سقم . نحافة

ÉTIOLER v.a. *Yabèsa* — يبس ييبَس . نشُفَ

— **(S')** v.r. *Ençakama* — انسقم . نحُفَ . انحلّ

ÉTIOLOGIE s.f. *Bahs fil asbab oual êlal* — بحث في الاسباب والعلل

ÉTIQUE adj. *Daïf* — ضعيف . نحيف . سقيم

— attaqué d'étisie, t. de méd. *Masloul* — مسلول (في الطب)

— fièvre étique, en méd. *Homma-l-dek* — حمى الدق . داء السل (في الطب)

ÉTIQUETER v.a. *Anouana* — عَنوَنَ

ÉTIQUETTE s.f. *Énouan* — عنوان

— cérémonial *Kanoun* — قانون . ترتيب . واجبات . رسوم

ÉTIRABLE adj., t. de métall. *Kabel ol sahb* — قابل السحب . ممكن سحبهُ (في المعادن)

ÉTIRAGE s.m., t. de métall. *Sahb ol selq* — سحب السلك

ÉTIRER v.a. *Sahaba-l-selk* — سحَبَ السلك

ÉTISIE s.f., t. de méd. *Dà ol sel* — داء السل (في الطب)

ÉTOFFE s.f. *Nacidj.* — نسيج . قماش

ÉTOILE s.f. *Nedjmat* — نجمة ج نجوم

— t. de vétér. *Ghorrat, say-yalat* — غرة ج غرر . سيالة . وهو بياض في جبهة الفرس

ÉTONNAMMENT adv. *Bédahchat* — بدهشة . بتعجب . باندهال

ÉTONNANT, ANTE adj. *âdjib* — عجيب . مدهش . مذهل

ÉTONNEMENT s.m. *Taâdj-job* — تعجب . دهشة . اندهال

ÉTONNER v.a. *Adhacha* — أدهَشَ . اذهَلَ

ÉTOUFFANT, ANTE adj. *mofatiès* — مفطّس

ÉTOUFFEMENT s.m. *Dikat nafas* ضيقة نفس · تنطيس

ÉTOUFFER v.a. *Khanaka* خنق · فطّس

ÉTOUPE s.f. *Machak* مشاق · مشاقة الكتان او الحرير « ستوبّه »

ÉTOUPILLE s.f., t. d'artil. *Fatil ol madfâ* فتيل المدفع (في الطوبجيّة)

ÉTOUPILLON s.m. *Sadad founiat el madfâ* سداد فونية المدفع (في الطوبجيّة)

ÉTOURDERIE s.f. *Taych* طيش

ÉTOURDIR v.a. *Daouakha* دوّخ · اطاش

ÉTOURDISSANT, ANTE adj. *Modaouekh* مدوخ · مطيش

ÉTOURDISSEMENT s.m. *Douar, daoukhat* دوار · دوخة · طوشة

— au fig. *Zohoul* ذهول · غي · ضلال

ÉTRANGE adj. *Gharib* غريب · خارق العادة

ÉTRANGEMENT adv. *Bégharabat* بغرابة · بصفة خارقة العادة

ÉTRANGER, ÈRE adj. *Adjnabi* اجنبي · غريب

ÉTRANGETÉ s.f. *Gharabat* غرابة

ÉTRANGLANT, ANTE adj. *Khanek* خانق · مكرب

ÉTRANGLEMENT s.m. *Khank* خنق

— t. de chir. *Ekhtênak* اختناق (في الجراحة)

ÉTRANGLER v.a. *Khanaka* خنق يخنق

ÉTRAPE s.f. *Charcharat* شرشرة · منجل صغيرة

ÉTRAVE s.f., t. mar. *Kantarat ol safinat* قنطرة السفينة · وهي القطعة الخلفية للسفينة

ÊTRE s.m. *Caoun* كون · وجود

— v.n. *Cana* كان يكون · وُجد

ÉTRÉCIR v.a. *Day-yaka* ضيّق

ÉTRÉCISSEMENT s.m. *Taddiyk* تضييق

ÉTREINDRE v.a. *Chadda* شدّ يشدّ · وثق

ÉTREINTE s.f. *Chaddat* شدة · حضنة

ÉTRENNE s.f. *Sabahiyat* صباحية · بسترينة · هدية عيد راس السنة

ÉTRENNER v.a. *Estaftaha* إستفتح · صبّح

ÉTRIER s.m. *Racabat ol sardj* ركابة السرج

ÉTRILLE s.f. *Mehassat* محسّة · كنة حديد لتطهير الخيل

ÉTRILLER v.a. *Hassa-l-faras* حسّ الفرس · طمّر

ÉTRIVIÈRE s.f. *Sayr ol recab* سير الركاب · وهي جلدة تعلق بها ركابة السرج

ÉTROIT, OITE adj. *Dayek* ضيق · حرج

ÉTROITEMENT adv. *Bédik* بضيق · بحراجة

ÉTROITESSE s.f. *Dik* ضيق · حراجة

ÉTUDE s.f. *Dars* درس · مطالعة · بحث

— cabinet *Mactab* مكتب

ÉTUDIANT s.m. *Talmiz* تلميذ · مطالع · طالب علم دارس

ÉTUDIÉ, ÉE adj. *Masnoû bédekkat* مصنوع بدقة

— affecté *Moçanni* مصنّع

ÉTUDIER v.a. *Daraça* درس يدرس · طالع · بحث

ÉTUI s.m. *Gholaf* غلاف · بيت · كيس

— **à aiguilles** *Mebar* مئبر · مئبرة · محل الابر

ÉTUVE s.f. *Hammam*, حمّام

— pour les cocons des vers à soie *Makhnak ol charanek* مخنق الشرانق

ÉTUVISTE s.m. *Hammamdji* ou *makhnakdji* حمامجي · مخنقجي

ÉTYMOLOGIE s.f. *Môna-l-kelmat el asli* معنى الكلمة الاصلي

EUCHARISTIE s.f. *Al afkharistiya* الافخارستيا · القربان المقدس

EUCOLOGUE s.m. *Madjmouât salaouat* مجموعة صلوات · كتاب صلوات

EUDIOMÈTRE s.m. *Mekias tahlil el haoua* مقياس تحليل الهواء

EUNUQUE s.m. *Agha, khaci* آغا · خصي · طواشي

EUPHONIE s.f., en mus. *Tatrib* تطريب · ترخيم · عذوبة النغم حلاوة اللفظ (في الموسيقة)

EUROPÉEN, ENNE adj. *Oroppi, éfrandji* اوربي · افرنجي

EUX pr. m. pl. *Hom, éyahom* هم · اياهم

ÉVACUANT, ANTE adj. *Mofarregh* مفرّغ

ÉVACUATION s.f. *Ekhla* إخلاء · خروج من · انجلاء

— sortie des matières *Estefragh* استفراغ · تفريغ · تنضية

ÉVACUER v.a. *Farragha* فرّغ · فضّى · أخلى

ÉVADER (S') v.r. *Haraba* هرَب · يهرُب · فرّ

ÉVALUABLE adj. *Kabel ol tasmin* قابل التثمين · ممكن تقديره

ÉVALUATION s.f. *Takouim* تقويم · تثمين · تقدير

ÉVALUER v.a. *Kaou-ouama* قوّم · ثمّن · قدّر

ÉVANGÉLIQUE adj. *Endjili* إنجيلي

ÉVANGÉLISATION adj. *Nachr ol endjil* نشر الانجيل · كرز بالانجيل · بشارة الانجيل

ÉVANGÉLISTE s.m. *Endjili* إنجيلي

ÉVANGILE s.m. *Al endjil* الانجيل

ÉVANOUI, IE p.p. d'évanouir *Moghcha âlayh* مغشى عليه · مغمى عليه

ÉVANOUIR (S') v.r. *Aghcha âlayh* اغشي عليه · اغمى عليه

— disparaître *Ekhtafa* إختفى · غاب عن العين

ÉVANOUISSEMENT s.m. *Ghochayan* غشيان · إغماء

ÉVAPORABLE adj *Kabel ol Tabkhir* قابل التبخير · ممكن تبخيره

ÉVAPORATION s.f. *Tabkhir* تبخير · تصاعد الابخرة

— au fig. *Kheffat ol âkl* خفّة العقل · طيش

ÉVAPORER v.a. *Bakh-khara* بخّر · حوّل الى بخار

— **(S')** v.r. *Tabakh-khara* تبخّر · تحوّل الى بخار

ÉVASÉ, ÉE p.p. d'évaser *Ouacé mofaltah* واسع · مفلطح

ÉVASEMENT s.m. *Séât, faltahat* سعة · فلطحة

ÉVASER v.a. *Ouassaâ, faltaha* وسّع · فلطح

ÉVASIF, IVE adj. *Mohaouel* محاول · مراوغ · مخاتل

ÉVASION s.f. *Harab* هرب · انهزام

ÉVÊCHÉ s.m. *Oskofiyat* اسقفية · دار الاسقفية

ÉVEIL s.m. *Ikaz* ايقاظ · تنبيه

ÉVEILLÉ, ÉE adj. et subs. *Motayakkez* متيقظ · منتبه

ÉVEILLER v.a. *Aykaza* أيقظ · نبّه

— **(S')** v.r. *Estaykaza* إستيقظ · إنتبه من منامه

ÉVÉNEMENT s.m. *Hadéçat* حادثة ج حوادث · عارض طارئ

ÉVENT s.m. *Tahouiat* تهوية · تعريض للهواء

ÉVENTAIL s.m. *Merouahat* مروحة

ÉVENTER v.a. *Haou-oua* هوّى · عرّض للهواء

— une mine *Cachafa mahal al laghm oua abtala mafoûloh* كشف محل اللغم وابطل مفعوله

— au fig. *Kachaf al ser* كشف السر

— **(S')** v.r. *Estahoua* إستهوى · هوّى لنفسه

ÉVENTIF, IVE adj. *Kabel ol oukoû* قابل الوقوع · ممكن حصوله

ÉVENTOIR s.m. *Merouahat ol matbakh* مروحة المطبخ · اي المروحة التي تستعمل لاشعال النار

ÉVENTRER v.a. *Chakka-l-batn* شقّ البطن · فتح البطن

ÉVENTUALITÉ s.f. *Hades mokbel ghayr moaccad* حادث مقبل غير موكّد

ÉVENTUEL, ELLE adj. *Ghaybi* غيبي · حدثاني · مأمول حدوثه

ÉVÊQUE s.m. *Oskof. motran* اسقف · مطران · ميتروبوليت

ÉVERSION s.f. *Kharab* خراب · دمار · دثار

ÉVERTUER (S') v.r. *Ehtamma* إهتم · اجتهد · جدّ

ÉVICTION s.f., t. de jurisp. *Nazô-l-molkiyat beouadjh charî* نزع الملكية بوجه شرعي (في القضاء)

ÉVIDEMMENT adv. *Sarihan* صريحًا · واضحًا · جليًا

ÉVIDENCE s.f. *Sarahat* صراحة · وضوح جلاء

ÉVIDENT, ENTE adj. *Sarih* صريح · واضح · جليّ

ÉVIDER v.a. *Sakaba* ثقب · يثقب · قدح · نقر

ÉVIDOIR s.m. *Meskab* — مثقاب · مقدح

ÉVIER s.m. *Ballaât* — بلّاعة · مجلى لغسيل الصحون

ÉVINCER v.a., t. de jurisp. *Nazaâ-l-molkiyat beouadjeh charii* — نزَعَ الملكية بوجه شرعي · رفعَ اليد (في القضاء)

ÉVIRATION s.f., t. de méd. *Fakd chahouat el nécah* — فقد شهوة النكاح (في الطب)

ÉVISCÉRATION s.f., t. de méd. *Enfétak ol batn* — انفتاق البطن (في الطب)

— t. de chir. *Takti ahcha l-djanin* — تقطيع احشاء الجنين (في الجراحة)

ÉVITEMENT s.m., t. de chemin de fer *Charit ol makhzan* — شريط او قضيب المخزن (في اصطلاح السكة الحديدية)

ÉVITER v.a. *Tadjannaba* — تجنَّبَ · تحايَدَ

ÉVOCABLE adj. *Kabel ol ehdar* — قابل الاحضار · ممكن استدعاؤهُ

ÉVOCATION s.f. *Ehdar* — احضار · استدعاء

ÉVOLUER v.n., t. d'artil. et de mar. *Âmala monaouarat* — عمَلَ مناورة · ناورَ (في الطوبجية والملاحة)

ÉVOLUTION s.f., t. d'artil. et de mar. *Monaouarat* — مناورة

— t. d'astr. *Daouaran* — دوران · حركة دائرية (في علم الفلك)

ÉVOQUER v.a. *Estaddâ* — استدعى

ÉVULSION s.f., t. de chir. *Nazé* — نزع · استخراج (في الجراحة)

EX particule *Sabek* — سابق

EXACERBATION s.f., t. de méd. *Cheddat* — شدّة · حدّة · ازدياد (في الطب)

EXACT, ACTE adj. *Madbout* — مضبوط · محكَم

EXACTEMENT adv. *Bédabt* — بضبط · بتدقيق

EXACTEUR s.m. *Zalem* — ظالم · معتسف

EXACTION s.f. *Zolm* — ظلم · جور · عسف

EXACTITUDE s.f. *Dekkat* — دقة · ضبط · احكام

EXAGÉRATION s.f. *Mobalaghat* — مبالغة · افراط · اطناب · مغالاة

EXAGÉRÉ, ÉE adj. *Mobalagh fihi* — مبالَغ فيهِ · مطنب فيهِ

— s.m., celui qui a des opinions outrées *Mofarret fil omour* — مُفرِط في الامور

EXAGÉRÉMENT adv. *Béefrat* — بافراط · بمبالغة · بغلو

EXAGÉRER v.a. *Balagha* — بالغَ · عظَّمَ · اطنَبَ · أفرطَ · غالَى

— **(S')** v.r. *Balagha bel zanne* — بالغ بالظن

EXAGÉREUR, EUSE adj. *Moheb ol mobalaghat* — محب المبالغة · ميّال الى الغلو

EXALTABLE adj. *Kabel ol hayadjan* — قابل الهيجان · ممكن تحميسهُ

EXALTANT, ANTE adj. *Mohayedj* — مهيِّج · محمِّس · محمّ

EXALTATION s.f. action d'élever *Rafé, êlâ* — رفع · اعلاء

— enthousiasme *Hamaçat* — حماسة · حميَّة

— en méd. *Homou* — حمو · هيجان (في الطب)

EXALTER v.a. élever *Rafaâ* — رَفَعَ يرفَعُ · فخَّمَ · عظَّمَ · اعلى

— enthousiasmer *Hamma* — حمّى · حمَّس · هيَّج

EXAMEN s.m. *Bahs, emtéhan* — بحث · امتحان · فحص

EXAMINATEUR s.m. *Bahès* — باحث · فاحص · ممتحن

EXAMINER v.a. *Bahaça* — بحَثَ يبحَثُ · فحَصَ · إمتحَنَ

EXANIE s.f., en méd. *Sokout ol mostakim* — سقوط المستقيم (في الطب)

EXANTHÈME s.m., en méd. *Tafh zaher* — طفح ظاهر

EXARQUE s.m. *Al nayeb ol batroiarqi* — النائب البطريركي

EXASPÉRATION s.f. *Ghayz* — غيظ · حنق

— en méd. *Tazayod ol marad* — تزايد المرض (في الطب)

EXASPÉRER v.a. *Aghaza* — اغاظَ · اسخط · قهر

— **(S')** v.r. *Eghtaza* — إغتاظَ · انقهر · سخط

EXAUCER v.a. *Adjaba* — أجابَ · استجاب · استمع

EXCAVATION s.f. *Hajre* — حفرة · نقرة · نُقب

— action d'escaver *Hafre* — حفْر · نقْب · نقْر

EXCAVER v.a. *Hafara* — حفَرَ يحفِرُ · نقَبَ · نقَرَ

EXCÉDANT, ANTE adj. *Zayed* — زائد · فائض

EXCÉDER v.a. *Zada* زادَ يزيدُ. فاض. تجاوز. فات

EXCELLEMMENT adv. *Bédjoudat* بجودة . بفضل

EXCELLENCE s.f. *Fadl* فضل . سموّ

— titre *Saâdat* سعادة . دولة (سعادتلو دولتلو)

EXCELLENT, ENTE adj. *âzim* عظيم . جيد . فائق

EXCELLENTISSIME adj. *Kolli ol niafat* كلي النيافة والسعادة

EXCELLER v.n. *Djada* جادَ يجودُ . فاقَ

EXCENTRICITÉ s.f., en géom. *Al khoroudj ân el marcaz* الخروج عن المركز . او البعد عن المركز (في الهندسة)

EXCENTRIQUE adj., en géom. *Kharedj ân el marcaz* خارج عن المركز . او بعيد عن المركز (في الهندسة)

— s.m., pièce de mécanique *Santarac* سنترك . وهو في الالة البخارية قرص مثبت على محور غير محوره الخاص يسبب حركة مستقيمة مترددة

— original *Chaz* شاذّ . غريب التصرفات

— t. milit., mouvement excentrique *Haracat mobêêdat ân el marcaz* حركة مبعدة عن المركز (في العسكرية)

EXCEPTÉ prép. *Ma âda* ما عدا . ما خلا . سوى غير . الا

EXCEPTER v.a. *Estasna* إستثنى

EXCEPTION s.f. *Estesnâ* استثناء . شذوذ

— en jurisp. *Aoudjoh dafê el daôua* اوجه دفع الدعوى

— **préliminaire**, t. de prat. *Dafê ol daôua* دفع الدعوى باوجه ابتدائية قبل الدخول بالموضوع (في المرافعات)

— **dilatoire** *Dafê ol dâoua bétalab miâd* دفع الدعوى بطلب ميعاد

EXCEPTIONNEL, ELLE adj. *Estesnaï* استثنائي

EXCÈS s.m. *Ziadat* زيادة . افراط . اسراف

— violence s.f. *Taâddi* تعدٍّ . ظلم

— s.m. pl. *Façad* فساد . فسق

EXCESSIF, IVE adj. *Kharedj ân el hadd* خارج عن الحدّ . مفرط . زائد

EXCESSIVEMENT adv. *Faouk al had* فوق الحد . للغاية . بافراط

EXCIPER v.a., en jurisp. *Rafaâ maçaalatan fariyat* رفعَ مسئلة فرعية لرفض استماع دعوى الخصم (في القضاء)

EXCIPIENT s.m., en pharm. *Saou-ouagh* صوّاغ . مذيب للدواء

EXCISION s.f., en chir. *Estêçal* استئصال (في الجراحة)

EXCITABILITÉ s.f. *Kabeliyat ol tanabboh* قابلية التنبُّه او التهيُّج

EXCITABLE adj. *Kabel ol tanabboh* قابل التنبه او التهيُّج

EXCITANT, ANTE adj., en méd. *Monabbeh* منبه (في الطب)

— qui excite, qui provoque *Mohayedj* مهيِّج . محرِّك

EXCITATEUR s.m. *Moharrek* محرِّك . محرِّض

— en phys. *Mouassel âzel lel cahrabaïyat* موصل عازل للكهربائية (في الطبيعيات)

EXCITATION s.f. *Tahayoudje* تهييج . تحريك . تنبيه . تحريض

EXCITER v.a. *Hayadja* هيَّجَ . حرَّكَ . حرَّضَ

EXCITO-MOTEUR s.m., en phys. *Monabbeh lel haracat* منبّه للحركة (في الطبيعيات)

EXCLAMATION s.f. *Sarakh* صراخ . هتاف . تأوّه

EXCLAMER (S') v.r. *Sarakha* صرَخَ يصرُخُ . هتفَ . تأوَّهَ

EXCLURE v.a. *Nafa* نفى ينفي . استثنى

EXCLUSIF, IVE adj. *Nafi* نافي . مانع لغيره

EXCLUSION s.f. *Nafi* نفي . استثناء

— **(À L')** *Doun, khala* دون . خلا . عدا

EXCLUSIVEMENT adv. *Kharedj ân* خارج عن . ما خلا . ما عدا

EXCOMMUNICATION s.f. *Herm* حرم

EXCOMMUNIÉ, ÉE s.m. et f. *Mahroum* محروم

EXCOMMUNIER v.a. *Harama* حرَمَ يحرِمُ

EXCORIATION s.f. *Khadch* خدْش . سلخ . جرح سطحي

EXCRÉMENT s.m. *Ghayet* غائط . براز . زبل

EXCRÉMENTITIEL, ELLE adj. en méd. *Estefrazi* استفرازي (في الطب)

EXCRÉTION s.f. *Taghaouot* تغوُّط · تبرّز

EXCRÉTOIRE adj., en anat. *Mostafrez* مستفرز (في التشريح)

EXCROISSANCE s.f. *Zayédat* زائدة · غدّة

EXCURSION s.f. *Gharat* غارة · غزوة

— course au dehors *Tanzihat* تنزيهة

EXCUSABLE adj. *Mâzour* معذور · مستحق العذر

EXCUSE s.f. *ôzr* عذر ج اعذار · حجّة · تعليل

EXCUSES s.f. pl., faire des excuses *Estesmah* استسماح · طلب السماح

EXCUSER v.a. *Azara* عذَرَ يعذِرُ · برّأ

— **(S')** v.r. *Êtazara* إعتَزَرَ · تبرّأ · استعفى

EXEAT s.m. *Ezn ol khoroudj* اذن الخروج وهو الاذن الممنوح للكاهن من قبل المطران لاجراء وظيفته في غير ابرشيته

EXÉCRABLE adj. *Macrouh* مكروه · مستنكف منهُ

EXÉCRABLEMENT adv. *Bécarahat* بكراهة · باستنكاف

EXÉCRATION s.f. *Carahat* كراهة · استنكاف

EXÉCRER v.a. *Careha* كَرِهَ يكرَهُ · استنكَفَ

EXÉCUTABLE adj. *Kabel ol tanfiz* قابل التنفيذ · ممكن اجراؤهُ

EXÉCUTER v.a. *Amala* عَمِلَ يعمَلُ · اجرى · انفَذَ

— un jugement, en juris. *Naffaza* نفَّذَ (في القضاء)

— faire mourir *Amata* امات · قتل · اعدم

— **(S')** v.r. *Adjra-l-matloub* أجرَى المطلوب

EXÉCUTEUR s.m. *Monaffez ol amr* منفِّذ الامر

— des hautes œuvres *Djallâd* جلَّاد · سيَّاف · نشنجي

EXÉCUTIF, IVE adj., t. de jurisp. *Tanfizi* تنفيذي (في القضاء)

EXÉCUTION s.f. *Tanfiz* تنفيذ (في القضاء)

— action de passer du projet à l'acte *Edjra* اجراء · عمل

— capital. *Katl* قتل · إعدام

EXÉCUTOIRE adj. en jurisp. *Tanfizi* تنفيذي · واجب التنفيذ (في القضاء)

EXÉCUTOIREMENT adv. *Bécefat tanfiziyat* بصفة تنفيذية

EXEMPLAIRE s.m. *Noskhat* نسخة · صورة

— adj. *Onmouzadji* انموذجي · معتبر

EXEMPLE s.m. *Maçal* مثل · قدوة · انموذج

EXEMPT, EMPTE adj. *Môfa* معفى · خالٍ من · عارٍ عن

EXEMPTER v.a. *Aâfa* اعفى · اخلى · عرّى من

EXEMPTION s.f. *Eêfa* إعفاء · إخلاء · تعرية من

EXEQUATUR s.m., t. de prat. *Amr ol tanfiz* امر التنفيذ (في المحاكم)

EXERCÉ, ÉE p.p. d'exercer *Motamarren* متمرّن · مدرّب · معلَّم

EXERCER v.a. *Marrana* مرَّنَ · درَّب · علَّم

— pratiquer *Bachara* باشرَ · مارس · تعاطى

— **(S')** v.r. *Tamarrana* تمرَّنَ · تدرب · تعاطى · تخرَّج

EXERCICE s.m. *Tadrib* تدريب · تمرين · ممارسة · عمل

— milit. *Monaouarat* مناورة · تمرين العساكر (في العسكرية)

EXFŒTATION s.f., en anat. *Haml kharedj el rahem* حمل خارج الرحم (في التشريح)

EXFOLIATION s.f., en méd. *Takach-chor* تقشّر · تفلّس

EXHALAISON s.f. *Taçaôd ol abkhérat* تصاعد الابخرة · فوحان

EXHALATION s.f. *Tabakhor* تبخّر · صعود الرائحة

EXHALER v.a. *Faha* فاحَ يفوحُ · انتشرت الرائحة

EXHAUSSEMENT s.m. *ôlou* علو · تصاعُد · ارتفاع

EXHAUSSER v.a. *Aâla* أعلى · اصعَدَ رفَعَ

EXHÉRÉDATION s.f. *Manoû-l-ers* منع الارث · حرمان · حجب

EXHÉRÉDER v.a. *Harama men al ers* حرَمَ من الارث · منعَ من الارث · حجَبَ

EXHIBER v.a. *Aourada* اورد · ابرز · قدم · عرَضَ

EXHIBITION s.f. *Takdim* تقديم · عرض · ابراز

EXHILARANT, ANTE adj. *Modhec* مضحك

EXHORTATION s.f. *Erchad* ارشاد · نصيحة · موعظة

EXHORTER v.a. *Archada* أرشَدَ · نصح · وعَظَ

EXHUMATION s.f. *Estekhradj ol rommat* استخراج الرمة . اخراج الميت من القبر

EXHUMER v.a. *Estakhradj al rommat* استخرج الرمة . اخرج الميت من القبر

EXIGEANT, ANTE adj. *Cacir ol talab* كثير الطلب . طمّاع

EXIGENCE s.f. *Lozoum* لزوم . اقتضاء . تطلّب

EXIGER v.a. *Tatallaba* تطلّبَ

EXIGIBLE adj. *Ouadjeb eda-oubou* واجب اداؤهُ ـ لازم

EXIGU, UË adj. *Dayiek* ضيّق . قليل . صغير

EXIGUÏTÉ s.f. *Dik* ضيق . قلّة . صغر

EXIL s.m. *Nafi* نفي . منفى . سركلة

EXILÉ, ÉE p.p. et subs. *Manfi* منفي . مسركل

EXILER v.a. *Nafa* نَفَى ينفي . سركَلَ . ابعَدَ

— **(S')** v.r. *Ebtaâda* إبتَعَدَ . نفى نفسهُ

EXISTANT, ANTE adj. *Ma-oudjoud* موجود . كائن

EXISTENCE s.f. *Oudjoud* وجود . كيان

EXISTER v.a. *Ouodjéda* وُجِدَ يوجَدُ . كانَ

EXODE s.m. *Sefr ol khoroudj* سفر الخروج من اسفار التوراة

EXOMPHALE s.f., t. de méd. *Fetk serti* فتق سرتي (في الطب)

EXONÉRATION s.f., t. de prat. *Edfâ* اعناء . ازالة الرسوم

EXONÉRER v.a. *Adfa* أعفى . ازال اثقال الرسوم

— **(S')** v.r. *Ouafa day-nahou* وَفَى دَينهُ . رفع البدلية عن نفسهِ

EXOPHTALMIE s.f. *Djohouz ol âyn* جحوظ العين (في الطب)

EXORABLE adj. *Chafouk* شفوق . حنون . رؤوف

EXORBITANCE s.f. *Khoroudj ân el had* خروج عن الحد . تجاوُز

EXORBITAMMENT adv. *Bé khoroudj âu el had* بخروج عن الحد . بمجاوزة الحد

EXORBITANT, ANTE adj. *Kharedj ân el hadde* خارج عن الحد . متجاوز الحد

EXORCISER v.a. *Kassama âla-l-rouh el cherrirat* قسّم على الروح الشريرة

EXORCISME s.m. *Taksim* تقسيم

EXORCISTE s.m. *Mokassem* مقسّم

EXORDE s.m., t. de réth. *Mo-kaddamat* مقدمة . استهلال . فاتحة (في البلاغة)

° **EXOSMOSE** s.f., en phys. *Exosmose* اكزوسموز . امتصاص خارج (في الطبيعيات)

EXOSTOSE s.f., en méd. *Ouaram âzmi* ورم عظمي (في الطب)

EXOTIQUE adj. *Madjloub* مجلوب . غريب . اجنبي

EXPANSIBILITÉ s.f., phys. *Kabeliyat ol tamaddod* قابلية التمدد والاستطالة (في الطبيعيات)

EXPANSIBLE adj. *Mota-madded* متمدّد . قابل الاستطالة

EXPANSIF, IVE adj. *Mo-maddad* ممدّد . يحدث تمدُّد

EXPANSION s.f. *Tamaddod* تمدد . استطالة

EXPATRIATION s.f. *Ta-gharrob* تغرّب . غربة . اغتراب

EXPATRIER v.a. *Rahhala. gharraba* رحّلَ . غرّبَ . ابعد عن الوطن

— **(S')** v.r. *Togharroba* تغرّبَ . هاجَرَ عن وطنهِ . جلا عن وطنهِ . رحَلَ

EXPECTANT, ANTE adj. *Entezari* انتظاري

EXPECTATION s.f. *Entézar* انتظار

EXPECTATIVE s.f. *Moudjeb ol entézar* موجب الانتظار

EXPECTORANT, ANTE adj. *Monazzef ol sadr* منظِّف الصدر . مخرج للنخاط الشعبي (في الطب)

EXPECTORATION s.f. *Nafs. tanfis* نفْث . تنفيث . خروج النخاط الشعبي (في الطب)

EXPECTORER v.a. *Tanakhaâ* تنخّع . نفَثَ . بصَقَ

EXPÉDIENT s.m. *Ouacilat* وسيلة ج وسائل . حيلة . طريقة

EXPÉDIER v.a. *Adj-djala* عجّلَ . روّجَ . نجّزَ

— envoyer *Arçala* أرْسَلَ . بعثَ . صدَّر

EXPÉDITEUR s.m. *Al racel* الراسل . الباعث . المصدِّر

EXPÉDITIF, IVE adj. *Sari* سريع . مروّج . معجّل

EXPÉDITION s.f. *Erçaliyat* — ارسالية

— militaire *Tadjridat âskariyat* — تجريدة عسكرية

EXPÉDITIONNAIRE s.m. *Mobayed* — مبيّض . ناسخ

— envoyeur *Racel* — راسل . مصدِر

EXPÉRIENCE s.f. *Tadjrêbat* — تجربة . امتحان . اختبار . خبرة . دربة

EXPÉRIMENTAL, ALE adj. *Tadjribi* — تجريبي . امتحاني . اختباري

EXPÉRIMENTALEMENT adv. *Bêtadjrib* — بتجريب . بامتحان . باختبار . بدربة

EXPÉRIMENTÉ, ÉE adj. *Khabir* — خبير . مجرَّب . ذو دربة

EXPERT, ERTE adj. *Al khebrat* — آل خبرة . خبير . مدرَّب

EXPERTISE s.f. *Moâyanat* — معاينة . اختبار

— médicale *Cachf* — كشف (في الطب الشرعي)

EXPIATION s.f. *Tacfir* — تكفير . استماحة . استغفار

EXPIATOIRE adj. *Tacfiri* — تكفيري . استغفاري

EXPIER v.a. *Caffara ân* — كفَّرَ عن . استغفر عن

EXPIRATEUR adj., en anat. *Zafiri* — زفيري (في التشريح)

EXPIRATION s.f. *Tamam ol moddat* — تمام المدّة . فروغ . استحقاق

— en physiol. *Zafir* — زفير . تنفس خارج

EXPIRER v.a. *Kada adjalahou* — قضى اجلهُ . توفي . اسلم الروح

EXPLICABLE adj. *Kabel ol idah* — قابل الايضاح . قابل التفسير . قابل التبيين

EXPLICATIF, IVE adj. *Mouaddah* — موضّح . مفسّر . مبيّن

EXPLICATION s.f. *Tâbir* — تعبير . شرح . تفسير . ايضاح

EXPLICITE adj. *Sarih* — صريح . واضح

EXPLICITEMENT adv. *Beçarahat* — بصراحة . بوضوح . بجلاء

EXPLIQUER v.a. *Fassara* — فسّرَ . أوضحَ . شرحَ . عبّر

— **(S')** v.r., avec quelqu'un *Estadlama* — إستعلَمَ . استفهمَ من

EXPLOIT s.m. *Fêêl, âmal* — فعل . عمل

— de huissier *Êlan ol ol mohder* — اعلان المحضر . اجرآات المحضر

EXPLOITATION s.f. *Esteghlal* — استغلال . استعمال . ادارة

EXPLOITER v.a. *Estaghalla* — إستغلَّ . استعمل

EXPLOITEUR s.m. *Nassab* — نصّاب . محتال

EXPLORATEUR s.m. *Sayeh* — سائح . مفتش . سابر . مستكشف

— en chir. *Mostakçiyat* — مستقصية (في الجراحة)

EXPLORATION s.f. *Estekça* — استقصاء . بحث عن

EXPLORER v.a. *Fattacha* — فتّشَ . بحثَ عن . ساحَ . سبر . استكشف

EXPLOSIBLE adj. *Kabel ol farkaât* — قابل الفرقعة

EXPLOSIF, IVE adj. *Mofarkê* — مفرقع

EXPLOSION s.f. *Talkat* — طلقة . فرقعة

EXPORTATEUR s.m. *Moçadder ela-l-kharedj* — مصدِّر الى الخارج

EXPORTATION s.f. *Tasdir badayê ela-l-kharedj* — تصدير بضائع الى الخارج

EXPORTER v.a. *Arsala ela-l-kharedj* — أرسَلَ الى الخارج

EXPOSANT, ANTE adj. *Mokaddem ol âridat* — مقدِم العريضة . العارض

— dans une exposition *âred, mostâred* — عارض . مستعرض . باسط البضاعة او صناعة في المعرض

EXPOSÉ s.m. *Bayan* — بيان . عرض . شرح

EXPOSER v.a. *ârada* — عرَضَ يعرِضُ . بسطَ . استعرَضَ

— le St Sacrement *Samada* — صمدَ يصمِدُ

— au danger *ârrada lel khatar* — عرّضَ للخطر

— expliquer *Bay-yana* — بيّنَ . شرحَ . عبّرَ

— **(S')** v.r. *Khatara bênafsêhi* — خاطر بنفسهِ . تعرّض ل

EXPOSITION s.f. *Charh* — شرح . بيان

— du St Sacrement *Samdat* — صمدة

— action d'esposer aux regards *Mârad* — معرض

EXPRÈS s.m. *Saly* — ساعٍ . رسول . مخصوص

— adv. *Kasdan, âmdan* — قصداً . عمداً

***EXPRESS** s.m. *Express* اكسبرس . قطر سكة حديد سريع السير

EXPRESSÉMENT adv. *Hatman* حتمًا . بنوع خاص

EXPRESSIF, IVE adj. *Ouâdeh ol tâbir* واضح التعبير . جلي

EXPRESSION s.f. *Ébarat* عبارة . لفظ

— d'un suc *Âsir* عصير

— en physiol. *Talmih* تلميح . رمز (في الاصطلاح الفيسيولوجي)

EXPRIMER v.a. *Aoudaha* أوضحَ . عبّرَ

— presser pour en extraire le suc *Âçara* عصرَ يعصِرُ

— **(S')** v.r. *Tacallama* تكلَّمَ . عبَّرَ عن فكرهِ

EXPROPRIATION s.f. *Nazô-l-molqiyat* نزع الملكية

EXPROPRIER v.a. *Nazaâ-l-molqiyat* نزَعَ الملكية

EXPUGNABLE adj. *Sahel ol ektéham* سهل الاقتحام . غير حصين

EXPULSER v.a. *Tarada* طرَدَ يطرُدُ . اخرَجَ

EXPULSIF, IVE adj. *Tared* طارد

EXPULSION s.f., en accouchement, *Alam ol talk* آلام الطلق (في الولادة)

— action d'expulser *Tard* طَرْد . اخراج

EXPURGATION s.f. *Tankih* تنقيح

EXPURGER v.a. *Nakkaha* نقَّحَ ينقِّحُ . نظّفَ

EXQUIS, ISE adj. *Laziz* لذيذ . فاخر

EXSUDATION s.f., en physiol. *Ertechah* ارتشاح (في الفيسيولوجيا)

EXSUDER v.a. *Rachaha* رَشَحَ يرشَحُ

EXTASIF, IVE adj. *Zohouli* ذهولي . انخطاف بالروح

EXTASIÉ, ÉE p.p. d'extasier *Zahel* ذاهل . مخطف بالروح

EXTASIER (S') v.r. *Enzahala* إنذَهَلَ . انخطف

EXTATIQUE adj. *Makhtouf* مخطوف . منذهل

EXTENSEUR s.m. (muscle) en anat. *Bacet* باسط . مفرد . شاد . موتر

EXTENSIBILITÉ s.f. *Kabêliyat ol enbêçat* قابليّة الانبساط والانتشار

EXTENSIBLE adj. *Kabel ol enbêçat* قابل الانبساط . قابل الانتشار

EXTENSION s.f. *Enbêçat* انبساط . امتداد . انتشار

EXTENSO (IN) adv. *Beltafsil* بالتفصيل . بكل ايضاح

EXTÉNUATION s.f. *Hozal* هزال . سقم . نحول . ضعف شديد

EXTÉNUER v.a. *Hazala* هَزَلَ يهزِلُ . اسقَمَ . اضعفَ اضنى

EXTÉRIEUR, EURE adj. *Kharedj* خارج . ظاهر . براني

— **(À L')** *Men ol kharedj* من الخارج . ظاهرًا

EXTÉRIEUREMENT adv. *kharedjan* خارجًا . ظاهرًا

EXTERMINATEUR s.m. *Mobid* مبيد . مدمر . مفنٍ

EXTERMINATION s.f. *Ebadat* ابادة . تدمير . افناء

EXTERMINER v.a. *Abada* أبادَ . دمَّرَ . افنى

EXTERNAT s.m. *Madraçat kharedjiyat* مدرسة خارجيَّة

EXTERNE adj. *Barrani* برّاني . خارجي

— en pathol. *Amrad zahêrat* امراض ظاهرة (في الباثولوجيا)

EXTINCTION s.f. *Etfa* إطفاء

— perte totale *Ébadat* ابادة . انقراض

EXTIRPATEUR s.m. *Mostacel* مستأصل . مقتلع

EXTIRPATION s.f. *Estéçal* استئصال . قلع . اقتلاع

EXTIRPER v.a. *Kalaâ* قلَعَ يقلَعُ . استاصل

EXTORQUER v.a. *Ekhtalaça* إختلَسَ . سلَبَ

EXTORSION s.f. *Ekhtélas* اختلاس . سلْب

EXTRA s.m. *Kharedj ân* خارج عن

— ce qui est extraordinaire *Faouk ol âdat* فوق العادة

EXTRACTEUR s.m., t. milit. *Medjar fecheng* مجر فشنك (في العسكرية)

EXTRACTIF, IVE adj., en chim. *Khalaci* خلاصي . استخراجي (في الكيمياء)

EXTRACTION s.f. *Estekhradj* استخراج

— des dents *Kalô-l-asnan* قلع الاسنان

EXTRADITION s.f., t. de trib. *Taslim ol mozneb lel hakem el chári* تسليم المذنب للحاكم الشرعي (في المحاكم)

EXTRADOS s.m., t. d'arch. *Zahr ol âkd* ظهر العقد · خارج العقد (في البناء)

EXTRAFIN, INE adj. *Al ol âl* عال العال · جيد جداً

EXTRAIRE v.a. *Estakhradja* إستخرج · استخلص

EXTRAIT s.m. *Molakhk-has* ملخّص · مستخرج

— en chimie *Khalaçat* خلاصة (في الكيمياء)

EXTRAJUDICIAIRE adj., t. de prat. *Ghayr rasmi* غير رسمي (في المرافعات)

EXTRA-MUROS adj. *Kharedj abouab el madinat* خارج ابواب المدينة · خارج سور القلعة

EXTRAORDINAIRE adj. *Kharek ol âdat* خارق العادة · غير اعتيادي · غريب

EXTRAORDINAIREMENT adv. *Kharedjan ân el âdat* خارجاً عن العادة

EXTRA-RÉGLEMENTAIRE adj. *Kharedj ân el kanoun* خارج عن القانون

EXTRA-UTÉRIN adj., en anat. *Kharedj ol raham* خارج الرحم (في التشريح)

EXTRAVAGAMMENT adv. *Bédjahalat* بجهالة · بحماقة

EXTRAVAGANCE s.f. *Djahalat* جهالة · حماقة

EXTRAVAGANT, ANTE adj. *Djahel* جاهل · احمق

EXTRAVAGUER v.n. *Khalata* خلط يخلط · تكلم بالجهل

EXTRAVASATION s.f. *Tafh* طفح · اندفاق · طفاح

— en méd. *Khoroudj ol dam men ol aouiyat* خروج الدم من الاوعية (في الطب)

EXTRAVASER(S') v.r. *Tafaha* طفح · دفق · خرج من اوعيته

EXTRÊME adj. *Ênda-l-ghayat* عند الغاية · عند الطرف

— s.m. *Montaha-l-had* منتهى الحد · غاية · طرف

EXTRÊMEMENT adv. *Lel ghayat* للغاية · جداً

EXTRÊME-ONCTION s.f. *Mashat ol marda* مسحة المرضى · المسحة الاخيرة

EXTREMIS (IN) loc. lat. adv. *Fi akher dakikat* في اخر دقيقة · عند تسليم الروح · عند اخر نفس

EXTRÉMITÉ s.f. *Taraf* طرف · غاية

EXTRINSÈQUE adj. *Kharedj* خارج · خارج عن ذات الشيء

— valeur, t. de monnaie *Kimat chariyat* قيمة شرعية (في النقود)

EXUBÉRANCE s.f. *Ziadat* زيادة · طفوح · طغيان

EXUBÉRANT, ANTE adj. *Fayed* فائض · زائد · طافح · طافٍ

EXUBÈRE adj. *Maftoum* مفطوم · ممنوع من الرضاعة

EXULCÉRATION s.f., en méd. *Takarroh salhi* تقرّح سطحي (في الطب)

EXUTOIRE s.m., en méd. *Masraf* مصرف · قرحة اصطناعية

EXUVIABILITÉ s.f. *Taghiyr ol djeld oual bacharat* تغير الجلد او البشرة

EX-VOTO s.m. *Nazr* نذر · وقف كنايسي

F

F sixième lettre de l'alphabet *Fa* ف · سادس الحروف الهجائية الفرنساوية

FABLE s.f. *Hecayat* حكاية ج حكايات · قصة · مثل

— invention *Reouayat* رواية ج روايات · مختلقة · تصنيفة

— risée *Odhoucat* اضحوكة ج اضاحيك · الهية

FABLIER s.m. *Madjmoû Hecayat mokhtalekat* مجموع حكايات مختلقة · مجموع تصنيفات مضحكة

— auteur de fables *Moullef hecayat* مؤلف حكايات

FABRICANT s.m. *Saheb mâmal* صاحب معمل · صانع

FABRICATION s.f. *âmal* عمل · صناعة · اصطناع

FABRIQUE s.f. *Mâmal* — معمل ج معامل · ورشة · فابريقة

— de fusils *Tôfenq khanat* — توفنكخانة · معمل بنادق

FABRIQUER v.a. *Sanaâ* — صنع يصنع · عمل · اصطنع

FABULEUX, EUSE adj. *Kharafi* — خرافي · تصنيفي

FABULISTE s.m. *Moçannef ol amçal* — مصنف الامثال · مخترع الحكايات

FAÇADE s.f. t. d'arch. *Ouadjéhat* — واجهة (في البناء)

FACE s.f. *Ouadjh* — وجه · جهة · سطح

— faire face *Ouadjaha* — واجه · قابل

— en monnaie, opposé de pile *Torrat* — طرّة · الجهة المرسومة فيها طغراء او صورة من ضربت العملة باسمه

— front, t. milit. *Ouadjh ol tabour* — وجه الطابور (في العسكرية)

— **à face** *Mouadjahat* — مواجهة · وجهاً بازاء · وجه

— **(EN)** *Tedjah* — تجاه · قبالة

FACÉTIE s.f. *Mazh* — مزح · هزل · اسخانية

FACÉTIEUSEMENT adv. *Bemazh* — بمزح · بهزل

FACÉTIEUX, EUSE s. et adj. *Mazzah* — مزّاح · مسخن

FACETTE s.f., t. de lapidaire *Sath* — سطح · وجه · نقطيعة (في اصطلاح منزّلي الحجارة الكريمة)

FÂCHÉ, ÉE p.p. de fâcher *Moghtaz* — مغتاظ · غضبان · متكدِّر

FÂCHER v.a. *Aghaza* — أغاظ · اغضب · كدّر

— **(SE)** v.r. *Eghtaza* — إغتاظ · تكدّر · غضب

FÂCHERIE s.f. *Kahr* — قهر · غضب · كدر · غيظ

FÂCHEUSEMENT adv. *Bécadar* — بكدر · بقهر · بغيظ

FÂCHEUX, EUSE adj. *Mocadder* — مكدِّر · قاهر · مغيظ

— incommode *Chak* — شاقّ · ثقيل

FACIAL, ALE adj., en anat. *Ouadjhi* — وجهي (في التشريح)

FACIES s.m., en hist. nat. *Manzar ol ouadjh* — منظر الوجه · هيئة الوجه · تقاطيع الوجه (في التاريخ الطبيعي)

FACILE adj. *Sahel* — سهل · هيّن

FACILEMENT adv. *Béçohoulat* — بسهولة

FACILITÉ s.f. *Sohoulat* — سهولة · لين

FACILITER v.a. *Sahhala* — سهّل · هوّن · يسّر

FAÇON s.f. *Cheql* — شكل · نوع · نمط · طرز

— travail *âmal* — عمل · شغل

— cérémonie *Qelfat* — كلفة · تكليف

— **de façon** *Bécéfat* — بصفة · بنوع

FACONDE s.f. *Talakat leçan* — طلاقة لسان · سهولة التكلم

FAÇONNER v.a. *Sanaâ* — صنع يصنع · عمل

— former les mœurs *Kharradja* — خرّج · مرّن

FAÇONNIER, IÈRE adj. *Saheb taclif* — صاحب تكليف

FAC-SIMILE s.m. *Taklid* — تقليد

FACTEUR s.m. *Sané* — صانع ج صنّاع

— employé chargé de distribuer la poste à domicile *Saï-l-bostat* — ساعي البوسطة · رسول

— en arith. *Asl ol hacel* — اصل الحاصل · احد المضروبين

FACTICE adj. *Sanaï* — صناعي · اصطناعي

FACTIEUX, EUSE adj. *Âci* — عاص · متحزّب

FACTION s.f. *Hezb* — حزب ج احزاب · جماعة · عصاة

— garde *Haras* — حرس · خفر « ديدبانية »

FACTIONNAIRE s.m., t.milit. *Harès* — حارس · خفير « ديدبان »

FACTORERIE ou **FACTORIE** s.f. *Bank* — بنك · وكالة تجارية · مكتب تجاري

FACTOTUM s.m. *Modir ol manzel* — مدير المنزل · وكيل صاحب البيت

FACTUM s.m., t. de jurisp. *Mozaccarat ol dâoua* — مذكرة الدعوى (في المحاكم)

FACTURE s.f. *Fatourat* — فاتورة · بيان او قائمة المطلوب

FACULTATIF, IVE adj. *Ekhtiari* اختياري

FACULTÉ s. f. vertu d'une chose *Khassat* خاصّة . خواص . مزيّة

— pouvoir *Kouat* قوّة . قدرة . صلاحيّة . كفاءة

— corps de docteurs qui professent les sciences ou les lettres *Madjmâ, ôlama* مجمع علماء . مدرسة

— **intellectuelle** *Koua âkliyat* قوى عقلية

FADAISE s.f. *Racacat* ركاكة . عبث . تفه

FADE adj. *âdim ol taâm* عديم الطعم . فاقد اللذّة

FADEMENT adv. *Bédoun taâm* بدون طعم . بلا لذّة

FADEUR s.f. *âdam ol tâm* عدم الطعم

FAGOT s.m. *Hezmat* حزمة ج حزَم . ربطة

FAGOTER v.a. *Hazama* حزَمَ يحزِمُ . شدّ . رَبَطَ

FAIBLE adj. *Daïf* ضعيف . خسع . عاجز

FAIBLEMENT adv. *Bédôf* بضعف . بعجز

FAIBLESSE s.f. *Dôf* ضعف . سقم . وهن . عجز

— évanouissement *Ghachi* غشي . اغماء

— pour quelqu'un *Mayl êla* ميل الى . انعطاف نحو

— **de raisonnement** *Racacat* ركاكة او ضعف برهان

FAIBLIR v.n. *Daôufa* ضَعُفَ يضعَفُ . وهى يهي

FAIBLISSANT, ANTE adj. *Modêef* مضعِف . موهٍ . موهن

FAÏENCE s.f. *Kichani* قيشاني . فخار مطلي

FAÏENCERIE s.f. *Mâmal kichani* معمل قيشاني . فاخورة

FAÏENCIER, IÈRE s.m. et f. *Sanê ol kichani* صانع القيشاني . فاخوري

FAILLE s.f. *Komach harir* قماش حرير . فايل

FAILLI s.m. *Mofallès* مفلّس . مكسور

FAILLIBILITÉ s.f. *Kabêliyat ol ghalat* قابلية الغلط

FAILLIBLE adj. *Kabel ol ghalat* قابل الغلط

FAILLIR v.n. *Ghalèta* غلط يغلَطُ . زلّ . اخطا

— faire faillite *Fallaça* فَلّسَ . انكَسَرَ

— être sur le point *Aouchaca* أوْشَكَ . كادَ يكادُ

FAILLITE s.f. *Eflas* افلاس . كسره

FAIM s.f. *Djoû* جوع . سغب

— avoir faim *Djaâ* جاعَ يجوعُ

FAINÉANT, ANTE adj. *Caslan* كسلان . تنبل . قليل المروّة

FAINÉANTER v.n. *Cacèla* كَسِلَ يكسَلُ . تنبَلَ . قلّ المروّة

FAINÉANTISE s.f. *Caçal* كسل . تنبلة . قلة مروّة

FAIRE v.a. *Sanaâ* صنع يصنعُ . عمِلَ . فعل . كوّن . صيّر . صاغ

— v.n. des petits, en parlant des animaux *Ouadaâ* وَضَعَ . وَلَد

— v.a. causer *Sabbaba* سبّبَ . احدث

— en agric. *Estaghalla* اشتغَلَ . استغصل

— disposer, arranger *Rattaba* رتّبَ . نظّمَ

— son chemin *Takaddama* تقدّمَ . نجح . ترقى

— de l'eau, t. de mar. *Enkharaka-l-marcab* إنخَرَقَ المركب . دخل الماء في المركب (في الملاحة)

— les cartes, t. de jeu *Khalata-l-ouarak* خلَطَ يخلِطُ الورق (في اصطلاح لعب الورق)

— fortune *Djamaâ sarouatan* جمع ثروة

— un métier *Taâta mehnatan* تعاطى مهنة

— une dupe *Ghach-cha* غشّ . اغرّ . خَدَعَ

— tel ou tel personnage *Massala* مثّل . قلّد احداً

— (SE) v.r. *Sayara nafsahou* صيّر نفسهُ

— s'habituer *Êtada* اعتاد . تعوّدَ

FAISABLE adj. *Momqen* ممكن . قابل الاجراء

FAISAN s.m. *Diq barri* ديك بري . قبج

FAISANDER v.a. *Taliyn* تليين او تعفين . ترك لحوم طيور الصيد كي تعفن قليلاً

FAISANDERIE s.f. *Macan letarbiat el diouc el barriyat* مكان لتربية الديوك البرية

FAISANE s.f. *Dêdjadjat barriyat* دجاجة بريّة

FAISCEAU s.m. *Hezmat* حزمة ج حزَم . رزمة

— t. milit. *Sibat, damatlana* سيبة . دَمَتْلَنَه (في العسكرية)

FAISEUR, EUSE s.m. et f. *Sanê chay* صانع شيء · مصطنع

— **de tours** *Mozâberdji* مزعبرجي

— **d'embarras** *Cacir ol ghalabat* كثير الغلبة · غَلَباوي

FAIT, AITE adj. *Masnoû* مصنوع · معمول

— s.m., fait pertinent, en jurisp. *Ouakêât motaâllékat bel dâoua* واقعة متعلقة بالدعوى (في القضاء)

— voie de fait *Taâddi* تعدٍّ · ضرب

— prendre fait et cause *Entaçara êla* إنتَصَرَ الى · دافع عن (في المرافعات)

— aller au fait *Maoudoû, asl el maçalat* موضوع · اصل المسئلة

— évènement *Hadéçat* حادثة · واقعة

— **de fait,** loc. adv. *Men al mâloum* من المعلوم · بالحقيقة

— **en fait de,** loc. prép. *Fima yakhtass* فيما يختص · فيما يتعلق

— **tout à fait,** loc. adv. *Tamaman* تمامًا · كليًّا

FAÎTE s.m., t. d'arch. *Kommat* قمّة · ذروة · رأس (في البناء)

— au fig. *Ghayat* غاية · اعلى درجة · اوج

FAIX s.m. *Sekle* ثقل · حمل · عبو

— en anat. *Khalas ol djanin* خلاص الجنين (في التشريح)

FAKIR s.m. *Âbed, medjaouer* عابد · فقير · مجاور

FALAISE s.f. *Modjtamâ sokhour âla chati-l-bahr* مجتمع صخور على شاطئ البحر

FALAISER v.n., t. de mar. *Eltatamat el amouadj bel sokhour* التطمت الامواج بالصخور · تكسّرت الامواج على الصخور (في الملاحة)

FALBALA s.m., t. de couturière *Tasniat* ثنية · فالبالا (في الخياطة)

FALLACIEUSEMENT adv. *Beghech-che* بغش · بخداع

FALLACIEUX, EUSE adj. *Ghach-chache* غشّاش · خدّاع

FALLOIR v.n. *Lazéma* لَزِمَ · يلزم · وَجِبَ

— s'en falloir que *Baâda ân an* بعد عن ان

FALOT s.m. *Fanous* فانوس ج فوانيس

— t. de mar. *Fanar* فنار ج فنارات

FALOT, OTE adj. *Nocati* نكتي · صاحب نكت ونوادر

FALOTEMENT adv. *Bétanqit* بتنكيت · بمزح

FALOTERIE s.f. *Nectat* نكتة ج نكت · اسخانية · مزحية

FALOURDE s.f. *Hezmat hatab* حزمة حطب

FALSIFIABLE adj. *Kabel ol tazouir* قابل التزوير · ممكن تقليده

FALSIFICATEUR s.m. *Mozaouer* مزوّر · مقلّد

FALSIFICATION s.f. *Tazouir* تزوير · تقليد · تزييف

FALSIFIER v.a. *Zaou-ouara* زَوَّرَ · قلّدَ · زيّف

FAME s.f. *Chohrat* شهرة · صيت

FAMÉ, ÉE adj. *Machhour* مشهور · ذائع الصيت

— bien famé *Haçan ol sit* حسن الصيت

— mal famé *Radi ol sit* رديء الصيت · قبيح السمعة

FAMÉLIQUE adj. *Motadaouer djouân* متضور جوعًا · جائع في اغلب الاحيان

FAMEUX, EUSE adj. *Machhour* مشهور · شائع الصيت

FAMILIAL, ALE adj. *Âili* عائلي · متعلق بالعائلة

FAMILIARISER v.a. *Aléfa* ألِفَ يألَفُ · انس

— **(SE)** v.r. s'accoutumer *Étada* إعتادَ · ألِفَ · استأنس

FAMILIARITÉ s.f. *Mouanaçat* موانسة · موالفة · رفع كلفة

FAMILIER, IÈRE adj. *Anis* انيس · موّالف · عديم التكليف

FAMILIÈREMENT adv. *Bémouanaçat* بموانسة · بدالّة · بموّالفة · بعدم تكليف

FAMILLE s.f. *Âilat* عائلة ج عائلات · اهل · فاميليا

— en zool. *Taïfat* طائفة ج طوائف · جنس (في علم الحيوانات)

— en botanique *Facilat* فصيلة ج فصائل (في النبات)

FAMINE s.f. *Madjaât* مجاعة · جدب

FANAGE s.m. *Tanchif ol aâchab* تنشيف الاعشاب · تيبيس

FANAISON s.f. *Moddat tanchif el aâchab* مدة تنشيف الاعشاب

FANAL s.m. *Fanous* فانوس · منارة

— **de position**, t. de mar. *Fanar* فنار (فانوس باساجار)

FANATIQUE adj. *Motaâsseb bel dine* متعصّب بالدين · مترفّض

FANATISER v.a. *Harraca lel taâssob el dini* حرّكَ التعصب الديني

FANATISME s.m. *Taâssob dini* تعصُّب ديني · ترفُّض

FANÉ, ÉE p.p.de faner *Nachef* ناشف · ذابل · ذاوٍ

FANER v.a. *Nach-chafa* نَشَّفَ · يَبَّسَ · ذَبَّلَ · ذَوَى

FANFARE s.f. *Djaoukat moucikiyat* جوقة موسيقية

FANFARON s.m. *Fach-char*; en Egypte: *mebias* فشّار · صَلِف · مطنب بمحالهِ مهياص · متمدح بما ليس فيهِ

FANFARONADE s.f. *Fechar* فشار · صَلَف · مهيصة

FANFARONNER v.r. *Fach-chara* فشَّرَ · صَلِفَ يصلَفُ · تمدَّحَ بما ليس عندهُ · مهيص

FANGE s.f. *Ouahl* وحل ج وحول · طين

FANGEUX, EUSE adj. *Ouahél* وحِل · متوحِّل

FANON s.m. *Chanab ol hout* شنب الحوت

— du bœuf *Ghabab* غبب ج اغباب وهو عنق البقرة والديك وغيرها

— de cheval *Châr mafçal el khayl* شعر مفصل الخيل

— en chir. *Hamélat ol djabayer* حاملة الجبائر (في الجراحة)

FANTAISIE s.f. *Bal, khater* بال · خاطر

— caprice *Haoua* هوى · كيف

— imagination *Ouès-ouas* وسواس ج وساوس · وهم · تصوُّر

FANTASIA s.f. *Taléîb ol khayl* تلعيب الخيل · فرح · مهرجان ·

FANTASMAGORIE s.f. *Fan ol tachkhis béouastat el khialat* فن التشخيص بواسطة الخيالات

FANTASMASCOPE ou **FANTASMATOSCOPE** s.m. *Al fanous ol sehri* الفانوس السحري (فانتسماسكوب)

FANTASQUE adj. *Motakalleb* متقلِّب

FANTASSIN s.m. *Ascari biada* عسكري بياده

FANTASTIQUE adj. *Khiali* خيالي · وهمي

FANTÔME s.m. *Khial* خيال ج خيالات · طيف · شبح

FAON s.m. *Khechf, zabi* خشف · ظبي

FAONNER v.n. *Ouadaât el ghazalat* وَضَعَت الغزالة

FAQUIN s.m. *Attal, chayal* عتّال · شيّال · حمّال

— au fig. *Saket, radjoul doun* ساقط · رجل دون

FAQUIR s.m. voy. Fakir

FARCE s.f. *Hachou* حشو · حشوة

— action plaisante *Noctat* نكتة ج نكت · اضحوكة · الهية

FARCEUR, EUSE s.m. et f. *Nocati* نكتي · مسخن · مهرّج · صاحب نوادر

FARCI, IE p.p. de farcir *Mahchou* محشو · مملوّ

FARCIN s.m., t. de méd. *Seradja* سراجا · داء الكَلَب الحادّ (في الطب البيطري)

FARCINEUX, EUSE adj. *Seradji* سراجي · متعلق بالسراجا (في الطب البيطري)

FARCIR v.a. *Hacha* حَشَا يحشو · ملأ (في اصطلاح المطابخ)

— **(SE)** v.r. *Ehtacha* إحتشى · امتلأ

FARCISSURE s.f. *Hachouat* حشوة

FARD s.m. *Homrat, hosn youssef* حمرة · حسن يوسف · خضاب

FARDEAU s.m. *Heml* حمل ج احمال · ثقل

FARDER v.a. *Hammara* حمَّرَ · خضَّبَ

— **(SE)** v.r. *Tahammara* تحمَّرَ · تخضَّبَ

FARDER v.n., t. de mar. *Tadjaouafa-l-chérâ taht al-haoua* تجوَّفَ الشراع تحت الهواء

FARDIER s.m. *drabiyat dastour* عربية دستور وهي عربة تنقل عليها الحجارة الثقيلة

FARIBOLE s.f. *Chay âdim ol ahammiyat* شيء عدم الاهمية
FARINE s.f. *Tahin* طحين · دقيق
FARINER v.a. *Rach-cha bel dakik* رَشَّ بالدقيق
FARINEUX, EUSE adj. *Dakiki* دقيقي · ذو دقيق
FAR-NIENTE s.m. *Rahat* راحة · كسل
FAROUCHE adj. *Ouahchi, nafer* وحشي · نافر
FASCIA s.m., t. d'anat. *Safihat* صفيحة (في التشريح)
— **celluleux,** t. d'anat. *Safihat khalaouiyat* صفيحة خلوية (في التشريح)
— **lata** *Saffak fakhzi* صفاق فخذي (في التشريح)
— **transversalis** *Safihat Mostâradat* صفيحة مستعرضة (")
FASCICULE s.m., en pharm. *Hezmat* حزمة · غمر (في الصيدلية)
— en librairie *Carras* كراس ج كراريس
FASCINAGE s.m., t. de fort. *Tarqib ol damat* تركيب الدمت وهي حزم من اخشاب توضع على حافة الخندق لمنع العدو (في الاستحكامات)
FASCINATION s.f. *Sehr* سحر · رُقية · جذب
FASCINE s.f. *Hezmat hatab* حزمة حطب
— t. de fort. *Damat* دَمت وهي حزم من خشب او سبتات من قش
FASCINER v.a. *Sahara* سحرَ يسحرُ · جذب الى
FASCION s.f. *Zarafat* ظرافة · بهجة
FASTE s.m. *Zahou, djakh-khe* زهو · جخ · ابهة
FASTES s.m. pl. *Takaouim* تقاويم · تواريخ
FASTIDIEUX, EUSE adj. *Modjer* مضجر · مملّ · مسئم
FASTUEUX, EUSE adj. *Saheb obbahat* صاحب أبّهة · محبّ الزهو والجخ
FAT adj. *Ahmak, modjeb be nafsehi* احمق · معجب بنفسو
FATAL, ALE adj. *Chay mokaddar* شيء مقدّر · مكتوب
FATALISME s.m. *Mazhab ol kadriyat* مذهب القدرية · اعتقاد بالقضاء والقدر
FATALISTE s.m. *Motaked bel kada oual kadar* معتقد بالقضاء والقدر

FATALITÉ s.f. *Mokaddar, mactoub* مقدّر · مكتوب · قضاء
FATIGANT, ANTE adj. *Moteeb* متعب · شاقّ · معي · منصب
FATIGUE s.f. *Taab* تعب · مشقة · نَصَب
FATIGUER v.a. *Ataaba* أتعبَ · اعيا · انصبَ
— au fig. *Azaadja* أزعجَ · اضجر · ملّل
FATRAS s.m. *Ach* عنش · اشياء مختلطة
FATUAIRE s.m. *Moddai-l-nobou-ouat* مدعي النبوّة
FATUITÉ s.f. *Hamakat* حماقة · ادعاء · رقاعة
FAUBOURG s.m. *Daouahi* ضواحي · ظواهر · ارباض
FAUCHAGE s.m. *Hach-che* حشّ · حصاد
FAUCHER v.a. *Hach-cha* حشّ يحشّ · حصَدَ
— t. de pathol. *Sahafa* سحفَ (في الباثولوجيا)
— marcher en fauchant *Macha sahefan* مشى ساحفًا
FAUCHEUR s.m. *Hach-chach* حشّاش · حصّاد
FAUCILLE s.f. *Mehach-chat* محشّة · منجل الحصاد
FAUCILLON s.m. *Charcharat* شرشرة · محشّة صغيرة
FAUCON s.m. *Bazi* بازي ج بزاة · صقر
FAUCONNIER s.m. *Bazidar* بازدار · معلم البازي
FAUFIL s.m., t. de coutur. *Chelalat* شلالة · سراجة (في الخياطة)
FAUFILER v.a. *Challala* شلّلَ · سرّجَ (في الخياطة)
FAULX s.f. *Mehach-chat* محشّة · منجل الحصاد
FAUSSAIRE s.m. *Mozaouer khat* مزوّر خط · مقلّد
FAUSSE-COUCHE s.f., t. de méd. *Sakat* سقط · ولادة كاذبة · طرح
FAUSSE FENÊTRE s.f. *Modahiyat ou chabbac cazeb* مضاهية · شباك كاذب
FAUSSEMENT adv. *Qezban, zouran* كذبًا · زورًا · بهتانًا
FAUSSER v.a. *Zaou-ouara* زوّرَ · قلّدَ
— **compagnie** *Taraca-l-djamaat khefiatan* تركَ الجماعة خفية
FAUSSES-EAUX s.f. pl., t. de méd. *Miah cazebat men al hamal* مياه كاذبة من الحَمل (في الطب)

FAUSSET s.m. *Sêdâdat ol barmil* سدادة البرميل
— voix de fausset *Saout âli* صوت عالٍ · صوت من الراس

FAUSSETÉ s.f. *Qezb, zour* كذب · زور · بهتان

FAUTE s.f. *Zanb, khata* ذنب ج ذنوب · خطأ · زلّة هفوة
— manque *Naks* نقص · قِلّة
— sans faute *Labodde* لا بد · لا محالة

FAUTEUIL s.m. *Corsi, sandaliyat* كرسي · صندلية

FAUTEUR, TRICE s.m. *Moçaêd, moharrec* مساعد · محرّك ·

FAUTIF, IVE adj. *Maghlout* مغلوط · مملوء من الاغلاط
— coupable *Mahkouk* محقوق · مذنب

FAUVE adj. (couleur) *Achkar* اشقر · احمر
— bêtes fauves *Hayaouanat barriyat* حيوانات برّيّة متوحشة

FAUX s.f., t. d'agr. *Mendjal, mehach-chat* منجل · محشّة · مجزّ (في الزراعة)
— s.m., en jurisp. *Tazouir* تزوير · كذب · بهتان · (في القضاء)

FAUX, AUSSE adj. *Tazouiri* تزويري · بهتاني · كاذب
— inexact *Ghayr madbout* غير مضبوط · غير وافٍ · مغلوط
— s'inscrire en faux, t. de prat. *Eddaâ beltazouir* ادعى بالتزوير · اقام دعوى ضد المزور (في القضاء)
— discordant *Chaz* شاذّ · مخالف
— **bras**, cordage, t. de mar. *Hable mokhtalef* حبل مختلف (في الملاحة)

FAUX-BRILLANT s.m. *Barbradjat* بهرجة · الماس كاذب

FAUX-CROUP s.m., t. de méd. *Khounak cazeb* خنّاق كاذب

FAUX-FRAIS s.m. pl. *Maçarif halêcat* مصاريف هالكة

FAUX-FUYANT s.m. *Hedjat* حجّة · محاولة
— **-maillon** *Kofle zandjir* قفل زنجير

FAUX-MONNAYEUR s.m. *Mozayef ol âmlat* مزيّف العملة

FAUX-PAS s.m. *âsrat* عثرة · زلّة القدم
— **-pieu**, t. de constr. *Ouatad ou khazouk mostaâr* وتد او خازوق مستعار (في البناء)
— **-pli** s.m. *Tadjaôd* تجعّد
— **-semblant** *Tazahor cazeb* تظاهر كاذب
— **-témoin** *Chahed zour* شاهد زور

FAVEUR s.f. *Mennat* منّة ج منن · نعمة ج نعم · منحة
— bonnes grâces *Nazar* نظر · التفات · توجهات
— considération *Êtébar* اعتبار · ثقة
— à la faveur *Taht zel* تحت ظل · تحت رعاية · بواسطة

FAVI ou **FAVUS** s.m., en méd. *Karâ âçali* قراع عسلي (في الطب)

FAVORABLE adj. *Mouafek* موافق · مناسب
— avantageux *Nafê* نافع · مفيد

FAVORI, ITE adj. *Mahboub* محبوب · مكرّم
— s.m., celui ou celle qui tient le premier rang dans la faveur *Nadim* نديم · محسوب

FAVORISER v.a. *Faddala* فَضّلَ · بدّى · اعزّ
— aider v.a. *Saâda* ساعَدَ · اعان · يسّر
— distinguer *May-yaza* ميّزَ · اسخصّ

FAVORITISME s.m. *Mahçoubiyat* محسوبيّة

FÉAL, ALE adj. *Amine* امين · صادق · مخلص

FÉBRICITANT, ANTE adj., en méd. *Mahmoum* محموم · مصاب بالحمى (في الطب)

FÉBRIFUGE adj. *Dafê ol homma* دافع الحمى · طارد الحمى (في الطب)

FÉBRILE adj. *Hommi* حمّي (في الطب)

FÉCAL adj. *Bérazi, sofli* برازي · ثُفلي (في الطب)

FÈCES s.f. pl., en chim. *Fadalat* فضلات · ثُفل (في الكيمياء)
— en méd. *Maouad sofliyat* مواد ثفليّة · غائط (في الطب)

FÉCOND, ONDE adj. *Mokhceb* مخصب . مثمر

FÉCONDANT, ANTE adj. *Molakkeh* ملقح . لاقح

FÉCONDATION s.f. *Talkih* تلقيح . إلقاح

FÉCONDER v.a. *Lakkaha* لقّح . يلقّح . لقِّح

FÉCONDITÉ s.f. *Khesb* خصب . اخصاب

FÉCULE s.f. *Dakik ol zora* دقيق الذره او البطاطه او غيرها

FÉCULENT, ENTE adj. *Dakiki* دقيقي . نشوي

FÉDÉRATION s.f. *Ettéhad* اتحاد . تعاهد . تحالف

FÉDÉRÉ, ÉE adj. et subs. *Motaâhed* متعاهد . متحالف

FÉE s.f. *Djenniyat* جنيّة . تابعة ج توابع

FÉERIE s.f. *Sehr* سحر . صنع الجن

— spectacle ravissant *Chay badi* شيء بديع . شيء بهيج . منظر جميل للغاية

FÉERIQUE adj. *Badi* بديع . بهيج

FEINDRE v.a. *Tazahara* تظاهرَ . مكر . اظهر غير ما يضمر

FEINTE s.f. *Macr* مكر . حيلة . مداجات

— en arch. *Mazlakan* مزلقان (في البناء)

FELD-MARÉCHAL s.m. *Mochir* مشير

FÊLÉ, ÉE p.p. de fêler *Machkouk* مشقوق . مقدود

FÊLER v.a. *Chakka* شَقّ يشقّ . قدّ

FÉLICITATION s.f. *Tahniat* تهنئة . تبريك

FÉLICITÉ s.f. *Hana* هناء . سعادة

FÉLICITER v.a. *Hannaâ* هنّأ . باركَ

— (SE) v.r. *Faraha* فرِحَ يفرَحُ . هنّأ نفسهُ

FÉLIN, INE adj., en zool. *Sennaouri* سنوري . هري (في علم الحيوان)

FELLAH s.m., paysan *Fallah* فلاّح . فلاحون

FÉLON, ONNE adj. *Khayon* خائن . غدّار

FÉLONIE s.f. *Khianat* خيانة . غدر . عصاوة

FÉLOUQUE s.f., t. de mar. *Zaourak, féloucat* زورق ج زوارق . فلوكه (في الملاحة)

FÊLURE s.f. *Chek, chéêt* شق . شعط

FEMELLE s.f. *Onsa* أنثى

FÉMININ, INE adj. *Mouannas* مونّث

FÉMINISER v.a. *Annaça* أنّثَ

FEMME s.f. *Maraât* مَرأة . أمرأة . نسوة

FÉMORAL, ALE adj., en anat. *Fakhzi* فخذي (في التشريح)

FÉMORO-TIBIAL, ALE adj. *Fakhzi, kaçabi* فخذي . قصبي

FÉMUR s.m. *âzm ol fakhz* عظم الفخذ

FENAISON s.f. *Hach ol rabi* حش الربيع

FENDANT s.m. *Moddaï-l-baçalat* مدع البسالة

FENDERIE s.f. *Tachkik ol hadid* تشقيق الحديد

— machine à fendre le fer *Alat léchak el hadid* آلة لشق الحديد

FENDEUR, EUSE s.m. et f. *Chakkaf ol hatab* شقاف الحطب

FENDILLÉ, ÉE p.p. de fendiller *mochakkak* مشقّق . متقلّع

FENDILLER (SE) v.r. *Tachakkaka khafifan* تشقّق خفيفاً

FENDOIR s.m. *Baltat* بلطة . فرّاعة وهي بلطة ثقيلة يشقّف بها الحطب

FENDRE v.a. *Chakka* شَقّ يشقّ . فلَقَ . شجّ

— (SE) v.r. *Enchakka* إنشقّ . تقلّع . انقدّ . انفلق

FENÊTRE s.f. *Nafézat* نافذة ج نوافذ . شباك . طاقة

— **à guillotine**, t. d'arch. *Chebbac camandjat* شباك كمنجة (في البناء)

FENÊTRER v.a. *Fataha chebbacan* فتح شباكًا (في البناء)

FENOUIL s.m., (plante) *Chomar* شُمر « نبات »

FENTE s.f. *Chak* شق . فلق . فلع

FENTON ou **FANTON** s.m. *Kodban hadid morabbadt* قضبان حديد مربعة

— t. de charp. *Khachab khaouabir* خشب خوابير (في النجارة)

FENUGREC s.m. (plante) *Holbat* حُلبة « نبات »

FÉODAL, ALE adj. *Sayèdi* سيديّ · متعلق بالامرآء · منسوب للشرفاء

FÉODALITÉ s.f. *Hokm ol omara* حكم الامراء · سلطة الاشراف

FER s.m. *Hadid* حديد

— **à souder** *Caouiat* كاوية

— corps ou santé de fer *Kaoui ol djesm* قوي الجسم او الصحة

— cœur de fer *âdem ol chafakat* عادم الشفقة · قاس · حديدي القلب

— main de fer *Sarem* صارم · جدّي

— siècle de fer *Djil ol kaçaouat* جيل القساوة والخشونة · جيل حديدي · جيل الحروب

— **de lance** *Sénan ol romh* سنان الرمح · راس النبلة

— l'épée *Sayf* سيف · حسام

— porter le fer et la flamme *Djarra ouarahou-l-demar oual kharab* جرّ وراءهُ الدمار والخراب

— **à repaser** *Meqouat* مكواة

— mettre aux fers *Kayyada, açara* قيّد · أسَرَ · سجن · غلّ بالسلاسل

— en fer de cheval *Helali ol chacl* هلاليُّ الشكل · شكل نصف دائرة

FER À CHEVAL s.m. *Naal, nadouat* نعلة · نضوة · حدوة · تطبيقة

FER-BLANC s.m. *Tanac, safih* تنك · صفيح

FER-BLANTERIE s.f. *Sancarat* سنكرة · تجارة التنك

FERBLANTIER s.m. *Sancari* سنكري · تنكجي

FER-CHAUD ou **PYROSIS** s.m. en méd. *Kals mohrek* قلس محرق · تكريع يحرق بالزور (في الطب)

FÉRIÉ adj. *Yaoum id* يوم عيد · يوم تعطيل · يوم بطالة

FÉRIR v.a. *Daraba* ضَرَبَ · لطَمَ · جرَحَ

FERMAGE s.m. *Idjar ol ard* ايجار الارض · مال الالتزام

FERME s.f. *Eltezam, estèdjar* التزام · استئجار

— local *Ezbat, daouar* عزبة · دوار

— t. de charp. *Djamaloun* جمالون (في النجارة)

FERME adj. consistant *Sabet* ثابت · متين · وطيد

FERMÉ, ÉE p.p. de fermer *Moghlak* مغلق · مقفول

— t. de mar. port fermé *Masdoud* مسدود · بوغاز او مرفأ مسدود (في الملاحة)

— nuit fermée *Laylat dahma* ليلة دهاء · ظلام حالك

— aristocratie fermée *Nobala la yatazaoudjoun men ghayr âyelatèhom* نبلاء لا يتزوجون من غير عائلتهم

FERMEMENT adv. *Becheddat* بشدّة · بقوّة · بحزم

FERMENT s.m. *Khamir* خمير · خميرة

— de discorde *Moharrec ol fetan* محرّك الفتن · مهيّج القلاقل

FERMENTATION s.f. *Ekhtèmar* اختمار · تخمُّر

— agitation des esprits *Hayadjan* هيجان · ثوران

FERMENTER v.a. *Ekhtamara* إختمَرَ

— au fig. agiter *Hadja* هاجَ · يهيجُ · ثارَ

FERMENTESCIBLE adj. *Kabel ol takhammor* قابل التخمُّر · ممكن اختماره

FERMER v.a. *Aghlaka* أغلَقَ · قفَلَ

— un port ; t. de mar. *Sadda madkhal al marfa* سدّ مدخل المرفأ (في الملاحة)

— une lettre *Taoua-l-rèçalat* طوى الرسالة

FERMETÉ s.f. *Sabat* ثبات · حزم · جلد

FERMETURE s.f. *Ekfal* اقفال · اغلاق

FERMIER s.m. *Mostadjer* مستأجر · مساقي · شريك

FERMOIR s.m. *Kofl* قُفل · مشبك

FÉROCE adj. *Dari* ضارٍ · مفترس

— au fig. *Kaci, ouahchi* قاسٍ · وحشي · متوحّش

FÉROCITÉ s.f. *Ooahchiyat* وحشية · توحّش

— au fig. *Kaçaouat* قساوة · شراسة

FERRAGE s.m. *Baytarat* بيطرة · تطبيق

FERRAILLE s.f. *Hadid khorda* حديد خرده

FERRAILLER v.n. *Taktaka belsiouf* طقطق بالسيوف · لعب بالسيف بدون اتباع الاصول

FERRANT adj., maréchal-ferrant *Bitar* بيطار

FERRÉ, ÉE p.p. de ferrer *Mobaytar* مبيطر · مطبّق · محدي

— sur un sujet *Motadallé* متضلّع · بارع · ماهر في

FERRER v.a. une chose *Saffaha bel hadid* صفّح بالحديد · ألبس حديدًا

— un cheval *Baytara* بيطرَ · طبّقَ · حذى

FERREUR s.m. *Haddad, Caoualini* حدّاد · كواليني

FERREUX adj., en chimie *Hadidoz* حديدوز (في الكيمياء)

FERRIÈRE s.f. *Mekhlat ol bitar* مخلاة البيطار · كيس ادوات البيطار

FERRIQUE adj., en chim. *Hadidic* حديديك (في الكيمياء)

FERRONNERIE s.f. *Ouarchat hadid* ورشة حديد

FERRUGINEUX, EUSE adj. *hadidi* حديدي

FERRURE s.f. *Achia hadidiyat* اشياء حديدية

— de cheval *Hodouat, tatbikat* حدوة · تطبيقة · نعلة

FERTILE adj. *Mokhceb* مخصب · مثمر

FERTILEMENT adv. *Bikhesb* بخصب · بغزارة

FERTILISER v.a. *Khassaba* خصّبَ · أصلحَ

FERTILITÉ s.f. *Khesb* خصب · غزارة

FÉRU, UE p.p. de férir, t. de vétér. *Madjrouh* مجروح · مصاب بجرح (في الطب البيطري)

FÉRULE s.f. plante ombellifère *Caff ol árous* كف العروس «نبات»

— t. d'école *Aça-l-adab* عصا الادب · طبشة (في المدارس)

FERVEMMENT adv. *Biédjtéhad* باجتهاد · بتشوّق · بحرارة قلب

FERVENT, ENTE adj. *Modtarem fil ébadat* مضطرم في العبادة · ملتهب

FERVEUR s.f. *Hararat fil ébadat* حرارة في العبادة · حميّة

FESSE s.f. *Cafal* كفل · ليّة · ردف · فلك

FESSÉE s.f., t. famil. *Darbat âla-l-cafal* ضربة على الكفل

FESSE-MAILLE s.m., t. popul. *Bakhil* بخيل · شحيح (عاميّة)

FESSE-MATHIEU s.m., t. famil. *Morabi* مرابٍ (عاميّة)

FESSU, UE adj., t. famil. *árid ol cafal* عريض الكفل

FESTIN s.m. *Oualimat* وليمة ج ولائم · مأدبة

FESTIVAL s.m. *Oualimat, farah* وليمة · فرح

FESTON s.m. *Nakch mozahhar* نقش مزهر

— en broderie *Cachcach* كشكش (في اصطلاح المطرزين)

FESTONNER v.a. *Nakacha* نقّشَ · صنعَ كشكشًا

FÊTE s.f. *Id* عيد

FÊTÉ, ÉE p.p. de fêter *Mocarram* مكرّم · معيّد

FÊTER v.a. *âyada* عيّدَ

FÉTIDE adj. *Monten* منتن · مخمّ

FÉTICHE s.m. *Hiouan moallah* حيوان مؤلّه · نوع صنم

FÉTIDITÉ s.f. *Natanat* نتانة · خمّة

FÉTU s.m. *Kaçalat* قصالة · قشّة

FEU s.m. *Nar* نار ج نيران

— au fig. *Hararat* حرارة · اضطرام

— incendie *Harikat* حريقة · حريق

— aller au feu, t. milit. *Katala* قاتل · ضاربَ (في العسكرية)

— **roulant** *Nar dayemat* نار دائمة · نوبة اتش (في العسكرية)

— faire feu *Atlaka-l-nar* أطلقَ النار · اطلقَ البندقية

— arme à feu *Selah nari* سلاح ناري · آلات نارية

— bouche à feu *Madfâ* مدفع

— **d'artifice** *Harayek* حرائق · اطلاق اسهم نارية

FEU s.m., t. de mar. *Manarat* منارة · نور السفينة (في الملاحة)
— **follet** *Nar djaouiyat* نار جويّة
— du diamant *Lamâat* لمعة · او بريق الماس
— **de joie** *Nar ol salam* نار السلام
FEU, EUE adj. *Marhoum* مرحوم · متوفي · متنيح
FEUILLAGE s.m. *Ouarak ol chadjar* ورق الشجر
— en bot. *Taourik ol achdjar* توريق الاشجار
— en arch. *Taourik* توريق وهو نقش على شكل اوراق الاشجار (في البناء)
FEUILLE s.f. *Ouarakat* ورقة
— **de tôle** *Laouh sadj* لوح صاج
— **de papier** *Talhiat ouarak* طلحية ورق · فَرْخ ورق
— **d'imprimerie** *Malzamat* ملزمة وهي ثمان صفحات مطبوعة او ست عشرة صفحة (في الطباعة)
— journal *Djaridat* جريدة · جورنال · غزتّة
FEUILLÉE s.f. *Târichat men ouarak el achdjar* تعريشة من ورق الاشجار
FEUILLET s.m. *Ouarakat qêtab* ورقة كتاب
FEUILLETAGE s.m. *Rak âdjin el haloua* رق عجين الحلوآء
FEUILLETER v.a. *Kallaba-l-ouarak* قلّبَ الورق · تصفّح
FEUILLETON s.m. *Reouayat bezayl el djaridat* رواية بذيل الجريدة
FEUILLETTE s.f. *Barmil* برميل ج براميل
FEUILLU, UE adj. *Cacir ol aourak* كثير الاوراق
FEUILLURE s.f. *Berouaz* برواز · حافّة
FEURRE s.m. *Kach ol kamh* قش القمح · قش الكراسي
FEUTRAGE s.m. *Sanaât ol labbad* صناعة اللبّاد
FEUTRE s.m. *Labbad* لبّاد
FEUTRIER s.m. *Sanê ol labbad* صانع اللبّاد
FÈVE s.f. *Foul* فول
FÉVRIER s.m. *Febrayer*, en Egypte ; *Chébat*, en Syrie شهر فبراير · شهر شباط

FEZ s.m. *Tarbouch* طربوش ج طرابيش
FIACRE s.m. *Arabat odjrat* عربة اجرة
FIANÇAILLES s.f. pl. *âkd khotbat* عقد خطبة · خطبة
FIANCÉ, ÉE s.m. et f. *Khettib* خطّيب · خطّيبة
— **À** *Makhtoub* مخطوب · مخطوبة
FIANCER v.a. *Khataba* خطَبَ يخطُبُ
FIASCO s.m. *Casfat* كسفة · خيبة
FIBRE s.f., du corps et des plantes *Lif* ليف
FIBREUX, EUSE adj., en anat. *Lifi* ليفي · كثير الالياف
FIBRILLAIRE adj. en anat. *Lifi ol hayat* ليفيّ الهيئة
FIBRILLE s.f., en anat. *Lifat saghirat* ليفة صغيرة
FIBRINE s.f. *Lifine* ليفين · ليفية
FIBRIMOGÈNE s.f. *Moualled lel lifine* مولد لليفين
FIBRO-CARTILAGE s.m. *Lif ghodroufi* ليف غضروفي
FIBROGÈNE adj. *Moualled lel lifiyat* مولد لليفيّة
FIBROME s.m., t. de méd. *Ouaram lifi* ورم ليفي
FIBRO-MUQUEUX adj., t. d'anat. *Lifi mokhati* ليفي مخاطي (في التشريح)
FIBRO-PLASTIQUE adj. *Lifi ol tacouin* ليفيّ التكوين
FIBRO-SÉREUX, EUSE adj. *Lifi masli* ليفي مصلي
FICELLER v.a. *Rabata* رَبَطَ يربِطُ · حزَمَ
FICELLE s.f. *Khayt kounnab*, en Syrie ; *doubara*, en Egypte خيط قُنَّب · خيط مصّيص دوباره
FICELLIER s.m. *Mecabb ol doubarat*, en Egypte ; *Mecabbe khayt el kounnab* en Syrie مكب الدوباره · مكب خيط القنب
FICHANT, ANTE adj. t. de fort. *Ghalés* غاطس (في الاستحكامات)
FICHE s.f. *Razzat* رزّة · شنكل
* — de jeu *Fiche* فيش · علامة وهي قطعة عظم لتعليم النقطة المكتسبة باللعب
— étiquette *Énouan* عنوان
— **d'arpenteur** *Maçamir zandjir ol massah* مسامير زنجير المسّاح

FICHER v.a. *Chacca* شكّ . أدخل

FICHU s.m. *óçabat ol óuok* عصابة العنق . شال صغير مثلث

FICTIF, IVE adj. *Kheyali* خيالي . وهمي

FICTION s.f. *Talfikat* تلفيقة . كذب

FICTIVEMENT adv. *Bitalfik* بتلفيق . بكذب

FIDÉICOMMIS s.m., t. de droit *Hebat, ouaciyat* هبة . وصية يكاف الوارث من مورثه بتوصيلها لصاحبها (في الفقه)

FIDÉICOMMISSAIRE s.m. *Mostaoudâ* مستودع . مستلم الوديعة

FIDÉJUSSEUR s.m., en jurisp. *Cafil* كفيل . ضامن

FIDÉJUSSION s.f. en jurisp. *Cafalat* كفالة . ضمانة

FIDÉJUSSOIRE adj. *Motaâllec bel cafalat* متعلق بالضمانة او بالكفالة (في القضاء)

FIDÈLE adj. *Amine* امين . صادق . وفي

— vrai croyant *Moumen* مؤمن

FIDÈLEMENT adv. *Bi amanat* بامانة . بصدق . بوفاء

FIDÉLITÉ s.f. *Sedk* صدق . امانة . وفاء

— vérité *Dabt* ضبط . صحّة . حقيقة

FIDUCIAIRE adj., t. de droit *Ouarès mocallaf bétaoucil hébat lèçahebeha* وارث مكلف بتوصيل هبة لصاحبها من مورثه (في الفقه)

FIEF s.m., t. de féodalité, domaine noble *Mokataât* مقاطعة (في اصطلاح الحكومة السيدية)

FIEL s.m. *Mararat* مرارة . صفراء

— au fig. *Hekd* حقد . حنق

FIENTE s.f. *Zebl* ذبل . بعر

— de vache desséchée employée comme combustible *Djellat* جلّة

FIER (SE) v.r. *Racana ela* ركن الى . أمن . وثق ب . اتكل على . اعتمد على

FIER, IÈRE adj. *Motaâdjref* متعجرف . متكبّر . متباه

— sentiment noble *Charif* شريف ج شرفاء . عظيم

FIER-À-BRAS s.m. *Fach-char* فشّار . متظاهر بالشجاعة كذباً

FIÈREMENT adv. *Bétacabbor* بتكبّر . بعظمة . بعجرفة

FIERTÉ s.f. *Tacabbor* تكبّر . عجرفة . نفخة . تشامخ

— noblesse de sentiment *Èzzat ol nafs, chahamat* عزّة النفس . شهامة

FIÈVRE s.f. *Homma* حمّى

— **adynamique**, t. de méd. *Homma daîfat* " ضعفية (في الطب)

— **algide**, t. de méd. *Homma-l-tadjallod* " " " التجلّد

— **arthritique**, t. de méd. *Homma nekreciyat* " " " نقرسيّة

— **continue**, t. de méd. *Homma dayêmat* " " " دائمة

— **bilieuse**, t. de méd. *Homma safraouiyat* " " " صفراوية

— **intermittente**, t. de méd. *Homma motakattèât* " " " متقطّعة

— **pernicieuse**, t. de méd. *Homma khabiçat* " " " خبيثة

— **puerpérale**, t. de méd. *Homma néfaciyat* " نفاسيّة (في الحبل)

— **purulente**, t. de méd. *Homma sadidiyat* " صديدية (في الطب)

— **putride**, t. de méd. *Homma âfénat* " " " عفنة

— **quotidienne**, t. de méd. *Homma yaoumiyat* " " " يومية

— **remittente**, t. de méd. *Homma motaraddédat* " " " مترددة

— **rhumatismale**, t. de méd. *Homma badariyat* " " " حدارية

— **subintrante**, t. de méd. *Homma motadakhélat* " " " متداخلة

— **synoque**, t. de méd. *Homma mostamerrat* " " " مستمرّة

— **tierce**, t. de méd. *Homma solaciyat* " " " ثلاثية

— **traumatique**, t. de méd. *Homma djorhiyat* " " " جرحية

— **typhoïde**, t. de méd. *Homma typhodiyat* " " " تيفودية

— **jaune**, t. de méd. *Homma safra* " " " صفراء

FIÉVREUX, EUSE adj. *Hommi* " " حمّي

FIFRE s.m. *Saffarat* صفّارة . ناي صغير

FIGER (SE) v.r. *Tadjammada* تجمّد . تعقّد

FIGUE s.f. *Tinat* تينة . تين

— de Barbarie, en Syrie : *Sobbayrat*; en Egypte : *Tin bechaouqêhi* صبيرة . تين بشوكه

FIGUERIE s.f. *Carm tine* كرم تين

FIGUIER s.m. *Chadjarat tine* شجرة تين

FIGURE s.f., visage *Ouadjh* وجه · سحنة

— en peint *Sourat* صورة · هيئة (في التصوير)

— de géom. *Chacle* شكل · اشكال (في الهندسة)

— de rêth. *Darb men al façahat* ضرب من الفصاحة · نوع من البديع (في البيان)

FIGURÉ, ÉE adj. *Madjazi* مجازي · استعاري

FIGURER v.a. *Saou-ouara* صوّر · رسم · شخّص

— **(SE)** v.r. *Taçaouara* تصوّر · تخيّل · توهّم · خُيّل له

FIGURINE s.f. *Temsal* تمثال · شخص صغير

FIGURISTE s.m. *Sanê ol tamacil el saghirat* صانع التماثيل الصغيرة

FIL s.m. *Khayt* خيط ج خيوط

— **à plomb.** *Mizan ol banna* ميزان البنّا

— **de métal** *Selc* سلك · شريط

— tranchant *Had* حد ج حدود

— **de l'eau** *Madjra-l-mâ* مجرى الماء

— suite *Siak, naçak* سياق · نسق

FILABLE adj. *Kabel ol ghazl* قابل الغزل

FILAGE s.m. *Ghazl* غزل

— t. de police *Lohouk* لحوق · اتباع · اقتفاء الاثر (في اصطلاح البوليس)

FILAMENT s.m., en anat. *Lif* ليف · ليفة خيطية (في التشريح)

FILAMENTEUX, EUSE adj. *Lifi* ليفي · خيطي

FILASSE s.f. *Mèchakat* مشاقة · ليفية

FILATEUR s.m. *Saheb mâmal ghazl* صاحب معمل غزل او معمل حل شرانق دود الحرير

FILATURE s.f. *Ouarchat ghazl* ورشة غزل او معمل غزل · كارخانة حل الشرانق

FILE s.f. *Saffe* صفّ ج صفوف

FILÉ s.m. *Selc makhayeche* سلك مخايش · سلك فضه او ذهب محبوب للقصب

FILÉ, ÉE p.p. de filer *Maghzoul* مغزول

— en parlant des cocons des vers à soie *Mahloul* محلول

FILER v.a. *Ghazala* غزل يغزل · حلّ

— t. de mar., filer un cordage *Sayaba-l-habl* سيّب الحبل (في الملاحة)

— s'en aller *Ençalla* إنسلّ · هرب

— **doux** *Talatafa, tazallala* تلاطف · تذلّل

FILET s.m., bridon de fer *Kartommat* قرطمّة · نوع لجام

— en bot. *Lif ork* ليف عرق (في النبات)

— de la langue, en anat. *âçabat ol leçan* عصبة اللسان (في التشريح)

— en anat. *Akhiètat âçabiyat* اخيطة عصبية

— au pl., ornement, t. d'arch. *Mastaricat* مستريكة (في البناء)

— t. d'impr. *Djadoual* جدول وهو برواز او نقوش مستعملة في المطابع

— t. de boucherie *Lahm ol zahr* لحم الظهر · فيلتو (في الجزارة)

— de pêche *Chabacat* شبكة ج شباك · شرك

FILETER v.a., t. de méc. *Sanaâ kalaouzan* صنع قلاووزًا (في الميكانيكيات)

— tirer les fils métalliques *Sababa-l-selc* سحب السلك

FILEUR, EUSE s.m. et f. *Ghazzal* غزّال

FILIAL, ALE adj. *Banaoui* بنوي · ابني

FILIALEMENT adv. *Banaouiyan* بنويًا · بنوع ابني

FILIATION s.f. *Entêçab êla* انتساب الى · اتباع

FILIÈRE s.f., t. de méc. *Alat lêâmal el kalaouz* آلة لعمل القلاووز · كنّة (في الميكانيكيات)

FILIFORME adj., en hist. nat. *Khayti ol chacle* خيطي الشكل (في التاريخ الطبيعي)

FILIGRANE s.m. *Siaghat casre cheft* صياغة كسر جفت

FILIN s.m., t. de mar. *Maddat lakadourat* مادة لاقادورة · حبل رفيع (في الملاحة)

FILIPENDULE adj., en hist. nat. *Kondoul* قندول · دارشيشقان (في التاريخ الطبيعي)

FILLE s.f. *Bent* بنت · ابنة · صبية · فتاة

— **petit-fille** *Hafidat* حفيدة · بنت الابن او الابنة

— **belle-fille** *Connat* كنّة · زوجة الابن

FILLEUL, EULE s.m. et f. *Falioun* فليون · ابن او بنت المعمودية

FILOIR s.m. *Âlat lel ghazl* آلة للغزل

FILON s.m., t. de mines. *Èrk* عرق ج عروق (في المناجم)

FILOSELLE s.f. *Harir khachen* حرير خشن · مسلوبة الحرير وهي محلول الشرانق البغيلي اي المزدوجة

FILOU s.m. *Losse* لصّ · نشّال

FILOUTER v.a. *Saraka* سَرَقَ يسرِقُ · نشَلَ

FILOUTERIE s.f. *Serkat* سرقة · نشل · اختلاس

FILS s.m. *Oualad* ولد ج اولاد · ابن · نجل

— **petit-fils** *Hafid* حفيد · ابن الابن او ابن البنت

— **beau-fils** *Sehre* صهر · زوج البنت

FILTRAGE s.m. *Tasfiyat* تصفية · تصفي · ترشيح

FILTRATION s.f. *Taçaffi* تصفي · ترشيح

FILTRE s.m. *Mesfat* مصفاة · مرشحة

— Egyptien en terre *Zir* زير ج ازيرة

— breuvage *Mâdjoun ol êchk* معجون العشق · نوع من السحر

FILTRER v.a. *Saffa* صَفَّى · رشَّح

FIN s.f. *Akher* آخر · نهاية · غاية · منتهى · ختام

— but *Gharad* غرض ج اغراض · مقصود

— **de non recevoir**, en juris. *Rafd estèmâ el dahua* رفض استماع الدعوى

FIN, INE adj. de qualité *Aâl* عال · جيّد

— mince *Rakik* رقيق · دقيق · رفيع

— rusé *Mohtal* محتال · خبيث

FINAL, ALE adj. *Akhir* اخير · نهائي

FINALE s.f. *Khatêmat* خاتمة

FINALMENT adv. *Akhiran* اخيرًا · في النهاية

FINANCE s.f. *Maliyat* ماليّة

— Ministère des Finances *Nezarat ol maliyat* نظارة الماليّة

FINANCIER, ÈRE adj. *Mali* مالي

— s.m., celui qui fait des opérations de banque *Sarraf* صرّاف · بنكير · صاحب مال

FINAUD, AUDE adj. *Zou hiyal* ذو حيَل · صاحب مكر · خبيث

FINEMENT adv. *Belotf* بلطف · بحذاقة · بحنة · بحيلة

FINESSE s.f. *Rekkat* رقّة · نعومة

— délicatesse *Lotf* لطف · ظُرف

— ruse *Hilat* حيلة · خبث · مكر · دهاء

FINI, IE adj. *Camel* كامل · متم · متقن

FINIR v.a. *Tammama* تَمَّمَ · انهى · فرغ من · انجز

FIOLE s.f. *Kenninat saghirat* قنينة صغيرة · قارورة

FIRMAMENT s.m. *Falac* فلك ج افلاك · جَلَد

FIRMAN s.m. *Faraman* فرمان ج فرامين

FISC s.m. *Djaneb ol miri* جانب الميري · بيت المال

FISCAL, ALE adj. *Yakhos bayt el mal* يخص بيت المال · متعلق بجانب الميري · بكليك

FISSURE s.f. *Chekke* شق · صدع في الحائط

— en chir. *Tachakkok* تشقّق · انشعار (في الجراحة)

FISTULE s.f., en méd. *Naçour* ناسور (في الطب)

— à l'anus *Naçour ol chardj* ناسور الشرج (في الطب)

FISTULEUX, EUSE adj., t. de méd. *Naçouri* ناسوري (في الطب)

FIXATION s.f. *Tasbit* تثبيت · تمكين · توطيد

FIXE adj. *Sabet* ثابت · مستقر · راسخ

— qui ne change pas *Mohaddad* محدّد · معيّن

— déterminé *Mâloum*, معلوم · مقرّر · مثبت · أكيد

FIXEMENT adv. *Beçabat* بثبات · بنظر محدق

FIXER v.a. *Sabbata* ثبّت · قرّر · مكّن

— **ses yeux** *Ahdaka bénazarèhi* احدق بنظره

— **(SE)** v.r. *Estakarra âla* استقرّ على · استقرّ في

FIXITÉ s.f. *Roçoukh* رسوخ · ثبوت

FLACIDITÉ s.f., en phys. et en méd. *Ertèkha* ارتخاء · لين (في الطب)

FLACON s.m. *Kenninat* قنينة ج قنانئ

FLAGELLATION s.f. *Djald* جَلْد · تسويط

FLAGELLER v.a. *Djalada* جلَدَ يجلِدُ · سوّط

FLAGEOLET s.m. *Saffarat* صفّارة · صوفيرة

FLAGORNER v.a. *Mallaka* ملّقَ

FLAGORNEUR s.m. *Motamallek* متملّق

FLAGRANT adj. *Fi hal el âmal* في حال العمل

— **délit** *Fi hal el talabbos fil djénayat* في حال التلبّس في الجناية

FLAIR s.m. *Chamme* شمّ

FLAIRER v.a. *Chamma* شمّ يشمّ

— au fig. pressentir *Achâara* اشعرَ · أحسّ

FLAMANT s.m. *Tayer ol nohaf*; en Egypte: *Bacharoch* طائر النحاف · في مصر يسمى الباشاروش

FLAMBANT, ANTE adj. *Moltaheb* ملتهب · مشتعل · مضطرم

FLAMBEAU s.m. *Mechâal* مشعل ج مشاعل · قنديل

FLAMBER v.a. *Achâala* أشعَلَ · احرق · الهب · اضرم

FLAMBERGE s.f. *Sayf* سيف ج سيوف · حسام

— mettre flamberge au vent *Estalla sayfahou* إستلّ سيفهُ · جرّد حسامهُ

FLAMBOYANT, ANTE adj. *Barrak* برّاق · لامع · شاعل

FLAMBOYER v.a. *Satâ* سطَعَ يسطَعُ · لمعَ · برَق

FLAMME s.f. *Lahib* لهيب · سعير · لهبة

— instr. de chir. vétér. *Mebdâ* مبضع · ريشة لفصد الخيل

FLAMMÈCHE s.f. *Chararat nar* شرارة نار · شهاب

FLANC s.m. *Djanb* جنب · خاصرة

— d'une armée *Djanah* جناح · جنب

* **FLANELLE** s.f. *Flanella* فلانلا · نسيج صوف

FLÂNER v.n. *Tanazzaha* تنزّه · كسدرَ · شمّ الهواء

FLÂNERIE s.f. *Tanazzoh* تنزّه · كسدرة · شمّ هواء

FLÂNEUR, EUSE adj. *Motanazzeh* متنزه · شمّام هواء

FLANQUANT, ANTE adj., t. de fort. *Hami* حام (في الاستحكامات)

FLANQUER v.a. *Hama* حمَى يحمِي · حصّن

— frapper *Daraba* ضرَبَ يضرِبُ · لطَمَ

— **par terre** *Aoukaâ, alka ela-l-ard* اوقعَ · القى الى الارض

FLAQUE s.f. *Bercat* بركة ج برك · مستنقع

FLASQUE adj. *Rakhou* رَخْوٌ · مترهل

— de l'affût du canon, t. milit *Fakhz ghendak el madfâ* فخذ غنداق المدفع (في الجندية)

FLATTER v.a. *Mallaka* ملّقَ · خدَعَ · دارَى

— caresser *Dallala* دلّلَ

— en peinture *Halla* حلّى · جمّلَ · حسّن (في التصوير)

— **(SE)** v.r. *âllala nafsahou* علّلَ نفسهُ · امّلَ

FLATTERIE s.f. *Tamlik* تمليق · مداهنة · تدليس

FLATTEUR, EUSE adj. *Momallek* مملّق · خدّاع · مداهن

FLATUEUX, EUSE adj., en méd. *Morih* مريح · مكوّن ارياح او غازات (في الطب)

FLATULENTE s.f., dispepsie, en méd. *Takhmat rihiyat* تخمة ريحية او غازية

FLATUOSITÉ s.f., en méd. *Ariah batniyat* ارياح بطنيّة (في الطب)

FLÉAU s.m., instr. pour battre le blé *Médakkat* مدقّة · مدق

— **de balance** *Kabbat ol mizan* قبّة الميزان · قبّ الميزان

— calamité *Macibat* مصيبة · بليّة · ضربة · داهية

FLÈCHE s.f. *Sahm* سهم ج سهام . نشابة . نبلة

FLÉCHIR v.a. *Laoua* لَوَى يلوي . ثنى . احنى

— émouvoir *Hannana* حنّن . ليّن . عطّف . حرّك

FLÉCHISSEUR adj., en anat. *Kabed* قابض . مثنٍ « عضل » (في التشريح)

— **profond** *Kabed ghayer* قابض غائر « عضل »

— **superficiel** *Kabed sathi* قابض سطحي « عضل »

FLEGMATIQUE adj. *Balghami* بلغمي

— au fig. *Bared* بارد . متوانٍ

FLEGMATIQUEMENT adv. *Beboroudat kalb* ببرودة قلب

FLEGME s.m. *Balgham* بلغم

— au fig., caractère posé, patient *Hodou, boroudat kalb* هدو . برودة قلب

FLÉTRI, IE p.p. de flétrir *Zabel* ذابل . ناشف . ذاوٍ . يابس

— au fig. diffamé *Mafdouh* مفضوح . مهتوك . مكسور شرفه

FLÉTRIR v.a. *Zabala* ذَبَلَ يَذْبُلُ . نشف

— au fig., diffamer *Fadah* فضح . هتك . كسر شرفه

FLÉTRISSURE s.f. *Fadihat* فضيحة . هتيكة . عار

FLEUR s.f. *Zahrat* زهرة . زهور

— **de réthorique** *Nokhbat* نخبة ج نخب

FLEURAISON s.f. *Tazahhor* تزهّر . تفتّح الازهار

FLEURDELISER v.a. *Zayana bezahr el zanbak* زيّن بزهر الزنبق

FLEURET s.m. *Chiche* شيش وهو سيف نصلته مربعة الحدود

FLEURETTE s.f. *Zohayrat* زهيرة . زهرة صغيرة

— propos galant *Calam zarafat, ghazal* كلام ظرافة . غزل

FLEURI, IE p.p. de fleurir *Zaher* زاهر . ومزهر

— adj. *Mouach-cha bel zohour* موشّى بالزهور

FLEURIR v.n. *Azhara* أزهر . تزهّر

FLEURISSANT, ANTE adj. *Mozher* مزهر

FLEURISTE s.m. *Moheb ol zohour* محب الزهور . مولع بزراعة الزهور

FLEURISTE s.m., marchand de fleurs *Zahhar* زهّار . بياع زهور

FLEURON s.m. *Zahrat* زهرة . قمر زهر

FLEUVE s.m. *Nahr* نهر

FLEXIBILITÉ s.f. *Liounat* ليونة . لين . قابلية الانثناء

FLEXIBLE adj. *Lay-yen* ليّن . منثنٍ

FLEXION s.f. *Encêna* انثناء . انحناء . لين

FLEXUEUX, EUSE adj. *Motâouedje* متعوّج

FLIBUSTIER s.m. *Losse, korçan* لصّ ج لصوص . قرصان

FLOCON s.m. *Katadt saldje* قطعة ثلج . كبّة ثلج

FLORAISON s.f. *Al tazahhor* التزهّر . زمن الزهر

FLORAL, ALE adj. *Zahri* زهري

FLORE s.f. *Nabat ol belad el khoçouci* نبات البلاد الخصوصي

FLORIN s.m., monnaie *Fiourini* فيوريني . عملة نمساوية

FLORISSANT, ANTE adj. *Mozher* مزهر

FLOT s.m. *Maoudjat* موجة ج امواج

FLOTTABILITÉ s.f. *Kabéliyat ol âoum* قابلية العوم

FLOTTABLE adj. *Kabel ol âoum* قابل العوم

FLOTTAGE s.m., *Djarre ol akhchab bel mâ* جرّ الاخشاب بالماء

FLOTTAISON s.f. *Khat ol âoum* خط العوم . وهو خط فاصل بين الغائص من السفينة في الماء والقسم الطافي فوق الماء

FLOTTANT, ANTE adj. *âyem* عائم . طافٍ

— dette flottante, t. d'adm. *Dayn sayer* دين سائر

FLOTTE s.f. *âmarat bahriyat* عمارة بحرية . اسطول . دونغمة

FLOTTER v.a. *âma* عام يعوم . طفا . طاف

FLOTTEUR s.m., t. de mar. *âouam* عوّام وهو جسم خفيف يطرح على سطح الماء لمعرفة سرعة جريه (في الملاحة)

— ouvrier qui conduit le bois flottant *Taou-ouaf* طوّاف (في الملاحة)

FLOTTILLE s.f. *âmarat* عمارة او دونغمة او اسطول صغير

FLOUER v.a. *Ghach-cha* غشّ يغش . سلب

FLUCTUATION s.f. *Tamaoudji* تموّج · تردد

— **des prix** *Takallob* تقلّب الاسعار

FLUCTUEUX, EUSE adj, *Motamaoudj* متموّج · متردِّد

FLUER v.n., en méd. *Sala* سالَ يسيلُ · جرى نحو

FLUET, ETTE adj. *Nahif* نحيف · رقيق · أهيف

FLUEURS s.f. pl., en méd. *Sayalanat* سيلانات (في الطب)

— **blanches** *Sayalan abiad* سيلان ابيض (في الطب)

FLUIDE adj. et s.m., en phys. *Sayel, mayé* سايل · مائع (في الطبيعيات)

— **nerveux**, en méd. *Sayel âçabi* سايل عصبي (في الطب)

FLUIDICATION s.f. *Tahouil ela-l-mioudt* تحويل الى الميوعة

FLUIDITÉ s.f. *Mioudt* ميوعة · سيول

***FLUOR** s.m., en minéralogie *Flour* فلور · معدن سايل غير محترق (في المعادن)

FLUORESCENCE s.f. *Talaouon ol daou* تلوّن الضو

FLÛTE s.f. *Chabbabat, nay* شبّابة · ناي

FLÛTISTE s.m. *Nayati* ناياتي

FLUVIAL, ALE adj. *Nahri* نهري

FLUX s.m., de la mer *Mad ol bahr* مدّ البحر

— en chim. *Mozib* مذيب (في الكيمياء)

— en pathol. *Sayalan* سيلان (في الباثولوجيا)

— de sang, de dyssenterie, en méd. *Nozoul ol dam* نزول الدم · دوسنطاريا

— **de ventre** *Machi ol batn, eshal* مشيُ البطن · اسهال

FLUXION s.f., t. de méd. *Nazlat* نزلة · نزل (في الطب)

FOC s.m., t. de mar. *Floc* فلوك · قلع مثلّث يكون على صاري مقدم السفينة (في الملاحة)

— **grand foc** *Contra floc* كونتره فلوك وهو قلع يكون على الطرف الاخير من صاري مقدم السفينة

— **d'artimon** *Taranqit* ترنكيت · رنده وهو قلع يكون على صاري مؤخر السفينة

FŒTUS s.m., en physiol. *Djanin* جنين (في علم تركيب الاجسام)

FOI s.f., croyance *Iman* ايمان

— bonne foi *Sékat* ثقة · اعتقاد

— fidélité *Amanat* امانة · وفاء

— attestation *Chéhadat* شهادة · تقرير

FOIE s.m., t. d'anat *Cabed* كبد (في التشريح)

FOIN s.m. *Hachiche* حشيش · برسيم

FOIRE s.f. *Souk, mouled* سوق · مولد

FOIS s.f. *Marrat* مرّة ج مرار · كرّة

— à la fois, loc. adv. *Maân* معًا · جملة · مرة واحدة

FOISON s.f. *Ghazarat* غزارة

— à foison, loc. adv. *Béghazarat* بغزارة · بزيادة

FOISONNEMENT s.m. *Entéfach* انتفاش · تزايد

FOISONNER v.a. *Fada* فاضَ يفيضُ · كثر · تزايد

FOL, OLLE adj. **Voy. Fou**

FOLÂTRE adj. *Tayèch* طائش · خفيف

FOLÂTREMENT adv. *Bétaych* بطيش · بجنون · بخنّة

FOLÂTRER v.n. *Tacha* طاشَ يطيشُ · خفّت حلومه

FOLIE s.f. *Djonoun* جنون · حماقة

FOLIÉ, ÉE adj., en bot. *Mouarrek* مورّق (في النبات)

FOLIO s.m. *Ouarakat daftar* ورقة دفتر

FOLIOLE s.f., en bot. *Ouraykat* وريقة · ورقة صغيرة (في النبات)

FOLLE-ENCHÈRE s.f., t. de proc. *Eâdat mabi chay bel mazad âla zemmat el mozayed el aoual* اعادة مبيع شيّ بالمزاد على ذمة المزايد الاول (في القضاء)

FOLLEMENT adv. *Bédjonoun* بجنون · بحمق

FOLLET adj., poil follet *Ouabar* وبر · زغب

FOLLICULE s.m., en bot. *Ghamd, hokk* غمد · حق (في النبات)

— en anat. *Djorab* جراب ج اجربة

— cocon de vers à soie *Charnakat* شرنقة دود الحرير

FOLLICULITE s.f., t. de méd. *Eltêhab ol adjrêbat* — التهاب الاجربة (في الطب)

FOMENTATEUR, TRICE s.m. et f. *Moharrec* — محرّك . مهيّج

FOMENTATION s.f., en méd. *Comoudat harrat* — كمودات حارة (في الطب)

— excitation à la sédition *Tahric, tahiydj* — تحريك . تهيج

FOMENTER v.a. *Cammada* — كمّدَ . وضع كمودات حارة

— exciter à la sédition *Harraca, hay-yadja* — حرّكَ . هيّجَ

FONCÉ, ÉE p.p. de foncer *Ghamek* — غامق . معتم

FONCER v.a., un tonneau *Raccaba kaâr ol barmil* — ركّب قعر البرميل

— t. de cuisine *Battata-l-âdjin* — بطّطَ العجين (في الطباخة)

— un puits *Hafara-l-bir* — حفرَ البئر . فحّرَ البئر

— une couleur *Ghammaka l-laoun* — غمّقَ اللون . اعتم اللون

FONCIER, IÈRE adj. *âkari* — عقاري

— impôt foncier *Mal ol atian* — مال الاطيان . مال العقار

— crédit foncier *Al banq ol âkari* — البنك العقاري

FONCTION s.f. *Ouazifat* — وظيفة ج وظائف . مهنة

FONCTIONNAIRE s.m. *Mola-ouazzef* — متوظّف

FONCTIONNEMENT s.m. *Édarat* — ادارة . حركة . سير

FONCTIONNER v.n. *Dara* — دارَ يدورُ . تحرّكَ

FOND s.m. *Kaâr* — قعر . مستقر

— en jurisp. *Maoudoû* — موضوع (في القضاء)

— principe *Asl* — اصل . اساس

— au fond *Fil hakikat* — في الحقيقة . في باطن الامر

— faire fond sur.. *Étamada* — إعتمدَ . اتكلَ على

— charge à fond *Hodjoum* — هجوم . تنقل سريع

— **de selle** *Bahr ol sardj* — بحر السرج

FONDAMENTAL, ALE adj. *Açaci* — اساسي . اصلي . جوهري

FONDAMENTALEMENT adv. *Bêhaïat oçouliyat* — بهيئة اصولية . بصفة اصولية

FONDANT, ANTE adj. *Zayeb* — ذائب . سائح

FONDATEUR s.m. *Mouasses* — مؤسّس . مشيّد

FONDATION s.f. *Tacis* — تأسيس . تشييد

— pieuse ou charitable *Ouakf khayri* — وقف خيري

FONDÉ, ÉE p.p. de fonder *Mouassas* — مؤسّس . مشيّد

— bien fondé *Sahih* — صحيح . على اساسٍ جيّد

— mal fondé *Ghayr sahih* — غير صحيح . لا اساس له

— **de pouvoirs** *Ouaqil* — وكيل معتمد

FONDEMENT s.m. *Aças* — اساس ج اساسات . قاعدة

— principe *Asl* — اصل . علّة

— l'anus, t. d'anat. *Bab ol badan* — باب البدن . شرج (في التشريح)

FONDER v.a. *Assaça* — اسّسَ . اقام . شيّدَ . وقفَ

— **de procuration** *Ouaccala* — وكّلَ . فوّضَ

FONDERIE s.f. *Masbac* — مسبك . دمكخانة

FONDEUR s.m. *Sabbac* — سبّاك . دمكجي

FONDOIR s.m. *Maciyahat* — مسيحة . محل تسييح الشحم

FONDRE v.a., t. de métall. *Sabaca* — سبكَ يسبكُ . ذوّبَ المعدن

— de la graisse *Say-yaha* — سيّحَ . سيّلَ

— **sur** v.n. *Hadjama* — هجمَ يهجُمُ . وثبَ . سطا على . انقضّ

FONDRIÈRE s.f. *Bercat ouhoul* — بركة وحول

FONDS s.m.pl. terre *ard, âkar* — ارض . عقار . اطيان

— espèces *Nakdiyat* — نقدية . راس مال

— **de magasin** *Bedaât* — بضاعة . مال

— **publics** *Aourak maliyat* — اوراق مالية . اوراق ميرية

FONGIBLE adj., en jurisp. *Kabel ol takdir* — قابل التقدير . ممكن تقديرهُ اي يمكن وزنهُ او عدّهُ الخ

FONGOSITÉ s.f., en méd. *Talahom fotri* — تلحم فطري

FONGUEUX, EUSE adj. *Fetri* — فطري

FONTAINE s.f. *Nabê* — نبع ينبوع . عين

— **publique** *Sabil* — سبيل

FONTANELLE s.f., t. d'anat. *Yafoukh* — يافوخ . فجة راس الجنين (في التشريح)

FONTE s.f. *Zaouaban* — ذوبان . سيحان . سيلان

— de métaux *Sabc* — سبك . سكب

— **de fer** *Zabre* — زهر

— en méd. *Tahlil ouaram* — تحليل ورم (في الطب)

— **de pistolet** *Oubor* — اوبر . بيت الطبنجة

FONTS s.m. pl., baptismaux *Djorn ol mâmoudiyat* — جرن المعمودية

FOR s.m., for intérieur *Zemmat* — ذمّة . ضمير

FORAGE s.m. *Sakb* — ثقب

FORAIN, AINE adj. *Gharib* — غريب . اجنبي . خارجي

FORBAN s.m. *Korçan* — قرصان . لصّ بحري

FORÇAT s.m. *Masdjoun bel liman* — مسجون بالليمان . ملومن . محكوم عليو بالاشغال الشاقة

FORCE s.f. *Kou-ouat* — قوّة . قدرة

— contrainte *Eghtéçab* — اغتصاب . قهر

— **majeure** *Kou-ouat kahérat* — قوة قاهرة . سبب قهري

— maison de force *Sedjn tadibi* — سجن تاديبي

— **de chose jugée** *Al ahkam ol nahaïyat* — الاحكام النهائية

— à force, loc. prép. *Men casrat* — من كثرة . من فرط ما

— par force, loc. adv. *Ghasban* — غصباً . كرهاً . جبراً . قهراً . قسراً

FORCÉ, ÉE p.p. de forcer *Maghçoub* — مغصوب . مجبور

— travaux forcés *Achghal chakat* — اشغال شاقّة

— outré *Motadjaouez ol hadde* — متجاوزُ الحد

FORCENÉ, ÉE adj. *Modjnoun* — مجنون

FORCEPS s.m., instr. de chir. *Djeft ol ouéladat* — جفت الولادة (في الجراحة)

FORCER v.a. *Alzama* — ألزمَ . أجبرَ

— prendre de force *Eghtaçaba* — إغتصبَ . قهرَ . ملك بالسيف . اخذ عنوةً

— **les voiles,** t. de mar. *Zaou-ouada-l-komach* — زوّدَ القماش . كثّرَ الشراع

FORCES s.f. pl., t. de métier *Mekas lètanzif el djoukh* — مقص لتنظيف الجوخ (في الصناعة)

FORCLORE v.a., t. de proc. *Rafada-l-dâoua* — رفضَ الدعوى . رفضَ المجلس قبول الدعوى (في المحاكمات)

FORCLUSION s.f. *Rafd koboul el daôua* — رفض قبول الدعوى (في المرافعات)

FORER v.a. *Sakaba* — ثقبَ يثقبُ

FORESTIER, IÈRE adj. *Ghabi* — غابي . متعلق بالغابات والاحراش

FORET s.m. *Meskab* — مثقاب

FORÊT s.f. *Ghabat* — غابة ج غابات . حرش

FORFAIRE v.n. *Ertacaba* — إرتكبَ . اجترم

FORFAIT s.m. *Djarimat* — جريمة ج جرائم . ذنب . جريرة

— **(À)** *Bel mokaoualat* — بالمقاولة

FORFAITURE s.f. *Khianat* — خيانة . غدر

FORGE s.f. *Ouarchat hèdadat* — ورشةحدادة . حانوت الحداد

— fourneau *Cour ol haddad* — كور الحداد

— **volante de campagne** *Cour nakkali* — كور نقالي

FORGEABLE adj. *Kabel ol tatrik* — قابل التطريق . ممكنةحدادته

FORGER v.a. *Tarraka* — طرّقَ . حدّدَ

— inventer *Ekhtarad* — إخترعَ . صنّفَ

— **(SE)** v.r. *Taçaou-ouara* — تصوّرَ . توهّمَ . تخيّلَ

FORGERON s.m. *Haddad* — حدّاد

FORGEUR s.m., au fig. *Mokhtalek* — مختلق . مصنّف

FORJETER v.n., en arch. *Kharadja ân el ouazn* — خرج عن الوزن (في البناء)

— v.a., construire hors de l' alignement *Bana kharédjan ân el tanzim* — بنى خارجاً عن التنظيم او الحذا

FORMALISER (SE) v.r. *Tacaddara* — تكدّرَ . اغتاظ

FORMALISME s.m. *Taclif* — تكليف . تكليفات

FORMALISTE adj. *Moheb ol taclifat* — محب التكليفات

FORMALITÉ s.f. *Roçoum* — رسوم . عوائد . اجراآت

FORMAT s.m. *Kadar, hadjm* — قدر . حجم

FORMATEUR, TRICE adj. *Khalek* خالق · منشي · مبدع

FORMATION s.f. *Tacouin* تكوين · تصوير

FORME s.f. *Chakle* شكل · صوغ · صورة

— moule *Kaleb* قالب ج قوالب

— manière *Tarikat* طريقة · طرز

— **d'acte,** t. de jurisp *Sighat âkde* صيغة عقد (في القضاء)

FORMEL, ELLE adj. *Sarih* صريح · قطعي

FORMELLEMENT adv. *Sariban* صريحًا · قطعيًا · بدون التباس

FORMER v.a. *Caou-ouana* كوّنَ · صوّرَ · صنعَ

— élever, dresser *âllama* علّمَ · ادّبَ

FORMICANT adj. m., en méd. (poul) *Tanammoli* تنمّلي · تنميلي (في الطب)

FORMIDABLE adj. *Hayel* هائل · مرهب · مخيف

FORMIER s.m. *Nadj-jar kaoua-leb ahziat* نجار قوالب احذية

FORMIQUE adj., t. de chim. (acide) *Hemd namlic* حمض نمليك (في الكيمياء)

FORMULAIRE s.m. *Madjmouât souar ma yoctab fil kada* مجموعة صور ما يكتب في القضاء · انموذجات الكتابات القضائية الرسمية

— en pharm. *Kanoun ol adouiyat* قانون الادوية (في الصيدلية)

FORMULE s.f. *Sourat* صورة ج صور · صيغة

— t. de méd. *Tazqêrat tobbiyat* تذكرة طبيّة (في الطب)

FORNICATEUR, TRICE s.m. et f. *Zani* زانٍ · فاسق

FORNICATION s.f. *Zéna* زناء · فحشاء · فسْق

FORNIQUER v.n. *Zana* زنَى يزني · فسَقَ · اتى الفحشاء

FORT, ORTE adj. *Kaoui* قوي · شديد · قدير

— solide, t. milit. *Mani* منيع · مستعصٍ · حصين · حريز · متين

— s.m., t. de fort. *Tabiat* طابية · حصن · صيصية

— se faire fort *Tadhhada* تعهّد · اخذ على نفسه

FORTEMENT adv. *Békou-ouat* بقوّة · بشدّة

FORTERESSE s.f. *Kalaât* قلعة ج قلاع · حصن

FORTIFIANT, ANTE adj. *Mokaoui* مقوٍّ · مشدِّد

FORTIFICATION s.f. *Tahcine* تحصين · استحكام

FORTIFIER v.a. *Hassana* حصّنَ

— donner de la force *Kaou-oua* قوّى · شدّد

— **(SE)** v.r. *Tahassana* تحصّنَ

— se donner de la force *Takaou-oua, tachaddada* تقوّى · تشدّدَ

FORTIN s.m. *Hesn saghir* حصن صغير

FORTIORI (À) adv., t. de logique latin *Bé akoua hedjat* باقوى حجّة

FORTUIT, ITE adj. *âradi* عَرَضي · غيبي

FORTUITEMENT adv. *Bécéfat âradiyat* بصفة عَرَضيّة

FORTUNE s.f., chance *Haz* حظ ج حظوظ · بخت · نصيب

— t. de mar. *Fartounat* فرتونة · نوّ · اخطار بحرية (في الملاحة)

— biens *Mal* مال · ثروة

FORTUNÉ ÉE adj. *Saïd* سعيد · ذو حظ

FORURE s.f. *Sakb ol meftah* ثقب المفتاح

FOSSE s.f. *Hofrat* حُفرة ج حفر · جب

— basse fosse *Habs ol damme* حبس الدم

— **d'aisance** *Merhad* مرحاض ج مراحيض · كنيف

FOSSÉ s.m. *Kanat* قناة ج اقنية

— t. de fortif. *Khandak* خندق ج خنادق

FOSSETTE s.f. *Hofrat saghirat* حفرة صغيرة

— du menton ou des joues *Ghammazat* غمّازة

FOSSILE adj., t. de géol. *Ma youdjad fi kalb el ard* ما يوجد في قلب الارض كالحجر وآثار الحيوانات القديمة (في الجيولوجيا)

FOSSILISATION s.f. *Ta-hadj-jor* تحجّر · تحوّل الى حجر

FOSSOYEUR s.m. *Haffar ma-kaber* حفّار مقابر · نبّاش مقابر

FOU, FOLLE adj. *Madjnoun* مجنون · احمق · معتوه · مختل الشعور

— aux échecs *Merrikh* مرّيخ (في الشطرنج)

FOUDRE s.f. *Saëkat* صاعقة ج صواعق

— grand tonneau *Battiyat* بتّية

FOUDROYANT, ANTE adj. *Saëk* صاعق · مرعد

FOUDROYER v.a. *Saäka* صعَقَ يصعَقُ · اعدم بالصاعقة

FOUET s.m. *Saoute* سوط ج سياط · كرباج

— tir de plein fouet, t. d'artil. *Darb ofki* ضرب افقي · ضرب سطحي

FOUETTER v.a. *Djalada* جَلَدَ يجلِدُ · سوَّطَ · ضرب بالسوط

— des œufs *Khabata-l-bayd* خبَطَ البيض · مزَجَ البيض

— le sang *Aklaka* أقلَقَ · اعدم الصبر

FOUGASSE s.f.. t. milit. *Laghm* لغم « فوغاسة » (في العسكرية)

FOUGÈRE s.f., (plante) *Sarkhas* سرخس « نبات »

FOUGON s.m., t. de mar. *Ouëdjak matbakh ol safinat* وجاق مطبخ السفينة (في الملاحة)

FOUGUE s.f. *Heddat* حدّة · حميّة

— arrière de navire, t. de mar. *Mouakhar ol safinat* مؤخر السفينة (في الملاحة)

— mât de fougue, t. de mar. *Contra babafango* كونترابابا فنجو · صاري على مؤخر السفينة

— perroquet de fougue *Randa* رنده وهو صاري بجانب الغاية ويطلق هذا الاسم ايضاً على الصاري الذي بمؤخر السفينة

— vergue de fougue *Lança* لنصه · صاري صغير في اعلى صاري موخر السفينة

FOUGUEUX, EUSE adj. *Ghayour* غيور · شديد الحميّة · حاد

FOUILLE s.f. *Hafre* حفر · نبش · بحث

FOUILLER v.a. *Hafara* حفَرَ يحفِرُ · نبشَ · فحث · بحث

— quelqu'un *Fattacha* فتّشَ · بحثَ في جيبه

FOUILLIS s.m. *Bëdoun tartib* بدون ترتيب · جملة اشياء موضوعة بغير ترتيب (لخبطة)

FOUINE s.f. (animal) *Dalak* دلق (حيوان)

— instr. d'agr. *Medra* مدرى · مدراة · آلة زراعية

FOULAGE s.m. *Cabs* كبس · ضغط

FOULANT, ANTE adj. *Cabès* كابس · ضاغط

FOULARD s.m. *Mahramat* محرمة · منديل ج مناديل

FOULE s.f., t. de métier *Kabs ol labbad* كبس اللباد او الجوخ (في الصنائع)

— atelier *Ouarchat* ou *mâmal ol labbad* ورشة او معمل اللباد

— multitude de gens *Djamhour* جمهور · حفل

— en foule, loc. adv. *Afouadjan* افواجاً · اجواقاً · بازدحام

FOULER v.a. *Cabaça* كبسَ يكبِسُ · ضغَطَ

— du pied *Daça* داسَ يدوسُ · دهَسَ

— **(SE)** v.r. un membre *Facacha* فكش · فكّ عضواً

FOULON s.m. *Macbas* مكبس ج مكابس · آلة لضغط الجوخ واللباد

FOULURE s.f. *Facchat* فكشة · فكّة عضو · خلع

FOUR s.m., t. de boulangerie *Forn ol khëbazat* فرنُ الخبازة

— **à chaux** *Atoun* اتون · قمينة جير · جيّارة اخدود الجبّار والجصّاص

— **à poulets** *Mâmal dedjadj* معمل دجاج · وهو فرن يحمى فيه بيض الدجاج للتنفيس

— chose qui ne réussit pas *Adam nadjah* عدم نجاح · خذلان

— à poterie *Fakhourat* فاخورة · قمينة فخار ·

FOURBE adj. *Maqer* ماكر · خبيث · محتال

FOURBERIE s.f. *Macre* مكر · خبث · حيلة

FOURBIR v.a. *Maçaha* مسح يمسحُ · جلاَ · صقَلَ

FOURBISSAGE s.m. *Mash ol selah* مسحُ السلاح

FOURBURE s.f. *Taskit ol khayl* تسقيط الخيل · مرض من امراض الخيل

FOURCHE s.f. *Medra* مدرى · مدراة

— d'appui *Chëbat* شعبة

FOURCHE-FIÈRE s.f. *Medra bicennayn* مدرى بسنين

FOURCHER v.n. *Chaába* شعّبَ . فرّعَ

FOURCHETTE s.f. *Fertaycat*: en Syrie ; *Chaoucat*: en Egypte فرتيكة . شوكة

— d'arquebuse *Mottaca* متكأ وهو قطعة خشب ذات شعبتين كانت تسند عليها البنادق في الزمن الغابر نظرًا لثقلها

— **sternale** s.f., t. de chir. *Chaoucat ol kass* شوكة القص (في الجراحة)

— **des grandes lèvres** *Zaouyat ol chafrayn* زاوية الشفرين (في التشريح)

— **de cheval** *Nasrat* نسرة . شوكة رجل الجواد

FOURCHU, UE adj. *Mochaáb* مشعب . ذو شعب

FOURGON s.m. *árabat lénakl el amtéât* عربة لنقل الامتعة

— de chemin de fer *Sebençat* سبنسة وهي العربة التي تكون في اخر القطر نقل رئيسة وفيها الفرملة اي الآلة التي يوقف بها القطار عن المسير

— pour remuer la braise *Mehrac* محراك . كور يك يحرك به الجمر في الفرن

FOURGONNER v.n. *Harraca-l-djamr fil forne* حرّكَ الجمر في الفرن

FOURMI s.f. *Namlat* نملة ج نمال ونمل

FOURMILIÈRE s.f. *Ouacre naml* وكر نمل . قرية نمل

FOURMILLEMENT s.m. *Tanammol* تنمّل . تنميل

FOURMILLER v.n. *Caçora, Ghazora* كَثُرَ يكثُرُ . غَزُرَ . نما

FOURNAGE s.m. *Odjrat ol khabbaz* اجرة الخباز

FOURNAISE s.f. *Atoun* اتون . قمين

FOURNEAU s.m. *Canoun* كانون . كور

— de pipe *Hadjar ol ghalioun* حجر الغليون . او الشبُق

— haut fourneau, t. de fonderie *Forn âli* فرن عالي للسبك

— de cuisine *Ouêdjak* وجاق ج وجاقات

FOURNÉE s.f. *Ramiat* رمية . ما في الفرن من الخبز

FOURNIER, IÈRE s.m. et f. *Khabbaz* خبّاز

FOURNIL s.m. *Maâdjan* معجن . او معجنة . يعجن فيوالدقيق

FOURNIMENT s.m. *Malabès oua mohemmat el âscari* ملابس ومهمّات العسكري

FOURNIR v.a. *Kaddama* قدّم . ادّى

FOURNISSEUR s.m. *Mokaddem* مقدِم . مؤدّى

FOURNITURE s.f. *Takdim* تقديم . تحضير . تأدية

— de tailleur *Coljat ol açouab* كلفة الاثواب

FOURRAGE s.m. *âlaf* عَلَف

FOURRAGER v.a. *Lamma-l-âlaf* لَمّ العَلَف . جمَعَ التبن

FOURRÉ s.m. *Macan moghedde* مكان مغض . عيص ج عيصان واعياص

FOURRÉ, ÉE p.p. de fourrer *Mofarra* مفرّى . مبطّن بفروة

FOURREAU s.m. *Ghemd* غمد . قراب . غلاف

FOURRER v.a., mettre *Adkhala* أدْخَلَ

— doubler de fourrure *Farra* فرّى . بطّنَ بفروة

— t. de monayage *Labbaça, battana* لبّس . بطّن

FOURREUR s.m. *Bayê ol ferà* بائع الفراء

FOURRIER s.m. *Djaouich cateb* en Syrie ; *Boloc amini* en Egypte جاويش كاتب (في سوريا) بلوك اميني (في مصر)

FOURRURE s.f. *Farouat* فروة ج فراء

FOURVOYER v.a. *Adalla* أضلّ . ضيّعَ . اتاه

— **(SE)** v.r. *Dalla* ضلّ . ضاعَ . تاه

FOYER s.m. *Maoukad* موقد . كانون . وجاق

— patrie, maison *Ouatan* وطن . دار

— centre, siège *Marcaz* مركز . محور

— de théâtre *Salat ol marçah* صالة المرسح . محل الاستراحة بين الفصول (في التياترو)

— de machine *Bayt ol nar* بيت النار . موقد

FRACAS s.m. *Farkaât* فرقعة . ضوضاء . ضجّة

FRACASSER v.a. *Caçara* كسّرَ يكسّرُ . شجّ يشجّ

FRACTION s.f. *Casr* كَسر ج كسور . قسم . جزء

FRACTIONNEMENT s.m. *Tadjziat* تجزئة . تكسير . تقسيم

FRACTIONNER v.a. *Caçara* كسّرَ . جزّأ . قسمّ

FRACTURE s.f. *Qesr* كسر

FRACTURER v.a. *Caçara* كسّرَ

FRAGILE adj. *Sari ol enqèçar* سريع الانكسار . سريع العطب

— au fig., qui a peu de durée *Sari ol sokout* سريع السقوط او الزلل . ضعيف

FRAGILITÉ s.f. *Seraât ol enqèçar* سرعة الانكسار او العطب

— fig., faiblesse contre les tentations *Seraât ol sokout* سرعة السقوط او الزلل . ضعف

FRAGMENT s.m. *Djezè* جزء ج اجزاء . قطعة

FRAÎCHEMENT adv. *Betaraouat, beboroudat* بطراوة . ببرودة

— récemment *Hadiçan* حديثًا . منذ قليل (طازة)

FRAÎCHEUR s.f. *Taraouat* طراوة . برودة

FRAÎCHIR v.n., t. de mar. *Açafat el ariah* عصفت الارياح . اشتدت الريح (في الملاحة)

FRAIS s.m. pl., *Maçarif* مصاريف . اكلاف

— **généraux** *Maçarif ômoumiyat* مصاريف عمومية

FRAIS, AÎCHE adj. *Tari, bared* طري . بارد

FRAISE s.f. *Toute èfrandji. toute ardi* ou *fraoula* توت افرنجي . توت ارضي (فراوله)

— **Fraise de dindon** s.f. *Ghabab ol diq el hendi* غبب الديك الهندي وهو ما يتدلى تحت حنكهِ

FRAISIER s.m. *Chodjayrat ol toute el ardi* شجيرة التوت الارضي

FRAISIL s.m., t. de forgeron *Remad ol fahm el hadjari* رماد الفحم الحجري

FRAMBOISE s.f. *Toute chaouqi* توت شوكي . ثمر العلّيق الافرنجي

FRAMBOISIER s.m. *Éllayk efrandj* علّيق افرنجي

* **FRANC** s.m., monnaie *Franc* فرنك . عملة افرنسية

— au marc le franc, t. de jurisp. *Bel kesmat ol âdelat* بالقسمة العادلة . كلّ على قدر مطلوبهِ (في القضاء)

FRANC, ANCHE adj. *Horre* حُرّ . صادق

— **d'avarie,** t. de droit *àdam ol eltèzam bel khèçarat el bahriyat* عدم الالتزام بالخسارة البحرية (في القضاء)

— **de port** *Khalès ol odjrat* خالص الأجرة

— vent franc, t. de mar. *Rih khalès* ريح خالص . ريح من المؤخّر (في الملاحة)

— délai, jours francs *Camel* كامل . تام . ميعاد كامل الايام

— libre *Khalès* خالص . معفى . محرّر

FRANC, QUE adj. *Efrandji* افرنجي

FRANÇAIS, AISE adj. *Farançaoui* فرنساوي

FRANCE s.f, *Farança* فرنسا . بلاد الفرنسيس

FRANCHEMENT adj. *Bèhorriyat* بحرّية . بخلوص

FRANCHIR v.a. *Tadjaouaza* تجاوزَ . فاتَ . جازَ . قطعَ

FRANCHISE s.f., liberté de parole *Horriyat ol calam* حرّية الكلام

— exemption *Éèfa* اعفاء . عفو

— sincérité *Sedk* صدق . سلامة نيّة . خلوص طويّة

FRANC-MAÇON s.m. *Banna horre* بنّا حُرّ . فرامّاسون . عضو من جمعية الماسون

FRANC-MAÇONNERIE s. f. *Djamîyat ol bannayn el abrar* جمعية البنائين الاحرار . جمعية الماسون

FRANCO adv., t. de comm. *Khales ol odjrat* خالص الاجرة . خالص المصاريف (في التجارة)

FRANGE s.f. *Khardj* خرج ج خروج . هدب ج اهداب . شرابة . خمل

FRANGIER s.m. *âkkad* عقّاد . صانع خروج

FRAPPANT, ANTE adj. *Mouasser* موءثّر . محدث تأثير

FRAPPE s.f. *Darb ol émlat* ضرب العملة

FRAPPER v.a. *Daraba* ضَرَبَ يضرِبُ · قرَعَ · صفَقَ

— impressionner *Assara* أثَّرَ في · احدث تأثيرًا

— toucher *Açaba* أصاب

— **à la glace** *Barrada* برَّد · صقَّع

FRATER s.m. *Khadem ol djerrah* خادم الجراح

— du régiment *Hallak ol âscar* حلّاق العسكر

FRATERNEL, ELLE adj. *Akhaoui* اخوي · إخائي

FRATERNELLEMENT adv. *Béekhâ* باخآء · اخويًّا · مواخاة

FRATERNISATION s.f. *Mouakhat* مؤاخاة الاخاء

FRATERNISER v.a. *Akh-kha* آخى · وثق عهود الاخآء

FRATERNITÉ s.f. *Akhaouiyat* أخوية · إخاء

FRATRICIDE s.m., le crime *Katl ol akhe* قتل الاخ

— le meurtrier *Katel akhâhou* قاتل اخاهُ

FRAUDE s.f. *Ghech-che* غشّ · خداع · تدليس

FRAUDER v.a. *Ghach-cha* غشّ يغشُّ · خدَعَ · زوَّر

FRAUDEUR, EUSE s.m. et f. *Ghach-chach* غشّاش · خدّاع · مزوِّر

FRAUDULEUSEMENT adv. *Beghech* بغشّ · بخداع

FRAUDULEUX, EUSE adj. *Ghoch-chi* غشّي · تزويري · خداعي

FRAYÉ, ÉE p.p. de frayer *Matrouk* مطروق · طريق سالك

FRAYER v.a. *Taraka* ou *fataha seccat* طرَقَ · فتَحَ سكة · سلَكَ

FRAYEUR s.f. *Khaouf* خوف · رعبة

FREDAINE s.f. *Tayche* طيش · جهالة

FREDONNEMENT s.m. *Tamtamat bel ghêna* تمتمة بالغناء

FREDONNER v.a. *Tamtama bel ghêna* تمتم بالغنآء

FRÉGATE s.f. *Baredjat harbiyat* بارجة حربية · فرقاطة

FREIN s.m. *Ênan* عنان ج اعنّة · لجام ج الجمة

— en anat. *Ledjam* لجام · اوجزءٌ ماسك (في التشريح)

— t. de méc. *Farmalat* فرملة · آلة لتوقيف اوتخفيف سير آلة اخرى (في الميكانيكيات)

— au fig. *Manê* منع · ردع

FRELATER v.a. *Zaghala* زَغَلَ · افسد الشراب

FRELATEUR s.m. *Zaghel* زاغل · مُفسد المشروبات

FRÊLE adj. *Daîf* ضعيف · نحيف

FRELON s.m., sorte de guêpe *Zanbour, dabbour* زنبور ج زنابير دَبُّور

FRELUQUET s.m. *Radjol hakir* رجل حقير · رجل خفيف

FRÉMIR v.n. *Ertadcha* إرتعَش · ارتعَدَ · رجِفَ · اقشعرَّ

FRÉMISSEMENT s.m. *Ertêâch* ارتعاش · ارتعاد · ارتجاف اقشعرار

— **cataire**, en méd. *Ertêâch herri* ارتعاش هري (في الطب)

FRÊNE s.m. *Chadjarat leçan el âsfour* شجرة لسان العصفور

FRÉNÉSIE s.f. *Djonoun* جنون · سرسام · لمم · مسّ

FRÉNÉTIQUE adj. *Madjnoun* مجنون · معتوه · مسرسم

FRÉQUEMMENT adv. *Bétaouator* بتواتر · بكثرة

FRÉQUENCE s.f. *Taouator* تواتر · كثرة

FRÉQUENTÉ, ÉE p.p. de fréquenter *Matrouk* مطروق · مسلوك

FRÉQUENTATION s.f. *Moâcharat* معاشرة · اختلاط · تردُّد على

FRÉQUENTER v.a. *âchara* عاشرَ · خالطَ · تردَّدَ على

FRÈRE s.m. *Akhe* اخ ج اخوة · شقيق

FRESQUE s.f. *Taçouir âla-l-hayet* تصوير على الحائط

FRESSURE s.f., t. de boucherie *Sakat* سقَط · عنشة الخروف مثل الكبد والقلب وغيرهما (في الجزارة)

FRET s.m., t. de mar. *Odjrat ol marcab* اجرة المركب · ناولون (في الملاحة)

— **à la cueillette**, t. de mar. *Naouloun âla kadar el bêdaât el machhounat fil safinat* ناولون على قدر البضاعة المشحونة في السفينة

FRÈTEMENT s.m., t. de mar. *Tadjir ol marcab* تاجير المركب

FRÉTER v.a. *Adjara marcaban* اجَّر مركبًا · اواستأجر مركبًا

FRÉTEUR s.m. *Man youadjer marcaban* من يؤجِّر مركبًا اويستأجرهُ

FRÉTILLANT, ANTE adj. *Mokhtabet* مختبط

FRÉTILLEMENT s.m. *Ekhtébat* اختباط

FRÉTILLER v.n. *Ekhtabata* إختَبَط

FRETTE s.f. *Taouk hadid* طوق حديد لجولق العربة او لتقوية المدفع

FRIABILITÉ s.f. *Kabéliyat ol tafattot* قابلية التفتّت . سهولة التفتّت

FRIABLE adj. *Hach, kabel ol tafattot* هش . قابل التفتت

FRIAND, ANDE adj. *Chahi* شهي . لذيذ . حلو المذاق

— qui aime la chère fine et délicate, *Charèh* شَرِه . محبّ المأكولات اللذيذة رقيق الذوق

FRIANDISE s.f. *Haloüà* حلوآء . حلويات

FRICANDEAU s.m., t. de cuisine *Lahm mohammar* لحم محمَّر (في الطباخة)

FRICASSER v.n. *Hammara* حمَّرَ . حمَّص

FRICHE (EN) s.f., t. d'agr. *Ard bour* ارض بور متروكة (في الزراعة)

FRICOT s.m., t. de cuisine *Lahm bekhodar* لحم بخضار (في الطباخة)

FRICOTER v. a. *Tabakha-l-lahm bel khodar* طبخ اللحم بالخضار (في الطباخة)

— une affaire *Tadla* تعاطى . سمسر

FRICOTEUR, EUSE adj. *Tabbakh ghachim* طباخ غشيم . طاهٍ غير حاذق

— au fig., celui qui se procure des bénéfices illicites dans les affaires *Ghayr mostakim* غير مستقيم

FRICTION s.f., en méd. *Dalq, farq* دلك . فرك (في الطب)

FRICTIONNER v.a. *Dalaca, faraca* دلَكَ . فرَكَ يفرُكُ

FRIGIDITÉ s.f. *Boroudat* برودة . صقعة

— t. de méd. légale *Enhélal* انحلال . عنانة . اي عدم المقدرة على النكاح (في الطب الشرعي)

— en pathol. *Dôf* ضعف . سقامة (في الباثولوجيا)

FRIGORIFIQUE adj. *Mobarred* مبرّ د . محدث بردًا

FRILEUX, EUSE adj. *Sari ol taassor men al bard* سريع التأثُّر من البرد

FRIMAS s.m. *Dabab yadjmad bel bard* ضباب يجمد بالبرد

FRIME s.f., t. popul. *Taklid* تقليد . حيلة « عند العامة »

FRINGANT, ANTE adj. *Bater ou batran* بَطِر . بطران . أشِر . مَرِح

FRIPER v.a. *Dadca* دعَكَ يدعَكُ . دمك

FRIPERIE s.f. *Êtkiyat* عتقيات . اثواب او اشياء عتيقة

FRIPIER, IÈRE s.m. et f. *Êtaki* عتقي . بائع عتقيات

FRIPON, ONNE s.m. et f. *Mohtal* محتال . خبيث . لُصّ

FRIPONNERIE s.f. *Hilat* حيلة . خبث . لصوصية

FRIRE v.a. *Kala* قَلَى يقلي . حرقَصَ

— **(SE)** v.r. *Enkala* إنقلَى . تحرقَصَ

FRISE s.f., en arch. *Afriz* أفريز (في البناء)

— cheval de frise, t. de fort. *Khioul ol charkheflik* خيول الجرخفلك وهي قطع اخشاب فيها نصال من حديد تُسد بها الثغرات لمنع دخول العدو (في الاستحكامات)

FRISER v.a. *Djadda* جعَّدَ

— effleurer *Massa* مسّ يمسّ

FRISON s.m. *Djddat ol chaàr* جعدة الشعر

FRISSON s.m. *Raàchat* رعشة . قشعريرة

FRISSONNEMENT s.m. *Ertéàch* ارتعاش . اقشعرار

FRISSONNER v.a. *Ertàcha* إرتعَشَ . اقشعر بدنهُ . ارتجف

FRISSURE s.f. *Djooûdat* جعودة . تجعُّد

FRITILLAIRE s.f., en bot. *Hachichat ol djemal* حشيشة الجمال « نبات »

FRITURE s.f., mets fris *Kaliat* قلية . قلايا . تحميرة

— action de frire *Kali* قلي . تحمير

FRIVOLE adj. *Zahid, khafif* زهيد . خفيف . طفيف

FRIVOLITÉ s.f. *Kheffat* خِفّة . تفه . طفافة

FROC s.m. *Saoub ol raheb* ثوب الراهب

FROID s.m. *Bard* برد . صقيع

— **, OIDE** adj. *Bared* بارد . صاقع

FROIDEMENT adv. *Beboroudat* ببرودة . بصقعة

FROIDEUR s.f. *Borondat* برودة . صقعة

FROIDIR v.n. *Barada* بَرَدَ يبرُدُ . صقَعَ

FROIDURE s.f. *Boroudat ol taks* برودة الطقس . رطوبة

FROISSEMENT s.m. *Radradat* رضرضة

— d'une étoffe *Daâk* دعك . تجعيد

FROISSER v.a. *Radda* رضّ يرضّ . رَضْرَضَ

— au fig. *Naccada* نكّد . أغاظ . مس الحاسّات

— une étoffe *Daâca* دَعَكَ . جعّدَ

FRÔLEMENT s.m. *Ehtecac khafif, lams* احتكاك خفيف . لمس

FRÔLER v.a. *Lamaça* لَمَسَ يلمِسُ . احتكّ خفيفاً

FROMAGE s.m. *Djebn* جبن . جبنة

FROMAGIER, IÈRE s.m. *Sané ol djebn* صانع او بياع الجبن

FROMAGERIE s.f. *Mahal sanaât el djebn* محل صناعة او بيع الجبن

FROMENT s.m. *Kamh* قمح . حنطة

— bouilli et concassé *Borghol* برغل وهو قمح مسلوق ومدشوش

— grillé *Fariq* فريك

FRONCE s.f., t. de couturière *Kotbat* قطبة . عقدة (في الخياطة)

FRONCEMENT s.m. *Taktib* تقطيب . انقباض . عبوسة الوجه

FRONCER v.a. *Kattaba* قَطَّبَ . عبسَ . قطَّبَ وجههُ

FRONCIS s.m., t. de couturière *Tasniat* ثنية . تطعيج (في الخياطة)

FRONDE s.f. *Meklâ* مقلاع ج مقاليع

FRONDER v.a. *Rachaka bel meklâ* رَشَقَ يرشِقُ بالمقلاع

— critiquer. *dyaba* عيَّبَ . عيَّرَ . فنَّدَ

FRONDEUR s.m. *Rachek bel meklâ* راشق بالمقلاع

— celui qui critique *dyyab* عيّاب . معيّر . مفنّد

FRONT s.m. *Djabhat* جبهة . جبين . صلعة . قورة

— d'une armée *Ouadjh ol djaych* وجه الجيش

— de front, loc adv. *Men al amam* من الامام . من قدام

FRONTAL, ALE adj. *Djabhi* جبهي . جبيني

FRONTIÈRE s.f. *Hadde, takhm* حد ج حدود . تخم ج تخوم

FRONTISPICE s.m., t. d'arch. *Ouadjehat* واجهة (في البناء)

— d'un ouvrage *Enouan ol qétab* عنوان الكتاب

FRONTON s.m. t., d'arch. *Ras ol ouadjehat* راس الواجهة . اعلا الواجهة (في البناء)

FROTTEMENT s.m. *Haq* حكّ . احتكاك . معك . دعك . فرك

FROTTER v.a. *Hacca* حَكّ يحكّ . دَعَكَ . معَكَ . فرَكَ

FROTTOIR s.m., t. de phys. *Al farec* الفارك . مخدة في الآلة الكهربائية يُحك بها القرص الزجاجي المولد للكهربائية

FRUCTIFICATION s.f. *Esmar* اثمار . تكوين الثمر

FRUCTIFIER v.n. *Asmara* أثمَرَ . اغلّ

FRUCTUEUSEMENT adv. *Beçamarat* بثمرة . بفائدة

FRUCTUEUX, EUSE adj. *Mosmer* مثمر . مفيد

FRUGAL, ALE adj. *Motakachchef* متقشّف . متعفّف

— repas *Kachafi* قشفي . تقشفي

FRUGALEMENT adv. *Betakach-chof* بتقشُّف . بقشف . بتعفُّف

FRUGALITÉ s.f. *Takach-chof* تقشُّف . قناعة . زهد

FRUGIVORE adj. *Aqel ol asmar* آكل الاثمار . مقتات بالفواكه

FRUIT s.m. *Samarat* ثمرة ج ثمار . فاكهة ج فواكه

— en juris. *Irad, ghallat* ايراد . غلّة . محصولات (في القضاء)

— utilité *Manfaât* منفعة ج منافع . فائدة ج فوائد

FRUITIER, IÈRE adj. *Mosmer* مثمر . فاكهي . ذو ثمر

— s.m. et f. *Facahani* فكهاني . بياع فاكهة . بياع اثمار

FRUSQUIN s.m., t. popul. *Mal* مال . ثروة (في الاصطلاح العامي)

FRUSTRER v.a. *Harama* حرمَ يحرِمُ . منعَ من

FUGACE adj., en bot. *Madi* ماضٍ . مارّ بسرعة (في النبات)

FUGACES adj. pl., (feuilles) en bot. *Ghayr khalédat el aourak* غير خالدة الاوراق (في النبات)

FUGITIF, IVE adj. *Hareb* هارب . منهزم

FUGITIVEMENT adv. *Bèharab* بهرب . بهزيمة

FUIE s.f. *Bordj hamam saghir* برج حمام صغير

FUIR v.n. *Haraba* هَرَبَ يهرُبُ . انهزم . فرّ . ادبر

— s'éloigner *Ebtaâda ân* إبتعَدَ عن . اجتنب

FUITE s.f. *Harab* هَرَب . فرار . هزيمة . انهزام . ادبار

FULGURANT, ANTE adj. t. de phys. *Barki* برقي . مومض بسرعة بدون رعد (في الطبيعيات)

FULGURATION s.f. *Bark cazeb* برق كاذب . برق خُلّب

FULIGINEUX, EUSE adj. *Hababi* هبابي . اسود

FULMI-COTON s.m., t. de chim. *Kotn baroud* قطن بارود (في الكيمياء)

FULMINANT, ANTE adj. *Mofarké* مفرقع

FULMINATE s.m. *Melh mofarké* ملح مفرقع

FULMINATION s.f., en chim. *Farkaât* فرقعة . التهاب (في الكيمياء)

FULMINER v.n. *Farkaâ* فرْقَعَ . التهبَ

FUMAGE s.m. *Tadkhine* تدخين

— ou **FUMAISON** s. f. *Tazbil, tasbikh* تذبيل . تسبيخ . تسميد

FUMANT, ANTE adj. *Modakhkhen* مُدَخّن

FUMÉE s.f. *Dokhan* دخان . عُثان

FUMER v.a. du tabac *Chareba-l-dokhan* شَرِب الدخان . دخّن

— la viande *Dakhana-l-lahm* دَخّنَ اللحم

— la terre *Sabbakha* سبّخ . ذبّلَ . دمّنَ . سوّدَ

FUMERON s.m. *Harrakat* حرّاقة . قطعة خشب غير محكمة جيدًا يصعد منها الدخان

FUMET s.m. *Tib* طيب . رائحة

FUME-TERRE s.f., (plante) *Chahtardj* شاهترج « نبات »

FUMEUR s.m., de tabac *Chareb dokhan* شارب دخان . مدخّن

— de hachiche *Hachchache* حشّاش . شارب حشيش

— d'opium *Afioundji* افيونجي . شارب افيون

FUMEUX, EUSE adj. *Modakhkhen* مدخن . متصاعد منهُ دخان كثير

FUMIER s.m. *Zebl* ذبل . سبلة . سباخ

— **en tas** *Mazbalat* مذبلة . كومة سبلة اوسباخ كومة سواد

FUMIGATION s.f., en méd. *Tabkhir* تبخير . تهبيل (في الطب)

FUMIGATOIRE adj., en méd. *Mobakhkher* مبخّر . مهبّل

FUMIGER v.a. *Bakhkhara* بخّرَ . هبّلَ

FUMISTE s.m. *Madakheni* مداخني

— au fig., mauvais plaisant *Mostahzi, motamaskher* مستهزئ . متمسخر

FUMISTERIE s.f. *Sanaât ol modakhen* صناعة المداخن

— au fig., mauvaise plaisanterie *Estehza, maskharat* استهزاء . مسخرة

FUMIVORE adj. *Mané lel dokhan* مانع للدخان . جرس لاستلقاء دخان القنديل

FUMOIR s.m. *Ghorfat ol tadkhin* غرفة التدخين . محل معد لشرب الدخان

FUMURE s.f. *Cammiyat men al sébakh* كمية من السباخ

FUNAMBULE s.m. et f. *Bahlaouan* بهلوان

FUNÈBRE adj. *Mohzen* محزن . جنازي

— convoi funèbre *Djénazat* جنازة . مشهد

— couche funèbre *Martabat* مرتبة . فراش الموت

FUNÉRAILLES s.f. pl. *Djénazat* جنازة . مأتم ج مآتم

FUNÉRAIRE adj. *Matami* مأتمي . مختص بالمآتم

FUNESTE adj. *Nahs* نحس . مشؤوم . مسيء

FUNESTEMENT adv. *Bénahs* بنحس . بشؤم . بسوء

FUNICULE s.m., en anat. *Habl manaoui* حبل منوي (في التشريح)

FUNICULITE s.f., en méd. *Eltébab ol habl el manaoui* التهاب الحبل المنوي

FUNIN s.m., t. de mar. cordage *douil* عويل . احد حبال المركب (في الملاحة)

FUR ET À MESURE (AU) loc. adv. *Beltatabô* بالتتابع . على التوالي . اولاً باول

FURET s.m. *Ebn* ou *bent êrs* ou bien *érçat* ابن او بنت عرس . عرسة (حيوان)

FURETAGE s.m. *Sayd ol arnab be ouacêtat ebn êrs* صيد الارنب بواسطة ابن عرس

— au fig. *Bahs, taftiche* بحث . تنتيش

FURETER v.a. *Sada-l-arnab beouacêtat ebn êrs* صاد الارنب بواسطة ابن عرس

— au fig. *Bahaça, fattacha* بحث يبحث . فتّش . دقّق

FUREUR s.f. *Ghadab* غضب . حماقة . هيجان

FURIBOND, ONDE adj. *Ghadban* غضبان . هائج مجنون

FURIE s.f. *Ghadab dzim* غضب عظيم . رجز . سخط هيجان شديد

FURIEUSEMENT adv. *Beghadab chédid* بغضب شديد . بحدّة

FURIEUX, EUSE adj. *Hayedj djeddan* هائج جداً . غضبان غضباً شديداً

FURONCLE s.m. en chir. *Dommal* دُمّل . بثرة . حبّة (في الجراحة)

FURTIF, IVE adj. *Khafi* خفي . سرّي

FURTIVEMENT adv. *Khéfiatan* خفيةً . سرقةً

FUSAIN s.m., charbon *Fahm ol taçouir* فحم التصوير

FUSEAU s.m. *Meghzal* مغزل ج مغازل . بِرْدَم

FUSÉE s.f. *Sehm nari; saroukh*: en Egypte; *Fettaychat* en Syrie سهم ناري . ساروخ . فَتّيشة

— de fileur *Cabbat ghazl* كبّة غزل

— en arch. *Badan ol âmoud* بدن العامود (في البناء)

— en chir *Maslac*. مسلك . طريق وهو الذي يمر فيه الصديد (في الجراحة)

FUSER v.n., en chim. *Tachtacha* طشطش . تكتك (في الكيمياء)

FUSIBILITÉ s.f. *Kabeliyat ol sayahan* قابلية السيحان او الميوعة

FUSIBLE adj. *Kabel ol zaouaban* قابل الذوبان . ممكنة ميوعته

FUSIFORME adj. *Meghzali ol chacl* مغزليّ الشكل

FUSIL s.m. *Bondo'iyat* بندقية ج بنادق . بارودة

FUSILLAGE s.m. *Talk ol baouarid* طلق البواريد . قواس (ضرب نار)

FUSILLER v.a. *Kaouaouaça* قوّس . ضرب بالرصاص

FUSION s.f. *Ezabat* اذابة . سبك . تسييح

— réunion *Endémam* انضمام . اتحاد . اجتماع

FUSIONNER v.a. *Damma* ضمّ يضمّ . اجتمع

FUSTET s.m., en bot. *Katouna* قطونا . بذر قطونا (في النبات)

FUSTIGATION s.f. *Darb bel saout* ضرب بالسوط . تسويط

FUSTIGER v.a. *Daraba bel saout* ضرب بالسوط . ساط يسوط سوّط

FÛT s.m., **de fusil** *Khachab ol bondokiat* خشب البندقية (كرنافة)

— **de canon** *Ghendak ol madfâ* غنداق المدفع

— **de rabot**, en menuis. *Yad ol farat* يد الفارة (في النجارة)

— **de colonne**, en arch. *Badan ol âmoud* بدن العامود (في البناء)

— tonneau *Barmil* برميل ج براميل . دِنّ ج دنان

FUTAIE s.f. *Chadjar âli* شجر عالٍ . شامخ . غابة

FUTAILLE s.f. *Barmil* ou *denne* برميل . دِنّ

FUTILE adj. *Batel* باطل . لا يذكر

FUTILITÉ s.f. *Chay batel la yozcar* شيء باطل لا يذكر

FUTUR, URE adj. *Âti, mostakbel* آتٍ . مستقبل . عتيد

— s.m. et f., la personne qui contracte pour se marier *Khettib* خطيب . عريس

FUYARD, ARDE adj. *Hareb* هارب . منهزم

G

G la septième lettre de l'alphabet — ج · سابع حروف الهجآء الفرنساوية

GABARE s.f. *Sandal, kareb* — صندل ج صنادل · قارب صيد

GABARIER s.m. *Kaouarebi* — قواربي · رئيس قوارب

GABARIT s.m., t. de mar. *Ornèq* — اورنيك وهو قالب خشب بطول السفينة وعرضها (في الملاحة)

GABELAGE s.m. *Moddat tanchif el melh* — مدة تنشيف الملح

GABELLE s.f. *Aouayed ol melh* — عوائد الملح · رسوم الملاّحات

GABIER s.m., t. de mar. *Khafir ol ghabiat* — خفير الغابية وهو النوتي الذي يقف على الغابية للملاحظة (في الملاحة)

GABION s.m., t. de fort. *Sabat* — سبَت · سَلّ وهو سَلّ يملأ تراباً في مدة الحصار لتمترس وراءهُ العساكر (في الاستحكامات)

GABIONNER v.a., t. de fort. *Matraça* — متْرَسَ · وضعَ السبَت متراساً (في الاستحكامات)

CÂCHE s.f., t. de maçon. *Mastarin* — مسطرين وهي التي يستعملها البنآء لوضع المونة على الجدران

— de serrure *Kafiz* — قفيز وهي التي يدخل فيها لسان القفل

GÂCHER v.a. *Saou-ouala* ou *Ådjana-l-mounat* — صَوّلَ · عجن المونة · جبل الطين

— au fig. mal faire un travail *Khabbaça* — خبّصَ · لم يتقن العمل

GÂCHETTE s.f., d'un fusil *Teleq* — تتك · وهو في البندقية اللسان الذي يُوضَع الاصبع عليهِ لاطلاق العيار

GÂCHEUR s.m. *Nafar yådjen ol mounat* — نفر يعجن المونة · جبّال الطين

GÂCHIS s.m. *Ouahlat* — وحلة · وسخ

— au fig. *Ekhtélat* — اختلاط · ارتباك

GADOUARD s.m. *Sarabati* — سراباتي · نزّاح مراحيض

GADOUE s.f. *Ghayeth* ou *maouad safliyat* — غائط · مواد ثفلية · سراب

GAFFE s.f., t. de mar. *Ghangou* — غانجو · خطّاف

GAGE s.m. *Rahn* — رهن ج رهونة

— assurance *Chahed* — شاهد · كفالة

— salaire *Odjrat* — اجرة · ماهيّة

GAGER v.a. *Rahana* — رَاهَنَ · تراهَنَ على · شارط

GAGERIE s.f., saisie-gagerie, t. de prat. *Hadjz emtiazi* — حجز امتيازي (في المرافعات)

GAGEURE s.f. *Morahanat* — مراهنة · مشارطة

GAGNAGE s.m. *Marad* — مرعى ج مراعٍ

GAGNANT, ANTE s.m. et f. *Rabeh* — رابح · كاسب

GAGNÉ, ÉE p.p. de gagner *Moctaçab* — مكتسَب

GAGNE-PAIN s.m. *Herfat* — حرفة · رزق · معاش

GAGNE-PETIT s.m. *Sannan sacaqin* — سنّان سكاكين

GAGNER v.a. *Caciba* — كَسِبَ يكسَبُ · ربحَ

— quelq'un *Estâtafa* — استعطف · استمال

— en mauvaise part *Racha* — رَشَا يرشو

— faire des progrès *Nadjaha* — نجَحَ ينجَحُ · افلح

GAI, AIE adj. *Mabçout* — مبسوط · فرِح · مسرور

GAÏAC s.m. *Khachab ol anbiyâ* — خشب الانبيا

GAIEMENT ou **GAÎMENT** adv. *Bi enbèçat* — بانبساط · بانشراح · بسرور

GAIETÉ ou **GAÎTÉ** s.f. *Bast* — بسط · انشراح · سرور

GAILLARD, ARDE adj. *Nachit* — نشيط · جسور

— de vaisseau *Sath ol marcab* — سطح المركب · المؤخر او المقدم

GAILLARDEMENT adv. *Bénachat* — بنشاط · بجسارة · بشجاعة

GAILLARDISE s.f. *Nachat* نشاط · جسارة · شجاعة

GAIN s.m. *Macsab* مكسب · كسب · ربح

GAINE s.f. *Ghamd* غمد · قراب

— en anat. *Gholaf* غلاف · جراب (في التشريح)

GALA s.m. *Ehtefal* احتفال · وليمة · تشريفة

GALACTOMÈTRE s.m., instr. pour mesurer la pureté du lait *Mizan ol laban* ميزان اللبن وهي آلة لمعرفة صفاء اللبن

GALACTAGOGUE adj., en méd. *Moderr ol laban* مُدِرّ اللبن · مفرز اللّبن

GALACTOPHORE adj. en anat. *Hamel ol laban* حامل اللبن (في التشريح)

GALAMMENT adv. *Belotf* بلطف · بظرافة

GALANT, ANTE adj. *Latif* لطيف · ظريف

GALANTERIE s.f. *Zarafat* ظرافة · لطف · دلال

GALAXIE s.f., t. d'astr. *Al madjarrat* المجرّة · درب التبّان (في الفلك)

GALBANUM s.m. *Kennat* ou *Kanaouachak* قِنّة · قناوشق (نوع من الصمغ)

GALBE s.f., en arch. *Djelbat* جلبة (في البنآء)

GALE s-f. *Dà ol djarab* داء الجرب

GALÉE s.f., t. d'impr. *Laouhat ol saffe* اوحة الصف (في المطابع)

GALÉNIQUE adj., en méd. *Mazhab djalinos* مذهب جالينوس (في الطب)

GALÉNISTE s.m. *Tabé mazhab djalinos* تابع مذهب جالينوس (في الطب)

GALÈRE s.f., t. de mar. *Kareb* قارب (في الملاحة)

GALÈRES s.f. pl., prisons *louman* لومان ج لوامين ولومانات

GALERIE s.f. *Mamcha* ممشى ج مماشي · رواق · ايوان

— de théâtre *âla-l-maraçah* اعلا المرسح

— t. de fort. *Carnaç* ou *serdab* كرنك · سرداب

— de mine *Dahliz* دهليز منجم · ممرّ

— les assistants *Al hodour* الحضور · الاشخاص الحاضرين اللعب

GALÉRIEN s.m. *Molaouman* ملومن · مسجون باللومان

GALET s.m. *Haça, zalat* حصى · زلط

— petite roue *âdjlat saghirat* عَجلة صغيرة (في البوابة والسرير)

GALETAS s.m. *Sakifat* سقيفة · تخشيبة

GALETTE s.f. *Kâkat* كعكة · بقصماطة (قنّيطة)

GALEUX, EUSE adj., en méd. *Adjrab* ou *djarban* اجرب · جربان

GALHAUBAN s.m., t. de mar. *Kach ol marcab* قش المركب وهي جملة حبال لامساك الساري مربوطة من جهة براس الساري ومن جهة بجوانب السفينة

GALIMAFRÉE s.f. *Tabikh ol fadlat* طبيخ النضلات · طبيخ كريه

GALIMATIAS s.m. *Safçafat* سفسفة · خلط كلام · كلام بلا معنى

GALLATE s.f., en chim. *Afçat* عفصات (في الكيميا)

GALLE s.f., en bot. (arbre) *âfs* عفص «شجرة»

GALLICAN, ANE adj. *Mokhtas bel caniçat ol françaouiyat* مختص بالكنيسة الفرنساوية

GALLINACÉES s.m. pl. *Al âilat ol dédjadjiyat* العائلة الدجاجيّة

GALLIQUE adj., en chim. *âfciq* عفصيك (في الكيميآء)

* **GALOCHE** s.f. *Caloche* كالوش · وهو حذاء يلبس فوق الحذاء الاصلي لوقايته من الوحول

GALON s.m. *Charit* شريط

GALONNER v.a. *Charrata, ouadad charitan* شرّطَ · وضع شريطاً

GALOP s.m. *Racd*, en Egypte *dortnaâl* رَكْض · عَدْو · حضر (دُرْتْنعل)

GALOPER v.a. *Racada* ركَضَ · عدا (سارَ دُرْتْنعل)

GALOPIN s.m. *Sabi saï* صبي ساعٍ

— polisson *Chaki, maâttar* شقي · معتّر

GALVANIQUE adj., en phys. *Djalouani* جلواني (في الطبيعيات)

GALVANISATION s.f. *Djalouanat bel cahraba* جلوَنة بالكهرباء وهي طلاء او تلبيس الحديد بالتوتيا بواسطة الكهربا

GALVANISER v.a. *Djalouana* جَلْوَنَ · طلى (في الطبيعيات)

GALVANISME s.m. *Tadjalouon* تجلْوُن · طلي

GALVANO-CAUSTIQUE adj., en méd. *Kay djalouani* كيّ جلواني (في الطب)

GALVANOMÈTRE s.m., en phys. *Mekias ol djalouani* مقياس الجلواني (في الطبيعيات)

GALVANOPLASTIE s.f. *Tamâdon bel djalouani* تمعدُن بالجلواني او طلي بالجلواني

GAMBADE s.f. *Ouasbat* وثبة · نطَّة · قمزة

GAMBADER v.n. *Ouaçaba* وَثَبَ يثِبُ · نَطَّ · قَمَزَ

GAMELLE s.f. *Kaçadt*, en Syrie; *karaouanat* en Egyp. قصعة · قراوانة

GAMIN s.m. *Oualad chaki* ولد شقي · معتّر

GAMINERIE s.f. *Chakaouat* شقاوة · تعتير

GAMME s.f., en musique *Sollam ol angham* سلّم الانغام (في الميكانيكيات)

GAMOPÉTALE adj., en bot. *Mottahed ol touidjat* متحد التويجات (في النبات)

GANACHE s.f. *Fac ol faras el asfal* فك الفرس الاسفل

— au fig. *Ablah* ابله · عديم الذكاء

GANDIN s.m. *Sakil ol damme* ثقيل الدم · شاب متظارف بثقل دم

GANGLIFORME adj., en anat. *âkdi ol chacl* عقدي الشكل (في التشريح)

GANGLIOMA s.m., en méd. *Ouaram êkdi* ورم عقدي (في الطب)

GANGLION s.m.,en anat. *êkdat* عقدة · غدّة

GANGLIONNAIRE adj., en méd. *Êkdi* عقدي (في الطب)

GANGRÈNE s.f., en méd. *Aqêlat* ou *ghangharinat* آكلة · غنغرينة

GANGRENER (SE) v.r. *Taaccala* تأكّلَ · تقرّحَ · غنغر

GANGRÉNEUX, EUSE adj. *Ghangharini* غنغريني

GANGUE s.f. *Ghêlaf ol mas el kham* غلاف الماس الخام

GANSE s.f. *Kitân* قيطان

GANT s.m.*Caffe*; en Egypte : *Guanti* كفّ وفي القطر المصري يسمى جوانتي

— jeter le gant *Talaba lel kêtal* طلَبَ للقتال · دعا للبارزة

— ramasser le gant *Kabala-l-kètal* قَبِلَ القتال · قَبِلَ المبارزة

GANTELET s.m. *Caff hadid* كفّ حديد وهو قسم من الدرع

GANTER (SE) v.r. *Labêça-l-cofouf* لَبِسَ الكفوف

GANTERIE s.f. *Mâmal cofouf* معمل كفوف او معمل جوانتي

GANTIER s.m. *Bay-yâ cofouf* بيّاع كفوف او جوانتي

GARAGE s.m., t. de chemin de fer *Makhzan* مخزن : وهو خطٌ يقف عليهِ القطار ليفرغ الطريق لقطار اخر (في اصطلاح سكة الحديد)

— voie de garage *Charit ol makhzan* شريط المخزن

GARANCE s.f. (plante) *Fouat* فوّة · نبات يُستخرج من جذرهِ صباغ احمر

GARANT, ANTE s.m. et f., en jurisp. *Damen* ضامن · كفيل (في القضاء)

GARANTI, IE s.m. et f., en jurisp. *Madmoun* مضمون · مكفول

GARANTIE s.f. *Damanat* ضمانة · كفالة

GARANTIR v.a. *Damena* ضَمِنَ يضمَنُ · كَفَلَ

— préserver *Sana* صَانَ يصونُ · وَقَى · حَمَى

— (SE) v.r. *Ehtama* إحتمَى · توقّى

GARÇON s.m. *Sabi* صبي · غلام · فتى

— célibataire *âzab* عزب · اعزب

— domestique *Khadem* خادم ج خدّام

GARDE s.f., action de garder *Heraçat* حراسة · حفظ · خفر

— corps de garde *Karakol* قره قول

— garde royale *Al haras ol molouqi* الحرس الملوكي

— grand garde *Daydaban saouari* ديدبان سواري

— de l'épée *Makbad* قبضة السيف

— des sceaux *Mahrdar* مهردار · وفي فرنسا يطلق هذا الاسم على ناظر الحقانية

GARDE-CHIOURME s.m. *Sadjan bel louman* سجّان باللومان

GARDE-CORPS s.m., t. de mar. *Dorouat* دروة · نوع درابزين يكون في السفينة

GARDE-CÔTE s.m. *Khafar saouahel* خفر سواحل

GARDE-CROTTE s.m., t. de carrosserie *Rafraf* رفراف (في اصطلاح العربات)

GARDE-FOU s.m. *Hadjez* حاجز ج حواجز · درابزين

GARDE-MALADE s.m. et f. *Khadem ol marid* خادم او خادمة المريض ممرّض (تمرجي)

GARDE-MANGER s.m. *Namliyat* نملّية . بيت المؤونة

GARDER v.a. *Hafaza* حفظ يحفظ . صان

— veiller sur... *Haraça* حرس يحرس . خفر

— (SE) v.r. *Eljtanaba* إجتنب . إحترس . تحفّظ من

GARDE-ROBE s.f. *Khézanat* خزانة ج خزائن

— tablier *Marioul* مريول . فوطة تربط على الصدر للوقاية

GARDE-SCELLÉS s.m. *Khafar khotoumat* خفر ختومة

GARDEUR, EUSE s.m. et f. *Raï* راع ج رعاة

GARDIEN, ENNE s.m. et f. *Harès* حارس . ناطور . خفير

GARE interj. *Ehzer, hazer* إحذر . حاذر . خذ حذرك

— s.f., pour les bateaux *Maldja* ملجأ للمراكب

— de chemin de fer *Mahattat* محطّة (في اصطلاح السكة الحديدية)

GARENNE s.f. *Ouèdjar ol arnab* وجار الارنب

GARER v.a., un bateau *Adkhala-l-markab al maldja* ادخل المركب الملجأ

— un train de chemin de fer *Adkhala-l-makhzan* ادخل المخزن . ادخل القطار المخزن

GARGARISER (SE) v.r. *Tagharghara* تغرغر . تمضمض

GARGARISME s.m. *Ghargharat* غرغرة . مضمضة

GARGOTE s.f. *Khammarat hakirat* خمارة حقيرة قذرة

GARGOTIER s.m. *Khamordji* خامورجي . صاحب خمارة حقيرة

GARGOUILLE s.f. *Mizab* ميزاب ج ميازيب . مزراب

GARGOUILLEMENT s.m. *Karkarat* قرقرة . زغورة

GARGOUILLETTE ou **GARGOULETTE** s.f. *Nédrat* ; en Egypte: *Kollat* نعارة . قلّة

GARGOUSSE s.f. *Fachacat ol madfâ* فشكة المدفع

GARIGUE s.f. *Barrîyat* برّية . ارض بور

GARNEMENT s.m. *Chaki* شقي . معتّر

GARNI, IE p.p. de garnir *Mafrouch* مفروش . مجهّز

GARNIR v.a., un appartement *Faracha* فرش يفرش . جهّز

— une place de guerre *Djahaza* جهّز . ذخّر

— une robe *Callafa* كلّف

GARNISAIRE s.m. *Houali* حوالي وهو الذي برسالة الحاكم ايقيم عند المديون لحينما يدفع ما هو مطلوب منه للميري

GARNISON s.f. *Asaqer ol mouhafazat* عساكر المحافظة

GARNITURE s.f., d'un appartement *Farch* فرش . مفروشات المحل

— de robe *Kolfat* كلفة ج كلف

— ornement *Zinat* زينة

GARON s.m.(arbrisseau) *Djarou* جارو « شجيرة »

GARROT s.m., instr. de chir. *Daghetat ol charaïn* ضاغطة الشرايين (الجراحية)

— du cheval *Kahel ol faras* كاهل الفرس

GARROTTAGE s.m. *Chadde, tactif* شدّ . تكتيف . شدّ الوثاق

GARROTTER v.a. *Chadda, cattafa* شدّ يشدّ . كتّف . شدّ وثاقه

GASCON, ONNE adj. *Kharrate* خرّاط . ملفّق . منسوبة الى اهل غاسكونيا في فرنسا لشهرتهم في الخرط

GASCONNADE s.f. *Khartat* خرطة . تلفيقة

GASCONNER v.a. *Kharata* خرّط . لفّق

GASPILLAGE s.m. *Tabdid* تبديد . تبذير . اسراف

GASPILLER v.a. *Baddada* بدّد . بذّر . اسرف

GASPILLEUR s.m. *Mobadded* مبدّد . مبذّر . مسرف

GASTER s.m., en anat. *Maêdat* معدة . (في التشريح)

GASTÉROPODES s.m. pl. *Zat ardjol batniyat* ذات ارجل بطنية

GASTRALGIE s.f., en méd. *Alam maêdi* الم معدي (في الطب)

GASTRIQUE adj. en anat. *Maêdi* معدي (في التشريح)

GASTRITE s.f., en méd. *Eltébab maêdi* التهاب معدي (في الطب)

GASTROCNÉMIEN adj. et s.m., en anat. *Âdal semmanat el sak* عضل سمانة الساق (في التشريح)

GASTRO-COLIQUE adj., t. d'anat. *Maêdi koloni* معدي قولوني (في التشريح)

GASTRODYNIE s.f., t. de méd. *Alam maêdi* الم معدي (في الطب)

GASTROMALACIE s.f. *Lin ol maêdat* لين المعدة » »

GASTRONOME s.m. *Khabir fi fan ol macoulate* خبير في فن الماكولات

GASTRONOMIE s.f. *Fan ol macoulate* فن الماكولات

GASTRORRHAGIE s.f., en méd. *Nazif maêdi* نزيف معدي (في الطب)

GASTRORRHAPHIE s.f., en chir. *Khiatat ol batn* خياطة البطن (في الجراحة)

GASTRORRHÉE s.f., en méd. *Nazlat maêdiyat* نزلة معدية (في الطب)

GASTROSE s.f. *Amrad ol maêdat oual batn* امراض المعدة والبطن

GATEAU s.m. *Kors helouâ* قرص حلواء · كعكة

GÂTE-MÉTIER s.m. *Mokhasser ol sanaât* مخسّر الصنعة

GÂTE-PAPIER s.m. *Cateb ghachim* كاتب غشيم

GÂTER v.a. *Atlafa* أتلف · افسد

— **(SE)** v.r., pourrir *Taâffana* تعفّن · انهرى

GAUCHE s.f. *Yêçar* يسار · يسرة · شمال

— maladroit *Afchal* افشل · متلبك · غشيم

GAUCHEMENT adv. *Bifachal* بفشل · بتلبك · بغشم

GAUCHER adj. *Âçar* أعسر · عسراوي · ايسر

GAUCHERIE s.f. *Fachal* فشل · تلبُّك

GAUFRE s.f. *Kors âçal* قرص عسل

GAUFRER v.a. *Tabaâ* طَبَعَ · يطبع · بصم

GAULAGE s.m. *Fart ol djaouz* فرط الجوز

GAULE s.f. *Farratat ol djaouz* فرّاطة الجوز · عصا طويلة لفرط الجوز

GAULER v.a. *Farata-l-djaouz* فرَطَ الجوز

GAVER v.a. *Zakka-l-tayr* زقّ الطير · طَعَمَ الطير

GAZ s.m. *Ghaz* غاز ج غازات

GAZE s.f. *Coraychat* كريشة

GAZÉITÉ s.f. *Halat ghaziyat* حالة غازية

GAZELLE s.f. *Ghazalat* غزالة · ظبية ج ظَبَيَات

GAZETIER s.m. *Saheb djaridat* ou *djornaldji* صاحب جريدة · جرنالجي

GAZETTE s.f. *Djaridat* ou *journal* جريدة · جرنال · صحيفة اخبار

GAZEUX, EUSE adj. en chim. *Ghazi* غازي (في الكيميا)

GAZOMÈTRE s.m. *Mekias ol ghazat* مقياس الغازات

GAZON s.m. *Khodrat* خضرة · عشب

GAZOUILLEMENT s.m. *Monaghat* مناغاة · تغريد · هدير خفيف

GAZOUILLER v.a. *Nagha* نَاغَى · غرّدَ

GEAI s.m., (oiseau) *Zorayk* زريق او ابو زريق (طائر)

GÉANT, ANTE s.m., et f. *Djabbar* جبّار · عمليق

GEINDRE v.n. *Anna* أنّ · يئنّ

GÉLABLE adj. *Kabel ol tatlidj* ou *al tadjallod* قابل التثليج او التجلد

GÉLATINE s.f. *Hélam*; en Egypte: *Gélatina* هلام وفي مصر جيلاتينا

GÉLATINEUX, EUSE adj. *Hélami* هلامي · جيلاتيني

GELÉE s.f. *Djalid* جليد · جمد

— confiture *Morabba* مربّى

GELÉE BLANCHE s.f. *Saki* صقيع

GELER v.a. *Djamouda* جمد يجمدُ

GÉLINOTTE s.f. *Dedjadjat moçammanat* دجاجة مسمنة

GÉLIVURE s.f. *Tachakkok* تشقّق · شق بالاشجار او بالحجارة

GÉMEAUX s.m. pl., en astr. *Bordj ol djaouzâ* برج الجوزاء (في علم الفلك)

GÉMINÉ, ÉE adj., t. de palais *mocarrar* مكرّر · معاد ثانيًا (في المرافعات)

— en bot. *Mozdaouedj* مزدوج (في النبات)

— en arch. *âouamid mozdaouêdjat* عواميد مزدوجة (في البناء)

GÉMIR v.n. *Anna, naha* أنَّ · ناحَ ينوحُ

GÉMISSEMENT s.m. *Anine, naouah* انين · نواح · آهة

GEMMATION s.f., en bot. *Tanbit* تنبيت · انبات (في النبات)

GEMME s.f., sel gemme *Melh maddani* ملح معدني متبلور . ملح قاق

— toute espèce de pierres précieuses *Al hedjarat ol carimat* الحجارة الكريمة . كافة انواع الحجارة الكريمة

GEMMIFÈRE adj., en bot. *Hamel zer* حامل زر (في النبات)

GEMMIPARITÉ s.f., en bot. *Taouallod bel azrar* تولّد بالازرار

GÉNAL, ALE adj., en anat. *Khaddi* خدّي (في التشريح)

GÊNANT, ANTE adj. *Modik* مضيّق . مكدّر

GENCIVE s.f., en anat. *Lessat ol asnan* لِثة الاسنان . لحم الاسنان (في التشريح)

GENDARME s.f. *Djondi* جندي . عسكري جندرمه

GENDARMERIE s.f. *Djandormat* جندرمه . عسكر البوليس

GENDRE s.m. *Sehr* صهر . زوج البنت

GÊNE s.f. *Dikat* ضيقة . شدّة . عذاب

GÉNEAGENÈSE s.f. *Taouallod bel taouali* تولد بالتوالي

GÉNÉALOGIE s.f. *Selcelat ol naçab* سلسلة النسب

GÉNÉALOGIQUE adj. *Naçabi, taçalçoli* نسبي . تسلسلي

GÊNER v.a. *Dayaka* ضايق . ثقّل . ضيّق على

— **(SE)** v.r. *Tadayaka* تضايق . ضايق نفسهُ

GÉNÉRAL, ALE adj. *âam* ou *ômoumi* عامّ . عمومي . مطلق

— s.m., de brigade *Leoua* لواء . جنرال

— de division *Farik* فريق

— en général, loc. adv. *Bèouadjh el ômoum* بوجه العموم . على الاطلاق

GÉNÉRALAT s.m. *Retbat ol leoua* رتبة او وظيفة اللواء او الفريق

GÉNÉRALE s.f., t. milit. *Naoubat djamê* نوبة جمع (في العسكرية)

— femme du général *Omroât ol leoua* امرأة اللواء او الفريق . امرأة الجنرال

GÉNÉRALISER v.a. *Amma* عمّم . عمّ يعمّ

GÉNÉRALISSIME s.m. *Kayed ol djaych el âzam* قايد الجيش الاعظم . القايد العمومي

GÉNÉRALITÉ s.f. *ômoumiyat* عمومية . عموم

GÉNÉRATEUR, TRICE adj. *moualled* مولّد . منسِّل

GÉNÉRATION s.f., filiation *Taoulid* توليد . تولّد . تناسُل

— postérité *Zorriyat* ذرية . نسل . سلالة . اخلاف . اعقاب

— présente *Abna ol âsr* ابناء العصر

GÉNÉREUSEMENT adv. *Bicaram* بكرم . بسخاء . بشهامة بمروّة

GÉNÉREUX, EUSE adj. *Carim* كريم . سخي . جوّاد . شهم

— vin généreux *Kaoui* قوي . خمر قوي

GÉNÉRIQUE adj. *Djensi* جنسي

GÉNÉROSITÉ s.f. *Caram* كرم . سخاء . مروّة . شهامة

GENÈSE s.f., de la Bible *Sefr ol khalikat* سفر الخليقة او سفر التكوين (من اسفار التوراة)

— système cosmogonique *Taouallod ônsori* تولّد عنصري

GENÉVRIER s.m., arbrisseau *âr-âr* عرعر . شجرة السندروس « نبات »

GÉNI ou **GÉNIEN, ENNE** adj., en anat. *Zakni* ذقني (في التشريح)

GÉNIE s.m., esprit *Djenne* جِنّ

— talent *Baraât* براعة . فراسة . ذكاء . قريحة

— corps d'ingénieurs *Handaçat* هندسة

GENIÈVRE s.m. *Hab ol âr-âr* حب العرعر

GÉNIO-GLOSSE adj. et s.m., en anat. *Zakni leçani* ذقني لساني (في التشريح)

GÉNISSE s.f. *Êdjlat* عجلة

GÉNITAL, ALE adj., en anat. *Tanaçoli* تناسلي (في التشريح)

GÉNITIF s.m., en gram. *Djarre, khafde* جرّ . خفض . اضافة . حالة المضاف اليه (في الغراماطيق)

GÉNITO-URINAIRE adj., en anat. *Tanaçali baouli* تناسلي بولي (في التشريح)

GÉNITURE s.f. *Al oualad* الولد . الابن او الابنة

GÉNOPLASTIE s.f., en chir. *Ramm ol khadde* رمّ الخد . ترقيع الخد (في الجراحة)

GENOU s.m. *Rocbat* ركبة ج ركب

GENRE s.m. *Djens* — جنس ج اجناس · نوع

GENT s.f. *Onas* — أناس · قوم ج اقوام

GENS s.f. pl., suite *Atbâ* — اتباع · خَدَم

GENTIANE s.f. plante *Djantiana* — جنطيانا « نبات »

GENTIL s.m. païen *Ouaçani* — وثني

— **, ILLE** adj. joli, aimable *Zarif* — ظريف · لطيف

GENTILHOMME s.m. *Hacib* — حسيب · شريف

GENTILITÉ s.f. *Êbadat ol aouçan* — عبادة الاوثان

GENTILLESSE s.f. *Zarafat* — ظرافة · لطافة

GENTIMENT adv. *Bélotf* — بلطف · بظرف

GENTLEMAN s.m. *Radjol mohazzab* — رجل مهذّب · رجل معتبر

GÉNUFLEXION s.f. *Racâat* — ركعة · سجدة

GÉODÉSIE s.f. *Êlm mokhtas békias el ard* — علم مختص بقياس الارض

GÉOGNOSIE s.f. *Mârèfat ol ard* — معرفة الارض فيما يختص بمعادنها وتكوينها وغيره

GÉOGRAPHE s.m. *Djoghrafi* — جغرافي · عالم بالجغرافية

GÉOGRAPHIE s.f. *Djoghrafiat* — جغرافية · علم رسم الارض

GÉOGRAPHIQUE adj. *Djoghrafi* — جغرافي · متعلق بعلم رسم الارض

GEÔLAGE s.m. *Rasm ol sedjanat* — رسم السجانة · ما يدفعة المسجون عند خروجه من السجن

GEÔLE s.f. *Sedjn* — سجن ج سجون · حبس

GEÔLIER s.m. *Sadj-jan* — سجّان

GÉOLOGIE s.f. *Êlm ol ard oua tabakatéha* — علم الارض وطبقاتها

GÉOMANCIE s.f. *Darb ol raml* — ضرب الرمل

GÉOMANCIEN s.m. *Darrab raml* — ضرّاب رَمل · منجم بواسطة الرمل

GÉOMÈTRE s.m. *Mohandés* — مهندس · عالم بالهندسة

GÉOMÉTRIE s.f. *Êlm ol handaçat* — علم الهندسة

GÉOMÉTRIQUE adj. *Handaci* — هندسي · متعلق بالهندسة

GÉOMÉTRIQUEMENT adv. *Béhandaçat* — بهندسة · بضبط

GÉRANCE s.f. *Ouacalat* — وكالة

GÉRANIUM s.m. (plante) *ôtre chahi* — عطر شاهي « نبات »

GÉRANT, ANTE s.m. et f. *Ouaqil* — وكيل ج وكلاء

GERBE s.f. *Hezmat* — حزمة · رزمة · جُرزة

GERBER v.a. *Rabata-l-sabal* ou *ghammara* — ربط السبل · غمّر · حزّم

GERBOISE s.f. en zool. *Yarboû* — يربوع « حيوان صغير »

GERCE s.f. *ôssat* — عثّة · دودة

GERCER v.a. *Chakka* — شقّ يشقّ · فلق · فلّع · شرّخ

GERÇURE s.f. *Tachkik* — تشقيق · تفليع · تشريخ

GÉRER v.a. *Dabbara, adara* — دبّر · ادار

GERMAIN adj. en jurisp. *Aoulad abbe oua om ouahédat* — اولاد اب وام واحدة (في الفقه

— cousin germain *Ebn âmme* — ابن عم او عمة او خال او خالة

GERMANDRÉE s.f., en bot. *Camadrios* — كمادريوس (في النبات)

GERME s.m. *Djorçoumat* — جرثومة ج جراثيم · نطفة

GERMER v.n. *Nabata* — نبت ينبت · تأصّل

GERMINATION s.f., en bot. *Tanbit* — تنبيت · نبت · تأصّل

GÉSIER s.m. *Kanéçat ol tayr* — قانصة الطير · قونصة الطير

GÉSIR v.n.déf. *Rakada* — رقد يرقد · اضطجع

GESTATION s.f. *Chayl* — شيل · حمل على الراحات

— s.f., en hist. nat. *Habal* — حبل · حمل · علوق

GESTE s.m. *Ima, écharat* — ايماء · اشارة · رمز

GESTICULATION s.f. *Haracat* — حركة · اشارة

GESTION s.f. *Edarat* — ادارة · عهدة · وكالة

GIBBEUX, EUSE adj. *Ahdab* — احدب · ذو أنب

GIBBOSITÉ s.f. *Hadbat* — حدبة · أنب

GIBECIÈRE s.f. *Djarabandiyat* — جربندية · كيس · جراب

GIBELET s.m. *Meskab* — مثقاب · بريمة

GIBERNE s.f. *Bayt fachac* — بيت فشك

GIBET s.m. *Machnakat* — مشنقة ج مشانق

GIBIER s.m. *Țaridat* — طريدة · صيد

GIBOULÉE s.f. *Sayl matar yataçakat madhou barad* — سيل مطر يتساقط معهُ بَرَد

GIBOYEUX, EUSE adj. *Macan cacir ol sayd* — مكان كثير الصيد

GIFLE s.f. *Safkat caff* — صفقة كفٍّ · لطمة كف

GIFLER v.a. *Safaka becaffèhi* — صفق بكفهِ · لَطَمَ بكفهِ

GIGANTESQUE adj. *Djacim* — جسيم · جبَّاري · هائل

GIGANTESQUEMENT adv. *Bedjaçamat* — بجسامة · بكبر هائل

GIGOT s.m. *Fakhz ol kharouf* — فخذ الخروف

GILET s.m. *Sadriyat* — صَدرية · صدرة

GINDRE s.m. *âdj-jan ol mokhbaz* — عجَّان المخبز

GINGEMBRE s.m. *Zandjabil* — زنجبيل او جنزبيل

GINGIVAL, ALE adj., en anat. *Laçaoui* — لثوي · مختص بلحم الانسان (في التشريح)

GINGIVITE s.f., en méd. *Eltèhab ol lassat* — التهاب اللثة (في الطب)

GINGLYME s.m., en anat. *Mafçal razzi* — مفصل رزّي (في التشريح)

GINGLYMOÏDAL, ALE adv. en anat. *Razzi* — رزّي (في التشريح)

GIRAFE s.f. (animal) *Zarafat* — زرافة «حيوان»

GIRANDOLE s.f. *Chemédan zou éddat forou* — شمعدان ذو عدة فروع

GIRATOIRE adj. *Haracat dayèrat* — حركة دايرة

GIROFLE s.m. *Koronfol* — قرنفل «نبات»

— clou de girofle *Qebch koronfol* — كبش قرنفل · زهرة قرنفل

GIROFLÉE s.f., (plante) *Mançour* — منثور «نبات»

GIROFLIER s.m. *Chadjarat ol koronfol* — شجرة القرنفل

GIROLLE s.f. *Naoû men al fetr* — نوع من الفطر

GIRON s.m. *Hodjr, hodne* — حُجر · حضن

— d'escalier, t. d'arch. *Al ouadj ol âla ledaradjat el sollam* — الوجه الاعلى لدرجات السلم (في البناء)

GIROUETTE s.f. *Daou-ouarat hacua* — دوارة هواء تضع في اعلى المنازل لتدل على جهة مهب الهواء

GISANT, ANTE adj. *Raked* — راقد · ممدد · ممدود · مضطجع

GISEMENT s.m. *Mahal ol oudjoud* — محل الوجود · مركز المعادن

GÎT 3e pers. du présent de l'indic. du verbe gésir, ci-gît *Hona raked* — هنا راقد · هنا ضريح · هذا الضريح ا . . .

GÎTE s.m. *Maoua* — مأوى · وكر ج اوكار

— de la gazelle *Qenas* — كِناس ج كُنُس

GIVRE s.m. *Djalid* — جليد

GLACE s.f. *Çaldj* — ثلج

— cristal *Merât* — مرآة

— sorbets *Yaksama* — يقصما «دوندرمه» بوزه وهي حلواء مجلدة

GLACER v.n. *Djammada, djallada* — جمَّدَ · جلَّدَ · سقَّعَ

— (SE) v.r. *Tadjammada* — تجمَّدَ · تجلَّدَ · سقعَ

GLACIAL, ALE adj. *Djalidi* — جليدي · جامد

GLACIER s.m. *Çalladj* — ثلاج · بيَّاع ثلج · صانع ثلج

— amas de glace *Coumat çaldj* — كومة ثلج

GLACIÈRE s.f. *Masladjat* — مثلجة · محل يحفظ فيهِ الثلج للصيف

GLACIS s.m. *Monhader* — منحدر · منهبط

GLAÇON s.m. *Kataât saldj* — قطعة ثلج · قطعة جليد

GLAÇURE s.f. *Dehan ol fakhar* — دهان الفخار

GLADIATEUR s.m. *Moçaré* — مصارع · مصارعجي · مبارز منازل

GLAIRE s.m. *Zolal ol bayd* — زُلال البيض

— humeur que secrètent les membranes muqueuses *Mokhat zolali* ou *balgham* — مخاط زلالي · بلغم

GLAIRER v.a., t. de relieur *Dahana djeld al cotob bezolal el bayd* — دهن جلد الكتب بزلال البيض لاجل التذهيب (في التجليد)

GLAISE s.f. *Torab ol fakhar* — تراب الفخار · دلغام · دلغان

GLAIVE s.m. *Sayf* — سيف · حسام

GLANAGE s.m. *Talkit ol sabal* — تلقيط السبل · لم السبل بعد الحصاد (رجيد)

GLAND s.m., fruit *Ballout* بلّوط . ثمر السنديان

GLANDE s.f., en anat. *Ghoddat* غدّة ج غِدَد (في التشريح)

GLANDULEUX, EUSE adj., en anat. *Ghodadi ol hayat* غددي الهيئة (في التشريح)

GLANE s.f. *Lekatat ol sabal* لقاطة السبل

GLANER v.a. *Lakata ouara-l-hassadin* لَقَطَ وراء الحصادين

GLANEUR, EUSE s.m. et f., *Lakkat* لقّاط . لمّام السبل

GLANURE s.f. *Lekatat* لقاطة

GLAPIR v.n. *âoua, nababa* عوى يعوي . نبح

GLAPISSEMENT s.m. *ôouà* عواء . نباح

GLAS s.m. *Dakkat hezn* دقة حزن . دق الجرس حزنًا

GLAUCOME s.m., en méd. *Khodrat ol âyn* خضرة العين . اغليكوما (في الطب)

GLAUQUE adj. *Sendjabi mokhaddar* سنجابي مخضّر

GLÈNE s.f., en anat. *Hefrat annabiyat* حفرة عنّابية وهي حفرة في عظم يدخل فيها عظم اخر (في التشريح)

GLÉNOÏDE adj., en anat. *ânnabi* عنّابي (في التشريح)

GLISSADE s.f. *Zalkat* زلقة « زحلقة »

GLISSANT, ANTE adj. *Mozallek* مزلّق . مزلّج

GLISSER v.a., couler sur... *Zaleka* زلِق يزلَق . زَلّ . زلج يزلج . زلّت قدمه

— insinuer *Dassa* دسّ يدُسّ . ادخل

— **(SE)** v.r. pénétrer sans être aperçu *Tadakhala* تداخل . اندسّ . وغل يغِل

GLISSETTE s.f., t. de méc. *Mach-chayat zahr* مشاية ظهر (في الميكانيكيات)

GLISSIÈRE s.f., t. de méc. *Madjârrat* مجرة . جلبة الزراع — وهي في الميكانيكيات تجويفة تذهب الآلة وتجيء فيها ولا تزيغ عنها

GLISSOIRE s.f. *Mazlakat* مزلقة . زحلوقة

GLOBE s.m. *Corat* كُرة ج كُرات

— **oculaire**, t. d'anat. *Moklat* مقلة . كُرة العين (في التشريح)

GLOBULE s.f. *Corat saghirat* كرة صغيرة

— de sang *Corat damme* كرة دم (فقيعة)

GLOIRE s.f. *Madjd* مجد . عزّ . فخر . جلال

GLORIEUSEMENT adv. *Bemadjd* بمجد . بافتخار . بعزّ

GLORIEUX, EUSE adj. *Momadj-jad* ممجّد . جليل . ذايع الصيت

GLORIFICATION s.f. *Tamdjid* تمجيد . تعظيم . تسبيح

GLORIFIER v.a. *Madj-jada* مجّد . عظّم . بجّل . سبّح

— **(SE)** v.r. *Eftakhara* إفتخر . اعتزّ . تمجّد

GLORIOLE s.f. *Nafkhat* نفخة . غرور . عجرفة

GLOSE s.f. *Tafsir* تفسير . شرح . تعليق حاشية

GLOSER v.a., censurer *Baccata* بكّت . نكّت . عاب

— commenter *Fassara* فسّر . شرح . اوضح

GLOSSALGIE s.f., en méd. *Alam lêçani* ورم لساني (في الطب)

GLOSSITE s.f., en méd. *Eltéhab ol leçan* التهاب اللسان (في الطب)

GLOSSOCATOCHE s.m., instr. de chir. *Khafed ol leçan* خافض اللسان وهي آلة من آلات الجراحة

GLOSSOCÈLE s.f., en méd. *Ouaram leçani* ورم لساني (في الطب)

GLOSSO-STAPHYLIN adj. et s.m. *Leçani ghalçami* لساني غلصمي (في التشريح)

GLOTTE s.f., en anat. *Mezmar* مزمار . فتحة الحلق (في التشريح)

GLOUGLOU s.m. *Bakbakat* بقبقة

GLOUSSEMENT s.m. *Naknakat ol dedjadjat* نقنقة الدجاجة

GLOUSSER v.n. *Naknaka* نقنق

GLOUTERON s.m., en bot. *arakitoun* اراقيطون (في النبات)

GLOUTON, ONNE adj. *Chareh* شَرِه . بطِن . اكول

GLOUTONNEMENT adv. *Bécharahat* بشراهة . ببطنة

GLOUTONNERIE s.f. *Charahat* شراهة . بطنة

GLU s.f. *Debk*, en Syrie; *Mokh-khèt*, en Egypte دبق في سوريا ومخيّط في مصر

GLUANT, ANTE adj. *Modabbek* مدبّق . لَزج

GLUAU s.m. *Kadib debk*, en Syrie; *Kadib mokh-khèt*, en Egypte قضيب دبق (في سوريا) قضيب مخيّط (في القطر المصري)

GLUCOGÉNIE ou **GLYCOGÉNIE** s.f., t. de méd. *Tacouin ol soccar* تكوين السكّر (في الطب)

GLUCOSE s.f. *Soccar ol ênab* سكّر العنب

GLUCOSURIE ou **GLYCOSURIE** s.f., t. de méd. *Baoul soccari* بول سكّري

GLUME s.f., en bot. *Ghêlalat* غلالة (في النبات)

GLUTEN s.m., en hist. nat. *Lifine nabatiyat* ليفين نباتية (في التارخ الطبيعي)

— matière visqueuse *Maddat lazedjat* مادّة لزجة

GLUTINE s.f. *Zolal nabati* زلال نباتي

GLUTINEUX, EUSE adj. *Lazedj* لَزِج

GLYCÉRINE s.f., en chim. *Halaouine* حلوين · جليسرين (في الكيميا)

GLYCÉRIQUE adj., en chim. *Halouic* حلويك " "

GLYCÉROLÉS s.m. pl., en chim. *Halouate* حلوات · جليسيرات سائلة (في الكيمياء)

GLYCIUM s.m., en chim. *Glicium* جليسيوم « معدن » (في الكيميا)

GLYCOCOLLE s.m., en chim. *Soccar ol belam* سكّر الهلام " "

GLYCOL s.m. *Soccar ol cou-oul* سكّر الكؤول

GLYCOMÈTRE s.m. *Mekias ol soccar* مقياس السكّر · آلة يعرف بها درجة حلاوة السكّر

GLYPHE s.m., en arch. *Tadjouifat* تجويفة (في البناء)

GLYPTIQUE s.f. *Sanâat ol hafr âla-l-hedjarat ol carimat* صنعة الحفر على الحجارة الكريمة

GOBELET s.m. *Kadah* قدح · كاس · كباية صغيرة

GOBE-MOUCHES s.m. (oiseau) *Accal ol zabab* أكّال الذباب « عصفور »

— au fig. *Bacit* بسيط · ساذج

GOBER v.a. *Balaâ* بلَعَ · يبلَعُ · جرَعَ · زلع

GODET s.m. *Feudjan* فنجان · صحن رسم

— **de saquie** *Kadous ol sakiat* قادوس الساقية اي الناعورة

GODILLE s.f. *Mekzaf* مقذاف ج مقاذيف

GODRON s.m. *Tachorchor* تشرشُر · نوع من الزخرفة يشابه التسنين

GODRONNAGE s.m. *Charcharat* شرشرة

GODRONNER v.a. *Charchara* شَرشَرَ

GOËLETTE s.f. *Marcab* مركب · سكونه

GOGUENARD, ARDE adj. *Mostahzi* مستهزئ · ساخر · متهكّم

GOGUENARDER v.n. *Hazaâ* هزأ · يهزأُ · تهكّم · سخرَ

GOGUETTES s.f. pl. *Enbêçat* انبساط · سرور · انشراح

GOINFRE s.m. *Chareh* شره · دنيّ النفس

GOÎTRE ou **GOÊTRE** s.m., en méd. *Ghouter* غوتر · بلغمة في العنق (في الطب)

GOÎTREUX, EUSE adj. *Moghaouter* مغوتر · معهُ غوتر

GOLFE s.m. *Khalidj* خليج ج خلجان · جُون · خَور

GOMBO s.m. *Bamia* باميا

GOMMAGE s.m. *Tasmigh* تصميغ

GOMME s.f. *Samgh* صمغ

— **syphilitique** *Samghat efrandjiyat* صمغة افرنجية (في الطب)

GOMME ADRAGANT s.f. *Samgh ol cacira* صمغ الكثيراء

— **ammoniaque** *Samgh nochadéri* صمغ نوشادري

— **-laque** *Samgh loq* صمغ لُكّ

— **-gutte** *Samgh nokati* صمغ نقطي

— **résine** *Samgh ratendji* صمغ راتنجي

GOMMER v.a. *Sammagha* صمّغ

GOMMEUX, EUSE adj. *Samghi* صمغي

GOMPHOSE s.f., en anat. *Mafçal ol asnan* منفصل الاسنان (في التشريح)

GOND s.m. *Razzat ol bab* رزة الباب · محور

GONDOLAGE s.m., du bois *Tanfikh ol khachab* تنفيخ الخشب

GONDOLE s.f. *Kareb* قارب ج قوارب

GONFLÉ, ÉE p.p., de gonfler en méd. *Ouarem* وارم · منفوخ (في الطب)

GONFLEMENT s.m., en méd. *ouaram* وَرَم · انتفاخ " "

GONFLER v.a. *Ouarrama* ورّم · نفّخ

GONOCÈLE s.f., en méd. *Futt-fakh ol rocbat* — انتفاخ الركبة (في الطب)

— accumulation de sperme dans les canaux séminifères, en méd. *Ouaram manaoui* — ورم منوي " "

GONORRHÉE s.f., en méd. *Sayalan mokhati* — سيلان مخاطي " "

GORGE s.f. *Nahr* — نحر ج نحور · جِيْد

— gosier *Halk* — حلق · زَوْر

— passage étroit *Madiak* — مضيق ج مضايق · بوغاز

GORGE DE PIGEON adj. invar., (couleur) *Laoun onok el hamam* — لون عنق الحمام

GORGÉE s.f. *Djaraât* — جرعة ج جُرَع · بلعة

GORGER v.a. *Achbaâ* — أشبعَ · ملأ

GORGERIN s.m., en arch. *Onok ol tadj* — عنق التاج (في البناء)

GOSIER s.m. *Halk* — حلق · حلقوم · زلعوم

GOTHIQUE adj., en arch. *Ghouti* — غوطي · طرز غوطي (في البناء)

GOUDRON s.m. *Katran* — قطران

GOUDRONNER v.a. *Katrana* — قَطْرَنَ · دهَنَ بالقطران

GOUFFRE s.m. *Haouiat* — هاوية · وهدة ج وهاد

GOUGE s.f., outil de menuis. *Defrat* — دفره · ازميل (في النجارة)

GOUJAT s.m. *Tabê ol âscar* — تابع العسكر

— au fig. *Ouabche* — وبش · من الاوباش · من السفلة

GOUJON s.m., poisson *Bêçaria* — بسارية · نوع من السمك

— t. de méc. *Esbâ hadid* — اصبع حديد (في الميكانيكيات)

GOUJONNIER s.m. *Chabacat lêçayd el bêçaria* — شبكة لصيد البساريه

GOULE s.f. *Goul* — غول ج اغوال

GOULOT s.m. *Ônok ol zêdjadjat* — عنق الزجاجة

GOULOTTE s.f. *Mizab* — ميزاب ج مبازيب · قناة لتصريف مياه الاسطحة

GOULU, UE adj. *Chareh* — شره · بَطِن · ذو بطنة

GOUPILLE s.f. *Tilat hadid* — تيلة حديد · خابور

GOUPILLON s.m. *Merachchat ol ma el mokaddas* — مرشة الماء المقدس

GOURDE s.f. *Karaât, zamzamiyat* — قرعة (زمزمية)

GOURDIN s.m. *Dabbous* — دَبّوس · عصاة قصيرة (قطعة)

GOURGANDINE s.f., t. famil. *Kahbat* — قحبة · شرموطة · نابغة · مومس · (في العامي)

GOURMAND, ANDE adj. *Charêh* — شره · اكول

GOURMANDER v.a. *Ouabbakha* — وبّخ · عزّر

GOURMANDISE s.f. *Charahat* — شراهة

GOURMANDISES s.f. pl. *Halaouiyat* — حلويات · ماكولات لذيذة

GOURME s.f., en méd. *Koubat safrâ* — قوبة صفراء (في الطب)

GOURMET s.m. *Salim ol zaouk* — سليم الذوق

GOURMETTE s.f. *Selcelat ol ledjan* — سلسلة اللجام

GOUSSE s.f., en bot. *Kaçal* — قصل · قشرة (في النبات)

— **d'ail** *Fas toum* — فصّ توم · حصّ توم

— **de coton** *Djaouzat ol kotn* — جوزة القطن

GOUSSET s.m. *Djayb* — جيب ج جيوب · عِبّ

GOÛT s.m. *Zaouk* — ذوق ج اذواق · طعم · لذّة

— inclination *Mayl* — ميل · انعطاف · مشرب

GOÛTER v.a. *Zaka* — ذاقَ يذوقُ · استطعم

— approuver *Estahçana* — إستحسَنَ · استصوب

GOÛTER v.n., faire un léger repas *Taâsrana* — تعصرن «اكل عند العصر»

— s.m., léger repas *Asrouniyat* — عصرونية

GOUTTE s.f. *Noktat* — نُقطة ج نقط · قطرة

— en méd. *Nekres* — نِقرس · داء الملوك (في الطب)

— militaire *Noktat harbiyat* — نقطة حربية · سيلان ابيض مزمن (في الطب)

GOUTTEUX, EUSE adj. *Mobtali bêdâ el nekrès* — مبتلٍ بداء النقرس او داء الملوك

GOUTTIÈRE s.f. *Mizab* — ميزاب ج ميازيب · مزراب

GOUVERNAIL s.m. *Daffat o marcab* — دفة المركب · دومان

GOUVERNANTE s.f. *Hadènat* حاضنة ج حواضن « دادة »

GOUVERNE s.f. *Tarikat sayr* طريقة · سير · تدبير

GOUVERNEMENT s.m. *Hocoumat* حكومة · دولة

— charge d'un gouverneur *Ouélayat* ولاية · ايالة · متصرفية

GOUVERNEMENTAL, ALE adj. *Amiri* اميري · متعلق بالحكومة

GOUVERNER v.a. *Hacama* حَكَمَ · يحكُمُ · تولى على

— diriger *Dabbara* دبَّرَ · هدى

— **un navire** *Say-yara* سيَّرَ · مسكَ الدفة (في الملاحة)

GOUVERNEUR s.m. *Haqem, ouali* حاكم · والٍ · متسلِّم · متصرِّف · محافظ

GOUVERNORAT s.m. *Ouélayat, mohafazat* ولاية · محافظة · متصرفية

GRABAT s.m. *Ferach ol fakir* فراش الفقير

GRABUGE s.f. *Daouda* ضوضاء · غوغاء · معاركة

GRÂCE s.f., ce qui plait *Zarafat* ظرافة · لطافة · دلال

— bienveillance *Fadl* فضل · مكرمة · مِنَّة · معروف

— indulgence *Samah* سماح · عفو

— divine *Nėmat* نعمة · رحمة · عناية · فيض رباني

— action de grâce *Chocr* شكر · ثناء · حمد

— coup de grâce *Al darbat ol kadiat* الضربة القاضية

GRACIABLE adj., en droit criminel *Mostahek ol âfou* مستحق العفو (في الجنايات)

GRACIER v.a., en droit criminel *âfa ân* عفا عن · يعفو

GRACIEUSEMENT adv. *Bèlatafat* بلطافة · بظرافة

GRACIEUSETÉ s.f. *Latafat* لطافة · ظرافة · رِقَّة

GRACIEUX, EUSE adj. *Latif* لطيف · ظريف · رقيق

GRACILITÉ s.f. *Nahafat, rofô* نحافة · رفع

GRADATION s.f. *Tadarrodj* تدَرُّج · تدريج

GRADE s.m. *Rotbat* رتبة ج رتب · درجة

GRADÉ adj. m. *Saheb rotbat* صاحب رتبة

GRADIN s.m. *Daradjat* درجة ج درجات · سُلَّمة

GRADUATION s.f. *Taksim daradjat* تقسيم درَجات

GRADUEL, ELLE adj. *Tadridji* تدريجي

GRADUÉ, ÉE adj. *Madarradj* مدَرَّج · مقسَّم درجات

GRADUER v.a. *Darradja* دَرَّجَ · قسَّمَ درجات

GRAILLON s.m. *Taâm chahm mahrouk* طعم شحم محروق · رائحة شحم محروق

— en méd. *Balgham* بلغم · مخاط زُلالي (في الطب)

GRAILLONNER v.n. *Saâla* سعَلَ يسعُلُ · فخَّ

GRAIN s.m. *Habbat* حبَّة ج حبَّات · بذرة

— poids *Kamhat* قمحة ج قمحات

— t. de mar. *Hayadjan ol bahr* هيجان البحر · ريح عاصف (في الملاحة)

GRAINS s.m. pl. *Hoboub, ghêlal* حبوب · غلال

GRAINE s.f. *Bezrat* بذرة · حبَّة

GRAINIER, IÈRE s.m. et f. *Bay-yâ bozourat* بيَّاع بذورات (علاَّف)

GRAISSAGE s.m. *Tachhim* تشحيم اي وضع الشحم على الآلات لمنع الاحتكاك

GRAISSE s.f. *Dehn, chahm* دهن · شحم

GRAISSER v.a. *Dahana, chah-hama* دهَنَ يدهَنُ · شحَّمَ

GRAISSEUX, EUSE adj. *Dehni chahmi* دهني · شحمي

GRAMINÉES s.f. pl., en bot. *Al nadjiliyat* النجيليَّة (في النبات)

GRAMMAIRE s.f. *Gharamatik* غراماطيق · اصول اللغة

GRAMMAIRIEN s.m. *Gharamatiki* غراماطيقي · معلِّم في اصول اللغة

GRAMMATICAL, ALE adj. *Gharamatiki* غراماطيقي · متعلق باصول اللغة

GRAMMATICALEMENT adv. *Gharamatikiyan* غراماطيقيًّا · بحسب اصول النحو

***GRAMME** s.m., poids *Ghramme* غرام · ثلث درهم

GRAND, ANDE adj. *Cabir* كبير · عظيم · جسيم

GRAND ÂGE s.m. *Sen ol cohoulat* سن الكهولة

GRANDEMENT adv. *Béfakhamat* — بفخامة . بعظمة

GRANDEUR s.f. *Azamat* — عظمة . سيادة . رفعة . سمو علو . كِبَر

GRANDIOSE adj. *Azim* — عظيم . جسيم . مذهل

GRANDIR v.n. *Caboura* — كَبُر . يكبُرُ . نما

GRANDISSANT, ANTE adj. *Nami* — نامٍ

GRANDISSIME adj. *Azim djeddan* — عظيم جدًّا . سامٍ

GRAND'-MÈRE s.f. *Djeddat* — جدة « ست »

— **père** s.m. *Djed* — جدّ ج جدود

GRANGE s.f. *Hory* — هُري ج اهراء . مخزن الغلال

GRANIT s.m. *Hadjar sammaki* — حجر سماقي . غرانيت

GRANITELLE s.f. *Marmar ahmar* — مرمر احمر

GRANIVORE adj., en zool. *Accal boboub* — أكال حبوب (في علم الحيوان)

GRANULATION s.f. *Tahbib* — تحبيب . جعل الشيء حبوبًا

GRANULE s.f. *Hobaybat* — حُبَيبة . حبة صغيرة

* **GRAPHOMÈTRE** s.m. *Ghrafometr* — غرافومتر . آلة هندسية لقياس الزوايا

GRAPPE s.f. *Ónkoud* — عنقود ج عناقيد

GRAPPIN s.m. *Kollab* — كلّاب . مخطاف

GRAS, ASSE adj. *Samin* — سمين . شحمي

— sale *Ouacekh* — وسخ . زفر . قذر

— qui contient de la graisse *Mochhem* — مشحم . مدهن

— faire gras *Acl zafer* — اكل زَفِر . تزفّر

GRAS-DOUBLE s.m. *Kerchat ol kharouf* — كرشة الخروف

GRAS-FONDU s.m. *Soâl mashoub beenhézal* — سُعال مصحوب بانهزال « يصيب الخيل »

GRASSEMENT adv. généreusement *Béziadat* — بزيادة . بغزارة . بوفرة

GRASSETTE s.f. (plante) *Hachichat ol dehn* — حشيشة الدهن « نبات »

GRASSEYEMENT s.m, *Lasgh* — لثغ . لدغ . لفظ الراء كالغين

GRASSEYER v.n. *Laçagha* — لثَغ . يلثَغُ . لَدَغ

GRATIFICATION s.f. *Mocafaât* — مكافئة . انعام . عطيّة

GRATIFIER v.a. *Cafaâ* — كافأ . انعم . تفضّل على

GRATIOLE s.f., (plante) *Hachichat ol fokara* — حشيشة الفقراء « نبات »

GRATIS adv. *Madjanan* — مجانًا . بدون مقابل

GRATITUDE s.f. *Mâréfat ol djamil* — معرفة الجميل . شكر

GRATTAGE s.m. *Cacht* — كشط . كحط . حكّ

GRATTE s.f., outil d'ajusteur *Mekchat* — مقشط . راسمه (من آلات البرّادين)

GRATTE-PAPIER s.m. *Cateb ghachim* — كاتب غشيم

GRATTER v.a. *Hacca* — حكّ يحكّ . كحط . محا

GRATTOIR s.m. *Mekchat* — مقشط . محكّ

GRATUIT, ITE adj. *Madjani* — مجّاني . بدون مقابل

— qui n'a pas de fondement *Batel* — باطل . وهمي

GRATUITEMENT adv. *Madjanan* — مجانًا . تفضلًا

GRAVATIER s.m. *Arbadji chay-yal ankad* — عربجي شيّال انقاض

GRAVATIF, IVE adj., en méd. *Moskel* — مثقل (في الطب)

GRAVE adj., en phys. *Sakil* — ثقيل . باهظ (في الطبيعيات)

— qui a de la considération *Ouakour* — وقور . رزين

— dangereux *Khatèr* — خطر . مهلك

— son grave *Szout mofakham* — صوت مفخم

GRAVES s.m. pl. *Adjram* — أجرام . اثقال

GRAVÉ, ÉE p.p. de graver *Mankouche* — منقوش . محفور

GRAVELLE s.f., en méd. *Dà ol haçat* — داء الحصاة (في الطب)

GRAVEMENT adv. *Béouakar* — بوقار . برزانة

— dangereusement *Békhatar* — بخطر

GRAVER v.a. *Nakacha* — نقَش ينقُش . حفَر

— dans l'esprit *Rassakha* — رسّخ . طبع بالفكر

GRAVEUR s.m. *Nakkach* — نقّاش . حفّار

GRAVIDE adj., en anat. *Malâne, hamel* — ملآن . حامل (في التشريح)

GRAVIER s.m., en méd. *Haçat* — حصاة (في الطب)

GRAVIR v.n. *Taçallaka* تسلّق · صعد

GRAVITATION s.f., en phys. *Mayl* ميل .انجذاب (في الطبيعيات)

GRAVITÉ s.f. *Sekl* ثقل · بهاظة

— au fig. *Ouakar* وقار · هيبة · رزانة

GRAVITER v.n., en phys. *Racaza* ركز يركز · انجذب (في الطبيعيات)

GRAVOIS s.m. pl. *Dakchoum* دقشوم · ارميد مكسّر

GRAVURE s.f. *Sourat hafr* صورة حفر · صورة نقش

GRÉ s.m. *Khater* خاطر · رضى · مراد

— bon gré *Taouân* طوعاً · اختياريّاً · بالرضى

— mal gré *Raghman* رغماً · كرهاً · غصباً · قسراً

— savoir gré *Hamada* حمد يحمد · شكر

— traiter de gré à gré *Bel momaraçat* بالممارسة

GREC, ECQUE adj. et subs. *Roumi* رومي · يوناني

GRÈCE s.f. *Belad ol younan* بلاد اليونان · بلاد الروم

GREDIN, INE adj. *Radjol hakir* رجل حقير · رجل دون · عديم الاعتبار

GREDINERIE s.f. *Danaât* دناءة · حقارة

GRÉEMENT ou **GRÉMENT** s.m. t. de mar. *Adaouat ol marcab* ادوات المركب (في الملاحة)

GRÉER v.a., t. de mar. *Djahhaza-l-marcab* جهّز المركب (في الملاحة)

GREFFE s.m., t. de trib. *Kalam cottab el mahcamat* قلم كتاب المحكمة (في المحاكم)

— des arbres *Matoûm* مطعوم ج مطاعيم · طعم

— l'opération *Tatcim* تطعيم

GREFFER v.a. *Tadma* طعّم

GREFFIER s.m., t. de trib. *Cateb ol ouakayê* ou *cateb ol mahcamat* كاتب الوقائع · كاتب المحكمة (في المحاكم)

GREFFOIR s.m. *âlat ol tatcim* آلة التطعيم

GRÈGE adj., soie grège *Harir kham* حرير خام

GRÉGORIEN, IENNE adj. *Ghrighori* غريغوري

— calendrier grégorien *Al hêçab ol gharbi* الحساب الغربي

GRÊLE adj. *Dakik* دقيق · رفيع

— intestin grêle, en anat. *Amâa dekak* امعاء · دقاق

— météore aqueux *Barad* برد

GRÊLÉ, ÉE p.p. de grêler *Mankouch bel djedri* منقوش بالجدري

GRÊLER v. impers. *Sakata barad* سقط برد

— endommager par la grêle *Atlafa bel barad* أتلف بالبرد

GRELIN s.m., t. de mar., corde *Tounas* تونس · وهو حبل ضخم (في الملاحة)

GRÊLON s.m. *Baradat* بردة · حبة برد

GRELOT s.m. *Djoldjol* جلجل ج جلاجل · غرّ · وهو جرس صغير

GRELOTTER v.n. *Radjafa* رجف يرجف · ارتعد · ارتجف من البرد

GRENADE s.f. *Rommanat* رمانة · رمان

GRENADIER s.m. *Chadjarat ol romman* شجرة الرمان

— soldat *Kanabeli* قنابلي اوقنبريدي · عسكري كان يناط به في الزمان الغابر القاء القنابل على العدو

GRENADIÈRE s.f. *Djarabandiyat ol kanabeli* جربندية القنابلي

GRENAGE s.m. *Tahabbob* تحبب

GRENAILLE s.f. *Khordok* خردق · حب رفيع

GRENAT s.m. (pierre) *âkik* عقيق · حجر سيلان

— adj., couleur *ânnabi* عنّابي · لون عنابي

GRENER v.n. *Akhradja bezran* أخرج بذراً

— v.a. *Say-yara bezran* صيّر بذراً · حوّل الى بذر

GRENIER s.m. *Hacel* حاصل · شونه · هريّ

— dernier étage *Aâla tabakat el manzel* اعلى طبقة المنزل

GRENOUILLE s.f. *Dafdâ* ضفدع ج ضفادع

GRENOUILLETTE s.f. en chir. *Dâ ol dafdâ* داء الضفدع (في الجراحة)

GRENU, UE adj. *Mohabbab* محبّب

GRÈS s.m. *Hadjar balat* حجر بلاط · حجر شحذ

GRÉSIL s.m. *Barad dakik* بَرَد دقيق

— verre pilé *Zedjadj mashouk* زجاج مسحوق

GRESSERIE s.f. *Makla* : en Syrie ; *Mahdjar balat* : en Egypte مقلع او محجر بلاط يستخرج منهُ حجر البلاط

GRÈVE s.f. *Ramlat* رملة · كثيب · تلّة

— d'ouvriers *Tadssob ol fadlat* تعصُّب الفعلة · امتناع الفعلة عن الاشغال · هياج الفعلة

GREVER v.a. faire tort *Adarra* اضرَّ · غدَرَ

— au fig. charger de contributions *Farada darayeb âla* فرَضَ ضرائب على · حمَّل · ثقَّل

GRIBOUILLAGE s.m. *Kharbachat* خربشة · رسم اوخط غير متقن

GRIBOUILLER v.a. *Kharbacha* خَرْبَشَ · لم يتقن الخط او الرسم

GRIÈCHE adj. *Molem* مؤلم · مؤذٍ

GRIEF s.m. *Chacoua* شكوى · سبب الشكوى

GRIÈVEMENT adv. *Balighan djeddan* بالغًا جدًّا

GRIÈVETÉ s.f. *Djaçamat* جسامة

GRIFFE s.f. *Mikhlab* مخلب ج مخالب · ظلف

GRIFFES s.f. pl., t. de jard. *Solouc* سلوك (في الجنائن)

— empreinte imitant la signature *Khatm* ختم · امضا

* **GRIFFON** s.m. *Griffon* غريفون « جنس كلب »

— t. de pêcherie *Sennarat samac mozdaouédjat* صنّارة سمك مزدوجة (في صيد السمك)

GRIFFONNAGE s.m. *Kharbachat* خربشة · خط او رسم غير واضح

GRIFFONNER v.a. *Kharbacha* خَرْبَشَ او رسَمَ بغير اتقان

GRIGNOTER v.n. *Kadena* قضِم يقضَمُ · قرَضَ

GRIL s.m. *Moçabbâ* مصبع

GRILLADE s.f. *Lahm mostaoui âla-l-moçabbâ* لحم مستوٍ على المصبع

GRILLAGE s.m. *Kafas* قفص ج اقفاص · شعريَّة

GRILLE s.f. *Chabbac hadid* شبّاك او شعريَّة حديد

— de jardin *Darabzine hadid* درابزين حديد

— de fourneau *Baz* : en Egypte; *moçabbâ* : en Syrie باظ · مصبع الفرن

GRILLER v.a. *Chaoua âla-l-moçabbâ* شوى على المصبع · حمَّص (قمَّر)

— fermer avec une grille *Ouadaâ chêriyat* وَضعَ شعرية او حدَّد الشباك

GRILLON s.m. *Sorsor* صرصر

GRIMAÇANT, ANTE adj. *Macach-cher* مكشِّر

GRIMACE s.f. *Tacchir* تكشير

— minauderie *Ghendj* غنج · دلَع

GRIMACER v.n. *Cach-chara* كشَّر

— faire des minauderies *Ghanadja* غنج يغنجُ · تغنَّجَ · تدلَّعَ

GRIMACERIE s.f. *Taghannodj* تغنّج · تصنّع · تدلّع

GRIMACIER, IÈRE adj. *Motaghannedj* متغنّج · متصنّع · متدلّع

GRIME s.f., t. de théâtre *Tasnî ol ouadjh* تصنيع الوجه (في المراسح)

GRIMER (SE) v.r. *Sannaâ ouadjhahou* صنّعَ وجههُ » »

GRIMOIRE s.m. *Qétabat saêbat ol keraât* كتابة صعبة القراءة · شرح غير مفهوم

GRIMPER v.n. *Taçallaka* تسلّق · صعَدَ

GRIMPEURS s.m. pl., en hist. nat. *Motaçallek* متسلّق · متشبّث · طايفة الحيوانات المتسلّقة او المتشبّثة (في التاريخ الطبيعي)

GRINCEMENT s.m. *Sarir* صرير · صرير الاسنان

GRINCER v.a. et n. *Sarra bel asnan* صرَّ بالاسنان

GRINCHEUX, EUSE adj., t. popul. *Charès* شرس · معاند

GRIOTTE s.f. (plante) *Ouechnat* وَشْنة · نوع من الكرز حامض الطعم

GRIPPE s.f. *Echmézaz* اشمئزاز · كراهية · استنكاف

— maladie, en méd. *Nazlat sédriyat ouabaïyat* نزلة صدرية وبائية · شهقة (في الطب)

GRIPPÉ, ÉE p.p. de gripper en méd. *âbous* عبوس · مكرمش (في الطب)

GRIPPEMENT s.m., en méd. *ôbouçat* — عبوسة · تكرمش (في الطب)

GRIPPER v.a. *Khatefa* — خطف يخطف · نشل

GRIS, ISE adj. *Ramadi* — رمادي · سنجابي

— de cheveux *Motachay-yeb* — متشيب · اشمط

— couleur de chevaux *Azrak* — ازرق

— **rouanne** *Azrak mohammar* — ازرق محمر

— **brun** *Azrak baroudi* — ازرق بارودي

— **de fer** *Azrak hadidi* — ازرق حديدي

— ivre *Sacran* — سكران · ثمل · نشوان

GRISÂTRE adj. *Dareb éla-l-ramadi* — ضارب الى الرمادي · مائل الى السنجابي

GRISER v.a. *Ascara* — أسكر · أثمل

GRISONNEMENT s.m., de la tête *Echtéâl ol ras bel chayb* — اشتعال الراس بالشيب · شمط

GRISONNER v.n. *Chaba* — شاب يشيب · شمط · ابيض شعره

* **GRISOU** s.m. *Ghrizou* — غريزو · غاز ملتهب يوجد في مناجم الفحم الحجري

GRIVE s.f. *Somana* — سمانى · سمنة « طائر من القواطع »

GRIVOIS, OISE s.m. et f. *Horr ol tebâ* — حر الطباع · مقدام · ملحلح

GROGNARD, ARDE adj. *Motadammer caciran, nakkak* — متذمر كثيرا · نقاق

GROGNEMENT s.m., du cochon *Kobâ ol khenzir* — قباع الخنزير

GROGNER v.n. *Kabaâ* — قبع يقبع · نام · نخر

— au fig. *Tazammara* — تذمر · نق

GROGNON adj. m. et f. *Motazammer* — متذمر « نقاق »

GROIN s.m. *Fantiçat* — فنطيسة · خرطوم الخنزير

GROMMELER v.n. *Tazammara* — تذمر · هتمل

GROMMELLEMENT s.m. *Tazammor* — تذمر · هتملة

GRONDEMENT s.m. *Zamdjarat* — زمجرة · زئير

— du tonnerre *Kacif ol radd* — قصيف الرعد

GRONDER v.a. réprimander *Zadjara* — زجر يزجر · وبخ · ونب

— v.n. murmurer *Hadara* — هدر يهدر · عج · زمجر

— en parlant du tonnerre *Kaçafa-l-radd* — قصف الرعد

GRONDERIE s.f. *Taoubikh* — توبيخ · تونيب

GRONDEUR, EUSE adj. *Mohebb ol taoubikh* — محب التوبيخ

GROOM s.m. *Khadem* — خادم · سائس (غروم)

GROS, OSSE adj. *Ghaliz* — غليظ · ثخين

— **en gros** *Fil djemlat* — في الجملة · بالاجمال

— **temps**, t. de mar. *Naou* — نوء · عاصفة · فرتونة (في الملاحة)

— en poids *Derham* — درهم ج دراهم

GROSSE adj. *Hobla* — حبلى · حامل

— s.f., douze douzaines *Rezmat* — رزمة · دستة كبيرة · قدر اثني عشر دزينة (غروسة)

— contrat ou prêt à la grosse, t. de mar. *Ekrad bahri* — اقراض او استقراض بحري (في التجارة البحرية)

— **grosse de jugement** t. de procéd. *Noskhat ol hocm el moktadi-l-tanfiz bemaoudjebeha* — نسخة الحكم المقتضي التنفيذ بموجبها (في المرافعات)

GROSEILLE s.f. (plante) *Énab ol çadlab, qechmech* — عنب الثعلب · كشمش (نبات)

GROSEILLER s.m. *Chadjarat ol qechmech* — شجرة الكشمش · شجرة عنب الثعلب

GROSSESSE s.f. *Habal* — حبل · حمل

GROSSEUR s.m. *Cekhn* — ثخن · ضخامة

— en méd. *Ouaram saghir* — ورم صغير (في الطب)

GROSSIER, IÈRE adj. *Khachen* — خشن · جاف

— au fig. mal poli *Ghaliz* — غليظ · فظ

GROSSIÈREMENT adv. *Békhochounat* — بخشونة · بغلاظة · بفظاظة

GROSSIÈRETÉ s.f. *Khochounat* — خشونة · فظاظة · غلاظة

GROSSIR v.a. *Çakh-khana* — ثخن · جسم · غلظ · عظم

GROSSISSANT, ANTE adj. *Mocabber, moçakh-khen* — مكبر · مثخن · مغلظ · مجسم

GROSSISSEMENT s.m. *Tacbir, taçkhin* — تكبير · تثخين · تغليظ · تجسيم

GROTESQUE adj. *Moskher* مسخر · مضحك · غريب الشكل

GROTESQUEMENT adv. *Bénaoû modhec* بنوع مضحك · بشكل غريب

GROTTE s.f. *Magharat* مغارة · كهف ج كهوف

GROUILLEMENT s.m. *Taçalçol ol amâa* تصلصل الامعاء

— fourmillement *Tanammol* تنمّل · اي تحرّك الاشياء بعضها على بعض كحركة الدود في الجبن وما اشبه

GROUP s.m. *Sorrat* صُرّة · صَرّ

GROUPE s.m. *Djemlat* جملة · كومة

— de personnes *Djamiya* جمعيّة · جوقة

GROUPEMENT s.m. *Tacouim* تكويم · تجميع

GROUPER v.a. *Caou-ouama* كوّم · جمّع

GRUAU s.m. *Djarich* جريش · دشيشة · برغل

GRUE s.f. (oiseau) *Corqi* كُرْكي ج كراكي (طائر)

— machine *âyar* ou *ouench* عيّار · ونش · آلة لرفع الاثقال

GRUGER v.a., briser *Sahaca* سحَق يسحَقُ · معَسَ · هرَسَ · دهَسَ

— tromper *Khadaâ* خَدَعَ يَخدَعُ · غشّ · اغرّ

GRUMEAU s.m., en méd. *Djoltat* جُلطة (في الطب)

GRUMELEUX, EUSE adj., en méd. *Djalati* جَلَطي (في الطب)

* **GUANO** s.m. *Guano* جوانو وهو زبل طيور بحرية تُسبَّخ بهِ الاراضي ويوجد في سواحل بلاد البيرو من اميركا الجنوبية

GUÉ s.m. *Makh-khadat* مخاضة · معبر

GUÉABLE adj. *Momqen ol khaoud bêhi* ممكن الخوض بهِ · سهل العبور

GUENILLE s.f. *khalak* خَلَق · اسمال بالية

GUENIPE s.f., t. très-famil. *Kahabat* قحبة ج قحاب · امرأة قذرة · امرأة وخمة · شرموطة (في العامة)

GUENON s.f. *Kerdat* قردة · انثى القرد

GUÊPE s.f. *Dabbour* دبّور · زنبور ج زنابير

GUÊPIER s.m. *Ouacre dababir* وكر دبابير · وكر زنابير

GUÈRE adv. *Kalilan* قليلاً · نادرًا · في النادر

GUÉRET s.m. *Ard mahrouçat* ارض محروثة

GUÉRIDON s.m. *Mayédat* مائدة · او طاولة مدوّرة

GUÉRIR v.a. *Chafa* شفَى يشفي · أبرأ

GUÉRISON s.f. *Chefa* شفاء · برء · تعافٍ

GUÉRITE s.f. *Coukh* كوخ ج اكواخ · محرس · وهو تخشيبة صغيرة لاقامة الخفير

GUERRE s.f. *Harb.* حرب ج حروب · جهاد

GUERRIER, IÈRE adj. *Harbi* حربي · محارب · حربجي

GUET s.m. *Tarakkob* ترقُّب · ترصُّد

— troupe de surveillance *Taouf* طوف · عسس · دورية

GUET-APENS s.m. *Camin* كمين · مرصد · مكمن

GUÊTRE s.f. *Tomak*: en Syrie; *Dozloc*: en Egypte طماق · دزلك · وهو غطاء الساق والحذاء

GUETTER v.a. *Tarakkaba* ترقّب · ترصّد · تربّص · كمَن

GUEULARD, ARDE s.m. et f. *Say-yah* صيّاح · جهوريّ الصوت

— s.m., t. de métallurgie *Fouhat ol masbac* فوهة المسبك (في المعادن)

GUEULE s.f. *Halk* حَلْق · فم ج افواه · حنك

— ouverture *Fouhat* فوهة · فتحة · منفذ

GUEULER v.n. *Sarakha* صرخ يصرُخ · زعَق · صاح

GUEUSE s.f. *Zahrat hadid kham* زهرة حديد خام

GUEUX, EUSE adj. *Sölouc* صُعلوك ج صعاليك · شحّاذ · متسوّل

GUI s.m. *Meksas* مقساس · شجر الدبق

GUICHET s.m. *Khaou-khat ol bab* خوخة الباب · شبّاك توزيع البوسطة

GUICHETIER s.m. *Baouab ol sedjn* بوّاب السجن

GUIDE s.m. *Dalil* دليل · مرشد · مدبّر

— s.f. pl., lanières de cuir pour guider les chevaux *Ênan* ou *sorô* عنان ج اعنة · صُرُع · دزكين الفرس

GUIDER v.a. *Dalla* دَلّ يدلُّ · هَدَى · دبَّرَ · ارشد

GUIDON s.m. *Bayrak, âlam* بيرق · عَلَم · راية · لواء

GUIGNON s.m. *Nahs* نحس · شؤم

GUILLAUME s.m., rabot *Farat nakch* فارة نقش · وهي آلة نجارية تستعمل في زخرفة النجارة الدقيقة

GUILLEMET s.m. *Hélalan* هلالان · وهو اسم علامة تدل على تكرار الكلمة السابقة

GUILLEMETER v.a. *Ouadaâ hélalan* وَضَعَ هلالين اي انهٔ كرر الكلمة السابقة بوضع الهلالين

GUILLOTINE s.f. *Monganat* منكنة او منجنة · آلة لقطع رأس المحكوم عليهم بالاعدام

— fenêtre à guillotine voir Fenêtre

GUILLOTINER v.a. *Kataâ-l-ras* قَطَعَ الرأس · ضَرَبَ العنق

GUIMAUVE s.f. (plante) *Khetmiyat* خطميّة « نبات »

GUINDAGE s.m., t. de mar. *Rafâ ol askal* رفع الاثقال (في الملاحة)

GUINDAL s.m., t. de mar. *Ouench* ونش · آلة لرفع الاثقال (في الملاحة)

GUINDÉ, ÉE adj. *Moçanaâ* مُصَنَّع

GUINDER v.a. *Rafaâ sakalan* رَفَعَ ثقلاً

— (SE) v.r. *Rafaâ nafsahou* رفع نفسهٔ · حمل ذاتهٔ

* **GUINÉE** s.f. *Guinée* جنيه · ليرة انكليزية · وهي قطعة ذهب كانت في الاصل تساوي ٢١ شلينًا وقد سُمِّيت جنيه لانها ضربة من ذهب بلاد جينيا من افريقيا

GUINGUETTE s.f. *Khammarat* خمّارة · حانة

GUIPURE s.f. *Takhrim* تخريم « دانتلا »

GUIRLANDE s.f. *Eclil zahr* اكليل زهر

GUISE s.f. *Samt, osloub* سمت · اسلوب · نمط · منوال

— en guise de... loc. adv. *âla chacl* على شكل · عوَض · بَدَل

GUITARE s.f. *Kiçarat* قيثارة · عود

GUITARISTE s.m. *Dakkak kiçarat* دقّاق قيثارة · عوّاد

GUSTATIF, IVE adj., en anat. *Zaouki* ذوقي (في التشريح)

GUSTATION s.f. *Al zayékat* الذايقة · الذوق

* **GUTTA-PERCHA** s.f. *Gutta-perca* جوتا بيركا · صمغ سوماترا

GUTTE voir Gomme

GUTTURAL, ALE adj., t. d'anat. *Halki* حلقي · حنجري (في التشريح)

* **GYMNASE** s.m. *Djémnaz* جمناز · محل لرياضة الجسم

GYMNASTIQUE adj. *Djemnazi* جمنازي · رياضي · مروض الجسم · ممرن الحركات

GYMNOBLASTE adj., en bot. *Djanine âri* جنين عاري (في النبات)

GYMNOCARPE adj., en bot. *Samar âri* ثمر عاري (في النبات)

GYNANDRIE s.f., en bot. *Eltéham ol zocour bel anas* التحام الذكور بالاناث (في النبات)

GYNÉCÉE s.m. *Khedr* خِدْر · وهو ستر يمدّ للجارية في ناحية من البيت

GYNÉCOLOGIE s.f., en méd. *Amrad ol néça* امراض النساء (في الطب)

GYNOPHORE adj., en bot. *Hamel ôdou el tanis* حامل عضو التأنيث (في النبات)

GYPSE s.m. *Djebs, djafcine* جبس · جفصين

H

H la huitième lettre de l'alphabet *Hè* — ه . الحرف الثامن من حروف الهجاء الافرنسيّة

HA! interj. *Ouay* — وَي . آه . آخ

HABILE adj. *Hazek* — حاذق . ماهر

— t. de jurisp., capable *Ahl, saheb ahliyat* — اهل . صاحب اهلية (في القضاء)

HABILEMENT adv. *Bèhezk* — بحذق . بمهارة

HABILETÉ s.f. *Hazakat* — حذاقة . مهارة

— t. de jurisp. *Ahliyat* — اهلية (صفة شرعية)

HABILITER v.a., en jurisp. *Djaâlahou ahlan* — جعلهُ اهلاً . اثبت اهليتهُ (في القضاء)

HABILLEMENT s.m. *Lebs* — لبس . كسوة

HABILLER v.a. *Caça, albaça* — كسا يكسو . ألبس . ردَّى

— **(S')** v.r. *Ectaça, labêça* — اكتسى . لَبِسَ . تردَّى

HABIT s.m. *Lebas, qèçouat* — لباس . كسوة . ثوب . رداء

HABITABLE adj. *Kabel ol sacan* — قابل السكن . ممكن السكن فيهِ

HABITACLE s.m., t. de mar. *Sandouk ol bacq* — صندوق الحك اي البوصلة (في الملاحة)

HABITANT, ANTE s.m. et f. *Saqen* — ساكن . مقيم . قاطن

HABITATION s.f. *Manzel* — منزل ج منازل . مسكن . بيت . مثوى

HABITER v.a. et n. *Sacana* — سكنَ يسكُنُ . اقام . استوطن . قطن . ثوى

HABITUDE s.f. *âdat* — عادة ج عوائد . دأب

HABITUÉ, ÉE adj. *Motâoued* — متعوِّد د . معتاد . مُؤتلف

HABITUEL, ELLE adj. *Êtiadi* — اعتيادي

HABITUELLEMENT adv. *Êtiadiyan* — اعتيادياً . على مألوف العادة

HABITUER v.a. *dou-ouada* — عَوَّدَ . مرَّنَ . ألَّفَ

— **(S')** v.a. *Taâou-ouada* — تعوَّدَ . اعتادَ . آلفَ . تمرَّنَ

HÂBLER v.n. *Hazara* — هذَرَ يهذِرُ . مخرَقَ . خرَّطَ . هذى

HÂBLERIE s.f. *Hazar* — هذر . مخرقة . خرط . هذيان

HÂBLEUR, EUSE s.m. et f. *Mehzar* — مهذار . خرّاط . مِخرق

HACHE s.f. *Farraât*: en Syrie; *Baltat*: en Egypte — فرّاعة (في سوريا) بلطة (في مصر) فاس

HACHER v.a. *Kataâ* — قَطَّعَ يقطِّعُ . فرَمَ

HACHETTE s.f. *Baltat saghirat* — بلطة صغيرة . فرّاعة

HACHIS s.m. *Lahm mafroum* — لحم مفروم

HACHOIR s.m. *Satour* — ساطور . مفرمة اللحم . مخدع

HÆMATÉINE s.f., t. de méd. *Damouine* — دموين (في الطب)

HÆMATOCRISTALLINE s.f., en anat. *Ballaourat damaouiyat* — بلُورة دمويّة (في التشريح)

HÆMOPIS s.f. *Dourat ol damme* — دورة الدم

HAGARD, ARDE adj. *Tayeh* — تائه . زائغ . وحشي

HAGIOGRAPHIE s.f. *Bahs fil achia-l- mokaddaçat* — بحث في الاشياء المقدسة

HAGIOLOGIE s.f. *Hadis fil keddicine oual achia-l-mokaddaçat* — حديث في القديسين او الاشياء المقدسة

HAIE s.f. *Siadj, zaribat* سياج · زريبة

HAILLON s.m. *Siab rassat* ثياب رثّة · خلق · اسمال بالية

HAINE s.f. *Boghd* بغض · كراهة · شناءة · حقد

HAINEUSEMENT adv. *Beboghd* ببغض · بكراهة · بحقد · بشناءة

HAINEUX, EUSE adj. *Mobghed* مبغض · حقود · شانئ

HAÏR v.a. *Abaghada* أبغضَ · كَرِهَ · حقدَ · مقت

HAIRE s.f. *Mesh chàr* مِسْح شعر (قميص شعر)

HAÏSSABLE adj. *Macrouh* مكروه · ممقوت · مستوجب البغضة

HALAGE s.m., t. de mar. *Djar ol marcab bel leban* جرّ المركب باللبان · او جرّ اللبان «اللبان حبل رفيع تُجرّ به المراكب» (في الملاحة)

— chemin de halage *Tarik ol madjarre* طريق المجر وهو على جانب الانهر او الترع لمرور النوتية الذين يجرون اللبان (في الملاحة)

HÂLE s.f. *Ouamhat* وَمحة · لفح الشمس · تصويح · سفع

HALÉ, ÉE p.p. de haler *Madjrour bel leban* مجرور باللبان · مسحوب

HÂLÉ, ÉE p.p. de hâler *Asmar ol laoun* اسمر اللون

HALEINE s.f. *Nafas* نَفَس ج انفاس

HALER v.a. *Djarra* جرّ · سحبَ

HÂLER v.a. *Sammarathou-l-chams* سمّرته الشمس · احرقته · صوّحت لونه · سفعته

HALETANT, ANTE adj. *Labes* لاهث · ناهج

HALETER v.n. *Labaça* لهثَ يلهثُ · تتابع نفسهُ · نهج

HALEUR s.m. *Djarrar ol leban* جرّار اللبان · نوتي يجر اللبان

HALLE s.f. *Souk* سُوق

HALLEBARDE s.f. *Mezrak* مزراق · رمح · حربة

HALLUCINATION s.f., en méd. *Takhrif* تخريف · خرافة (في الطب)

HALLUCINÉ, ÉE s.m. et f., en méd. *Kharèf* خَرِف · فاقد الرشد · فاسد العقل (في الطب)

HALLUCINER v.a., t. de méd. *Kharèfa* خَرِفَ يخرَفُ · فقدَ رشدهُ (في الطب)

HALO s.m., t. d'astr. *Halat* هالة ج هالات · دائرة (في الفلك)

HALOIR s.m. *Mahal tanchif el cattan* محل تنشيف الكتان

HALOTECHNIE s.f., t. de chim. *Mabhas fi tarqib el amlah* مبحث في تركيب الاملاح (في الكيميا)

HALTE s.f. *Mahattat* محطّة · موقف

HALTE-LÀ ! interj. *Kef* قِفْ

HALURGIE s.f., t. de chim. *Fan esténâ ol amlah* فن اصطناع الاملاح (في الكيمياء)

HAMAC s.m. *Ordjouhat* أُرجوحة ج اراجيح · مرجوحة فراش معلّق

HAMEAU s.m. *Mazraât, èzbat* مزرعة ج مزارع · عِزبة · كَفر

HAMEÇON s.m. *Sennarat* صنّارة

HAMPE s.f. *ôud ol romh* عود الرمح · زانة البيرق

HANCHE s.f., en anat. *Ouarq* وَرك ج اوراك · ردف · قسم الحرقفة (في التشريح)

HANGAR s.m. *Sakifat* سقيفة · دروند خشب

HANNETON s.m. *Khonfaça* خُنفَساء · جُعَل

HANTER v.a. *âchara* عاشَرَ · آلفَ · خالَطَ

HAPPE s.f. *Djelbat* جِلبَة · وهو طوق من حديد يوضع في راسي دنكل العربات ليمنع احتكاك العجلات

HAPPER v.a. *Khatefa* خَطِفَ «لقفَ»

HAQUENÉE s.f. *Rahouanat* رهونة · خَبَب

HARANGUE s.f. *Khotbat* خطبة ج خطب · عِظَة

HARANGUER v.a. *Khataba* خاطَبَ · خطَبَ · وعظ

HARAS s.m. *Estable* اسطبل · زريبة · محل توليد وتربية الخيول

HARASSER v.a. *Atâba* أتعَبَ · اعيا · اضنك

HARCELER v.a. *Harraca* حرّكَ · حثّ · حرّضَ

HARDES s.f. pl. *Amtéât* امتعة · ملبوسات · حوائج

HARDI, IE adj. *Djaçour* — جسور · وقح · مقدام · جرئ

HARDIESSE s.f. *Djaçarat* — جسارة · وقاحة · إقدام · جراءة

HARDIMENT adv. *Bédjaçarat* — بجسارة · بوقاحة · باقدام · بجراءة

HAREM s.m. *Haram* — حرم · حريم · خدر

HARENG s.m. *Samac momallah oua modakh-khan* — سمك مملح ومدخّن (هارنك)

HARGNEUX, EUSE adj. *âbous* — عَبوس · كالح · قطوب الثغر

HARICOT s.m. *Loubia* — لوبياء « فاصوليا »

HARIDELLE s.f. *Kadich* — كديش ج كدش

HARMONIE s.f. *Mouafakat ol alhan* — موافقة الالحان · تآلف الانغام

— au fig., concorde *Elfat* — إلفة · اتحاد · اتفاق · امتزاج

HARMONIEUSEMENT adv. *Béettéfak* — باتفاق · باتحاد · بنوع مطرب

HARMONIEUX, EUSE adj. *Motreb* — مطرب · لذيذ للسمع · موافق

HARMONISTE s.m. *Alati* — آلاتي · متضلّع في فن الالحان

HARNACHEMENT s.m., action de harnacher *Talbis takem el khayl* — تلبيس طاقم الخيل

— l'équipage du cheval — طاقم الجواد

HARNACHER v.a. *Labbaça-l-hoçan* — لبّس الحصان · طقّم

HARNAIS s.m. *Takem ol hoçan* — طاقم الحصان

— par extens. *Qesouat ol âscariyat* — كسوة العسكرية

HARPAGON s.m. *Bakhil* — بخيل · لئيم · شحيح

HARPE s.f. *Kiçarat* — قيثارة

HARPIE s.f. *Marat sayéât ol tébâ* — مرأة سيئة الطباع · شرسة الاخلاق

HARPON s.m., t. de mar. *Khattaf* — خطاف · هلب (في الملاحة)

HARPONNER v.a., t. de mar. une baleine *Taâna bel khattaf* — طعن بالخطّاف · شبّك الحوت

HART s.f. *Robat* — رباط ج اربطة

HASARD s.m. *Sedfat* — صدفة · عَرَض · اتفاق

— risque *Khatar* — خَطَر

— par hasard, loc. adv. *Belsedfat* — بالصدفة · بالعَرَض · بالاتفاق

— à tout hasard, loc. adv. *Béla kasd* — بلا قصد · بلا تأمّل

HASARDER v.a. *Khatara bi* — خاطر ب · عرّض للخطر

— **(SE)** v.r. *Khatara ektahama* — خاطَرَ · اقتحمَ · خاض المهالك · تعرّض للمخاطر

HASARDEUSEMENT adv. *Bedjaçarat* — بجسارة · باقتحام · بإقدام

HASARDEUX, EUSE adj. *Mokhater* — مخاطر · جسور · مقدام · مقتحم

HASCHICHE s.m. *Hachich* — حشيش (نبات مُسكِر)

HASE s.f. *Arnabat* — ارنبة · انثى الارنب

HASTÉ, ÉE adj., en bot. *Aourak harbiyat* — اوراق حربية (في النبات)

HÂTE s.f. *âdjalat* — عجَلة · سرعة

HÂTER v.a. *Adj-jala* — عجّلَ · أسرع

— **(SE)** v.r. *Estaâdjala* — استعجل · اسرع

HÂTIF, IVE adj. *Bacourat* — باكورة · بكير · قبل اوانه

HÂTIVEMENT adv. *Kabl al aouan* — قبل الاوان « بدري »

HAUBAN s.m., t. de mar. *Habl ol sari* — حبل الصاري (في الملاحة)

HAUSSE s.f. *Ertéfâ* — ارتفاع · تصاعد · ارتفاع السعر

HAUSSE-COL s.m. *Taouk ol naoubatdji* — طوق النوبتجي · وهو الطوق الذي يلبسه الضابط في وقت النوبتجية

HAUSSER v.a. *âlla* — علّى · رفَعَ · زادَ

— v.n. devenir plus haut *Taçaâda* — تصاعَدَ · ارتفعَ · علا · ترقّى

— **(SE)** v.r. *Êtala* — إعتلى · تصاعد · ارتفع

HAUT, HAUTE adj. *âli* — عالٍ · مرتفع · شامخ · شاهق

— éminent *Sami* — سامٍ · سنيّ · منيف

HAUT s.m. *Refât* — رفعة · سموّ · علوّ

— sommet *Kommat* — قمّة ج قمم · راس · اعلى ذروة

— en haut, loc. adv. *Faouk* — فوق · الى فوق

HAUT-MAL s.m. en méd. *Dâ ol noktat* — داء النقطة · الصدع · اللبسة (في الطب)

HAUTAIN, AINE adj. *Motacabber* — متكبّر · متعظّم · متعجرف · متشامخ

HAUTAINEMENT adv. *Bêtadzzom* — بتعظّم · بكبرياء · بتعجرف · بتشامخ

HAUTBOIS s.m. *Mezmar* — مزمار ج مزامير

HAUTBOÏSTE s.m. et f. *Zammar* — زمّار

HAUT-DE-CHAUSSES s.m. *lebas* — لباس « بنطالون »

HAUTE FUTAIE s.f. *Achdjar chamèkhat* — اشجار شامخة

HAUTEMENT adv. *âlaniyatan* — علانيةً · جهاراً

— avec hauteur, orgueil *Bitachamokh* — بتشامخ · بتعجرف · بتعظم

HAUTESSE s.f. *Somou* — سمو · عظمة

HAUTEUR s.f. *ôlou* — علو · رفعة · ارتفاع

— arrogance *Tacabbor* — تكبّر · تشامخ

— accident de terrain *Talle* — تلّ ج تلال · كوم · رابية

HÂVE adj. *Mahzoul* — مهزول · مضنوك

HAVRE s.m. *Mina* — ميناء · مرسى · مأمن للمراكب · ملجأ للمراكب

HAVRE-SAC s.m. *Djorab* — جراب · كيس (جربندية)

HEAUME s.m. *Khouzat* — خوذة ج خُوَذ · بيضة · مغفر ج مغافر

HEBDOMADAIRE adj. *Osbouï* — اسبوعي

HEBERGER v.a. *Adafa* — أضاف · انزل الضيف بمنزله

— en arch. *Asnada* — اسند · وهو اسناد بناء جديد على حائط متوسط

HÉBÉTÉ, ÉE adj. *Balid* — بليد · ابله · معتوه

HÉBÉTER v.a. *Ballaha* — بلّه · بلّد · صيّر ابله · صيّر معتوهاً

HÉBRAÏQUE adj. *Ébrani* — عبراني · عِبْري

HÉBRAÏSME s.m. *El ébraniyat* — العبرانية · اليهودية · العبرية

HÉBREU s.m. et adj. *Ébrani* — عبراني · يهودي

HÉCATOMBE s.f. *Korban mayat zabihat* — قربان مائة ذبيحة · مذبحة

HECT ou **HECTO** s.m. *Mayat* — مائة

HECTIQUE adj., en méd., fièvre hectique *Homma batiât* — حمّى بطيئة (في الطب)

HECTISIE s.f., en méd. *Sakamat* — سقامة · نحافة بطيئة (في الطب)

HÉGIRE s.f. *Al hedjrat ol nabaouiyat* — الهجرة النبوية · او تاريخ الهجرة · التاريخ المحمدي

HÉLAS ! interj. *Ah! oua açafah* — آه · وا اسفاه · يا ويلاه

HÉLER v.a., t. de mar. *Nada* — نادَى (في الملاحة)

HÉLICE s.f., t. de méc. *Raffas* — رفاص (في الميكانيكيات)

— escalier en hélice *Laoulabi, sollam* — لولبي · سُلّم دائر

HÉLIOCENTRIQUE adj., en astron. *Mansoub êla marcaz el chams* — منسوب الى مركز الشمس (في الفلك)

HÉLIOGRAPHIE s.f., en astr. *Ouasf hayat el chams* — وصف هيئة الشمس (في الفلك)

— sorte de photographie *Al nakch bèouacètat achèât el chams* — النقش بواسطة اشعة الشمس

* **HÉLIOSCOPE** s.m. *Helioscope* — هليوسكوب · نظّارة لرؤية الشمس

HÉLIOTROPE s.m. (plante) *Daouar ol chams* — دوّار الشمس « نبات »

* **HÉLIX** s.m., en anat. *Élix* — ايليكس · دائرة كبرى لصدفة الاذن (في التشريح)

HELLÉBORE s.m., en bot. *Kharbak* — خَرْبَق (في النبات)

HELLÉNISME s.m. *Estelah younani* — اصطلاح يوناني · لهجة يونانية

HELLÉNISTE s.m. *âlem fil loghat el younaniyat* — عالم في اللغة اليونانية

HELMINTHAGOGUE adj. et s.m., t. de méd. *Tared lel doud* — طارد للدود (في الطب)

HELMINTHE s.m., t. de méd. *Doud bateni* — دود باطني (في الطب)

HÉLOSE s.f., en méd. *Enkélab ol djofoun* — انقلاب الجفون (في الطب)

HÉMASTATIQUE s.f. en méd. *Mouazanat ol damm* — موازنة الدم (في الطب)

HÉMATÉMÈSE s.f., en méd. *Kay damaoui* — قيء دموي (في الطب)

HÉMATIE s.f., en méd. *Corat ol damm* — كرات الدم (في الطب)

HÉMATITE s.f. *Hadjar ol damm* — حجر الدم

HÉMATOCÈLE s.f. t. de méd. *Kaylat damaouiat* — قيلة دموية (في الطب)

HÉMATOÏDE adj., t. d'anat. *Damaoui* دموي (في التشريح)

HÉMATOSE s.f. *Tacouin ol damm* تكوين الدم

HÉMATOZOAIRE s.m. *Didan ol damm* ديدان الدم

HÉMATURIE s.f., en méd. *Baoul damaoui* بول دموي (في الطب)

HÉMÉRALOPE s.m., en méd. *aâcha* أعشى · عشٍ · لا يرى بالليل ضعيف البصر في الليل

HÉMÉRALOPIE s.f. *Aldebaoual* العشاوة · عدم الرؤية بالليل عشو · اعشاء

HÉMICHORÉE s.f., en méd. *Al raks ol nesfi* الرقص النصفي (في الطب)

HÉMICRÂNIE s.f., en méd. *Al chakikat* الشقيقة · ألم الراس النصفي (في الطب)

HÉMIPLÉGIE s.f., en méd. *Faledj* فالج · شلل احدى جهتي الجسم (في الطب)

HÉMIPTÈRES s.m. pl., en hist. nat. *Nesfiyat ol djanah* نصفية الجناح (في التاريخ الطبيعي)

HÉMISPHÈRE s.m., en géogr. *Nesf ol corat* نصف الكرة (في الجغرافيا)

HÉMISTICHE s.m. *Mesrâ* مصراع ج مصارع · شطر

HÉMODIE s.f. *Tadris ol asnan* تضريس الاسنان

HÉMODYNAMOMÈTRE s.m. *Mekias kouat el damm* مقياس قوة الدم

HÉMOPHILIE s.f. *Rekkat ol damm* رقة الدم · رهافتة

HÉMOPHOBIE s.f. *Khaouf men al damm* خوف من الدم

HÉMOPHTHALMIE s.f., en méd. *Nazf âyni* نزف عيني (في الطب)

HÉMOPLASTIQUE adj. *Mocaou-ouen lel damm* مكوّن للدم

HÉMOPTYSIE s.f. *Taff ol damm* تف او بصاق الدم · نفث الدم

HÉMORRHAGIE s.f. *Nazf ol damm* نزف الدم · سيلان دم

HÉMORRHINIE s.f. *Roâf* ou *nazf enfi* رعاف · نزف انفي

HÉMORRHOÏDAL, ALE adj., en méd. *Baçouri* باسوري (في الطب)

HÉMORRHOÏDES s.f. pl., en méd. *Baouacir* بواسير (في الطب)

HÉMOSTASE s.f., en méd. *Katê* ou *ikaf ol nazif* قطع او ايقاف النزف (في الطب)

HÉMOSTATIQUE adj., en méd. *Katê lel nazf* قاطع للنزف (في الطب)

HÉMOTHORAX s.m., en méd. *Ensecab damm fil sadr* انسكاب دم في الصدر (في الطب)

HENNÉ s.m., (plante) *Henna* حِنّاء « نبات »

HENNIR v.n. *Sahala* صَهَلَ يصهَلُ · حَمحَم الجواد

HENNISSEMENT s.m. *Sahil* صهيل · حَمحَمَة

HÉPATALGIE s.f., en méd. *Alam cabédi* الم كبدي (في الطب)

HÉPATIQUE adj. *Cabédi* كبدي (في الطب)

HÉPATITE s.f., en méd. *Eltébab ol cabed* التهاب الكبد (في الطب)

HÉPATOCÈLE s.f., en méd. *Fetk cabédi* فتق كبدي (في الطب)

HÉPATOCYSTIQUE adj., en anat. *Cabédi marari* كبدي مراري (في التشريح)

HEPTAGONE adj., en géom. *Sobaï ol zaouaya* سُباعي او مسبّع الزوايا (في الهندسة)

HEPTAGYNIE s.f., en bot. *Zou sabê aâda tanis* ذو سبع اعضاء تانيث (في النبات)

HEPTANDRIE s.f., en bot. *Zou sabê aâda tazqir* ذات سبع اعضاء تذكير (في النبات)

HÉRAUT s.m. *Monadi* مُنادٍ · مبشّر

HERBAGE s.m. *Khodrat* خُضرة · بقول

HERBE s.f. *Nabat* نبات · عشب · حشيش

HERBIER s.m. *Madjmoû ad-chab yabêçat* مجموع اعشاب يابسة

HERBIÈRE s.f. *Bay-yaât ba-chayech* بياعة حشايش

HERBIVORE adj. *Accal êchb* اكال عشب · اكال حشيش

HERBORISATION s.f. *Taâchib* تعشيب · لمّ اعشاب

HERBORISER v.n. *Ach-chaba* عشّب · لمّ حشايش

HERBORISTE s.m. *âch-chab* عشّاب · بيّاع حشايش

HERCOTECTONIQUE s.f. *Fann ol tahsine* فن التحصين · فن تشييد الاستحكامات

HÈRE s.m. *Mesquine* مسكين · رجل حقير

HÉRÉDITAIRE adj. *Oueraci* وراثي · إرثي

HÉRÉDITAIREMENT adv. *Bel oueraçat* بالوراثة · بطريق الوراثة

HÉRÉDITÉ s.f., en jurisp. *Khêlafat, oueraçat* خلافة · وراثة · إرث (في القضاء)

HÉRÉSIARQUE s.m. *Mobtadê* مبتدع · منشئ هرطقة

HÉRÉSIE s.f. *Bêdâat, hartakat* بدعة · هرطقة

HÉRÉTIQUE adj. et subs. *Hartouki* هرطوقي · ملحد

HÉRISSÉ, ÉE p.p. de hérisser *Montafech* منتفش · منتبر

HÉRISSER v.a. *Nafacha* نَفَشَ ينفشُ · نبّر · نتّض

— **(SE)** v.r. *Entafacha* انتفش · انتبر · انتفض

HÉRISSON s.m. *Konfoz* قُنفُذ · كبكاب

HÉRITAGE s.m. *Miras* ميراث ج مواريث · تركة

HÉRITER v.n. *Ouareça* وَرِثَ يرِثُ · خَلَفَ

HÉRITIER, IÈRE s.m. et f. *Ouarès* وارث · وريث · خليفة

HERMAPHRODISME s.m. *Ekhnas* اخناث · اجتماع اعضاء التذكير والتانيث في شخص واحد

HERMAPHRODITE s.m. *Khonça* خنثى · مجتمعة فيه اعضاء التذكير والتانيث

HERMÉTIQUEMENT adv. *Mobcam ol sadde* محكم السدّ

HERMINE s.f. *Kakom* قاقُم · حيوان يستعمل جلدهُ للفراء

HERMITAGE, HERMITE s.m. voy. **Ermitage, Ermite**

HERNIAIRE adj., en chir. *Fetki* فتقي (في الجراحة)

HERNIE s.f., en méd. *Fetk* فتق · فُرق « قليطة » (في الطب)

HERNIEUX, EUSE adj. *Maftouk* مفتوق · مفروق

HERNIOTOMIE s.f., en chir. *Chakk ol fetk* شق الفتق · عملية الفتق (في الجراحة)

HEROÏNE s.f. *Omraât chodjaât* أمرأة شجاعة

— au fig., femme, principal personnage d'un poëme *Arouçat ol chêêr* عروسة الشعر

HÉROÏQUE adj. *Batali* بطلي · شجاعي

HÉROÏQUEMENT adv. *Bêchadjaât* بشجاعة · ببسالة

HÉROÏSME s.m. *Chadjaât* شجاعة · بسالة · شدة بأس

HÉRON s.m. *Balachone* بَلَشون « طائر »

HÉROS s.m. *Batal* بطل ج ابطال

***HERPÈS** s.m., en méd. *Harbas* هربس مرض جلدي حويصلي (في الطب)

— **phlycténoïde** en méd. *Harbas nafati* هربس نفاطي

— **labialis**, en méd. *Harbas chafaoui* هربس شفوي

— **zoster**, en méd. *Harbas mantêki* هربس منطقي

— **circinatus**, en méd. *Harbas halki* هربس حلقي

HERPÉTIQUE adj., en méd. *Harbaci* هربسي

HERPÉTISME s.m., en méd. *Façad harbaci* فساد هربسي

HERPÉTOLOGIE s.f., hist. nat. *Mabhas fil hacharat* مبحث في الحيوانات الزحّافية اي الحشرات (في التاريخ الطبيعي)

HERSAGE s.m., t. d'agric. *Tazhif* ترحيف · وهو جرّ الزحّافة على الارض المحروثة (في الزراعة)

HERSE s.f., t. d'agr. *Zahhafat* زحّافة · ملنّة وهي آلة زراعية تجر على الارض المحروثة لتنعيم ترابها (في الزراعة)

— t. d'éclairage *Maçourat tanouir* ماسورة تنوير

HERSER v.a., t.d'agr. *Zahhafa* زحّف الارض (في الزراعة)

HÉSITATION s.f. *Taouakkof* توقُّف · ارتياب · تردُّد

HÉSITER v.n. *Taouakkafa* تَوَقَّفَ · ارتابَ · تردّدَ

HÉTÉRODOXE adj. *Hartouki* هرطوقي · خارجي · ملحد

HÉTÉRODOXIE s.f. *Mokhalafat ol dine* مخالفة الدين · هرطقة · الحاد

HÉTÉROGÈNE adj. *Mokhtalef ol djens* مختلف الجنس والطبع

HÉTÉROGÉNIE s.f. *Ekhtêlaf ol djens* اختلاف الجنس

HÉTÉROMORPHE adj. *Gharib ol chacle* غريب الشكل

HÉTÉROPLASIE s.m. *Tacaoun gharib* تكوّن غريب

HÉTÉROPLASME s.m. *Taoual-lod gharib* تولّد غريب

HÉTÉROTOPHIE s.f. *Taghay-yor ol taghzìat* تغيّر التغذية

HÊTRE s.m. *Zan* زان « شجر »

HEUR s.m. *Sâd* سعد . طالع سعيد

HEURE s.f. *Saât* ساعة

— à la bonne heure *Djay-yêdan* جيدًا . نعمًا . ما اجمل

— tout à l'heure *Bâd honayhat* بعد هنيهة

HEUREUSEMENT adv. *Belçadd* بالسعد . باليمن . بالتوفيق

HEUREUX, EUSE adj. *Saïd* سعيد . مسعود . مبخوت . ميمون

— d'heureuse mémoire *Saïd ol zecr* سعيد الذكر . جنتمكان

HEURT s.m. *Sadmat* صدمة ج صدمات . لطمة

HEUTER v.a. *Latama* لطَمَ يلطِمُ . صَدَمَ

— contrarier *Dadada* ضاضَدَ . خالَفَ . نابَذَ

— (SE) v.r., du pied *âçara* عثَرَ يعثِرُ . زَلَّ

HEURTOIR s.m. *Sammaât* ou *metrakat ol bab* سمّاعة . مطرقة الباب

HEXAGONE adj. *Moçaddas ol zaouaya* مسدَّس الزوايا (في الهندسة)

HEXAGYNE adj., en bot. *Zat settat âda tanis* ذات ستة اعضاء تأنيث (في النبات)

HEXANDRE adj. *Zou settat âda tazqir* ذو ستة اعضاء تذكير (في النبات)

HIATUS s.m., lacune dans un ouvrage *Baynounat* بينونة . خَلَل

HIBERNAL, ALE adj., en hist. nat. *Chataoui* شتوي (في التاريخ الطبيعي)

HIBERNANT, ANTE adj., en zool. *Mochatti* مشتّي (في الحيوان)

HIBERNATION s.f., en zool. *Tachtiat* تشتية (في الحيوان)

HIBERNER v.n. en zool. *Sakaâ* صقَعَ يصقَعُ . خمل من برد الشتاء . وهي حالة بعض الحيوانات والحشرات في الشتاء

HIBOU s.m. *Boumat* بومة . بوم

* **HIDALGO** s.m. *Hidalgo* هيدالغو . لقب امراء الاندلس

HIDEUSEMENT adv. *Bécha-nadt* بشناعة . ببشاعة

HIDEUX, EUSE adj. *Baché* بشع . شنيع . قبيح المنظر

HIÈBLE s.f., (plante) *Bay-laçan saghir* بيلسان صغير (نبات)

HIER adv. de temps *Ams* أمس . البارح

HIÉRARCHIE s.f. *Salçalat ol marateb* سلسلة المراتب . درجة الوظايف

HIÉRARCHIQUEMENT adv. *Béhaçab el rotab* بحسب الرتب والدرجات

HIÉRATIQUE adj. *Masdjedi* مسجدي . متعلق بالكهنة

* **HIÉROGLYPHE** s.m. *Hié-roghlyphe* بروغليف . الخط المصري القديم الرمزي

HILARITÉ s.f. *Enbéçat* انبساط . انشراح . تهلّل

HILE s.m., en bot. *Sorrat ol bezrat* سرّة البذرة (في النبات)

— en anat. *Fordjat* فُرجة . فتحة (في التشريح)

HILON s.m., en chir. *Fetk ol kazhiyat* فتق القزحية (في الجراحة)

HIPPIATRIQUE s.f. *Tobb ol khayl* طب الخيل . علم امراض الخيل ومعالجتها

HIPPIQUE adj. *Mokhtas bel khayl* مختص بالخيل

HIPPOCAMPE s.m. *Hoçan ol bahr* حصان البحر

HIPPOCRATE n. pr. *Abikrat* ابقراط

HIPPOCRATISME s.m. *Maz-hab abikrate* مذهب ابقراط

HIPPODROME s.m. *Midan ol khayl* ميدان الخيل . ملعب الخيل . ميدان السبق

HIPPOPOTAME s.m. *Djamous ol bahr* جاموس البحر . عِسِنّ

HIPPURIE s.f. *Baoul ol khayl* بول الخيل

HIRONDEAU s.m. *Farkh ol sonounou* فرخ السنونو

HIRONDELLE s.f. *Sonounou* سنونو . سنونية . حجيجة (طائر)

HIRUDINÉES s.f. pl. *âlakiyat* عَلَقيّة . طائفة العَلَق

HIRUDINICULTURE s.f. *Tar-biat ol âlak* تربية العَلَق

HISSER v.a., t. de mar. *Rafaâ* رَفَعَ يرفَعُ . اعلى (في الملاحة)

HISTOGENÈSE s.f., en anat. *Tacouin ol ancédjat* تكوين الانسجة (في التشريح)

HISTOGRAPHIE s.f. *Ouasf ol ancédjat* وصف الانسجة (في التشريح)

HISTOIRE s.f. *Tarikh* تاريخ ج تواريخ · قِصّة · رواية

HISTOLOGIE ou **HISTIOLOGIE** s.f. *Élm ol ancédjat* علم الانسجة · علم الطرق التي تتبعها الطبيعة في تكوين الانسجة

HISTORIEN s.m. *Mouarrekh* مؤرّخ

HISTORIETTE s.f. *Hecayat* حكاية ج حكايات · نكتة · حدوثة · نادرة لطيفة

HISTORIOGRAPHE s.m. *Cateb ol tarikh* كاتب التاريخ

HISTORIQUE adj. *Tarikhi* تاريخي

HISTORIQUEMENT adv. *Tarikhiyan* تاريخيًا

HISTRION s.m. *Modahhek* مضحك · مقلِّد · نكتي · مهرّج

HIVER s.m. *Chéta* شتاء

HIVERNER v.n. *Chatta* شتّى · صرف فصل الشتاء

HOCHEMENT s.m. *Raâs, haz ol ras* رعس · هز الراس

HOCHER v.a., la tête *Radça, hazza raçahou* رَعَس · هزّ رأسهُ

HOCHET s.m. *Cadcat ol tasnin* كعكة التسنين · ملعبة اطفال

HOIR s.m., t. de prat. *Ouarès* وارث ج ورثة (في الفقه)

HOIRIE s.f., t. de prat. *Ers, tarcat* إرث · تركة (في الفقه)

HOLÀ ! interj. *Ya folan, yahô* يا فلان · يا هو

— mettre le holà *Ascata* أسكتَ · هدّأ · ركّن

HOLLANDE s.f. *Holanda, belad ol falamanc* هولاندا · بلاد الفلمنك

HOLOCAUSTE s.m. *Dahiyat* ضحية ج ضحايا

HOLOGRAPHE adj. testament holographe *Ouaciat moharrarat beacmaleha bekhatt el mouassi* وصيّة محرّرة باكملها بخط الموصي

HOMARD s.m. *Saratan bahri* سرطان بحري · فرنيط

HOMÉLIE s.f. *Maouâzat* موعظة ج مواعظ · خطبة

HOMÉOMORPHE adj. *Motadjanès ol chacl* متجانس الشكل

HOMÉOPATHE adj., en méd. *Motadjanès* متجانس

HOMÉOPATHIE s.f., en méd. *Tobb tadjanoci* طب تجانسي (في الطب)

HOMICIDE s.m. et f., le meurtre *Katl ol ençan* قتل الانسان

— le meurtrier *Katel* قاتل

— **volontaire** *Katl âmdan* قتل عمدًا

— **involontaire** *Katl khata* قتل خطأً

— adj., qui tue *Kattal* قتّال

HOMMAGE s.m. *Ecram* اكرام · احترام · واجبات · تحيّات

HOMME s.m. *Radjol, ençan* رَجُل ج رجال · انسان

HOMOGÈNE adj. *Motadjanès* متجانس · خالص الجوهر

HOMOGÉNÉITÉ s.f. *Tadjanos* تجانس · مجانسة

HOMOLOGUE adj. *Motachabeh* متشابه

HOMOLOGATION s.f. *Tasdik charî* تصديق شرعي او رسمي من المحكمة

HOMOLOGUER v.a. *Saddaka* صدّق · قرّر رسميًا

HOMONYME adj. *Samiy* سميّ

HOMOTYPE adj. *Motachabeh ol tarz* متشابه الطرز

HONNÊTE adj. *Ahl ârd, fadil, amine* اهل عِرْض · فضيل · امين · صالح

— bienséant *Adib* اديب · محتشم

HONNÊTEMENT adv. *Beçedk* بصدق · بامانة

— avec bienséance *Béadab* بادب · بحشمة · بلياقة

HONNÊTETÉ s.f. *Adab* أدب · حشمة · لياقة · فضل · صلاح · امانة

HONNEUR s.m. *Charaf* شرف · شئمة

— démonstration extérieure de respect *Fakhr* فخر · مجد

— point d'honneur *Nakhouat* نخوة · مروّة · شهامة

HONNEURS s.m.pl. *Al marateb* المراتب · المناصب · المعالي

HONNIR v.a. *Hakkara* حقّر · رذّل

HONORABILITÉ s.f. *Êtebar* اعتبار · اكرام

HONORABLE adj. *Mocharraf* مشرّف · مكرّم · معتبر · موقّر

HONORABLEMENT adv. *Bêêzzat, becharaf* بعزّة · بشرف · باكرام

HONORAIRE adj., titre honoraire *Moazzaf charaf* موظّف شرف · عضو غير عامل

— s.m. rétribution *Atâab* انعاب · راتب · اجرة

HONORER v.a. *Aâzza* أعزّ · اكرمَ · عظّمَ · وقّرَ

HONTE s.f. *Khadjal* خجل · حياء

— opprobre *âar, âyb* عار · عيب · خزي

HONTEUSEMENT adv. *Béâyb* بعيبٍ · بعارٍ · بخزي

HONTEUX, EUSE adj. *Mokhdjel* مخجل · مخزٍ · معيب

— qui a de la honte *Khadjel* خجل · مستحي

HÔPITAL s.m. *Mostachfa* مستشفى · اسبيتاليا

— d'aliénés *Bimarestan* بيمارستان

HOQUET s.m. *Fouak, chahkat* فواق · شهقة · حزّوقة «زغطة»

HORAIRE s.m *Aoukat moâyyanat* اوقات معينة · ساعات الدخول والخروج في محلات الشغل

HORDE s.f. *Zomrat* زمرة · قوم · جماعة · قبيلة

HORION s.m. *Latmat* لطمة ج لطمات · ضربة

HORIZON s.m. *Ofk* أفق

HORIZONTAL, ALE adj. *Ofki* أفقي

HORIZONTALEMENT adv. *Ofkiyan* افقيًا · متساويًا بالافق

HORLOGE s.f. *Saât cabirat* ساعة كبيرة · ساعة دقّاقة

HORLOGER s.m. *Saâti* ساعاتي

HORLOGERIE s.f. *Ouarchat saât* ورشة ساعات

HORMIS prép. *Ella, ma âda* إلّا · ما عدا · غير · سوى

HOROSCOPE s.m. *Talé* طالع · نجم · فال

HORREUR s.f. *Fazâ, roôb* فزع · رُعب · ارتعاش · رَجفة

— aversion *Boghdat* بغضة · كراهة · اشمئزاز

— abomination *Chanaât* شناعة · قباحة

HORRIBLE adj. *Chanî* شنيع · مكروه · فظيع

HORRIBLEMENT adv. *Béchanaât zayédat* بشناعة زايدة

HORRIPILATION s.f., en méd. *Ertéâch* ارتعاش · خوف

HORRIPILER v.a. *Arâacha* ارْعشَ · خوّفَ · ارعب

HORS prép. *Karedjan* خارجًا

— excepté *Ma âda* ما عدا · سوى · ما خلا · الّا · حاشا

— hors de cause *Ekhradj men al daâua* اخراج من الدعوى · تبرئة

HORTICOLE adj. *Djanaïni* جنائني · متعلق بالحدائق

HORTICULTURE s.f. *Fann zaraât el djanayen* فن زراعة الجنائن

HOSPICE s.m. *Taqiyat* تكية · قشلة · مأوى

HOSPITALIER, IÈRE adj. *Mekra, modif* مِقرأ · مُضيف · مِضياف

HOSPITALITÉ s.f. *Diafat* ضيافة · اكرام الضيف

HOSTIE s.f. *Berchanat* برشانة

HOSTILE adj. *âdou-oui* عَدُويّ · خُصميّ

HOSTILEMENT adv. *Béâdaouat* بعداوة · بخصومة

HOSTILITÉ s.f. *âdaouat, khoçoumat* عداوة · خصومة

HOSTILITÉS s.f. pl. *Ebtéda ol moharabat* ابتداء المحاربة · الدخول في سبيل العدوان

HÔTE, ESSE s.m. et f. d'hôtel *Saheb fondok* صاحب فندق · صاحب لوكاندة

— celui qui donne l'hospitalité *Moday-yef* مُضيّف

— celui qui reçoit l'hospitalité *Dayf* ضيف ج ضيوف · نزيل

HÔTEL s.m., auberge *Fondok, locandat* فندق · لوكندة

— maison *Dar* دار ج دور · منزل · سرايه

— **des Monnaies** *Darbkhanat* ضربخانة

— **de Ville** *Saray ol koumat* سراي الحكومة

— **Dieu** *Osbitaliat, mostachfa* اسبتالية · مستشفى · خستهخانة

HOTELIER, IÈRE s.m. et f. *Fondoki* فندقي · قيّم الفندق

HÔTELLERIE s.f. *Fondok, locandat* فنداق · لوكاندة

HOTTE s.f. *Kafas* قفص ج اقفاص · قفّة

HOUBLON s.m. *Hachichat ol dinar* حشيشة الدينار . زهر الحمل . وهذه الحشيشة تدخل في صناعة الجعة اي البيرة

HOUE s.f. *Medjrafat* مجرفة . معزقة

HOUILLE s.f. *Fahm hadjari* فحم حجري

HOUILLÈRE s.f. *Mandjam fahm* منجم فحم . محل وجود الفحم في جوف الارض

HOUILLEUR s.m. *Fahham* فحّام . فاعل يشتغل في مناجم الفحم

HOUILLEUX, EUSE adj. *Mofhem* مفحم . فيهِ فحم

HOULE s.f., t. de mar. *Tamouodj ol bahre* تموّج البحر . اضطراب الامواج

HOULETTE s.f. *Aça-l-raï* عصا الراعي

HOULEUX, EUSE adj., t. de mar. *Cacir ol amouadj* كثير الامواج

HOUPPE s.f., hist. nat. *Konbarat, chouchat* قنبرة . شوشة تبقى في راس الطائر (في التاريخ الطبيعي)

HOURDAGE s.m., t. d'arch. *Talbis ol baghdadli bel djebs* تلبيس البغدادلي بالجبس . سقيفة بالمونة (في البناء)

HOURDER v.a. *Labbaça-l-baghdadli bel djebs* لبّس البغدادلي بالجبس

HOURI s.f. *Houriyat* حورية الجنان

HOUSSE s.f. *Qis ol ouèçadat ou qis ol makhaddat* كيس الوسادة او المخدة . غطا فراش

HOUSSINE s.f. *âça lètanfid el férach* عصا لتنفيض الفراش

HOUX s.m. *Âss barri* آس برّي . شجرة شرّابة الراعي

HOYAU s.m. *Medjrafat*: en Syrie; *Fas*: en Egypte مجرفة . مرّ . فاس . معزقة

HUBLOT s.m., t. de mar. *Lambar, manouar* لمبار . منوَر . وهو في الملاحة نافذة يدخل منها النور الى اوض السفينة

HUCHE s.f. *Maâdjan* معجن ج معاجن . ماجور العجين

HUÉE s.f. *Maskharat* مسخرة . سخرية . زِئاط . تجريس

HUER v.a. *Sakhara, djarraça* سخر . جرّس . ضحك على

HUILE s.f. *Zayt* زيت

HUILER v.a. *Zay-yata* زيّت . دهَن بالزيت

HUILERIE s.f. *Maâçarat zayt* معصرة زيت

HUILEUX, EUSE adj. *Zayti* زيتي

HUILIER s.m. *Maziatat* مزيتة . قنينة يوضع بها الزيت

HUIS s.m. *Bab* باب

— **-clos** (audience) *Morafaât serriyat* مرافعة سريّة . محاكمة سريّة . جلسة سريّة

— **-ouvert** *Djalçat âlaniya* جلسة علنية

HUSSIER s.m. *Mohder* مُحضر . رسول محكمة

HUIT adj., numérique *Çamaniat* ثمانية . ثمان

HUITAINE s.f. *Çamaniat* ثمانية . مدة ثمانية ايام

HUITIÈME adj., ordinal de huit *Çamen* ثامن

— s.m. *Çomne* ثمن . جزء من ثمانية اجزاء

HUITIÈMEMENT adv. *Çamênan* ثامنًا

HUÎTRE s.f. *Maharat* محارة . حيوان بحري

— **perlière** *Maharat loulouiyat* محارة لؤلؤية . صدَفة لؤلؤ

HUMAIN, AINE adj. *Bachari* بشري . انساني

— sensible à la pitié *Zou chafakat* ذو شفقة . صاحب حنوّ

— les humains *Al nas, banou adam* الناس . بنو آدم . البشر

HUMAINEMENT adv. *Bachariyan* بشريًا . بحسب الانسانيّة

— avec bonté *Be ençaniyat* بانسانيّة . بشفقة

HUMANISER v.a. *Annaça* أنّس . أدّب

— **(S')** v.r. *Taannaça* تأنّس . تأدّب

HUMANITE s.f. *Naçoute* ناسوت . انسانية . بشريّة

— sentiment de bienveillance *Honou* حنوّ . شفقة . رأفة

HUMBLE adj. *Motaouadè* متواضع . محتشم . خاضع

HUMBLEMENT adv. *Betaouadô* بتواضع . بادب . باحتشام

HUMECTANT, ANTE adj. *Moratteb* مرطِّب . مندّ . مبلّل

HUMECTATION s.f. *Tartib* ترطيب . تندية . تبليل

HUMECTER v.a. *Rattaba* رَطَّبَ · ندّى · بلّ

HUMER v.a. *Rachafa* رَشَفَ يرشُفُ · شَنَطَ

HUMÉRAL, ALE adj., en anat. *Ádodi* عضدي (في التشريح)

HUMÉRO-CUBITAL, ALE adj. en anat. *ádodi zandi* عضُدي زندي (في التشريح)

HUMÉRUS s.m., en anat. *ázm ol ádod* عظم العَضُد (في التشريح)

HUMEUR s.f., en méd. *Khelt* خلط · ورد (في الطب)

— disposition du tempérament *Mazadj* مزاج ج امزجة · خُلُق · طَبع

HUMIDE adj. *Rateb* رَطِب · طري · ندِ · مبلول

HUMIDITÉ s.f. *Rotoubat* رطوبة نداوة · بلولة · طراوة

HUMILIANT, ANTE adj. *Mokhdjel* مخجل · معيب · فاضح · مُذِل

HUMILIATION s.f., état *Zolle* ذل · هوان · عار

— action *Ehanat* اهانة · اذلال · احتقار

HUMILIER v.a. *Azalla* اذلّ · اهانَ · احتقرَ

— (S') v.r. *Tazallala* تذلّل · تمسكن · خضَع

HUMILITÉ s.f. *Khodoû* خضوع · تواضُع · خشوع

HUMORAL, ALE adj., en méd. *Khelti* خلطي · وردي (في الطب)

HUMORISME s.m., en méd., doctrine *Mazhab ol akhlat* مذهب الاخلاط (في الطب)

HUMORISTIQUE adj., en littérature *Modhec, hazli* مضحك · هزلي · مسخن (في الفصاحة)

HUMOUR s.m. *Sorour, enbèçat* سرور · انبساط

HUMUS s.m. *Ard zaraiyat* ارض زراعية

HUNE s.f., t. de mar. *Sath fi âla-l-sari* سطح في اعلى الصاري (في الملاحة)

HUPPE s.f., oiseau *Hodhod* هُدهُد « طائر »

— touffes de plumes *Chouchat* شوشة · كُبّة الطير

HUPPÉ, ÉE adj. *Zou chouchat* ذو شوشة

— de haut parage *Mótabar* معتبر · فاخر · صاحب مقام عالٍ · اصيل

HURE s.f. *Ras hayaouan mazbouh* راس حيوان مذبوح كرأس الخنزير البرّي وغيره

HURLEMENT s.m. *Nobah* نباح · عواء · هرير (عرير)

HURLER v.n. *Nabaha* نبَحَ ينبَحُ · عَوَى · هرّ (عرّ)

HUSSARD s.m., t. milit. *Áscari souari* عسكري سواري

HUTTE s.f. *Coukh, êch-chat* كوخ ج اكواخ · عشّة · خصّ

HYACINTHE s.f. (plante) *Sonbol* سنبل · خزامة (شجرة)

— pierre précieuse *Hadjar yamani* حجر يماني · ياقوت زعفراني

HYADES s.f. pl., t. de mythol. et d'astr. *Al dabaran* الدَبَران (في الفلك والميثولوجيا)

HYALIN, INE adj. *Chaffaf* شفّاف

HYALOÏDE adj. *Djesm zedjadji* جسم زجاجي

HYBRIDE adj., en physiol. *Mouallad men djençayn* مُوَلَّد من جنسين · مخلوط من جنسين (في الفيسيولوجيا)

HYBRIDISME s.m. ou **HYBRIDITÉ** s.f., en physiol. *Taouallod men djençayn* تولُّد · اختلاط من جنسين (في الفسيولوجيا)

HYDARTHROSE s.f., en méd. *Esteska mafçali* استسقاء مفصلي (في الطب)

HYDATIDE s.f., en méd. *Qis didani* كيس ديداني (في الطب)

HYDRACIDE s.m., en chim. *Hemd idrodjini* حمض ايدروجيني او مائي (في الكيمياء)

HYDRARGYRE s.m., en chim. *Zaybak* زيبق · ماء فضي (في الكيمياء)

HYDRARGYRIE s.f., en chim. *Tafh zaybaki* طفح زيبقي

HYDRATE s.m. en chim. *Idrate* ايدرات · ما آت (في الكيميا)

HYDRAULIQUE s.f. *Élm sayr el miah oua rafêha* علم سير المياه ورفعها

— adj. qui se meut par l'eau *Motaharrec bel mà* متحرّك بالماء

— chaux hydraulique *Kels maï* كلس مائي · جير يتصلب في الماء

HYDRE s.f. *Afâ* افعى · ثعبان · افعوان

— constellation *Al chodjâ* الشجاع « نجم » (في الفلك)

HYDRÉMIE s.f., en méd. *Maïyat ol damm* مائية الدم · ميوعة الدم (في الطب)

HYDRIATRIE s.f., en méd. *Modaouat bel mà* مداواة بالماء (في الطب)

HYDROCÈLE s.f., en méd. *Kaylat maïyat* قيلة مائية . أُدرة الدوالي . ورم مائي في الكيس (في الطب)

HYDROCÉPHALIE s.f., en méd. *Esteska ol démagh* استسقاء الدماغ (في الطب)

HYDROCYSTE s.m., en méd. *Qis masli* كيس مصلي (في الطب)

HYDRO-ENTÉROCÈLE s.f., en méd. *Kaylat maïyat má fetk* قيلة مائية مع فتق (في الطب)

* **HYDROGÈNE** s.m., en chim. *Hidrogène* ايدروجين . غاز مولد الماء (في الكيمياء)

HYDROLOGIE s.f., hist. nat. *Élm ol miah* علم المياه (في الطبيعة)

HYDROMEL s.m. *Mà ol âçal* ماء العسل . شراب العسل

HYDROMÈTRE s.m. *Mekias ol cheta* مقياس الشتاء . آلة لقياس كمية الامطار التي تسقط في مكانٍ ما

— en méd., hydropisie de l'utérus *Esteska ol rahem* استسقاء الرحم (في الطب)

HYDROPATHIE s.f., en méd. *Moâladjat bel mà* معالجة بالماء " "

HYDROPÉRICARDE s.m., en méd. *Esteska al tamour* استسقاء التامور " "

HYDROPHOBE s.m. et f., en méd. *Khayef men ol mà, caleb* خائف من الماء . كَلِب (في الطب)

HYDROPHOBIE s.f., en méd. *Calab* كَلَب . خوف من الماء (في الطب)

HYDROPHTHALMIE s.f., en méd. *Esteska ol âyn* استسقاء العين (في الطب)

HYDROPHYTES s.f. pl., *Nabatat maïyat* نباتات مائية (في النبات)

HYDROPIQUE adj., en méd. *Mostaski* مستسقٍ (في الطب)

HYDROPISIE s.f., en méd. *Esteska* استسقاء . ارتشاح مائية الدم في الجسم (في الطب)

— **ascite**, en méd. *Esteska zekki* استسقاء زقي اي بطني (في الطب)

— **enkystée**, en méd. *Esteska motacayess* استسقاء متكيّس (في الطب)

HYDROPNEUMONIE s.f., en méd. *Ouzima-l-riat* اوزيما الرئة (في الطب)

HYDROPNEUMOTHORAX s.m., en méd. *Encécab maï oua haouaï fil sadr* انسكاب مائي وهوائي في الصدر (في الطب)

HYDRORHACHIS s.f., en méd. *Esteska ol nekhâ* استسقاء النخاع (في الطب)

HYDRORRHÉE s.f., en ophthalmie *Tadammô* تدمّع . تسلسل الدموع

— en méd. *Taçalçol maï* تسلسل مائي (في الطب)

HYDROSTATIQUE s.f. *Mouazanat ol saouayel* موازنة السوائل

HYDROTHÉRAPIE s.f., en méd. *Moâladjat bel mà* معالجة بالماء (في الطب)

HYDROTHORAX s.m., en méd. *Esteska ol sadr* استسقا الصدر (في الطب)

HYDROTITE s.f., en méd. *Esteska ol ezn* استسقا الاذن (في الطب)

HYÈNE s.f. *Dabê* ضبع ج ضباع

HYGIÈNE s.f. *Kanoun ol seh-hat* قانون الصحة . علم حفظ الصحة

HYGIÉNIQUE adj. *Sehhi* صحّي . متعلق بحفظ الصحة . حافظ للصحة

HYGROMA s.m., en méd. *Ouaram maï* ورم مائي (في الطب)

HYGROMÈTRE s.m. *Mekias ol rotoubat* مقياس الرطوبة

HYGROMÉTRICITÉ s.f. *Tacharrob ol rotoubat* تشرب الرطوبة

HYGROMÉTRIE s.f. *Kias aou takdir el rotoubat* قياس او تقدير الرطوبة

HYMEN et **HYMÉNÉE** s.f. *Êrs* عرس . زيجة . زفاف

— en anat. *ôzrat* عذرة . غشاء البكارة (في التشريح)

HYMÉNOLOGIE s.f. *Êlm ol aghchiat* علم الاغشية

HYMÉNOPTÈRES s.m. pl., insectes *Al ghéchaïyat ol djanahiyat* الغشائيّة الجناحيّة « طائفة من الحشرات »

HYMNE s.m. et f. *Tasbehat* تسبحة . مديح . نشيد

— **national** *Al lahn ol ouatani* اللحن الوطني

HYOÏDE adj. et s.m., en anat. *Al âzm ol lami* العظم اللامي (في التشريح)

HYPALLAGE s.f., en gramm. *Enkélab ol calam* انقلاب الكلام (في الغراماطيق)

HYPERBATE s.f., en gramm. *Takdim ol calam aou takhirohou* تقديم الكلام او تاخيره (في الغراماطيق)

HYPERBOLE s.f., fig. de rhétorique *Mobalaghat* مبالغة . تعظيم . غلو . اغراق (في الفصاحة)

— en math. *Hozlouli* هزلولي وهو احد قطع المخروط (في الرياضيات)

HYPERBOLIQUE adj. *Tâzimi* تعظيمي · مبالغ بهِ · اغراقي · غلوي

HYPERBOLISME s.m. *Casrat estêmal el mobalaghat* كثرة استعمال المبالغة

HYPERBOLIQUEMENT adv. *Bemobalaghat* بمبالغةٍ · بغلوٍ · باغراق

HYPERCRINIE s.f., en méd. *Ziadat ol efraz* زيادة الافراز (في الطب)

HYPERDULIE s.f. *Taâbbod lel âzra* تعبُّد للعذراء

HYPÉRÉMIE s.f., en méd. *Ehtekan damaoui* احتقان دموي (في الطب)

HYPÉRESTHÉSIE s.f. *Ziadat ol ehsas* زيادة الاحساس

HYPERGENÈSE s.f. *Tacaçor* تكاثُر · كثرة التوليد

HYPERPHLOGOSE s.f., en méd. *Ziadat ol eltêhab* زيادة الالتهاب (في الطب)

HYPERSÉCRÉTION s.f., en méd. *Casrat ol efraz* كثرة الافراز » »

HYPERTROPHIE s.f., en méd. *Dakhamat* ضخامة · عظم الحجم » »

HYPOCHONDRE s.m., en anat. *El morak* المراق · الجنب (في التشريح)

HYPOCHONDRIAQUE adj., en méd. *Ipokhondari, soudaoui* ايبوخونداري · سوداوي · صاحب سوداء (في الطب)

HYPOCHONDRIE s.f., en méd. *Saoudâ* ou *ipokhondariyat* الايبوخونداريةٌ · سوداء · الخلط السوداوي (في الطب)

HYPOCOPHOSE s.f. *Saôubat ol samâ* صعوبة السمع · قلّة السمع

HYPOCRISIE s.f. *Khobs* خبث · مداهنة · نفاق · مداجاة

HYPOCRITE adj. *Monafek, khabis* منافق · خبيث · ذو وجهين · مُراءٍ · مداهن · مداجٍ

HYPOCRITEMENT adv. *Benafak* بنفاق · بمداجاة · برياء · بخبث · بمداهنة

HYPODERMIQUE adj. *Taht al djeld* تحت الجلد

HYPOGASTRE s.m., en anat. *Al khaçal* الخَثَل · البطن السفلى (في التشريح)

HYPOGASTRIQUE adj., en anat. *Khaçali* خثَلي

HYPOGASTROCÈLE s.f., en méd. *Fetk khoçali* فتق خثَلي

HYPOGÉE s.m. *Khachkhachat* خشخاشة · وهو بناء كان يبنيهِ الاقدمون تحت الارض لحفظ موتاهم

HYPOGLOSSE adj., en anat. *Taht al leçan* تحتَ اللسان (في التشريح)

HYPOGYNE adj., en anat. *Asfal ol mabiad* اسفل المبيض » »

HYPOGYNIE s.f., en méd. *Endégham asfal el mabiad* اندغام اسفل المبيض (في الطب)

HYPOPHASE s.f. *Tasbil ol óyoun* تسبيل العيون

HYPOPHORE s.m., en méd. *Korhat ghayérat* قرحة غائرة (في الطب)

HYPOPHYSE s.f., en anat. *Al ghoddat ol nokhamiyat* الغدة النخامية (في التشريح)

HYPOPYON s.m., en méd. *Ensécab sadidi fil âin* انسكاب صديدي في العين (في الطب)

— en méd. *Khorradj ol korniyat* خُرّاج القرنية (في الطب)

HYPOSPADIAS s.m., en méd. *Enfêtah ol madjra êla asfal* انفتاح المجرى الى اسفل (في الطب)

HYPOSPHAGME s.m. en méd. *Eqimoz ol moltahêmat* اكيموز الملتحمة (في الطب)

HYPOSTAPHYLE s.f., en méd. *Estêtalat ol golçamat* استطالة الغلصمة (في الطب)

HYPOSTASE s.f., en théol. *Oknoum* اقنوم ج اقانيم (في اللاهوت)

— en méd. *Rocoud, roçoub* ركود · رسوب · عكار في البول (في الطب)

HYPOSTATIQUE adj., en théol. *Oknouai* اقنومي (في اللاهوت)

— en méd. *Raqed, raceb* راكد · راسب · متعكّر « عن البول » (في الطب)

HYPOSTHÉNIE s.f., en méd. *Doôf* ضعف · فقد القوّة (في الطب)

HYPOSTYLE adj., en arch. *Zou âouamid* ذو عواميد · راكز على عواميد (في البناء)

HYPOTÉNUSE s.f., en arch. *Ouatad ol zaouiat el kayêmat* وتد الزاوية القائمة (في البناء)

HYPOTHÉCAIRE adj., en jurisp. *Al mortahen* المرتهن · المرهون اليهِ العقار (في القضاء)

— **Inscription hypothécaire** *Tasdjil ol rahn* تسجيل الرهن · توقيع الرهن بصفة رسمية (في القضاء)

HYPOTHÈQUE s.f., en jurisp. *Rahn âkari* رهن عقاري (في القضاء)

HYPOTHÉQUER v.a., en jurisp. *Rahana âkaran* رَهَنَ عقارًا (في القضاء)

HYPOTHÈSE s.f., en philos. *Kias* قياس . افتراض (في الفلسفة)

HYPOTHÉTIQUE adj., en philos. *Kiaci* قياسي . افتراضي » »

HYPOTROPHIE s.f., en méd. *Kellat ol taghziat* قلة التغذية (في الطب)

HYSOPE ou **HISSOPE** s.f. (plante) *Al zaoufa* الزوفآ . حشيشة الزوفاء (في النبات)

HYSTÉRALGIE s.f., en méd. *Alam rahemi* ألم رحمي (في الطب)

HYSTÉRIE s.f., en méd. *Istiria, ekhtènak ol rahem* ايستيريا . اختناق الرحم (في الطب)

HYSTÉRITE s.f., en méd. *Eltèhab ol rahem* التهاب الرحم (في الطب)

HYSTÉRO-CATALEPSIE s.f. en méd. *Istiria takhchibiyat* ايستيريا تخشبيةً (في الطب)

HYSTÉROCÈLE s.f., en méd. *Felk rahemi* فتق رحمي » »

HYSTÉRO-ÉPILEPTIQUE adj., en méd. *Istiria sariyat* ايستيريا صرعيةً » »

HYSTÉROLOXIE s.f., en méd. *Zaygh ol rahem* زيغ الرحم » »

HYSTÉRO-MALACIE s.f., en méd. *Liu ol rahem* لين الرحم » »

HYSTÉROMANIE ou **NYMPHOMANIE** s.f., en méd. *Charahat ol necah* شراهة النكاح . شَبَقٌ (في النساء)

HYSTÉROPTOSE s.f., en méd. *Sokout ol rahem* سقوط الرحم (في الطب)

HYSTÉROTOMIE s.f., t. de chir. *Chak ol rahem* شق الرحم (في الجراحة)

I

I la neuvième lettre de l'alphabet français ي وكسرة . وهو الحرف التاسع من حروف الهجاء الفرنسوية

IATRALIPTE s.m., t. de méd. *Tabib dallac* طبيب دلاّك (في الطب)

IATRALIPTIQUE s.f., t. de méd. *Tob bel dalq* طب بالدلك

IATRION s.m. *Dar ol hakim* دار الحكيم

IBIS s.m., oiseau sacré des Egyptiens *Loklok* ou *abou kerdah* لُقلُق . ابو قردان . وهو طائر كان مقدساً عند المصريين القدماء

ICHOR s.m., en méd. *Damme sadidi* دم صديدي او مقيّح (في الطب)

ICHOREUX, EUSE adj. *Dammi sadidi* دمي صديدي (في الطب)

ICHTHYOCOLLE s.f. *Gherâ ol samac* غرآء السمك

ICHTHYOLITHE s.m. *Samac mohadj-jer* سمك محجّر . او حجر عليهِ اثار سمكة محجرة

ICHTHYOLOGIE s.f. *Èlm ol asmac* علم الاسماك

ICHTHYOPHAGE adj. *Accal samac* أكّال سمك

ICHTHYOSE s.f., en méd. *Taçammoc* تسمك . مرض جلدي يشبه ظهر السمك (في الطب)

ICI adv. de lieu *Hona* هنا . ههنا

ICI-BAS loc. adv. *Fi hazehi-l-donia* في هذه الدنيا . في هذا العالم

ICONOCLASTE s.m. *Modtahed ol aykounat* مضطهد الايقونات . مكسّر الصور

ICONOLÂTRE s.m. *Äbbad ol souar* عبّاد الصور او التماثيل

ICONOLÂTRIE s.f. *Êbadat ol souar* عبادة الصور او التماثيل

ICONOMAQUE s.m. *Moâred ébadat el souar* مُعارض عبادة الصور

ICTÈRE s.m. ou **ICTÉRICIE** s.f., en méd. *Yarakan* يرقان . اصفرار عام (في الطب)

— **grave,** en méd. *Yarakan khabis* يرقان خبيث (في الطب)

ICTÉRIQUE adj., en méd. *Yarakani* يرقاني . معةً اليرقان (في الطب)

IDÉAL, ALE adj. *Khiali* خيالي . وهمي
— s.m., assemblage abstrait des perfections *Taçaouor âkli balegh akça daradjat el ehcam oual etkan* تصوُّر عقلي بالغ اقصى درجات الإحكام والاتقان
IDÉE s.f. *Taçaouor* تصوُّر . تخيُّل ذهني
— pensée *Feqr* فكر ج افكار . وهم . هاجس
IDEM adv. *Charhohou* شرحه . شرح ما قبله
IDENTIFIER v.a. *Karana* قارَنَ . شابه . حقق بالمشابهة
— **(S')** v.r. *Ettahada bézatèhi* اتحد بذاتو
IDENTIQUE adj. *Motabek* مطابق . مشابه كل المشابهة
IDENTIQUEMENT adv. *Bémotabakat* بمطابقة . بمشابهة
IDENTITÉ s.f. *Ouehdat* وحدة . اتحاد . جهة الوحدة
— ressemblance *Mochabahat* مشابهة . مطابقة
— en jurisprudence *Tahkik ol mârefat el chakhciyat* تحقيق المعرفة الشخصية (في القضاء)
IDIO-ÉLECTRIQUE adj., en phys. *Motacahreb men nafsèhi* متكهرب من نفسو (في الفيسيولوجيا)
IDIOGYNE adj., en bot. *Mondzel adda-l-tanaçol* منعزل اعضا التناسل (في النبات)
IDIOGYNIE s.f., en bot. *Enêzal adda-l-tanaçol* انعزال اعضا التناسل (في النبات)
IDIOME s.m. *Loghat* لغة ج لغات . لسان . لهجة
IDIO-MUSCULAIRE adj., en méd. *Enkébad âdali zati* انقباض عضلي ذاتي (في الطب)
IDIOPATHIE s.f., en méd. *Marad zati* مرض ذاتي (في الطب)
IDIOSYNCRASIE s.f., en méd. *Estêdad zati* استعداد ذاتي » »
IDIOT, OTE adj. et subs. *Ablah* ابله . جاهل . مجذوب . ناقص المفهومية
IDIOTISME s.f. *Ghabaouat* غباوة . عدم المفهومية
IDOLÂTRE adj. *Abbad ol asnam* عبّاد الاصنام . وثني . صابئ
— amoureux passionné *Moghram* مغرم . هائم . مفتون . متيَّم . مولَّه
IDOLÂTRER v.n. *âbada-l-asnam* عَبَدَ الاصنام . صبأ
— aimer passionément *Taouallad bi* تولَّعَ ب . افتتَنَ ب . عَشِقَ
IDOLÂTRIE s.f. *Êbadat ol asnam* عبادة الاصنام . عبادة الاوثان
— amour passionné *Gharam* غرام . عشق . هيام . افتتان
IDOLE s.f. *Sanam* صنم ج اصنام . وثن ج اوثان
IDYLLE s.f. *Kacidat roudt* قصيدة رُعاة
IF s.m. *Charbine* شربين . نوع سرو « شجر »
IGNARE adj. *Djahel* جاهل . أُمّي
IGNÉ, ÉE adj. *Nari* ناري
IGNICOLE adj. *Abbad ol nar* عبّاد النار
IGNITION s.f., en chim. *Zaouaban nari* ذوبان ناري (في الكيميا)
IGNIVOME adj., *Cazef ol nar* قاذف النار
IGNOBLE adj. *Nazl* نذل . دنيء . لئيم
IGNOBLEMENT adv. *Bedanaât* بدناءة . برذالة . بقلّة شرف . بلئامة
IGNOMINIE s.f. *Aâr* عار . فضيحة . عيب
IGNOMINIEUSEMENT adv. *Beâr* بعار . بعيب . بفضيحة
IGNOMINIEUX, EUSE adj. *Mouarres ol adr* مورث العار . مجلب الفضيحة . معيب
IGNORAMMENT adv. *Bedjahl* بجهل . بغباوة . بعدم معرفة
IGNORANCE s.f. *Djahl* جهل . غباوة . عدم معرفة
IGNORANT, ANTE adj. *Djahel* جاهل . غبي . مغفَّل . أُمّي
IGNORER v.a. *Djahala* جَهِلَ يجهَلُ . غفِلَ
IL pron. masc. sing. **ILS** pl. *Houa ; pl. hom* هو ج هم
ÎLE s.f. *Djazirat* جزيرة ج جزائر
ILÉITE s.f., en méd. *Eltèhab ol lafayef* التهاب اللفايف (في الطب)
ILÉON ou **ILÉUM** s.m., en anat. *Al lafayef* اللفايف . الجزء الثالث من المعاء الدقيق (في التشريح)
ILES s.m. pl., en anat. *Al radfayn* الردفين . قسمي الحرقفتين (في الطب)

ILÉUS s.m., en méd. *Eltéoua ol lafayef* التواء اللنايف (في الطب)

ILIAQUE adj., en anat. *Horkofi* حرقفي (في التشريح)

ILION ou **ILIUM** s.m., en anat. *dzm el harkafat* عظم الحرقفة

ILLÉGAL, ALE adj. *Ghayr chari* غير شرعي · مغاير للقانون

ILLÉGALEMENT adv. *Bemokhalafat el charê* بمخالفة الشرع

ILLÉGALITÉ s.f. *Moukhalafat ol kanoun* مخالفة القانون

ILLÉGITIME adj. *Ghayr chari* غير شرعي

— injuste *Moghayer ol âdalat* مغاير العدالة

ILLÉGITIMEMENT adv. *Béghayr sefat chariyat* بغير صفة شرعيّة · بتعدٍّ · بظلم

ILLÉGITIMITÉ s.f. *Sefat ghayr chariyat* صفة غير شرعيّة · تعدٍّ

ILLETTRÉ, ÉE adj. *Ommi, âri ân el êlm* أمّي · عارٍ عن العلم · لا يقرى ولا يكتب

ILLICITE adj. *Moharram* محرّم · غير جائز · ممنوع · منكر

ILLICITEMENT adv. *Benaoû moharram* بنوع محرّم · بنوع غير جائز

ILLIMITÉ, ÉE adj. *Ghayr mahdoud* غير محدود · مطلق

ILLISIBLE adj. *Ghayr makri* غير مقروء · غير مقري · لا يقرأ

ILLISIBLEMENT adv. *Bénaoû ghayr makri* بنوع غير مقري

ILLUMINANT, ANTE adj. *Mounir* منير · مضيء · لامع

ILLUMINATION s.f. *Tanouir* تنوير · ايقاد · زينة

— au fig., en terme de dévotion *Elham, ouahi* الهام · وحي · القاء رباني · استنارة

ILLUMINÉ, ÉE p.p. d'alluminer *Monaou-ouar* منوّر · مضيء

ILLUMINER v.a. *Naou-ouara* نوّر · اضاء

— au fig., éclairer l'esprit *Alhama* ألهمَ · اوحى

ILLUSION s.f. *Ghorour* غرور · وهم

ILLUSIONNER v.a. *Agharra* أغرّ · اوهم

— (S') v.r. *Eghtarra* إغترّ · توهّمَ

ILLUSOIRE adj. *Gharrar* غرّار · وهمي · خادع

ILLUSOIREMENT adv. *Bicéfat ouahmiyat* بصفة وهمية · بخداع · بغرور

ILLUSTRATION s.f. *Chehrat* شهرة · شرف

— d'ouvrage *Roçoum* رسوم

ILLUSTRE adj. *Chahir* شهير · شريف

ILLUSTRER v.a. *Ach-hara* أشهرَ · شرّفَ · مجّدَ

ILLUSTRISSIME adj. *Zou charaf oua chan* ذو شرف وشأن · كلي السمو والرفعة

ÎLOT s.m. *Djazirat saghirat* جزيرة صغيرة

IMAGE s.f. *Sourat* صورة ج صُوَر

IMAGERIE s.f. *Mahal estênâ ol souar* محل اصطناع الصور او مبيعها

IMAGINABLE adj. *Motçaouer, kabel ol taçouor* متصوّر · قابل التصوّر · مستحضر في العقل

IMAGINAIRE adj. *Ouahmi* وهمي · تخيّلي · افتراضي

IMAGINATIF, IVE adj. *Alkouat ol mokhay-yélat* القوّة المخيّلة

IMAGINATION s.f. *Ouahm* وهم ج اوهام · ظن · تصوّر · تخيّل

IMAGINER v.a. *Khay-yéla* تخيّلَ · تصوّرَ · توهّمَ

— inventer *Ebtadaâ* ابتدع · اخترع

— (S') v.r. *Takhay-yala* تخيّلَ · تصوّرَ · توهّمَ

IMAN s.m. *Emam* إمام ج أئمّة

IMBÉCILE adj. *Ablah* ابله · سخيف العقل

IMBÉCILITÉ s.f. *Balahat* بلاهة · سخافة العقل

IMBERBE adj. *Amrad* امرد · اجرد · اجرودي · عديم الشعر · احلط

— en bot. *Amlas* املس · عديم الزغب (في النبات)

IMBIBER v.a. *Balla* بلّ يبلّ · نقعَ · شرّبَ

— (S') v.r. *Enballa* انبلّ · انتقعَ · تشرّب

IMBIBITION s.f. *Entêkâ* انتقاع · تشرّب · ابتلال

IMBOIRE v.a. *Charraba* شرّبَ · بلّ

IMBRICATION s.f., en hist. nat. *Taracob* تراكُب (في التاريخ الطبيعي)

IMBRIFUGE adj. *Ouaki men ol matar* واقٍ من المطر

IMBRIQUÉ, ÉE adj., en hist. nat. *Motaraqeb* متراكب . كاوراق بعض الشجر وفلس الاسماك وريش الطيور (في التاريخ الطبيعي)

IMBROGLIO s.m. *Balbalat* بَلْبَلة . لخبطة

IMBU, UE p.p. d'imboire *Malan* ملآن . متشرّب

IMITABLE adj. *Kabel ol ektédà behi* قابل الاقتداء بهِ . قابل التقليد

IMITATEUR, TRICE adj. et s.m. et f. *Mokalled* مُقلِّد . مقتدٍ بهِ

IMITATIF, IVE adj *Taklidi* تقليدي . اقتدائي

IMITATION s.m. *Taklid* تقليد . اقتداء

IMITER v.a. *Kallada, ektada* قَلَّدَ . اِقتدى . اقتفى اثر

IMMACULÉ, ÉE adj. *Ghayr modannas* غير مدنَّس . بلا عيب

IMMANGEABLE adj. *La youcal* لا يؤكل

IMMANQUABLE adj. *La bodde menhou* لا بد منهُ . لازم . واجب

IMMANQUABLEMENT adv. *Darouratan* ضرورةً . بطريق اللزوم

IMMARCESCIBLE adj. *Ghayr kabel ol zoboul* غير قابل الذبول . لا يذوى

IMMATÉRIALITÉ s.f. *Tadjarrod ân el maddat* تجرُّد عن المادة

IMMATÉRIEL, ELLE adj. *Modjarrad ân el maddat* مجرَّد عن المادة . غير هيولي

IMMATRICULATION s.f. *Takiyd* تقييد . تسجيل

IMMATRICULER v.a. *Kay-yada* قيَّدَ . سجَّلَ

IMMÉDIAT, ATE adj. *Motaouali* متوالٍ . متلاحق . متتابع

IMMÉDIATEMENT adv. *Ala-l-taouali* على التوالي . في الحال . على الفور . حالاً

IMMÉMORIAL, ALE adj. *Sabek coll âhd* سابق كل عهد . قبل كل تاريخ

IMMENSE adj. *Ghayr mahdoud* غير محدود . غير متناهٍ . شاسع

IMMENSÉMENT adv. *Ela ma la nêhayat* الى ما لا نهاية . فوق الغاية . بغير حدّ

IMMENSITÉ s.f. *Al ettesâ ol ghayr motanahi* الاتساع الغير متناهٍ . الذي لا حد لهُ

IMMERGER v.a. *Ghattaça* غطَّسَ . غمَّرَ بالماء

IMMÉRITÉ, ÉE adj. *Ghayr mostahek* غير مستحق . غير مستاهل

IMMERSION s.f. *Taghtis* تغطيس . تغمير في الماء

IMMESURABLE adj. *Ghayr kabel el kias* غير قابل القياس . لا يقاس

IMMEUBLE adj. en jurisp. *Sabet* ثابت . لا يُنقل (في القضاء)

— s.m., propriété immobilière *Melq* ملك . عقار

IMMIGRANT, ANTE adj. *Mohadjer* مهاجر

IMMIGRATION s.f. *Mohadjarat* مهاجرة . اقامة المهاجرين

IMMIGRER v.a. *Hadjara* هَاجَرَ . رحَلَ . نزحَ

IMMINENCE s.f. *Korb hodous chay* قرب حدوث شيء . القرب من الوقوع في الخطر

IMMINENT, ENTE adj. *Karib* قريب . مزمع . مشرف

IMMISCER (S') v.r. *Tadakhala* تداخل . اندسّ في . تحشّر

IMMIXTION s.f. *Modakhalat* مداخلة . امتزاج . تحشُّر

IMMOBILE adj. *Saken* ساكن . عادم الحركة . ثابت . راسخ

IMMOBILIER, IÈRE adj. *Sabet* ثابت . ملك غير منتقل

IMMOBILISATION s.f. *Tasbit* تثبيت . اعدام الحركة

IMMOBILITÉ s.f. *âdam ol haracat, socoun* عدم الحركة . سكون . ثبات . رسوخ

IMMODÉRÉ, ÉE adj. *Zayed* زايد . متجاوز الحدود . مفرط

IMMODÉRÉMENT adv. *Bi efrat* بافراط . بتجاوز الحد

IMMODESTE adj. *Kalil ol haya* قليل الحياء . عادم الادب . سفيه . غير محتشم

IMMODESTEMENT adv. *Bela haya* بلا حياء . بلا أدب . بغير حشمة

IMMODESTIE s.f. *Kellat haya* قلة حياء . عدم احتشام . سفاهة

IMMOLATION s.f. *Zabh* ذبح . ضحية

IMMOLER v.a. *Zabaha* ذبَحَ . يذبَحُ . ضحَّى

— (S') v.r. *Dabha zatahou* ضحَّى ذاتهُ . قدَّم نفسهُ فداء

IMMONDE adj. *Nedjès* نجِس . دنِس . رَجِس

IMMONDICE s.f. *Akzar* اقذار . وسخ . قاذورات

IMMORAL, ALE adj. *Facek* فاسق . فاحش . فاسد الاخلاق . غير ادبي

IMMORALITÉ s.f. *Fesk* فسق . فساد الاخلاق . قلّة أدب

IMMORTALISER v.a. *Khallada* خلّد . ابّد . خلّد الذكر

— **(S')** v.r. *Abka zekran moabbadan* ابقى ذكرًا مؤبدًا . خلّد ذكره

IMMORTALITÉ s.f. *Kholoud* خلود . بقاء . عدم الموت . دوام

— souvenir perpétuel *Kholoud ol zeqr* خلود الذكر . تأبيد

IMMORTEL, ELLE adj. *Mouabbad* مؤبد . دائم . غير قابل الموت

— dans la postérité *Dayem ol zeqr* دائم الذكر . ابدي

IMMORTELLE s.f. (plante) *Qetlat* كتلة . دم المسيح « نبات »

IMMUABLE adj. *Sabet* ثابت . غير متغيّر

IMMUABLEMENT adv. *Biçabat* بثبات . بلا تغيّر

IMMUNITÉ s.f. *Esmat* عصمة . تنزّه

IMMUTABILITÉ s.f. *âdam ol taghay-yor* عدم التغيّر . الثبوت . عدم التقلّب

IMPAIR, AIRE adj. *Fard* فرد . مفرد . وتر

IMPALPABLE adj. *La yolmas* لا يلمس . غير قابل اللمس

— **poudre impalpable** *Naêm djeddan* ناعم جدًّا

IMPARDONNABLE adj. *La yoghfar* لا يغفر . لا يصفح عنهُ . لا يعفى

IMPARFAIT, AITE adj. *Nakès* ناقص . غير كامل . غير تام

IMPARFAITEMENT adv. *Binaks* بنقص . بغير كمال . بغير تمام

IMPARTAGEABLE adj. *La yankacem* لا ينقسم . غير قابل القسمة

IMPARTIAL, ALE adj. *Khali-l-gharad* خالي الغرض . غير محاب

IMPARTIALEMENT adv. *Men doun mohabat* من دون محاباة . بخلو غرض بغير ميل

IMPARTIALITÉ s.f. *Kholou ol gharad* خلو الغرض . عدم التعصّب . عدم المحابات

IMPASSE s.f. *Zokak ghayr nafez* زقاق غير نافذ

IMPASSIBILITÉ s.f. *âdam ol taassor* عدم التأثّر . عدم التألّم

IMPASSIBLE adj. *Ghayr moutaasser* غير متأثّر . غير متألّم

IMPASTATION s.f. *âdjn ol tahine* عجن الطحين

IMPATIEMMENT adv. *Bikalak* بقلق . بعدم تصبّر

IMPATIENCE s.f. *Kellat ol sabr* قلّة الصبر . عدم الاحتمال . جزع

IMPATIENT, ENTE adj. *Kalil ol sabr* قليل الصبر . عادم الاحتمال جزوع

IMPATIENTER v.a. *Addama-l-sabr* أعدمَ الصبر . اقلَقَ . اجزَعَ

— **(S')** v.r. *âdéma-l-sabr* عَدِمَ الصبر . عيل صبرهُ

IMPAYABLE adj. *La yoçamman* لا يثمن . غالٍ

IMPAYÉ, ÉE adj. *Lam todfâ kimatohou* لم تدفع قيمتهُ

IMPECCABILITÉ s.f. *Esmat men el khata* عصمة من الخطأ

IMPECCABLE adj. *Maçoum ân el khata* معصوم عن الخطأ

IMPÉNÉTRABILITÉ s.f. *âdam kabêliyat el nofouz* عدم قابلية النفوذ

IMPÉNÉTRABLE adj. *La yanfoz fihi* لا ينفذ فيهِ . لا يخرق

— au fig., que l'on ne peut connaître, expliquer *Ghayr modrak* غير مدرك

IMPÉNITENCE s.f. *âdam ol taoubat* عدم التوبة . الاصرار على الخطاء

IMPÉNITENT, ENTE adj. *Ghayr tayeb* غير تائب . مُصرّ على الخطاء . غير نادم

IMPÉRATIF, IVE adj. *Djazmi* جزمي . امري . جبري . حكمي

— en gramm. *Naoû ol amr* نوع الامر (في الغراماطيق)

IMPÉRATIVEMENT adv. *Djazman* جزمًا . تحكمًا . بتأمّر

IMPÉRATRICE s.f. *Soltanat* سلطانة . امبراطورة

IMPERCEPTIBILITÉ s.f. *Dekkat, âdam nazar el chay* دقّة . عدم نظر الشيء . عدم الاحساس بهِ

IMPERCEPTIBLE adj. *Ghayr manzour* غير منظور . غير مدرك . غير محسوس . دقيق

IMPERCEPTIBLEMENT adv. *Men ghayr chças* — من غير احساس · بصفة غير منظورة

IMPERDABLE adj. *Ghayr kabel ol khèçarat* — غير قابل الخسارة · لا يخسر

IMPERFECTION s.f. *âyb* — عيب · نقصان · عدم كمال

IMPERFORATION s.f., t. de méd. *Ensèdad* — انسداد (في الطب)

IMPÉRIAL, ALE adj. *Soltani* — سلطاني · قيصري · امبراطوري

IMPÉRIALE s.f. *Sath ol ârabat* — سطح العربة · اعلى المركبة

— le dessus d'un lit *Kobbat al sarir* — قبة السرير

— barbiche *Lèhiat impérialiyat* — لحية امبريالية · وهي لحية صغيرة ترخى تحت الشفة السفلى

IMPÉRIALISME s.m. *Tahazzob lel çaltanat* — تحزب للسلطنة · تعصب لحزب الامبراطورية

IMPÉRIALISTE s.m. *Motakazzeb lel embèratoriyat* — متحزب للامبراطورية · متعصب للسلطنة

IMPÉRIEUSEMENT adv. *Bètaâzzom* — بتعظم · بتجبر · بتشامخ

IMPÉRIEUX, EUSE adj. *Motaâzzem* — متعظم · متجبر · متشامخ · متحكم

IMPÉRISSABLE adj. *Ghayr fani* — غير فانٍ · خالد · باقٍ

IMPÉRITIE s.f. *Kellat mârèfat* — قلة معرفة · غباوة (غشمنة)

IMPERMÉABILITÉ s.f. *âdam kabèliyat nofouz el saouayel* — عدم قابلية نفوذ السوائل

IMPERMÉABLE adj. *Ghayr kabel nofouz el saouayel fihi* — غير قابل نفوذ السوائل فيه · عادم الانخراق · لا تنفذ منه السوائل

IMPERMUTABLE adj. *Ghayr kabel el mobadalat* — غير قابل المبادلة

IMPERTINEMMENT adv. *Beouakahat* — بوقاحة · بسفاهة · بعدم ادب

IMPERTINENCE s.f. *Ouakahat* — وقاحة · سفاهة · قلة ادب · قحة

IMPERTINENT, ENTE adj. *Ouakeh* — وقح · سفيه · قليل الادب

IMPERTURBABLE adj. *Ghayr modtareb* — غير مضطرب · غير متزعزع

IMPERTURBABLEMENT adv. *Men doun edtérab* — من دون أضطراب · بغير تزعزع

IMPÉTIGO s.m., en méd. *Koubat safra* — قوبا صفراء (في الطب)

— **figurata** en méd. *Koubat safra fil ouadjh* — قوبا صفراء في الوجه (في الطب)

— **sparsa** *Kouabà safra motafarrèkat* — قوبا صفراء متفرقة (في الطب)

— **larvalis** *Kouabà safra moghamadat* » — قوبا صفراء مغمدة »

— **granulata** *Kouabà safra hoboubiyat* » — قوبا صفراء حبوبية »

IMPÉTRATION s.f., en droit *Naoual* — نوال · حصول على

IMPÉTRER v.a. *Nala* — نال ينال : حصل على

IMPÉTUEUSEMENT adv. *Bècheddat* — بشدة · بحدة · بعزم

IMPÉTUEUX, EUSE adj. *Chadid* — شديد · مقتحم · عاصف · عزوم · محتد

IMPÉTUOSITÉ s.f. *Cheddat* — شدة · حدة · اقتحام

IMPIE adj. *Cafer* — كافر · قليل الدين

IMPIÉTÉ s.f. *Cofr* — كفر · قلة دين

IMPITOYABLE adj. *Faked ol rahmat* — فاقد الرحمة · قاسي القلب

IMPITOYABLEMENT adv. *Men doun rahmat* — من دون رحمة · من دون شفقة · بقساوة قلب

IMPLACABLE adj. *Chadid ol ghadab* — شديد الغضب · شديد الحنق

IMPLACABLEMENT adv. *Bècheddat ghadab* — بشدة غضب · بحنق شديد

IMPLICATION s.f., en jurisp. *Tohamat* — تهمة ج تهم · توجيه الشبهة (في القضاء)

IMPLICITE adj. *Natedj men* — ناتج من · داخل تحت

— en gramm. *Motadammen* — متضمن · مضمر (في الغراماطيق)

IMPLICITEMENT adv. *Fil demn, modméran* — في الضمن · مضمراً

IMPLIQUER v.a. *Adkhala fi* — أدخل في · شبك · وقع

IMPLORER v.a. *Tadarraâ, taouassala èla* — تضرع · توسل الى · استغاث · استمد

IMPOLI, IE adj. *âdim ol adab* — عديم الادب · قليل التمدن · خشن

IMPOLIMENT adv. *Bekellat adab* — بقلة ادب · بقلة تمدن · بخشونة

IMPOLITESSE s.f. *Kellat adab* قلّة ادب ٠ عدم تمدن ٠ خشونة

IMPOLITIQUE adj. *Kellat moçayarat* قلّة مسايرة ٠ قلّة سياسة

IMPONDÉRABLE adj., en phys. *La youzan* لا يوزن (في الطبيعي)

IMPOPULAIRE adj. *Ghayr mahboub men al âmmat* غير محبوب من العامة

IMPORTABLE adj., t. de douane *Djayez dokhoulahou men ol djomroc* جايز دخولهُ من الجمرك

IMPORTANCE s.f. *Ahammiyat* اهمية ٠ عظمة

IMPORTANT, ANTE adj. *Mohemme* مهمّ ٠ عظيم

IMPORTATEUR s.m. *Djallab* جلّاب ٠ تاجر يجلب البضايع من الخارج

IMPORTATION s.f. *Edjtêlab* اجتلاب ٠ ادخال البضايع

IMPORTER v.a. *Djalaba* جلَبَ ٠ يجلبُ ٠ اوردَ

— v.n., être de conséquence *Ahamma* أهمّ ٠ لزمَ

IMPORTUN, UNE adj. *Sakil* ثقيل ٠ باهظ ٠ مزعج

IMPORTUNÉMENT adv. *Bétaskil* بتثقيل ٠ بتعجيز ٠ بازعاج

IMPORTUNER v.a. *Sakkala âla* ثقّل على ٠ ازعجَ ٠ عجّز

IMPORTUNITÉ s.f. *Ezâdj* ازعاج ٠ إقلاق ٠ لجاجة

IMPOSABLE adj. *Djayez tamouilohou* جائز تمويلهُ ٠ جائز تكليفهُ بالمال ٠ مستحق فرض مال اميري عليهِ

IMPOSANT, ANTE adj. *Mouakkar* موقّر ٠ مهيب ٠ جليل ٠ عظيم

IMPOSER v.a. les impôts *Ayana-l-daribat* عيّن الضريبة ٠ كلف بالمال ٠ فرضَ

— infliger une peine *Kassa* قاصّ ٠ فرضَ ٠ كلّفَ

— en imposer *Gach-cha* غشّ يغشّ

IMPOSITION s.f. *Mal amiri* مال اميري ٠ تكليف خراج ٠ ضريبة

— **des mains** *Ouadô-l-aydi* وضع الايدي ٠ شرطونية (في اصطلاح الكنائسي)

IMPOSSIBILITÉ s.f. *Adam ol emcan* عدم الامكان ٠ مُحال ٠ استحالة

IMPOSSIBLE adj. *Ghayr momqen* غير ممكن ٠ مُحال ٠ مستحيل

IMPOSTE s.f., en arch. *Hadarat* حداره (في البناء)

— en menuis. *Chââé el bab* شعاع الباب

IMPOSTEUR s.m. *Ghach-chache* غشاش ٠ منافق ٠ كذّاب

IMPOSTURE s.f. *Ghech, nafak* غش ٠ نفاق ٠ كذب

IMPÔT s.m. *Mal miri* مال ميري ٠ خراج ٠ ضريبة ٠ جزية

IMPOTENT, ENTE adj. *Adjêz* عاجز ٠ سَقَط

IMPRATICABLE adj. *Ghayr saleq* غير سالك ٠ صعب المسالك

IMPRÉCATION s.f. *Lânat* لعنة ٠ دعاء على

IMPRÉGNER v.a. *Charraba* شرّبَ ٠ بلّ ٠ ندّى ٠ طرّى

— **(S')** v.r. *Tacharraba* تَشرّبَ ٠ انتقعَ ٠ ابتلّ

IMPRENABLE adj. *Mani* منيع ٠ ممتنع الفتح ٠ صعب المأخذ ٠ عاصٍ

IMPRESARIO s.m. *Raïs djaouk mochakhêcine* رئيس جوق مشخصين ٠ مقاول تشخيص

IMPRESCRIPTIBILITÉ s.f. *âdam ol entêçakh bêmorour el zaman* عدم الانتساخ بمرور الزمن

IMPRESCRIPTIBLE adj. *Momtanê ol ebtal bi morour el zaman* ممتنع الابطال ٠ لا ينسخ بمرور الزمن

IMPRESSION s.f. *Tacir* تاثير ٠ انفعال

— **d'un livre** *Tabê* طبع

— **de la toile** *Basmat* بصمة

IMPRESSIONNER v.a. *Assara* أثّرَ ٠ حرّكَ

IMPRÉVOYANCE s.f. *âdam ol tahazzor* عدم التحذُّر ٠ عدم التحسُّب ٠ عدم النظر بالعواقب

IMPRÉVOYANT, ANTE adj. *Motghaffel* متغفل ٠ عديم التحذُّر ٠ عديم النظر بالعواقب

IMPRÉVU, UE adj. *Ghayr mostadrac* غير مستدرك ٠ غير منتظر ٠ مفاجئ

IMPRIMÉ, ÉE p.p. d'imprimer *Matboû* — مطبوع · مبصوم

— s.m. *Estèmarat* — استمارة · ورقة مطبوعة

IMPRIMER v.a. *Tabaâ* — طَبَعَ يطبَعُ · بَصَمَ

IMPRIMERIE s.f., l'art. *Fan ol tabê* — فن الطبع

— établissement *Matbaât* — مطبعة · محل طبع

IMPRIMEUR s.m. *Tabbâ* — طبّاع · صاحب مطبعة

IMPROBABLE adj. *Ghayr mohtamal* — غير مُحتمل

IMPROBATEUR, TRICE adj. et subs. *Layem* — لائم · عاذل

IMPROBATION s.f. *Malamat* — ملامة · استقباح · عدم استحسان · استهجان

IMPROBITÉ s.f. *Kellat omn* — قلة امن · عدم استقامة

IMPRODUCTIF, IVE adj. *âker* — عاقر · عقيم

IMPROMPTU s.m. *ôdjalat* — عُجالة · كتابة على عجلة

IMPROPRE adj. *Ghayr monaceb* — غير مناسب · غير نافع

IMPROPREMENT adv. *Bêla monaçabat* — بلا مناسبة · خارج عن الاصول

IMPROUVER v.a. *Zamma* — ذَمَّ يذُمُّ · استقبحَ · لاَمَ

IMPROVISATEUR, TRICE s.m. et f. *Mortadjel* — مرتجل · مبتده · متكلم بغير استعداد

IMPROVISATION s.f. *Ertêdjal* — ارتجال · ابتداه · تكلُّم فورًا بدون استعداد

IMPROVISER v.a. *Ertadjala* — إرْتَجَلَ · ابْتَدَهَ · تكلَّمَ بدون استعداد

IMPROVISTE (À L') loc.adv. *Baghtatan* — بغتةً · على غفلةٍ · فجأةً

IMPRUDEMMENT adv. *Men doun taâkkol* — من دون تعقل · من دون فطنة · بتغفُّلٍ

IMPRUDENCE s.f. *âdam ol heqmat* — عدم الحكمة · قلّة الفطنة · تغفُّل

IMPRUDENT, ENTE adj. *Kalil ol heqmat* — قليل الحكمة · فاقد الهداية · غير ناظر في العواقب

IMPUBÈRE adj. *Ghayr balegh* — غير بالغ · حديث ج احداث

IMPUBERTÉ s.f. *âdam ol bolough* — عدم البلوغ · عدم الوصول الى سن الاحتلام

IMPUDEMMENT adv. *Beouakahat* — بوقاحةٍ · بسفاهةٍ · بدون حياء

IMPUDENCE s.f. *Ouakahat* — وقاحة · سفاهة · قلّة حياء

IMPUDENT, ENTE adj. *Ouakeh* — وقح · سفيه · قليل الحياء · صفق الوجه

IMPUDEUR s.f. *Khalaât* — خلاعة · عهارة

IMPUDICITÉ s.f. *Façad* — فساد · فِسق · عهارة · فحش فجور

IMPUDIQUE adj. *Fahech* — فاحش · خالع · فاسق · فاجر عاهر

IMPUDIQUEMENT adv. *Befaheh* — بفحش · بعهارة · بفسق · بفجور

IMPUISSANCE s.f. *âdjz* — عجز · قصر · انحلال · ارتخاء

IMPUISSANT, ANTE adj. *âdjez* — عاجز · محاول · مرتخي العصب

IMPULSIF, IVE adj. *Dafê* — دافع · باعث · محرِّض

IMPULSION s.f. *Dafê* — دَفع · طَرْد · قَذْف

— au fig., action de pousser quelq'un à faire quelque chose *Hass* — حثّ · تحريض · تحريك

IMPUNÉMENT adv. *Bêdoun êkab* — بدون عقاب · بلا قصاص

IMPUNI, IE adj. *Ghayr mouâkab* — غير معاقب · غير مقاصص

IUPUNITÉ s.f. *âdam ôl moâkabat* — عدم المعاقبة · عدم القصاص تساهل

IMPUR, URE adj. *Nadjès* — نجس · كَدِر · غير صافٍ

— impudique *Danès* — دنس · فاسق

IMPURETÉ s.f. *Nadjaçat* — نجاسة · وخامة · فساد · فحش فسق

IMPUTABLE adj. *Youhçab âla* — يحسب على · محسوب من اصل · ينسب الى

IMPUTATION s.f., en comptabilité et jurisp. *Ehteçab êla* — احتساب الى · خصم الى · تسديد (في القضاء والحسابات)

IMPUTATION s.f., action d'imputer à quelqu' un quelque chose *Tohamat* تهمة · سعاية · وشاية

IMPUTER v.a., en fin. et en jurisp. *Haçaba âla* حَسَبَ الى · خصَمَ الى (في المالي والقضائي)

IMPUTRESCIBLE adj. *Ghayr kabel el taâffon* غير قابل التعفّن · غير قابل الفساد

INABORDABLE adj. *Hacine* · حصين · منيع · لا يوصل اليو · صعب المأخذ

INABRITÉ, ÉE adj. *Ghayr mouka* غير موقّى · بغير مأوى

INACCEPTABLE adj. *Ghayr makboul* غير مقبول

INACCESSIBLE adj. *Manî* منيع · صعب المنال

INACCOMMODABLE adj. *Gayr kabel el solh* غير قابل الصلح

INACCORDABLE adj. *La yomnah* لا يمنح · لا يعطى · لايسمح بو · غير قابل المنح

INACCOSTABLE adj. *La yomken ol takarob menhou* لا يمكن التقارب منهُ · لا يمكن الدنو اليو

INACCOUTUMÉ, ÉE adj. *Ghayr mêtad* غير معتاد · غير مألوف

INACHEVÉ, ÉE adj. *Ghayr mostaoufi* غير مستوفٍ · غير مستكمل

INACTIF, IVE adj. *Battal ol achghal* بطال الاشغال · قليل المرؤة · بطيء الحركة

INACTION s.f. *Bètalat* بطالة · سكون الحركة

INACTIVITÉ s.f. *Betalat fil âmal* بطالة في العمل · تكاسل · عدَم النشاط

INADMISSIBLE adj. *Momtanê ol koboul* ممتنع القبول · منكر · غير مسلَّم بو · غير مقبول

INADVERTANCE s.f. *Sahou* سهو · عدم انتباه

INALIÉNABLE adj. *La yobâ ouala yorhan* لا يباع ولا برهن

INALLIABLE adj. *La yamtazedj* لا يمترج · لا يختلط

INALTÉRABLE adj. *Sabet* ثابت · غير متغير · غير قابل الفساد

INAMOVIBILITÉ s.f. *âdam ol âzl* عدم العزل · عدم قابلية العزل

INAMOVIBLE adj. *Sabet* ثابت · لا يعزل · غير قابل العزل

INANIMÉ, ÉE adj. *Bela rouh* بلا روح · بلا نَفَس

INANITION s.f. *Khaouar* خَوَر · سقوط القوة بسبب الجوع

INAPERCEVABLE adj. *La yolmah* لا يلمح · غير ممكن نظرهُ · غير قابل لحظة

INAPERÇU, UE adj. *Khafi ân el nazar* خفي عن النظر · غير منظور · غير ملحوظ

INAPPÉTENCE s.f., en méd. *Fakd ol chahiyat* فقد الشهية · فقد القابلية (في الطب)

INAPPLICABLE adj., en jurisp. *La yantabek âla* لا ينطبق على · لا يمكن تطبيقهُ على

INAPPLICATION s.f., en jurisp. *Âdam ol entébak* عدم الانطباق · عدم التطبيق

— manque de soin *Tahaouon* تهاون · عدم اعتناء · عدم اجتهاد

INAPPLIQUÉ, ÉE adj. *Motahaouen* متهاون · قليل الاقدام · متقاعس · غير مجتهد

INAPPRÉCIABLE adj. *La yoçamman* لا يثمن · لا يقوّم · لا نعرف لهُ قيمة

INAPTITUDE s.f. *âdam ol estêdad* عدم الاستعداد · عدم المعرفة

INARTICULÉ, ÉE adj., en parlant du son *Ghayr mofassar* غير مفسَّر · غير مميَّز · غير ملفوظ

— en hist. nat. *Ghayr mafçali* غير مفصلي (في التاريخ الطبيعي)

INASSERMENTÉ, ÉE adj. *Ghayr halef el yamin* غير حالف اليمين

INATTAQUABLE adj. *Mani* منيع · حصين · لا ينال

INATTENDU, UE adj. *Ghayr montazar* غير منتظر · غير متوقَّع حدوثهُ

INATTENTIF, IVE adj. *Ghayr montabeh* غير منتبه · متهامل

INATTENTION s.f. *Kellat entébah* قِلَّة انتباه · شتات عقل

INAUGURAL, ALE adj. *Eftétahi, tadchini* افتتاحي · تدشيني

INAUGURATION s.f. *Eftétah, tadchine* افتتاح · تدشين

INAUGURER v.a. *Eftataha, dach-chana* افتتح · دشّن

INAVOUABLE adj. *Moncar* مُنكَر · لا يمكن الاقرار به

INCALCULABLE adj. *La yohsa* لا يحصى · غير معدود

INCANDESCENCE s.f. *Al nar ol bayda* النار البيضآء · بلوغ الحرارة الى درجة البياض

— au fig., violente excitation *Hayadjan chadid* هيجان شديد · انقاد · اضطرام

INCANDESCENT, ENTE adj. *Abiad men cheddat el hararat* ابيض من شدة الحرارة

— au fig., emporté, très-excitable *Hayedj* هائج · متقد · مضطرم

INCANTATION s.f. *Tâzim* تعزيم · استعمال الكلمات السحرية للمداواة

INCAPABLE adj. *Ghayr kader* غير قادر · عاجز

— en jurisp., qui est privé par la loi de certains droits *Ghayr ahel* غير اهل · عديم الاهلية (في القضاء)

INCAPACITÉ s.f. *âdam kodrat* عدم قدرة · عدم كفاءة

— en jurisp. *âdam ahliyat* عدم اهلية (في القضاء)

INCARCÉRATION s.f *Habs* حَبْس · سَجْن

— en chir., syn. d'étranglement *Ekhtenak* اختناق (في الجراحة)

INCARCÉRÉ, ÉE adj. (hernie) en chir. *Fetk mokhtanek* فتق مختنق (في الجراحة)

— p.p. d'incarcérer, *Masdjoun* مسجون · محبوس

INCARCÉRER v.a., *Sadjana* سَجَنَ · سَجِنَ · حَبَسَ

INCARNAT, ATE adj. *Ouardi ol laoun* وردي اللون · لحمي اللون

INCARNATION s.f. *Tadjassod* تجسُّد · تأنُّس

— en chir. *Talah-hom* تلحُّم · تكوُّن لحم (في الجراحة)

INCARNÉ, ÉE p.p. d'incarner *Motadjassed* متجسِّد · متأنِّس

INCARTADE s.f. *Chatimat* شتيمة · جنون

INCENDIAIRE adj. *Mohrek* محرق · مشعل · مضرم

— s.m. et f. au fig., qui allume le feu de la sédition *Mohayedj* مهيِّج · محرِّك · مثير · منتن

INCENDIE s.m. *Harikat* حريقة

INCENDIER v.a. *Ahraka* احرق · أشعَلَ · اضرَمَ

INCERTAIN, AINE adj. *Taht al chaq* تحت الشك · مرتاب · غير محقّق

— irrésolu *Motahay-yer* متحيِّر · متردِّد

INCERTITUDE s.f. *Ertiab, chaq* ارتياب · شكّ

— irrésolution *Tahay-yor, taraddod* تحيُّر · تردُّد · عدم ثبات

INCESSAMMENT adv. *Béla enkétâ* بلا انقطاع · على الدوام · بتواتُر

— sans retard *Halan* حالاً · بلا تاخير · على الفور · في الحال

INCESSANT, ANTE adj. *Dayem* دائم · غير منقطع

INCESSIBILITÉ s.f. *âdam emcan el tanazol ânhou* عدم امكان التنازل عنهُ

INCESSIBLE adj., en jurisp. *La yatanazal ânhou* لا يتنازل عنهُ · لا يخلى عنهُ للغير (في القضاء)

INCESTE s.m. *Modadjaât zi karabat* مضاجعة ذي قرابة · فاحشة بين اقارب

INCESTUEUSEMENT adv. *Befodjour mâ zi karabat* بفجور مع ذي قرابة

INCESTUEUX, EUSE adj. *Fâél ol fahcha mâ zi karabat* فاعل الفحشاء مع ذي قرابة

INCIDEMMENT adv. *âradiyan* عَرَضيًا · بالعَرَض

INCIDENCE s.f., en phys. *Sokout* سقوط (في الطبيعة)

INCIDENT s.m. *âred* عارض ج عوارض · حادث ج حوادث

— t. de prat. *Maçaâlat fariyat* مسئلة فرعية · معارضة (في المرافعات)

INCINÉRATION s.f. *Tatarrob* ou *tarammod* تترّب · ترمّد · تحوّل الى تراب او رماد

INCIRCONCIS, ISE adj. et subs. *Aghlaf* اغلف · اقلف · غير مطهّر

INCISÉ, ÉE p.p. d'inciser, en bot. *Modjazza* مجزّأ · مقسّم (في النبات)

INCISER v.a. *Chakka* شقّ · قدّ · شرط

INCISIF, IVE adj. *Katê* قاطع

INCISION s.f., en chir. *Chak, tachrit* شق · تشريط (في الجراحة)

INCISIVES s.f. pl. (dents) *Al kaouatê* القواطع (اسنان)

INCITATION s.f. *Tahayodj* تهييج · تحريك

— en méd. *Tanbih* تنبيه (في الطب)

INCITER v.a. *Harraca* حرّك · حرّش · حمل يحمل على · حرّض · هيّج

INCIVIL, ILE adj. *Ghayr layek* غير لائق · مغاير للاداب

INCIVILEMENT adv. *Bekhochounat* بخشونة · بتوحّش · بقلّة لطف بمغايرة الآداب

INCIVILITÉ s.f. *Khochounat* خشونة · توحّش · قلّة ادب · قلّة تمدّن

INCLÉMENCE s.f. *Kellat rahmat* قلّة رحمة · عدم شفقة

INCLINAISON s.f. *Mayl* ميل · انحراف · انعطاف

INCLINATION s.f. *Enhenâ* انحناء · ميل

— au fig. affection amitié *Enêtaf* انعطاف · هوى

INCLINÉ, ÉE p.p. d'incliner *Mayel* مائل · منحرف

INCLINER v.a. *âtafa* عطف · يعطف · مال · استعطف · حنا

— v.n. *Enharafa* انحرف · انعطف الى · حنا على

— (S') v.r. *Enhana* انحنى · انعطف · مال · جنح

INCLURE v.a. *Ehtaoua* احتوى · انطوى على · تضمّن

INCLUS, USE p.p. d'inclure *demne, tay* ضمن · طي · داخل · لف

INCLUSIVEMENT adv. *Bêma fihi* بما فيه · داخلاً · معاً · من ضمن

INCOERCIBLE adj. en phys. *La yokhar* لا يقهر · لا يغلب · لا يحبس (في الطبيعيات)

INCOGNITO adv. *Betanaccor* بتنكّر · باستخفاء

INCOHÉRENCE s.f. *âdam motabakat* عدم مطابقة · عدم مناسبة عدم ملائمة

INCOHÉRENT, ENTE adj. *Ghayr motabek* غير مطابق · غير موافق · غير مناسب · غير ملائم

INCOLORE adj. *La laoun lahou* لا لون له · عديم اللون

INCOMBUSTIBILITÉ s.f. *âdam kabêliyat el ehterak* عدم قابلية الاحتراق

INCOMBUSTIBLE adj. *La yahtarek* لا يحترق · غير قابل الاحتراق

INCOMMENSURABLE adj., en arith. et géom. *La yokas bêghayrêhi* لا يقاس بغيره · خارج عن القياس (في الحساب والهندسة)

INCOMMODANT, ANTE adj. *Moâdj-jez* معجز · مثقّل

INCOMMODE adj. *Mozêdj* مزعج · مقلق · متعب

INCOMMODÉ, ÉE p.p. d'incommoder *Monzaêdj* منزعج · تعب · متضايق

INCOMMODÉMENT adv. *Benaoâ mozêêdj* بنوع مزعج · بعدم راحة

INCOMMODER v.a. *Atâaba* أتعب · شوّش · اقلق · ثقّل على

INCOMMODITÉ s.f. gêne *Taâb* تعب · انزعاج · ثقل

— indisposition *Taouaôk* توعّك · انحراف مزاج · تشوّش

INCOMMUNICABLE adj. *Ghayr kabel el ettêçal* غير قابل الانصال

INCOMMUTABLE adj., en jurisp. *La yomqen nazôbou* لا يمكن نزعة · ملكية لا يمكن نزعها

INCOMPARABLE adj. *Farid* فريد · وحيد · بلا مثيل · بلا شبيه

INCOMPARABLEMENT adv. *Bela tachbih* بلا تشبيه · بنوع غير قابل التشبيه

INCOMPATIBILITÉ s.f. *Tanafor* تنافر · تناف · عدم امتزاج

INCOMPATIBLE adj. *Nafer* نافر · مناف · ممتنع الامتزاج

INCOMPÉTENCE s.f., en jurisp. *âdam ol ekhtéças* عدم الاختصاص (في القضاء)

— dans le langage ordinaire *âdam cafaât* عدم كفاءة · عدم اهلية

INCOMPÉTENT, ENTE adj., en jurisp. *âdim ol ekhtéças* عديم الاختصاص (في القضاء)

— dans le langage ordinaire *Ghayr cafou* غير كفوء · غير أهل

INCOMPLET, ÈTE adj. *Nakés* ناقص · غير كامل · غير تام

INCOMPLEXE adj., en gramm. *Bacit* بسيط · غير مركب (في الغراماطيق)

INCOMPRÉHENSIBLE adj. *Ghayr mafhoum* غير مفهوم · غير معقول · غير مدرك

INCOMPRESSIBLE adj., en phys. *La yandaghète* لا ينضغط · غير قابل الانضغاط (في الطبيعيات)

INCOMPRIS, ISE adj. *Mobham* مبهم · غير مفهوم

— en parlant des personnes *Moddaï* مدعي · دعي · متوهم انه صاحب معارف وعلوم

INCONCEVABLE adj. *Ghayr modreq* غير مدرك · غير متصوَّر

INCONCILIABLE adj. *Ghayr kabel el solh* غير قابل الصلح

INCONDUITE s.f. *Saou taçarrof* سوء تصرُّف · رداءة سيرة · سلوك رديء

INCONGRU, UE adj. *Moïb* معيب · غير لائق · مُنكَر

INCONGRUITÉ s.f. *âdam layakat* عدم لياقة · قلّة ادب

INCONNU, UE adj. *Madjhoul* مجهول · مبهم · غير معروف · غير معلوم

INCONSCIENCE s.f. *âdam derayat* عدم دراية · عدم ادراك · عدم انتباه

INCONSÉQUENCE s.f. *Kellat motabakat* قلّة مطابقة · عدم ارتباط · قلّة موافقة

INCONSÉQUENT, ENTE adj. *Monaked lèzatèhi* مناقض لذاتهِ · مضاد لنفسهِ · بدون رابطة

INCONSIDÉRATION s.f. *Kellat tamiyz* قلّة تمييز · استخفاف · عدم تفكّر

INCONSIDÉRÉ, ÉE adj. *Kalil ol tamiyz* قليل التمييز · ضعيف العقل · عديم الملاحظة

INCONSIDÉRÉMENT adv. *Bêghayr taâkkol* بغير تعقُّل · بغير تفكُّر · بلا ملاحظة

INCONSOLABLE adj. *Ghayr motaâzzi* غير متعزٍّ · غير متسلٍّ · لا يمكن تعزيتهُ

INCONSTANCE s.f. *Kellat sabat* قلّة ثبات · طيش · تلوُّن الطبع · تقلُّب الآراء

INCONSTANT, ANTE adj. *Kalil ol sabat* قليل الثبات · متلوّن الطباع متقلّب الآراء

INCONSTITUTIONNEL, ELLE adj. *Moghayer lèkaouanine el chaoura* مغاير لقوانين الشورى

INCONTESTABLE adj. *La yakbal ol êtérad* لا يقبل الاعتراض · غير قابل المنازعة

INCONTESTABLEMENT adv. *Bemâzal ân kol êtérad* بمعزل عن كل اعتراض · بوجهٍ غير قابل المنازعة

INCONTESTÉ, ÉE adj. *Ghayr motanazâ bêhi* غير متنازع فيهِ · مسلَّم · غير مُنكَر

INCONTINENCE s.f. *Tahattoc* تهتك · انهماك في الفحش · استباحة المحرمات

— en méd. *Taçalçol ol baoul* تسلسل البول · عدم امكان حجز البول (في الطب)

INCONTINENT, ENTE adj. *Motahatec* منهتك · منهمك في القبح · مستبيح المحرمات

— adv. de temps *Fil hal* في الحال · في الساعة · على الفور · حالاً

INCONVENANCE s.f. *âdam layakat* عدم لياقة · عدم مناسبة · عدم موافقة

INCONVENANT, ANTE adj. *Ghayr layek* غير لائق · غير مناسب · غير موافق

INCONVÉNIENT s.m. *Mahzour, mané* محظور · مانع · باعث · عارض

INCORPORATION s.f. *Elhak* الحاق · ادخال · ضمّ

INCORPOREL, ELLE adj. *Ghayr motadjassem* غير متجسّم · عارٍ عن الجسم

INCORPORER v.a. *Adkhala fi* أدْخَلَ في · ضمّ الى · ألحَقَ ب

— **(S')** v.r. *Endamma* إنضمّ · التحق · اتحد

INCORRECT, ECTE adj. *Ghayr madbout* غير مضبوط · مغلوط · ملحون

INCORRECTION s.f. *Ghalat* غلط · غَلْت · عدم ضبط · لحن

INCORRIGIBLE adj. *Ghayr kabel el eslah* غير قابل الاصلاح · لا يُصلَح

INCORRUPTIBILITÉ s.f. *âdam ol façad* عدم الفساد · تنزه عن الفساد

— homme qui ne se laisse pas corrompre *Nazahat* نزاهة · عفة نفس · عدم قبول الرشوة

INCORRUPTIBLE adj. *âfif ol nafs* عفيف النفس · لا يرتشي · غير قابل الفساد

INCRÉDULE adj. *Kalil ol iman* قليل الايمان · جاحد · قليل التصديق

INCRÉDULITÉ s.f. *âdam ol iman* عدم الايمان · كفر · جحود · عدم التصديق

INCRÉÉ, ÉE adj. *Ghayr makhlouk* غير مخلوق · غير مبتدع

INCRIMINABLE adj. en jurisp. *Kabel ol chobahat* قابل الشبهة · ممكنة تهمته (في القضاء)

INCRIMINATION s.f. en jurisp. *Chobahat* شبهة · تهمة · اتهام (في القضاء)

INCRIMINER v.a. *Athama* أتهمَ · اوقع تحت الشبهة

INCRISTALLISABLE adj., en chimie *La yatabalouar* لا يتبلور · غير قابل التبلوُر (في الكيمياء)

INCROCHETABLE adj. *La yoftah* لا يُفتح · غير قابل الفتح · بدون مفتاح

INCROYABLE adj. *Ghayr moçaddak* غير مصدَّق · فوق العقل

INCROYABLEMENT adv. *Benaoû ghayr kabel el tasdik* بنوع غير قابل التصديق · بنوع فوق العقل

INCRUSTATION s.f. *Tarsî* ترصيع

INCRUSTÉ, ÉE adj. en phys. *moltacek* ملتصق (في الطبيعة)

— en pathol. *Motakachcher* متقشّر · متحجّر (في الباثولوجيا)

INCRUSTER v.a., en phys. *Hadj-jara* حجّرَ · رصّعَ

INCUBATION s.f. *Hedan* حضان · رَخَم ورَخم · مدة رقاد الدجاجة على البيض

— en méd. *Estêdad* استعداد · مدة تكوّن المرض

INCULPATION s.f. *Tohamat* تُهمة · اتهام

INCULPER v.a. *Athama* أتهمَ

INCULQUER v. a. *Rassakha fil âkl* رسّخَ في العقل · القى في الذهن

INCULTE adj. *Bour* بور · غير مزروع

— au fig., qui n'a pas reçu la culture intellectuelle *Ouahchi* وحشي · غير مهذب

INCULTIVABLE adj. *La yozrâ*; en Egypte on dit : *Mostabaâdate* ou *bour façad* لا يزرع (مستبعدات او بور فساد)

INCURABLE adj. *êddal, ma lahou daoua* عُضال · ما له دواء · ممتنع الشفاء

INCURIE s.f. *Ehmal* اهمال · عدم اهتمام · عدم تعقّل تهاوُن

INCURSION s.f. *Ghazou* غزو · غارة · اغارة

INDÉBROUILLABLE adj. *moâkkad* معقَّد · لا يُحلّ

INDÉCACHETABLE adj. *La yofadd* لا يُفضّ · لا يُفتح

INDÉCEMMENT adv. *Beâdam hechmat* بعدم حشمة · بفحش · بقلة حياء

INDÉCENCE s.f. *âdam hechmat* عدم حشمة · قلّة ادب · قلّة حياء

INDÉCENT, ENTE adj. *Moïb* معيب · فاحش · منافٍ للادب

INDÉCHIFFRABLE adj. *Ghayr makrou* غير مقروء · غير مفهوم

INDÉCIS, ISE adj. *Motahay-yer* متحيّر · متردّد · مرتاب

INDÉCISION s.f. *Hayrat* حيرة · ارتياب · تردّد

INDÉCLINABILITÉ s.f., en gram. *âdam ol taçarrof* عدم التصرّف · بناء · عدم قبول التصريف (في الغراماطيق)

INDÉCLINABLE adj., en gramm. *Ghayr motaçarref* غير متصرّف · مبنيّ (في الغراماطيق)

INDÉCROTTABLE adj. *La yonazzaf* لا ينظف · غير قابل التنظيف

— au fig., qu'on ne saurait corriger *Ghayr kabel el eslah* غير قابل الاصلاح

INDÉFENDABLE adj. *La yodafâ ânhou* لا يدافع عنهُ · لا تمكن محاماته

INDÉFINI, IE adj. *Ghayr mahdoud* غير محدود · غير محصى

INDÉFINIMENT adv. *Men ghayr tahdid* من غير تحديد · بلا تعيين · بغير نهاية

INDÉFINISSABLE adj. *Momtanê ol had oual târif* ممتنع الحد والتعريف · لايمكن وصفه

INDÉFRICHABLE adj. *La yohras* لا يحرث · لا تمكن حراثته

INDÉLÉBILE adj. *La yomha* لا يمحى · ثابت

INDÉLICATESSE s.f. *âdam zaouk* عدم ذوق · خشونة

INDEMNE adj., en jurisp. *La yamassohou darar* لا يمسّهُ ضرر (في القضاء)

INDEMNISATION s.f., en jurisp. *Taôuid ol darar* تعويض الضرر · تضمين الضرر (في القضاء)

INDEMNISER v.a., en jurisp. *âouada* عوّض · ضمن الضرر (في القضاء)

INDEMNITAIRE s.m., en jurisp. *Mostahek ol taôuid* مستحق التعويض (في القضاء)

INDEMNITÉ s.f., en jurisp. *Taôuid ol darar* تعويض الضرر (في القضاء)

— **de guerre** *Gharamat harbiyat* غرامة حربية (في الحرب)

— **de licenciement** t. d'adm. *Mocafaât ikalat* مكافأة اقالة (في الادارة)

— **de déplacement** t. d'adm. *Badal taïyn* بدل تعيين · ما يصرف للمستخدم لمصاريف مدة سفره (في الادارة)

INDÉPENDAMMENT adv. *Fadlan ân* فضلاً عن · ما عدا · مجرّدًا عن

INDÉPENDANCE s.f. *Horriyat* حرّية · استقلال

INDÉPENDANT, ANTE adj. *Ghayr motâallek bê* غير متعلق ب · خالص

— qui ne dépend de personne *Mostakelle* مستقلّ · حرّ

INDÉRACINABLE adj. *Ghayr kabel el kalê* غير قابل القلع · غير ممكن استئصاله

INDESTRUCTIBLE adj. *Ghayr kabel el endeçar* غير قابل الاندثار · غير قابل الاتلاف

INDÉTERMINATION s.f. *âdam tahdid* عدم تحديد · عدم تعيين

INDÉTERMINÉ, ÉE adj. *Ghayr mohoddad* غير محدّد · غير معيّن

— irrésolu *Hayran* حيران · متوقف · متردد

INDEX s.m., d'un livre *Fahras* فهرس · او فهرسة

— doigt *Al sabbabat* السبّابة · المشيرة (اصبع)

INDICATEUR, TRICE s.m. et f. *Dalil* دليل · مرشد

— **du vide**, t. de méc. *Barometr ol chaffate* باروميتر الشفاط (في الميكانيكيات)

INDICATIF s. et adj., en gramm. *Sighat ol dalil* صيغة الدليل (في الغراماطيق)

— , **IVE** adj. *Dalle* دالّ · مشير

INDICATION s.f. *Dalalat* دلالة · اشارة · بيان

INDICE s.m. *Dalil, açar* دليل ج ادلّة · اثر · علامة · امارة

INDICIBLE adj. *Fayek ol ouasf* فائق الوصف · فائق التعبير

INDIENNE s.f. *Chite* شيت · بصمة

INDIFFÉREMMENT adv. *Men ghayr fark* من غير فرق · على السواء

INDIFFÉRENCE s.f. *âdam fark* عدم فرق · عدم امتياز · عدم خلاف

— état d'une personne indifférente *âdam mayl* عدم ميل · عدم التفات · عدم اكتراث

INDIFFÉRENT, ENTE adj. *La fark fihi* لا فرق فيهِ · سواء

— sans penchant *Khali-l-mayl* خالي الميل · بلا غرض · غير مكترث

INDIGENCE s.f. *Fakr* فقر · احتياج · فاقة · عوز

INDIGÈNE adj. *Baladi, oualani* بلدي · وطني

INDIGENT, ENTE adj. *Fakir* فقير · محتاج · معوز

INDIGESTE adj. *âcer ol hadm* عسر الهضم · ثقيل على المعدة

— fatiguant, ennuyant *Sakil* ثقيل · سمج · غير مقبول

INDIGESTION s.f. *Êsr hadm* عسر هضم · تخمة · بشم

INDIGNATION s.f. *Ghayz* غيظ · كدر · سخط

INDIGNE adj., en jurisp. *Ghayr mostahek* غير مستحق · وهو الذي يُحرَم من الارث لسوءِ تصرفهِ في حق مورثهِ (في القضاء)

— qui n'est pas digne *Ghayr ahel* غير اهل · غير لائق

— méchant *Kabih* قبيح · ردي

INDIGNEMENT adv. *Békabahat* بقباحة · برداءة

INDIGNER v.a. *Aghdaba* أغضبَ · اسخطَ · كدّرَ

— **(S')** v.r. *Ghadeba* غَضِبَ · سَخِطَ · تكدّر

INDIGNITÉ s.f. outrage, mépris *Kabahat* قباحة · شناعة · عيب · دناءة

— qualité qui rend indigne *âdam estehkak* عدم استحقاق · عدم اهلية

INDIGO s.m. *Nilat* نيلة · نيل

INDIGOTINE s.f., en chim. *Niline* نيلين · وهي المادة الأصلية المستخرجة منها النيلة (في الكيمياء)

INDIQUER v.a. *Achara* أشارَ · دَلَّ على · أومأَ الى

INDIRECT, ECTE adj. *Mayel* مائل · منحرف · متعوّج · غير قويم

INDIRECTEMENT adv. *Béenhéraf* بانحرافٍ · بطريقٍ غير مستقيم

INDISCIPLINABLE adj. *Ghayr kabel el tahzib* غير قابل التهذيب · غير قابل الانقياد

INDISCIPLINÉ, ÉE adj. *Ghayr mohazzab* غير مهذّب · غير منقاد · قليل الطاعة

INDISCRET, ÈTE adj. *Ghayr catoum lel serre* غير كتوم للسرّ · بائح بالسرّ

— s.m. et f., qui manque de retenue *Kalil ol molahazat* قليل الملاحظة

INDISCRÉTION s.f. *âdam hefz el serre* عدم حفظ السرّ · قلّة تحسّب

INDISCUTABLE adj. *Ghayr kabel el moudjadalat fihi* غير قابل المجادلة فيه

INDISPENSABLE adj. *Lazem, darouri* لازم · ضروري · لا بد منهُ · لا ندحة عنهُ

INDISPENSABLEMENT adv. *Hatman* حتماً · جزماً · من كل بد

INDISPOSÉ, ÉE adj. *Monharef ol mazadj* منحرف المزاج · متوعّك (مخستك)

— fâché *Ghadban* غضبان · مغتاظ

INDISPOSER v.a. *Aghamma* أغمَّ · كدّرَ · ازعجَ · اقلقَ · امرضَ

INDISPOSITION s.f. *Enhéraf ol mazadj* انحراف المزاج · توعُّك · (خستكة)

— morale *Enzéâdj, cadar* انزعاج · كدر

INDISSOLUBILITÉ s.f., en chim. *âdam kabéliyat ol zaouaban* عدم قابلية الذوبان

INDISSOLUBLE adj. *Ghayr zayeb* غير ذائب · غير منفصم · غير منحل · لا يذوب

INDISSOLUBLEMENT adv. *Beâdam zaouaban* بعدم ذوبان · بلا انحلال · بغير انفصام

INDISTINCT, INCTE adj. *Ghayr momay-yaz* غير مميَّز

INDISTINCTEMENT adv. *Men ghayr fark* من غير فرق · بلا امتياز

INDIVIDU s.m. *Fard* فرد ج افراد · نفر · شخص

INDIVIDUEL, ELLE adj. *Zati* ذاتيّ · مفرد · شخصيّ

NIDIVIDUELLEMENT adv. *Chakhciyan* شخصيًا · بالفردية · بالذات

INDIVIS, ISE adj., t. de prat. *Ghayr monkacem* غير منقسم · مشاع (في القضاء)

INDIVISÉMENT adv. par indivis. t. de prat. *Men ghayr enkéçam* من غير انقسام · على الشيوع (في القضاء)

INDIVISIBILITÉ s.f. *âdam ol enkéçam* عدم الانقسام

INDIVISIBLE adj. *Ghayr monkaçem* غير منقسم · غير متجزئ

INDIVISIBLEMENT adv. *Bédoun enkéçam* بدون انقسام · بصفة شائعة

INDOCILE adj. *Saêb ol kiad* صعب القياد · ممتنع الانقياد · عاص · عنيد

— cheval indocile *Djamouh* جموح · بَطِر · حرون · أشِر

INDOCILITÉ s.f. *âdam taât* عدم طاعة · عصيان · عناد · تصلّب

INDOLEMMENT adv. *Bèra-khaouat* برخاوة · ببلادة · بكسل

INDOLENCE s.f. *Rakhaouat* رخاوة · بلادة · كسل · قلّة مروّة

INDOLENT, ENTE adj. *Balid* بليد · قليل المروّة · متراخٍ · متهامل

— en méd. qui ne cause pas de douleur *Ghayr molem* غير مؤلم (في الطب)

INDOMPTABLE adj. *Ghayr mozallal* غير مذلّل · غير قابل الترويض

IDOMPTÉ, ÉE adj. *Djamouh* جموح · غير مروّض · عاصٍ

INDU, UE adj. *Ded al kanoun* ضد القانون · في غير محلّهِ

— en droit, *Ghayr ouadjeb adaouhou* غير واجب اداؤهُ · غير واجب دفعهُ

INDUBITABLE adj. *Aqid, la chacq fihi* أكيد · يقيني · لاشك فيهِ

INDUBITABLEMENT adv. *Men doun chacq* من دون شك · بلا ريب · يقيناً

INDUCTIF, IVE adj. en phys. *Dalle* دالّ · منتج (في الطبيعيات)

INDUCTION s.f. *Kias* قياس · نتيجة · استدلال · خلاصة

— courant d'induction, en phys. *Tayar natedj* تيّار ناتج (في الطبيعيات)

INDUIRE v.a., porter à... *Aghra* أغرى · حرّش · حرّض

— conclure *Estadalla* استدلّ · استنتج

INDULGEMMENT adv. *Bérafat* برأفة · بشفقة · بتسامح

INDULGENCE s.f. *Moçamahat* مسامحة · تساهل · اغضاء

— remise d'une peine temporaire *Ghofran* غفران · صفح · عفو

INDULGENT, ENTE adj. *Samouh* سموح · متساهل

INDÛMENT adv. t. de prat. *Bédoun hak* بدون حق (في المرافعات)

INDUPLICATIF, IVE adj. *Monçani èla-l-dakhel* منثنٍ الى الداخل (في النبات)

INDURATION s.f., en méd. *Taçallob* تصلّب · تيبّس (في الطب)

INDUSTRIE s.f. *Sanaât* صناعة · فن · براعة · مهارة

— métier *Herfat* حرفة · مهنة

— chevalier d'industrie *Nassab* نصّاب · محتال

INDUSTRIEL, ELLE adj. *Sanaï* صناعي · متعلق بالصناعة

INDUSTRIEL s.m. *Saheb herfat* صاحب حرفة او مهنة

INDUSTRIELLEMENT adv. *Béhaçab oçoul èl sanaât* بحسب اصول الصناعة

INDUSTRIEUSEMENT adv. *Beçanaât* بصنعة · بمهارة · بفنّ

INDUSTRIEUX, EUSE adj. *Zou maharat* ذو مهارة · ذو براعة

INÉBRANLABLE adj. *Ghayr motazâzé* غير متزعزع · راسخ · ثابت

INÉBRANLABLEMENT adv. *Bela tazâzó* بلا تزعزع · برسوخ

INÉDIT, ITE adj. *Ghayr matboû* غير مطبوع · لم يسبق طبعهُ

INEFFABLE adj. *Fayek ol ouasf* فايق الوصف

INEFFAÇABLE adj. *Ghayr kabel el mahou* غير قابل المحو

INEFFICACE adj. *Ghayr faâl* غير فعّال · عديم التأثير · غير مفيد

INEFFICACITÉ s.f. *âdam tacir* عدم تأثير

INÉGAL, ALE adj. *Ghayr motaçaoui* غير متساوٍ · مختلف

INÉGALEMENT adv. *Men ghayr esteouâ* من غير استواء · بوجه غير مستوٍ

INÉGALITÉ s.f. *âdam taçaoui* عدم تساوٍ · اختلاف

INÉLIGIBLE adj. *La yontakhab* لا يُنتَخب · غير ممكن انتخابهُ

INÉLUCTABLE adj. *La yoçad* لا يُصدّ · لا يُقاوَم · لا يُعانَد

INÉNARRABLE adj. *La yochrah* لا يُشرَح · لا تمكن حكايتهُ

INEPTE adj. *Ablah* ابله · جامد

INEPTIE s.f. *Kellat âkl* قلة عقل · سخافة · بلاهة · قصور

INÉPUISABLE adj. *Momtané ol nafad* ممتنع النفاد · غير فانٍ · لا يَفرغ

INERTE adj. *Saqen* ساكن · غير متحرّك

INERTIE s.f. *Djomoud* جمود · سكون · عدم الحركة

INESPÉRÉ, ÉE adj. *Ghayr mortadja* غير مرتجى · غير مأمول · غير منتظر

INESTIMABLE adj. *La youka-ou-ouam, la yoçamman* لا يُقوَّم ۰ لا يثمَّن ۰ غير ممكن تقدير قيمته

INÉVITABLE adj. *La majarr menhou* لا مفرّ منه ۰ لا مناص منه

INÉVITABLEMENT adv. *Men doun manas* من دون مناص ۰ لا محالة

INEXACT, ACTE adj. *Ghayr madbout* غير مضبوط ۰ غير صحيح

INEXACTEMENT adv. *Be ddam dabt* بعدم ضبط ۰ بعدم دِقّة ۰ بعدم صحّة

INEXACTITUDE s.f. *ddam dabt* عدم ضبط ۰ عدم دقّة ۰ عدم صحّة

INEXCUSABLE adj. *Ghayr madzour* غير معذور ۰ لا يقبل عذرهُ

INEXÉCUTABLE adj. *Ghayr momqen edjraouhou* غير ممكن اجراؤهُ ۰ ممتنع الاجراء

— t. de jurisp. *Ghayr kabel el tanfiz* غير قابل التنفيذ

INEXÉCUTION s.f., d'un contrat, en jurisp. *ddam ol kiam bel choroute* عدم القيام بالشروط ۰ عدم الوفاء (في القضاء)

— d'un jugement, t. de jurisp. *ddam el tanfiz* عدم التنفيذ (في القضاء)

INEXERCÉ, ÉE adj. *Ghayr momarran* غير ممرن ۰ غير مجرَّب غير مخرَّج

INEXIGIBLE adj. *Ghayr mostahek* غير مستحق ۰ لا يطالب به

INEXORABLE adj. *Kaci-l-kalb* قاسي القلب ۰ لا يعرف الرحمة

INEXORABLEMENT adv. *Men ghayr rahmat* من غير رحمة ۰ بدون شفقة

INEXPÉRIENCE s.f. *ddam ekhtèbar* عدم اختبار ۰ عدم تجربة

INEXPÉRIMENTÉ, ÉE adj. *Ghayr modjarrab* غير مجرَّب ۰ عديم الخبرة ۰ غير مدرَّب

INEXPLICABLE adj. *Ghamed* غامض ۰ غير قابل التفسير ۰ فائق الشرح

INEXPLOITABLE adj. *La tomqen edaratohou* لاتمكن ادراته ۰ لايمكن استعماله او استغلاله

INEXPLORÉ, ÉE adj., en géog. *Madjhoul* مجهول ۰ بلاد غير معروفة

INEXPLOSIBLE adj., en phys. *La yofarkê* لا يفرقع ۰ غير قابل الانفجار

INEXPRIMABLE adj. *La youçaf* لا يوصف ۰ فائق الوصف والبيان

INEXPUGNABLE adj. *Mani* منيع ۰ حصين ۰ صعب المأخذ

INEXTENSIBILITÉ s.f. *ddam ol emtèdad* عدم الامتداد

INEXTENSIBLE adj. *Ghayr momtadd* غير ممتدّ ۰ غير منتشر

INEXTINGUIBLE adj. *La yantafi* لا ينطفي ۰ لايمكن اطفاؤه

INEXTRICABLE adj. *La yohal* لايُحَلّ ۰ غير ممكن حلّه ۰ غير ممكن فكّهُ

INFAILLIBILITÉ s.f. *Êsmat* عصمة ۰ براءة من الخطا ۰ نزاهة عن الغلط

INFAILLIBLE adj. certain *Mokarrar* مُقرَّر ۰ محقَّق

— exempt d'erreur *Mâçoum ân el ghalat* معصوم عن الغلط ۰ منزّه عن الغلط

INFAILLIBLEMENT adv. *Yakinan, men coll bodd* يقيناً ۰ من كل بد

INFAMANT, ANTE adj. *Fadeh* فاضح ۰ هاتك ۰ مُخلّ بالشرف

— en jurisp. *Mohine* مهين ۰ مُخلّ بالشرف (في القضاء)

INFÂME adj. *Mahtouc* مهتوك ۰ منفضح ۰ مرذول

INFAMIE s.f. *dar, eftèdah* عار ۰ افتضاح ۰ رذل

— de la conduite *Chanaât* شناعة ۰ قباحة السيرة

INFANTERIE s.f. *âçaker machat ou biada* عساكر مشاة ۰ بياده

INFANTICIDE s.m., meurtrier *Katel ol tefl* قاتل الطفل

— meurtre *Katl ol tefl* قتل الطفل

INFATIGABLE adj. *La yatâb* لا يتعب ۰ لا يكلّ

INFATIGABLEMENT adv. *Men ghayr fotour* من غير فتور ۰ بلا ملَل

INFATUER v.a. *Fatana* فَتَنَ يفتن ۰ ولّع ۰ شغف

— (S') v.r. *Enfatana* إِنْفَتَنَ ۰ تولّع ۰ انشغف

INFÉCOND, ONDE adj. *Mombel* ممحل ۰ غير مخصب ۰ مجدب

INFÉCONDITÉ s.f. *Mehl* محل ۰ جدب

INFECT, ECTE adj. *âfen* عفِن ۰ منتِن ۰ معفَّن

INFECTER v.a. *Afçada* — أفسدَ · عفّن

— en méd., se répandre *Âdda* — أعدى · افسد · عمّ · فشا · سرى (في الطب)

INFECTION s.f., puanteur *Natanat* — نتانة · رائحة كريهة

— corruption *ôfounat* — عفونة · فساد

INFÉRER v.a. *Estakhradja* — إستخرجَ · استنتج · استدلّ · حصّل

INFÉRIEUR, EURE adj. *Asfal* — اسفل · ادنى · اقل

INFÉRIORITÉ s.f. *Douniyat* — دونيّة · سفليّة

INFERNAL, ALE adj. *Djahannami* — جهنّمي · جحيمي

INFESTER v.a. *Aghara âla* — أغارَ على · غزا · نهب · شنّ الغارة

INFIDÈLE adj. *Khayen* — خائن · ناكث · لا وفاء له

— de religion *Cafer* — كافر · بلا دين · غير مؤمن

INFIDÈLEMENT adv. *Bekhianat* — بخيانة · بعدم وفا

INFIDÉLITÉ s.f. *Khianat* — خيانة · نكث · عدم وفا

— de religion *Cofr* — كفر · عدم الايمان

INFILTRATION s.f. *Nofouz, rachh ol miah* — نفوذ · رشح المياه (نشعٌ)

INFILTRER v.a. *Rach-chaha* — رشّحَ (نشعَ)

— (S') v.r. *Tarach-chaha* — ترشّحَ · تداخل في · نفذ (نشعَ)

INFIME adj. *Dani* — دني · سافل

INFINI, IE adj. *Ghayr motanahi* — غير متناهٍ · لا نهاية له

— à l'infini *Ela ma la yantahi* — الى ما لا ينتهي

INFINIMENT adv. *Caciran djeddan* — كثيرًا جدًّا · فوق الحد · للغاية · بلا نهاية

INFINITÉ s.f. *Âdam entéha* — عدم انتهاء · عدد غير محصي

INFINITIF s.m., en gramm. *Masdar* — مصدر · (في الغرامطيق)

INFIRMATIF, IVE adj., t. de palais *Mobattel* — مبطِّل · مُلغٍ · ناقض · (في المرافعات)

INFIRMATION s.f., t. de prat. *Ebtal* — إبطال · إلغاء · نقض · (في المرافعات)

INFIRME adj. *Sakim, âdjez* — سقيم · عليل · عاجز

INFIRMER v.a., t. de prat. *Abtala* — أبطلَ · الغى · نقضَ · (في

INFIRMERIE s.f. *Chéfakhanat* — شفاخانة · بيت المرضى · خستهخانه · قشلة

INFIRMIER, IÈRE s.m. et f. *Molahez ol marda, tamardji* — ملاحظ المرضى · تمارجي

INFIRMITÉ s.f. *âhat* — عاهة · علّة

— imperfection *Doôf* — ضعف · نقص

INFLAMMABILITÉ s.f. *Kabeliyat ol eltéhab* — قابلية الالتهاب

INFLAMMABLE adj. *Kabel ol eltéhab* — قابل الالتهاب · سريع الاشتعال

INFLAMMATION s.f. *Eltéhab* — التهاب

INFLAMMATOIRE adj. *Eltéhabi* — التهابي

INFLÉCHI, IE p.p. d'infléchir en bot. *Monçani ela-l-dakhel* — منثنٍ الى الداخل · (في النبات)

INFLEXIBILITÉ s.f. *Kaçaoua* — قساوة · صلابة

INFLEXIBLE adj. *La yançani, kaci* — لا ينثني · قاسٍ · صلب · غير منحنٍ

INFLEXION s.f. *Enétaf* — انعطاف · تبديل · تغيير الصوت

— en bot. *Mayl* — ميل · انثناء · (في النبات)

INFLICTION s.f. *Kéças, êkab* — قصاص · عقاب

INFLIGER v.a. *Kassa, âkaba* — قاصّ · عاقبَ

INFLORESCENCE s.f., en bot. *Haïat ol zahr* — هيئة الزهر · وضع الزهر (في النبات)

INFLUENCE s.f. *Nofouz* — نفوذ · تأثير · قوّة

INFLUENCER v.a. *Adjra-l-nofouz* — اجرى النفوذ : استعمل نفوذه

INFLUENT, ENTE adj. *Motaçallet* — متسلط · صاحب نفوذ

INFLUENZA ou **GRIPPE** s.f. en méd. *Nazlat sadriyat ouabaï-yat* نزلة صدرية وبائية . (في الطب)

INFLUER v.a. *Assara fi* أثّرَ في . عمل في

INFLUX NERVEUX s.m., en méd. *Say-yal âçabi* سيّال عصبي . (في الطب)

IN-FOLIO s.m. *Katê nesf talhiyat* قطع نصف طلحية . قطع نصف فرخ

INFORMATION s.f. *Estêlam* استعلام . استنهام . استخبار

— en jurisp. *Bahs* بحث . فحص . تحقيق . (في القضاء)

INFORME adj. *Men doun osloub* من دون أسلوب . لاهيئة له

INFORMER v.a. *Akhbara* أخْبَرَ . اعلم . أنبأ

— v.n., en jurisp. *Hakkaka* حقق . كشفَ . فحص . بحث تحرّى . (في القضاء)

— (S') v.r. *Estafhama* إستفهم . استخبر . استعلم

INFORTUNE s.f. *Macibat* مصيبة ج مصائب . داهية . رزيئة . قلّة حظ . سُوْ بخت

INFORTUNÉ, ÉE adj. *Taïs, manhous* تعيس . منحوس . مشؤوم

INFRACTEUR s.m. *Mokhalef* مخالف . ناكث العهد .

INFRACTION s.f. *Nakd âhd* نقض عهد . مخالفة

INFRANCHISSABLE adj. *La yodjtaz* لايُجتاز . غيرممكن قطعهُ

INFRUCTUEUSEMENT adv. *Âbaçan* عبثاً . بلا فائدة . بلا ثمرة

INFRUCTUEUX, EUSE adj. *Ghayr nafê* غير نافع . غير مثمر . غير مفيد

INFUNDIBULIFORME adj., en bot. *Kemi ol chacle* قمعي الشكل (في النبات)

INFUNDIBULUM s.m., en bot. *Kemô* قمع . (في النبات)

INFUS, USE adj. *Fetri, gharizi* فطري . غريزي

— don surnaturel *Molham, monzal* مُلهَم . مُنزَل

INFUSER v.a. *Nakaâ* نقعَ . ينقعُ

INFUSIBLE adj. *Ghayr zayeb* غير ذائب . غير سائح . غير قابل الذوبان

INFUSION s.f. *Nakî* نقيع

INFUSION s.f., au fig. *Elham* الهام . وحي . انزال . تنزيل

INFUSOIRES s.m. pl., en hist. nat. *Al nokaïyat* النقاعيات . (في التاريخ الطبيعي)

INGAMBE adj. *Sarî* سريع . خفيف الحركة

INGÉNIER (S') v.r. *Ebtala* إحتالَ . حاول . تفنّن

INGÉNIEUR s.m. *Mohandès* مهندس

INGÉNIEUSEMENT adv. *Beçanaât* بصناعة . بفنّ . بحذق

INGÉNIEUX, EUSE adj. *Maher* ماهر . بارع . متفنّن

INGÉNU, UE adj., naïf *Sazedj* ساذج . بسيط . صافي القلب

— en droit romain : né libre *Horr ol ouêlalat* حرّ الولادة . مولود حرًّا

INGÉNUMENT adv. *Beçafa kalb* بصفا قلب . بخلوص نيّة . بسلامة سريرة

INGÉRER v.a. *Adkhala* ادخلَ . دخّل

— (S') v.r. *Tadakhala* تداخلَ في . ادخلَ نفسه . تعرّض ل

INGESTA s.m. pl. *Al macoulat* المأكولات . ما يوكل ويشرب

INGRAT, ATE adj. *Naqer ol djamil* ناكر الجميل . كافر بالنعمة . جاحد الصنيعة

— stérile *Mahel* ماحل . عقيم

INGRATITUDE s.f. *Nocran ol djamil* نكران الجميل . جحد المعروف . كفران بالنعمة . جحد الصنيعة

INGRÉDIENT s.m. *Djozou* جُزء . عنصر

INGUÉRISSABLE adj. *Ôdal* عُضال . عقام . لادواء له . لايشفى منهُ

INGUINAL, ALE adj., en anat. *Arabi* اربي . (في التشريح)

INGURGITER v.a. *Ebtalaâ* إبتلعَ . شَرِبَ

INHABILE adj. *Ghayr cafou* غير كفو . غير ماهر

— en jurisp. *Kacer* قاصر . غير اهل (في القضاء)

INHABILITÉ s.f. *Âdam cafaât* عدم كفاءة . عدم مهارة

— en jurisp. *Âdam ahliyat* عدم اهلية (في القضاء)

INHABITABLE adj. *La yoscan* لايُسكَن . لايصلح للسكنى

NHABITÉ, ÉE adj. *Ghayr mascoun* غير مسكون . مهجور

INHALATION s.f. *Estenchak* استنشاق

INHALER v.a. *Estanchaka* إستَنْشَقَ

INHÉRENCE s.f. *Ertébat* ارتباط . اتحاد . التحام . تلازم

INHÉRENT, ENTE adj. *Mortabet* مرتبط . متحد . ملتحم . ملتصق

INHOSPITALIER, IÈRE adj. *Ghayr mocarrem lel dayf* غير مكرِّم للضيف

INHOSPITALITÉ s.f. *Âdam ecram el dayf* عدم اكرام الضيف . عدم التفات نحو الغريب

INHUMAIN, AINE *Faked ol ençaniyat* فاقد الانسانية . قاسٍ

INHUMAINEMENT adv. *Bé-âdam ençaniyat* بعدم انسانية . بقساوة

INHUMANITÉ s.f. *Kaçaouat* قساوة . قلة رحمة . عدم انسانية

INHUMATION s.f. *Dafn* دفن . لَحد . رمس

INHUMER v.a. *Dafana* دَفَنَ يدفِنُ . قبرَ . لَحَدَ رمَسَ

INIMAGINABLE adj. *Mostahil ol taçaouor* مستحيل التصوُّر . ممتنع التخيُّل

INIMITABLE adj. *La yokallad* لايقلَّد . لايمكن الاقتداء به . ممتنع التمثيل

INIMITIÉ s.f. *Âdaouat* عداوة . بغضة . كراهة

ININTELLIGIBLE adj. *Mobham* مبهم . غير مفهوم

ININTELLIGIBLEMENT adv. *Benaoû mobham* بنوع مبهم . بصفة غير مفهومة

INIQUE adj. *Ghayr âdel* غير عادل . غير منصف . ظالم

INIQUEMENT adv. *Zolman* ظلمًا . بغير عدل . بلا انصاف

INIQUITÉ s.f. *Zolm* ظلم . قلة عدل . جور . عَسف

INITIAL, ALE adj. *Ebtédaî* ابتدائي . اولي

INITIATEUR, TRICE s.m. et f. *Modakh-khel bel serre* مدخل بالسر . مطلع على الاسرار

INITIATION s.f. *Al dokhoul bel serre* الدخول بالسر . الاطلاع على الاسرار

INITIATIVE s.f. *Ekdam* اقدام . مبادهة

INITIÉ, ÉE s.m. et f. *Mottalê âla-l-asrar* مطلع على الاسرار . داخل في السر

INITIER v.a. *Attalaâ âla-l-asrar* اطَّلَعَ على الاسرار . ادخله في السر

INJECTER v.a., en méd. *Adkhala fi, hakana* ادخل في . حَقَنَ . (في الطب)

INJECTEUR s.m., en méd. *Hoknat* حقنة ج حقن . (في الطب)

INJECTION s.f., en méd. *Hakn* حقن . زروق . دخول سايل في تجويف

INJONCTION s.f. *Amr* امر ج اوامر

INJURE s.f. *Ébanat* إهانة . مسبة . شتيمة

INJURIER v.a. *Ahana* أهانَ . شتم يشتِم . سَبَّ

INJURIEUSEMENT adv. *Be-ehanat* باهانة . بشتمٍ . بمسبَّة

INJURIEUX, EUSE adj. *Mohin* مهين . معيب

INJUSTE adj. *Ghayr âdel* غير عادل . جائر . ظالم

INJUSTEMENT adv. *Zolman* ظلمًا . جورًا . بصفة غير عادل

INJUSTICE s.f. *Zolm* ظلم . جور . عسف

INJUSTIFIABLE adj. *Ghayr mobarra* غير مبرأ . غير ممكنة تبرئته

— qui ne saurait être justifié *La yosbat* لايثبت . غير قابل الاثبات

INNAVIGABLE adj. *La tomqen ol melahat bêhi* لاتمكن الملاحة به

INNÉ, ÉE adj. *Gharizi* غريزي . جبلّي . فطري

INNOCEMMENT adv. *Beçalamat kalb* بسلامة قلب . بحسن طوية . بطهارة

INNOCENCE s.f. *Taharat* طهارة . برارة

— candeur *Kholous niyat* خلوص نيَّة . صفاء قلب . سلامة سريرة

INNOCENT, ENTE adj. *Bari* بريء . بارّ

— candide *Salim ol niyat* سليم النيَّة . صافي القلب . خالص الطوية

INNOCENTER v.a. *Barrara* بَرَّرَ . برّأ . جعله بريئًا

INNOCUITÉ s.f. *Âdam ol madarrat* عدم المضرَّة

INNOMBRABLE adj. *Âdid, la yohça* — عديد . لايحصى . لايُعَدّ

INNOMBRABLEMENT adv. *Benaoû ghayr mahçi* — بنوع غير محصيّ . بلا عدّ

INNOMINÉ, ÉE adj., en anat. *La esma lahou* — لا اسم لهُ . لقب يختص بجملة عضلات وعظام في الجسم (في التشريح)

INNOVATEUR s.m. *Mobtadé* — مُبتَدِع . مُحدِث . آتٍ بجديد

INNOVATION s.f. *Ebtédâ* — ابتداع . احداث . اتيان بجديد

INNOVER v.a. *Ebtadad* — إبتَدَعَ . احدث . اتى بجديد

INOBSERVABLE adj., phénomènes inobservables *Ghayr momqênat molahazatohou* — غير ممكنة ملاحظته . غير ممكنة مراقبته

— précepte inobservable *Ghayr momqen ettébaôhou* — غير ممكن اتباعه . غير ممكن حفظه

INOBSERVANCE s.f. *âdam ol hefz* — عدم الحفظ . عدم الاتباع

INOBSERVATION s.f. *âdam ol hefz* — عدم الحفظ . عدم الرعاية

INOCCUPÉ, ÉE adj. qui n'a rien à faire *Ghayr machghoul* — غير مشغول . خالي الاشغال

— vacant *Khali* — خالي

IN-OCTAVO adj., t. d'impr. *Katê samanidt* — قطع ثمانية (في الطباعة)

INOCULABILITÉ s.f., en méd. *Kabeliyat ol talkih* — قابلية التلقيح (في الطب)

INOCULABLE adj. *Kabel ol talkih* — قابل التلقيح (في الطب)

INOCULATION s.f., en méd. *Lekah* — لقاح . تلقيح . تطعيم (في الطب)

INOCULER v.a., en méd. *Lakkaha* — لَقَّحَ . طَعَّمَ

INODORE adj. *âdim ol rayêhat* — عديم الرائحة . لا رائحة لهُ

INODULAIRE adj., en anat. *Lifi âredi* — ليفي عارضي (التشريح)

INOFFENSIF, IVE adj. *Ghayr mozi* — غير موذٍ . غير مضرّ

INOFFICIEUX, EUSE adj., en jurisp., testament inofficieux *Hadjeb* — حاجب . الوصية الحاجبة هي التي تمنع الوارث الشرعي بدون سبب من الموصي من الارث (في الفقه)

— donation *Hébat yokhasses bêha al mouarrès ahad aouladêhi men hessat el akharine* — هبة يخصص بها المورث احد اولاده من حصة الاخرين (في الفقه)

INOFFICIOSITÉ s.f. en jurisp., qualité du testament inofficieux *Sefat ol ouaciyat el hadjêbat* — صفة الوصية الحاجبة (في الفقه)

— action en inofficiosité *Daôua ded al ouaciyat el hadjêbat* — دعوى ضد الوصية الحاجبة

INONDATION s.f. *Fayd, gharak* — فيض . غرق . طوفان

INONDER v.a. *Gharraka* — غرّق . غمر . طاف

INOPINÉ, ÉE adj. *Ghayr maznoun* — غير مظنون . آتٍ على غفلةٍ

INOPINÉMENT adv. *Baghtatan* — بغتةً . فجأةً . بديهيًّا

INOPPORTUN, UNE adj. *Fi ghayr mahallêhi* — في غير محلهِ . في غير وقتهِ

INORGANIQUE adj., en hist. nat. *Ghayr âdaoui* — غير عضوي . (في التاريخ الطبيعي)

INOUÏ, ÏE adj. *Gharib* — غريب . غير مسموع بهِ

INOVULÉ, ÉE adj., t. de bot. *âdim ol bouayd* — عديم البويض (في النبات)

INOXIDABLE adj. *Ghayr motaaqced* — غير متأكسد . لا يصدّى

INQUALIFIABLE adj., en mauvaise part *Mazmoum djeddan* — مذموم جدًّا . غير ممكن وصف شناعته

IN-QUARTO adj., t. d'impr. *Katê robi* — قطع ربعي او مربع . (في الطباعة)

INQUIET, ÈTE adj. *Kalek* — قَلِق . مضطرب البال . مشغول الفكر

INQUIÉTANT, ANTE adj. *Moklek* — مقلق . شاغل الفكر . موجب الاضطراب

INQUIÉTER v.a. *Aklaka* — أقْلَقَ . اشغَلَ الفكر . اغمّ

— (S') v.r. *Echtaghala fekrohou* — إشتَغَلَ فكره . قَلِقَ . اضطَرَبَ

INQUIÉTUDE s.f. *Belbal* — بلبال . اضطراب بال . هم . قلق

INQUISITEUR s.m. *Mofattech* — مفتش

INQUISITION s.f. *Taftich* — تفتيش

— tribunal de l'inquisition *Diouan ol taftich* — ديوان التفتيش . وهو مجلس اكليريكي انشئ لاضطهاد اصحاب البدع والشيع

INSAISISSABLE adj. *La yomçak* لايمسك · غيرممكن قبضه غيرمتمسك
— t. de prat. *La yohdjaz* لايحجز · غيرجائز إلقاء الحجز عليه (في القضاء)
INSALIVATION s.f. *Tartib bel loâb* ترطيب باللعاب
INSALUBRE adj. *Moderre* مضرّ · مؤذٍ الصحة · قذِر · وخِم
INSALUBREMENT adv. *Bedarrar* بضرر · بأذى · بقذر · بوخامة
INSALUBRITÉ s.f. *Edrar belsehhat* اضرار بالصحة · فساد هواء · قذارة · وخامة
INSANITÉ s.f. *Kellat saouab* قلة صواب · فقد رشد
INSATIABLE adj. *La yachbâ* لا يشبع · لايقنع · نهم · شرِه
INSATIABLEMENT adv. *Becharahat* بشراهةٍ · بنهمٍ · بدون شبع · بعدم قناعة
INSCIEMMENT adv. *Djahlan* جهلاً · عن غيرعلم · بدون اطلاع
INSCRIPTION s.f., *Qêtabat* كتابه · خط · تاريخ
— action d'inscrire *Tasdjil* تسجيل · تقييد
— **en faux**, t. de prat. *Daôua bel tazouir* دعوى بالتزوير في (المرافعات)
INSCRIRE v.a. *Cataba* كَتَبَ يكتب · قيَّد · دوَّن · سَجَّلَ · ضَبطَ
— **(S')** v.r. *Ectataba* إكْتَتَبَ · قيَّد اسمهُ
— s'inscrire en faux *Akama daôua bel tazouir* أقامَ دعوى بالتزوير
INSÉCABLE adj. *La yatadjazza* لايتجزأ · لا يقطَع · لاينتسم
INSECTE s.m. *Hacharât* حشرة ج حشرات · دويبة
INSECTICIDE adj. *Katel ol hacharat* قاتل الحشرات · مبيدها
INSECTIVORE adj. *Accal ol hâcharat* أكال الحشرات
IN-SEIZE adj. t. d'impr. *Katê settat âchar* قطع ستة عشر (في الطباعة)
INSENSÉ, ÉE adj. *Madjnoun* مجنون · احمق · غبي · معتوه
INSENSIBILITÉ s.f. *âdam ol haçaçat* عدم الحساسة · عدم الشعور
INSENSIBLE adj. *Faked ol hess* فاقد الحس · عدم الشعور
— imperceptible *Ghayr mahçous* غيرمحسوس · لايدرك بالحواس
INSENSIBLEMENT adv. *Bênaoû ghayr mahçous* بنوع غيرمحسوس · قليلاً قليلاً
INSÉPARABLE adj. *Ghayr monfacel* غيرمنفصل · غيرمفارق · لازم
INSÉPARABLEMENT adv. *Bêla enfêçal* بلا انفصال · بلا مفارقة
INSÉRER v.a. *Adkhala fi* أدْخلَ في · حشّى
— dans un journal *Adradja* ادرَجَ في جريدة · اعلن
INSERTION s.f. *Edkhal* إدخال · إدماج
— en hist. nat. *Ertêbat* ارتباط · اندغام (في التاريخ الطبيعي)
— dans un journal *Edradj* ادراج · اعلان
INSIDIEUSEMENT adv. *Bêhilat* بحيلةٍ · بخديعةٍ
INSIDIEUX, EUSE adj. *Mohtal* محتال · مخادع
INSIGNE s.m. *âlamat* علامة ج علامات · شعار · دليل
— adj., remarquable *âzim* عظيم · معتبر · شهير
INSIGNIFIANT, ANTE adj. *Bêla mâna* بلا معنى · عدم المغزى
— au fig., sans importance *La yozcar* لايذكر · لاقيمة له
INSINUANT, ANTE adj. *Motadakhel* متداخل · صاحب مداخلة
INSINUATION s.f., action de pénétrer *Edkhal* ادخال · ادماج
— paroles perfides *Eghra* إغرا · إغواء · القاء الفتنة
INSINUER v.a. *Adkhala* أدْخَلَ · ادمج
— au fig. *Aghoua* أغوى · اغرّ
— **(S')** v.r. *Tadakhala* تَداخَلَ
INSIPIDE adj. *Mozze* مُزّ · كريه الطعم
INSIPIDITÉ s.f. *Mazazat* مزازة · كراهة الطعم
INSISTANCE s.f. *Elhah* الحاح · لجاجة
INSISTER v.n. *Alahha* ألحّ · لجّ · شدّد
INSOCIABILITÉ s.f. *âdam ol moualâfat* عدم المؤالفه · عدم المعاشرة

INSOCIABLE adj. *La yotadchar* لا يتعاشر · قليل المؤالفة

INSOLATION s.f. *Tadrid lel chams* تعريض للشمس · تشميس

— coup de soleil *Darbat chams* ضربة شمس · لفحة شمس

INSOLÉ, ÉE p.p. d'insoler *Mochammès* مشمس · معرّض للشمس

INSOLEMMENT adv. *Bekellat adab* بقلّة ادب · بسفاهة بوقاحة · بقباحة

INSOLENCE s.f. *Kellat adab* قلة ادب · تطاول · سفاهة · وقاحة قباحة

INSOLENT, ENTE adj. *Kalil ol adab* قليل الادب · سفيه · وقح · متطاول · قبح

INSOLER v.a. *Chammaça* شمّس · عرّض للشمس

— (S') v.a. *Tachammaça* تشمّس · تعرّض للشمس

INSOLITE adj. *Kharek ol âdat* خارق العادة · غير اعتيادي

INSOLUBILITÉ s.f. *âdam ol zaouaban* عدم الذوبان · عدم قابلية الانحلال

INSOLUBLE adj. *La yazoub* لا يذوب · لا ينحل

INSOLVABILITÉ s.f. *âdam ol ektedar, eêçar* عدم الاقتدار · اعسار · افلاس

INSOLVABLE adj. *Môcer* معسر · مفلس · عديم الاقتدار

INSOMNIE s.f. *Kellat naoum* قلّة نوم · أرق · سهاد · (قلق)

INSONDABLE adj. *La yodjas* لا يجسّ · لا يعلم له عمق ولا قرار · لا يسبر له غور

INSOUCIAMMENT adv. *Beehmal* بإهمال · بعدم اكتراث · بتهاون

INSOUCIANCE s.f. *Ehmal* إهمال · عدم اكتراث · تهاون

INSOUCIANT, ANTE adj. *Ghayr moctarès* غير مكترث · متهاون · مهمل

INSOUMIS, ISE adj. *âci* عاص · متمرّد · عنوق

INSOUTENABLE adj. *La tomqen ol modafaât ânhou* لا تمكن المدافعة عنه · لا يحامى عنه

— qu'on ne peut supporter *La yohtamal* لا يحتمل · لا يطاق

INSPECTER v.a. *Rakaba* راقب · فتّش · لاحظ

INSPECTEUR s.m. *Mofattech* مفتش · كشاف · مراقب

INSPECTION s.f. *Taftich* تفتيش · كشف · بحث · مراقبة

INSPIRATEUR, TRICE adj. *Molhem* ملهم · موح

INSPIRATION s.f., en physiol. *Estenchak* استنشاق · دخول الهواء في الصدر

— pensées, actions qui sont dues à une insufflation divine *Elham* الهام · وحي

— mauvaise inspiration *Ouasouaçat* وسوسة · وسواس · اغواء

INSPRIRER v.a. *Aouha êla* أوحى الى · الهم

INSTABILITÉ s.f. *Takallob* تقلب · عدم ثبات

INSTABLE adj. *Motakalleb* متقلّب · غير ثابت · متزعزع

INSTALLATION s.f. *Estekrar* استقرار · وضع · اجلاس

— t. de mar. *Tartib* ترتيب · توضيب (في الملاحه)

INSTALLER v.a. *Ouadaâ* وضع يضع · اقام · اجلس · اقرّ

— (S') v.r. *Estakarra* استقرّ · حلّ · إستوى

INSTAMMENT adv. *Beladjadjat* بلجاجة · بالحاح

INSTANCE s.f. *Ladjadjat* لجاجة · الحاح

— tribunal de 1er instance *Ebtédaï* ابتدائي · المحكمة الابتدائية

INSTANT s.m. *Ane, borhat* آن · برهة · لحظة · حين

— à l'instant, loc. adv. *Fil hal, halan* في الحال · حالاً

INSTANT, ANTE adj. *Molehh* ملح · ملغ

INSTANTANÉ, ÉE adj. *Hini, fil saât* حيني · فجائي · ابن ساعته · في الساعة

INSTANTANÉITÉ s.f. *Oudjoud hali* وجود حالي · الحالة الفجائية

INSTANTANÉMENT adv. *Halan* حالاً · بالحال · بلحظة

INSTAR (À L') loc. prép. *âla osloub* على اسلوب · على طريقة · على منوال

INSTAURATION s.f., en méd. *Hayd ol bologh* حيض البلوغ · دم البلوغ (في الطب)

INSTIGATEUR, TRICE s.m. et f. *Moharrec* محرّك · محرّش · مفسد

INSTIGATION s.f. *Tahric* تحريك · إغرآء · تحريض

INSTIGUER v.a. *Harraca* حرَّكَ · أغرى · حرَّضَ

INSTILLATION s.f. *Tankit* تنقيط · تقطير

INSTILLER v.a. *Nakkata* نَقَّطَ · قطَّر

INSTINCT s.m. *Gharizat* غريزه · الهام طبيعي

INSTINCTIVEMENT adv. *Ghariziyan* غريزيًا · بمجرد الطبع · بالهام الطبيعة

INSTITUER v.a. *Naçaba* نَصَبَ ينصِب · وضع · جعل · أقام

INSTITUT s.m. *Tarikat* طريقة · سمْت · ترتيب

— de savants *Djamiyat ôlama* جمعية عُلَماء

INSTITUTEUR, TRICE s.m. et f. *Moâllem* معلِّم · مدرِّس · مؤدب اطفال

— celui qui établit, qui institue *Mouasses* مؤسِّس · مشيِّد · واضع

INSTITUTION s.f. *Tartib* ترتيب · تأسيس · تشييد

— école *Madraçat* مدرسة

— d'héritier, en jurisp. *Tâïyn ol ouarès* تعيين الوارث (في الفقه)

— de Tribunal *Tachqil ol madjlès* تشكيل المجلس

INSTRUCTEUR s.m. *Moâllem* معلم · مؤدب

— t. milit. *Dabet tâlim* ضابط تعليم · مَعْلَمْجي (في العسكرية)

— juge, en jurisp. *Kadi tahkik* en Egypte; *mostantek* en Syrie قاضي تحقيق · مستنطق

INSTRUCTIF, IVE adj. *Mofid* مفيد · متضمن فوائد علمية

INSTRUCTION s.f., action d'instruire *Tâlim* تعليم · تثقيف

— connaissance *Êlm, mârêfat* علم · معرفة

— **publique** *Al maâref ol ômoumiyat* المعارف العمومية · التعليم العمومي

— en jurisp. *Tahkik* en Egypte; *Estentak* en Syrie تحقيق · استنطاق

— juge d'instruction *Kadi tahkik* قاضي تحقيق

INSTRUCTIONS s.f. pl. *Tadlimat* تعليمات · اوامر

INSTRUIRE v.a. *âllama* عَلَّمَ · ادَّب · ثقَّف

— informer *Ballagha* بلَّغ · عرَّف · خبَّر · أنبأ

— en jurisp. *Hakkaka, estantaka* حقَّقَ · استنطَق

— (S') v.r. *Taâllama* تعلَّمَ · تثقَّف · تهذَّب · تحقَّق

INSTRUIT, UITE adj. *âlem* عالم · متنوِّر · مثقَّف

INSTRUMENT s.m. *Alat* آلة ج آلات

— moyen *Ouacêtat* واسطة · وسيلة

INSTRUMENTATION s.f., t. de prat. *Edjraât kanouniyat* اجرآآت قانونية · عمل مذاكرات · تحرير محاضر (في المحاكمات)

INSU (À L') s.m. *Men ghayr êlm* من غير علم · من دون اطلاع

INSUBMERSIBLE adj. *La yaghrak* لا يغرق · لا يغوص

INSUBORDINATION s.f. *Écian* عصيان · مقاومة · عدم طاعة

INSUBORDONNÉ, ÉE adj. *Ghayr motaouâ* غير مطوِّع · عاصٍ · متمرد

INSUCCÈS s.m. *Khaybat amal* خيبة امل · عدم نجاح · حبوط مسعى

INSUFFISAMMENT adv. *ân ghayr qéfayat* عن غير كفاية · بدون كفاية

INSUFFISANCE s.f. *Kellat kefayat* قلة كفاية · قصور · عدم اهلية

INSUFFISANT, ANTE adj. *Ghayr cafou* غير كفوٓ · غير كافٍ

INSUFFLATION s.f. *Nafkh* نفخ

INSULAIRE adj. et s. *Djazaïri* جزائري · من اهل جزيرة

INSULTANT, ANTE adj. *Mohin* مهين · شاتم · قاذف

INSULTE s.f. *Èhanat* اهانة · شتيمة · قذف

INSULTER v.a. *Ahana* أهانَ · شتم · قذف في حق

INSULTEUR s.m., néolog. *Chatem* شاتم · قاذف

INSUPPORTABLE adj. *La yohtamal* لايحتمل · لايطاق

INSUPPORTABLEMENT adv. *Bênaoâ ghayr mohtamal* بنوع غير محتمل · بنوع غير مطاق

INSURGÉ s.m. *âçi* عاصٍ · ثائر

INSURGER (S') v.r. *âça* عَصَى يعصي · ثار · تمرَّد

INSURMONTABLE adj. *La yokaouam* لايُقاوَم · لايُغلَب · لايذلَّل

INSURRECTEUR, TRICE adj. *Moharreq lel éçian* محرك العصيان · مهيّج

INSURRECTION s.f. *Éçian* عصيان · تمرّد · هيجان · ثورة · قومة

INSURRECTIONNEL, ELLE adj. *Éçiani* عصياني · تمردي · هياجي · ثوروي

INSURRECTIONNELLEMENT adv. *Bétarikat el éçian* بطريقة العصيان · بنوع هياجي · بتمرد · بثوران

INTACT, ACTE adj. *Camel* كامل · صحيح · غير ممسوس

INTACTILE adj *La yolmas* لا يلمس · لا يمسّ

INTARRISSABLE adj. *Dayem ol sayalan* دائم السيلان · لا يفرغ

INTÉGRAL, ALE adj., en math. *Camel* كامل · تام (في الرياضيات)

INTÉGRANT, ANTE adj. *Mocammul* مكمّل · متمّم (في الرياضيات)

— en chim. *La yataghayyar tarqibohou* لا يتغير تركيبه (في الكيميا)

INTÈGRE adj. *Âdel* عادل · منصف · مستقيم

INTÉGRITÉ s.f. *Estékamat* استقامة · انصاف · عدل

— état d'une chose qui est entière *Camal* كمال · تمام

INTELLECT s.m. *Kouat ol fahm* قوة الفهم · قوة التمييز · قوة الادراك

INTELLECTUEL, ELLE adj. *Zehni* ذهني · عقلي

INTELLECTUELLEMENT adv. *Be édrac* بادراك · بفهم

INTELLIGENCE s.f. *Fahm* فهم · ادراك · بصيرة

— accord *Ettéfak* اتفاق · مواطئة

INTELLIGENT, ENTE adj. *Zaki* ذكي · فطن · عاقل · فهم

— habile *Khabir* خبير · ذو المام

INTELLIGIBILITÉ s.f. *Sohoulat ol mafhoumiyat* سهولة المفهومية · سهولة الادراك

INTELLIGIBLE adj. *Bay-yen* بيّن · سهل الادراك · مفهوم

INTEMPÉRANCE s.f. *Efrat, charahat* افراط · شراهة

INTEMPÉRANT, ANTE adj. *Mofret, chareh* مفرط · شره

INTEMPÉRIE s.f. *Taghay-yor fil haoua* تغيّر في الهواء · عدم انتظام الفصول

INTEMPESTIF, IVE adj. *Fi Ghayr ouaktéhi* في غير وقته · في غير محله

INTENDANCE s.f. *Ouaqalat* وكالة · ادارة · نظارة

INTENDANT s.m. *Ouaqil* وكيل · مدير · ناظر

INTENSE adj. *Chadid* شديد · قاس · حاد

INTENSITÉ s.f. *Cheddat* شدّة · حدة · قساوة

INTENTER v.a. **un procès** *Eddaâ, akama ddoua* إدعى اقام دعوى على

INTENTION s.f. *Niyat* نية ج نيات ونوايا · قصد · أرب

INTENTIONNÉ, ÉE adj. *Zou niyat* ذو نيّة

— bien intentionné *Khalès ol niyat* خالص النية · سليم الطوية

— mal intentionné *Saï ol niyat* سيئ النية · رديّ الطوية

INTENTIONNELLEMENT adv. *Âmdan* عمدًا · قصدًا (في القضاء)

INTERARTICULAIRE adj. en anat. *Bayn al mafacel* بين المفاصل (في التشريح)

INTERCADENCE s.f., en méd. *Al torou* الطروّ · نبض طارئ او عارضي (في الطب)

INTERCALAIRE adj. *Modaf* مضاف · داخل

— jour intercalaire, en méd. *Yaoum ol fatrat* يوم الفترة في الحميات (في الطب)

INTERCALATION s.f. *Édafat* اضافة · ادخال · ضم · ادماج

INTERCALER v.a. *Âdafa éla.* أضاف الى · ادخل بين · ضمّ · ادمج في

INTERCÉDER v.n. *Tachaffaâ* تشفّع · توسّل · توسّط

INTERCELLULAIRE adj., en bot. *Bayn al khalaya* بين الخلايا (في النبات)

INTERCEPTER v.a. *Hadjaza* حجز · يحجز · سدّ · حجب

INTERCEPTION s.f. *Hadjz* حجز · سد · حجب

INTERCESSEUR s.m. *Chafi* شفيع · وسيط

INTERCESSION s.f. *Chafaât* شفاعة · توسّل · توسّط

INTERCOSTAL, ALE adj. en anat. *Bayn al adlâ* بين الاضلاع (في التشريح)

INTERCURRENT, ENTE adj., en méd. *Ârédi* عارضيّ (في الطب)

INTERDICTION s.f. *Mané* منع · تحريم · نهي

INTERDICTION s.f., en jurisp. *Hadjr* — حجر . (في القضاء)

INTERGIDITAL, ALE adj. en anat. *Bayn al açabê* — بين الاصابع (التشريح)

INTERDIRE v.a. *Manaâ* — مَنَعَ . نهى . حرّم

— en jurisp. *Hadjara âla* — حجر على (في القضاء)

INTERDIT s.m. *Manê* — منع . نهي . حرمان

— étonné *Mabhout* — مبهوت . مرتعد . مذهول

— p.p. d'interdir, en jurisp. *Mahdjour âlayhi* — محجور عليه (في القضاء)

INTÉRESSANT, ANTE adj. *Mofid* — مفيد . موجب الاعتناء به . مهم

INTÉRESSÉ, ÉE adj. *Saheb gharad* — صاحب غرض . ذو علاقة

INTÉRESSER v.a., associer *Achraka fil macsab* — أشرَكَ في المكسب

— attacher à.... *Estamala* — استمالَ . حرّكَ . رغّب

— (S') v.r. *Ehtamma* — إهتمّ . مال نحو . غارَ على

INTÉRÊT s.m. *Saleh* — صالح صوالح . فائدة . نفع . منفعة . خير

— porter intérêt *Enêtaf* — انعطاف . التفات

— de l'argent, t. de banque *Fayêdat* — فائدة . فائض . ربح . رباء

— **composé,** t. de banque *Fayêdat moraccabat* — فائدة مركبة . فائدة الفائدة

— dommage-intérêt, en jurisp. — **voir Dommages**

INTERFOLIACÉ, ÉE adj., en bot. *Bayn al aourak* — بين الاوراق (في النبات)

INTÉRIEUR s.m. *Dakhel* — داخل . قلب . ضمن . باطن . وسط

— **ministère de l'Intérieur** *Al dakhêliat* — الداخلية . نظارة الداخلية

INTÉRIEUREMENT adv. *Dakhêlan* — داخلاً . باطناً . ضمناً

INTÉRIM s.m. *Mouakkatan* — موقتاً

— **par intérim** *Bel ouacalat* — بالوكالة . بالنيابة

INTÉRIMAIRE adj. *Ouaqil* — وكيل . نائب

INTERJECTION s.f. en gram. *Hatfat* — هتفة . حرف نداء . حرف ندبة

— d'appel, t. de prat. *Estênaf daôua* — استئناف دعوى . ابلّو (في المحاكمات)

INTERJETER v.a., appel, en jurisp. *Estanafa* — استأنف . رفع الدعوى امام المحكمة الاستئنافية . رفع ابلّو

INTERLIGNE s.f. *Fashat bayn al astor* — فسحة بين الاسطر . كتابة بين الاسطر

— d'imprimerie *Rakikat* — رقيقة . وهي في اصطلاح المطابع قطعة من الرصاص توضع بين الاسطر لفرق بعضها عن بعض

INTERLINÉAIRE adj. *Mohachcha bayn al soteur* — محشّى بين السطور

INTERLOBAIRE adj., en bot. *Bayn al foçous* — بين الفصوص (في النبات)

INTERLOCUTEUR, TRICE s.m. et f. *Mokhateb* — مخاطِب . متكلِّم

INTERLOCUTION s.f. *Mokhatabat* — مخاطبة . مكالمة

INTERLOCUTOIRE adj., en jurisp. (jugement) *Hocm tambidi* — حكم تمهيدي (في القضاء)

INTERLOPE adj. et s. *Mamnoâ* — ممنوع . تجارة ممنوعة

INTERLOQUER v.a., t. de jurisp. *Asdara hocman tambidiyan* — اصدر حكمًا تمهيديًا (في القضاء)

— fig., embarrasser, étourdir *Afhama* — أفحمَ . لبّك . حيّر

INTERMAXILLAIRE adj., t. d'anat. *Bayn al faccayn* — بين الفكين (في التشريح)

INTERMÈDE s.m. *Bayn foçoul el tamsil* — بين فصول التمثيل . وهي العاب تجرى بين فترات الفصول

INTERMÉDIAIRE adj. et s. *Ouacit* — وسيط . واسطة

INTERMINABLE adj. *Ghayr montahi* — غير منتهٍ . من دون نهاية

INTERMISSION s.f., en méd. *Enkêtâ* — انقطاع . (في الطب)

INTERMITTENCE s.f. *Takattô* — تقطّع . عدم دوام . عدم تواصل

INTERMITTENT, ENTE adj. *Monkatê* — منقطع . غير دائم . غير متواصل

INTERMUSCULAIRE adj., en anat. *Bayn al âdalat* — بين العضلات (في التشريح)

INTERNATIONAL, ALE adj. *Douali* — دُوَلي . متعلق بكل الدول

INTERNE adj. *Dakhêli* — داخلي . جُوّاني

— en méd. *Batêni* — باطني . انسي . (في الطب)

INTERNONCE s.m. *Ouaqil ol corsi-l-raçouli* — وكيل الكرسي الرسولي او نائب

INTEROSSEUX, EUSE adj. en anat. *Bayn al ezam* بين العظام (في التشريح)

INTERPELLATION s.f. *Mokhatabat* مخاطبة . سؤال

INTERPELLER v.a. *Khataba* خاطَبَ . سأل

INTERPOLATEUR s.m. *Mohachchi* مُحشٍّ . محاّل

INTERPOLATION s.f. *Tahchiat* تحشية . الحاق

INTERPOLER v.a. *Hach-cha fi asl el nass* حَشّى في أصل النص . الحق

INTERPOSER v.a. *Ouadad bayn* وَضَعَ بين . وسَّطَ

— (S') v.r. *Tadakhala* تَداخَلَ . توسَّط . دخل بين

INTERPOSITION s.f. *Ouadé bayn* وضع بين . تحشير . توسُّط . دخول بين

INTERPRÉTATEUR s.m. *Mofasser* مفسِّر . معبِّر . موضِّح . مترجم

INTERPRÉTATIF, IVE adj. *Tafciri* تفسيري . تعبيري . ايضاحي

INTERPRÉTATION s.f. *Tafcir* تفسير . تعبير . ترجمة . شرح

INTERPRÈTE s.m. *Tordjoman* ترجمان . مترجم . مفسِّر . شارح

INTERPRÉTER v.a. *Tardjama* تَرْجَمَ . فسَّر . شرح . أوَّلَ

INTERRÈGNE s.m. *Moddat kholou el korsi-l-molouqi* مدة خلوّ الكرسي الملوكي

INTERROGATIF, IVE adj. *Estefhami* استفهامي

INTERROGATION s.f. *Estefham* استفهام . سؤال

INTERROGATOIRE s.m. *Estentak* en Syrie; *mozacarat* en Egypte استنطاق . مذاكرة . اسئلة واجوبة

INTERROGER v.a. *Estafhama* إستفهمَ . سألَ . استنطق

INTERROMPRE v.a. *Katad fil calam* قاطع في الكلام

— la possession, en jurisp. *Askata-l-hak al moctaçab bemorour el zaman* أسْقَطَ الحق المكتسب بمرور الزمن . اوقف وضع اليد

INTERRUPTEUR s.m. *Makaté fil calam* مقاطع في الكلام

INTERRUPTION s.f. *Katé ol calam* قطع الكلام . انقطاع . مقاطعة في الكلام

— en jurisp. *Katé ol taouali* قطع التوالي . سقوط الحق المكتسب بمرور الزمن (في القضاء)

INTERSCAPULAIRE adj., en anat. *Bayn al catéfayn* بين الكتفين (في التشريح)

INTERSECTION s.f., en géom. *Takatô khattayn* تقاطع خطين (في الهندسة)

INTERSTICE s.m., en phys. *Khélal* خلال . فضاء . فُرجة (في الطبيعيات)

INTERTRIGO s.m., en méd. *Taçallokh* تسلُّخ « تسميط » (في الطب)

INTERTROPICAL, ALE adj., en géog. *Bayn daouayer el enkélab* بين دوائر الانقلاب (في الجغرافية)

INTERUTÉRO-PLACENTAIRE adj., en anat. *Bayn al rahem oual machimat* بين الرحم والمشيمة (في التشريح)

INTERVALLE s.m., t. d'art milit. *Maçafat* مسافة (في الطوبجية)

— **de temps** *Moddat* مدة . برهة

— dans l'intervalle *Fi ghodoun* في غضون . في اثناء . في مسافة

INTERVENANT, ANTE adj. en jurisp. *Chakhs sales dakhel fil daôua* شخص ثالث داخل في الدعوى (في القضاء)

INTERVENIR v.n. *Tadakhala* تَداخَلَ . توسَّط بين

INTERVENTION s.f. *Tadakhol* تداخُل . توسُّط

— en jurisp. *Dekhoul chakhs sales bel daôua* دخول شخص ثالث بالدعوى (في القضاء)

INTERVERSION s.f. *Enkélab* انقلاب . انعكاس النظام

INTERVERTÉBRAL, ALE adj. en anat. *Bayn al fakarat* بين الفقرات (في التشريح)

INTERVERTIR v.a. *Kalaba* قَلَبَ يقلِب . عَكَسَ النظام

INTERVERTISSEMENT s.m. *Kalb* قَلْب . عَكْس النظام

INTESTAT (AB) adj., t. de jurisp. *Bela ouaciyat* بلا وصيّة . بدون وصيّة (في القضاء)

INTESTIN s.m., en anat. *Mad* معاً . مصران (في التشريح)

— , **INE** adj. *Bateni* باطني . داخلي . جواني . اهلي

INTESTINAL, ALE adj., en anat. *Madoui* معوي (في التشريح)

INTIMATION s.f. *Amr* امر . نهي

— acte judiciaire, t. de prat. *Enzar* انذار . اعلام رسمي (في المرافعة)

INTIME adj. *Khass* خاص . خاصة

INTIME adj. en phys. et chim. *Baten* باطن . داخل (في الطبيعيات والكيميا)

— amitié *Oueddi* ودي . حبي . اخلاصي

INTIMÉ, ÉE s.m. et f., t. de palais *Moddad âlayhi* مدّعى عليه امام المحكمة الاستئنافية

INTIMEMENT adv. *'Batenan* باطنًا . داخلاً

— dans le fond de l'âme *Kalbiyan* قلبيًا . بصداقة كلية . باخلاص بودّ

INTIMER v.a. *Amara* أمرَ . يأمرُ . عرّفَ

— t. de prat. *Anzara* أنذرَ . اعلن رسميًا (في القضا)

INTIMIDABLE adj. *Sahel ol Takhouif* سهل التخويف . قابل التهديد

INTIMIDATEUR s.m. *Mokhaou-ouef* مُخوِّف . مهدِّد

INTIMIDATION s.f. *Takhouif* تخويف . تهديد . تهويل ترهيب

INTIMIDER v.a. *Khaou-ouafa* خوَّف . ارهب . هدَّد . هوَّل

INTIMITÉ s.f., en phys. et chim. *Baten* باطن . عمق (في الطبيعيات والكيميا)

— au fig., liaison intime *Kholous* خلوص . مودّة . مصافاة

INTITULÉ s.m. *Ênouan* عنوان . ترويسة . تسمية

— , **ÉE** p.p. d'intituler *Modnouan* معنون . مسمّى

INTITULER v.a. *ânouana* عنونَ . روّسَ . سمّى

INTOLÉRABLE adj. *La yohtamal* لا يحتمل . لا يطاق

INTOLÉRABLEMENT adv. *Bênaôu ghayr mohtamal* بنوع غير محتمل

INTOLÉRANCE s.f. *Kellat ehtêmal* قلة احتمال . عدم اطاقة

INTOLÉRANT, ANTE adj. *Ghayr mohtamal* غير محتمل . غير مطاق

INTOXICATION s.f., en méd. *Taçammom* تسمّم (في الطب)

ITOXIQUER v.a. en méd. *Samma* سمّ . سمَّم (في الطب)

INTRADOS s.m., en arch. *Batn ol âkd* بطن العقد . داخل العقد (في الهندسة البنائية)

INTRADUISIBLE adj. *La yotardjam* لا يترجم . غير ممكنة ترجمته

INTRAITABLE adj. *Ghayr moualef* غير موألِف . شرس . وحشي . نافر

INTRA-MUROS loc. adv. *Dakhel al madinat* داخل المدينة . داخل اسوار المدينة

INTRANSITIF, IVE adj., en gramm. *Lazem* لازم . غير متعدٍّ (في الغراماطيق)

IN-TRENTE-DEUX adj., t. d'impr. *Katê esnayn oua çalasine* قطع اثنين وثلاثين (في الطباعة)

INTRÉPIDE adj. *Chadid ol bas, bacel* شديد البأس . باسل . شجاع جريء

INTRÉPIDEMENT adv. *Bêbaçalat* ببسالة . بشجاعة . بجراءة . بشدة بأس

INTRÉPIDITÉ s.f. *Baçalat* بسالة . شجاعة . جراءة . بأس

INTRIGANT, ANTE adj. et s. *Sah.b daçayès* صاحب دسائس . متداخل

INTRIGUE s.f. *Daciçat* دسيسة . مكيدة

— d'une pièce de théâtre *Siak ol reouayat* سياق الرواية . مدار . اسلوب الحكاية

INTRIGUER v.a. *Balbala* بلبلَ . قلقلَ . دسَّ . حرَّكَ

— **(S')** v.r. *Tadakhala* تداخلَ . إندسَّ

INTRINSÈQUE adj. *Khass* خاصّ . ذاتي

— valeur intrinsèque *Al kimat ol asliyat* القيمة الاصلية

INTRODUCTEUR, TRICE s.m. et f. *Hadjeb, tachrifati* حاجب . تشريفاتي

INTRODUCTIF, IVE adj., acte introductif d'instance *Aridat takdim el ddoua* عريضة تقديم الدعوى (في القضا)

INTRODUCTION s.f. *Edkhal* ادخال . تدخيل

— d'un ouvrage *Mokaddamat* مقدّمة . فاتحة . تمهيد

— entrée *Madkhal* مدخل . باب . سبيل

INTRODUIRE v.a. *Adkhala* أدخلَ

— **(S')** v.r. *Tadakhala* تداخلَ . ادخلَ نفسه . تحشَّر

INTROMISSION s.f., en phys. *Edkhal* ادخال

INTRONISATION s.f. *Djolous âlal corsi-l-molouqi* جلوس على الكرسي الملوكي

INTRONISER s.f. *Akama* ou *adjlaça âla corsi-l-molq* أقامَ . اجلس على كرسي الملك

INTRUS, USE s.m. et f. *Dakhil* دخيل . مخالس . متعدّ

INTRUSION s.f. *Ekhtêlas oua-zifat* اختلاس وظيفة . تعدّ

INTUITIF, IVE adj., en théol. *Hodouri* حضوري . عياني . شهودي . (في اللاهوت)

INTUITION s.f., en philos. *Mocachafat* مكاشفة . نظر عقلي . ادراك (في الفلسفة)

— **divine**, en théol *Moâyanat allah* معاينة الله . مشاهدته . شهود (عند الصوفية وفي اللاهوت)

INTUITIVEMENT adv., en philos. *Benazar el âkl* بنظر العقل . بمعاينة نظرية . (في الفلسفة)

INTUMESCENCE s.f., en physiol. et méd. *Taouarrom* تورّم . (في الفيسيولوجيا والطب)

INTUSSUSCEPTION s.f., en physiol. *Dokhoul bâd el amâ bebaâd* دخول بعض الامعاء ببعض (في الفيسيولوجيا)

INUSABLE adj. *La yabla* لا يَبلى . لا يُفنى . لا يَرث

INUSITÉ, ÉE adj. *Ghayr mostâmal* غير مستعمل . غير دارج . غير مألوف

INUTILE adj. *Ghayr nafê* غير نافع . غير مفيد

INUTILEMENT adv. *Batêlan* باطلاً . بلا فائدة . عبثاً . سدى

INUTILITÉ s.f. *Kellat fayêdat* قلة فائدة . عدم منفعة

INVAINCU, UE adj. *Lam yogblab* لم يُغلَب . لم يُقهر

INVALIDATION s.f., en jurisp. *Ebtal* ابطال . إلغاء . نسخ (في القضاء)

INVALIDE adj. *âdjez* عاجز . معوّه

— en jurisp. *Batel* باطل . غير قانوني . غير شرعي (في القضاء)

INVALIDEMENT adv., en jurisp. *Batêlan* باطلاً . بغير قانون (في القضاء)

INVALIDER v.a. *Abtala* أبطَلَ . أفسَدَ . الغى . نسَخَ

INVALIDITÉ s.f. *Botlan* بطلان . فساد

INVARIABLE adj. *Sabet* ثابت . غير متغيّر . مبني

INVARIABLEMENT adv. *Men ghayr taghay-yor* من غير تغيّر . بلا تبدّل

INVASION s.f. *Gharat* غارة . غزو . حملة . هجوم

INVECTIVE s.f. *Chatimat* شتيمة . مسبّة . قدح . طعن . قذف

INVECTIVER v.n. *Chatama* شتَمَ يشتم . سبّ . قذَفَ . قدَحَ

INVENDABLE adj. *La yobâ* لا يباع . غير قابل البيع

INVENDU, UE adj. *Lam yobâ* لم يبع

INVENTAIRE s.m. *Djard* جرد (اي جرد البضائع والامتعة)

INVENTER v.a. *Ekhtarad* إختَرَعَ . ابدع . اوجد

INVENTEUR, TRICE s.m. et f. *Mokhtarê* مخترع . مبدع . موجد

INVENTIF, IVE adj. *Ekhtêraï* اختراعي . ابتداعي

INVENTION s.f., génie de l'invention *Ekhtêrâ* اختراع . ابتداع . ايجاد

— la chose *Mokhtarê* مختَرَع . بدعة

— découverte *Ectêchaf* اكتشاف

INVENTORIER v.a. *Djarada* جرَدَ يجرُد (اي جرد البضائع والامتعة)

INVERSE adj. *Makloub* مقلوب . منعكس

INVERSION s.f. *Enkêlab* انقلاب . تقديم الكلام وتأخيره . انعكاس

INVERTÉBRÉ, ÉE adj. en hist. nat. *Ghayr fakari* غير فقري . من الحيوانات التي لا فقار لها (في التاريخ الطبيعي)

INVESTIGATEUR, TRICE s.m. et f. *Babês* باحث . فاحص . مستقص

INVESTIGATION s.f. *Bahs* بحث . فحص . استقصاء

INVESTIR v.a., t. milit. *Haçara* حاصَرَ · احدقَ ب · احاطَ (في الجندية)

— mettre en possession d'un pouvoir *Kallada* قَلَّد · نصَّبَ · ولَّى · منحَ

— **(S')** v.a. *Kallada nafsahou* قَلَّدنفسه · ولّى ذاته · منحَ نفسهُ حقًّا ما

INVESTISSEMENT s.m. *Mohaçarat* محاصرة · احاطة · احداق

INVESTITURE s.f. *Taklid* تقليد · تنصيب · تولية · منح

INVÉTÉRÉ, ÉE p.p. d'invétérer *Mozmen* مزمن · قديم · متعتق

INVÉTÉRER (S') v.r. *Taâttaka* تَعتَّقَ · ازمَنَ · قَدُمَ

INVINCIBLE adj. *La yokhar* لا يُقهَر · لايُغلَب

INVINCIBLEMENT adv. *Behays al yokhar* بحيث لا يقهَر · بنوع لايغلَب

INVIOLABILITÉ s.f. *Hormat* حُرمة · عدم قابلية الانهتاك

INVIOLABLE adj. *La yotaâdda âlayhi* لايُتعدّى عليهِ · حَرَم · لايباح غيرقابل الانهتاك

INVISCATION s.f. *Talzidj* تلزيج · ترطيب

INVISIBLE adj. *Ghayr manzour* غيرمنظور · خفي عن النظر · غائب عن الابصار

INVISIBLEMENT adv. *Ghiaban ân el baçar* غيابًا عن البصر · بنوع غير منظور

INVITATION s.f. *Daôuat, âzimat* دعوة · عزيمة

INVITER v.a. *Daâ, âzama* دَعَا يدعو · عزَمَ

— engager à... *Hamala âla* حَملَ على · اغرى · حرَّض

INVOCATION s.f. *Doâ* دعآء · استمداد · تَوسُّل

INVOLONTAIRE adj. *Ded al eradat* ضد الادارة · غيراختياري · ضد الخاطر

INVOLONTAIREMENT adv. *Djabran* جبرًا · من غيرارادة · بدون اختيار

INVOLUTÉ, ÉE adj., en bot. *Elal dakhel* الى الداخل · ملفوف الى الداخل (في النبات)

INVOQUER v.a. *Estadâa* إستَدعَى · استمد · استغاث ب

INVRAISEMBLABLE adj. *Baîd ân el tasdik* بعيد عن التصديق · غير محتمل الوقوع

INVRAISEMBLANCE s.f. *Boôd ân el tasdik* بعد عن التصديق · عدم الاحتمال

INVULNÉRABLE adj. *La yodjrah* لايجرح · لايصاب · غيرممكنة اصابته

IODE s.m. en chim. *Youd* يود « جوهر كيماوي » (في الكيميا)

IODISME s.m. en chim. *Taçammom bel youd* تسمم باليود (في الكيميا)

* **IODOFORME** s.m. en chim. *Youdoform* يود وفورم (في الكيميا)

IODOPHTHISIE s.f., en méd. *Sakam bel youd* سَقم باليود · اونحافة باليود (في الطب)

IODOTHÉRAPIE s.f., en méd, *Modaouat bel youd* مداواة باليود (في الطب)

* **IODURE** s.m., en chim. *Youdour* يودور (في الكيميا)

IPÉCACUANHA s.m., en bot. *Êrk ol zahab* عرق الذهب (ايكاكوانا) مادة نباتية مقيئة

IPSO-FACTO loc. adv. lat. *Bezat el fêl* بذات الفعل

IRASCIBILITÉ s.f. *Charaçat* شراسة · سرعة الغضب

IRASCIBLE adj. *Charès* شرس · سريع الغضب

IRATO (AB) loc. adv. lat. *Béghadab* بغضب · بشراسة

IRE s.f. *Ghadab* غضب · رجز · سخط

IRIDARÉOSIS s.f., en méd. *Khomoud ol kazhiyat* خمود القزحيه (في الطب)

IRIDAUXÉSIS ou **IRIDONCOSE** s.f., en méd. *Dakhamat ol kazhiyat* ضخامة القزحية (في الطب)

IRIDECTOMIE s.f., en méd. *Hadakat sanaîyat* حدقة صناعية (في الطب)

IRIDÉES s.f. pl., en bot. *Al saouçanniyat* السوسنيَّة · الفصيلة السوسنيَّة (في النبات)

IRIDELCOSIS s.f., en méd. *Takarroh ol kazhiyat* تقرح القزحية (في الطب)

IRIDÉRÉMIE s.f., en méd. *Fakd ol kazhiyat* فقد القزحية (في الطب)

* **IRIDIUM** s.m., en chim. *Iridioum* ايريديوم ـ معدن من الاجسام البسيطة سريع الكسر (في الكيميا)

IRIDOCÈLE s.f., en chir. *Fetk ol kazhiyat* فتق القزحية (في الجراحه)

IRIDODIALYSE s.f. en chir. *Enfêçal ol kazhiat* انفصال القزحية (في الجراحه)

IRIDOPTOSE s.f., en chir. *Sokout ol kazhiyat* سقوط القزحية (في الجراحه)

IRIDOSCHISMA s.m. en chir. *Enkèçam ol kazhiyat* انقسام القزحية (في الجراحه)

IRIDOTOMIE s.f., en chir. *Katê ol kazhiyat* قطع القزحية (في الجراحه)

IRIEN, ENNE adj., en anat. *Kazhi* قزحي . (في التشريح)

IRIS s.m., en bot. *Saouçann* سوسن (نبات)

— en anat. *Kazhiyat ol âyn* قزحية العين (في التشريح)

— arc en ciel *Kaous kozah* قوس قُزَح . الوان قوس قُزَح

IRITIS s.f., en méd. *Eltêhab ol kazhiyat* التهاب القزحية (في الطب)

IRONIE s.f. *Estêhza* استهزاء . ازدراء . تهكّم

IRONIQUE adj. *Hezêi, tahaccomi* هزئي . تهكمي

IRONIQUEMENT adv. *Bées-têhza* باستهزاء . بازدراء . بتهكم

IRRADIATION s.f. *Sotoû* سطوع . انتشار الاشعة

— en anat. *Châchaât* شعشعة . تشعع (في التشريح)

IRRÉALISABLE adj. *La yadjri* لايجري . لايتم . لايتحقق

IRRÉCONCILIABLE adj. *Ghayr kabel el solh* غير قابل الصلح . غير مسالم

IRRÉCOUVRABLE adj. *La yomqen tahsilohou* لايمكن تحصيله

IRRÉCUSABLE adj. *Ghayr kabel el êterad* غيرقابل الاعتراض . لايُرفَض

IRRÉDUCTIBLE adj., en chim. *La yaôud ela aslêhi* لايعود الى اصله (في الكيميا)

— en chir. *La yoradde* لايُرَدّ (في الجراحه)

IRRÉFLÉCHI, IE adj. *Tayech* طايش . خفيف . غير مقدّر العواقب

IRRÉFORMABLE adj., t. de palais *La yolgha, la yonkad* لايلغى . لاينقض في المحاكمات

IRRÉFRAGABLE adj. *La yonkad, la youârad* لا ينقض . لا يعارض

IRRÉFUTABLE adj. *Ghayr kabel el êterad* غير قابل الاعتراض . غير ممكن رفضه

IRRÉGULARITÉ s.f. *âdam tartib* عدم ترتيب . عدم نظام . مخالفة للقاعدة . شذوذ

IRRÉGULIER, ÈRE adj. *Moghayer lel kanoun* مغاير للقانون . مخالف القواعد . شاذ

— en méd. pouls irréguliers, *Ghayr montazem* غير منتظم . نبض غير منتظم (في الطب)

— troupe irrégulière, t. milit. *âscar ghayr monazzam* عسكر غير منظّم . باشبوزوق (في العسكرية)

IRRÉGULIÈREMENT adv. *Béchozouz* بشذوذ . بمخالفة للقانون

IRRÉLIGIEUSEMENT adv. *Bénaoû mokhalef lel dine* بنوع مخالف للدين

IRRÉLIGIEUX, EUSE adj., sentiments *Moghayer lel dianat* مغاير للديانة . مخالف للدين

— personne *Cafer* كافر . بلا دين

IRRÉLIGION s.f. *Kellat dine, cofr* قلّة دين . كفر

IRREMBOURSABLE adj. *Mal la yoradde* مال لا يرد . لايُسدّد

IRRÉMÉDIABLE adj. *ôdal* عُضال . عُقام . لايُداوى

IRRÉMÉDIABLEMENT adv. *Benaoû la yakbal ol daôua* بنوع لايقبل الدواء . بعضالة

IRRÉMISSIBLE adj. *Ghayr maghfour* غير مغفور . لايعفى عنه . لايسامح

IRRÉPARABLE adj. *Ghayr kabel el taôuid* غير قابل التعويض

IRRÉPRÉHENSIBLE adj. *Ghayr maloum* غير ملوم . لايستحق الملامة

IRRÉPROCHABLE adj. *La âyb fihi* لاعيب فيه . لايستحق التفنيد

— t. de palais *La yorfad* لايرفض . غير قابل الطعن (في المحاكمات)

IRRÉPROCHABLEMENT adv. *Bela âyb* بلاعيب . بنوع غير مستوجب اللوم

IRRÉSISTIBILITÉ s.f. *âdam kabeliat el mokaouamat* عدم قابلية المقاومة

IRRÉSISTIBLE adj. *La yokaouam* لايقاوم . لايعاند . لايخالف

IRRÉSISTIBLEMENT adv. *Ghasban* غصباً . بلا مقاومة

IRRÉSOLU, UE adj. *Motaradded ol afcar* مترَدّد الافكار . حيران

IRRÉSOLUTION s.f. *Taraddod* تردد · حيرة · تموّج الافكار

IRRESPECTUEUSEMENT adv. *Bêla ehtêram* بلا احترام · بلا توقير

IRRESPECTUEUX, EUSE adj. *Kalil ol haya* قليل الحياء · قليل الاحترام

IRRESPONSABLE adj. *Khali-l-maçouliyat* خالي المسئولية · غير مسئول

IRRÉVÉRENCE s.f. *ádam ehtêram* عدم احترام · قلة رعاية

IRRÉVÉRENCIEUSEMENT adv. *Bela hechmat* بلا حشمة · بلا وقار

IRRÉVÉRENCIEUX, EUSE adj. *Kalil ol rêâyat* قليل الرعاية · قليل الاحترام

IRRÉVÉRENT, ENTE adj. *Modad ol adab* مضاد الادب · منافي الاحتشام

IRRÉVOCABLE adj. *La yonkad* لاينقض · لايردّ · غير قابل المراجعة

IRRÉVOCABLEMENT adv. *Men ghayr moradjaât* من غير مراجعة · بلا ردّ · من كل بد

IRRIGABLE adj., t. d'agric. *Momqen rayohou* ou *meskaoui* ممكن ريّهُ · مسقاوي (في الزراعة)

IRRIGATEUR s.m. *Zarek* زارق · آلة للزروق · حقنة

IRRIGATION s.f., en méd. *Zorouk* زروق · دخول سايل · حقن (في الطب)

— t. d'agr. *Saki, ray* سقي · ريّ (في الزراعة)

IRRIGUER v.a. *Saka, raoua* سقىَ · روى (في الزراعة)

IRRITABILITÉ s.f. *Kabeliyat ol tahayodj* قابلية التهيج · استعداد للحدّة

IRRITABLE adj. *Kabel ol heddat* قابل الحدة · ممكن تهييجه

IRRITANT, ANTE adj. *Mohay-yedj* مهيّج · محرّك

IRRITATION s.f. *Hayadjan* هيجان · تهيّج · حدّة

IRRITER v.a. *Aghdaba* أغضَبَ · اغاظ · حرّك · هيّجَ · اثار

IRRUPTION s.f. *Gharat* غارة · حملة · هجوم · غزوة

ISCHÉMIE s.f., en méd. *Ikaf ol daourat* ايقاف الدورة · قلة ورود الدم (في الطب)

ISCHIATIQUE adj., en anat. *Ouerqi* وركي (في التشريح)

ISCHIO-CAVERNEUX, EUSE adj. en anat. *Ouerqi modjaouafi* وركي مجوفي (في التشريح)

ISCHIOCÈLE s.f., en méd. *Fetk ouerqi* فتق وركي (في الطب)

ISCHION s.m., en anat. *Ouerq* ورك ج اوراك · عظم المقعدة (في التشريح)

ISCHURIE s.f., en méd. *ósr ol tabaouol* عسر التبول (في الطب)

ISLAM s.m. *Al eslam* الاسلام

ISLAMISME s.m. *Din ol eslam* دين الاسلام · الدين المحمّدي

ISOCHIMÈNE adj., (ligne isochimène) *Khat ol êtédal* خط الاعتدال

ISOCHRONE adj., t. de méd. *Motaçaoui-l-zaman* متساوي الزمن (في الميكانيكا)

ISOCHRONISME s.m., t. de méd. *Taçaoui-l-zaman* تساوي الزمن (في الميكانيكا)

ISOLABLE adj., en phys. *Kabel ol êtèzal* قابل الاعتزال (في الطبيعيات)

ISOLANT, ANTE adj., en phys. *âzel* عازل (في الطبيعيات)

ISOLATEUR s.m., en phys. *Al âzel* العازل (في الطبيعيات)

ISOLATION s.f. *Êtèzal* اعتزال · انفراد

ISOLÉ, ÉE p.p. d'isoler *Monfared* منفرد · مختلٍ · معتزل

ISOLEMENT s.m. *Enfêrad* انفراد · توحّد · اعتزال

— t. de télégraphie *Manfaz selk el teleghraf* منفذ سلك التلغراف

ISOLÉMENT adv. *âla enfêrad* على انفراد · على خلوة

ISOLER v.a. *Afrada* أفْرَدَ · عَزَلَ · فَصَلَ

— (S') v.r. *Enfarada* إنْفَرَدَ · اعتزل

ISOLOIR s.m., en phys. *Al âzel* العازل (في الطبيعيات)

ISOMÈRE adj., en minéral. et en chim. *Men tarqib ouahed* من تركيب واحد (في المعادن والكيميا)

ISOMÉRIE s.f., en minéral et chim. *Tachaboh ol tarqib* تشابه التركيب (في المعادن والكيميا)

ISOMORPHE adj., en chim. *Motachabeh ol chacl* متشابه الشكل (في الكيميا)

ISOMORPHIE ou **ISOMORPHISME** s.m., en chim. *Tachaboh ol chacl* تشابه الشكل (في الكيميا)

ISOCÈLE adj., en géom. *Motaçaoui-l-deldâyn* متساوي الضلعين · (في الهندسة)

ISOTHERME adj., en phys. *Motaçaoui-l-hararat* متساوي الحرارة في (الطبيعيات)

ISRAÉLITE s.m. *Esraïli* اسرائيلي · يهودي

ISSU, UE adj. *Montaceb èla* منتسب الى · متفرّع · مولود

ISSUE s.f. passage *Manfaz* منفذ ج منافذ · مخرج · مهرب

— fin *âkébat* عاقبة ج عواقب · ختام · نتيجة · منتهى

ISTHME s.m. *Barzakh* برزخ ج براذخ

— du gosier, en anat. *Madik ol halk* مضيق الحلق (في التشريح)

ITALIE s.f. *Belad italia* بلاد ايتاليا

ITALIEN, ENNE adj. et s. *Italiani* ايتالي · ايتالياني · تلياني

ITEM adv. *Aydan* ايضًا · شرحه · كذلك

ITÉRATIF, IVE adj. *Motacarrer* متكرر · متعدد · مكرَّر

ITÉRATIVEMENT adv. *Tacraran* تكرارًا · مكرَّرًا

ITINÉRAIRE adj. *Tartib ol rehlat* ترتيب الرحلة

— de chemin de fer *Tartib sayr el kotourat* ترتيب سير القطورات (في السكة الحديدية)

IVOIRE s.m. *âdj, senn fil* عاج · سن فيل

IVRAIE s.f. (plante) *Zaouan* زوَان · زيوان · حوصل (نبات)

IVRE adj. *Sacràn* سكران · ثمل · نشوان

IVRESSE s.f. *Socr* سكر · نشوة · خيمرة · ثمل

IVROGNE s.m. *Secqir* سكير · شريب

IVROGNERIE s.f. *Socr* سُكر · خمار

IVROGNESSE s.f., t. populaire *Secqirat* سكيرة · محبة الشرب

J

J. la dixième lettre de l'alphabet français ج · هو الحرف العاشر من الحروف الهجائية الفرنسوية

JABOT s.m., poche membraneuse chez les oiseaux *Haouçalat* حوْصلة (في الطيور)

— cravate *Rabtat rakabat* ربطة رقبة · نوع من رباطات الرقبة

JABOTAGE s.m. *Sarçarat* ثرثرة · هذيان · شقشقة لسان

JABOTER v.a. *Sarçara* ثرثر · هذى · شقشق بلسانه

JACENT, ENTE adj., bien jacent, t. de palais *Matrouc* متروك · مسيّب · غير معلوم صاحبه (في القضاء)

JACHÈRE s.f. *Ard mobaouarat* ارض مبوّرة · ارض مرتاحة من الزراعة

JACINTHE s.f. (plante) *Darb men al saouçann* ضرب من السوسن (نبات)

JACOBITE adj. *Yâcoubi* يعقوبي من القائلين بالطبيعة الواحدة في المسيح

JACONAS s.m., étoffe *Djaconètat* جاكونيتة · (قماش)

JACTANCE s.f. *Mobahate* مُباهاة . فخفخة . تشامخ . تفاخر

JACTATION ou **JACTITATION** s.f., en méd. *Kalak* قلق . اضطراب (في الطب)

JACULATOIRE adj. *Nafezi* نافذي . قاذف . دافع الى بعيد

JADE s.m. *Hadjar ol yachab* حجر اليشب

JADIS adv. *Fi kadim el zaman* في قديم الزمان . سابقًا . انفًا . مُقدمًا

JAGUAR s.m. *Djaghouar* جاغوار . حيوان من نوع النمر وهو اصغر منه

JAILLIR v.n. *Nabaâ* نبع ينبع . انفجرَ . انبجسَ

— faire jaillir *Estanbata* إستنبطَ . فجر . بجس

JAILLISSANT, ANTE adj. *Nabé* نابع . منفجر . منبجس

JAILISSEMENT s.m. *Enfédjar* إنفجار . انبجاس . تفجر

JAIS s.m. *Cahraba saouda* كهربا سوداء

JALAP s.m. (plante) *Djalaba* جَلَبا (نبات)

JALON s.m. *Chakhès* شاخص . (وهي قطعة من خشب على شبه العصا مقرنة وملونة تغرس في الارض يستعملها المهندسون لتعديل الخطوط)

JALONNER v.a. *Ouadaâ chaouakhès* وَضَعَ شواخص

JALOUSER v.a. *Haçada* حسَدَ يحسد . غارَ من

JALOUSIE s.f. *Haçad* حسد . غيرة

— contrevent de planchettes mobiles *Châriyat chabbac* شعرية شباك

JALOUX, OUSE adj. *Haçoud* حسود . حاسد . غيران

— zélé *Saheb hamiyat* صاحب حمية . راغب في

JAMAIS adv. *Abadan* ابدًا . اصلًا . قطعًا . البتة

JAMBAGE s.m., en arch. *Saff hedjarat* صف حجارة . مدماك (في البنا)

— en arch. *Bolousekalat* بلوسقالة . اكتاف فتحة (في البنا)

JAMBE s.f. *Sak* ساق ج سيقان

JAMBE s.f., en arch. *Catef* كتف (في البناء)

JAMBIER s.m. en anat. *Sakiat, kaçabiyat* ساقية قصبية . عضلة قصبية

JAMBIER, IÈRE adj., en anat. *Saki* ساقي (في التشريح)

JAMBIÈRE s.f. *Temak* ou *dozloc* طماق . دزلك

JAMBON s.m. *Djambon* جامبون . فخذ خنزير مملحة

JANISSAIRE s.m. *Inqidjari, kaouas* انكجاري . قواس . ياسقجي

JANTE s.f., t. de carrosserie *Abcite* أبسيط . وهي احدى القطع الست المركب منها دائر العجلات (في العربات)

JANVIER s.m. *Yanayer* : en Egypte ; *Canoun ol sani* : en Syrie يناير . كانون الثاني

JAPON s.m. *Yaban* يابان يابون . بلاد اليابان

JAPPEMENT s.m. *Nebah* نِباح . عواء

JAQUETTE s.f. *Djaqetta* ou *saltat* جاكيتة . سلطة (نوع من الاثواب)

JARDIN s.m. *Hadikat* حديقة ج حدائق . روضة . بستان . جنة

JARDINAGE s.m. *Zeraât ol hadayék* زراعة الحدائق

JARDINER v.a. *Zaraâ bostanan* زرعَ بستانًا

JARDINET s.m. *Djonaynat saghirat* جنينة صغيرة . حديقة

JARDINIER s.m. *Bostani* : en Syrie ; *Baghchaouandji* : en Egypte بستاني . جنائني (بغجوانجي او بخشوانجي)

JARGON s.m. *Tontomaniyat* طمطمانية . رطانة . لغة محرفة

JARRE s.f. *Khabiat* ; en Egypte : *Bollaci* خابية . جرة . بلاصي

JARRET s.m. *Mabed* مابض . معطف الساق . وهو الحفرة التي وراء الركبة

JARRETIÈRE s.f. *Rebatat ol sak* رباطة الساق

JARS s.m. *Zacar ol aouazz* ذكر الاوز

JASER v.n. *Hàza, sarçara* هذى يهذي . ثرثر . شقشق

JASEUR, EUSE s.m. et f. *Sarçar* ثرثار . مهذار . شقشاق

JASMIN s.m. *Yacemine* ياسمين (نبات)

JASPE s.m., pierre *Yaspe* يَصْب · حجر اليصب او حجر الدم

JASPER v.a. *Laou-ouana bé-laoun el yaspe* لَوَّن بلون اليَصْب

JATTE s.f. *Kasadt* قصعة ج قصاع · صحن · طَبَق

JAUGE s.f. *Éyar* عيار · مقياس فراغ السفينة · نقدبر حمولة السفينة

JAUGEAGE s.m. *Modyarat* معايرة · قياس فراغ السفينة

JAUGER v.a. *âyara* عَايَرَ · قَدَّرَ · قَوَّم

JAUNÂTRE adj. *Mosfarre* مصفرّ · مائل الى الاصفرار · ضارب الى الصفرة

JAUNE adj. *Asfar* أصفر

— **fièvre jaune** *Homma safraouiyat* حُمّى صفراوية

— **d'œuf** *Safar ol bayd* صفار البيض · مُحّ البيض

JAUNET s.m. *Al asfar* en Syrie; *al ahiaf* en Egyp. الاصفر (في سوريا) الاهيف (في مصر) كلمة اصطلاحية يكنى بها عن العملة الذهبية

JAUNIR v.n., devenir jaune *Esfarra* اِصْفَرَّ · مال الى الصفرة

— v.a. rendu jaune *Saffara* صَفَّرَ · صيَّرَ اصفر

JAUNISSANT, ANTE adj. *Akhaza fil esferar* أخَذَ في الاصفرار

JAUNISSE s.f., t. de méd. *Yarakân* يرَقَان · اصفرار عام (في الطب)

JAVELLE (EAU DE) s.f., en chim. *Mozaouab clorore el potassium* مذوب كلورور البوتاسيوم (في الكيميا)

JAVELOT s.m. *Harbat* حربة ج حراب · مزراق · نشّابة · نبلة

JAYET s.m. voir **Jais**

JÉCORAIRE adj., t. de méd. *Cabedi* كبدي · متعلق بالكبد

JÉCORAL, ALE adj. *Cabedi* كبدي · مختص بالكبد

— son jécoral *Saout cabedi* صوت كبدي

JECTIGATION s.f., t. de méd. *Kalak* قلق · اضطراب (في الطب)

JECTISSES adj. f. pl. *Atrébat ol tathirat* اتربة التطهيرات · وهي الاتربة التي تستخرج من جوف الترع والاقنية حين حفرها

JÉHOVAH n. p. *Allah* الله · يَهْوَه · ادوناي · جاهوفا

JEJUNUM s.m., en anat. *Al sayem* الصائم · جزء من الامعاء الدقاق كائن بين الاثنى عشر واللفايف (في التشريح)

JÉRÉMIADE s.f. *Chacoua, bocâ, naouh* شكوى · بكاء · نوح · مرثاة

JÉRUSALEM n.p. *Ourachalim* اورشليم · القدس الشريف

JÉSUITE s.m. *Yaçoui* يسوعي · من رهبنة الاباء اليسوعيين

JET s.m., action de jeter *Ramiat* رمية · رشقة

— bourgeon *Faré* فرع ج فروع

— **d'eau** *Naoufarat, faskiyat* نوفرة · فسقيّة

— t. de mar. *Ramy achia lel bahr* رمي اشياء البحر (في الملاحة)

— t. de fonderie *Sabbe* صبّ (في اصطلاح السباكين)

JETÉE s.f., t. de mar. *Racif* رصيف ج ارصفة · دَكّة (في الملاحة)

JETER v.a. *Rama* رمى يرمي · القى · طرَحَ

— répandre *Rach-cha* رَشَّ يرُش · صَبَّ

— t. de mar. *Alka êla-l-bahr* القى الى البحر · رمى (في الملاحة)

— **les armes** *Caffa ân el kètal* كَفَّ عن القتال · سلَّم

— **(SE)** v.r. *Entaraha* إنْطَرَحَ · انقضّ · ارتمى · اقتحم

JETON s.m. *Hadjar leêb, kèchat* حجر لعب · قشاط

JEU s.m. *Lôbat* لعبة ج لعِب

— **de hazard** *Kemar* قِمار · لعب قِمار · لعب زهر · لعب نصيب

— **de mots** *Hazl* هزل · مزح · تنكيت · تحريف الكلام للمزاح

JEUDI s.m. *Nahar ol khamis* نهار الخميس

JEUN (À) loc. adv. *âla-l-rik* على الريق · صائم

JEUNE adj. *Fata* فتى · ولد · صغير السن

— **homme** *Chabbe* شابّ

JEÛNE s.m. *Saoum* صَوم · صِيام

JEÛNER v.n. *Sama* صَامَ يصوم

JEUNESSE s.f. *Chobouhiyat* شبوبية · صبوة · اقتبال · صبا · شباب · شبيبة

JEUNEUR, EUSE s.m. et f. *Saou-ouam* صوّام

JOAILLERIE s.f. *Modjaouharat* مجوهرات · جوهريّة

JOAILLIER, IÈRE s.m. et f. *Djaouhari* جَوهريّ · جوهرجي

JOCKEY s.m. *Rocbdar* رَكبدار · وهو الذي يركب الجواد في السباق

JOIE s.f. *Encherah* انشراح · سرور · حبور · فرح

JOIGNANT, ANTE adj. *Mottacel* متصل · ملتحق · ملتصق

JOINDRE v.a. *Alhaka* أَلحَقَ · ضَمَّ · وصل · جمع · اضاف

— **(SE)** v.r. *Eltahaka* التحق · إنضمّ · اتّحد · انضاف الى

JOINT s.m. *Ouoslat* وصلة ج وِصَل

— mobile de batteuse *Merouad* (usité seulement en Egypte) مرود (هذه الكلمة مصطلحة فقط في مصر)

— **d'une porte** *Rebat ol bab* رباط الباب

— **, OINTE** p.p. de joindre *Modaf èla* مضاف الى · موصل ب

— **ci-joint** loc. adv. *Tayyohou* طيّه · لفاً

JOINTÉ s.f., t. d'arch. *Eltebam ol ahdjar* التحام الاحجار · تعشق الاحجار (في البناء)

JOINTOYER v.a. t. d'arch. *âch-chaka* عَشّق · لحَّم الحجارة (في البناء)

JOINTURE s.f. *Mafçal* مفصل

JOLI, IE adj. *Zarif* ظريف · لطيف · كيّس

JOLIMENT adv. *Bèzarafat* بظرافة بلطافة · بكياسة

JONC s.m., (plante) *Khayzaran* خيزران (نبات)

JONCHER v.a. *Nachara* نثر ينثر · فَرَش · بسط

JONCTION s.f. *Edjtemâ* اجتماع · اتصال

JONGLERIE s.f. *Zaâbarat* زعبرة · لعب حوآء · شعبذة

JONGLEUR s.m. *Mozabardji* مزعبرجي · حاو · مشعبذ

JONTE s.f., **de batteuse**, t. d'agr. egyptienne *Zahhafat ol naouardj* زحّافة النورج (في الزراعة المصرية)

JOUABLE adj., t. de théâtre *Kabel ol tachkhis* قابل التشخيص · رواية ممكن تشخيصها (في المراسح)

JOUBARBE s.f. (plante) *Hay ol âlam* حي العالم (نبات)

JOUE s.f. *Khadde* خدّ · خدود وجنة

— coucher en joue *Nachchana âla* نشّن على · صوّب

— t. de mar. *Djanb* جنب · جنب السفينة (في الملاحة)

JOUÉE s.f., en arch. *Somc ol hayet ènd fathat el abouab oual chababic* سمك الحائط عند فتحات الابواب والشبابيك (في البنا)

JOUER v.n. *Laêba* لَعِبَ يلعَب · لَهَا

— **de la musique** *Dakka* دق يدُقّ · ضرَب · نقر

— t. de mar. **jouer sur l'ancre** *Taharrakat el safinat âla-l-marsa* تحركت السفينة على المرسى

— **au théâtre** *Chakhkhaça* شخّص · مثّل

— **sa vie** *Khatara bènafsèhi* خاطر بنفسه

— **(SE)** v.r. *Estahza* إستهزأ · سخِرب · تهكّم على

JOUET s.m. *Lôbat* لعبة

— au fig. *Sakhriyat* سخريّة · مسخره

JOUEUR, EUSE s.m. et f. *Lèib komar* لعّيب قمار · مُقامر · قمرجي

— d'instrument *Mouciki* موسيقي · الاتي

JOUFFLU, UE adj. *Ghaliz ol ouadj* غليظ الوجه · جهم

JOUG s.m. des bœufs *Nir*; en Egypte on dit : *Naf* نير · ناف

— **de balance** *Kabb ol mizan* قبّ الميزان · قائمة الميزان

JOUIR v.n. *Talazzaza* تلذّذ · تنعّم

JOUIR v.n. en jurisp., avoir la possession *Ouadaà yadahou* وَضَعَ يد · اِنتفع · تمتع ب (في القضاء)

JOUISSANCE s.f. *Tamattô* تمتع · نعمة · لَذَّة · هنا

— t. de jurisp. *Ouadé ol yad* وضع اليد · الانتفاع · التمتع (في القضا)

JOUJOU s.m. *Lôbat* لُعبه ج لُعَب

JOUR s.m., clarté *Nour* نور · ضياء

— espace de temps qui s'écoule entre le lever et le coucher du soleil *Yaoum* يوم · نهار

— ouverture *Takat* طاقة ج طاقات · فتحة · منفذ

— donner le jour *Oualada* وَلَدَ · يلِد

— petit jour *Toloû ol chams* طلوع الشمس

— bon jour *Sabah ol khayr* صباح الخير · نهارك سعيد

— monter à jour, t. de joaillier *Tarqib âla-l-macchouf* تركيب على المكشوف (في الجوهرية)

JOUR DE PLANCHE s.m. t. de mar. *Moddat oukouf el safinat* مدة وقوف السفينة (في الملاحة)

JOURNAL s.m. livre *Yaoumiat* يومية · دفتر جورنال

— gazette *Djaridat akhbar* جريدة اخبار · غازيته · جورنال · صحيفه

JOURNALIER, IÈRE adj., qui se fait chaque jour *Yaoumi* يومي

— s.m., homme qui travaille à la journée *Faêl* فاعل فَعلَة · شغال باليومية

JOURNALISME s.m. *Tadti nachr el djarayed* تعاطي نشر الجرائد · نشر الجرائد

JOURNALISTE s.m. *Saheb djaridat* صاحب جريدة · كاتب وقايع كاتب حوادث

JOURNÉE s.f. *Nahar* نهار · يوم

— travail *Yaoumiyat* يومية · شغل نهار

— parcours *Marhalat* مرحلة ج مراحل · مسافة يوم

JOURNÉE de réserve t. d'adm. égypt. *Yaoum ehtiati* يوم احتياطي · (في الادارة المصرية) وهو اليوم الذي يحجز من ماهية المتوظف في كل شهر ليخوله حق المعاش

JOURNELLEMENT adv. *Yaoumiyan* يوميًا · كل يوم

JOUTE s.f. *Motaânat, mobarazat* مطاعنة · مبارزة

JOUTER v.n. *Tadna, baraza* طَاعَنَ · بارز

— au fig. disputer *Djadala* جَادَلَ · خاصم

JOUTEUR s.m. *Motaên, mobarez* مطاعن · مبارز

JOUVENCEAU, ELLE s.m. et f. *Chabbe* شاب ج شبان

JOVIAL, ALE adj. *Tarêb* طرب · فرح

JOYAU s.m. *Hêla, maçagh* حِلى · مصاغ · مجوهرات

JOYEUSEMENT adv. *Beçorour* بسرورٍ · بفرحٍ · بحبورٍ · بابتهاج

JOYEUX, EUSE adj. *Masrour* مسرور · فرح · بَهِج

JUBILATION s.f. *Enchérah* انشراح · طرب · تهلل

JUBILÉ s.m. *Yaoum tarab* يوم طرب · يوم انشراح

— des chrétiens *Samah âme* سماح عام · غفران عام · يوبيل

JUCHER (SE) v.r. *Kadda* قَعَدَ · يقعُد · استوى على · ربض في

JUDAÏQUE adj. *Yahoudi* يهودي

JUDAÏSME s.m. *Alyahoudiyat* اليهودية : دين اليهود

JUDAS s.m. *Yahouza* يهوذا · يوضاس

— au fig. traître *Khayen* خائن · غادر

— ouverture *Manouar* منْوَر ج مناور

JUDICATURE s.f. *Ouazifat ol kadi* وظيفة القاضي · القضائية

JUDICIAIRE adj. *Kadaï* قضائي

JUDICIAIREMENT adv. *Haçab al kanoun* حسب القانون · شرعًا

JUDICIEUSEMENT adv. *Bêtaanni* بتأنٍ · بصواب · بتعقل

JUDICIEUX, EUSE adj. *Motaanni* متأنٍ · صاحب دراية · مصيب · عاقل

JUGAL, ALE adj. et s.m., en anat. *Ouadjni* — وجني (في التشريح)

JUGE s.m. *Kadi* — قاضٍ ج قضاة

— **de paix** *Chaykh solh* — شيخ صلح

— **d'instruction** *Kadi tahkik* — قاضي تحقيق · مستنطق

— **rapporteur** *Kadi-l-talkhis* — قاضي التلخيص

— **suppléant** *Nayeb kadi* — نايب قاضٍ

— **titulaire** *Kadi asli* — قاضٍ اصلي

— **commissaire** *Mamour ol tafliçat* — مأمور التفليسه

— **de service** *Kadi moâyan lel omour el ouaktiyat* — قاضي معين للامور الوقتية

JUGEMENT s.m., en jurisp. *Hocm* — حكم ج احكام · مضبطة (في القضا)

— opinion *Raï* — رأي ج آراء

— dernier jugement *Yaoum ol dine* — يوم الدين · يوم الحشر

— **contradictoire,** en jurisp. *Hocm hodouri* — حكم حضوري · حكم صادر بحضور الاخصام (في القضا)

— **par défaut** *Hocm ghéyabi* — حكم غيابي · اي صادر بغياب احد الاخصام

— **préparatoire** *Hocm tahdiri* — حكم تحضيري

— **interlocutoire** *Hocm tamhidi* — حكم تمهيدي

— **d'adjudication** *Hocm marça-l-mazad* — حكم مرسى المزاد

JUGER v.a. *Hacama* — حَكَمَ يحكم · قضى

— v.n. *Taçaouara* — تصوَّرَ · ظنّ · خمَّنَ · ارتأى

JUGULAIRE adj., en anat. *Ouédadji* — وداجي · متعلق بودج النحر (في التشريح)

JUIF, IVE s. et adj. *Yahoudi* — يهودي · اسرائيلي

JUILLET s.m. *Youlio* en Egypte; *Tammouz* en Syrie — يوليو · تموز

JUIN s.m. *Younio* en Egypte; *Hozairan* en Syrie — يونيو · حزيران

JUIVERIE s.f. *Harat ol yahoud* — حارة اليهود · طائفة اليهود

JUJUBE s.f. *ônnab* — عُنّاب · (شجر)

JUJUBIER s.m. *Chadjarat ol ônnab* — شجرة العنّاب

JULEP s.m. *Djolab* — جُلاب · مستحلب

JULIENNE s.f. potage, t. de cuisine *Chaourabat khodar* — شوربة خضار (في اصطلاح الطباخين)

JUMEAU, ELLE adj. *Taouam* — توأم

JUMELLES s.f. pl. *Nazzarat mozdaouédjat* — نظارة مزدوجة

JUMENT s.f. *Faras* — فرس ج افراس · حجرة

JUPE s.f. *Fostane* — فسطان ج فساطين

JUPITER s.m. planète t. d'astron. *Al mochtari* — المشتري · البرجيس اسم نجم سيّار (في الفلك)

JUPON s.m. *Tannourat* — تنّورة · جونيلّة

JURÉ s.m. *Mokhtar* — مختار · شيخ حرفة

— en jurisp. *âdlan mohallafan* — عدلاً محلّفاً

— ennemi juré *âdou mahd* — عدو محض · خصم الدّ

JUREMENT s.m. *Yamine* — يمين ج ايمان · قسَم

JURER v.a. *Aksama* — أقسَمَ · حَلَفَ اليمين

— blasphémer *Djaddafa* — جدَّفَ · حلف باطلاً

JUREUR s.m. *Hallaf* — حلّاف · جدّاف

JURIDICTION s.f. *Ekhtéças* — اختصاص · ولاة

JURIDIQUE adj. *Chari, kanouni* — شرعي · قانوني

JURIDIQUEMENT adv. *Charâân, kanounan* — شرعًا · قانونًا

JURISCONSULTE s.m. *Fakih* — فقيه ج فقهاء · مفتٍ

JURISPRUDENCE s.f. *Fekeh* — فقه · علم الشريعة · علم القضا

JURISTE s.m. *Fakih* — فقيه · عالم بالشريعة · من حملة لواء الشرع

JURON s.m. *Lânat* — لعنة · مسبّة · كفرية

JURY ou **JURI** s.m., en jurisp. *Aêda nadjles chaoura-l-djenayat* — اعضاء مجلس شورى الجنايات (في القضاء)

JUS s.m. *ôçarat* — عُصارة · عصير

JUSQUE ou **JUSQUES** prép. *Hatta* — حتى · الى · الى حدّ

JUSQUIAME s.f. (planre) *Bondje* بنج (نبات)

JUSSION s.f., lettre de jussion *Amr âli* امر عالٍ ج اوامر عالية

JUSTAUCORPS s.m. *Saltat* سلطة . نوع من الاثواب

JUSTE adj., conforme à la justice *âdel* عادل . منصف . مستقيم

— vertueux *Saleh* صالح . بارّ . فاضل

— exact *Madbout* مضبوط . محكَّم . على التمام

JUSTEMENT adv. *Bedabt* بضبطٍ . باحكام

JUSTESSE s.f. *Etkan* اتقان . ضبط . صحة

JUSTICE s.f. *âdl* عدل . انصاف

— **sommaire** *Al kadaya-l-djéziat* القضايا الجزئيّة

— Ministère de la justice *Nazarat ol hakkaniyat* نظارة الحقانيّة . حقانية

JUSTICIABLE adj. *Taht hocm* . تحت حكم . تابع اختصاص محاكم في

JUSTIFIABLE adj. *Kabel ol tabrir* قابل التبرير . قابل التبرئة

JUSTIFICATIF, IVE adj. *Mobarrer* مبرِّر . مزكٍ . مثبِّت . موءيد

JUSTIFICATION s.f. *Tabriat* تبرئة . تزكية . تثبيت . تأييد

JUSTIFIÉ, ÉE p.p. de justifier *Mohakkak* محقق . موءكد . مثبت . موءيد

JUSTIFIER v.a. *Zacca* زكَّى . برَّر . برَّأ

— prouver *Sabbata* ثبَّتَ . حقّق . برهن على

— **(SE)** v.r. *Barraà nafsahou* برَّأ نفسه . تزكّى تبرّر

JUTEUX, EUSE adj. *Kacir ol âsir* كثير العصير . كثير الماء

JUVENILE adj. *Chababi* شبابي . صبائي . شبيبي

JUXTAPOSER v.a. *Razama* رزَمَ يرزُمُ

JUXTAPOSITION s.f. *Taracom* تراكم . وضع اشياء بعضها فوق بعض

K

K la onzième lettre de l'alphabet français ق . الحرف الحادي عشر من الحروف الهجائية الفرنسوية يقابله من العربية حرف القاف

KABILE s.m. et f. *Kabilat* قبيلة . وهو اسم يطلقه الافرنج على قبايل الغرب

KAKATOËS s.m. *Babbaghan* ببغان . دُرّة

KALI s.m. *Kela* قلي

KALIUM s.m., t. de chim. *Kalium* قليوم وهو البوتاسيوم . (في الكيميا)

KAN ou **KHAN** s.m., titre de prince tartare *Khan* خان . لقب روساء التتر وامرا ايران

— auberge *Khan* خان ج . خانات . فُندُق

KANDJAR ou **KANDJIAR** s.m. *Khandjar* خنجر ج خناجر

KAOLIN s.m. *Khazaf sini* خزف صيني

KARABÉ s.m. *Kahraba* كهرباء

KARAT s.m. *Kirat* قيراط ج قراريط

KÉLOTOMIE s.f., en méd. *Elteçak ol fetk* التصاق الفتق (في الجراحه)

KÉRATECTOMIE s.f., en méd, *Chak ol karniyat* شق القرنية (في الطب)

KÉRATINE s.f. en méd. *Karnine* قرنين · اصل القرن (في التشريح)

KÉRATITE s.f., en méd. *Eltéhab ol karniyat* التهاب القرنية (في الطب)

KÉRATOCÈLE s.f., en chir. *Fetk ol karniyat* فتق القرنية (في الجراحة)

KÉRATOMALACIE s.f., en méd. *Line ol karniyat* لين القرنية (في الطب)

KÉRATOME s.m., en méd. *Ouaram fil karniyat* ورم في القرنية (في الطب)

KÉRATONYXIS s.f., en chir. *Sakb ol karniyat* ثقب القرنية (في الجراحه)

KÉRATOTOME s.m. en chir. *Secqinat ol karniyat* سكينة القرنية (آلة جراحية

KÉRATOTOMIE s.f. en chir. opération *âmaliat chakke el karniyat* عملية شق القرنية (في الجراحه

KERMÈS s.m. *Kermez* قرمز

KETMIE s.f.(plante) *Khotmiyat* خطمية · خطمي (نبات)

KIASTRE ou **CHIASTRE** s.m. t. de chir. *Rebat salibi* رباط صليبي (في الجراحه)

* **KILO, KILOGRAMME** s.m. *Kilogramme* كيلوغرام · الف غرام

KILOMÈTRE s.m. *Kilomètre* كيلومتر · الف متر

KINO s.m., t. de chim. *Al qino* الكينو (في الكيميا)

KIOSQUE s.m. *Cochq* كشك

KIOTOME s.m., en chir. *Katé ol aldjémat* قاطع الاجمه

KIRSCH s.m. *ârak ol caraz* عرق الكرز

* **KNOUT** s.m. *Cnout* كنوت · وهو سوط مستعمل في بلاد روسيا لقصاص المذنبين

KOUFIQUE adj. *Coufi* كوفي · منسوب الى الكوفة

KYMOGRAPHION s.m. *Ouacef ol nabad* واصف النبض (آلة)

KYRIELLE s.f. *Taouali alfaz momellat* توالي الفاظ مملة

KYSTE s.m., en anat. *Kis* كيس ج اكياس (في التشريح)

KYSTOTOME s.m. en chir. *Alat lechak el mahfazat* آلة لشق المحفظة (في الجراحه)

KYSTOMIE s.f., en chir. *âmaliyat chak mahfazat el ballaouriyat* عملية شق محفظة البلورية (في الجراحه)

L

L. la douzième lettre de l'alphabet faançais ل · وهو الحرف الثاني عشر من الحروف الهجائية الفرنسوية

LA art. fém. voy. **LE** ال · اداة التعريف للمونث

LÀ adv. *Honac* هناك · الى هناك · ثم

— **de là** *Men honac* من هناك · من ثم · من تلك الناحية

— **au de là** adv. *Ziadat* زيادة · علاوة

— **là dessus** loc. adv. *End zalec* عند ذلك · حينئذ · في غضون ذلك · في أثنا ذلك

LABARUM s.m. *Rayat roumaniyat* راية رومانية

LABELLE s.m. (plante) *Choufayfat* شفيفة (نبات)

LABEUR s.m. *Cadde* كد · جهد · عناء

LABIAL, ALE adj. *Chafaoui* شفوي · رشفي

LABIÉ, ÉE adj., en bot. *Zou chafat* ذو شفة (في النبات)

LABORATOIRE s.m. *Mâmal* معمل · ورشة

LABORIEUSEMENT adv. *Becadde* بكد · بجد · بعناء

LABORIEUX, EUSE adj. *Modjtahed* مجتهد · مجد · شغيل

— en parlant des choses *âser* عسر · شاق · متعب

LABOUR s.m. *Hars* — حَرْث . فلاحة

LABOURABLE adj. *Kabel ol heraçat* — قابل الحراثة . صالح للفلاحة

LABOURAGE s.m. *Heraçat* — حِرَاثة . فلاحة

LABOURER v.a. *Haraça* — حَرَث يحرث . فَلَح

LABOUREUR s.m. *Fallah* — فَلَّاح . حَرَّاث

LABYRINTHE s.m. *Tih* — تِيه . ورطة

— t. d'anat *Tih ol ezn* — تيه الاذن . تجويف الاذن (في التشريح)

LAC s.m. *Bohayrat* — بُحَيْرة ج بحيرات

LACER v.a. *Akada* — عَقد يعقُد . وَصَل . شَبَك

LACÉRATION s.f. *Tamzik* — تمزيق . شَق

LACÉRÉ, ÉE p.p. de lacérer en bot. *Mocharzam* — مشرْزَم (في النبات)

LACÉRER v.a. *Mazzaka* — مَزَّق . شَق

LACET s.m. *Charit* — شريط . قيطان

— piège *Charac* — شَرَك ج اشراك . مصيدة . احبولة

LÂCHE adj. qui n'est pas tendu *Rakhou* — رخو . رهل

— qui n'a pas de vigueur *Balid* — بليد . قليل المروءة

— qui manque de courage *Djaban* — جبان . نذل . لئيم

LÂCHEMENT adv. *Berakhaouat* — برخاوة . من غير مروءة . باهمال

— honteusement, avec bassese *Benazalat* — بنذالة . بجبن . بلؤم . بدناءة

LÂCHER v.a., détendre *Halla* — حَلّ يحلّ . ارخى

— t. de manège *Arkha* — أرخى . اطلق العنان (في ركوب الخيل)

— v.n., laisser aller *Aflata* — أفلت . أطلق . سَيَّب

LÂCHETÉ s.f. *Djobn* — جُبن . دَناءة . لُؤم . نذالة

LACIS s.m., en anat, *Chabacat* — شبكة (في التشريح)

LACONIQUE adj. *Moudjez bel calam* — موجز بالكلام . مختصر

LACONIQUEMENT adv. *Beïdjaz* — بإيجاز . بإختصار

LACONISME s.m. *Idjaz* — إيجاز . إختصار في الكلام

LACRYMAL, ALE adj., en anat. *Domouî* — دُمُوعي (في التشريح)

LACS s.m. t. de chasse *Fâkhe, charac* — فخ ج فخاخ . شَرَك . مصيدة

— en chir. *Chouaytat* — شُنَيْطة . رباط بعُقدة محلولة (في الجراحة)

LACTATE s.m., en chim. *Labanate* — لَبنات (في الكيميا)

LACTATION s.f., en méd. *Redaât* — رِضاعة . ترضيع (في الطب)

LACTÉ, ÉE adj. *Labani* — لبني

— voie lactée, en astr. *Al madjarrat* — المجرّة . درب التبّانة (في الفلك)

LACTESCENCE s.f., en anat, *Hayat labaniyat* — هيئة لبنية (في التشريح)

LACTESCENT, ENTE adj., bot. *Molben* — مُلبن . ذو لبن (في النبات)

LACTIFÈRE adj., en anat. et bot. *Hamel ol laban* — حامل اللبن (في التشريح والنبات)

LACTIFUGE, ANTILACTEUX adj. en méd. *Modad lel laban* — مُضاد للبن . مانع للبن (في الطب)

LACTIGÈNE adj., en anat. *Mocaou-ouen lel laban* — مكوّن للبن (في التشريح)

LACTINE s.f., en chim. *Labanine* — لبنين (في الكيميا)

LACTIQUE adj., en chim. *Labaniq* — لبنيك (في الكيميا)

LACTUCARIUM s.m. en chim. *Ôçarat ol khass* — عُصارة الخس (في الكيميا)

LACUNE s.f. *Noksan* — نقصان . فضا . خُلو

LACUSTRE adj. *Ma yaïch fil bohayrat* — ما يعيش في البحيرات من النبات وغيره

— cités lacustres *Al modon ol mochayadat faouk al bohayrat* — المدن المُشيَّدة فوق البحيرات او على شواطيها

LADRE adj., en méd. *Abras* — أبرص . مصاب بداء البرص (في الطب)

— au fig., avare *Bakhil* — بخيل . شحيح . دني

LADRERIE s.f. *Baras* — برص

— hôpital *Mostachfa-l-moçabine bedâ el baras* — مستشفى المصابين بداء البرص

— au fig., avarice *Bokhl* — بخل . لؤم . شحّ

LAGOPHTHALMIE s.f., en méd. *âyn arnabiyat* — عين أرنبيّة (في الطب)

LAGOSTOME s.m., en méd. *Chafat arnabiyat* — شفه ارنبية (في التشريح)

LAGUNE s.f. *Mostankâ* — مستنقع او منقع . غرّاقة

LAID, DE adj. *Chani* — شنيع . كريه المنظر . بشع . قبيح الشكل

LAIDERON s.f. *Omraât carihat ol manzar* — امرأة كريهة المنظر

LAIDEUR s.f. *Chanaât* — شناعة . بشاعة

LAIDIR v.n. *Kaboha* — قبح . شنع . تشنع . صار قبيحا

LAIE s.f. *Khenzirat barriyat* — خنزيرة . أنثى الخنزير

LAINAGE s.m. *Mançoudjat soufiyat* — منسوجات صوفية

LAINE s.f. *Souf* — صوف

LAINERIE s.f. *Mahal djaz el aghnam* — محل جزّ الاغنام

— lieu où l'on vend la laine *Mahal mabi el souf* — محل مبيع الصوف

— art de fabriquer les étoffes de laine *Fann naçidj el asouaf* — فن نسيج الاصواف

LAINEUX, EUSE adj. *Caçir ol souf* — كثير الصوف . مصوف

LAÏQUE adj. *âmi* — غامي . علماني

LAIS s.m. pl., en jurisp. *Raouaceb* — رواسب . طمي . أطيان . كوّنة من طمي البحر او رواسب الانهر

LAISSE s.f. *Mèkouad* — مقود

LAISSÉES s.f. pl., t. de chasse *Baâr* — بعر . او ذبل الحيوانات السوداء . كالذئب والخنزير البري .

LAISSER v.a. *Taraca* — ترك . خلّى

— partir *Atlaka* — أطلق . سرّح . ترك سبيل

— négliger *Ahmala* — أهمل . تغافل عن

— céder *Tanazala* — تنازل . ترك

LAIT s.m. *Laban* — لبن . حليب

— **caillé** *Laban rayeb* — لبن رائب . لبن صافٍ

— **petit lait** *Masl ol halib* — مصل الحليب

— **d'amendes** *Mostahlab ol laouz* — مستحلب اللوز

LAIT bêtes à lait *Maouachi hallabat* — مواشي حلاّبه

— **frère de lait** *Akhe radî* — اخ رضيع . اخ بالرضاع

LAITAGE s.m. *Alban* — البان . محلّبات

LAITERIE s.f. *Malban* ou *mahlab* — ملبن . محلب . محل مبيع اللبن . محل حلب المواشي

LAITEUX, EUSE adj. *Labani* — لبني . حليبي

LAITIER, IÈRE s.m. et f. *Labban* — لبّان . بياع لبن

LAITIÈRE s.f. vache laitière *Hallabat* — حلاّبه . بقرة حلاّبة

LAITON s.m. *Nohas asfar* — نحاس اصفر

LAITUE s.f. (plante) *Khass* — خسّ (نبات)

LAIZE s.f., t. de mar. *ârd* — عرض . قدّة (في الملاحة)

LAMANAGE s.m., t. de mar. *Edkhal ol safinat fil maman* — ادخال السفينة في المأمن او ارشادها للسير بجانب السواحل

LAMANEUR s.m., t. de mar. *Raïs ol boughaz* — رئيس البوغاز

LAMBEAU s.m. *Katâat* — قطعة . فرقة

— tomber en lambeaux *Tanaçor, rass* — تناثر . رثّ

LAMBIN s. et adj. *Motahaouen* — متهاون . متباطئ . متهامل

LAMBINER v.n. *Tahaouana* — تهاون . تباطأ . تهامل

LAMBOURDE s.f. *âlafat* — علفة . وهي علائق خشب توضع عليها الالواح الارضية

LAMBREQUINS s.m. pl. t. de tapissier *Borkô sêtarat* — برقع ستارة . (في اصطلاح المنجدين)

LAMBRIS s.m. *Sakf* ou *hayet mankouch* — سقف او حائط منقوش او مذهب

— de la porte *Borouaz ol bab* — برواز الباب

LAMBRISSAGE s.m. *Nakch* ou *Tazhib ol sokoufat* — نقش او تذهيب السقوفة

LAMBRUCHE ou **LAMBRUSQUE** s.f. *Carmat barriat* — كرمة برية . كشمش

LAME s.f. de métal *Safihat* — صفيحة ج صفائح

— **de persienne** *Charihat* — شريحة . ورقة شمسية

— **de couteau** *Chafrat, selah* — شفرة . سلاح

LAME d'épée *Naslat* — نَصلة ج نصال

— **t. de mar.** *(vague)* *Maoudjat* — مَوْجة ج امواج (في الملاحة)

— **d'attache** t. d'équitation *Safihat ol famme* — صفيحة الفم وهي في اصطلاح مروضي الخيول ما يوضع من اللجام في فم الجواد

LAMELLE s.m. *Safihat* — صفيحة

LAMELLIFORME adj. *Safihi ol chacl* — صفيحيّ الشكل

LAMENTABLE adj. *Mohzen* — مُحْزِن . مُبْكٍ . مشجٍ

LAMENTABLEMENT adv. *Behezne* — بحزن . ببكاءٍ . بنوح . بأنين

LAMENTATION s.f. *Chacoua.* — شكوى ج شكاوي . نوح . أنين . نحيب . بكا

LAMENTER (SE) v.r. *Chaca* — شكا يشكو . ناح . انتحب . أعْوَلَ . أنَّ

LAMINAGE s.m. *Tasfih ol mâdan* — تَصفيح المعدن . مَدّ الصفائح

LAMINÉ, ÉE p.p. de laminer *Moçaffah* — مُصفَّح . مجعول صفائح

LAMINER v.a. *Saffaha* — صَفَّحَ . مَدّ صفائح

LAMINEUX, EUSE adj., en hist. nat. et en anat. *Safayèhi* — صَفائحي (في التشريح والتاريخ الطبيعي)

LAMINOIR s.m. *Âlat ol tasfih* — آلة التصفيح

LAMPE s.f. *Kendil* — قنديل ج قناديل . (لمبة)

— **d'émailleur** *Mesbah ol nakkache* — مصباح النقّاش

— **de sûreté** *Mesbah ol amn* — مصباح الأمن

LAMPION s.m. *Seradj* — سراج ج سرج . مصباح

LAMPISTE s.f. *Kanadili* — قناديلي . بيّاع قناديل

— celui qui a soin des lampes *Lambadji* — لمباجي . خادم معين لتنظيف القناديل

LANÇAGE s.m., t. de mar. *Tanzil ol safinat lel bahr* — تنزيل السفينة للبحر

LANCE s.f. *Romh, mezrak* — رُمح ج رماح . مزراق . حَرْبة

— **de tuyeau d'arrosage** *Bouri* — بُوري . وهي قطعة من حديد او نحاس تكون في رأس خرطوم الطلمبة لرش المياه

LANCER v.a. *Âlka* — ألقى . وقَّع . رَمَى

— un trait *Rachaka* — رَشَقَ يرشق . طَعَنَ

— **(SE)** v.r. *Ektahama* — إقتحم . انقضَّ . هجم

— **un navire** t. de mar. *Nazzala-l-safinat lel bahr* — نَزّل السفينة للبحر

LANCETTE s.f., instr. de chir. *Mebdâ* — مِبْضع . ريشة الفصد

— **à grain** inst. de chir. *Mebdâ chaïri* — مِبْضع شعيري

— **à langue de serpent** inst de chir. *Mebdâ saâbani* — مبضع ثعباني

— **à graine d'avoine** instr. de chir. *Mebdâ choufani* — مبضع شوفاني

— **à ressort** instr. de chir. *Mebdâ zou zanbalq* — مبضع ذو زنبلك

LANCETTIER s.m. *Êlbat ol mabadê* — علبة المباضع

LANCIER s.m. *Rammah, mezrakdj* — رَمّاح . حامل رُمح . مزراقجي

LANCINANT, ANTE adj., en méd. *Nakhès* — ناخِس (في الطب)

* **LANDAU** s.m. *Landoh* — لاندو . نوع عربة مغطاة

LANDE s.f. *Ard bour* — ارض بور . سبْرُوت

LANGAGE s.f. *Loghat* — لُغة ج لُغات . لسان . لهجة

— discours *Notk* — نطق . تَكَلُّم

LANGE s.f. *Lêfafat* — لفافة ج لفايف . قماط

LANGOUREUSEMENT adv. *Bêdôf* — بضعف . بذُبول

LANGOUREUX, EUSE adj. *Zabel* — ذابل . ضعيف . خامل

LANGOUSTE s.f. *Naoû men al saratan el bahri* — نوع من السرطان البحري

LANGUE s.f. *Leçan* — لسان (في التشريح)

— le parler d'une nation *Loghat* — لُغة ج لغات . لهجة

LANGUETTE s.f., en anat. *Zayêdat leçaniyat* — زائدة لسانيّة (في التشريح)

LANGUEUR s.f. *Noboul* — نُحول . انحطاط . هبوط القُوى . ذُبول

LANGUIR v.n. *Entahala* — إنتحل . ذَبِل . هبطت قواه . ضَنِيَ

LANGUISSAMMENT adv. *Bezoboul* — بذبول . بخمود . بفتور

LANGUISSANT, ANTE adj. *Zabel* ذابل · سقيم مضنى

LANIÈRE s.f. *Sayr djeld* سير جلد · قدّة (سير خياطة)

LANIFÈRE adj. *Zou souf* ذو صوف · أصوف · صوف

LANIGÈRE adj., en hist. nat. *Mochêer* مشعر · ذو زغب (في التاريخ الطبيعي)

* **LANSQUENET** s.m. *Lansquenet* لانسكينه اسم العساكر البيادة الالمانية في الجيل الخامس والسادس عشر

* — jeu de cartes *Lansquenet* لانسكينه (نوع من لعب الورق)

LANTERNE s.f. *Fanous* فانوس ج فوانيس · مصباح

— **magique** *Al fanous ol sehri* الفانوس السحري

— en arch. *Chokhchaykhat* شخشيخه (في البناء)

LANTERNER v.a. *Taraddada* تردّد

LANTERNIER s.m. *Sancari* سنكري · صانع فوانيس · فوانسي

— celui qui est chargé d'allumer les lanternes *Moualle ol faouanis* مولّع الفوانيس · منوّر القناديل

LANUGINEUX, EUSE adj. *Soufi ol chacl* صوفي الشكل · صوفي النوع · وبري · ذو زغب

LAPAROCÈLE s.f., t. de méd. *Fetk katani* فتق قطني (في الطب)

LAPER v.a. *Lakka* لقّ · لحس · لعق

LAPEREAU s.m. *Arnab saghir* ارنب صغير

LAPIDAIRE s.m. *Djaouhari* جوهري · مركّب الحجارة الكريمة

LAPIDANT s.m. *Radjem* راجم · رام بالحجارة

LAPIDATION s.f. *Radjm* رجم · رمي بالحجارة

LAPIDÉ, ÉE p.p. de lapider *Mardjoum* مرجوم · مرمي بالحجارة

LAPIDER v.a. *Radjama* رجم يرجم · رمي بالحجارة

LAPIDIFICATION s.f. *Tahdjir* تحجير · تحويل الى هيئة حجر

LAPIDIFIÉ, ÉE p.p. de lapidifier *Mohadj-jer* محجّر · محوّل الى هيئة حجر

LAPIDIFIER v.a. *Hadj-jara* حجّر · حوّل الى هيئة حجر

— **(SE)** v.a. *Tahadj-jara* تحجّر · تحول الى هيئة حجر

LAPIN, INE s.m. et f. *Arnab* ارنب ج ارانب

LAPIS-LAZULI ou **LAZULITE** s.m. *Lazouard* لازورد معدن ازرق ضارب الى حمرة وخضرة يتولد في جبال ارمينيه وفارس

LAPS s.m., **de temps** *Hessat men al zaman* حصة من الزمن · برهة · مدة

LAPSUS s.m. *Ghalat* غلط

— **lingue** *Ghalat lafzi* غلط لفظي

— **calami** *Ghalat qêtabi* غلط كتابي · غلط قلم

LAQUAIS s.m. *Tabê, khadem* تابع خادم

LAQUE s.f. *Somgh ol laq* صمغ اللكّ او لك

LAQUEUX, EUSE adj. *Lacqi* لكّي

LARCIN s.m. *Ekhtêlas* اختلاس · سرقة · سلب

LARD s.m. *Chahm ol khenzir* شحم الخنزير

LARDER v.a. *Achhama-l-taâm* أشحم الطعام · خلطه بشحم خنزير

— fig., larder quelqu'un d'épigrammes *Ouadjaha calaman mocaderan* وجّه كلاماً مكدراً · نكّت · طعن

LARDOIRE s.f. *Mechacq ol chahm* مشكّ الشحم

LARDON s.m. *Chahmat* شحمة · قطعة شحم

LARE s.m., t. poétique *Bayt* بيت ج بيوت · منزل

LARGE adj. *Arid* عريض · واسع · فسيح

— généreux *Carim* كريم · سخي · جوّاد

— t. de mar. *Baîdan ân el chati* بعيداً عن الشاطئ · في ظهر البحر · ثبج البحر (في الملاحة)

— **au large** loc. adv. *Fil sêât* في السعة · على راحة

— **au large**, t. milit. et mar. *Ezhab* اذهب · أبعد · مر · (في العسكرية والملاحة)

LARGEMENT adv. *Bêcaram* بكرم · بسخاء · بجود

LARGESSE s.f. *Nêmat* نعمة ج نعم · جود · سخاء

LARGEUR s.f. *Ârd* عرض · سعة

LARGUE adj., t. de mar. *Rih tars* ريح ترس . ريح معارضة (في الملاحة)

LARGUER v.n., t. de mar. *Halla hebal al koloû* حلّ حبال القلوع (في الملاحة)

— **une corde** t. de mar. *Halla-l-chagoul* حل الشاغول (في الملاحة)

— **les ris** t. de mar. *Nachara-l-koloû* نشر القلوع . فردَ الشراع

LARME s.f. *Damdat* دمعة . دمع

— fig. de crocodile *Khedâ* خداع . مكر . خباثة

LARMIER s.m., en arch. *Masraf* مصرف ج مصارف (في البنا)

LARMOIEMENT s.m. *Tadammô* تدمُّع

LARMOYANT, ANTE adj. *Baqi* باكٍ . مُبكٍ . مجرِ الدموع

LARMOYER v.n. *Damad* دَمع يدمع . بكى

LARRON, ONNESSE s.m. et f. *Loss* لص ج لصوص . حرامي

LARVE s.f. *Doudat saghirat* دودة صغيرة

— t. d'antiq. *Chabah* شبح . اشباح . روح شريرة (في اصطلاح الاقدمين)

LARVÉ, ÉE adj., t. de méd. (fièvre) *Mokhtafiat* مختفية . حمّى مختفية (في الطب)

LARYNGÉ, ÉE adj., en anat. *Handjari* حنجري (في التشريح)

LARYNGIEN, IENNE adj., en anat. *Mokhtas bel handjarat* مختص بالحنجرة . متعلق بالحنجرة (في التشريح)

LARYNGISME s.m., en méd. *Tachannodj ol handjarat* تشنج الحنجرة (في الطب)

LARYNGITE s.f., en méd. *Eltèhab ol handjarat* التهاب الحنجرة (في الطب)

LARYNGOGRAPHIE s.f., en pathol. *Ouasf ol handjarat* وصف الحنجرة (في الباثولوجيا)

LARYNGOSCOPE s.m., en chir. *Menzar ol handjarat* منظار الحنجرة (في الجراحة)

LARYNGOSCOPIE s.f., en pathol. *Bahs fil handjarat* بحث في الحنجرة (في الباثولوجيا)

LARYNGOTOMIE s.f. en chir. *Chakk ol handjarat* شق الحنجرة (في الجراحة)

LARYNX s.m., en anat. *Al handjarat* الحنجرة (في التشريح)

LAS, ASSE adj. *Taëb* تعب . عيّ . ضجِر . سئم

LASSIF, IVE adj. *Chahouani* شهواني . مائل الى الشهوات . محرك الشهوات

LASSER v.a. *Atâaba* أتعب . أعيا . أملّ . أزعج

— **(SE)** v.r. *Calla* كلّ يكلّ . ضجِر . تعب . سئم

LASSITUDE s.f. *Ayâ* عياء . ملل . تعب

LATANIER s.m., en bot. *Lataniat* لاتانية . وهي شجيرة ذات اوراق نخلية (في النبات)

LATENT, ENTE adj. *Makhfi* مخفيّ . مستتر . غير ظاهر

LATÉRAL, ALE adj. *Cayen âla djaneb* كائن الى جانب . جانبي

LATÉRALEMENT adv. *âla djanab* على جنب . جانبًا

LATIN, INE adj. *Latini* لاتيني

LATITUDE s.f., étendue *Emtêdad* امتداد . سعة . فسحة

— pouvoir d'agir *Horriyat ol taçaarrof* حرّية التصرّف

— t. de géogr. *ârd* عرض (في الجغرافية)

LATRIE s.f., culte de latrie *Latria* لتريا . عبادة الله واحد

LATRINE s.f. pl. *Merhad* مرحاض ج مراحيض . مستراح . كنيف . شِشمة . ادبخانة

LATTE s.f. *Laouh khachab* لوح خشب . عارضة . قدّة

LATTES s.f. pl., en arch. *Takfiçat baghdadli* تقفيصة بغدادلي (في البناء)

LAUDANUM s.m. *Lodanom* لودانوم . خلاصة الافيون

LAUDATIF, IVE adj. *Madeh* مادح . شاكر . مثنٍ

LAURIER s.m. *Ghar* غار . شجرة الغار

— **cerise** *Ghar carazi* غار كرزي

— **rose** *Defli* دفلي . شجر الزقوم

— au fig. *Faouz* فوز . انتصار . غلبة

LAVABO s.m. *Mayedat ghacil el ouadjh* مائدة غسيل الوجه

LAVAGE s.m. *Ghacil* غسيل . غسل

LAVANDE s.f. *Khozama* خزامى . خزام

LAVANDIÈRE s.f. *Ghassalat* غسّالة

LAVE s.f. *Madat baracaniyat* مادة بركانية . سائل بركاني

LAVÉ, ÉE p.p. de laver *maghçoul* مغسول

LAVE-MAIN s.m. *Tast ou tacht* طست . طشت

LAVEMENT s.m. *Hakn* حقن . ادخال سايل في المستقيم

LAVER v.a. *Ghaçala* غَسَلَ . يغسِل

— **(SE)** v.r. *Eghtaçala* إغتسل . توضأ

LAVETTE s.f. *Medjlate* مجلاة . قطعة قماش لغسل الصحون (مجلاية)

LAVEUR, EUSE adj. *Ghassal* غسّال

LAVIS s.m. *Talouin ol rasm* تلوين الرسم

LAVOIR s.m. *Maghçal* مغسل

— **de cuisine**. *Medjlat* مجلاة (مجلاية)

LAVURE s.f. *Mà ghacil el sohoun* ماء غسيل الصحون

LAXATIF, IVE adj., en méd. *molay-yen* ملين . مسهل خفيف (في الطب)

LAXITÉ s.f. en méd. *Rakhaoual* رخاوة . ليونة (في الطب)

LAYETIER s.m. *Nadj-jar sanadik* نجار صناديق

LAYETTE s.f. *Kemat* قماط . لفافة الطفل

LAZARET s.m. *Corantinat* كورنتينه . كارنتينه . معتزل للقادمين من برّ موبي

LAZARONE s.m. *Chabhaz* شحّاذ . سائل

LAZULITE s.f. *Lazouard* لازورد

LAZZI s.m. *Tanqit* تنكيت

LE, LA, LES artic. *Al* أل . حرف التعريف للذكر

LE, LA LES pron. *H, hia, hom, honna* ه . هي . هم . هنّ . ضمير الشخص الغائب

LÉ s.m. *ård ol komachn* عرض القماش

LÈCHE s.f. *Chatrat hhobz* شطرة خبز . فرزدقة عيش

LÉCHER v.a. *Lahaça* لَحَسَ . يلحَسُ

LEÇON s.f. *Dars, omçoulat* درس ج دروس . امثولة

— chose servant d'enseignement *Tadib* تأديب . تعليم

— fig., réprimande *Taoubikh* توبيخ . تبكيت

— fig., conseil *Erchad* ارشاد . نصيحة

LECTEUR, TRICE s.m. et f. *Kari* قاري . مطالع . متصفح

LECTURE s.f. *Keraàt* قرآة . مطالعة . تصفّح

LÉGAL, ALE adj. *Kanouni, charii* قانوني . شرعي

LÉGALEMENT adv. *Kanounan, charåan* قانونًا . شرعًا . على موجب الشريعة

LÉGALISATION s.f. *Tasdik kanouni* تصديق قانوني . تسجيل شرعي

LÉGALISER v.a. *Saddaka* صَدَّقَ . سَجَّلَ

LÉGALITÉ s.f. *Sehhat chariyat* صحّة شرعية . صفة قانونية

LÉGAT s.m. *Nayeb ol baba* نائب البابا . قاصد رسولي

LÉGATAIRE s.m. *Mouassa lahou* موصّى له

— **universel** *Al mouassa lahou becamel ma yamtalec ol mouassi* الموصّى له بكامل ما يمتلك الموصي

— **particulier** *Al mouassa lahou beksm ma yamtalek ol mouassi* الموصّى له بقسم مما يمتلك الموصي

LÉGATION s.f., ambassade *Safarat* سفارة

— **ecclésiastique** *Keçadat* قصادة . رسالة

— **hôtel de la légation** *Dar ol safarat* دار السفارة . دار القصادة

LÈGE adj., t. de mar. *Bedoun sabourat* بدون صابورة . فارغة الشحن . سفينة راجعة لمرساها فارغة من الشحن والصابورة

LÉGENDAIRE adj. *Kherafi* خرافي . تصوّري

LÉGENDE s.f. *Kessat ou åmal ol keddicine* قصة او اعمال القديسين

— récit *Hecayat* حكاية ج حكايات . نكتة

— **des monnaies** *Qètabat ol ėmlat* كتابة العملة

— **de carte de géogr.** *Tafsir ol romouz* تفسير الرموز (في خرط الجوغرافية)

LÉGER, ÈRE adj. *Khafif* خفيف

— pour l'estomac *Sahel ol hadm* سهل الهضم

— t. de mar. *Sari ol sayr* سريع السير (في الملاحة)

— peu important *Djezi* جزئي . زهيد . طفيف

— volage *Khafif ol tabê, tayech* خفيف الطبع . طائش

LÉGÈREMENT adv. *Bekheffat* بخفة . بطيش

LÉGÈRETÉ s.f. *Serâat* سرعة · خفّة · طيش

LÉGIFÉRER v.n. néolog. *Sann ol kaouanine* سن القوانين

LÉGION s.f. *Djaoukat* جوقة ج جوقات

— **d'honneur** ordre civil et milit. *Djaoukat ol charaf* جوقة الشرف (نيشان)

LÉGISLATEUR, TRICE s.f. *Charê* شارع · مشترع · واضع الشرائع

LÉGISLATIF, IVE adj. *Kanouni* قانوني · شرعي · متعلق بالقانون والشريعة

— **conseil législatif** *Madjles chaoura-l-kaouanine* مجلس شورى القوانين

LÉGISLATION s.f. *Sann ol charayê* سنّ الشرائع · وضع القوانين

— l'ensemble des lois *Nezamat* نظامات · قوانين

LÉGISLATIVEMENT adv. *Bemouafakat el kaouanine* بموافقة القوانين · طبقًا للشرائع

LÉGISLATURE s.f. *Arbab ol charîat* ارباب الشريعة · مدة مجلس ارباب الشرع

LÉGISTE s.m. *Fakih* فقيه · متشرع · قانوني

LÉGITIMATION s.f. *Tasdik chari* تصديق شرعي · قبول الابن الطبيعي كابن شرعي

LÉGITIME adj. *Chari* شرعي · حلال · حق

— (maladie) en méd. *Marad montazem* مرض منتظم (في الطب)

LÉGITIMEMENT adv. *Charâan, kanounnan* شرعًا · قانونًا · حلالاً

LÉGITIMER v.a. *Saddaka, hallala* صدّق · حلّل · قبل الابن الطبيعي كابن شرعي

LÉGITIMITÉ s.f. *Halal* حلال · موافقة للحق · صحة

LEGS s.m. *Ouaciyat* وصية ج وصايا · هبة بموجب الوصية

LÉGUER v.a. *Ouassa le* وصّى ل · خلّف بوصية

LÉGUME s.m. *Khodar, bokoul* خضار · بقول

LÉGUMINEUX, EUSE adj., en bot. *Bokouli* بقولي (في النبات)

LÉGUMISTE s.m. *Zarê ol bohoul* زارع البقول · زارع الخضار

LÉMURES s.m. pl., t. d'antiquité romaine *Tayf* طيف · شبح الاموات

LENDEMAIN s.m. *Ghadan* غدًا · الغد

LENDORE s.m. et f. *Caslan* كسلان (تنبل)

LÉNIFIER v.a., en méd. *Lattafa* لطّف · ليّن (في الطب)

LÉNITIF, IVE adj., en méd. *Molattef* ملطّف · مليّن (في الطب)

LENT, ENTE adj. *Bati ol haracat* بطيء الحركة · متمهل · متوان

LENTE s.f. *Bayd ol kaml* بيض القمل (سيبان)

LENTEMENT adv. *âla mahal* على مهل · رويدًا · الهوينا

LENTEUR s.f. *Botou* بطوء · مهلة · توان

LENTICULAIRE adj., *âdaci ol chacl* عدسيّ الشكل

LENTIGO s.m., en pathol. *Al âdas* العدس (مرض جلدي)

LENTILLE s.f. (plante) *âdas* عدس (نبات)

— tâches de rousseur *Namach* نمش

— en phys. *Adaçat* عدسة (في الطبيعيات)

LÉONIN, INE adj. (contrat) en jurisp. *Chart fayêdatohou lèhad el farikayn doun al akhar* شرط فايدته لاحد الفريقين دون الآخر (في القضاء)

LÉONTIASIS s.f., en méd. *Dà ol sabê* داء السبع (مرض جلدي)

LÉOPARD s.m. *Sabanti* سبنتي · ابو جهل · حيوان كاسر يشبه النمر

LÉPIDOPTÈRE s.m., t. d'hist. nat. *Sadafiat ol adjnèhat* صدفية الاجنحة · (في التاريخ الطبيعي)

LÈPRE s.f., en méd. *Baras* برص · مرض جلدي قشري

LÉPREUX, EUSE adj., en méd. *Abras* ابرص · مصاب بداء البرص (في الطب)

LÉPROSERIE s.f. *Mostachefa-l-bors* مستشفى البرص

LEQUEL pron. conj. *Allazi* الذي

— pron. inter. *Ay, ay hou man hou* اي · اي هو · من هو

LÉSÉ, ÉE p.p. de léser *Madrour* مضرور · مثلوم · مجروح · مكلوم · مضرور

LÉSER v.a., infliger un dommage *Adarra* اضرّ

— en chir. blesser *Djaraha* جرح يجرح · ثلم (في الجراحة)

LÉSINE s.f. *Bokhl* بخل . شح . خساسة

LÉSINER v.n. *Bakhola.* بخل يبخل . شح . خسّ

LÉSINERIE s.f. *Bokhl* بخل . خساسة . شح

LÉSINEUR s.m. *Bakhil* بخيل . خسيس . شحيح

LÉSION s.f. *Madarrat* مضرّة . اذى

— en chir. *Djerh* جرح ج جروح . ثلم . (في الجراحة)

— en jurisp. *Ghebn Jaheche* غبن فاحش (في القضاء)

LESSIVE s.f. *Mà ol kela* ماء القِلي . غسالة (بوغاضة)

LESSIVER v.a. *Ghaçala bemà el kela* غسل بماء القلي

LESSIVEUR, EUSE s.m. et f. *Ghassal* غسّال

LEST s.m., t. de mar. *Sabourat ol marcab* صابورة المركب وهو ما يوضع في قعر السفينة من رمل وحصى عند فراغها من الشحن (في الملاحة)

— **sur le lest**, t. de mar. *Khali men ol chahn* خال من الشحن (في الملاحة)

LESTAGE s.m., t. de mar. *Chahn ol sabourat* شحن الصابورة او تصبير المركب (في الملاحة)

LESTE adj. *Khafif* خفيف . نشيط

LESTEMENT adv. *Bekheffat* بخفّة . بنشاط

LESTER v.a., t. de mar. *Sabbara-l-marcab* صبّر المركب (في الملاحة)

— **(SE)** v.r. fig. *Acala* أكل يأكل . تغذّى

LESTEUR s.m., t. de mar. *Sabbarat* صبّارة . فلوكة لنقل الصابورة من البر الى المركب

LÉTHARGIE s.f. en méd. *Sobat taouil* سبات طويل . نوم مستغرق

LÉTHARGIQUE adj. *Sobati* سباتي . يختص بالنوم المستغرق

LÉTHIFÈRE adj. *Momite* مميت . قتّال

LETTRE s.f., de l'alphabet *Harf hedjaï* حرف هجائي

— missive *Reçalat* رسالة ج رسائل . مكتوب . جواب . افادة

— les Lettres *Al adab* الآداب . العلوم . المعارف

LETTRE, à la lettre *Harfiyan* حرفيًّا . بالحرف الواحد

— **de voiture** *Tazqerat ol nakl* تذكرة النقل . بوليصة الشحن

LETTRÉ, ÉE adj. *Adib* اديب . عالم . ذو معارف

LETTRINE s.f., t. d'imprim. *Harf saghir* حرف صغير . حرف ترويسة (في المطابع)

LEUCORRHÉE s.f., en méd. *Sayalan abiad men al neça* سيلان ابيض من النساء (في الطب)

LEUR pron. pers. plur. *Lahom, lahonna* لهم . لهنّ

— adj. poss. *Hom, honna* هم . هنّ

LEURRE s.m. *Ghorour* غرور . غيّ

LEURRÉ, ÉE p.p. de leurrer *Maghrour* مغرور . مغوي

LEURRER v.a. *Agharra* أغرّ . اغوى

— **(SE)** v.r. *Engharra* إنغرّ . غوى

LEVAIN s.m. *Khamirat* خميرة . خمير

LEVANT s.m. *Al machrec* المشرق . مطلع الشمس

— pays. *Al chark* الشرق

LEVANTIN, INE adj. *Charki* شرقي

LEVÉ, ÉE p.p. de lever *Marfoû* مرفوع . منهوض

— d'une astre *Charouk* شروق . بزوغ

LEVÉE s.f. **des impôts** *Djebayat ol amoual* جباية الاموال . تحصيل الاموال

— **d'un corps** *Rafê ol djenazat* رفع الجنازة

— **d'un siège** *Rafê ol heçar* رفع الحصار او فك الحصار

LEVER v.a. *Rafaâ* رفع يرفع . انهض . شال

— **l'ancre,** t. de mar. *Rafaâ-l-mersat* رفع المرساة . رفع الهلب

— **les scellés,** t. de prat. *Facca-l-khotoumat* فكّ الختومة (في المرافعات)

— **un plan** *Akhaza-l-rasm* أخذ الرسم . رسم

— **(SE)** v.r. *Ouakafa* وقف يقف . نهض . قام

— paraître *Achraka* أشرق . بزغ . طلع

LEVER s.m. *Kiam* — قيام . نهوض

— **des astres** *Echrak* — اشراق . طلوع . بزوغ

LEVIER s.m. *Ètlat* — عتلة . قزمه . مخل ج امخال

— **de pointage,** t.d'artil. *Rafèât ol tahrir* — رافعة التحرير (اي التنشين) (في الطوبجية)

— t. de méc. *Malaouinat* — ملاوينة (في الميكانيكيات)

LEVIGATION s.f., en phar. *Sahek* — سحق (في الصيدلية)

LEVIS s.m., pont levis *Cobri motaharrec, mâbar* — كوبري متحرك اي يرتفع وينخفض . معبر

LEVOGYRE adj. *Mouadj-jah nahou-l-yeçar* — موجه نحو اليسار

LEVRAUT s.m. *Arnab barri saghir* — ارنب بري صغير

LÈVRE s.f. *Chafat* — شَفة ج شفاة

— d'une plaie, en chir. *Hafat ol djerh* — حافة الجرح (في الجراحة)

— **supérieure du cheval** *Djahfalat* — جحفلة وهي شفة الفرس العليا .

LEVRETTE s.f. *Calbat solou-kiyat* — كلبة سلوقية

LÉVRIER s.m. *Calb solouki* — كلب سلوقي . كلب سلاقي

LEVURE s.f. *Raghouat ol birat* — رغوة الجعة اي البيرة

LEXICOGRAPHE s.m. *Djamê calemat kamous* — جامع كلمات قاموس

LEXIQUE s.m. *Kamous* — قاموس ج قواميس . كتاب لغة . معجم

LÉZARD s.m. *Herzaoun* — حرذون ج حراذين . وَرَل . هو ذكر الضب

LÉZARDE s.f. *Khalal* — خلل . شق . صدع (في البناء)

LÉZARDÉ, ÉE adj. *Machkouk* — مشقوق . مخلول . مصدوع

LÉZARDER (SE) v.r. *En-chakka* — إنشقّ . انخلّ . تصدّع

LIAIS s.m. *Hadjar ramli qelsi* — حجر رملي كلسي

LIAISON s.f. t. de métier — رباط . وصلة . لحام . (في الصنائع)

— au fig. *Moâcharat* — مُعاشرة . أُلفة . صُحبة

LIAISONNER v.a., t. de maç. *Dahhama-l-benâ* — لحّم البناء . عشّقة

LIANE s.f. *óllayk* — عُلَّيق

LIANT, ANTE adj. *Lay-yen* — لين . طري . سهل العطاف

LIASSE s.f. *Melaf ouarak* — ملفّ ورق . حزمة ورق

LIBAGE s.m. *Hadjar kham ou dabch* — حجر خام . او حجر كبير غير منحوت . دبش

LIBAN s.m. **Mont Liban** *Lobnan* — لبنان . جبل لبنان

LIBANAIS, AISE adj. et subs. *Lobnani* — لبناني . من اهل جبل لبنان

LIBATION s.f. *Sabbe* — صبّ . سكب . اراقة

— s.f. pl., nombreux coups de vin *Moâkarat ol khamr* — معاقرة الخمر . تعاطي الخمرة

LIBELLE s.m. *Qêtab hadjou* — كتاب هجوٍ . رسالة قدح

LIBELLER v.a., t. de prat. et de finances *Daou-ouana* — دوّن . حرّر (في المالية والمرافعة)

LIBELLISTE s.m. *Kadeh* — قادح . هاجٍ . محرر رسالة طعن

LIBER s.m., en bot. *Tabakat qêtabiyat* — طبقة كتابية . اي القشرة الحية (في النبات)

LIBÉRABLE adj. *Kabel ol moâfat* — قابل المعافاة

LIBÉRAL, ALE adj. profession libérale *Mehnat horrat* — مهنة حرة

— arts libéraux *Sanayê charifat* — صنايع شريفة نفيسة . الفنون العقلية

— généreux *Carime* — كريم . سخي . جوّاد

— **d'idées** *Horr ol afcar* — حرّ الافكار . حرّ المشرب . حرّ المذهب

LIBÉRALEMENT adv. *Beçakha* — بسخاء . بجود . بكرَم

LIBÉRALISER v.a. *Harrara* — حرّرَ

LIBÉRALISME s.m. *Horriyat ol machrab* — حرّية المشرب . عصبة الاحرار

LIBÉRALITÉ s.f., générosité *Sakhâ* — سخاء . جود . كرَم

— disposition d'esprit d'un homme libre *Horriyat ol feqr* — حرّية الفكر

— le don même *Atiyat* — عطية . نعمة

LIBÉRATEUR, TRICE s.m. et f. *Mokhallès* — مخلّص . منجٍ . منقذ

LIBÉRATION s.f., en jurisp. *Ebrâ, ouafâ* ابراء · وفاء · تخليص · إخلا الطرف (في القضاء)
— affranchissement de la servitude *Êtak* إعتاق · انقاذ من العبودية
— **du service militaire** *Êfâ men al khedmat el âscariyat* اعفاء من الخدمة العسكرية

LIBÉRÉ, ÉE p.p. de libérer *Mâtouk* معتوق · مُنقَذ · مُخلَّص · مطاوق السبيل · معفي

LIBÉRER v.a. en jurisp. *Akhla taraf* أخلا طرف · برّأ (في القضا)
— délivrer *Aâtaka* أعتَقَ · انقَذَ · خلّصَ · نجّى · اطلق سبيل · اعفى

LIBERTÉ s.f. *Horriyat* حُرّية · استقلال
— affranchissement *Êtak* اعتاق · اطلاق
— **des droits,** t.de jurisp. *Ahliat ol taçarrof* اهلية التصرُّف (في القضاء)
— facilité *Sohoulat* سهولة · لين العريكة
— hardiesse *Djaçarat* جسارة · جراءة

LIBERTICIDE adj. *Montahec hermat el horriyat el ômoumiyat* منتهك حرمة الحرّية العمومية · مجحف بحقوق الحرية العمومية

LIBERTIN, INE adj. *Facek* فاسق · معتر · فلاتي

LIBERTINAGE s.m. *Façad* فساد · تعتير · فسق · فَلَت

LIBIDINEUX, EUSE adj. *Moheb ol chahouat* محب الشهوات

LIBITUM (AD) loc. latine *Bekadar el marghoub* بقدر المرغوب · طبق المرام

LIBRAIRE s.m. *Cotobi* كُتُبي · بياع كتب

LIBRAIRIE s.f. *Mactabat* مكتبة ج مكاتب · محل مبيع كتب

LIBRATION s.f., en astr. اهتزاز · ارتجاج (في علم الفَلَك)

LIBRE adj. *Horr* حرّ · مطلق الحرية · مخيَّر
— indépendant *Mostakel* مستقلّ · مطلوق العنان
— exempt *Môfi* معفي · خالٍ
— papier libre *Ouarak abiad* ورق ابيض · ورق ليس عليه تمغة

LIBRE, blessant la descence *Safih* سفيه · رذيل
— de parole *Talec ol leçan* طلق اللسان · سهل التكلم
— **arbitre** s.m. *Kou-ouat ol ekhtiar* قوة الاختيار · حرية التصرف

LIBREMENT adv. *Bihorriyat* بحرية · اختيارياً · من تلقا الخاطر

LICE s.f. *Midan* ميدان ج ميادين

LICENCE s.f., permission *Edjazat* اجازة · تسويغ
— dérèglement *Façad* فساد · سفاهة · رذالة
— grade universitaire *Chehadat* شهادة (ديبلومه)

LICENCIÉ, ÉE p.p. de licencier *Hayez âla chehadat* حائز على شهادة او ديبلومه
— congédié *Marfout* مرفوت · معزول

LICENCIEMENT s.m. *Raft* رَفْت · اطلاق · عزل

LICENCIER v.a. *Rafata* رفتَ يرفِتُ · اطلَقَ · عزَلَ

LICENCIEUSEMENT adv. *Beçafahat* بسفاهة · بفحش

LICENCIEUX, EUSE adj. *Safih* سفيه · رذيل · ذميم الاخلاق

LICET s.m. *Ezn* اذن · رخصة · اجازة

LICHEN s.m., en bot. *Hazazat* حزازة (في النبات)
— en path. *Hazazat* حزازة مرض جلدي
— **simplex** en méd. *Hazazat bacitat* حزازة بسيطة (في الطب)
— **agrius** *Hazazat khabiçat* حزازة خبيثة (في الطب)
— **pilaris** *Hazazat châriyat* حزازة شعرية (في الطب)
— **circumscriptus** *Hazazat mostadirat* حزازة مستديرة او حلقية (في الطب)
— **lividus** en méd. *Hazazat cabiyat* حزازة كابيّة (في الطب)
— **tropicus** en méd. *Hazazat madariat* حزازة مدارية (في الطب)
— **urticatus** *Hazazat andjariat* حزازة انجرية (في الطب)
— **giratus** *Hazazat charitat* حزازة شريطيّة (في الطب)

LICITATION s.f., en jurisp. *Bay ôl molq el mochâ el ghayr kabel el kesmat bel mazad* بيع الملك المشاع الغير قابل القسمة بالمزاد · عدم امكان القسمة (في القضاء)

LICITATOIRE adj., t. de prat. *Motaâllek bibay-ël-molq el mochâ el ghayr kabel ol kesmat* متعلق ببيع الملك المشاع الغير قابل القسمة (في المرافعة)

LICITE adj. *Djayez* جائز · مباح · حلال · سايغ

LICITEMENT adv. *Benaoû djayez* بنوع جائز · بصفة مباحة

LICOL s.m. voir Licou

LICORNE s.f. *Ouahid ol karn* وحيد القرن · حيوان خرافي له جسم الفرس وفي رأسهِ قرن واحد

LICOU s.m. *Raçan* رسن ج ارسان · مقود · رشمة · حسكة

LIE s.f. *Dordi* دُرْدي · ثُفْل

— au fig., du peuple *Redâ, aoubach* رعاع اوباش · سفلة · سوقة

LIÉ, ÉE p.p. de lier *Marbout* مربوط · مقيَّد

LIÈGE s.m. *Falline* فلّين

LIEN s.m. *Robat* رباط · قيد · وثاق · عروة

LIENTERIE s.f. en méd. *Line ol bain* لين البطن · اسهال خفيف (في الطب)

LIER v.a. *Rabata* رَبَطَ يربُطُ · قيَّد · شدّ

— astreindre *Alzama* أَلْزَمَ · حصَرَ

— **(SE)** v.r. *Sahaba* صَاحَبَ · عاشر

— s'astreindre *Ertabata* إِرْتَبَطَ · تقيَّد · الزم نفسهُ

LIERRE s.m., arbrisseau *Leblab* ou *âcheq* لبلاب · عاشق · حبل المساكين (شجيرة)

LIESSE s.f. *Enchèrah* انشراح · انبساط

LIEU s.m. *Mican* مكان ج امكنة · موضع · محل · مطرح

— occasion *Sabab* سبب · موقع · سبيل

— t. de palais, **chaque créancier en son lieu** *Fi daourehi* في دورهِ اي كل دائن في دورهِ (في المحاكم)

— t. de prat. **au lieu et place** *Kama makamahou* قام مقامه · عوضًا عن · بدلاً من (في المرافعات)

LIEU, au lieu, loc. adv. *ôuadan ân en* عوضًا عن ان · بدلاً من ان

— **d'aisance,** latrine *Merhad* مرحاض ج مراحيض · مستراح · كنيف

LIEUE s.f. *Maçafat sadt* مسافة ساعة · مسافة ثلاثة اميال

LIEUTENANCE s.f. *Rotbat molazem* رتبة ملازم

— charge de celui qui tient la place d'un autre *Kaïmakamiyat* قائمقامية · نيابة · وكالة

LIEUTENANT s.m. *Molazem* ملازم

— qui a la place d'un chef *Kaïmakam* قائمقام · وكيل · نائب

LIÈVRE s.m. *Arnab barri* ارنب برّي

LIEUX s.m. pl., t. de prat. *Mahal ol ouakéât* محل الواقعة (في المرافعات)

LIGAMENT s.m., en anat. *Robat* رباط (في التشريح)

LIGAMENTEUX, EUSE adj. en anat. *Rebati* رباطي (في التشريح)

LIGATURE s.f., en chir. *Robat* رباط · عصابة (في الجراحة)

LIGNAGE s.m. *Asl* اصل · نَسَب · نسل

LIGNE s.f. *Khatte* خطّ · حِزْ

— t. de maçon. *Khayt ol banna* خيط البنَّاء (في البناء)

— **à plomb,** t. de maçon. *Al mizan* ou *mizan ol ol banna* الميزان او ميزان البنّاء

— de mots *Satr* سطر

— rang *Saffe* صفّ

— à pêcher *Sennarat* صناره او خيط الصناره

— **de l'équateur** *Khat ol estéoua* خط الاستواء

— t. de mar. *Habl rafi* حبل رفيع (في الملاحة)

— mesure d'épaisseur *Linia* لينيه (في الهندسة)

— ligne de mire, t. d'artil. *Khat ol nichan* خط النيشان (في الطوبجية)

— ligne de tir, t. d'artil. *Menhani-l-makzouf* منحني المقذوف · خط المقذوف (في الطوبجية)

— **de flottaison,** t. de mar *Khat ol enghèmas* خط الانغماس (في الملاحة)

— à la ligne *Men aoual ol satr* من اول السطر

LIGNE, troupes de ligne *El âçaber ol manazzamat* العساكر المنظَّمة

— se mettre en ligne, t. milit. *Al dokhoul fil hezâ* الدخول في الحذاء (في العسكرية)

— rompre les lignes, t. milit. *Facq ol soufouf* فك الصفوف . «صفا» (في العسكرية)

— t. de fortif. *Tahsine* تحصين . خط المتاريس (في الاستحكامات)

— **télégraphique** *Khatte teleghrafi* خط تلغرافي

— **de chemin de fer** *Khatte hadidi* خط حديدي

LIGNÉE s.f. *Nasl* نسل . ذُرّية . سلالة

LIGNETTE s.f. *Khayt leâmal el chabac* خَيْط لعمل الشَّبَك

LIGNEUL s.m. *Khayt ol escaf* خيط الاسكاف

LIGNEUX, EUSE adj., en bot. *Khachabi* خشبي . حطبي

LIGNITE s.f. *Khachab motfahhem* خشب متفحم

LIGUE s.f. entre Etats *Moâhedat* معاهدة . اتفاق

— complot *Taâssob* معاهدة . مؤامرة . عصبة . تحزُّب . حزب

LIGUER v.a. *âssaba* عصَّب . حزَّب . وامر

— **(SE)** v.r. *Taâssaba* تعصَّب . تعاهد . ترابط . تآمر

LIGUEUR, EUSE s.m. et f. *Motaâsseb* متعصِّب . متحزِّب . متوامر

LILAS s.m. (arbre) *Laâl* لعل . ازدارخت . زازلخت (شجرة)

LILIACÉ, ÉE adj., en bot. *Zanbaki* زنبقي (في النبات)

LILIACÉS s.f. pl. *El facilat ol zanbakiyat* الفصيلة الزنبقية (في النبات)

LIMACE s.f. *Bezzakat*; en Egypte: *Kaoukaât* بزّاقة . قوقعة

LIMAÇON s.m. *Halzoun* حلزون

— **escalier en limaçon,** t. d'arch. *Sollam halzouni* سلّم حلزوني (في البناء)

LIMAILLE s.f. *Baradat* بُرادة . نفاية المعدن

LIMBE s.m., en math. et astr. *Tarf, hafat* طرف . حافة . ذيل (في الرياضيات والفلك)

— en bot. *Kors ol ouarakat* قرص الورقة (في النبات)

LIMBES s.m. pl. *Yambos* يَنْبُس . أمبُس

LIME s.f. *Mébrad* مبرد ج مبارد

— **bâtarde** *Mebrad khachen* مبرد خشن

— **douce** *Mebrad katifat* مبرد قطيفة

— **queue de rat** *Mebrad zayl ol far* مبرد ذيل الفار

— **de tuyeau** *Mebrad bouri* مبرد بوري

— **demie douce** *Mebrad nesf senne* مبرد نصف سنّ

— **plate pointue** *Mebrad leçan el ôsfour* مبرد لسان العصفور

— **à biseau** *Mebrad aktach* مبرد اقطاش

— **à couteau** *Mebrad hadde sekkine* مبرد حدّ سكين

LIMER v.a. *Barada* بَرَدَ يبرُد

— au fig. *Hazzaba* هذَّبَ . نقَّح . بردخ

LIMEUR s.m., ouvrier *Barrad* برّاد

LIMIER s.m. *Calbe sayd* كلب صيد

— au fig., de police *Bassas* بصّاص . مُخبر

LIMITATIF, IVE adj. *Tahdidi* تحديدي

LIMITATION s.f. *Tahdid* تحديد . تعيين

LIMITE s.f. *Hadd* حدّ ج حدود . تخم ج تخوم

LIMITER v.a. *Haddada* حدّد . تخّم . عيّن

LIMITROPHE adj. *Modjaouer* مجاور . متصل بالحدود . متاخم

LIMON s.m. *Tine*; en Egypte *Tami* طين . وَحْل ج وحول . في مصر يسمى طمي

— **de voiture** *ârich* عريش العربة

— fruit *Laymoun* ليمون

— en arch. *Fakhz ol sollam* ou *djalçat* فخذ السلم . جلسة (في البناء)

LIMONADE s.f. *Charab ol laymoun* شراب الليمون . ليموناضه

LIMONADIER, IÈRE s.m. et f. *Charabati* شراباتي . بياع ليموناضه

— celui qui tient un café *Kahouadji* قهوجي . صاحب محل مشروبات

LIMONEUX, EUSE adj. *Môqer, mouhel* ou *matmi* معكر . موحل . مطمي

LIMONIER s.m. *Chadjarat ol laymoun* شجرة الليمون · ليمونة
LIMONIÈRE s.f. t. de carosserie *ârich fard* عريش فرد (في العربات)
LIMOSINAGE ou **LIMOUSINAGE** s.m., t. de maç. *Benâ bel dabch* بناء بالدبش اي بالحجارة الغير مخوتة والمونة (في البناء)
LIMOUSINE s.f. *âbayat* ; en Egypte *Zâbout* عباءة من صوف · كبوت · في مصر تسمى زعبوط
LIMPIDE adj. *Safi* صافٍ · نقي · رائق
LIMPIDITÉ s.f. *Safa* صفاء · نقاوة · رواق
LIMURE s.f. *Beradat* برادة · نفاية المعدن
LIN s.m. *Cattan* كتان
LINAIRE s.f. *Cattani* كتاني
LINCEUL s.m. *Cafan* كفن · ملاية
LINÉAIRE adj. *Kholouti* خطوطي
LINÉAMENT s.m. *Khat* خطّ · رسم الخطوط الاوليّة
LINGE s.m. *Nacidj men kotn* نسيج من قطن اوكتان
— d'habillement *Bayadat* بياضات · الثواب البيضاء
LINGER, ÈRE s.m. et f., marchand *Bayâ bayadat* بياع بياضات
— chargé du ligne *Makhzandji-l-bayadat* مخزنجي البياضات
LINGERIE s.f., commerce *Mahal mabi el bayadat* محل مبيع البياضات
— magasin *Makhzan ol bayadat* مخزن البياضات
LINGOT s.m. *Sabicat* سبيكة ج سبائك
LINGOTIÈRE s.f. *Masbac* مسبك ج مسابك · وهوقالب تُصَبّ فيو السبايك
LINGUAL, ALE adj. t. d'anat. *Leçani* لساني (في التشريح)
LINGUISTE s.m. *Taleb âlm el loghat* طالب علم اللغات
LINGUISTIQUE s.f. *Elm ol loghat* علم اللغات
LINIÈRE s.f. *Ard mazrouât cattan* ارض مزروعة كتان
LINIMENT s.m. *Dèmad* ضماد · مروخ (دواء)
LINOTTE s.f. *Zokaykiyat* زُقيقيّة (طائر)
LINTEAU s.m. t. d'arch. *âtabat foukaniyat* عتبة فوقانية (في البناء)

LION s.m. *Sabê, açad* سبع · أسد ج أُسُد · لَيْث
— signe du zodiaque *Bordj ol açad* برج الاسد
LIONCEAU s.m. *Chebl* شبل ج اشبال · ولد الاسد
LIONNE s.f. *Labouat* لبوة ج لبوات · انثى الاسد
LIPOMATEUX, EUSE adj. en méd. *Salii* سلعي (في الطب)
LIPOME s.m., en méd. *Salaât* سلعة · ورم دهني فصيصي (في الطب)
LIPOTHYMIE s.f., en méd. *Eghma* إغماء · غشيان (في الطب)
LIPPITUDE s.f., en méd. *Taâmmos* تعمّص · تكوّن العمص (في الطب)
LIQUÉFACTION s.f. *Enhèlal* انحلال · سيول
LIQUÉFIABLE adj. *Kabel ol enhèlal* قابل الانحلال. قابل السيولة ·
LIQUÉFIÉ, ÉE p.p. de liquéfier *Mahloul* محلول · سايل
LIQUÉFIER v.a. *Hallala* حلّل · سيّل · حوّل الى سائل
— **(SE)** v.r. *Enhalla* انحلّ · سالَ يسيلُ · ماع · استحال الى سائل
LIQUEUR s.f. *Sayel* سايل · مايع
— boisson *Chorab* شراب ج شرابات
LIQUEURS s.f. pl. *Machroubat* مشروبات
LIQUIDATEUR adj. et subs. *Moçaffi* مصفٍّ · مأمور تصفية
LIQUIDATION s.f. *Tasfiat* تصفية
— t. de bourse *Ouakt ol taslim* وقت التسليم · قطع الحساب (في البورصة)
LIQUIDE adj. *Sayel* سايل · مايع
— t. de jurisp. *Sabet* ثابت · خالٍ من النزاع
LIQUIDER v.a. *Saffa* صفّى
— **(SE)** v.r. *Dafaâ ma âlayhi* دفع ما عليه · سدّد ديونه
LIQUOREUX, EUSE adj. *Halou ol mazak* حلو المذاق
LIQUORISTE s.m. et f. *Bayyâ machroubat* بيّاع مشروبات اوصانع مشروبات

LIRE v.a. *Karaà* قرأ يقرأ · طالع · تلا

LIS s.m. *Zanbak*; en Egyp. *Nardjès* زنبق · في مصر نرجس

LISÉRÉ s.m. *Charit betaraf el saoub* شريط بطرف الثوب

LISÉRER v.a. *Raccaba-l-charit àla atraf el malabès* ركّب الشريط على اطراف الملابس

LISERON s.m. (plante) *Éllayk* عُلّيق (نبات)

LISEUR, EUSE s.m. et f. *Kari, motalê* قارئ · مطالع

LISIBLE adj. *Makrou* مقروء · ممكنة قراءته · مفسّر

LISIBLEMENT adv. *Benaoû makrou* بنوع مقروء · بحيث يمكن قراءته

LISIÈRE s.f. d'étoffe *Canar* كنار · حاشية ج حواشي

— **d'un champ** *Taraf* طرف ج اطراف · تخم

LISSAGE s.m. *Zaybakat ol ol baroud* زيبقة البارود

LISSE adj. *Maskoul* مصقول · أملس

LISSER v.a. *Sakala* صقل بصقل · ملّس · دلك

LISSOIR s.m. *Meskalat* مصقلة ج مصاقل · مدلكة

LISTE s.f. *Kayêmat* قائمة ج قوائم · جدول · علم بيان · كشف

— **civile** *Rateb soltani* راتب سلطاني · خزينة خاصة

LISTEL s.m., en arch. (moulure) *Sahfat* ou *khouçat* صحفة او خوصة في العمود

LIT s.m. *Ferach* فراش ج فرش · مضجع · سرير · تخت

— **de parade** *Mortabat ol mayt* مرتبة الميت

— **d'un fleuve** ou **d'un canal** *Madjra-l-nahr* مجرى النهر · قاع الترعة

— **d'une pierre en carrière** *Asfal ol hadjar* اسفل الحجر

— **garder le lit** *Lazêma-l-férach* لزم الفراش

LITANIES s.f. pl. *Talbat* طلبة ج طلبات

LITEAU s.m. *Canar* كنار · حاشية الفوطة او المنديل

— lieu où le loup se repose pendant le jour *Makil ol zibe* مقيل الذئب في النهار

— pièce de bois *Charihat khachab* شريحة خشب

LITERIE s.f. *Adouat ol sarir* ادوات السرير

LITHAGOGUE adj., en méd. *Modad lel haçaouat* مضاد للحصوات (في الطب)

LITHARGE s.f., en chim. *Mardarsandj* ou *martac zahabi* مراد رسنج او مرتك ذهبي وهو اول اوكسيد الرصاص (في الكيميا)

LITHIASE ou **LITHIASIE** s.f. en méd. *Tacouon ol haçat* تكوّن الحصاة (في الطب)

LITHASE s.f., en méd. *Haçat* حصاة (في الطب)

LITHOGRAPHE s.m. *Tabbâ âla hadjar* طبّاع على حجر

LITHOGRAPHIE s.f. *Tabê âla hadjar* طبع على حجر

— l'atelier *Tebaât hadjar* طباعة حجر · او مطبعة حجر

LITHOLABE s.m., en chir. *âfekât ol haçat* عافقة الحصاة وهي في الجراحة آلة لقبض الحصاة

LITHOLOGIE s.f. *Mârêfat adjnas el hedjarat* معرفة اجناس الحجارة

LITHOLYSIE s.f., en méd. *Tazouib ol haçat* تذويب الحصاة (في الطب)

LITHOMALACIE s.f., en méd. *Taliyn ol haçat* تليين الحصاة (في الطب)

LITHOMYLIE s.f., en chir. *Tahn ol haçat* طحن الحصاة · سحق الحصاة (في الجراحه)

LITHONTRIPTIQUE adj. et s.m., en chir. *Mocasser ol haçat* مكسّر الحصاة (في الجراحه)

LITHOPHAGE adj., en hist. nat. *Accal hèdjarat* أكّال حجارة · أكّال حصى (في التاريخ الطبيعي)

LITHOPHANIE s.m. *Al nakche fil sini* النقش في الصيني

LITHOTOME s.m., en chir. *Alat lechak el meboualat* آلة لشق المبولة (في الجراحه)

LITHOTOMIE s.f., en chir. *âmaliyat ol haçat* عملية الحصاة (في الجراحه)

LITHOTRIPSIE s.f., en chir *Tacsir ol haçat* تكسير الحصاة (في الجراحة)

LITHOTRITEUR s.m., en chir. *Mofattet ol haçat* مفتت الحصاة · طاحن الحصاة (في الجراحة)

LITHOTRITIE s.f., en chir. *Taftit ol haçat* تفتيت الحصاة · طحن الحصاة (في الجراحة)

LITIÈRE s.f., chaise à porteur *Haoudadj* هودج ج هوادج · تختروان

— de chevaux *Mafrach ol khayl* مفرش الخيل

LITIGE s.m. en jurisp. *Kheçam* • خصام • خصومة • دعوى • نزاع • خلاف (في القضاء)

LITIGIEUX, EUSE adj. *Kheçami* خصامي • مخاصم عليهِ • منازع عليهِ (في القضاء)

LITISPENDANCE s.f., t. de jurisp. *Daôua mortabêtat bedaôua okhra* دعوى مرتبطة بدعوى اخرى (في القضاء)

LITORNE s.f. *Naoû men ol sommana* نوع من السُّمَّانى (طائر)

*** LITRE** s.m. *Litre* لتر • مكيال السايلات

LITTÉRAIRE adj. *Adabi* ادبي • بياني • فصاحي

LITTÉRAIREMENT adv. *Bénaoû adabi* بنوع ادبي • بيانيًّا • فصاحيًّا

LITTÉRAL, ALE adj. *Harfi* حرفي • حرفًا بحرف

LITTÉRALEMENT adv. *Harfiyan* حرفيًّا • حرفًا بحرف • كلمة وكلمة

LITTÉRATEUR s.m. *âlem bel bayan* عالم بالبيان • بياني • بليغ

LITTÉRATURE s.f. *Êlm ol bayan* علم البيان • علم الفصاحة

LITTORAL, ALE adj. et s.m. *Chati* شاطئ ج شواطئ البحر • ضفة ج ضفاف البحر • ساحل ج سواحل

LITURGIE s.f. *Litourdjia ou al tokous* (ليتورجيا) الطقوس وهو ترتيب الخِدَم الدينية

LITURGIQUE adj. *Taksi* طقسي • متعلق بالطقوس الدينية

LIURE s.f. *Salabat* سَلَبَة • عصفورة حبل • الحبل الذي يربط بهِ حمل العربة

LIVIDE adj. *Aghbar* أغبر • كَدِر • كابٍ

LIVIDITÉ s.f. *Eghbêrar* إغبرار • كُدرة • كباوة

LIVRABLE adj. *Kabel ol taslim* قابل التسليم • ممكن تسليمه

LIVRAISON s.f. *Taslim* تسليم

— partie d'un livre *Carras* كراس • ملزمة • نبذة جزء من كتاب

LIVRE s.m. *Qêtab* كتاب ج كُتُب

— **de comptabilite** *Daftar* دفتر ج دفاتر

LIVRE, grand livre *Al mayestro* المايسترو • دفتر الاصول والخصوم

— **de bord** t. de mar. *Yaoumiyat ol safinat* يومية السفينة (في الملاحة)

— s.f., en monnaie anglaise *Lirat*; en Egyp. *guinée* ليرة ج ليرات • جنيه

— en monnaie française *Franc* فرنك

— poids *Librat* ليبره • وهي توازي خمسماية غرام او رطل مصري تقريبًا

LIVRÉE s.f. *Samt, zay* سَمت • ذي • طقم رسمي للخدامين

LIVRER v.a. *Sallama* سلّم • دفع

— **une battaille** *Katala* قاتل • نازَلَ • عارك • ناوش

— **(SE)** v.r. *Sallama nafsahou* سلّم نفسه • تولّع ب • تعاطى

LIVRET s.m. *Daftar* دفتر • كرّاس • كتيّب

LIXIVIATION s.f., en chim. *Ghacil* غسيل • غسل (في الكيميا)

LIXIVIEL, ELLE adj. *Mostakhradj men ghacil el remad* مستخرج من غسيل الرماد (من الاملاح)

LOBE s.m., en anat. *Fas* فص (في التشريح)

LOBÉ, ÉE adj., en hist. nat. *Mofassas* مفصص (في التاريخ الطبيعي)

LOBULE s.f. *Foçays* فصيص • فصيصة (في التاريخ الطبيعي)

— **de l'oreille** en anat. *Halamat ol ezn* حلمة الاذن (في التاريخ الطبيعي)

LOCAL, ALE adj. *Maoudêi, mahalli* موضعي • مكاني • محلّي

LOCAL s.m. *Mahal* محل ج محلات • مكان

LOCALISATEUR adj. et s.m. (médecin) *Ouadê* واضع • (طبيب) وهو الذي يحصر الداء المنتشر في كل اعضاء الجسم في جهة واحدة

LOCALISATION s.f. en méd. *Ouadê* وضع • حلول • حصر الداء المنتشر في الجسم في جهة واحدة (في الطب)

LOCALITÉ s.f. *Mahalle* محل • موضع

LOCATAIRE s.m. et f. *Moctari* مكتر • مستأجر

LOCATIF, IVE adj. *Idjari* ايجاري

LOCATION s.f. *Ectèrâ* إكتراء. كراء. ايجار. استئجار

LOCH s.m., t. de mar. *Louc* لوك وهي آلة تستعمل لقياس سرعة سير السفينة (في الملاحة)

LOCHER v.n., en parlant d'un fer de cheval *Taktaka* طقطق وهي طقطقة نعلة الحصان عند انقلاع مسمارها

LOCHIAL, ALE adj., en méd. *Nafaci* نفاسي. ينسب للولادة. (في الطب)

LOCHIES s.f. pl., en méd. *Sayalanat nafaciat* سيلانات نفاسية (في الطب)

LOCHIORRHAGIE s.f.en méd. *Nazif nafaci* نزيف نفاسي (في الطب)

LOCHIORRHÉE s.f., en méd. *Sayalan nafaci* سيلان نفاسي (في الطب)

LOCOMOBILE adj. *Kabel ol entékal* قابل الانتقال من مكان الى آخر. ممكن نقله

* — s.f. machine à vapeur *Locomobile* لوكوموبيل. آلة بخارية نقالة

LOCOMOTEUR, TRICE adj. *Âlat moharrécat* آلة محركة. آلة ناقلة

LOCOMOTIF, IVE adj. *Moharrec* محرك. ناقل

LOCOMOTIVE s.f. *Ouabour seccat hadid* وابور سكة حديد وهي الآلة البخارية التي تجر القطارات على السكة الحديدية

LOCOMOTIVITÉ s.f. *Kouat moharrecat* قوة محركة

LOCULAIRE adj. *Mascani* مسكني

LOCULÉ, ÉE adj. *Zou maçaqen* ذو مساكن

LOCUTION s.f. *Ébarat* عبارة ج عبارات. تعبير. كلام. جملة

LOF s.m., t. de mar. *Djaneb ol safinat men djéhhat el rih* جانب السفينة من جهة الريح (في الملاحة)

LOGARITHME s.m., en mathém. *Logharitmat* لوغاريتمة. علم انساب العدد (في الرياضيات)

LOGARITHMIQUE adj., en mathém. *Loughartimi* لوغاريتمي. متعلق بعلم انساب العدد (في الرياضيات)

LOGE s.f. de portier *Mascan* مسكن البوّاب. مأوى

— **de théâtre** *Lodje* لوج. خلوة بالمرسح

— **de francs-maçons** *Mahfal* محفل ج محافل

LOGÉ, ÉE p.p. de loger *Saqen* ساكن. مقيم. نازل في

LOGEMENT s.m. *Mascan* مسكن. مثوى. منزل. محل سكن

LOGER v.a. *Ascana* أسكن. آوى

LOGEUR, EUSE s.m. et f. *Khanati* خاناتي. لوكندجي

LOGICIEN s.m. *Mantiki* منطيقي. عالم بالمنطق

LOGIQUE adj. *Mantèki* منطقي. متعلق بالمنطق

— s.f. *Al mantek* المنطق. علم المنطق

LOGIQUEMENT adv. *Mantékiyan* منطقياً. بحسب اصول المنطق

LOGIS s.m. *Manzel* منزل ج منازل. مسكن. بيت

— **maréchal des logis** *Bach djaouich saouari* باش جاويش سواري

LOGOGRIPHE s.m. *Loghz* لغز ج الغاز. معمّى. احجيّة

LOGOMACHIE s.f. *Calémat motanakédat* كلمات متناقضة

LOI s.f. *Chariât* شريعة ج شرائع. قانون. ناموس. سنة

— homme de loi *Ahl ol kadâ* اهل القضاء. اهل الشريعة

LOIN adv. *Baïd* بعيداً. بمعزل

— **de moi** *Hacha* حاشا. معاذ الله

LOINTAIN, AINE adj. *Baïd, kaci* بعيد. قصيّ. شاسع

— s.m. *Boôd* بعد. تباعد

LOISIBLE adj. *Momqen* ممكن. جائز. مباح

LOISIR s.m. *Kholou ol bal* خلوّ البال. فراغ

— qui a du loisir *Faregh* فارغ. فاض. مالك الفرصة

— à loisir *âla mahal* على مهل. على فضاوة. براحة

LOMBAIRE adj., en anat. *Katani* قطني. صلبي (في التشريح)

LOMBES s.m. pl., en anat. *Katan* قطن. صلب (في التشريح)

LOMBRIC s.m. *Doudat ol ard* دودة الارض

LOMBRICAUX adj. (muscles) en anat. *âdalat doudiyat* عضلات دودية (في التشريح)

LONG DORSAL s.m. (muscle) en anat. *Taouilat zahriyat* طويلة ظهرية «عضلة» (في التشريح)

LONG, ONGUE adj. *Taouil* طويل

— **à la longue,** loc. adv. *âla mamar el ay-yam* على ممر الايام · مع التمادي

— **de longue main,** loc. adv. *Monz moddat* منذ مدة · من زمن

— s.m. *Toul* طول

— **le long de...,** loc. adv. *âla toul, âla djaneb* على طول · على جانب · على حافة

— **au long,** loc. adv. *Be etnab* باطناب · باسهاب · منفصلاً

LONGANIMITÉ s.f. *Toul bal* طول بال · صبر · طول اناة

LONGE s.f. *Kayd* قيد ج قيود · رِباط · زمام · رسن

LONGER v.a. *Macha bedjaneb* مَشى بجانب

— **la côte,** t. de mar. *Chattata* شَطَّطَ · مشى بجانب الشاطي (في الملاحة)

LONGÉVITÉ s.f. *Toul ol ômr* طول العمر · امتداد الاجل

LONGIMÉTRIE s.f., en géom. *Fann makas el atoual* فن مقاس الاطوال (في الهندسة)

LONGIPENNES s.m. pl., en hist. nat. *Taouilat ol adjnéhat* طويلة الاجنحة (في التاريخ الطبيعي)

LONGIROSTRES s.m. pl., en hist. nat. *Taouilat ol menkad* طويلة المنقاد (في التاريخ الطبيعي)

LONGITARSES s.m. pl., en hist. nat. *Taouilat ol mecht* طويلة المشط (في التاريخ الطبيعي)

LONGITUDE s.f., t. de géogr. *Toul* طول (في الجغرافية)

LONGITUDINAL, ALE adj., en géogr. *Touli* طولي (في الجغرافية)

— plan longitudinal *Katâ bel toul* قطاع بالطول

LONGTEMPS adv. *Moddat taouilat* مدة طويلة · امد مديد

LONGUEMENT adv. *Maliyan* مليًا · طويلاً · بالإطالة

LONGUEUR s.f. *Toul* طول · امتداد

— lenteur *Mehlat* مهلة · بطوء

LONGUE-VUE s.f. *Nazzarat* نظّارة · مِنظار

LOOCH s.m. en pharm. *Laôuk* لعوق · دواء سائل ثخين (في الصيدلية)

LOPIN s.m. *Ketaât* قطعة · قسم · جزء

LOQUACE adj. *Cacir ol calam* كثير الكلام · ثرثار · مهذار

LOQUACITÉ s.f. *Hazre, qesrat ol calame* هَذر · كثرة كلام · ثرثرة

LOQUE s.f. *Ketaât* قطعة · خرقة

LOQUET s.m. *Derbas* درباس · سقّاطة الباب

LOQUETEAU s.m. *Derbas ol chabbac* درباس الشباك

LORGNADE s.f. *Nazrat ouahédat* نظرة واحدة

LORGNER v.a. *Hazzaka bel nazzarat* حَذّقَ بالنظارة

LORGNETTE s.f. *Nazzarat saghirat* نظّارة صغيرة

LORGNON s.m. *Nazzarat* نظّارة او ناضور

LORIOT s.m. oiseau *Sofariyat* صُفارية « صفراية » نُبشُر (طير)

LORS adv. *Hinaïzen* حينئذٍ

— **lors de,** loc. prép. *Hinama* حينما · عندما

— **dès lors,** loc adv. *monz* مُنذ · من ذلك الزمان

LORSQUE conj. *Lamma* لمّا · عندما

LOSANGE s.m., t. de géom. *Moây-yan, chatrandj* معين · شطرنج (في الهندسة)

LOT s.m., portion d'une chose *Djezé* ou *kesm* جزء · قسم

— de loterie s.f. *Sahm* سهم · ربح

LOTERIE s.f. *Nacib* نصيب ج انصبة · يانصيب

LOTIER s.m. (plante) *Handakouk* حندقوق (نبات)

LOTION s.f. *Oudou* وضوء · اغتسال

LOTIONNER v.a. *Eghtaçala* إغتَسَلَ · توضّأ

LOTIR v.a. *Djazzaâ* جزّأ · قسّم

LOTISSEMENT s.m. *Tadjziat* تجزئة · تقسيم

LOTUS s.m. *Nabk* نبق (شجر)

LOUABLE adj. *Hamid* حميد · ممدوح

LOUABLEMENT adv. *Behamd* بحمد · بمدح · بنوع يستحق المدح

LOUAGE s.m. *Qêra, edjarat* كراء · اجارة · استئجار

— de louage *Bel qêra* بالكراء · معد للايجار

LOUANGE s.f. *Madih* مديح · ثناء · تقريظ

LOUANGEUR, EUSE s.m. et f. *Maddah* مدّاح · مقرّظ

LOUCHE adj. *Ahoual* احول · اشوص

— en chim. *âqer* عكر · متعكر (في الكيميا)

— au fig. *Mochtabeh bêhi* مشتبه به · ملتبس

— cuiller à potage *Cafqirat* كفكيرة · مغرفة

LOUCHER v.n. *Haouêla* حَوِلَ · شَوِصَ · صار احول

LOUÉ, ÉE p.p. de louer *Mahmoud* محمود · ممدوح

— prise à louage *Mostacri* مستكرٍ · مستأجر

LOUER v.a., faire des louanges *Hamada* حَمَدَ · مَدَحَ · اثنى على · قرّظ

— donner à louage *Acra, adj-jara* أكرى · آجّر

— prendre à louage *Ectara, estadjara* إكترى · استأجر

— (SE) v.r. *Tamaddaha* تمدّح · مدح نفسه · اثنى على ذاته

— de quelqu'un *Tachaccara men* تشكّر من · امتدح · رضي عن

LOUEUR, EUSE s.m. et f., qui donne à louer *Mouadj-jer* موءجّر

— qui fait des louanges *Chaqer, madeh* شاكر · مادح

LOUIS s.m. monnaie *Lirat françaouiat*; en Egyp. *Binto* ليرة فرنساوية · بنتو

— nom propre *Louiss* لويس

LOUP s.m. *Zibe* ذيب ج ذياب · سرحان ج سراحين

— constellation *Fahd* فهد (كوكب)

— tête de loup, balai rond à long manche *Mêçaf, âssafat* معساف · عسّافة

LOUP-CERVIER s.m. *Fahd* فهد

— fig., rapace *Tammâ* طمّاع · محب الربح

LOUPE s.f., en chir. *Ouaram zibi* ورم ذيبي · (في الجراحة)

— en optique *âdaciyat* عدسيّة · نظّارة مكبّرة

LOUP-GAROU s.m. *Djenne* جنّ

LOURD, OURDE adj. *Sakil* ثقيل · باهظ

— au fig. *Cacif* كثيف · ثقيل الدم

LOURDAUD, AUDE adj. *Ghaliz ol tabê* غليظ الطبع · خشن

LOURDEMENT adv. *Beçokl* بثقلٍ · بغلاظةٍ · بنوع باهظ

— au fig. *Bicaçafat* بكثافة · بخشونةٍ · بسماجةٍ

LOURDEUR s.f. *Sokl* ثقل · كثافة

LOUSTIC ou **LOUSTIG** s.m. *Moskhen* مسخن · مهرّج

LOUTRE s.f. *Calb ol ma* كلب الماء

LOUVE s.f. *Zibat* ذيبة · انثى الذيب

— levier *Karçat* en Egyp.; *Mokhle* en Syrie قرصة وهي قطعة حديد توضع تحت الاثقال لقرصها اي ارفعها عن الارض وفي سوريا تسمى مُخْل

LOUVER v.a. *Karaça* قرّص · رفع الاثقال بالقرصة

LOUVETEAU s.m. *Farkh ol zibe* فرخ الذيب

LOUVOYER v.n., t. de mar. *âçafa, ârradja* عَسَفَ · عرّج (في الملاحة)

LOVELACE s.m. *Latif* لطيف · غندور · عايق

— débauché *Facek* فاسق · فلتي

LOYAL, ALE adj. *Sadek* صادق · مستقيم · شريف النفس والطبع

— t. de palais *Kanouni* قانوني · شرعي

LOYALEMENT adv. *Béamanat* بامانة · بصدق

LOYAUTÉ s.f. *Estêkamat* استقامة · صدق · شرف نفس

LOYER s.m. *Qêra* كراء · أجرة

— donner à loyer *Adj-jara* آجّر · اكرى

— prendre à loyer *Estadjara* إستأجر · استكرى · إكترى

LUBIE s.f. *Haoua* هَوَى · مزاج

LUBRICITÉ s.f. *Chahouat* شهوة · فِسق

LUBRIFICATION s.f. *Dahn* دهن · تندية

LUBRIFIER v.a. *Dahana* دَهَنَ · يدهَن · ندّى

LUBRIQUE adj. *Chahouani* شهواني · فاسق

LONG, ONGUE adj. *Taouil* طويل

— **à la longue,** loc. adv. *âla mamar el ay-yam* على ممر الايام · مع التمادي

— **de longue main,** loc. adv. *Monz moddat* منذ مدة · من زمن

— s.m. *Toul* طول

— **le long de...,** loc. adv. *âla toul, âla djâneb* على طول · على جانب · على حافة

— **au long,** loc. adv. *Be etnab* باطناب · باسهاب · منصلاً

LONGANIMITÉ s.f. *Toul bal* طول بال · صبر · طول اناة

LONGE s.f. *Kayd* قيد ج قيود · رباط · زمام · رسن

LONGER v.a. *Macha bedjaneb* مَشى بجانب

— **la côte,** t. de mar. *Chattata* شَطَّطَ · مشى بجانب الشاطي (في الملاحة)

LONGÉVITÉ s.f. *Toul ol ómr* طول العمر · امتداد الاجل

LONGIMÉTRIE s.f., en géom. *Faun makas el atoual* فن مقاس الاطوال (في الهندسة)

LONGIPENNES s.m. pl., en hist. nat. *Taouilat ol adjnèhat* طويلة الاجنحة (في التاريخ الطبيعي)

LONGIROSTRES s.m. pl., en hist. nat. *Taouilat ol menkad* طويلة المنقاد (في التاريخ الطبيعي)

LONGITARSES s.m. pl., en hist. nat. *Taouilat ol mecht* طويلة المشط (في التاريخ الطبيعي)

LONGITUDE s.f., t. de géogr. *Toul* طول (في الجغرافية)

LONGITUDINAL, ALE adj., en géogr. *Touli* طولي (في الجغرافية)

— plan longitudinal *Katâ bel toul* قطاع بالطول

LONGTEMPS adv. *Moddat taouilat* مدة طويلة · امد مديد

LONGUEMENT adv. *Maliyan* مليًا · طويلاً · بالإطالة

LONGUEUR s.f. *Toul* طول · امتداد

— lenteur *Mehlat* مهلة · بطوء

LONGUE-VUE s.f. *Nazzarat* نظّارة · مِنظار

LOOCH s.m. en pharm. *Laôuk* لعوق · دواء سائل ثخين (في الصيدلية)

LOPIN s.m. *Ketaât* قطعة · قسم · جزء

LOQUACE adj. *Cacir ol calam* كثير الكلام · ثرثار · مهذار

LOQUACITÉ s.f. *Hazre, qesrat ol calame* هَذر · كثرة كلام · ثرثرة

LOQUE s.f. *Ketaât* قطعة · خرقة

LOQUET s.m. *Derbas* درباس · سقّاطة الباب

LOQUETEAU s.m. *Derbas ol chabbac* درباس الشباك

LORGNADE s.f. *Nazrat ouahédat* نظرة واحدة

LORGNER v.a. *Hazzaka bel nazzarat* حَذّقَ بالنظارة

LORGNETTE s.f. *Nazzarat saghirat* نظّارة صغيرة

LORGNON s.m. *Nazzarat* نظّارة او ناضور

LORIOT s.m. oiseau *Sofariyat* صُفارية « صفراية » تُبشُر (طير)

LORS adv. *Hinaïzen* حينئذٍ

— **lors de,** loc. prép. *Hinama* حينما · عندما

— **dès lors,** loc adv. *monz* مُنذ · من ذلك الزمان

LORSQUE conj. *Lamma* لمّا · عندما

LOSANGE s.m., t. de géom. *Moây-yan, chatrandj* معين · شطرنج (في الهندسة)

LOT s.m., portion d'une chose *Djezé* ou *kesm* جزء · قسم

— de loterie s.f. *Sahm* سهم · ربح

LOTERIE s.f. *Nacib* نصيب ج انصبة · يانصيب

LOTIER s.m. (plante) *Handakouk* حندقوق (نبات)

LOTION s.f. *Oudou* وضوء · اغتسال

LOTIONNER v.a. *Eghtaçala* إغتَسَلَ · توضأ

LOTIR v.a. *Djazzaâ* جزّأ · قسّم

LOTISSEMENT s.m. *Tadjziat* تجزئة · تقسيم

LOTUS s.m. *Nabk* نبق (شجر)

LOUABLE adj. *Hamid* حميد · ممدوح

LOUABLEMENT adv. *Behamd* بحمد · بمدح · بنوع يستحق المدح

LUBRIQUEMENT adv. *Bechahouat* بشهوة · بفسق

LUCARNE s.f. *Takat* طاقة · منور · شخشيخة · نافذة · قمرية

LUCIDE adj. *Moudi* مضيء · واضح · صاح

LUCIDEMENT adv. *Beoudouhe* بوضوح · بصحو

LUCIDITÉ s.f. *Sahou* صحو · وضوح

LUCRATIF, IVE adj. *Morbeh* مربح · مكسب

LUCRE s.m. *Rebh* ربح ج ارباح · مكسب · منفعة · فائدة

LUETTE s.f., en anat. *Ghalçamat* غلصمة (في التشريح)

LUEUR s.f. *Barik* بريق · ضوء · لمعان

LUGUBRE adj. *Mohzen* محزن · فاجع

LUGUBREMENT adv. *Bebezn* بحزن · بغم

LUI pron. de la 3me pers. *Houa* هو · له · ه

LUI-MÊME pron. *Houa nafsahou, áy-nohou* هو نفسه · عينه · ذاته

LUIRE v.n. *Lamad* لمع يلمع · ابرق · اضاء · تلألأ · أومض

LUISANT, ANTE adj. *Lamé* لامع · متلألئ · مضيء

LUISANT s.m. *Sakl* صقل · لمعان · جلاء

LUMBAGO s.m., en méd. *Alam katani* ألم قطني (في الطب)

LUMIÈRE s.f. *Daou, nour* ضوء · نور

— **d'une arme à feu** *Faliat* فالية

LUMIGNON s.m. *Fatilat* فتيلة · فتيل

LUMINAIRE s.m. *Mesbah* مصباح ج مصابيح · فنار

LUMINEUX, EUSE adj. *Monir* منير · مضيء · لامع

LUNAIRE adj. *Kamari* قمري · هلالي

— s.f. (plante) *Hachichat ol kamar* حشيشة القمر (نبات)

LUNAISON s.f. *Daourat ol kamar* دورة القمر

LUNATIQUE adj. *Kamari* قمري

— fou *Masrou* مصروع · سوبعاني

LUNCH ou **LUNCHEON** s.m. *Asrouniyat* عصرونية · نعصيرة · اكلة بين الظهر والمساء

LUNDI s.m. *Yaoum ol esnayn* يوم الاثنين

LUNE s.f. *Kamar* قمر ج اقمار · هلال ج أهلة

— **pleine lune** *Badr* بدر ج بدور · بدر تمام

— **de miel** *Aoual chahr el zaouadj* اول شهر الزواج · شهر العسل

— **clair de lune** *Daou ol kamar* ضوء القمر

LUNETTE s.f., d'approche *nazzarat* نظارة

— ouverture dans une voûte *Manouar* منور ج مناور · منفذ · مطل

LUNETTES s.f. pl. *Ouaynate* عوينات · نظارات

LUNIFORME adj. *Kamari ol chacl* قمري الشكل · على شكل القمر

LUNULE s.f. satellite *Komayr* قمير · قميرة · قمر صغير · نجم تابع كوكبا كبيرا

LUPIN s.m. (plante) *Tormos* ترمس · باقلا مصري (نبات)

LUPUS s.m., en méd. *Karrad* قراض · مرض جلدي أكال (في الطب)

— **erythémateux** en méd. *Karrad ehmerari* قراض احمراري (في الطب)

— **tuberculeux** en méd. *Karrad darani* قراض درني (في الطب)

— **ulcéreux** en méd. *Karrad takarrohi* قراض تقرحي (في الطب)

LURIDEUX, EUSE adj., en méd. *Bahet* باهت (في الطب)

LURIDIDITÉ s.f. *Abhat, bahatat* ابهت · بهاتة · اصفرار اللون (في الطب)

LUSTRAGE s.m. *Bardakhat* بردخة · صقل · تلميع

LUSTRAL, ALE adj., eau lustrale *Mâ ol tathir* ماء التطهير

LUSTRE s.m. *Sekal* صقال · لمعان · جلاء · طلاوة

— chandelier qu'on suspend au plafond *Soray-ya* ثريا · نجفة

— espace de cinq ans *Moddat khams sanaouate* مدة خمس سنوات

LUSTRER v.a. *Sakala* صقل يصقل · جلا · بردخ · لمع

LUSTRINE s.f., étoffe fortement apprêtée et lustrée *Cambriq* كمبريك · قماش مصمغ كثيرًا وملمّع

LUT s.m., en chim. *Lakounat* لاقونه · طين الحكمة · طين (في الكيميا)

LUTER v.a. *Lakkana bel lakounat* لَقّنَ بالاقونة · طيّن (في الكيميا)

LUTH s.m., instr. de musique *Oud* عود (آلة طرب)

LUTHÉRANISME s.m. *Al mazhab ol loutiri* المذهب اللوتيري · مذهب لوتيروس

LUTHÉRIEN, ENNE adj. et subs. *Loutiri* لوتيري · تابع مذهب لوتيروس

LUTHIER s.m. *Sané ol aouad* صانع الاعواد

LUTIN s.m. *Êfrite* عفريت · جِنّ

— espiègle *Chaytan* شيطان ج شياطين

LUTRIN s.m. *Karrayat* قرّاية · مائدة توضع عليها كتب المرتلين

LUTTE s.f. *Maçaraât* مصارعة · مبارزة · منازلة

LUTTER v.n. *Nazala* نازَلَ · صارع · بارز

LUTTEUR s.m. *Moçaré* مصارع مبارز · منازل

LUXATION s.f. en chir. *Khalé* خلع · فلك (في الجراحة)

LUXE s.m. *Zinat, djakh* زينة · زخرفة · جخ · مخفخة

LUXER v.a. *Khalaâ* خَلَع بخلَعُ · فكّ

LUXURE s.f. *Chahouat, zéna* شهوة · زناء · فسق

LUXURIANT, ANTE adj. *Ghazir* غزير · كثير · وافر

LUXURIEUSEMENT adv. *Bifesk* بفسقٍ · بشهوةٍ · بزناء

LUXURIEUX, EUSE adj. *Facik, chahouani* فسيق · شهواني · زانٍ

LUZERNE s.f. (plante) *Barsim* برسيم · نبات تربّع به المواشي

LYCÉE s.m. *Madraçat* مدرسة ج مدارس

LYCOPODE s.m., en bot. *Qébrit nabati* كبريت نباتي (في النبات)

LYMPHADÉNITE s.f., en méd. *Eltéhab ol ghodad el limfaouiyat* التهاب الغدد الليمفاوية (في الطب)

LYMPHANGITE s.f., en méd. *Eltehab ol aouiyat el limfaouiyat* التهاب الاوعية الليمفاوية (في الطب)

LYMPHATIQUE adj. en anat. *Limfaoui* ليمفاوي (في التشريح)

LYMPHATISME s.m., en méd. *Mazadj limfaoui* مزاج ليمفاوي (في الطب)

LYMPHE s.f., en anat. *Limfa* ليمفا سايل يوجد في الاوعية الليمفاوية (في التشريح)

— **plastique** adj. en méd. *Limfa mocaouénat* ليمفا مكوّنة (في الطب)

LYMPHITE s.f., en méd. *Eltéhab ol aouiyat el limfaouiyat* التهاب الاوعية الليمفاوية (في الطب)

LYNX s.m. *Fahd, nems* فهد · نمس

LYRE s.f., instr. de musique *Rababat* ربابة

— en astr. constellation *El nasr ol ouaké* النسر الواقع (كوكب)

— en anat. *Rababat* ربابة (في التشريح)

— **du vagin**, en anat. *Rababat ol mahbal* ربابة المهبل (في التشريح)

LYRIQUE adj. *Ghénaï* غنائي · موسيقي

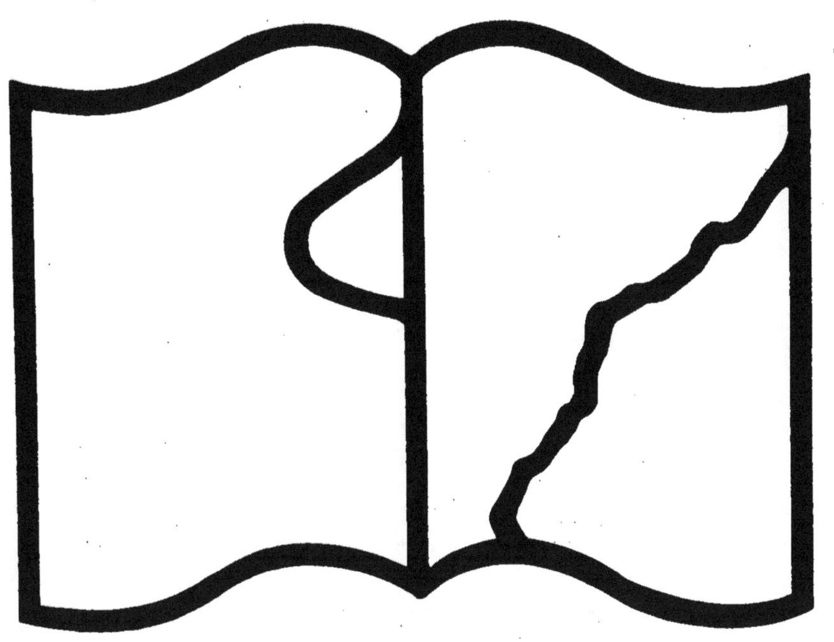

Texte détérioré — reliure défectueuse

NF Z 43-120-11

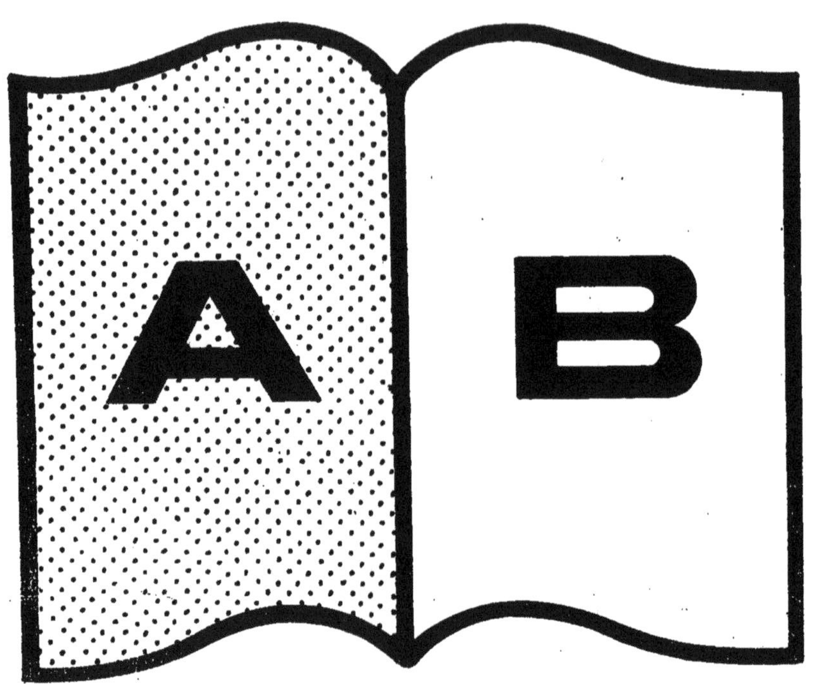

Contraste insuffisant

NF Z 43-120-14

www.ingramcontent.com/pod-product-compliance
Ingram Content Group UK Ltd.
Pitfield, Milton Keynes, MK11 3LW, UK
UKHW020157250726
13967UKWH00003B/1118

9 782012 883055